Wolfgang Helbig

Untersuchungen über die campanische Wandmalerei

Wolfgang Helbig

Untersuchungen über die campanische Wandmalerei

ISBN/EAN: 9783741158070

Hergestellt in Europa, USA, Kanada, Australien, Japan

Cover: Foto ©Andreas Hilbeck / pixelio.de

Manufactured and distributed by brebook publishing software (www.brebook.com)

Wolfgang Helbig

Untersuchungen über die campanische Wandmalerei

UNTERSUCHUNGEN

ÜBER DIE

CAMPANISCHE WANDMALEREI

VON

WOLFGANG HELBIG

ERNST CURTIUS

GEWIDNET.

Vorwort.

Die Untersuchungen, welche dieses Buch enthält, verfolgen im Wesentlichen zwei Zwecke. Einerseits habe ich mich bemüht, innerhalb der campanischen Wandbilder zu scheiden, was auf ältere Originale zurückgeht und was der Kaiserzeit eigenthümlich ist; andererseits ist der Gedanke ausgeführt, den ich bereits im Bulletino dell' Instituto 1863 p. 134 ausgesprochen, dass nämlich die Erfindung der aus älterer Zeit stammenden Motive im Grossen und Ganzen der an die Alexanderepoche anknüpfenden Malerei angehört. Ich verkenne am wenigsten, wie diese Leistung nur als ein erster Versuch gelten kann, wie namentlich der zweite Theil der Untersuchung, für welchen es an mehreren nothwendigen Vorarbeiten und vor allem an einer kritischen Sammlung der Fragmente der alexandrinischen Dichter gebrach, mancher Nachbesserungen und Ergänzungen bedürftig ist. Doch wird jeder billig Denkende dies mit Nachsicht beurtheilen; sind ja doch die Fragen, welche hierbei zu erörtern waren, so mannigfaltig und greifen in so verschiedene Zweige des Wissens über, dass sie schwerlich alle von einer Kraft bewältigt werden können. Jedenfalls würde es mir zur grössten Freude gereichen, wenn andere Gelehrte, welche auf den einzelnen einschlagenden Gebieten bewanderter sind als der Verfasser, durch dieses Buch angeregt, ihrerseits zur Lösung der darin behandelten Fragen beitrügen.

Vorwort.

Es bleibt mir, ehe ich dieses Buch der Oeffentlichkeit übergebe, nur noch übrig, mich wegen einiger Einwände, welche gegen gewisse Theile der Untersuchung erhoben werden künnten, mit dem Leser zu verständigen.

Ich bin des Vorwurfs gewärtig, den Begriff Hellenismus in zu weitem Sinne gefasst zu haben. Hellenismus dürfen wir eigentlich nur das Griechenthum nennen, welches in fremden Civilisationen Wurzel geschlagen hat und in grösserem oder geringerem Grade durch Einflüsse derselben berührt ist. Wird der Begriff in diesem Sinne gefasst, dann sind wir nur berechtigt, die Entwickelung, welche in den Reichen der Diadochen Statt hatte, als eine hellenistische zu bezeichnen. Dagegen gehören viele Culturerscheinungen, welche das eigentliche Griechenland in der nämlichen Periode darbietet, streng genommen nicht in diesen Kreis. Die attische Vasenmalerei, welche in die Zeit von Alexander dem Grossen abwärts fällt, und die neuere Komödie wurzeln auf ächt attischem Boden, hängen auf das engste mit der vorhergehenden Entwickelung zusammen und sind von fremden Einflüssen höchstens ganz ausserlich und oberflächlich berührt. Wenn ich sie nichts desto weniger unter der hellenistischen Entwickelung einbegriffen, so ist dies allerdings eine Ungenauigkeit, die sich aber bei der Schwierigkeit, den Complex der damaligen Civilisation kurz zu bezeichnen, entschuldigen lässt und die nach diesem Hinweise hoffentlich keine Verwirrung anrichten wird.

Ein anderer Einwand könnte gegen die Abschnitte erhoben werden, in denen ich über die Lebens- und Kunstformen gehandelt, welche bei den Griechen während der Diadochenperiode Eingang fanden. Eine Reihe derselben tritt bereits in der ältesten griechischen Entwickelung auf. Dieses Zusammentreffen erklärt sich grössten Theils aus dem orientalischen Einflusse, welcher die griechische Civilisation in ihren ältesten Stadien und dann wieder seit der Alexanderepoche bedingte und von welchem nur die eigentliche Blüthezeit des Griechenthums im Wesentlichen freiblieb. Ich hebe es ausdrücklich hervor, dass Erscheinungen dieser Art, welche die älteste griechische Cultur darbietet, absichtlich nirgends berücksichtigt worden sind; denn selbst ein flüchtiger Hinweis auf jede einzelne derselben hätte mich von dem Hauptzwecke meiner Untersuchung zu weit abgeführt.

Endlich noch eine Bemerkung über den Versuch, den ich gemacht, die späteren Vasenbilder zur Reconstruction der an die Alexanderepoche anknüpfenden Malerei zu benutzen. Mögen über die Chronologie der einzelnen Vasenstyle noch sehr widersprechende Ansichten herrschen, so ist die Datirung gerade der Gefässe, welche bei meiner Untersuchung in Betracht kommen, hinreichend festgestellt. Niemand wird Einspruch erheben gegen die Annahme, dass die Gattung zierlicher Gefässe mit rothen Figuren feiner und vollständig freier Zeichnung um die Alexanderepoche zur Ausbildung kam, dass ferner die lockeren, polychromen und barocken Manieren, wie sie namentlich den aus unteritalischen Nekropolen stammenden Vasen eigenthümlich sind, der folgenden hellenistischen Epoche angehören[1]). Allerdings

---

[1) Der Gebrauch, welchen ich von diesen Vasen gemacht, ist auch, wenn man die von Brunn, Probleme in der Geschichte der Vasenmalerei (Abhandl. d. bayer. Ak. Cl. I Band XII Abth. II), entwickelten Theorien annimmt, vollständig gerechtfertigt. Wenn Brunn behauptet, dass die meisten der in den etruskischen Nekropolen gefundenen Gefässe Nachahmungen aus späterer Zeit und zwar aus dem dritten und zweiten Jahrhundert v. Chr. sind, so dürfte aus ihren Darstellungen, denen ja ältere Vorbilder zu Grunde liegen würden, immerhin auf die Entwickelung der älteren Malerei geschlossen werden. Die jüngsten Vasengattungen, welche sich namentlich in grossgriechischen Gräbern finden und für die Reconstruction der hellenistischen Malerei besonders wichtig sind, hat Brunn aus solcher Betrachtung ausgeschlossen. Wir dürfen sie daher, bis nicht das Gegentheil nachgewiesen ist, unbedenklich als Originalproducte der Keramik der hellenistischen Epoche betrachten.

reichen nach meiner Ansicht auch gewisse Gattungen rothfiguriger Vasen von mehr oder minder gebundener Zeichnung bis nahe an die Alexanderepoche herab und hätten dieselben, um die Untersuchung zu vervollständigen, ebenfalls in Betracht gezogen werden müssen. Ich hatte dies auch in dem Manuscripte meines Buches gethan und wollte die Datirung dieser Gefässe in einem beizugebenden Anhange rechtfertigen. Da sich jedoch während der Dauer des Druckes das einschlagende Material durch Ausgrabungen, welche in Sicilien, bei S. Maria di Capua, Cervetri, Corneto und schliesslich zwischen Nazzano und Filacciano (Provincia di Civita Castellana) Statt fanden, beträchtlich vermehrte, so musste ich darauf verzichten, diese Frage als Parergon zu behandeln. Die Stellen, wo ich Gefässe solcher Art berücksichtigt hatte, wurden daher von mir aus den Druckbogen gestrichen. Unabsichtlich ist auf Seite 174 Anm. 1 die Schale mit der Perserschlacht stehen geblieben, welche Gerhard, auserl. Vasenb. III 166, publicirt hat. Absichtlich dagegen wurde eine Ausnahme gemacht hinsichtlich der bekannten Schale mit der Bronzegiesserei, die auf Seite 188 besprochen ist. Allerdings zeigt dieselbe in den Inschriften das voreuklidische Alphabet und in der Zeichnung allerlei Formen gebundener Kunstweise. Doch spricht, wenn irgendwo, so hier alle Wahrscheinlichkeit dafür, dass die betreffende Vasenfabrik, vermuthlich aus mercantilen Rücksichten, archaische Eigenthümlichkeiten conventionell festgehalten hat. Ist doch auch in der Zeichnung der gebundene Styl keineswegs consequent durchgeführt, sondern gewahren wir namentlich in der Bildung der Augen, welche bald en face, bald im Profil wiedergegeben sind, ein merkwürdiges Schwanken. Jedenfalls verräth der ganze Geist, welcher in der Darstellung herrscht, eine eminent charakteristische Richtung und eine Fähigkeit zu individualisiren, welche, soweit gegenwärtig unsere Kenntniss der griechi-

schen Kunst reicht, nicht auf die letzten Jahrzehnte des
fünften Jahrhunderts, sondern auf beträchtlich spätere Zeit
hinweisen¹). Die ganze Frage wird von mir demnächst auf
Grundlage der Resultate der neuesten Ausgrabungen, die
ich zum Theil persönlich besichtigen konnte, eingehend
behandelt werden, und die unbefangene Würdigung des
Thatbestandes der in den einzelnen Gräbern gefundenen
Gegenstände wird, denke ich, die Gelehrten von der Richtigkeit meiner Datirung überzeugen.

Da sich der Druck dieses Buches wegen allerlei zufälliger
Umstände beträchtlich in die Länge zog und vom Juni 1872
bis zum Mai 1873 dauerte, so konnte es nicht ausbleiben, dass
während dieser Zeit mancherlei veröffentlicht wurde, was
sich mit den Untersuchungen des Verfassers berührte, aber
nicht mehr von ihm berücksichtigt werden konnte.

Dies gilt von den Artikeln, welche Brunn in den bisher
erschienenen Lieferungen von Meyers Künstlerlexicon publicirt hat. Ausserdem erwähne ich Philippi, über die
römischen Triumphalreliefs und ihre Stellung in der
Kunstgeschichte, Abhandl. d. sächs. Ges. d. Wiss. VI n. 3
p. 247 ff. Es freut mich, dass dieser Gelehrte über den
Zusammenhang des historischen Reliefs der Kaiserzeit mit
der vorhergehenden Malerei zu einem wesentlich überein-
stimmenden Resultate gelangt ist, wie ich in meinem dritten
Abschnitte. Für den zwanzigsten Abschnitt wäre die Benutzung des zweiunddreissigsten Winckelmannsprogramms
der Berliner archäologischen Gesellschaft, Athena und
Marsyas, von G. Hirschfeld (Berlin 1872), wünschenswerth

1) Die Thatsache, dass die eine der Statuen, mit welcher die
Arbeiter auf der Schale beschäftigt sind, dem bekannten Typus des
anbetenden Knaben, der keines Falls älter ist als Lysippos, entspricht, lasse ich bei der Frage über die Chronologie des Gefässes absichtlich unberücksichtigt; denn es ist wohl möglich, dass dieses
Motiv bereits von der älteren Kunst behandelt wurde. Vgl. Friederichs, kleinere Kunst und Industrie p. 378.

XII Vorwort.

gewesen. Heydemanns Buch, die Vasensammlungen des Museo nazionale zu Neapel (Berlin 1872), erhielt ich noch rechtzeitig, um einige Citate aus demselben in die Correcturbogen von dem neunzehnten an nachzutragen. Anderes Einzelne ist von mir in den Nachträgen angeführt worden.

Herr von Wilamowitz-Möllendorff hat mich, so lange er in Rom war, bei der Correctur der Druckbogen auf das liebenswürdigste unterstützt. Herrn Fiorelli spreche ich meinen Dank aus für die Liberalität, mit der er, während ich mich in Neapel und in Pompei aufhielt, meine Arbeit förderte.

Rom, 1. Mai 1873.

W. Helbig.

Inhalt.

Das Kunstvermögen der griechisch-römischen Epoche.

Seite
I. Die Seltenheit von Darstellungen aus dem nationalen
   Mythos 1
II. Die Ideale Sculptur 7
III. Die realistische Sculptur 36
IV. Die Ueberlieferung über die Malerei 60

Die campanische Wandmalerei.

V. Ueber einige eigenthümliche stylistische Erscheinungen 65
VI. Die beiden Hauptgruppen 68
VII. Die realistische Richtung 72
VIII. Die idealisirenden Darstellungen aus dem Alltagsleben 76
VIIII. Die mythologischen Compositionen 79
X. Ueber einige synkretistische Producte 88
XI. Thierstück und Stillleben 92
XII. Die Landschaft 95
XIII. Die decorativ angewandten Figuren 100
XIV. Ueber das Verhältniss der mythologischen Wandgemälde
    zur Dichtung der Kaiserzeit 112

Der Hellenismus und die campanische Wandmalerei.

XV. Die Decorationsweise 122
XVI. Chronologisch bestimmte Compositionen . . . 140
XVII. Die äusseren Bedingungen der hellenistischen Kunst . . 167
XVIII. Die Gesellschaft 185

Inhalt.

	Seite
XVIII. Das Interesse für die Wirklichkeit	204
XX. Die Auffassung der Mythen	226
XXI. Die Sentimentalität	244
XXII. Der Sinnenreiz	249
XXIII. Das Naturgefühl	262
XXIV. Ueber das Verhältniss der campanischen Landschaftsbilder zur hellenistischen Malerei	291
XXV. Thierstück und Stillleben	306
XXVI. Die decorativ angewandten Figuren	314
XXVII. Die hellenistische Malerei auf italischem Boden	320

XXVIII. Ueber einen Grundunterschied antiker und moderner Malerei 349

Nachträge und Verbesserungen 367
Register 373

Dic mihi, Damoeta, cuium pecus, anne latinum?

Das Kunstvermögen der griechisch-römischen Epoche.

I. Die Seltenheit von Darstellungen aus dem nationalen Mythus.

Die Ausführung der grössten Masse der Wandgemälde in den vom Vesuv verschütteten Städten Campaniens fällt in einen verhältnissmässig kurzen Zeitraum. Da das Erdbeben, welches im Jahre 63 n. Chr. Statt fand, wenigstens in Pompei grossen Schaden angerichtet hatte und, wie der Thatbestand der Ausgrabungen zeigt, viele Häuser, als die Katastrophe des Jahres 79 eintrat, noch nicht vollständig hergestellt waren, so wird die Zahl der Gemälde, deren Ausführung vor das Jahr 63 fällt, eine verhältnissmässig geringe sein. Also bilden diese Wandgemälde eine chronologisch im Wesentlichen begrenzte Denkmälergattung und, da mit ihrer Fülle verglichen der Vorrath der anderweitig gefundenen Fresken aus römischer Epoche sehr unbedeutend ist, unsere Hauptquelle für die Kenntniss der Malerei des ersten Jahrhunderts der Kaiserzeit.

Um den richtigen Standpunkt zur Beurtheilung dieser Denkmälergattung zu gewinnen, müssen wir uns zunächst den Charakter der Kunst der Epoche, in welche ihre Ausführung fällt, im Grossen und Ganzen vergegenwärtigen.

Da die gleichzeitige Sculptur durch ein reicheres Material vertreten und bisher von der Forschung in eingehenderer Weise berücksichtigt worden ist, als die Malerei, so beginne ich mit einer kurzen Betrachtung der wesentlichsten Erscheinungen auf dem Gebiete der Sculptur. Bei den engen Beziehungen, wie sie in derselben Epoche zwischen den beiden Künsten obzuwalten pflegen, wird es verstattet sein, mit der nöthigen Vorsicht von dem Charakter der einen auf den der andern zu schliessen. Allerdings sind trotz des reichen Materials und der vielseitigen Untersuchung desselben die Ansichten über die Leistungsfähigkeit der damaligen Plastik sehr verschieden. Die Einen, an deren Spitze

2   Kunstvermögen der griechisch-römischen Epoche.

Bruno[1]) steht, schlagen das Erfindungsvermögen derselben wenigstens auf idealem Gebiete sehr gering an und behaupten, dass sie im Wesentlichen nur von der Erbschaft der älteren griechischen Kunst gezehrt habe. Andere wiederum erkennen ihr einen immerhin bedeutenden Grad von Productivität an, eine Ansicht, welche neuerdings namentlich durch Friederichs[2]) Vertretung gefunden hat, der eine beträchtliche Anzahl hervorragender Denkmäler idealen Inhalts, darunter auch den Laokoon, als Werke griechisch-römischer Kunst anführt.

Ehe ich jedoch die Ueberlieferung im Einzelnen auf diese Alternative hin untersuche, muss eine Erscheinung allgemeiner Art berücksichtigt werden, die hierbei von erheblicher Tragweite ist. Es ist dies die Seltenheit von Darstellungen aus dem römischen Sagenkreise. Die Mythen von der Ankunft der Troer in Latium hatten in augusteischer Epoche durch Vergil eine Behandlung erfahren, welche ganz geeignet schien, um der bildenden Kunst neue Stoffe zuzuführen. Durch den patriotischen Inhalt, durch die edle und trotz aller Gelehrsamkeit fassliche Form wurde die Aeneis rasch die populärste Kunstdichtung. Sie diente in den Kinderschulen als Lesebuch und war in den weitesten Kreisen und selbst in den niederen Schichten der Gesellschaft geläufig[3]. Da ausserdem das iulische Kaiserhaus im eigensten Interesse bestrebt war, seine Stammsage in dem Volksbewusstsein lebendig zu machen, so konnte es der bildenden Kunst, falls sie diese Stoffe angriff, von oben herein nicht an Unterstützung fehlen. Der Inhalt des römischen Mythos als solcher widerstrebt der bildlichen Gestaltung keineswegs. Wollte Jemand einwenden, dass die vergilische Darstellung nicht die lebendigen sinnlichen Eindrücke hervorruft, wie sie erforderlich sind, um auf die bildende Kunst zu wirken, so ist dieser Gesichtspunkt von nebensächlicher Bedeutung. Die Grundbedingung, um den römischen Mythos in Sculptur und Malerei einzuführen, die allgemeine Popularität und Verständlichkeit desselben, war durch die Aeneis jedenfalls erfüllt. Neben Vergil hat Ovid Scenen aus der nationalen Sage behandelt. Die lebendige Schilderung, welche er[4]) von dem Raube der Sabinerinnen entwirft, hätte recht wohl einen Maler anregen können, diese Handlung als Staffage für ein grösseres Landschaftsbild zu verwenden, wie sie sich, doch stets mit Scenen aus der griechischen Mythologie ausgestattet, häufig in den campanischen Städten vorfinden. Neue

---

1) Gesch. d. Künstler I p. 616 ff.
2) Bausteine p. 426 ff.
3) Friedländer, Darst. aus d. Sitteng. III p. 301.
4) Ars am. I p. 101 ff.

Bildungsgesetze brauchten für Schilderungen aus dem römischen Mythos nicht erfunden zu werden; vielmehr durfte die Kunst, da derselbe durch eine Menge von Fäden mit der griechischen Heroensage zusammenhing, einfach die Principien zur Anwendung bringen, welche bei Darstellungen der letzteren maassgebend waren. Trotzdem ist die Zahl der Bildwerke, welche durch die lateinische Bearbeitung des römischen Mythos bestimmt sind, überhaupt der Bildwerke, welche den Stoff aus diesem Mythos entlehnen, im Vergleich mit der Fülle der Darstellungen aus dem griechischen, verschwindend klein. Ausserdem gehören sie, soweit gegenwärtig unsere Kenntniss reicht, nicht einmal der Kunst im höheren Sinne des Worts, sondern durchweg einem untergeordneteren Gebiete an. Wenn es noch Gelehrte giebt, die es für möglich halten, dass der Laokoon in der Kaiserzeit entstanden ist, so werden sie jedenfalls zugeben, dass kein Grund vorliegt, darin den Einfluss Vergils vorauszusetzen. Ueberhaupt dürfte bei einem Kunstwerke, worin der Stoff in so eigenthümlicher Weise verarbeitet ist, selbst, wenn uns die classische Poesie vollständiger erhalten wäre, die Frage nach der bestimmten Dichtung, welche die Meister desselben inspirirte, sehr schwer zu beantworten sein. Will man aber selbst auf Grundlage unserer dürftigen Ueberlieferung Vermuthungen in diesem Sinne wagen, dann liegt nicht nur die Alternative zwischen Sophokles und Vergil vor, sondern hat man auch einen Dichter der Diadochenperiode, den Euphorion, in Betracht zu ziehen. Wir wissen, dass Euphorion den Tod des Laokoon und seiner Söhne behandelte[1], und, wenn er die Qualen der Sterbenden mit der ihm eigenthümlichen Detailmalerei behandelte[2], dann ergiebt sich eine Schilderung, die der in der Gruppe ersichtlichen nahe verwandt sein musste. Für die Frage, ob der Laokoon in der Diadochenperiode oder in der ersten Kaiserzeit gearbeitet wurde, ist dieser Hinweis selbstverständlich von sehr geringer Bedeutung. Sie kann nur durch die richtige Erkenntniss der künstlerischen Befähigung der beiden Epochen zur Lösung gebracht werden.

Die Fälle, wo ein Einfluss von Seiten der Dichtung der augusteischen Epoche auf die bildende Kunst nachweisbar ist, sind sehr vereinzelt. Allerdings berichtet Macrobius[3], dass die

---

[1] Vgl. Meineke anal. alex. p. 152 ff. frgm. 152. Vielleicht gehört hieher frgm. 157 (Meineke a. a. O. p. 154):
Πάντα δὲ οἱ νεκυηδὸν ἐλεύκαινον τὰ πρόσωπα.
Vgl. Vergil. Aen. II 262: diffugimus visu exangues.

[2] de consor. hist. 66 (II p. 65 Amst.): εἰ δὲ Παρθένιος ἢ Εὐφορίων ἢ Καλλίμαχος ἔλεγε, πόσοις ἂν οὐκ ἔπιεν τὸ ὕδωρ ἄχρι πρὸς τὸ χεῖλος τοῦ Ταντάλου ἔφαγεν· εἶτα πόσοις ἂν Ἰξίονα ἐκύλισεν;

[3] V 16, 5.

4 Kunstvermögen der griechisch-römischen Epoche.

Geschichte der Dido nach Vergils Aeneis von Malern, Bildhauern und Webern behandelt worden sei, und bezieht sich ein Epigramm auf eine bildliche Darstellung der sich tödtenden Königin[1]. Doch lässt sich die Angabe des Macrobius nur durch ein einziges erhaltenes Denkmal belegen, nämlich durch ein in einer römischen Villa bei Halikarnass entdecktes Mosaik, welches Aeneas und Dido, beide inschriftlich bezeichnet, auf der Jagd darstellt[2]. Ausserdem giebt ein pompeianisches Wandgemälde[3], eine Scene aus dem zwölften Buche der Aeneis wieder, die Scene nämlich, wie Venus mit dem Heilkraute zu dem verwundeten Aeneas herabschwebt. Diese beiden Bildwerke sind, soweit gegenwärtig unsere Kenntniss reicht, die einzigen, die mit Sicherheit auf die Dichtung des Vergil zurückgeführt werden dürfen. Bei einigen anderen liegt kein zwingender Grund vor, gerade an eine Anregung von Seiten des Vergil zu denken; doch sind sie jedenfalls durch das Interesse an der Gründungssage Roms, wie es namentlich von den iulischen Kaisern gepflegt wurde, in das Leben gerufen. Hierher gehören die vaticanische Ara[4], worauf neben der Consecratio des Caesar und August und Livia, welche die Laren ihres Hauses halten, auch Aeneas und die Sibylle und zwischen beiden die laurentische Muttersau dargestellt sind, und die Reliefcompositionen an der Basis der Statue des Tiber[5] mit Aeneas, dem Tibergotte, der vor demselben aus den Wogen emportaucht, und dem laurentischen Prodigium. Vielleicht ist auch die bekannte Gruppe des Aeneas, der den Anchises davon trägt, in unserer Epoche entstanden[6]. Andere Bildwerke mit Scenen aus der römischen Sage, wie die Ara Casali[7] und die Sarkophagreliefs, welche Mars und Rhea Silvia darstellen[8], sind zwar in späterer Zeit ausgeführt, mögen aber auf Originale zurückgehen, die unter

---

1) Auth. plan. IV 151.
2) Bull. dell' Inst. 1860 p. 105. Newton, disc. at Halicarnass II 1, p. 253.
3) Giorn. d. scav. 1862 Taf. VIII p. 17. Helbig N. 1383. Die Bilder N. 1361 und 1381b hat Dilthey, Bull. dell' Inst. 1869 p. 157 richtig aus den Darstellungen des römischen Mythos ausgeschieden. N. 1382 lasse ich ausser Betracht, da die Kenntniss dieses Gemäldes nur auf einer Zeichnung von Marsigli beruht. Neuerdings hat Heydemann ein in Neapel befindliches Relief (Arch. Zeit. 1872 Taf. 54, 1, p. 118 ff.), dessen Arbeit auf das 3. Jahrhundert n. Chr. hinweist, auf eine Landung der flüchtigen Troianer gedeutet.
4) Rochette mon. in. 69. Ann. dell' Inst. 1862 p. 305.
5) Visconti, Mus. Pio-Cl. I 36.
6) Diese Darstellungen sind gesammelt von Heydemann, Arch. Zeit. 1872 p. 120 ff.
7) Wieseler, die Ara Casali. Göttingen 1844.
8) Vgl. Memor. dell' Inst. II p. 143 ff.

den iulischen Kaisern gestaltet worden. Jedoch ist die Zahl aller dieser Darstellungen im Vergleich mit der Fülle der Bildwerke, welche ihren Stoff aus der griechischen Mythologie entnehmen, verschwindend klein. Der Versuch, diese Erscheinung aus der vorwiegend griechischen Nationalität der damaligen Künstler zu erklären, erweist sich als nicht stichhaltig. Die griechische Kunst hat, nachdem sie auf italischen Boden verpflanzt worden war, bereitwilligst im Dienste der Römer römische Stoffe behandelt. Der Athener Metrodoros, Maler zugleich und Philosoph, malte die zur Ausstattung des Triumphes des Aemilius Paulus erforderlichen Bilder, die ohne Zweifel, wie es üblich war, die wichtigsten Ereignisse aus dem vollbrachten Feldzuge darstellten[1]). Selbst die letzte bedeutende Entwickelung der historischen Kunst, welche uns an den Monumenten des Traian entgegentritt, steht mit dem Namen eines Griechen in Verbindung, des Architekten Apollodoros von Damaskos, welcher als der Leiter der meisten Bauten dieses Kaisers betrachtet werden darf[2]). Ausserdem berichtet Plinius[3]), dass Simos, der vermuthlich identisch ist mit einem Bildhauer, welcher spätestens im 3. Jahrhundert v. Chr. auf Rhodos thätig war[4]), Walker malte, wie sie die Quinquatrus feiern. Wenn diese Angabe genau ist und nicht etwa Plinius ein verwandtes griechisches Fest mit den Quinquatrus verwechselte, dann ergiebt sich, dass die griechische Malerei auch Scenen aus dem römischen Alltagsleben behandelte. Wenn demnach die Griechen sich herbeiliessen, Stoffe aus der römischen Wirklichkeit zu behandeln, dann kann ihre Zurückhaltung gegenüber dem römischen Mythos gewiss nicht aus ihrem Nationalbewusstsein abgeleitet werden. Vielmehr lässt sich diese Erscheinung kaum anders erklären, als daraus, dass, als die Sage von der Gründung Roms populär wurde, das Gestaltungsvermögen der Kunst zu sehr erschlafft war, um die neu dargebotenen Stoffe in umfassender Weise auszubeuten, dass sich Bildhauer und Maler, dieser Schwäche bewusst, nur selten und gewissermassen widerwillig an die Bearbeitung derselben heranwagten.

Die Prüfung der wenigen erhaltenen Bildwerke, welche Scenen aus dem römischen Sagenkreise darstellen, bestätigt diese Annahme auf das Schlagendste. Einerseits lässt sich der Beweis führen, dass dieselben in der Regel unter Zugrundelegung älterer Leistungen gestaltet oder aus verschiedenen an-

---
1) Plin. XXXV 135.
2, Brunn, Gesch. d. K. II p. 336. 340.
3) XXXV 143. Vgl. Arch. Zeit. 1854 p. 191.
4) Vgl. Brunn, Gesch. d. gr. K. I p. 467 ff.

6 Kunstvermögen der griechisch-römischen Epoche.

derawo vorkommenden Motiven zusammengearbeitet sind. Andererseits stellt es sich deutlich heraus, dass die Kunst, wo sie wegen des eigenthümlichen Inhalts des Mythos keine älteren Vorbilder benutzen konnte, wo sie demnach gezwungen war, den Stoff selbstständig zu gestalten, kaum Mittelmässiges leistete. Betrachten wir das pompeianische Wandgemälde, welches den verwundeten Aeneas darstellt, während Venus mit dem Heilkraute heranschwebt, so sind wir im Stande die Motive zweier der Hauptfiguren auf anderen Denkmälern nachzuweisen. Die Figur des Aeneas stimmt in der Anlage vollständig mit dem verwundeten Adonis auf dem Relief Spada[1]. Die Venus ist offenbar nach den bekannten Darstellungen der zum Endymion herabschwebenden Selene entworfen. Auch verräth die ganze Composition deutlich jenen Mangel an Rundung und Abgeschlossenheit, wie sie solchen auf eklektischem Wege zusammengestückten Gebilden eigenthümlich zu sein pflegt. Namentlich erscheinen die im Hintergrunde befindlichen Krieger, die in keiner Weise an der Handlung theilnehmen, als eine höchst müssige Zuthat.

Die Figur des Aeneas auf der vaticanischen Ara giebt ein namentlich aus attischen Grabreliefs bekanntes Motiv wieder.

Ueber die Gruppe des den Anchises tragenden Helden wird im folgenden Abschnitte die Rede sein.

Prüfen wir endlich unter demselben Gesichtspunkte das ausführlichste Denkmal der römischen Sage, die Ara Casali, so zeigt sich uns ein auffälliger Abstand zwischen den Scenen, bei deren Darstellung griechische Vorbilder benutzt werden konnten, und denen, für welche die Kunst der Kaiserzeit selbstständig die Form finden musste. Griechische Vorbilder konnten benutzt werden bei den Schilderungen aus dem troischen Sagenkreise; auch in dem Relief, welches den Besuch des Mars bei Rhea Silvia darstellt, ist zum Mindesten die Gestalt der schlafenden Rhea unter dem Eindrucke des bekannten griechischen Motives der schlafenden Ariadne gestaltet. Sehr unwahrscheinlich ist es dagegen, dass die Kunst der Kaiserzeit bei Behandlung der übrigen auf der Ara dargestellten Scenen, wie der Ueberraschung der Rhea Silvia durch die Beauftragten des Amulius, der Aussetzung und Entdeckung der Zwillinge, an ältere Leistungen anknüpfen konnte; vielmehr war sie bei dem sehr individuellen Inhalt dieser Handlungen im Grossen und Ganzen auf sich selbst angewiesen. Während wir innerhalb der an erster Stelle erwähnten Darstellungen trotz der mittelmässigen Ausführung einer übersichtlichen Anordnung und wohl gestellten und deutlich aus-

---

[1] Braun, Zwölf Basreliefs aus Pal. Spada Taf. II.

gedrückten Figuren begegnen, zeugen die Compositionen, deren Erfindung im Wesentlichen der Kaiserzeit zugeschrieben werden muss, von einem sehr geringen Grade künstlerischer Befähigung. Um hier nur die besonders auffälligen Fehlgriffe hervorzuheben, so wirkt auf dem Streifen, welcher Rhea Silvia mit den Zwillingen an der Brust darstellt, der schablonenhafte Parallelismus in der Anlage der Gestalten der beiden Knndschafter sehr unvortheilhaft und machen auf dem untersten Streifen die beiden Hirten, die zur Seite der die Zwillinge säugenden Wölfin gruppirt sind und von denen jeder durch dieselbe Geberde seine Verwunderung äussert, einen Eindruck, der an das Komische streift.

Das erfreulichste Denkmal aus dem römischen Mythos, welches aus unserer Epoche erhalten ist, würde die im Vatican befindliche Sau mit ihren Ferkeln[1]) sein, vorausgesetzt, dass dieselbe nicht als genrehaftes Thierstück, sondern, wie Visconti und Braun vermuthen, als Darstellung des berühmten Prodigium aufzufassen ist, welches Aeneas am laurentischen Strande erblickte. Der plastische Typus der Sau, die ihr eigenthümliche Structur der Haut, der stupide, mit einem gewissen Behagen gemischte Ausdruck der Augen, das hastige Vordrängen der Ferkel nach dem Euter — Alles dies ist mit staunenswerther Naturwahrheit wiedergegeben. Doch wird Niemand die paradoxe Behauptung aufstellen, dass diese Gruppe zu den Idealtypen zu rechnen sei. Sollte daher die Vermuthung Viscontis richtig und die Gruppe in der That als eine in der ersten Kaiserzeit entstandene Darstellung der laurentischen Sau zu betrachten sein, so würde dies der Annahme, dass die Productivität der damaligen Kunst auf idealem Gebiete gering war, keineswegs widersprechen. Wir haben es mit einer ausschliesslich naturalistischen Leistung zu thun. Dass die Kunst der Kaiserzeit in dieser Richtung noch Vortreffliches leistete, läugne ich nicht und werde ich ausführlicher in dem dritten Abschnitte begründen.

II. Die ideale Sculptur.

Die jüngste bedeutende Schöpfung eines Götterideals, die mit hinreissender Deutlichkeit in der Ueberlieferung hervortritt, ist der Serapis des Bryaxis[2]), welcher auch für die Darstellung des hellenischen Unterweltsgottes Pluton mustergültig wurde und

---

[1] Visconti, Mus. Pio-Cl. VII 32 p. 155. Braun, Ruinen und Museen p. 320.
[2] Vgl. Brunn, Gesch. d. gr. Künstler I p. 384 ff.

den bisher geläufigen Typus des letzteren verdrängte[1]. Wenn in der weiteren Entwickelung keine derartige Erscheinung namhaft gemacht wird, so darf man dies gewiss als ein Zeichen betrachten, wie seit der Zeit Alexanders des Grossen die Schöpfungskraft in dem erhabensten Kunstzweige, der Götterbildung, zu erlahmen anfing, wie seitdem nicht so sehr neue Ideale geschaffen, als die bereits ausgebildeten weiter entwickelt oder wiederholt wurden. Diese Annahme wird durch verschiedene Erscheinungen bestätigt, denen wir in der Kunstentwickelung der Diadochenperiode und namentlich in den späteren Stadien derselben begegnen. Der in den Formen der griechischen Kunst gestaltete Isistypus, welcher jedenfalls nach der Gründung des ägyptischen Ptolemäerreiches entstand, ist keine originale Neuschöpfung, sondern in geschickter Weise aus Elementen des Hera- und Aphroditeideales zusammengearbeitet. Der den Stier niederstossende Mithras ist die Umbildung der sieropfernden Nike[2]), deren häufig wiederkehrende Repliken vermuthlich auf ein Original des Bildhauers Mikon zurückgehen, welcher zur Zeit Hierons II. in Syrakus thätig war[3]). Das Motiv der Composition ist unverändert festgehalten und nur der in asiatischer Weise bekleidete Mithras an die Stelle der halbnackten Siegesgöttin getreten. Mag in diesen beiden Fällen die Aufgabe, Ideen, die dem griechischen Geiste von Haus aus fremd waren, in plastische Form zu bringen, als Entschuldigung geltend gemacht werden, so finden sich nichts desto weniger einige Spuren, welche darauf hinweisen, dass die Diadochenperiode auch bei Gestaltung griechischer Götter bisweilen auf ältere Vorbilder zurückgriff. Die von einem der Seleukiden im Olympieion zu Daphne aufgestellte Zeusstatue[4]), welche von Alexander Zebinas der goldenen Nike beraubt wurde[5]), war eine Nachbildung des olympischen Zeus des Pheidias. Ein Athenetypus auf Münzen Antiochos' VII.[6], welcher nach O. Müllers[7] Vermuthung eine in

---

1) Aeltere Typen des Pluto sind uns auf Vasenbildern, z. B. auf den Unterweltsvasen — Ann. dell' Inst. 1864 p. 289 Anm. 1 —, bei Gerhard, Trinkschalen Taf. II, Mon. dell' Inst. VI 42, 59, Berichte der sächs. Ges. d. Wiss. 1855 Taf. I—II Welcker, alte Denkm. III 12 und auf etruskischen Wandgemälden (Mon. dell' Inst. II 53, VIIII 15 a, Conestabile pitture scoperte presso Orvieto Taf. XI) erhalten.
2) Vgl. O. Jahn, Ber. d. sächs. Ges. d. Wiss. 1861 p. 131.
3) Vgl. Burslan, Allg. Encyclop. I, LXXXII p. 435, Anm. 22.
4) Ammian. Marcell. XXII 13.
5) Justin. XXXVIIII 2, 5. Vgl. Overbeck, Kunstmythologie II p. 58.
6) Mionnet, suppl. VIII pl. 14, 1, genauer Denkm. d. a. K. I 52, 243, Michaelis, Parthenon Taf. XV 27, Huber, numism. Zeitschr. III (1871) Taf. V n. 10.
7) Antiqu. Antioch. p. 63 Anm. 7.

II. Die ideale Sculptur. 9

Antiocheia befindliche Statue der Göttin, vielleicht die im Museion aufgestellte, wiedergiebt, entspricht hinsichtlich der Anlage deutlich der Parthenos desselben Meisters. Mögen die Künstler, welche diese Statuen arbeiteten, in der Gestaltung von Einzelheiten und in der Weise der Charakteristik selbstständig verfahren sein, immerhin knüpften sie an Vorbilder aus der Blüthezeit an und schufen sie somit nicht vollständig frei und original.

Auch zeigen sich seit der Alexanderepoche die ersten Spuren von dem beginnenden Verfalle der Kunst. Wir werden im weiteren Laufe der Untersuchung wahrnehmen, wie die Künstler, statt poetisch zu schaffen, bisweilen mit Verstandeswerk zu operiren anfangen[1]), wie Lysistratos, der Bruder des Lysippos, einem platten, den Gesetzen der Kunst zuwiderlaufenden Realismus huldigte[2]). Als einer besonders bedenklichen Erscheinung sei an dieser Stelle nur der Thatsache gedacht, dass damals jene verhängnissvolle Richtung rege wird, welche die künstlerische Idee gegenüber dem Aufwand an Stoff und technischen Mitteln zur Nebensache macht. Deinokrates trug Alexander dem Grossen den Plan vor, den Berg Athos in eine menschliche Gestalt umzubilden und ihm in die eine Hand eine Stadt, in die andere eine Schale zu geben, aus der sich die Gewässer des Athos in das Meer ergössen[3]). Eine Portraitstatue der Arsinoe, der Gattin des Ptolemaios Philadelphos, wurde aus Topas gearbeitet[4]). Mag nun τοπάζιον oder Topazos bei den Alten nicht nur das Mineral bezeichnen, welches wir Topas nennen, sondern auch andere ähnliche, wie den Citrin, gelben Flussspath und gelben Chalcedon, umfassen[5]), so wurde damit doch immer ein durchsichtiger, glasartiger Stein bezeichnet, der dem Auge des Betrachters keine bestimmt abgeschlossene Form darbot und dessen Verwendung in der Plastik den Grundbedingungen dieser Kunst schlechthin zuwiderlief.

Die an Olympias 156 anknüpfende Gruppe von Bildhauern leitet uns bereits auf italischen Boden hinüber. Obwohl bei der regen Thätigkeit, die dieselben in Rom entfalteten, zu gewärtigen steht, dass unter den auf römischem Boden gefundenen Bildwerken manche auf diese Künstler zurückgehen, so ist doch bei der Dürftigkeit der schriftlichen Ueberlieferung unsere Kenntniss

---

1) Vgl. hierüber den neunzehnten Abschnitt.
2) Näheres hierüber im dritten Abschnitt.
3) Vgl. Brunn, Gesch. d. gr. Künstl. II p. 351 ff.
4) Plin. XXXVII 108.
5) Vgl. Lenz, Mineralogie der Griechen u. Römer p. 30 Anm. 116; p. 109 Anm. 625.

von ihren Leistungen sehr gering. Einige Spuren, welche von Flasch[1] bisher nur in aller Kürze angedeutet worden sind, scheinen darauf hinzuweisen, dass diese Künstler bisweilen archaische Typen im Sinne der freien Kunst umarbeiteten. Doch will ich der eingehenden Begründung dieser Annahme, welche baldigst von Seiten jenes Gelehrten zu gewärtigen steht, nicht vorgreifen und begnüge ich mich eine bestimmte Angabe hervorzuheben, welche hinsichtlich eines Werkes zweier dieser Bildhauer die Abhängigkeit von der älteren Kunst bezeugt. Als die Söhne des Polykles, Timokles und Timarchides, für Elateia die Statue der Athene Kranaia arbeiteten, copirten sie, wie Pausanias[2] berichtet, den Schild der Göttin nach dem der Athene Parthenos.

Während des letzten Jahrhunderts der Republik und des ersten der Kaiserzeit treten namentlich zwei Künstlergruppen hervor, die Schule des Pasiteles, welche wir, den Gründer mit einbegriffen, durch drei Glieder verfolgen können, und die Neuattiker. Dürfen wir diese Künstler nach der allerdings sehr spärlichen Ueberlieferung beurtheilen, so beruhte das wesentliche Verdienst derselben nicht auf dem geistigen Inhalt ihrer Werke, von welchem nirgends die Rede ist, sondern auf der sorgfältigen Durchführung.

Pasiteles erscheint nach den grösstentheils aus Varro geschöpften Angaben des Plinius[3] als ein vielseitiger und gebildeter Künstler, Urheber von chryselephantinen Götterbildern — einer solchen Statue des Jupiter in der aedes Metelli —, Thierbildner, Torent von Silberreliefs und silbernen Spiegeln, Verfasser von quinque volumina nobilium operum in toto orbe. Merkwürdig ist es, wie rasch sich die Kunde von seinen Werken verflüchtigte; denn Plinius schreibt von ihm: »er soll viele Kunstwerke geschaffen haben; welche, ist nicht überliefert«. Die einzige individuelle Eigenthümlichkeit des Künstlers, welche sich aus der Ueberlieferung ergiebt, ist die Sorgfältigkeit seiner Durchführung. Er bezeichnete — vermuthlich in der Einleitung zu seinen Büchern über die berühmten Kunstwerke — die Plastik als die Mutter der caelatura, statuaria und sculptura und bildete seine Modelle mit dem grössten Fleisse durch[4]. Ausserdem scheint die Fassung, in welcher Plinius[5] eine Anekdote aus dem Leben des Künstlers

---

[1] Bull. dell' Inst. 1871 p. 66.
[2] Paus. X 34, 8.
[3] Plin. XXXVI 39. XXXV 155 ff. XXXIII 130. 156. Vgl. Kekulé, die Gruppe des Menelaos p. 10 ff.
[4] Varro bei Plinius XXXV 156.
[5] XXXVI 40.

mittheilt, wie derselbe, beschäftigt einen Löwen zu modelliren, beinahe von einem aus dem Käfig ausbrechenden Panther zerrissen wurde, auf ein eifriges Naturstudium hinzuweisen.

Unsere Kenntniss des Kunstcharakters des Stephanos, des Schülers des Pasiteles, beruht auf der inschriftlich bezeichneten Ephebenstatue in Villa Albani[1]). An dieselbe schliessen sich mehrere verwandte Sculpturen an, vor allen die neapeler Orestes und Elektra und die pariser Orest und Pylades darstellende Gruppe. Die Ansichten der Gelehrten über diese Denkmäler sind sehr verschieden. Während O. Jahn[2]), Friederichs[3]) und Conze[4]) in dem Epheben des Stephanos schlechthin die Copie einer archaischen Statue erkennen, nehmen Brunn[5]) und Kekulé[6]) ein eklektisches Verfahren an und urtheilt der letztere Gelehrte, dass, mag auch die Anlage und der Typus der Figur grösstentheils aus der archaischen Kunst entlehnt sein, die Oberfläche jedenfalls unter Studium des lebenden Modells und im Sinne der dem Stephanos gleichzeitigen Entwickelung behandelt ist. Beide Ansichten haben bei dem Charakter der damaligen Zeit ihre Berechtigung.

In der Epoche, in welche die Thätigkeit des Pasiteles und seiner Schule fällt, war das Interesse für die archaische Kunst sehr verbreitet. Pasiteles selbst scheint in seinen Büchern über berühmte Kunstwerke Productionen dieser Entwickelung Anerkennung gezollt zu haben; denn Plinius hebt an Stellen, die wahrscheinlich aus jenen Büchern geschöpft sind, Werke des Kanachos, Kalamis und Pythagoras mit Lob hervor[7]). Myron war ein Lieblingskünstler des damaligen Publicums[8]). Dionysios von Halikarnass weiss die λεπτότης und χάρις eines Kalamis und Kallimachos und die eigenthümlichen Vorzüge archaischer Malereien zu würdigen[9]). Das gleichzeitige Epigramm behandelt mit Vorliebe archaische Sculpturen, wie den Apoll des Onatas[10], die Musen des Aristokles, Ageladas und Kanachos[11]

---

1 Ann. dell' Inst. 1865 Tav. d'agg. D. Kekulé, die Gruppe des Menelaos Taf. II 3.
2) Ber. d. sächs. Ges. d. Wiss. 1861 p. 110 ff.
3 Bausteine p. 112 n. 92.
4 Beiträge zur Gesch. d. gr. Plastik p. 28 ff.
5 Gesch. d. gr. Künstler I p. 595 ff.
6 Ann. dell' Inst. 1865 p. 55 ff. Die Gruppe des Menelaos p. 21 ff.
7 Vgl. Kekulé, die Gruppe des Menelaos p. 17 ff.
8 Vgl. Friedländer, Kunstsinn der Römer p. 37.
9 de Isocrate c. 3 p. 522 ff. Reiske. — de Isaeo c. 4 p. 519. Exc. I. XVI 6.
10 Anth. pal. VIIII 236.
11 Anth. plan. IV 222.

und die Kuh des Myron¹). Quintilian²) spricht von Kunstkennern, welche die Bilder des Aglaophon und Polygnot denen der grössten späteren Maler vorzogen. Plinius³) bewundert alte Wandmalereien, die er in Ardea, Lanuvium und Caere sah. Als zur Zeit des August der Cerestempel beim Circus maximus abbrannte, wurden die bemalten Terracotteninorustationen, mit denen Damophilos und Gorgasos das Heiligthum geschmückt hatten, soweit sie sich aus dem Feuer erhalten, sorgfältig eingerahmt und aufbewahrt⁴). Diese archaisirende Neigung äusserl sich auch in den damals von den Römern geübten Kunsträubereien. Die ältesten Nachrichten, welche bezeugen, dass archaische Bildwerke aus Griechenland nach Rom entführt wurden, weisen auf den Anfang des I. Jahrhunderts v. Chr. hin. Damals raubte Sulla das alte Elfenbeinidol der Athena Tritonias aus dem Tempel von Alalkomenai⁵). Eine Apollostatue des Kalamis wurde von M. Lucullus aus Apollonia am Pontus auf das Capitol versetzt⁶). Der Kunstraub des Verres⁷) und M. Antonius⁸) ging namentlich auf Statuen des Myron aus. Augustus versetzte die Athena Alea des Endolos aus Tegea an den Eingang seines Forums⁹). Derselbe Kaiser schmückte den Giebel des palatinischen Apollotempels mit Werken des Bupalos und Athenis; wie Plinius beifügt, befanden sich Sculpturen dieser Künstler an beinahe allen von August erbauten Tempeln¹⁰). Auf das Interesse, welches auch in weiteren Kreisen an Arbeiten der alten Schule von Chios genommen wurde, weist eine in der römischen Campagna gefundene Basis mit dem Namen des Bupalos hin¹¹). Das kaiserliche Rom muss eine Menge archaischer Kunstwerke enthalten haben. So waren zur Zeit des Plinius, abgesehen von bereits erwähnten Denkmälern, die Dioskuren des Hegias¹², ein Apoll des Kalamis¹³) und der Herakles des Myron in Rom aufgestellt¹⁴). Procopius¹⁵) sah daselbst die Kuh des Myron im

1. Overbeck, Schriftquellen p. 103 u. 553 ff.
2. VIII 3, 25. X 12, 3.
3) XXXV 17.
4) Varro bei Plin. XXXV 154.
5) Pausan. VIIII 33, 5.
6 Overbeck, Schriftquellen p. 95 u. 509 ff
7) Cic. in Verr. IV 43, 93. IV 3, 5.
8) Strabo XIV p. 637. Plin. XXXIV 55.
9) Pausan. VIII 46, 1.
10. Plin. XXXVI 13.
11' C. J. Gr. 6141. Vgl. Brunn, Gesch. d. gr. Künstl. I p. 41.
12) Plin. XXXIV 78.
13) Plin. XXXVI 36.
14. Plin. XXXIV 57.
15. de bell. goth. IV 21.

Friedenstempel. Eine beträchtliche Anzahl archaischer griechischer Sculpturen, darunter sogar Grabrellefs, sind auf römischem Boden gefunden. Mag es sich nicht entscheiden lassen, wann diese Sculpturen nach Rom gebracht wurden, so bezeugen die soeben angeführten Stellen, welche die Entführung an bestimmte Persönlichkeiten anknüpfen, genügend, dass diese Richtung des Kunstraubes gerade im letzten Jahrhundert der Republik und im Anfange der Kaiserzeit im Schwunge war. Auch wurden damals archaische Kunstwerke copirt. Zenodoros, der Künstler des neronischen Kolosses, fand Beifall durch die exacten Reproductionen zweier Becher des Kalamis[1]). Eine ganze Reihe von Copien archaischer Statuen, wie z. B. der Diskobol Massimi, dürfen mit hinlänglicher Sicherheit als Arbeiten unserer Periode betrachtet werden. Bei dieser Richtung des Geschmacks konnte sich Stephanos, dessen Thätigkeit im Wesentlichen unter die Regierung des August gefallen sein wird, wohl veranlasst fühlen, eine archaische Statue zu copiren. Dass diese Thätigkeit keineswegs gering geachtet wurde, bezeugt die Thatsache, dass sich ein angesehener Künstler, wie Zenodoros, herbeiliess, zwei Becher des Kalamis genau nachzuahmen, und dass gewisse Sculpturen der Neuattiker, wie wir später sehen werden, nichts Anderes waren, als Copien nach Schöpfungen der Blüthezeit der griechischen Kunst. Ausserdem hat man zu berücksichtigen, dass die Statue des Stephanos, falls sie eine Copie ist, wie die Stylisirung deutlich zeigt, nicht ein marmornes, sondern ein bronzenes Original reproducirt. Die Wiedergabe eines Originals in einem verschiedenen Stoffe erhöht aber die Schwierigkeit und somit das Verdienst der Copie.

Andererseits lässt sich die Möglichkeit nicht abläugnen, dass das der damaligen Zeit eigenthümliche Interesse und Verständniss für archaische Kunst von tiefer greifender Wirkung war. Die Schule eines gelehrten und reflectirenden Künstlers, wie Pasiteles, die sich der Naivität und präcisen Sauberkeit des archaischen Styls bewusst war, konnte darauf denken, diese Eigenschaften in freier Weise für die künstlerische Production zu verwerthen, sie mit der ihr zu Gebote stehenden Virtuosität der Durchführung zu verbinden und so ein eklektisches Verfahren einzuschlagen, welches die Vorzüge zweier weit auseinander liegender Stylepochen vereinigte. Dass die damalige Kunst bisweilen archaische Typen,

---

[1]) Plin. XXXIV 47. — Das Zeugniss des Lucian Jup. tragoed. 33, dass der archaische Hermes bei der Stoa poikile (Overbeck, Schriftquellen p. 88 n. 470 ff., Blümner, arch. Stud. zu Lucian p. 82) vom vielen Abformen ganz schwarz geworden wäre, lasse ich, weil es einer späteren Epoche angehört, vor der Hand ausser Betracht.

wenigstens in gewissen Motiven mit einer freieren Behandlung zum Vortrag brachte, bezeugt die Pallas aus Herculaneum [1], die in der ganzen Anordnung offenbar einen sehr alten Typus wiedergiebt, während die Bildung des Gesichts ungleich mildere und freiere Formen verräth. Auch die Vase des Sosibios [2], auf welcher die Gestalten des Hermes und der Artemis archaisch, die anderen Figuren aber im Sinne der freien Kunst gebildet sind, bietet eine zum Mindesten verwandte Erscheinung dar. Endlich könnte die Fassung der Inschrift an der Statue des Stephanos, in welcher derselbe seinen Schulzusammenhang mit Pasitoles hervorhebt, zu Gunsten der Annahme, der Künstler sei mehr als blosser Copist gewesen, geltend gemacht werden. Wenn Kekulé im Besondern annimmt, derselbe habe die Oberfläche seiner Statue in selbstständiger Weise behandelt, so bietet die Kunst der Kaiserzeit vielfache Belege eines entsprechenden Verfahrens dar. Oefters legt sie Typen, welche die ältere Kunst geschaffen hatte, zu Grunde, giebt ihnen jedoch durch veränderte Charakteristik der Oberfläche den Reiz der Neuheit. Da ich im Laufe der Untersuchung Gelegenheit haben werde, auf derartige Erscheinungen zurückzukommen, so begnüge ich mich hier an den Herakleistypus zu erinnern, der namentlich durch die farnesische Statue und durch den gegenwärtig im Museum zu Basel befindlichen Kopf [3] bekannt ist. Wie die Untersuchung des letztern gezeigt hat [4], ist dieser Typus spätestens in den letzten Jahrzehnten des 4. Jahrhunderts v. Chr. erfunden, und zwar scheint die neuerdings beobachtete Uebereinstimmung [5] seiner Formen mit denen eines vom Mausoleum stammenden Kopfes auf die zweite attische Schule hinzuweisen. Während in dem zu Basel befindlichen Herakleskopfe und in einigen anderen Repliken der Geist und das Formenprincip der griechischen Kunst des 4. Jahrhunderts gewahrt sind, hält der Künstler der farnesischen Statue, der jedenfalls der Kaiserzeit angehört, zwar die Composition des Typus fest, stattet ihn jedoch im Sinne einer späteren Geschmacksrichtung mit einer realistischen Behandlung der Oberfläche und einer übertriebenen Charakteristik physischer Kraft aus. Diese Erscheinung bietet eine schlagende Analogie zu der Bildungsweise, welche Kekulé

---

1) Denkm. d. a. K. I 10, 37. Die Artemis aus Pompei Denkm. d. a. K. I 10, 39, lasse ich unerwähnt, weil hier der Gegensatz nicht mit genügender Energie hervortritt.
2) Denkm. d. a. K. II 49, 602. Friederichs, Bausteine p. 451 n. 737.
3) Mon. dell' Inst. VIII 51, 35.
4) Ann. dell' Inst. 1869 p. 336 ff.
5) Bull. dell' Inst. 1872 p. 67.

in der Statue des Stephanos voraussetzt. Wenn in dieser und den ihr am Nächsten verwandten Marmorsculpturen der Contrast zwischen den archaischen Typen und der fortgeschrittenen Behandlung des Nackten nicht von allen Gelehrten anerkannt worden ist, so tritt derselbe mit der grössten Energie in der bronzenen zu Pompei gefundenen Apollostatue [1] hervor, welche Kekulé, mag auch die Bildung des Gesichtes verschieden sein, mit Recht einer der Statue des Stephanos verwandten Kunstrichtung zuschreibt. Hier bilden in der That die archaischen Principien, welche in der Anlage und dem Gesichtstypus ersichtlich sind, und die Behandlung des Nackten, die von einem raffinirten, ich möchte fast sagen pedantischen Studium zeugt, einen in die Augen springenden und höchst merkwürdigen Gegensatz. Es ist das bleibende Verdienst Kekulés, diese Thatsache durch eine eingehende Analyse entwickelt und deutlich gemacht zu haben. Wenn er aber, hierauf fussend, behauptet, die Behandlung des Nackten sei dem Künstler der Kaiserzeit eigenthümlich und von ihm auf einen archaischen Typus übertragen, so möchte ich bei der dürftigen Kenntniss, die wir von der individuellen Entwickelung der verschiedenen archaischen Style besitzen, vor der Hand mit einem beipflichtenden Urtheil zurückhalten. Es liegt in der Natur der Sache, dass die einzelnen Künstler in der Epoche des Ringens nach freier Darstellung nicht alle Seiten des Schaffens gleichmässig durchbildeten. So kam Myron in der Schilderung des lebendig bewegten menschlichen Körpers der Naturwahrheit nahe, behandelte dagegen das Haar in noch alterthümlicher Weise [2]. Es ist demnach die Möglichkeit nicht ausgeschlossen, dass ein Künstler, welcher jener Uebergangsepoche angehörte, in der Anlage und der physiognomischen Bildung seiner Gestalten archaische Principien festhielt, dagegen seine ganze Energie auf eine naturentsprechende Wiedergabe der Oberfläche concentrirte und somit zu einer studirten Darstellungsweise derselben gedieh, wie sie dem pompeianischen Apoll eigenthümlich ist. Die Kunst der Frührenaissance bietet einige ganz entsprechende Erscheinungen dar. Gewisse Gestalten des Donatello, namentlich der heilige Johannes in den Uffizien, sind in der Stellung gebunden, während die Behandlung des Nackten eine beträchtlich fortgeschrittene Richtung im naturalistischen Sinne verräth. Ein ähnlicher Gegensatz zeigt sich auf den Bildern des Lorenzo di Credi, wo die Anlage der Figuren unfrei, die Carnation und

---

[1] Mon. dell' Inst. VIII 13; Ann. dell' Inst. 1865 Tav. d'agg. C. Kekulé, die Gruppe des Menelaos Taf. III 1.
[2] Plin. XXXIV 58.

die Gewandung dagegen mit grosser Naturwahrheit behandelt sind. Dürfen wir endlich den Kallimachos zu der Gruppe der Künstler rechnen, welche die freie Entwickelung vorbereiteten, dann lassen die Nachrichten, welche über diesen κατατηξί-τεχνος vorliegen, auf eine studirte Behandlung des Nackten schliessen, welche vielleicht, wie bei dem pompeianischen Apoll, im Gegensatz stand zu der sonstigen Bildung der Gestalt[1]. Zugeben muss ich allerdings Kekulé, dass eine Charakteristik der Oberfläche, welche der des Apollo entspräche, bis jetzt bei einer sicher beglaubigten archaischen Sculptur noch nicht nachgewiesen ist. Doch haben wir zu bedenken, wie beschränkt unsere Kenntniss von der dem Pheidias unmittelbar vorhergehenden Kunstentwickelung ist, wie wenig wir von den Eigenthümlichkeiten selbst der bedeutendsten Meister, die derselben angehören, wissen. Ich glaube demnach, dass, bevor nicht unsere Anschauung der in jene Uebergangsepoche fallenden Stylindividualitäten an Vollständigkeit gewonnen hat, ein endgültiges Urtheil über diese vielfach erörterte Frage unmöglich ist.

Mag übrigens die schliessliche Entscheidung zu Gunsten Kekulés oder zu Gunsten Conzes ausfallen, jedenfalls ist die Richtung des Stephanos von älteren Leistungen abhängig. Sollte er auch, wie ersterer (Gelehrte annimmt, in gewissen Hinsichten selbstthätig verfahren sein, so hat er zum Mindesten den Gesichtstypus und die Stellung seiner Statue aus der archaischen Kunst entlehnt. Der Gesichtstypus ist derselbe wie bei der vaticanischen Statue der Wettläuferin[2]. Diese aber zeigt eine so vollendete Uebereinstimmung zwischen Gedanken und Form, dass sie unbedenklich für eine im Ganzen genaue Copie nach einem Originale betrachtet werden darf, welches in der Uebergangsepoche von der gebundenen zu der vollständig freien Entwickelung geschaffen wurde. Und da die Erscheinungsweise der vaticanischen Statue vollständig der Schilderung entspricht, welche Pausanias[3] von den Mädchen giebt, die in Olympia zu Ehren der Hera um die Wette liefen, so schliessen Friederichs[4] und Conze[5] mit Recht auf eine alte peloponnesische Schule. Die Auswahl des Typus aus einer solchen Entwickelung ist ganz im Geiste des Psalteles, dessen Kenntniss die Denkmäler des gesammten Erdkreises um-

---

1) Vgl. Bull. dell' Inst. 1870 p. 140 ff.
2) Mus. Pio-Cl. III 27.
3) Pausan. V 16, 3.
4) Bausteine p. 111 n. 91.
5) Beiträge p. 28.

II. Die ideale Sculptur.

fasste und der auch die dem archaischen Style eigenthümlichen
Vorzüge zu schätzen wusste.

Den Bemerkungen, welche Kekulé[1]) über den Stand der
Statue des Stephanos macht, kann ich nicht beipflichten. Wenn
er läugnet, dass derselbe den Principien des archaischen Styls
entspreche, und er darin Einflüsse der namentlich von Lysipp
ausgebildeten Ponderation erkennen will, so wird diese Annahme
durch eine Bronzestatue im Palazzo Sciarra[2]) widerlegt. Dieselbe schildert einen stehenden Epheben, der die Rechte vorstreckt, während der gegenwärtig grösstentheils restaurirte
linke Arm längs der Seite herabhing. Löcher, welche an dem
Kopf eingebohrt sind, weisen darauf hin, dass ursprünglich daran
ein aus einem besonderen Stücke gearbeiteter Kranz angebracht
war. Die vorgestreckte Rechte ist restaurirt. Es ist somit ungewiss, ob sie eine Schale hielt, wie es bei dem Epheben von
Pesaro[3]) der Fall gewesen zu sein scheint, oder ob sie ohne
Attribut, etwa zur Begleitung des Gebets, vorgestreckt war. Niemand wird diese Statue für eine eklektische oder archaisirende
Arbeit erklären. Nicht einmal die Annahme, dass sie eine genaue
Copie nach einem archaischen Originale sei, ist zulässig; denn
wir dürfen voraussetzen, dass nur Werke des entwickelteren
archaischen Styls copirt wurden, die durch ihre Eleganz und
Sauberkeit dem Geschmacke der römischen Epoche zusagten.
Der Ephebe Sciarra dagegen fällt mit seinen wuchtigen Proportionen, seiner zwar feinen, aber sehr befangenen Behandlung der
Oberfläche und der fast primitiv zu benennenden Charakteristik
des Haares entschieden vor dieses fortgeschrittenere Stadium und
erscheint in allen einzelnen Bestandtheilen so aus einem Gusse,
dass ich kein Bedenken trage, ihn, wie es bereits Michaelis gethan hat, für ein archaisches Original aus verhältnissmässig früher
Epoche zu erklären. Auch wird diese Statue demnächst in den
Monumenti des Instituts mit einigen anderen sicher beglaubigten
archaischen Typen zusammengestellt und hierbei gezeigt werden,
wie sie sich hinsichtlich der Behandlung der einzelnen Theile auf
das Organischste in die Entwickelung dieses Styles einreiht. Nun
entspricht die Stellung des Epheben Sciarra vollständig der der
Statue des Stephanos. Wenn daher jener eine archaische Arbeit
ist, so ergiebt sich mit Sicherheit, dass Stephanos die Ponderation seiner Figur nicht selbstständig erdachte, sondern aus der
archaischen Kunst entlehnte.

---

1. Die Gruppe des Menelaos p. 35 ff.
2. Vgl. Michaelis, archäol. Anzeiger 1863 p. 132.
3. Gal. di Firenze Ser. IV Band II 93 ff.

Ausserdem werden unter den Monumenten des Asinius Polio Appiades als Werke eines Stephanos angeführt[1]). Auch diese waren vermuthlich Copien oder Reproductionen eines älteren Kunstwerkes, der Appiades nämlich, welche die vor dem Tempel der Venus Genetrix befindlichen Wasserkünste schmückten[2]). Die Untersuchung der dritten Generation der Schule des Pasiteles beruht namentlich auf der Gruppe in Villa Ludovisi, welche inschriftlich bezeichnet ist als ein Werk des Menelaos, Schülers des Stephanos[3], in zweiter Linie auf einer dieser Gruppe verwandten weiblichen Gewandstatue idealen Charakters, die sich in Villa Pamfili befindet, und auf verschiedenen Portraitstatuen[4]). Welcker[5] hält es für denkbar, dass Menelaos ein älteres, vor die rhodische Schule fallendes Werk nachgebildet habe, und Conze[6] wirft die Frage auf, ob er nicht durch das Studium sepulcraler Gruppen, namentlich attischer Grabreliefs, bestimmt worden sei. Ausser von diesen beiden Gelehrten ist kein Zweifel gegen die Originalität der Gruppe Ludovisi geäussert worden. Und doch scheint, wenn wir uns in eingehender Weise von dem Kunstcharakter derselben Rechenschaft geben, dieser Zweifel sehr berechtigt. Die Auffassung ist ganz im Geiste der Kunst des fünften Jahrhunderts; die Figuren zeigen jene ethische Darstellungsweise, welche den unmittelbaren Ausdruck der Affecte zurückhält; die Jünglingsgestalt, deren Bedeutung untergeordneter Art ist, tritt nach Acht griechischem Kunstgebrauche mit kleineren Dimensionen auf. Dagegen entspricht die Ausführung vollständig dem Geiste der Epoche, in welcher Menelaos arbeitete. Weit entfernt von der grossartigen Einfachheit und frischen Ursprünglichkeit, wie sie Sculpturen aus der Blüthezeit der griechischen Kunst eigenthümlich sind, zeigt sie in der Behandlung der Gewänder ein reflectirtes, fast ängstliches Studium des Modells, in der Behandlung des Nackten eine glatte, elegante Darstellungsweise. Der Kopf der weiblichen Figur erinnert durch die grossartigen Züge und den gewaltigen Schädelbau an Typen des fünften Jahrhunderts, entbehrt jedoch der Klarheit und Schärfe derselben; unwillkürlich wird man an der Annahme geführt, dass in der That ein sol-

---

1 Plin. XXXVI 38.
2) Ovid a. a. I 79 ff. III 451 ff. rem. am. 659 ff. Vgl. O. Jahn, Ber. d. sächs. Ges. d. Wiss. 1862 p. 116 ff.
3 Kekulé, die Gruppe des Menelaos Taf. I.
4) Kekulé a. a. O. Taf. III 4, pag. 40 ff. Beizufügen ist eine in der Krim entdeckte weibliche Portraitstatue: Antiqu. du Bosph. Cim. Titelbild I p. 5.
5 Alte Denkm. V p. 85.
6 Zeitschrift für österr. Gymnasien 1870 p. 870.

cher Typus zu Grunde gelegt, jedoch durch die elegante Ausführung verflacht worden ist. Der Kopf des Jünglings verräth deutliche Reminiscenzen an die Bildung der Söhne der Niobe. Bei so verschieden gearteten Elementen darf man, wenn irgendwo, so gewiss bei der Gruppe des Menelaos ein eklektisches Verfahren voraussetzen. Wenn nicht der Künstler bei Anlage der Gruppe geradezu ein Vorbild aus der besten griechischen Kunstentwickelung zu Grunde legte, so wurde er wenigstens durch Studien oder Reminiscenzen älterer griechischer Motive bestimmt. Auf diese Grundlage übertrug er Bestandtheile aus verschiedenen Epochen der Kunst und brachte die auf diese Weise zurecht gemachte Composition mit der Technik seiner Epoche zum Vortrag. Wenn die Interpretation der Gruppe und die Benennung der dargestellten Personen den Gelehrten grosse Schwierigkeiten verursacht hat [1], so steht dies zum Mindesten nicht im Widerspruch mit dieser Annahme. Werke aus der Blüthezeit des fünften Jahrhunderts mit ihrer maassvollen, die Affecte andeutenden Behandlung entziehen sich vielfach dem Verständniss einer Zeit, die, wie die unsere, an einen unmittelbaren Ausdruck der Leidenschaft gewöhnt ist. Es hat lange genug gedauert, bis man sich über die Erklärung der Reliefs, welche die Trennung des Orpheus und der Eurydike darstellen [2], und des verwandten Reliefs mit der Befreiung der Theseus durch Herakles [3] geeinigt hat. Und die Schwierigkeit des Verständnisses muss sich steigern, wenn die alten Typen nicht mit dem klaren Ethos und der scharfen Bestimmtheit, die ihnen von Haus aus eigenthümlich ist, auftreten, sondern durch eine fremdartige Behandlung abgeschwächt und verflacht sind. Dass wir nicht im Stande sind, in der älteren Kunst die bestimmten Motive nachzuweisen, deren Einfluss bei Gestaltung der Gruppe des Menelaos maassgebend war, darf uns bei der Dürftigkeit unseres Denkmälervorraths nicht befremden. Dagegen können wir bei einer anderen Sculptur, welche dieser Gruppe nahe verwandt ist, der aus Herculaneum stammenden Portraitstatue einer jungen Römerin [4], die Existenz des ihr zu Grunde liegenden Motivs in der älteren Entwickelung nachweisen. Es findet sich nämlich bei einer aus Theben stammenden Terracotta [5], deren Arbeit jedenfalls vor die Kaiserzeit angesetzt werden muss [6].

---

1) Vgl. hierüber neuerdings Flasch, im Bull. dell' Inst. 1871 p. 190 ff.
2) Zoega, Bassiril. I 42.
3) Zoega, Bassiril. II 103. Vgl. Arch. Zeit. 1866 p. 255 ff.
4) Denkm. a. K. I 69, 373.
5) Elfis, Elgin marbl. II p. 122. Vgl. Friederichs, Bausteine p. 517 N. 617, 918.
6) Wenn Friederichs a. a. O. angiebt, dass sich das Motiv der

20 Kunstvermögen der griechisch-römischen Epoche.

Noch muss ich, ehe ich mit der Betrachtung der Schule des
Pasiteles abschliesse, einer Vermuthung Kekulés[1] gedenken,
welcher die namentlich durch die capitolinische Replik bekannte
Bronzestatue des sogenannten Camillus mit dieser Schule in Verbindung bringt. Kekulé sucht nach einem Uebergangsgliede zwischen der strengen Richtung, wie sie in der Statue des Stephanos
herrscht, und der milden und gefälligen Bildungsweise, die der
Gruppe des Menelaos eigenthümlich ist, und findet dasselbe in
dem Typus des Camillus[2], welcher in der Stellung mit der
Statue des Stephanos, in der Behandlung des Gewandes mit der
Elektra in Neapel stimmt. Wiewohl es bei dem eklektischen
Charakter der Schule ungewiss bleibt, ob wir in der That eine
regelmässig fortschreitende Entwickelung voraussetzen dürfen,
so glaube ich doch, dass die Statue des Camillus zum Wenigsten
in der Epoche, mit der wir uns gegenwärtig beschäftigen, gestaltet ist: denn die grosse Eleganz der Durchführung, dabei
aber der Mangel an Frische und Leben sind ganz in ihrem
Geiste. Ob dagegen dieser Typus als eine von älteren Leistungen
vollständig unabhängige Neuschöpfung zu betrachten sei, ist
sehr ungewiss. Jedenfalls geht Friederichs[3] zu weit, wenn er
behauptet, derselbe könne nur unter der Anschauung ächt
römischen Cultus gestaltet sein. Allerdings sind die Camilli
auf Denkmälern, welche römische Opfer schildern, ganz ähnlich
charakterisirt[4], und zweifele ich nicht, dass ein Römer die
in Rede stehenden Statuen als Camilli bezeichnet haben würde.
Doch bleibt zu entscheiden, in wie weit die eigenthümliche
Erscheinungsweise dieser Jünglinge national, in wie weit sie
durch griechische Einflüsse bedingt war. Bekanntlich wirkte
im Laufe der Zeit das Griechenthum wie auf die römische Religion, so auch auf die äussere Ausstattung des Cultus, wie
denn in Rom eine Menge heiliger Handlungen geradezu graeco

gleichzeitig zu Herculaneum entdeckten matronalen Portraitstatue an
einer bosporanischen Terracotta vorfinde, so irrt er. Diese (Antiqu.
du Bosph. Clm. Titelbild I p. 5; ist keine Terracotta, sondern eine
Marmorstatue, deren Ausführung ungefähr auf dieselbe Zeit hinweist,
wie die der herculaner Statuen.
1 Die Gruppe des Menelaos p. 39.
2' Righetti II museo del Camp. I 33, Kekulé a. a. O. Taf. III 3 ;
Mus. Borb. VI 8; Clarac 770. 1017; Clarac 770 E, 1917 A.
3 Bausteine p 197.
4) Darauf, dass der Figur der Kranz und das Ricinium fehlt,
welche den römischen Camilli auf einigen Denkmälern eigenthümlich
sind Clarac 218, 310, Mon. dell' Inst. VI 13; vgl. Ann. dell' Inst.
1864 p. 10), will ich kein Gewicht legen, da es auch dem Künstler der
Kaiserzeit frei stand, die Erscheinung aus ästhetischen Gründen zu
vereinfachen.

II. Die ideale Sculptur.

ritu ausgeführt wurden[1]. Den römischen Camilli entsprachen in dem griechischen Cultus die παῖδες ἀμφιθαλεῖς und νεωκόροι. Von den Griechen[2], wie von den Römern[3], wurden an diese bei dem Cultus dienstbaren Jünglinge dieselben Anforderungen gestellt. In Athen, wie in Rom hielt man darauf, dass sie schön von Gestalt, von tadellosem Wandel und aus guter Familie waren. Diese Verwandtschaft der Begriffe musste nothwendiger Weise dazu führen, dass auch die künstlerische Gestaltung, mochte nun ein Neokore oder ein Camillus dargestellt werden, beiderseits gewisse gemeinsame Grundzüge enthielt. Wenn daher bereits die von römischen Einflüssen unberührte, rein griechische Kunst solche Typen aus dem gleichzeitigen Cultus gestaltet hatte, so konnten dieselben von Künstlern der griechisch-römischen Epoche, bei Schilderung der Camilli zu Grunde gelegt werden. Jedenfalls ist dies auch bei dem Camillus, mit dem wir uns gegenwärtig beschäftigen, wenigstens hinsichtlich der Grundzüge, der Fall gewesen. Die Stellung der Arme und Beine nämlich, wie sie dieser Figur eigenthümlich ist, findet sich bereits bei der archaischen Ephebenstatue im Palazzo Sciarra, deren Handlung, wie wir oben gesehen, der des Camillus zum Mindesten nahe verwandt gedacht werden muss. In beiden Typen ist das Grundschema dasselbe; doch ist es bei dem Camillus mit einem fortgeschritteneren Style zum Vortrag gebracht und ist im Sinne einer späteren, die Wirklichkeit in höherem Grade berücksichtigenden Kunst die ideale Nacktheit der Bekleidung mit dem Chiton gewichen. Allerdings ist der Abstand zwischen den beiden Vortragsweisen ein sehr beträchtlicher und wäre der Camillus, wenn sein Meister dabei nur eine Figur, wie den Sciarraschen Epheben, zu Grunde legte, wegen des vollständig verschiedenen Geistes, der darin massgebend ist, in der That als eine Neuschöpfung zu betrachten. Doch müssen wir in dieser Hinsicht bei der Lückenhaftigkeit unserer Monumentalkenntniss mit dem Urtheil vorsichtig sein. Die griechische Kunst hat solche Jünglinge, sei es dass sie beten, sei es dass sie libiren, sei es dass sie bei dem Tempeldienst Handreichung leisten, oft, zu verschiedenen Zwecken und in den verschiedensten Stadien ihrer Entwickelung gebildet. Der älteste Typus dieser Art, den wir kennen und der einer noch älteren Periode angehört, als die Statue Sciarra, ist die bekannte griechische Bronzefigur im Louvre[4]. Aus späterer

---

[1] Vgl. Becker-Marquardt, Handb. d. röm. Alterth. IV p. 51, 54, 74, 175, 325, 468.
[2] Stark, Lehrb. der gottesdienstl. Alterth. §. 36 p. 221 ff.
[3] Becker, Gallus II p. 22.
[4] Mon. dell' Inst. I 58.

22 Kunstvermögen der griechisch-römischen Epoche.

Zeit stammt das Original des Epheben von Pesaro, der aller Wahrscheinlichkeit nach in der ausgestreckten Rechten eine Schale hielt, also libirte[1]). Der Kopf desselben verräth ein im Ganzen dem polykletischen Typus entsprechendes, doch weniger grossartiges und strenges Bildungsprincip, wird also vermuthlich einer jüngeren Richtung der peloponnesischen Schule zuzuweisen sein. Hierzu kommt noch die bei Virunum in Kärnten gefundene Bronzestatue[2], eines Jünglings, der die Rechte, wie es scheint betend, ausstreckt. Endlich bezeugen uns die pompeianischen Architekturmalereien, in denen Jünglinge, welche mit Cultushandlungen beschäftigt sind, unendlich oft auftreten, die Fülle derartiger Motive, über welche die Kaiserzeit verfügte. Unter solchen Umständen lag es dem Künstler, welcher den Camillus gestaltete, sehr nahe, nicht nur das Grundschema seiner Figur, wie wir bestimmt nachweisen können, sondern auch andere Bildungselemente aus der Menge der vorliegenden Typen zu entlehnen.

Die Ueberlieferung[3]) über den Bildhauer Arkesilaos, der zur Zeit Caesars thätig war, berichtet Züge, welche zum Theil mit den Angaben über die Thätigkeit des Pasiteles übereinstimmen. Auch bei Arkesilaos tritt die Feinheit der Durchführung besonders in den Vordergrund. Ihretwegen wurden, wie Varro berichtet, seine Thonmodelle besonders geschätzt, wie ihm denn der Ritter Octavius für das Modell eines Kraters ein Talent zahlte. Das Streben, seine Werke genau durchzubilden, scheint die Productivität des Künstlers beeinträchtigt zu haben. Seine Venus Genetrix wurde nicht rechtzeitig, seine Felicitas gar nicht vollendet. Ausserdem wird von ihm eine im Besitze des Varro befindliche Marmorgruppe erwähnt: »eine Löwin und geflügelte Amoren, die mit ihr spielen, indem einige sie gefesselt halten, andere sie aus einem Horne zu trinken zwingen, noch andere ihr Socken anlegen; alles aus einem Marmorblocke«. Endlich sind ihm aller Wahrscheinlichkeit nach auch die Nymphen tragenden Kentauren beizulegen, die Plinius[4]) als dem Asinius Pollo gehörig anführt. Versuchen wir diese Angaben mit erhaltenen Denkmälern in Beziehung zu setzen, so gedenken wir bei dem

---

1) Gal. di Firenze Ser. IV Band II 93 ff.
2) v. Sacken, die ant. Bronzen des Müns- und Antikencab. in Wien I Taf. 21, 22. Vgl. Conze, Zeitschr. für Österr. Gymn. 1871 p. 629 ff. — Die Figuren, welche mit erhobenen Händen beten, lassen wir, da ihre Bewegung eine verschiedene ist, an dieser Stelle ausser Betracht.
3) Plin. XXXV 155. XXXVI 33, 41.
4) Plin. XXXVI 33. Vgl. Brunn, Gesch. d. gr. Künstl. I p. 601.

II. Die ideale Sculptur. 23

Berichte über die von Eroten umspielte Löwin unwillkürlich dreier Mosaike, von denen eines aus Pompei stammt, welche einen Löwen in einer ganz entsprechenden Situation darstellen[1]), und werden wir durch die Kentauren, welche Nymphen tragen, an die wundervollen Malereien verwandten Inhalts erinnert, die sich in Pompei, in der sog. Villa des Cicero, gefunden haben[2]. Dürfen wir vermuthen, dass diese Mosaike und Wandbilder irgendwie durch die Gruppen des Arkesilaos bedingt und etwa Reproductionen derselben sind? Erwägen wir unbefangen den Charakter jener Compositionen, so ist die, welche das von Eroten umspielte Raubthier darstellt, von Haus aus jedenfalls geeigneter, durch die Malerei als durch eine Marmorgruppe zur Darstellung gebracht zu werden, und drückt die in den Mosaiken geschilderte Situation, die Bändigung eines Löwen durch Eroten, den Gedanken in natürlicherer Weise aus als die Gruppe des Arkesilaos, in der statt des Löwen eine Löwin auftrat. Die Composition der pompeianischen Wandmalereien ist von solcher Kraft und Ursprünglichkeit und dabei so ächt malerisch, dass die Annahme, sie seien aus den Sculpturen des Arkesilaos übertragen, vollends ganz unzulässig scheint. Unter solchen Umständen scheint die Frage berechtigt, ob nicht die plastischen Gruppen des Arkesilaos einerseits und die Mosaike und Wandmalereien andererseits von einander vollständig unabhängig, aber beide durch gemeinsame Originale angeregt sind. Nach Inhalt und Auffassung wäre es das Nächstliegende, den Ursprung dieser Originale in der Malerei der Diadochenperiode vorauszusetzen. Und wenn, wofür alle Wahrscheinlichkeit spricht, der Toreut Akragas in diese Periode gehört[3]), so bezeugen uns seine beiden Skyphoi, auf denen Kentauren und Bakchantinnen ciselirt waren[4]), dass die damalige Kunst ähnliche Stoffe darstellte, wie sie von Arkesilaos plastisch und in der pompeianischen Villa malerisch behandelt wurden. Der richtige Maassstab zur Beurtheilung des Sachverhalts wird sich erst aus dem ganzen Zusammenhange der Untersuchungen ergeben, welche in diesem Buche niedergelegt sind, und vielleicht wird sich schliesslich, was ich jetzt frageweise angedeutet, als eine berechtigte Vermuthung herausstellen.

---

1) Mus. Borb. VII 61 = Zahn, die schönst. Orn. II 93; Mus. capitolin. IV 19 = Millin, gal. myth. 118, 454; Bull. nap. (n. s.) IV Tav. 2 p. 36.
2) Helbig, N. 498 ff.
3) Vgl. Brunn, Gesch. d. gr. Künstl. II p. 399.
4) Plin. XXXIII 155.

Die Venus Genetrix des Arkesilaos scheint von Reifferscheid[1] richtig in dem Typus erkannt worden zu sein, der die Göttin würdig bekleidet und mit Amor auf der Schulter darstellt. Leider reichen die Denkmäler, auf denen er vorkommt, zu einer eingehenderen Würdigung seines künstlerischen Inhaltes nicht aus. Doch kann ich nicht umhin, auf die Vermuthung jenes Gelehrten hinzuweisen, dass Arkesilaos bei der Gestaltung der Venus Genetrix an den Typus der in Campanien verehrten Venus felix, oder felica anknüpfte. Der Gedanke, der Liebesgöttin den Eros auf die Schulter zu setzen, rührt, da er auf vielen älteren Denkmälern vorkommt[2], jedenfalls nicht von Arkesilaos her.

Die Felicitas des Arkesilaos mag hinsichtlich der Durchführung eine vortreffliche Arbeit gewesen sein. Sind wir jedoch berechtigt, nach den erhaltenen Statuen derartiger Personificationen auf den geistigen Inhalt seines Werkes zu schliessen, so dürfen wir denselben nur sehr gering veranschlagen. Alle diese Figuren sind aus älteren Typen abgeflacht und ihr Verständniss beruht, da die Kunst nicht mehr fähig ist, den Gedanken durch eigenthümliche Formen auszudrücken, im Wesentlichen auf den ihnen beigefügten Attributen.

Eine eingehendere Besprechung des Kunstcharakters der neuattischen Schule ist überflüssig, da sich der Untersuchung, welche Brunn[3] diesem Gegenstande gewidmet hat, kaum wesentlich neue Gesichtspunkte beifügen lassen. Die Zahl der Denkmäler, wo die Benutzung älterer Vorbilder nachgewiesen werden kann, ist innerhalb dieser Schule so bedeutend, dass die wenigen Sculpturen, wie der Heraklestorso des Apollonios, bei denen uns die Ueberlieferung keinen derartigen Schluss verstattet, kaum in das Gewicht fallen. Die Bronzeherme des Apollonios, des Sohnes des Archias[4], ist die Copie eines polykletischen Typus. Sollten die Karyatiden im Braccio nuovo und im Palazzo Giustiniani auch nicht vom Pantheon stammen und demnach nicht von Diogenes gearbeitet sein[5], so gehören sie jedenfalls in unsere Epoche und ist das Zurückgreifen auf Typen der Blüthezeit ganz im Geiste der neuattischen Schule: sie sind nach den Karyatiden des

1) Ann. dell' Inst. 1863 p. 362 ff.
2) Auf attischen Vasen: Stackelberg, Gräber d. Hell. 29, Denkm. d. a. K. II 27, 206, auf der Theke von Paramythia: Millingen anc. uned. mon. II 12, in unteritalischen Terracotten: Gerhard, ant. Bildw. Taf. 18, Panofka, Terracotten des Berl. Mus. Taf. 23, Millingen, anc. uned. mon. II 19, 20.
3) Gesch. d. gr. K. I p. 559 ff.
4) Bronzi d'Ercolano I tav. 45, 46 p. 161, 163.
5) Vgl. hierüber Arch. Zeit. 1868 p. 230, 251 und Adler, das Pantheon p. 13.

Erechtheion copirt. Der sogenannte Germanicus des Kleomenes[1] giebt das Motiv eines alten Hermestypus wieder[2]. Dem Herakles des Glykon liegt ein Typus zu Grunde, welcher im vierten Jahrhundert, vermuthlich von der zweiten attischen Schule, erfunden wurde; eigenthümlich ist dem Bildhauer der Kaiserzeit nur die naturalistische Durchführung und der übertriebene Ausdruck physischer Kraft[3]. Die mediceische Venus des Kleomenes gehört zu den Typen, welche allmählig aus der knidischen Aphrodite des Praxiteles abgeleitet wurden. Brunn[4] hebt richtig hervor, wie sie in der Stellung der Füsse kaum von der knidischen abweicht, wie sie die Haltung des rechten Armes mit der troischen, beider Arme mit der capitolinischen gemein hat. Allerdings ist in dieser Statue die Charakteristik eines feinen sinnlichen Reizes weiter entwickelt als in den übrigen uns bekannten Typen und ist es dem Künstler gelungen, durch geringe Abänderungen zu einer gewissen Selbstständigkeit der Auffassung durchzudringen. Immerhin jedoch hat er sich in der Idee wie in der Anlage des Ganzen an ältere Vorbilder angeschlossen. Allgemein anerkannt ist es endlich, dass die Thespiaden des Kleomenes Copien oder Reproductionen der Thespiaden des Praxiteles waren[5]. Hinsichtlich der Gefässe des Salpion und des Sosibios verweise ich auf die Besprechungen von Brunn[6] und von Friederichs[7]. Sie zeigen, wie bei derartigen Aufgaben, denen sich in unserer Epoche bisweilen auch namhafte Künstler, wie Arkesilaos, unterzogen, allenthalben Motive der älteren Kunst compilirt wurden. Somit lässt sich die Unselbstständigkeit der neuattischen Schule als eine sicher festgestellte Thatsache betrachten. Hinsichtlich der Composition befinden sich diese Künstler fast durchaus in Abhängigkeit von früheren Leistungen; höchstens bringen sie durch geringe Abänderungen des Vorliegenden eine neue Nuance hervor. Im Wesentlichen ist es die Durchführung, worin sie selbstständig thätig sind und durch welche sie den aus der älteren Kunst entlehnten Motiven einen neuen Reiz verleihen.

Unter den erhaltenen Werken kleinasiatischer Kunst gehören der Fechter des Agasias von Ephesos und die Apotheose des

---

1) Denkm. d. a. K. I 50, 225.
2) Braun, Vorschule 97. Denkm. d. a. K. II 29, 316.
3) Vgl. Ann. dell' Inst. 1868 p. 336 ff. Bull. dell' Inst. 1872 p. 68.
4. Gesch. d. gr. Künstl. I p. 562.
5) Brunn a. a. O. I p. 545; O. Jahn, Ber. d. sächs. Ges. d. W. 1861 p. 116.
6. Gesch. d. gr. Künstl. I p. 550, 561.
7) Friederichs, Bausteine p. 451 n. 737.

Homer, eine Arbeit des Archelaos von Priene, in unsere Periode. Ich bin ausser Stande, der Untersuchung, welche Brunn[1] diesen Werken gewidmet hat, neue Gesichtspunkte beizufügen. Mag die Frage, ob der Fechter zu einem grösseren Ganzen gehörte oder als Einzelfigur gearbeitet ist, noch nicht endgültig entschieden sein[2], so ist es doch offenbar, dass diese Statue eines höheren geistigen Inhalts entbehrt. Auch zeigen die unedlen Züge des Kopfes deutlich, dass der Künstler gar nicht daran dachte, die Gestalt über das Bereich der gemeinen Natur zu erheben. Das wesentliche Verdienst des Agasias beruht auf dem künstlerischen Machwerk, auf dem Raffinement, mit dem er das anatomische Detail zur Anschauung zu bringen verstand. In der Apotheose des Homer herrscht jene reflectirende, mit Symbolen und Personificationen operirende Richtung, welche seit der Alexanderepoche in der griechischen Kunst Eingang fand. Wiewohl wir bei der Lückenhaftigkeit unserer Kenntnisse nicht überall im Stande sind, das zu Grunde liegende Original nachzuweisen, so berechtigt uns doch die beträchtliche Anzahl von Figuren, welche sich deutlich als Reminiscenzen älterer Typen herausstellen, zu der Annahme, dass Archelaos in der Erfindung seiner Composition keineswegs selbstständig verfuhr.

Zu einem entsprechenden Resultate gelangen wir durch die Betrachtung einiger Kunstwerke, die sich zwar nicht auf bestimmte Meister zurückführen lassen, deren Entstehung aber immerhin mit hinreichender Sicherheit der Epoche zugeschrieben werden darf, mit der wir uns gegenwärtig beschäftigen.

In einer grösseren Anzahl von Repliken kehrt eine Statuengruppe[3] wieder, welche Venus den Mars umarmend darstellt. Aller Wahrscheinlichkeit nach hat man diese Gruppe in Beziehung zu setzen mit dem Bilderschmucke des im Jahre 2 v. Chr. von Augustus geweihten Tempel des Mars Ultor. Hier waren die Statuen des Mars und der Venus zusammengestellt; ob als Einzelstatuen oder als Gruppe, ist allerdings nicht ausdrücklich überliefert, wiewohl, wenn wir die betreffenden Verse des Ovid[4] im strengsten Sinne nehmen, die letztere Annahme wahrscheinlicher ist. Sollte dies auch nicht der Fall sein und die Statuengruppe nichts mit den Bildsäulen des Marstempels zu thun

---

1) Gesch. d. gr. Künstl. I p. 577 ff. Vgl. Friederichs, Bausteine n. 651, 736.
2) Nach den Bemerkungen von Friederichs, Bausteine p. 402, scheint die letztere Annahme die wahrscheinlichere.
3) Die Repliken sind zusammengestellt von O. Jahn, Ber. d. sächs. Ges. d. Wiss. 1861 p. 126.
4) Trist. II 296: Stat Venus Ultori luncta.

II. Die ideale Sculptur. 27

haben, so lässt sich immerhin soviel mit Sicherheit annehmen, dass sie dem Interesse, mit dem das iulische Kaiserhaus den vereinigten Cult der beiden Gottheiten pflegte, ihren Ursprung verdankt und somit unserer Epoche zuzuschreiben ist. Beide Gestalten dieser Gruppe geben Motive der älteren griechischen Kunst wieder. Die Venus ist nach dem bekannten Typus der den Schild vor sich haltenden Göttin copirt; jedoch halten ihre Arme nicht den Schild, ruhen vielmehr auf dem vor ihr stehenden Kriegsgotte[1]. Dieser wiederum ist nach einem älteren Vorbilde gestaltet, dessen beste Replik in einer im Louvre befindlichen Statue[2] vorliegt und dessen Ursprung die Verfasser des Kataloges des lateranischen Museums in einer jüngeren Richtung der peloponnesischen Schule annehmen[3]. Also ist diese Gruppe recht eigentlich aus zwei von der älteren Kunst überlieferten Motiven zusammengearbeitet.

Eines der bedeutendsten Werke unserer Epoche ist die unter dem Namen der Thusnelda bekannte Statue in der Loggia dei Lanzi zu Florenz[4]. Mögen die Schulen von Pergamos und der Griechenstädte am Schwarzen Meere hinsichtlich der Ausprägung von Barbarentypen den Weg gezeigt, mag die Kunst der Diadochenperiode vielfach auch Personificationen von besiegten Barbarenvölkern und -städten gebildet haben, so ist die Charakteristik der in der florentiner Statue personificirten Nation, falls dieselbe richtig als Germania erkannt worden ist, sicher das Verdienst der römischen Epoche. Erwägen wir das Verfahren, durch welches der Künstler diese Charakteristik erzielte, so hat er offenbar Eigenthümlichkeiten, welche in der Wirklichkeit bei den Frauen des zu personificirenden Stammes vereinzelt und mehr oder minder getrübt vorkommen, gesichtet, gesteigert und zu einem die ganze Gattung bezeichnenden Typus zusammengefasst. Dass aber die Kunst der Kaiserzeit, wenn sie, wie es hier der Fall ist, auf realer Grundlage fusste, Tüchtiges zu leisten fähig war, ist allgemein anerkannt. Die vortreffliche ethnische Charakteristik, welche wir an der florentiner Statue bewundern, läuft somit dem Maasse des Vermögens, welches ich der gleichzeitigen Kunst zuerkenne, keineswegs zuwider. Dagegen ist es für die Grenzen der Fähigkeit des Künstlers in hohem Grade bezeichnend, dass er die grossartige und ächt monumentale Anlage seiner Statue nicht selbstständig erfand, son-

---

[1] Vgl. O. Jahn a. a. O. p. 120.
[2] Clarac pl. 263; Braun, Kunstmythol. Taf. 85.
[3] Benndorf und Schöne, Bildw. d. lat. Museum p. 60 n. 127.
[4] Mon. dell' Inst. III 28. Vgl. Brunn, Gesch. d. gr. K. I p. 453. Friederichs, Bausteine p. 503 n. 609.

dern aus der älteren Entwickelung entlehnte. Das Motiv der Germania kommt auf älteren Kunstwerken öfters bei trauernden Frauengestalten vor und findet sich in einer der florentiner Statue am Meisten entsprechenden Behandlung bei der Figur der trauernden Penelope auf Spiegelkapseln [1]).

Schliesslich sei hier noch einiger Motive gedacht, von denen es feststeht, dass sie im Anfange der Kaiserzeit geläufig waren, während allerdings die Möglichkeit vorliegt, dass ihre Gestaltung einige Generationen früher erfolgte. Auch sie sind unter Benutzung älterer Typen entstanden und können daher in den Kreis dieser Untersuchung gezogen werden; denn, sollte ihre Ausbildung vor die Kaiserzeit fallen, dann würde sich in Uebereinstimmung mit anderen Resultaten ergeben, dass die Abnahme der Productivität und das Benutzen älterer Vorbilder bereits der vorhergehenden Entwickelung eigenthümlich sind.

Hierher gehört die auf Reliefs, Lampen, Gemmen und Münzen unendlich oft wiederkehrende Gruppe, welche den Aeneas darstellt, wie er den Anchises davonträgt [2]). Jedenfalls wurde diese Gruppe erst gestaltet, nachdem der troische Ursprung Roms officiell anerkannt war; vielleicht ist sie nicht älter, als die augusteische Epoche. Einen bestimmten chronologischen Anhaltspunkt giebt uns der Umstand, dass eine solche Gruppe aus Terracotta in Pompei gefunden [3]) und dass der Gegenstand derselben auf einem herculaner Gemälde [4]) karikirt ist. Auch hier nehmen wir die Benutzung älterer griechischer Motive wahr. Der eine der katanäischen Brüder, welcher seinen Vater rettet, ist auf Münzen von Katana [5]) und auf Denaren des Münzmeisters M. Herennius [6]) und des S. Pompeius [7]) in ganz ähnlicher Weise gebildet. Der römische Künstler hat das griechische Motiv mit einer verschiedenen Charakteristik durchdrungen und an die Stelle des nackten Hellenen den gewappneten Aeneas gesetzt.

Der Typus der auf den Schild schreibenden Nike ist aus der den Schild haltenden Aphrodite abgeleitet. Nicht nur die Stellung, sondern selbst der Faltenwurf des um die Hüften geschlagenen Obergewandes ist festgehalten [8]). Wann diese Ab-

---

1) Mon. dell' Inst. VIII 47.
2) Vgl. Arch. Zeit. 1872 p. 120 ff.
3) Sie befindet sich gegenwärtig im Museum zu Pompei. Vgl. Arch. Zeit. 1872 p. 120, Anm. 33.
4) Helbig N. 1380.
5) Paruta et Augustini Sicilia numismatica (sind. Havercampi) Tav. XXXI ff.
6) Cohen, monn. de la rép. rom. pl. XVIIII p. 149 n. 1.
7) Cohen a. a O. pl. XXXIII n. 5. 9.
8) Vgl. O. Jahn, Ber. d. sächs. Ges. d. Wiss. 1861 p. 125.

leitung Statt hatte, lässt sich nicht mit Sicherheit bestimmen. Da die prachtvolle Bronzereplik in Brescia¹) in dem Charakter der Durchführung deutlich mit den besten in den campanischen Städten entdeckten Bronzen übereinstimmt, so liegt die Annahme nahe, dass sie zur Zeit der flavischen Kaiser gearbeitet und von Haus aus zur Ausschmückung des von Vespasian errichteten Gebäudes bestimmt war, unter dessen Ruinen sie entdeckt wurde²). Jedenfalls war dieser Typus in traianischer Epoche allgemein bekannt, wie der Umstand beweist, dass er auf der Traianssäule als monumentaler Ruhepunkt zwischen den Schilderungen der beiden dacischen Kriege angebracht ist³).

Oefters kehrt in den Museen eine sitzende Knabengestalt wieder, bald ohne Attribute, bald mit denen der Hirten oder Fischer ausgestattet. Die Terracottenfigur eines solchen Knaben, welche in Pompei gefunden wurde und sich gegenwärtig in dem dortigen Museum befindet, beweist, dass diese Darstellung bereits zur Zeit der flavischen Kaiser geläufig war. Auch hier ist ein Motiv der älteren griechischen Kunst verarbeitet, die auf attischen Grabreliefs häufig vorkommende Figur des trauernd hinter dem Herrn sitzenden Sklaven⁴), die in der Anlage festgehalten, jedoch mit veränderter Charakteristik und verschiedenen Attributen dargestellt ist.

Der bei der Kirche S. Maria sopra Minerva gefundenen Statue des Tiber⁵) gedenke ich an dieser Stelle nur, weil die unbefangene Würdigung derselben die Streitfrage über die Zeit, in welcher ihr Gegenstück, die Statue des Nil⁶), erfunden wurde, zu Gunsten der Ptolemaierepoche entscheidet. Jeder unparteiische Beobachter wird zugestehen, dass der Kunstgehalt der letzteren dem in der Statue des Tiber gebotenen beträchtlich überlegen ist. Die Charakteristik des Nil als Flussgottes ist, wie Friederichs⁷) in sehr feiner Weise analysirt, in der Stellung, in den Formen des Körpers und in dem Ausdrucke des Gesichts vortrefflich durchgeführt; die kolossale Gestalt, umspielt von den Putti, bietet ein Bild voll des bewegtesten Lebens und reich an fein berechneten Gegensätzen. Wie es sich mit der Individualisirung der Gestalt des Tiber verhält, wage ich nach den Abbil-

---

1) Museo Bresciano Taf. 35 ff.
2) Museo Bresciano p. 23.
3) Bartoli und Bellori, colonna trajana Taf. 58. Fröhner, colonne trajane p. 120.
4) Vgl. Stephani, der ausruhende Hercules p. 40.
5) Mus. Pio-Cl. I 38.
6) Mus. Pio-Cl. I 37.
7) Bausteine p. 434 n. 719.

dungen nicht zu beurtheilen. Jedenfalls aber ist die Gesammterscheinung dieser Statue, verglichen mit der des Nil, kahl und dürftig. Somit begreife ich nicht, wie Friederichs, welcher die Vorzüge der Statue des Nil mit so feinem Verständnisse würdigt, eine Uebereinstimmung derselben mit der des Tiber wahrnimmt und, weil die letztere in römischer Epoche gestaltet ist, auch die Erfindung des Nil in derselben Zeit ansetzt. Bei dem Unterschiede des Erfindungsvermögens, welches sich bei Vergleich der beiden Statuen herausstellt, ist der entgegengesetzte Schluss ungleich berechtigter, dass nämlich, wenn die Statue des Tiber in römischer Epoche zurecht gemacht ist, der Typus des Nil aus einer reicher begabten Kunstentwickelung stammt, welche wir nach dem Gegenstande und der Auffassung desselben mit hinlänglicher Sicherheit in der Ptolemäerepoche ansetzen dürfen.

Das Portrait des ersten Jahrhunderts der Kaiserzeit ist durch mehrere sehr bedeutende Leistungen vertreten und die Gelehrten, welche dieser Epoche einen hohen Grad künstlerischer Productivität zusprechen, haben nicht ermangelt, dieselben als Bekräftigung ihrer Ansicht geltend zu machen. Dass die damalige Kunst die Züge der darzustellenden Persönlichkeiten in treffender Weise wiederzugeben verstand, wird Jedermann anerkennen. Doch beweisen gelungene Leistungen in dieser Richtung keineswegs, dass die Kunst befähigt war, im höheren Sinne poetisch zu schaffen. Allerdings lässt die Anlage der Portraitstatuen der Kaiserzeit beim ersten Anscheine auf eine solche Befähigung schliessen. Sie sind durchweg klar gedacht und schön gestellt oder gesetzt und machen, was die Conception betrifft, mit wenigen Ausnahmen einen ächt monumentalen Eindruck. Die Anordnung der Gewänder ist übersichtlich und geschmackvoll, Vorzüge, welche selbst bei einer mittelmässigen Ausführung in die Augen springen. Doch fragt es sich, ob diese Typen in der Kaiserzeit erfunden oder aus der älteren Kunst entlehnt sind. Versuchen wir es, uns hierüber ein Urtheil zu bilden, so macht sich, wenn irgendwo, so hier die Lückenhaftigkeit unserer Denkmälerkunde fühlbar. Und namentlich ist es zu beklagen, dass wir von der Kunst der Diadochenperiode, die nachweislich auf dem Gebiete der Portraitdarstellung die vielseitigste Thätigkeit entfaltete, so gut wie nichts wissen. Jedenfalls ist es ein bezeichnender Zug der Portraitkunst der Kaiserzeit, dass sie sich in der Regel begnügt, die Aehnlichkeit in den Köpfen wiederzugeben, auf die Individualisirung der Gestalt dagegen verzichtet. Die Torsen der statuae loricatae wurden auf Vorrath gearbeitet und vielfach von anderer Hand mit dem betreffenden Portrait-

II. Die ideale Sculptur. 31

kopf ergänzt¹). Das dem Zeustypus nachgebildete Motiv, welches die Kaiser sitzend, mit nacktem Oberkörper und um die Schenkel gebreitetem Mantel, darstellt, ist bei einer ganzen Reihe von Statuen verschiedener Kaiser dasselbe. Die Behandlung der Körper abstrahirt fast immer von einer individuellen Charakteristik. Unter den Statuen dieser Art, die ich im Originale kenne, wüsste ich nur als Ausnahme nur den vaticanischen Nervatorso²) anzuführen, wo der Bildhauer auch in der Behandlung der Brust die schwächliche Constitution des greisen Caesaren angedeutet hat. Wie wenig man es sich angelegen sein liess, die Aehnlichkeit in den Gestalten wiederzugeben, bezeugt ferner das damals bisweilen angewendete Verfahren, Portraits herzustellen, indem man von bereits vorhandenen Statuen die Köpfe entfernte und dieselben durch die der gerade abzubildenden Persönlichkeiten ersetzte³). An den Statuen zweier Töchter des Balbus⁴ geben die Köpfe die Portraits der Mädchen wieder; dagegen sind bei beiden Stellung, Körperformen und Gewandbehandlung dieselben. Das Motiv, welches namentlich durch die sogenannte Pudicitia im Vatican bekannt ist, findet sich mit geringen Abweichungen bei einer ganzen Reihe von Sepulcralstatuen. Diese Thatsachen, deren Zahl ich, wenn ich den Gegenstand eingehender behandeln dürfte, beträchtlich vermehren könnte, zeigen deutlich, dass die Portraitkunst der Kaiserzeit das Hauptgewicht auf eine der Natur entsprechende Wiedergabe der Köpfe legte. Dagegen verzichtete sie nachweislich in vielen Fällen darauf, die Körperformen und Stellungen zu individualisiren, und bediente sie sich bei Bildung der Gestalten einer Reihe ausgebildet vorliegender Typen. Bei jeder Portraitstatue der Kaiserzeit ist somit der Zweifel zulässig, ob der Künstler, welcher das Gesicht der darzustellenden Persönlichkeit so vorzüglich zu treffen wusste, die Anlage der Gestalt selbst erfand oder anderswoher entlehnte. Auch lässt sich bei mehreren und gerade sehr hervorragenden Portraitstatuen der Beweis führen, dass ihr Motiv nicht in der Kaiserzeit, sondern in der älteren Entwickelung ausgebildet wurde. So liegt

---

1) Vgl. Ann. dell' Inst. 1863 p. 133. Benndorf und Schöne, Bildw. d. lat. Mus. p. 125.
2) Pio-Clem. III 6. Vgl. Braun, Ruinen und Museen p. 432 n. 147.
3) Plin. XXXV 4: surdo figurarum discrimine statuarum capita permutantur (vgl. Arch. Zeit. 1856 p. 220). Belege dieses Gebrauchs s. bei Tacitus Ann. I 74. Plin. XXXV 94. Dio Chrysost. or. XXXI p. 312 M., 343 M., p. 357 M. Vgl. Köhler, Verm. Schr. V p. 357. Friedlaender, Darst. aus der Sittengesch. Roms III p. 161 ff.
4) Mus. Borb. II 41, 42.

32 Kunstvermögen der griechisch-römischen Epoche.

der Gestalt des sogenannten Germanicus des Kleomenes[1]) ein alter Hermestypus[2]) zu Grunde. Dass die Anlage einer der beiden in Dresden befindlichen herculanischen Portraitstatuen aus der älteren Entwickelung entlehnt ist, wurde bereits bemerkt[3]). Das häufig bei Sepulcralstatuen verwendete und namentlich durch die sogenannte Pudicitia bekannte Motiv findet sich bereits an der Krönung einer attischen Grabstele, in welcher ein Kenner wie Stackelberg, dessen stylistisches Urtheil selten trügt, eine Arbeit aus der Epoche der Ptolemaier erkannte[4]). Wäre uns eine hinreichende Anzahl von Bildnissen aus der Diadochenperiode erhalten, dann würden sich gewiss viele der von der Kaiserzeit verwendeten Motive als Producte dieser Kunstentwickelung herausstellen.

Die Versuche, welche gemacht worden sind, um in der Gesammterscheinung einzelner Portraitstatuen der Kaiserzeit eine individuelle, gewissermaassen historische Schilderung, Hindeutungen auf die Schicksale der dargestellten Persönlichkeiten u. s., nachzuweisen, halte ich durchweg für verunglückt. So schreibt z. B. Braun[5]) über die capitolinische Statue der älteren Agrippina[6]; : »Hier erscheint sie (Agrippina) in der Stimmung, in welcher wir sie uns nach der grossen Katastrophe zu denken haben, die das unheimliche Ableben ihres Gemahls bezeichnet. Sie macht den Eindruck, als wäre sie von dem Schicksal in Banden geschlagen, könne sich aber der hohen Gedanken, mit denen ihr Geist in den Tagen des Glücks schwanger gegangen, noch nicht entledigen«. Ich muss gestehen, dass ich von dem Allen nichts wahrnehme. Ich sehe nur eine mit edlem und ungezwungenem Anstande dasitzende vornehme Dame und glaube, dass das Motiv der Statue auch bei dem Bildnisse einer Berenike oder Stratonike vollständig am Platze sein würde. Uebrigens wurde dasselbe in der Kaiserzeit nicht lediglich zur Darstellung der Agrippina verwendet; vielmehr begegnen wir ihm in Villa Albani bei dem Portrait einer anderen römischen Dame[7]). Eben so wenig kann ich den Bemerkungen beipflichten, welche

---
1: Denkm. d. a. K. I 50, 225.
2) Braun, Vorschule 97. Denkm. d. a. K. II 20, 318.
3) S. oben Seite 19.
4) Stackelberg, Gräber der Hellenen p. 44, Vignette unter dem Texte. Uebrigens ist das Motiv der Arme dem der sog. Germania verwandt, welches sich bereits auf Spiegelkapseln findet. Siehe oben Seite 27.
5: Ruinen und Museen p. 163.
6, Denkm. d. a. K. I 66, 371.
7. Vgl. Braun, Ruinen und Museen p. 616.

11. Die ideale Sculptur.

Friederichs[1]) über die angebliche Statue der jüngeren Agrippina[2] macht. Wenn er vermuthet, dass der Bildhauer durch den schwermüthigen Ausdruck, welcher in ihrem Gesichte und in ihrer Haltung durchklingt, die Trauer andeuten wollte, die die Kaiserin wegen des Zerwürfnisses mit ihrem Sohne empfindet, so wäre eine derartige Absicht, falls sie unter der Regierung des Nero ruchbar geworden wäre, dem Künstler gewiss theuer zu stehen gekommen. Die Stimmung, welche in dieser Statue herrscht, ist bei allen für Grabmonumente bestimmten Portraits in grösserem oder geringerem Grade maassgebend und war bei der Sepulcralstatue einer Griechin der Diadochenperiode in gleicher Weise indicirt, wie bei der einer Römerin der Kaiserzeit.

Dass die Motive, welche dem August Pourtalès oder der Statue desselben Kaisers aus der Villa ad Gallinas eigenthümlich sind, auch zur Darstellung eines Ptolemaiers oder Seleukiden geeignet waren, wird Jedermann zugeben.

Um etwaigen Einwürfen zu begegnen, muss an dieser Stelle noch des Antinoostypus gedacht werden. Da es hinlänglich feststeht, dass sich die Kunstentwickelung der Kaiserzeit in einer absteigenden Linie bewegt, so könnte Jemand einwenden, dass, wenn noch die hadrianische Epoche zu einer solchen Schöpfung befähigt war, das künstlerische Vermögen der anderthalb Jahrhunderte älteren Entwickelung höher veranschlagt werden müsse, als ich es gethan. In der That ist dieser Typus von wunderbarer Schönheit und lässt sich ihm kein Product der unmittelbar vorhergehenden oder gleichzeitigen Kunst an die Seite stellen. Da er aber als eine so vollständig vereinzelte Erscheinung auftritt, so sind wir berechtigt anzunehmen, dass es mit ihm eine besondere Bewandniss hat. Fragen wir, was in diesem Falle die Natur darbot und was die Kunst leistete, um aus den realen Elementen den bekannten Typus zu entwickeln, so dürfen wir mit hinlänglicher Sicherheit antworten, dass die Thätigkeit der Kunst hierbei sehr gering anzuschlagen ist. Antinoos muss eine jener Gestalten von Gottes Gnaden gewesen sein, in welchen die Natur selbst gewissermaassen ein Ideal physischer Vollkommenheit verwirklicht. Die Kunst that im Grunde nichts weiter, als die wunderbare Erscheinung in das Kolossale zu vergrössern und mit den Stellungen und Attributen der von Alters her überlieferten Göttertypen zur Darstellung zu bringen. Hätte sie dabei im eigentlichen Sinne des Wortes poetisch schaffend gewirkt, dann bliebe es unerklärlich, warum diese Fähigkeit nur bei dieser Bildung

---

[1] Bausteine p. 505 n. 612.
[2] Mus. Borb. III 22. Clarac pl. 929.

34 Kunstvermögen der griechisch-römischen Epoche.

und nicht auch anderweitig zur Geltung kam. Mit dieser Auffassung stimmt der geistige Inhalt des Typus. Wenn von einer idealen Schilderung gefordert wird, dass sie die darzustellende Individualität nicht nur hinsichtlich ihrer physischen, sondern auch ihrer geistigen Eigenschaften läutere und in eine höhere Sphäre entrücke, so dürfen wir den Antinoostypus kaum unter die Idealbildungen im strengsten Sinne des Wortes rechnen. Der Ausdruck desselben zeigt keine Spur von einem Streben nach Veredelung, verräth vielmehr rückhaltslos die Wollust und düsteren Fanatismus mischende Natur, wie sie dem bithynischen Jüngling in der Wirklichkeit eigenthümlich war.

Allerdings erscheinen die Sculpturen, deren Abhängigkeit von älteren Leistungen sich beweisen liess, gegenüber der Fülle von Denkmälern, deren Ausführung auf die erste Kaiserzeit hinweist, sehr vereinzelt. Wenn wir jedoch die Lückenhaftigkeit unserer Denkmälerkunde in Betracht ziehen, so sind die Fälle, wo sich der Beweis führen lässt, zahlreich genug, um diese Abhängigkeit in weiterer Ausdehnung und auch da vorauszusetzen, wo die Ueberlieferung keine bestimmten Schlüsse gestattet. Weist doch schon die Menge der Copien, welche damals nach Meisterwerken der griechischen Kunst gearbeitet wurden [1], darauf hin, dass es mit dem Erfindungsvermögen dieser Epoche schwach bestellt war, und stimmt hiermit die schriftstellerische Ueberlieferung, welche nirgends von einem hervorragenden Ideengehalt der damaligen Plastik berichtet. Somit werden wir nicht irren, wenn wir annehmen, dass die Kunst dieser Epoche mehr reproducirend, als producirend thätig war, dass die Künstler, wo sie etwas Neues bieten wollten, die von Alters her überlieferten Motive modificirten, sie in anderen Zusammenhang brachten, sie mit veränderter Charakteristik vortrugen. Ihr wesentliches Verdienst ist die Durchführung, welche in den bedeutenderen Werken der Epoche, wie dem vaticanischen Heraklestorso, dem sogenannten Germanicus und der mediceischen Venus, ein eingehendes Studium der Natur, eine feine Auffassung derselben und eine raffinirte Fertigkeit des Ausdruckes verräth und diesen Sculpturen einen immerhin hervorragenden Platz in der Kunstgeschichte sichert.

Nur darf man nicht, durch die ausgezeichneten Leistungen in dieser Richtung bestochen, voreilig auf das poetische Gestaltungsvermögen der Künstler schliessen. Will man, wie es noch Friederichs [2] gethan hat, den Laokoon als ein Werk der griechisch-römischen Kunst betrachten, dann ergiebt sich eine unter abnormen

---

1) Vgl. Friedlaender, Darstell. aus d. Sittengesch. III p. 193 ff.
2) Bausteine p. 431.

II. Die ideale Sculptur. 35

Hebungen und Senkungen, vorschreitende Kunstentwickelung. Wenn die Zeit des Titus noch fähig war, ein in dem Gedanken wie in der Ausführung so eigenthümliches und trotz aller Mängel so bedeutendes Werk zu erfinden, dann stellt sich in der unmittelbar folgenden Periode ein urplötzliches Stillstehen des poetischen Schaffens, ein schroffer Abbruch der Entwickelung heraus, wofür es auf dem Gebiete der Kunstgeschichte an jeglicher Analogie gebricht. Setzen wir den Laokoon dagegen in die Diadochenperiode, dann erscheint er als die organische Folge der unmittelbar vorhergehenden Leistungen und ergiebt sich für die folgende Zeit eine allmälige Abnahme der Productivität, wie sie den Bedingungen einer organischen Entwickelung vollständig entspricht.

Ueber das Verhältniss, in welchem die unserer Epoche eigenthümliche Durchführung zu der der älteren Entwickelung stand, ob die Kunst der Kaiserzeit sich begnügte, mit den bereits ausgebildeten Mitteln der Darstellung weiter zu arbeiten, oder ob sie dieselben erweiterte, darüber sind wir bei der Dürftigkeit unserer Monumentalkenntniss ausser Stande, ein bestimmtes Urtheil zu fällen. Jedenfalls ist es unvorsichtig, Eigenthümlichkeiten der Durchführung, weil sie sich bisher nur an Sculpturen der griechisch-römischen Epoche finden, als Neuerungen der damaligen Kunst in Anspruch zu nehmen. Die Erweiterung unserer Kenntniss von Originalarbeiten aus der älteren Entwickelung führt in dieser Hinsicht bisweilen zu sehr überraschenden Resultaten. So ist die Charakteristik des feinen, sich eng an den Körper anschmiegenden Gewandes, wie es u. a. an Aphroditestatuen vorkommt, in denen man früher Copien der Venus Genetrix des Arkesilaos erkannte[1], mindestens drei Jahrhunderte vor der Kaiserzeit ausgebildet worden: denn diese Gewandbehandlung findet sich bereits bei einer Statue des Nereidenmonuments von Xanthos. Aehnlich ist auch der Chiton der jüngsten Tochter der Niobe gearbeitet. In der Gewandung einiger Statuen, deren Arbeit auf das erste Jahrhundert der Kaiserzeit hinweist, namentlich der sogenannten Ceres — richtiger wohl Proserpina — im Capitol[2], sind mit leichten Meisselhieben die Brüche angedeutet, welche die Zusammenfaltung des im Schreine aufbewahrten Gewandes zurücklässt. Dieser naturalistische Zug datirt keineswegs erst aus römischer Epoche. Er findet sich bereits an den Gewändern des angeblichen Mausolos

---
1) Vgl. Ann. dell' Inst. 1863 p. 61.
2) Mus. capitol. III 9. Braun. Ruinen und Museen p. 207 n. 66.

3*

36   Kunstvermögen der griechisch-römischen Epoche.

und der angeblichen Artemisia vom Mausoleum[1]) und war somit schon der zweiten attischen Schule geläufig.

Immerhin darf man mit Sicherheit voraussetzen, dass in Rom alle Bedingungen vorlagen, um während des Verlaufes unserer Periode die Durchführung auf einer beträchtlichen Höhe zu erhalten. Seit die Stadt die Metropole des Erdkreises geworden, zog sie die bedeutendsten Kräfte an sich; bei der Masse ausgezeichneter Kunstwerke aller Epochen, welche in Rom vereinigt waren und einen hohen Maassstab der Vergleichung an die Hand gaben, wurden die grössten Anforderungen an die Künstler gestellt; doch standen ihnen auch die reichsten materiellen Mittel zu Gebote. Unter solchen Umständen ist es sogar wahrscheinlich, dass das künstlerische Machwerk in der Weltstadt Rom auf einem höheren Niveau stand, als in den sinkenden hellenistischen Reichen. Diese Annahme wird durch die Betrachtung der Münzen empfohlen, der einzigen Denkmälergattung, welche uns in ununterbrochener Reihenfolge die Kunstentwickelung von Alexander dem Grossen abwärts vergegenwärtigt. Die Münzstempel der julischen Kaiser sind sorgfältiger und feiner gearbeitet, als die der letzten Seleukiden und Ptolemaier. Auch besitzen wir in einer Bemerkung des Kallixenos[2]) einen bestimmten Beleg von dem Verfall des Kunsthandwerks zur Zeit Ptolemaios' IV. In der Beschreibung der Thalamegos dieses Königs berichtet er, dass die in der grossen Kajüte befindlichen elfenbeinernen Friesreliefs von geringem künstlerischen Werthe und nur wegen der Kostbarkeit des Stoffs beachtenswerth waren.

III. Die realistische Sculptur.

Die realistische Richtung, welche neben der im vorigen Abschnitt behandelten Idealen hergeht, kommt namentlich im Portrait, den historischen Sculpturen, mit denen Triumphbögen und andere öffentliche Gebäude verwandter Art geschmückt wurden, seltener in Darstellungen aus dem Alltagsleben zur Geltung.

Die hierher gehörige Portraitbildung ist bestrebt, die Natur, wie sie vor den Sinnen liegt, mit allen Zufälligkeiten wieder-

---

1. In der Publication bei Newton, travels and discov. in the Levant II, Taf. 6—10 sind diese Brüche nur schwer zu erkennen.
2. Bei Athen. V p. 205 C = Overbeck, Schriftquellen n. 1956.

III. Die realistische Sculptur.

zugeben. Wenn sie zur vollendeten Entwickelung kommt, dann unterscheidet sie sich von der idealen ganz äusserlich durch bestimmte Mittel des Ausdrucks. Während die letztere die Augenlider mit strenger Stylisirung herausarbeitet und auf Andeutung der Augenbrauen verzichtet, lässt die realistische Richtung die Lider, wie es in der Wirklichkeit der Fall ist, auf dem Auge anfliegen und drückt sie die Brauen plastisch aus. Bisweilen deutet sie auch die Pupillen durch vertiefte Umrisse an, ein Verfahren, welches jedoch erst nach Ablauf der Periode, mit der wir uns beschäftigen, allgemeinere Verbreitung findet. Es kann keinem Zweifel unterliegen, dass diese Richtung im Wesentlichen in der Diadochenperiode zur Ausbildung kam. Der plastischen Behandlung der Augenbrauen begegnen wir bereits bei dem Barbarenstatuen aus pergamenischer Schule. Auf dem Gebiete der Portraitdarstellung ist ein vollendeter Realismus schon durch Lysistratos, den Bruder des Lysippos, vertreten. Er drückte die Gesichter der zu Portraitirenden in Gyps ab, goss die Form mit Wachs aus und stellte, indem er den Abguss retouchirte, Portraits her, welche die Aehnlichkeit in allen Einzelheiten und Zufälligkeiten wiedergaben[1]. Mag auch dieser extreme Realismus vor der Hand eine vereinzelte Erscheinung geblieben sein, so ist er nichts desto weniger ein bedeutsames Zeichen für die Tendenzen der gleichzeitigen Kunst und begegnen wir innerhalb der erhaltenen Denkmäler der Diadochenperiode verschiedenen Bildnissen, die zum Mindesten einen nah verwandten Geist verrathen. Dies gilt von der Charakteristik, mit der bisweilen die Köpfe der Diadochen auf Münzstempeln behandelt sind. Vor allem erinnere ich an die Silbermünzen des ersten Ptolemaiers, auf denen das Gesicht des hochbejahrten Königs mit zahnlosem Munde, eingefallenen Lippen, spitzem Kinne und einer Menge tief eingefurchter Falten dargestellt ist. Ein entsprechendes Bildungsprincip verrathen zwei im britischen Museum befindliche Portraitköpfe, welche mit hinlänglicher Sicherheit als Originalarbeiten der Diadochenperiode betrachtet werden dürfen. Der eine derselben, aus Marmor gearbeitet, stammt aus den Ruinen des Tempels der Athene Polias von Priene[2]; der andere, aus Bronze, ist in Kyrene 11 englische Fuss unter dem Mosaikfussboden des im Anfange der römischen Kaiserzeit gebauten Apollotempels entdeckt worden[3]. Ausserdem darf man

---
[1] Plin. XXXV 153.
[2] Vgl Lützow, Kunstblatt VII 1872) p. 212.
[3] Smith and Porcher, hist. of the discov. at Cyrene N. 66 p. 42 und 44. Leider giebt die photographische Abbildung nur einen sehr dürftigen Begriff von der Feinheit, mit der dieser Kopf modellirt ist.

noch das früher fälschlich auf Seneca gedeutete Portrait eines
alexandrinischen Dichters in Betracht ziehen, dessen bessere Repliken, wie namentlich der ausgezeichnete herculaner Brouzekopf[1],
gewiss einen hinreichenden Begriff von der Beschaffenheit des
Originals geben. Das Bildungsprincip, auf welchem dieso Portraits der Diadochenperiode beruhen, ist im Ganzen dasselbe, wie
das, welches bei den realistischen Portraits der römischen Epoche
massgebend ist. Hier wie dort ist die Kunst bestrebt, die reale
Erscheinung in getreuster Weise wiederzugeben. Nur verrathen
die ersteren, verglichen mit den besten römischen, eine grössere
Feinheit in der Auffassung der Natur, eine richtigere Unterscheidung zwischen Wesentlichem und Unwesentlichem und mehr
Delicatesse in der Modellirung. Die Selbstständigkeit der römischen Epoche würde somit höchstens darin zu suchen sein, dass
sie das hellenistische Bildungsprincip vergröbert hat.

Es liegt ausserhalb unserer Aufgabe, das Verhältniss, in
welchem die beiden Richtungen der Portraitbildung, die ideale
und die realistische, gegen Ende der Republik und im ersten Jahrhundert der Kaiserzeit stehen, eingehender zu verfolgen. Wir
sehen, wie sich in mehreren Portraitstatuen die beiden Richtungen
kreuzen, wie der Pompeius Spada[2], in idealer Nacktheit dargestellt ist, während die Bildung des Kopfes einen realistischen
Zug verräth, wie an der Augustusstatue von Prima Porta[3] die
Rüstung der Wirklichkeit nachgebildet, die Behandlung des Kopfes
und die Nacktheit der Beine dagegen durch die ideale Richtung
bedingt sind, und werden das Vorkommen solcher Synkretismen
um so leichter begreifen, da die Torsen bekanntlich öfters besonders gearbeitet und von anderer Hand durch die betreffenden
Portraitköpfe ergänzt wurden. Nur muss ich im Interesse des
weiteren Verlaufs unserer Untersuchung eine Thatsache hervorheben, welche wenigstens während des ersten Jahrhunderts
der Kaiserzeit in der deutlichsten Weise hervortritt. Die ideale
Richtung gilt nämlich während dieser Periode entschieden als
die vornehmere und macht, wo es darauf ankommt, ein Kunstwerk von hervorragenderer Bedeutung zu gestalten, stets ihren
Einfluss geltend. Man kann selbst weiter gehen und behaupten,
dass das realistische Princip bei der Bildung von Portraitstatuen damals wenigstens in der Hauptstadt nur sehr geringen
Anklang fand; denn bei allen solchen Statuen, welche in Rom

[1] Bronzi d'Ercolano I 35, 36 p. 127, 128. Vgl. Bull. dell' Inst.
1872 p. 36.
[2] Visconti, Iconog. rom. I s.
[3] Mon. dell' Inst. VI, VII 84. O. Jahn, aus der Alterthumswissenschaft Taf. VI.

III. Die realistische Sculptur.

gefunden sind und mit Sicherheit dem ersten Jahrhundert der Kaiserzeit zugeschrieben werden dürfen, ist die ideale Richtung die allein oder die vor-herrschende. Wir begegnen in Rom einer ausschliesslich realistischen Bildungsweise vorwiegend bei Büsten und am kleinsten und Ungetrübtesten bei einer verhältnissmässig untergeordneten Gattung, den in Hochrelief gearbeiteten Büsten römischer Grabmäler.

Für das erste Jahrhundert der Kaiserzeit dürften sich diese Beobachtungen als vollständig stichhaltig erweisen. In der weiteren Entwickelung, die zu verfolgen ausserhalb unseres Planes liegt, indem sich allerdings die Verhältnisse und gewinnt die realistische Richtung des Portraits an Bedeutung. In der Epoche von den Antoninen abwärts tritt sie, vermuthlich als Reaction gegen die glatte akademische Manier, wie sie unter Hadrian tonangebend gewesen war, ebenbürtig der idealen Richtung zur Seite und bewahrt im weiteren Verlaufe länger die Lebenskraft, als die letztere. Selbst im Laufe des dritten Jahrhunderts leistet sie noch Beachtenswerthes, wie es unter anderen die Büsten des Caracalla beweisen, deren häufiges Vorkommen sich gewiss nicht aus der Vorliebe für die dargestellte Persönlichkeit, sondern aus dem Interesse für die künstlerische Vollendung erklärt, mit welcher dieses Portrait den schrecklichen Charakter des Kaisers veranschaulicht.

Noch gilt es, in Betreff der in römischer Epoche üblichen Form des Portraitkopfes, der Büste, einen allgemein verbreiteten Irrthum zu beseitigen [1]). Die Büste wird in der Regel als eine ausschliesslich römische und der griechischen Kunst fremde Form betrachtet. Doch spricht hiergegen schon die Thatsache, dass die Lateiner eines besonderen Wortes für diesen Gegenstand entbehren und ihn durch imago, also durch die Anwendung eines allgemeinen Ausdrucks im speciellen Sinne, bezeichnen [2]). Die griechische Sprache dagegen besitzt hierfür das Wort προτομή [3]). Offenbar ist auch die Büste ein von der Diadochenperiode ausgebildetes Motiv. Es ergiebt sich dies in unwiderleglicher Weise aus Münzen und geschnittenen Steinen dieser Periode. Neben der bis auf Alexander den Grossen allgemein üblichen Darstellung der Köpfe, welche, wie es bei der Herme der Fall ist, einen kurzen und streng stylisirten Abschnitt des Halses

---

1 Vgl. Visconti, Vorrede zu Mus. Pio-Cl. VI Benndorf und Schöne, Bildw. d. lat. Mus. p. 209.
2 S. Bull. dell' Inst. 1866 p. 100.
3 Hesych.: προτομή, βασίλαιξ. ἴσως τοῦ ὀμφαλοῦ τοῦ σώματος εἶδος· προτομαί· εἰκόνες βασιλέων. Suid. und Phot.: προτομαί βασιλικαὶ εἰκόνες βασιλικαί.

40 Kunstvermögen der griechisch-römischen Epoche.

wiedergiebt, kommt auf den Münzen der Diadochen eine verschiedene Behandlungsweise auf. Der Hals wird länger, verräth eine naturalistischere Durchbildung und zeigt vielfach, wie auf den Münzen des Lysimachos, vieler Seleukiden, der Könige von Pergamos, vorn den Ansatz der Brust, unten die ausgeschweifte Linie, wie sie der Büste eigenthümlich sind. Bisweilen, z. B. auf Münzen des zweiten Seleukos und Demetrios und in der Regel auf denen der Ptolemäer, wird auch das die Brust bedeckende Gewandstück beigefügt. So sind auch auf dem berühmten Cameo des Ptolemaios Philadelphos und der Arsinoe[1]) beide Köpfe als Büsten behandelt, der König mit der Aigis, die Gattin mit dem Chiton über der Brust. Schwerlich haben die Stempel- und Steinschneider, welche durch keine denkbare technische Rücksicht genöthigt waren, von der früher üblichen Behandlungsweise abzuweichen, diese Form auf eigene Hand gestaltet. Vielmehr haben sie dieselbe offenbar aus der gleichzeitigen Plastik entlehnt. Auch besitzen wir noch plastische Büsten aus der Diadochenperiode, die jedoch bisher bei dieser Untersuchung niemals berücksichtigt worden sind. In der Sammlung Herrn Alexander Castellanis befindet sich eine bekränzte weibliche Büste aus Terracotta, welche in ähnlicher Weise wie die der sogenannten Klytie[2], aus einem Akanthuskranze herauswächst. Sie ist in dem bekannten apulischen Terracottenstyl gearbeitet und bei Canosa in einem Grabe zugleich mit bemalten Vasen später Fabrik gefunden. Ausserdem trage ich kein Bedenken, eine sehr fein gearbeitete Marmorbüste, die sich in Villa Borghese befindet[3], für eine Originalarbeit aus der Diadochenperiode zu erklären. Sie stellt einen unbärtigen Mann, etwa einen angehenden Dreissiger, dar, welcher in dem Schädelbau, dem vorspringenden Stirnknochen, der feinen Nase an Köpfe aus lysippischer Schule erinnert. Sind wir überhaupt berechtigt, den Typus einer bestimmten Epoche anzunehmen, dann weist der physiognomische Charakter dieses Kopfes mit grösster Wahrscheinlichkeit auf die Diadochenperiode hin.

1) Denkm. d. a. K. I 51, 226ᵃ. Sollte übrigens auch die obige Benennung der dargestellten Persönlichkeiten nicht richtig sein, so wird doch Niemand bezweifeln, dass dieser Cameo eine Arbeit der Diadochenperiode ist.
2) Ellis, Towneley gallery II p. 20. Vgl. Friederichs, Bausteine p. 505 n. 813. Eine ähnliche Büste findet sich an der Krönung einer attischen Grabstele, welche Stackelberg der Ptolemäerepoche zuschreibt: Gräber der Hellenen p. 43 ff. p. 44 Vignette unter dem Texte. Interessant ist es zu sehen, wie das Motiv derselben, abgesehen von einer ganz geringfügigen Abweichung, in übereinstimmender Weise an einem römischen Exemplare wiederkehrt: Pistolesi, Vat. descr. III 52.
3) Beschr. Roms III 3 p. 259 n. 13. Schlecht publicirt bei Nibby, Monum. scelti di villa Borghese Taf. 30.

III. Die realistische Sculptur. 41

Jedenfalls ist die Arbeit von der der sicher beglaubigten Sculpturen aus römischer Epoche vollständig verschieden. Die Modellirung ist feiner gefühlt, als bei irgend einer der letzteren. Da andererseits die Ausführung dieses Werkes nach Allem, was wir von der Entwickelung der griechischen Kunst wissen, unmöglich vor die Alexanderepoche gesetzt werden kann, so bleibt als muthmaassliche Ursprungszeit desselben nur die Diadochenperiode übrig. Wie das Streben nach Naturwahrheit als einer der bezeichnendsten Züge der damaligen Kunst hervortritt, so war es vollständig ihrem Geiste gemäss, neben der Herme die Büste einzuführen, die ein Stück mehr von der realen Erscheinung der darzustellenden Persönlichkeit wiedergab. Wenn die Form der Büste darauf hinweist, dass sie von Haus aus für einen Stoff berechnet war, der getrieben oder gegossen wurde, so braucht man nicht lediglich an das Wachs der römischen Ahnenbilder zu denken; vielmehr entspricht sie vollständig den Bedingungen der Bronzetechnik, welche von Alters her mit Vorliebe bei der Portraitdarstellung Verwendung fand und in der Alexanderepoche durch die Schule des Lysipp einen bedeutenden Aufschwung nahm. Uebrigens hat auch die reproducirende Kunst der römischen Epoche die verschiedene Form, welche dem griechischen Portrait in der älteren und in der jüngeren Entwickelung eigenthümlich war, im Grossen und Ganzen festgehalten. Copien von Portraits, deren Gestaltung vor Alexander fällt, haben fast durchweg Hermenform. Dagegen macht sich bei Portraits, welche der jüngeren Epoche angehören, die Büstenform in weiterem Umfange geltend. Also stellt sich auch hinsichtlich dieses Motivs die Abhängigkeit der römischen Epoche von der griechischen Kunst heraus, wie sie sich seit der Zeit Alexanders entwickelte. Diese bildete nicht nur die einfachste Form der Büste, sondern, wie die canusiner Terracotta lehrt, auch die eigenthümliche, mit dem Blattkranze operirende Variation derselben aus. Letztere kam vermuthlich, bevor sie in die Plastik übertragen wurde, in der Malerei zur Entwickelung, eine Annahme, welche alle innere Wahrscheinlichkeit für sich hat und in den aus Arabesken oder Blumenkelchen herauswachsenden Frauenköpfen, wie sie häufig an den Hälsen unteritalischer Vasen gemalt sind, einen monumentalen Beleg findet.

Hinsichtlich der Darstellungen aus dem Alltagsleben beruht unsere Untersuchung auf sehr dürftiger Grundlage. Jedenfalls gingen auch auf diesem Gebiete eine Richtung, welche absolut schöne Erscheinungen zu verwirklichen strebt[1] oder sich wenig-

---

[1] Z. B. Zoega, bassiril. 1 27.

tens innerhalb der Grenzen des Charakteristischen hält[1], und eine schlechthin realistische neben einander her. Die Leistungsfähigkeit der ersteren zu beurtheilen, ist unendlich schwer, da sich nicht hinreichend feststellen lässt, ob die Compositionen von Künstlern unserer Epoche erfunden oder nach älteren Vorbildern gestaltet sind, wiewohl nach dem, was wir in dem vorhergehenden Kapitel auseinandergesetzt, die letztere Annahme die wahrscheinlichere ist. Der realistischen Richtung begegnen wir nur bei einem Denkmale, welches in den Anfang unserer Periode gehört, bei den Reliefs, welche das Grabmal des Eurysaces[2] verzieren, Arbeiten von sehr schlichter, um nicht zu sagen grober Ausführung. Das vereinzelte Vorkommen dieser Richtung und die niedrige Sphäre, in welcher sie auftritt, weisen darauf hin, dass die beiden Richtungen auf dem Gebiete der Genredarstellung in einem ähnlichen Verhältnisse standen, wie innerhalb der Portraitbildung, dass die realistische gewissermaassen als eine plebeische galt, welche nur bei Arbeiten untergeordneter Art zur Geltung kam.

Bei Besprechung der historischen Darstellungen, mit denen Triumphbögen und andere öffentliche Monumente verwandter Art geschmückt wurden, sei es mir vergönnt, da diese Kunstthätigkeit in der bis zum Ende der flavischen Kaiser reichenden Epoche nur durch wenige Denkmäler vertreten ist, diesmal auch die Werke aus traianischer Epoche in Betracht zu ziehen, welche uns durch die aus einem traianischen Monumente in den Constantinsbogen übertragenen Sculpturen[3], durch die des Bogens von Benevent[4] und durch die Reliefs der Traianssäule[5] reichlichen Stoff zur Beurtheilung an die Hand geben. Wir haben es nicht mit Kunstwerken im höheren Sinne des Wortes zu thun, sondern mit Decorationsculpturen. Während die Reliefs der Triumphbögen wenigstens eingefasste und in sich abgeschlossene Compositionen zur Darstellung bringen, reihen sich die Scenen auf der Traianssäule ohne Unterbrechung an einander an und gestatten nur in vereinzelten Fällen eine Uebersicht der zusammengehörigen Bestandtheile. Wie die Gegenstände der Wirklichkeit entlehnt

---

1. Z. B. Visconti, Mus. Pio-Cl. V 33. Dass die genrehaften Standestypen, welche uns aus Copien der griech'sch-römischen Epoche bekannt sind, grösstentheils in der Diadochenperiode erfunden sind, wird in dem achtzehnten Abschnitte gezeigt werden.
2. Mon. dell' Inst. II 58, 59. Ann. 1838 tav. d'agg. M. N. Canina edific) di Roma 278.
3. Rossini, archi trionfali Taf. 70.
4. Rossini, archi trionfali Taf. 38 ff.
5. Bartoli und Bellori, colonna traiana; das weitere Material s. bei Fröhner, Colonne trajane, Vorrede p. VIII ff.

III. Die realistische Sculptur. 43

sind, so geht das Streben der Darsteller vorwiegend dahin, ihre Scenen in einer möglichst der Wirklichkeit entsprechenden Weise zu gestalten und, auf diesen Hauptzweck gerichtet, lassen sie sich es nur wenig angelegen sein, die gegebenen Elemente in künstlerischer Weise zu sichten und zu ordnen. Somit ergiebt sich eine Schilderung, welche trotz der lebendigen Behandlung einzelner Gestalten die Klarheit und Uebersichtlichkeit des Ganzen beeinträchtigt und den Gesetzen des Reliefs zuwiderläuft.

Untersuchen wir das Verhältniss, in welchem diese Darstellungen zu älteren Leistungen stehen, so ist es zunächst sicher, dass die Gattung, der sie angehören, bereits in der an die Alexanderepoche anknüpfenden Entwickelung zur Ausbildung kam. Damals fingen die Griechen an, Ereignisse aus der Zeitgeschichte, namentlich solche, welche dem jedesmaligen Machthaber zur Ehre gereichten, historisch getreu in Sculptur und Malerei zu verherrlichen. Beinah alle die Stoffe, denen wir auf den historischen Reliefs der römischen Kaiserzeit begegnen, Schlachten[1], Uebergabe besiegter Barbaren[2], Aufzüge[3], Jagdscenen[4], sind in der Kunst der Alexander- und Diadochenperiode nachweisbar. Auch hinsichtlich der Auffassung und Behandlung der Stoffe dürfen wir annehmen, dass damals zum Mindesten die Grundlage ausgebildet wurde, auf welcher die Römer weiter arbeiteten. In einer Epoche fortgeschrittener Civilisation und vorwiegend kritischer Stimmung, wie die alexandrinische war, musste die Kunst, wenn sie Ereignisse behandelte, die noch frisch im Gedächtnis der Mitwelt hafteten, nothwendig der Wirklichkeit Rechnung tragen und war sie gewissermaassen darauf angewiesen, einen Compromiss zwischen dieser Nothwendigkeit und den ästhetischen Anforderungen zu treffen. Untersuchen wir das erhaltene Material, welches uns die historische Kunst der Diadochenperiode vergegenwärtigt, so stimmt dasselbe mit dieser Annahme.

In dem Statuencyklus, welcher die Siege des Attalos über die

---

1 S. Overbeck, Schriftquellen N. 1776. 1779. 2102. 2103. Nach Philostratos vit. Apoll. II 20 sah Apollonios in einem Tempel zu Taxila niellirte Metallplatten, welche Scenen aus den Kämpfen zwischen Alexander dem Grossen und Poros darstellten und angeblich auf Befehl des Letzteren nach dem Tode seines Gegners gearbeitet worden waren.
2 Vgl. weiter unten p. 53.
3 Diodor XVIII 27.
4 Alexander auf der Löwenjagd, Gruppe des Lysippos und Leochares Plin. XXXIV 63, 64. Plutarch, Alex. 40. Vgl. Stephani, Compte rendu 1867 p. 90. Jagd des Ptolemaios Soter, Gemälde des Antiphilos Plin. XXXV 138.

44 Kunstvermögen der griechisch-römischen Epoche.

Gallier verherrlicht[1], besitzen wir eine Originalarbeit aus der historischen Kunst der Diadochenperiode. Das pompeianische Mosaik mit der Alexanderschlacht[2] ist vermuthlich eine im Ganzen genaue Copie nach einem Gemälde aus ungefähr derselben Epoche. Soviel ist wenigstens sicher, dass zwischen der Erfindung dieser Composition und ihrer Wiederbolung in Pompei eine beträchtliche Spanne Zeit liegt; denn ein Auszug aus derselben findet sich bereits auf etruskischen Urnen[3]. Die Künstler des Statuencyklus, wie der des Schlachtenbildes tragen in eingehendster Weise der Wirklichkeit Rechnung. Die Barbarentypen sind mit der bezeichnendsten Naturwahrheit wiedergegeben; in der Alexanderschlacht verräth die Charakteristik ihrer Tracht, wie ihrer Bewaffnung die grösste geschichtliche Treue. Vergleichen wir diese Behandlung mit der den historischen Denkmälern der Kaiserzeit eigenthümlichen, so stellt sich als wesentlicher Unterschied der heraus, dass die Diadochenperiode die in der Wirklichkeit gegebenen Elemente nach künstlerischen Gesichtspunkten sichtet, allenthalben das Bezeichnende hervorhebt und sich somit innerhalb der Grenze einer eminent charakteristischen Darstellung hält, während die Kaiserzeit in der Regel die alltägliche Erscheinung mit allen Zufälligkeiten wiedergiebt. Aehnlich verhält es sich mit der Composition. Während die Composition der Alexanderschlacht ächt dramatisch ist, während die Bestandtheile symmetrisch gegliedert, die Hauptfiguren in nachdrucksvoller Weise hervorgehoben sind, verzichtet die Kunst der Kaiserzeit auf diese sichtende Thätigkeit und schildert sie die Ereignisse in der zufälligen Weise, wie sie die Wirklichkeit vor die Sinne führt. Wie es gewöhnlich in der Kunstentwickelung der Fall ist, trat das Streben, der Wirklichkeit gerecht zu werden, welches seit der Alexanderepoche in der historischen Darstellung maassgebend wurde, mit der Zeit nachdrücklicher in den Vordergrund und emancipirte es sich mehr und mehr von den Banden künstlerischer Zucht. Mag demnach auch zwischen den erhaltenen historischen Darstellungen der Diadochenperiode und den ältesten römischen dieser Gattung eine beträchtliche Lücke vorliegen, immerhin ist der Zusammenhang deutlich genug und stellt sich die historische Kunst der Kaiserzeit als die organische Weiterentwickelung der hellenistischen heraus, eine Weiterentwickelung, die, vom ästhetischen Standpunkte

---

1, Mon. dell' Inst. VIIII 19—21. Ann. 1870 p. 202 ff. Bull. 1871 p. 25 ff.
2, Denkm. d. a. K. I 53, 273.
3; Conestabile sepolcr. dei Volunn. Taf. IV—XX n. 2; del mon. di Perugia parte IV Taf. 51. 52.

betrachtet, selbstverständlich als keine glückliche bezeichnet werden darf.

Uebrigens scheint sich die historische Kunst, wenn sie eine figurenreiche Handlung als abgeschlossenes Ganze behandelte, während des älteren Verlaufes ihrer Entwickelung mit richtigem Stylgefühl vorwiegend der Malerei bedient und die Reliefdarstellung vermieden zu haben. Das agrigentiner Relief mit den Köpfen Hierons II. und der Philistis [1] widerspricht dieser Annahme keineswegs. Zwar enthielt dasselbe ursprünglich nicht nur die beiden Köpfe, sondern die ganzen Gestalten des Königs und seiner Gattin, die etwa neben einander auf einem Wagen standen oder neben einander thronten. Dagegen ist es ungewiss, ob andere Figuren beigefügt waren, und weist der monumentale Charakter der erhaltenen Bestandtheile entschieden darauf hin, dass die Darstellung nicht so prolix und chronikenartig war, wie die der römischen Reliefs. Bei den an dem Leichenwagen des grossen Alexander angebrachten πίνακες παράλληλοι ζωοφόροι, welche den König an der Spitze seiner Land- und Seemacht darstellten[2], liegt kein zwingender Grund vor, an Reliefs zu denken. Mit gleichem Rechte können wir sie als friesartige Gemäldeplatten, etwa aus Elfenbein, betrachten und sie den von Panainos bemalten Schranken am Throne des olympischen Zeus vergleichen. Endlich lässt der Umstand, dass in den erhaltenen Beschreibungen hellenistischer Prachtbauten des historischen Reliefs nirgends gedacht wird, deutlich darauf schliessen, dass die architektonische Verwendung desselben in der Diadochenperiode zum Mindesten nicht so verbreitet war, wie in der römischen Kaiserzeit. Sicher ist, dass die historische Gattung in Italien zunächst durch die Malerei eingebürgert wurde. Bereits während des 3. Jahrhunderts v. Chr. war es bei dem römischen Triumphe üblich, Gemälde einherzutragen, welche die bezeichnendsten Ereignisse des glücklich vollbrachten Feldzugs darstellten. Bisweilen wurden solche Gemälde auch auf dem Forum ausgestellt oder zu bleibender Erinnerung an den Wänden der Tempel oder in den Häusern der siegreichen Feldherrn aufgeführt[3].

Das historische Relief, wie es an den Siegesdenkmälern der Kaiserzeit auftritt, steht in engsten Beziehungen zu dieser vorhergehenden Entwickelung der Malerei und erscheint recht eigentlich als eine eigenthümliche Fortsetzung derselben. Ja wir dürfen

---

1. Coll. of anc. marbl. in the Brith. Mus. X 32. Vgl. Rhein. Mus. XXVII (1872) p. 153 ff.
2) Diodor. XVIII 26, 27.
3) Die Stellen s. bei Raoul Rochette, peint. ant. inéd. p. 303 ff.

sogar annehmen, dass es eine Decoration ersetzt, welche früher durch die Malerei erzielt worden war.

Als Vorläufer des eigentlichen Arcus triumphalis treten in republikanischer Epoche die Fornices auf. Zwei Fornices wurden 196 v. Chr. (556 d. St.) von L. Stertinius aus dem Ertrage der spanischen Kriegsbeute, der eine auf dem Forum boarium, der andere im Circus maximus, errichtet[1]. 192 v. Chr. (562 d. St., wurde ein solcher Bau von P. Cornelius Scipio Africanus auf dem Capitol aufgeführt[2]. Im Jahre 133 v. Chr. 621 d. St.) begegnen wir am Abhange des Capitol dem Fornix Calpurnius, bei welchem Ti. Gracchus den Todesstreich erhielt[3]. Hieran schliesst sich der vermuthlich von Fabius Maximus Allobrogicus, Consul im Jahre 121 (633 d. St.., auf dem Forum errichtete und von einem seiner Nachkommen gegen 56 v. Chr. (698 d. St. restaurirte Fornix Fabianus, dessen Trümmer im 16. Jahrhunderte aufgefunden wurden[4]. Schwerlich waren diese Bauten, wie die Triumphbögen der Kaiserzeit, mit historischen Reliefs geschmückt. Livius spricht bei Gelegenheit der Fornices des Stertinius und des Scipio nur von Statuen, welche die Plattform derselben krönten; in den Berichten, welche wir über die Trümmer des Fornix Fabianus besitzen, ist nur von ornamentalen Reliefs, welche Schilde und Tropaien darstellten, die Rede. Ausserdem schliesst das Material, in dem diese Bögen ausgeführt waren. eine Entfaltung des historischen Reliefs, wie wir ihr an den Siegesdenkmälern der Kaiserzeit begegnen, entschieden aus. Der Fornix Fabianus bestand aus Travertin. Peperin oder Tuff, Gesteine, welche in noch höherem Grade der plastischen Behandlung widerstreben, haben wir bei den älteren Bauten zu gewärtigen[5]. Dagegen lässt es sich kaum bezweifeln, dass diese Denkmäler und zwar bereits in republikanischer Epoche bei festlichen Gelegenheiten mit Gemälden geschmückt wurden. Der römische Gebrauch, bei Triumphen und anderen Feierlichkeiten die Gebäude, in deren Bereiche die Feier Statt fand, mit einem der Gelegenheit entsprechenden temporären Schmuck zu versehen, ist bekannt und neuerdings

---

1) Liv. XXXIII 27. 2 Liv. XXXVII 3. 3, Orosius, hist. V 9.
4) Vgl. Ann. dell' Inst. 1855 p. 173. C. J. L. I p. 177. Die Provinz ahmte den römischen Gebrauch nach. Zu Syrakus wurde ein Fornix zum Andenken an die Verwaltung des Verres errichtet: Cic. in Verr. II 2, 63.
5) Auch der bei der Porta S. Sebastiano gelegene Bogen, welcher für identisch gilt mit dom vom Senat zu Ehren des Nero Claudius Drusus errichteten, besteht noch im Ganzen aus Travertin; nur die Archivolten, der Ueberbau und die Säulen sind marmorn. Sueton. Claud. 1. Cohen, méd. Imp. I pl. X 1. Nibby zu Nardini, Roma ant. I p. 155.

III. Die realistische Sculptur. 47

von Semper¹), geistvoll erläutert worden. Die Aedilen hatten die bei den Triumphen übliche Ausschmückung des Forums zu überwachen, eine Function, die ihnen zum ersten Male bei dem Triumphe des Papirius Cursor über die Samniten (309 v. Chr. = 444 d. St.) übertragen worden sein soll²). Vielfache Belege, die von Raoul Rochette³) und Semper⁴), zusammengestellt sind, bezeugen, dass bei dieser Decoration auch Gemälde, sei es auf Holz, sei es auf Leinwand, Verwendung fanden. Mögen auch die Schriftsteller keine bestimmten Nachrichten geben, wie diese Gemälde an den Gebäuden angebracht wurden, so dürfen wir es bei dem ganzen Geiste des Alterthums als sicher annehmen, dass dies in einer organischen Weise geschah, die der architektonischen Structur der betreffenden Baulichkeiten Rechnung trug. Wenn somit die Fornices in republikanischer Epoche bei festlichen Gelegenheiten mit Gemälden geschmückt wurden, so mussten diese Gemälde nothwendig in einer verwandten Weise angeordnet werden, wie die Reliefs an den Triumphbögen der Kaiserzeit. Das historische Relief trat demnach, als jene temporäre Decoration monumental durchgebildet wurde, recht eigentlich an die Stelle der historischen Malerei, eine Thatsache, welche, um die Eigenthümlichkeiten jenes Kunstzweiges richtig zu würdigen, von bedeutender Tragweite ist.

Aehnlich wie mit den Reliefs der Triumphbögen verhält es sich mit denen der Cochlearsäulen. Semper⁵) vermuthet mit vollem Rechte, dass der sich an dem Schaft derselben emporwindende Figurenfries durch den Eindruck der mit historischen Darstellungen bemalten Leinwandumwürfe bestimmt wurde, wie sie bei den Pegmata und anderen ähnlichen Vorrichtungen zur Anwendung kamen⁶).

Gehen wir näher ein auf die einzelnen Erscheinungen, welche das historische Relief der Kaiserzeit darbietet, so ist die ihm eigenthümliche Weise der Flächenbehandlung jedenfalls von

---
1) Der Stil I p. 290 ff.
2) Liv. VIIII 40.
3) Peint. ant. inéd. p. 305 ff.
4) Der Stil I p. 291 ff.
5) Der Stil I p. 290. 295.
6) Auch die Wandmalerei der campanischen Städte hat bisweilen Reminiscenzen an ähnliche Vorrichtungen bewahrt. So sind im Triclinium der pompeianischen Casa del poeta die gelben Wandfelder als ausgespannte Zeugstücke charakterisirt und darauf in sehr unorganischer Weise Gemälde, die durch die umgebenden Rahmen als Tafelbilder bezeichnet sind, angebracht (Helbig N. 254, 821, 1218). S. die Abbildung der Wand bei Zahn, die schönst. Orn. I 23, Gell, Pomp. II 47 p. 118.

16 Kunstvermögen der griechisch-römischen Epoche.

früheren Leistungen abhängig. Die ältesten römischen Denkmäler dieser Gattung, die wir kennen, die Reliefs eines Triumphbogens des Kaisers Claudius, enthalten eine doppelte Fläche[1]). Da sich diese Behandlung bereits bei dem agrigentiner Relief mit den Köpfen Hierons II. und der Philistis[2]) findet, so ergiebt sich mit Gewissheit, dass sie bereits in der griechischen Kunst des 3. Jahrhunderts geläufig war. Vermuthlich kam sie bereits in den ersten Jahrzehnten der Diadochenperiode zur Ausbildung. Münzen aus dieser Zeit stellen öfters die Brustbilder des Herrscherpaares neben einander dar, den Kopf des Königs in höherem Relief, den der Gattin in flacherem daneben hervorragend. In dieser Weise finden wir die Köpfe Ptolemaios' I. und der Berenike[3]) und die Ptolemaios' II. und der Arsinoe[4]) zusammengestellt. Die gleiche Behandlung kommt auch auf mehreren Prachtcameen aus der Diadochenperiode vor. Da dieser Technik, um die verschieden gefärbten Schichten des Onyx künstlerisch zu verwerthen, die Ausbildung der doppelten Fläche besonders nahe lag, so scheint die Vermuthung berechtigt, dass diese Neuerung zunächst auf dem Gebiete der Glyptik Statt hatte und von hier aus in die Plastik Eingang fand. Allerdings blieb die Kaiserzeit bei der doppelten Flächenbehandlung nicht stehen. Vielmehr verfügen die Künstler, welche die grossen Reliefs am Titusbogen und die in den Constantinsbogen übertragenen Traianschlachten arbeiteten, über noch mehrere Pläne. Doch erscheint diese Vermehrung deutlich als die Weiterentwickelung des bereits in dem älteren Stadium ausgebildeten Princips, eine Weiterentwickelung, welche offenbar von dem Streben bedingt war, dem Relief mehr und mehr die Mittel malerischer Darstellung anzueignen. Dieses Streben tritt nicht nur in der Vermehrung der Pläne, durch welche eine der malerischen Perspective entsprechende Wirkung erzielt werden soll, sondern auch in der Behandlung einer Menge einzelner Motive hervor und nimmt mit fortschreitender Entwickelung mehr und mehr überhand. Gewiss liegt es nicht allein in der Natur des dargestellten Gegenstandes, dass die Reliefs am Titusbogen plastischer gehalten sind, als die traianischen, welche in den Bogen des Constantin eingelassen sind, in denen wir den kühnsten Verkürzungen, Andeutungen des Terrains und anderen von Haus aus der Malerei eigenthümlichen Mitteln der Darstel-

---

1) Nibby, monumenti scelti di Villa Borghese Taf. I. V.
2) Anc. marbl. of the Brit. Mus. X 32. Vgl. Rhein. Mus. XXVII 1872) p. 153 ff.
3) Denkm. d. a. K. I 51, 226 b.
4) Denkm. d. a. K. I 51, 227 b.

lung begegnen. Ausserdem wird diese Richtung in der Bemalung der Reliefs einen entsprechenden Ausdruck gefunden haben. Ich glaube an jenen Traianschlachten Anzeichen entdeckt zu haben, welche auf eine sehr ausführliche und naturalistische Polychromie schliessen lassen. Obwohl diese Erscheinung für die Geschichte des historischen Reliefs und im Besonderen zur Beurtheilung seines Zusammenhanges mit der historischen Malerei sehr wichtig ist, muss ich doch die eingehendere Erörterung derselben, da sie die Grenzen dieses Buches überschreiten würde und ich hinsichtlich mehrerer einschlagender Gesichtspunkte noch das Gutachten technischer Autoritäten einholen möchte, auf eine andere Gelegenheit verschieben [1].

Mit dieser Continuität der Entwickelung der historischen Kunst von der Diadochenperiode bis in die Kaiserzeit, wie sie sich aus den bisherigen Betrachtungen ergiebt, stimmen auch die beiden uns überlieferten Künstlernamen, welche der Pflege dieser Gattung auf italischem Boden bezeichnen. Um die für den Triumph des Aemilius Paulus nöthigen Gemälde herzustellen, wurde Metrodorus aus Athen nach Rom berufen [2]. Er gehört zu den Griechen, welche die historische Kunst nach Italien hinüberführen. Der letzte bedeutende Aufschwung derselben erfolgte zur Zeit Traians bei der Decoration der Bauten dieses Kaisers, die grössentheils von einem griechischen Architekten, Apollodorus von Damaskos [3] geleitet wurden. Also ist die Entwickelung, welche diese Gattung in Italien erfuhr, zu Anfang und zu Ende von einem griechischen Meister vertreten.

Wir haben nunmehr zu untersuchen, wie sich die historische Kunst der Kaiserzeit hinsichtlich der bestimmten Gestaltung der Stoffe zu den hellenistischen Leistungen verhielt, in wie weit sie die Stoffe, die sie darzustellen unternahm, selbstständig gestaltete, in wie weit sie dabei Vorbilder aus der älteren Entwickelung benutzte.

Seitdem das östliche Becken des Mittelmeeres in den Bereich der römischen Herrschaft gezogen worden war, gewann die hellenistische Cultur von Jahrzehnt zu Jahrzehnt nachhaltigeren Einfluss auf italischem Boden. Sie wirkte nicht nur auf die geistige Bewegung, sondern auch auf Verhältnisse des äusseren Lebens, auf Sitten und Gebräuche, und verlieh mannigfachen Erschei-

---

1, Ueber die Bemalung der Traianssäule vgl. Bull. dell' Inst. 1833 p. 92, 1836 p. 39. Hittorff, restitution du temple d'Empédocle p. 142 ff. Semper, der Stil I p. 500 ff.
2) Plin. XXXV 135. Vgl. oben Seite 5.
3) Vgl. Brunn, Gesch. d. gr. Künstl. II p. 336, 340.

50 Kunstvermögen der griechisch-römischen Epoche.

nungen der römischen Wirklichkeit ein hellenistisches Gepräge. Hatte nun bereits die Diadochenperiode Erscheinungen, wie sie später in der römischen Entwickelung wiederkehrten, künstlerisch gestaltet, so besass die Kunst der Kaiserzeit Vorbilder, welche sie mit geringen Abwandlungen zur Darstellung entsprechender Stoffe ihrer eigenen Epoche verwenden konnte.

Auch der römische Triumph, welcher in engster Beziehung steht zu den Denkmälern, die uns gegenwärtig beschäftigen, wurde im Laufe der Zeit von hellenistischen Einflüssen berührt. Seit der Zeit Alexanders des Grossen galt bei den Griechen als Vorbild der siegreichen Feldherrn der Indienbezwinger Dionysos. Dieser soll, nachdem er Indien unterworfen, zum ersten Mal den Festzug veranstaltet haben, den man θρίαμβος nannte [1]. Mögen auch die Angaben, dass Alexander der Grosse mit seinem Heere nach der Weise des bakchischen Thiasos durch die Landschaft Karamania gezogen sei, berechtigtem Zweifel unterworfen sein [2], so ist es jedenfalls sicher, dass er von den Zeitgenossen mit dem Gotte verglichen wurde. Bereits Protogenes stellte auf einem Gemälde Alexander und Pan zusammen [3] und bezeichnete hierdurch den König, da Pan in der auf den indischen Feldzug bezüglichen Ueberlieferung als Unterfeldherr des Gottes auftritt [4], als neuen Dionysos. Bekannt ist, wie Ptolemaier, Seleukiden und später König Mithridates von Pontos den Beinamen Dionysos annahmen, wie die Portraits der Diadochen auf Münzen öfters mit Attributen des Gottes, Hörnern oder Epheukranz, ausgestattet sind. Mit dem Steigen des hellenistischen Einflusses auf italischem Boden wirkten diese Anschauungen auch auf die Römer. Marius soll, um seine Siege mit denen des Dionysos zu vergleichen, aus einem Kantharos, dem bekannten Attribute des Gottes, getrunken haben [5]. M. Antonius liess sich Dionysos nennen [6] und zog nach seinem angeblichen Sieg über den Armenier Artavasdes in bakchischer Tracht in Alexandreia ein [7]. Sein Einzug in Ephesos erfolgte in Begleitung eines ganzen Thiasos von Satyrn, Panen und Bakchantinnen [8]. Aehnliches wird von Kaligula berichtet; er soll in bakchischer Tracht sogar zu Gericht gesessen sein [9]. Selbst

[1] Vgl. Stephani, Compte rendu 1867 p. 163 ff.
[2] Theophr. h. pl. IV 4, 1. Plin. XVI 144. Arrian. anab. VI 28. Vgl. Droysen, Alexander p. 484.
[3] Plin. XXXV 106.
[4] Siehe z. B. Lucian, Dionys. 2.
[5] Valer. Max. III 7, 7. Plin. XXXIII 150.
[6] Valer. Paterc. II 82. Plut. Ant. 60. Athen. IV p. 148 C.
[7] Valer. Paterc. II 82.
[8] Plut. Anton. 24.
[9] Athen. IV p. 148 D.

III. Die realistische Sculptur.   51

der officielle römische Triumph wurde von diesen Anschauungen berührt. So wollte Pompeius nach dem Beispiele des Liber pater seinen Triumphzug auf einer Elephantenquadriga abhalten und stand davon nur ab, weil das ungeheuere Gespann das Thor nicht passiren konnte¹). Zwei Elephantenquadrigen, beide von kolossalen Figuren des Domitian gelenkt, standen auf der Plattform des Bogens, welchen dieser Kaiser nach seiner Rückkehr aus dem Sarmatenkriege errichten liess²).

Mag es sich, da ausführlichere Beschreibungen nur von römischen Triumphen verhältnissmässig später Epoche vorliegen, nicht immer entscheiden lassen, ob die einzelnen Züge der Ausstattung derselben national oder durch hellenistische Einwirkung bedingt sind, immerhin steht soviel fest, dass die Erscheinungsweise der Festzüge der Diadochenperiode und der späteren Triumphe vielfache Verwandtschaft darbot. Die Kunst der Diadochenperiode hatte bereits solche Vorgänge aus ihrer Zeit zur Darstellung gebracht. Ich erinnere an den Festzug des Ptolemaios Philadelphos, dessen Ausrüstung, wie sich mit hinreichender Sicherheit nachweisen lässt³), beinah durchweg auf der Wiedergabe künstlerischer Motive beruhte und der im Grunde nichts weiter war, als ein mit grossartigem Luxus ausgestattetes lebendes Bild. Ich verweise ferner auf den Bilderschmuck am Leichenwagen Alexanders des Grossen, welcher den König mit dem Scepter auf dem Wagen sitzend, umgeben von makedonischen Hopliten und persischen Melophoren, gefolgt von dem Zuge der Kriegselephanten, der Reiterei und der Kriegsschiffe darstellte⁴). Bei der Aehnlichkeit der Erscheinung, welche solche Aufzüge, verglichen mit römischen, darboten, bei der Verwandtschaft der geistigen Richtung, welche die beiden Perioden beherrschte, konnten die Künstler der römischen Epoche Compositionen ihrer hellenistischen Vorgänger mit geringen Veränderungen zur Darstellung entsprechender Vorgänge ihrer Zeit verwenden. Auch lässt sich mit Bestimmtheit nachweisen, dass sie zum Mindesten eine Menge künstlerischer Gedanken aus der hellenistischen Entwickelung entlehnten. Hierher gehört die Darstellung der Nike, welche den Kranz über dem Haupte des triumphirenden Feldherrn hält. Während in der Wirklichkeit ein servus publicus die corona etrusca über dem Haupte des Triumphators hielt⁵), zog

---

1 Plin. VIII 4. Procilius hist. rom. rel. ed. Peter p. 316 fr. 2. Plut. Pomp. 14. Vgl. Plin. VII 95.
2 Donaldson archit. numism. N. 57. Martial. VIII 65.
3) Vgl. Ann. dell' Inst. 1883 p. 374 ff.
4 Diodor. XVIII 27.
5) Vgl. Goell de triumph. rom. ordine p. 31.

4*

es die griechisch-römische Kunst vor, diese Handlung durch ein Motiv zu symbolisiren, welches in der Alexander- und der Diadochenperiode vielfach vorgebildet worden war. Ein hellenistischer Gedanke ist es ferner, wenn der Triumphwagen der Kaiser auf geschnittenen Steinen und Münzen mit Kentauren bespannt erscheint[1]; der Kaiser wird hierdurch ganz im hellenistischen Sinne dem Dionysos verglichen. Wie sehr die Kunstwerke der Alexanderepoche, welche siegreiche Monarchen verherrlichten, den Anschauungen der Kaiserzeit entsprachen, bezeugt eine Thatsache, welche Plinius[2] hinsichtlich zweier Gemälde des Apelles berichtet, von denen das eine Alexander auf dem Triumphwagen und daneben den gefesselten Kriegsdaimon, das andere demselben König mit Nike und den Dioskuren darstellte. Der Kaiser Claudius liess aus beiden einfach den Kopf des Alexander herausschneiden und durch das Portrait des Augustus ersetzen.

Die bisherige Betrachtung hat gezeigt, dass die römische Epoche in den Darstellungen aus der gleichzeitigen Geschichte vielfach hellenistische Compositionen zu Grunde legen konnte. Wir haben dabei auch wahrgenommen, dass dieselbe mit einer Reihe künstlerischer Gedanken weiter arbeitet, die in der Diadochenperiode ausgebildet worden waren. Dagegen ist die Frage, wie sich die römische Kunst in formeller Hinsicht, in der bestimmten Gestaltung der Motive, zu der hellenistischen verhält, noch nicht der Lösung näher gebracht. Um in dieser Hinsicht wenigstens einige Gesichtspunkte festzustellen, müssen wir zunächst eine Summe von Compositionen oder Compositionsmotiven nachweisen, welche in der Diadochenperiode erfunden sind und geeignet waren, bei historischen Schilderungen aus der Kaiserzeit als Grundlage zu dienen. Und zwar haben wir, da das historische Relief der Kaiserzeit an die vorhergehende Malerei anknüpft, namentlich solche Denkmäler in Betracht zu ziehen, von denen es sich wahrscheinlich machen lässt, dass sie Motive aus der Malerei der Diadochenperiode wiederholen.

Wir besitzen eine Reihe von Sarkophagreliefs, welche den Triumph des Dionysos, des mythologischen Vorbildes siegreicher Feldherrn, schildern[3] und auf ein gemeinsames Original zurückgehen, welches von den Sarkophagarbeitern bald durch Auslassungen verkürzt, bald durch Zuthaten erweitert, zur Darstellung gebracht wird. Bei dem Reichthume der Phantasie, welchem

---

[1] Mongez Iconogr. rom. pl. XXIX 1. 5.
[2] Plin. XXXV 93. Vgl. Brunn, Gesch. d. gr. Künstl. II p. 210.
[3] Diese Sarkophage sind zusammengestellt von Stephani, Compte rendu 1867 p. 164 Anm. 2.

die Erfindung dieser Reliefs offenbart, dürfen wir annehmen, dass die Originalmotive in einer hochbegabten Kunstentwickelung gestaltet sind. Da es die Alexanderepoche war, welche den Dionysos zuerst in der Weise auffasste, in der er in diesen Darstellungen auftritt, so dürfen wir die Erfindung nicht vor dieser Epoche ansetzen. Andererseits scheint es, dass die wesentlichsten Motive dieses bakchischen Triumphzuges bereits zur Zeit des Ptolemaios Philadelphos geläufig waren. In dem berühmten Festzuge nämlich, den dieser König veranstaltete, wurde auch die Rückkehr des Dionysos aus Indien dargestellt[1]). Der Gott erschien auf einem Elephanten gelagert, der von einem Satyrisken gelenkt wurde; es folgten Schwärme von Bakchantinnen, Satyrn, Silenen, dann allerlei bei dem Feldzuge erbeutete Thiere, darunter auch Kameele: gefangene Inderfrauen wurden auf Wagen einhergefahren. Abgesehen von dem auf dem Elephanten gelagerten Dionysos lassen sich, wie bereits Petersen[2]) ausgeführt hat, alle in diesem Theile des Zuges vorkommenden Motive auf den Reliefs nachweisen. Es scheint somit, dass dieselbe Composition, welche von den Sarkophagarbeitern benutzt wurde, auch die Ausstattung des Festzuges bedingte. Es bedarf keiner weiteren Auseinandersetzung, um zu begreifen, wie leicht die Motive dieses bakchischen Triumphzuges bei der Darstellung eines römischen Triumphs zu Grunde gelegt werden konnten. Vergleichen wir aber den Triumphzug am Bogen des Titus mit den bakchischen Reliefs, so findet sich keine Spur, die darauf hinwiese, dass der Künstler der Kaiserzeit ein Motiv aus jener Composition der Diadochenperiode entlehnt habe. Hier wie dort begegnen wir der Nike, welche den Kranz über dem Triumphator hält; auf den Sarkophagen, wie am Bogen des Titus treten Träger mit Beutestücken auf. Doch ist die Behandlung der betreffenden Gestalten beide Male zu verschieden, als dass ein gemeinsames Original vorausgesetzt werden könnte.

Auch die Sarkophagreliefs, welche Dionysos darstellen, wie er, begleitet von seinem Schildträger Pan, besiegte Indier empfängt[3]), werden, nach Inhalt und Auffassung zu schliessen, auf Vorbilder aus der Diadochenperiode zurückgehen. Die Hauptgruppe dieser Composition ist auf einem anderen Sarkophage[4]) zu einer Darstellung aus dem römischen Kriegsleben verwendet. Die Anlage der Figuren des römischen Imperators und der vor

---

1 Kallixenos bei Athen. V p. 200 D.
2. Ann. dell' Inst. 1863 p. 374 ff.
3. Gerhard, ant. Bildw. Taf. 109, 1. 2. Zoega, bassiril. II 75.
4. Visconti, Mus. Pio-Cl. V 31. Vgl. Gerhard, ant. Bildw. Taf. 109, 2.

ihm knieenden Barbaren stimmt hier deutlich mit der überein, welche dort dem Dionysos und den sich ihm ergebenden Indiern eigenthümlich ist. Diese Erscheinung liefert einen deutlichen Beleg, wie solche Compositionen der Diadochenperiode geeignet waren, um für die Schilderung entsprechender Scenen aus römischer Epoche als Grundlage zu dienen.

Ein Hauptgegenstand der Siegesdenkmale der Kaiserzeit ist die Schilderung von Barbarenschlachten. Dass die Schlachtenmalerei in der Alexander- und Diadochenperiode eifrig gepflegt wurde, ist bekannt. Ausser dem pompeianischen Alexandermosaik, über das bereits oben die Rede war, glaube ich, dass die Gallierschlacht auf dem Sarkophage Amendola¹ auf ein Gemälde der Diadochenperiode zurückgeführt werden darf. Und zwar hat man vermuthlich den Ursprung dieses Gemäldes in Pergamos zu suchen. Dass die Reliefs des Sarkophags Amendola Motive der Malerei reproduciren, ist bei der malerischen Anordnung der Composition und bei der Menge darin vorkommender Verkürzungen, die das Relief selbstverständlich nur in unvollkommener Weise ausdrücken konnte, kaum zu bezweifeln. Da nun Pausanias²) berichtet, dass sich in Pergamos ein Gemälde befand, welches den Sieg der Pergamener über die Gallier darstellte, so liegt die Vermuthung nahe, dass das Sarkophagrelief von diesem oder einem anderen Gemälde derselben Richtung abhängt.

Auch ist ein bestimmter Zusammenhang dieser Composition mit der pergamenischen Kunst bereits von Brunn³) nachgewiesen worden. Die Gestalten zweier Gallier nämlich, die darin vorkommen, verrathen deutlich dieselbe Anlage wie zwei Statuen, welche zu dem von Attalos den Athenern geschenkten Sculpturencyklus gehörten⁴). Allerdings könnte angesichts dieser Erscheinung Jemand einwenden, die beiden Figuren seien von dem Sarkophagarbeiter aus diesem Cyklus entlehnt und mit anderen

---

1) Mon. dell' Inst. I 30. Gegen die geläufige Annahme, dass diese Composition unter dem Eindrucke einer Schlacht zwischen Römern und Galliern erfunden sei, spricht entschieden der eigenthümliche, an die Form der phrygischen Mütze erinnernde Helm, mit dem einer der gegen die Barbaren kämpfenden Krieger gerüstet ist. Bei einem römischen Legionar wäre ein solches Waffenstück ohne jegliche Analogie. Dagegen ist orientalisirende Kleidung und Bewaffnung bei den Griechen der Diadochenperiode etwas ganz Gewöhnliches. Vgl. hierüber den siebzehnten Abschnitt.
2) I 4, 6: Πέργαμον δὲ ἔστι μὲν πάλαι ἀπὸ Γαλατῶν, ἔστι δὲ γραφή, τὸ ἔργον τὸ πρὸς τοὺς Γαλάτας ἔχουσα.
3) Ann. dell' Inst. 1870 p. 302.
4) Mon. dell' Inst. VIIII 19, 1. 2.

III. Die realistische Sculptur. 55

Motiven zu der Darstellung der Barbarenschlacht verarbeitet. Doch spricht gegen diese Annahme der organische Zusammenhang, welcher zwischen den einzelnen Bestandtheilen dieser Composition obwaltet. Es ist daher viel natürlicher anzunehmen, dass ein pergamenischer Künstler, der zugleich Bildhauer und Maler war[1], ein von ihm selbst erfundenes Motiv sowohl in der Sculptur wie in der Malerei verwendete, dass somit der Sarkophagarbeiter die Composition, die er darstellte, bereits in der pergamenischen Malerei im Wesentlichen fertig vorfand. Die Römer führten im ersten Jahrhundert der Kaiserzeit namentlich mit nordischen Barbaren Krieg. Wollten die damaligen Künstler bei Schilderung dieser Kämpfe an ältere Leistungen anknüpfen, dann lag ihnen nichts näher, als solche Compositionen der pergamenischen Schule zu benutzen.

Da wir gegenwärtig eine Anzahl von Motiven kennen, deren Erfindung mit hinlänglicher Sicherheit der Diadochenperiode zugeschrieben werden darf und die sich zur Benutzung von Seiten der historischen Kunst der Kaiserzeit vortrefflich eigneten, so fragt es sich, ob die Werke der letzteren Erscheinungen darbieten, welche auf eine formelle Abhängigkeit von jenen Motiven schliessen lassen. Allerdings begegnen wir einigen, aber doch nur sehr vereinzelten Erscheinungen dieser Art.

Der Barbar, welcher auf dem oben besprochenen bakchischen Sarkophage vor Dionysos kniet, kehrt, ganz ähnlich behandelt, auf traianischen Monumenten wieder[2]. Auf denselben finden sich auch Figuren, welche an Motive des Sarkophags Amendola erinnern, deren Erfindung wir der pergamenischen Malerei vindicirten. Dies gilt von einem der Reiter in der Traianschlacht am Constantinbogen[3], von einem stürzenden Dacier auf der Traianssäule[4], dessen Anlage mit der des durch die Kopfbinde ausgezeichneten gallischen Häuptlings auf dem Sarkophage übereinstimmt, von einem mit dem Schwerte ausholenden Legionar auf derselben Säule[5], der ähnlich behandelt ist, wie der kämpfende, mit dem phrygischen Helme versehene Grieche in der Gallierschlacht. Ein todter Dacier auf der Säule[6] erinnert an den

---
1) Da der Maler Milon aus Soloi als Schüler des pergamenischen Bildhauers Phyromachos 'Plin. XXXV 146) erwähnt wird, so ist es wahrscheinlich, dass der letztere sich neben der Sculptur auch mit Malerei beschäftigte.
2) Rossini, archi trionfali Taf. 70. Bartoli und Bellori, col. traiana 41, 55. Frühner, col. trajane p. 111.
3) Rossini a. a. O. Taf. 70.
4) Bartoli und Bellori a. a. O. 71.
5) Bartoli und Bellori a. a. O. 71.
6) Bartoli und Bellori a. a. O. 104.

56 Kunstvermögen der griechisch-römischen Epoche.

Giganten aus dem Statuencyklus des Attalos. Auf den traianischen Reliefs am Bogen des Constantin ist die Figur des reitenden Kaisers dreimal in derselben Weise behandelt, nämlich in der Schlachtscene und auf den beiden Medaillons, welche Traian jagend darstellen [1]. Ein entsprechendes Motiv findet sich bereits auf der Grabstele des attischen Ritters Dexileos, welcher 391 v. Chr. bei Korinth fiel [2]. Doch finden sich Erscheinungen, wie die angedeuteten, sehr sporadisch und machen sie mehr den Eindruck von Reminiscenzen, als von bewussten Reproductionen. Die genaue Uebertragung eines hellenistischen Compositionsschemas, wie wir ihr auf einem Sarkophagrelief begegneten [3], ist innerhalb der historischen Darstellungen der öffentlichen Monumente der ersten Kaiserzeit nicht nachweisbar. Somit liegt kein Grund vor, die formelle Abhängigkeit dieser Kunst in ausgedehnter Weise vorauszusetzen. Es wäre gewagt, in diesem Falle ein besonderes Gewicht auf unsere dürftige Kenntniss der Kunst der Diadochenperiode zu legen. Einerseits sind viele namentlich der auf der Traianssäule dargestellten Ereignisse aus den dacischen Kriegen von sehr eigenthümlicher und individueller Art und lässt sich kaum annehmen, dass die ältere Entwickelung zur Gestaltung aller dieser Scenen geeignete Vorbilder darbot. Andererseits haben wir in dieser Frage eine Seite der Thätigkeit der Künstler der Kaiserzeit in Betracht zu ziehen, welche der Annahme zum Mindesten eines sklavischen Copirens älterer Motive schlechthin zuwiderläuft. Es ist dies die Weise der Charakteristik. Diese ist auf das Tiefste von dem Geiste der Epoche, welche jene Denkmäler in das Leben rief, durchdrungen und demnach original im höchsten Sinne des Worts; sie ist von einer Frische und Energie, welche uns gewissermassen aussöhnen mit den Verstössen gegen die Gesetze der plastischen Composition, wie sie nur zu häufig in dieser Denkmälergattung vorkommen. Wollte man annehmen, die Künstler hätten in reflectirender Weise hellenistische Compositionen zu Grunde gelegt, so würden diese Vorzüge eine vollständig unbegreifliche Erscheinung darbieten. Wo vielmehr Spuren der Benutzung älterer Motive vorliegen, haben wir die Verwandtschaft des Geistes und der Lebensformen in Betracht zu ziehen, wie sie zwischen der Diadochenperiode und der römischen Kaiserzeit obwaltete. Wie die damaligen Römer in

---

[1] Rossini, archi trionfali Taf. 72.
[2] Sallnas, Monumenti scop. presso S. Trinita in Atene Taf. II. Vgl. Arch. Zeit. 1863 Taf. 169.
[3] Vgl. oben Seite 53.

der historischen Kunst der Diadochenperiode eine Menge von Selbsterlebtem wiederfanden, so gingen Gedanken und Motive dieser Kunst, als geistesverwandt, ohne mühsames Anlernen in ihr Fleisch und Blut über und fanden sie somit gewissermaassen spontan in Schilderungen aus der Geschichte des kaiserlichen Roms Eingang.

Also dürfen wir der Kaiserzeit auf dem Gebiete der historischen Darstellung immerhin eine eigenthümlich productive Thätigkeit zusprechen. Mag sie eine Gattung weiterpflegen, deren Ausbildung aus der Alexanderepoche datirt, mag sie eine Reihe künstlerischer Gedanken aus der vorhergehenden Entwickelung festhalten, mag sie auch bisweilen durch Reminiscenzen an bereits vorhandene Motive bestimmt werden, so ist sie doch in der Behandlung der historischen Stoffe im Grossen und Ganzen selbstständig; sie führt die Richtung, welche auf getreue Wiedergabe der Wirklichkeit ausging und die in der Diadochenperiode noch durch künstlerisches Gesetz gebunden war, rückhaltslos weiter; sie schildert die Begebenheiten unmittelbar nach den Eindrücken, die sie bei der Mitwelt hervorriefen. Doch liefert uns das ausführlichste Denkmal der historischen Kunst unserer Periode, die Trajanssäule, einen deutlichen Beleg von der Beschränkung dieser Fähigkeit. Hier bildet die Gestalt der auf den Schild schreibenden Nike einen monumentalen Ruhepunkt zwischen den Schilderungen aus den beiden dacischen Kriegen[1]. Während die militärischen Ereignisse von den mit der Ausschmückung dieser Säule beauftragten Künstlern offenbar im Grossen und Ganzen selbstständig gestaltet sind, ist die Nike nach einem bereits früher zurechtgemachten Typus copirt[2]. Diese Erscheinung bezeichnet deutlich die Grenzen des Könnens dieser Künstler. Sie sind befähigt, Gestalten, wie sie die Wirklichkeit darbot, getreu nachzuschildern, Begebenheiten, bei welchen solche Gestalten auftreten, den kaiserlichen Bulletins nachzuerzählen. Wo ihnen aber die Grundlage der Wirklichkeit mangelt, wo sie im höheren Sinne des Worts poetisch schaffen sollen, erscheinen sie ohnmächtig und müssen sie sich fremde Erfindungen zu Nutze machen.

Uebrigens entspricht das Resultat, zu welchem wir in diesem Abschnitte gelangt sind, vollständig den Bedingungen einer normalen Kunstentwickelung. Wie die realistische Richtung der letzte Sprosse war, den der bereits alternde Stamm der classischen Kunst hervortrieb, so ist es auch ganz naturgemäss, dass derselbe länger, als die übrigen Zweige, seine Lebenskraft bewahrte, dass demnach

---

1) Bartoli und Bellori a. a. O. 59. Frühner a. a. O. p. 120.
2) Vgl. oben Seite 28.

das realistische Portrait das ideale, dass die historische Kunst, welche Stoffe aus der Gegenwart in einer der Wirklichkeit entsprechenden Weise behandelte, die ideale überlebte, die auf dem Gebiete der Mythologie ihre glänzendste Entwickelung gefunden hatte. Der historischen Kunst kam noch der Umstand zu Gute, dass sie in ungleich höherem Grade dem Geiste und den Bedürfnissen der Zeit entsprach. Während die classische Welt mit der fortschreitenden Zersetzung der Religion mehr und mehr gleichgültig gegen die Mythologie wurde, blieb das Interesse für die reale Gegenwart reger und fand die Majestät des römischen Namens, welche den Zeitgenossen wenigstens unter den tüchtigeren Kaisern als berechtigtes Ideal erscheinen konnte, in der historischen Schilderung den geeignetsten Ausdruck. Wie Traian der letzte Kaiser war, der in nachhaltiger Weise das Weltreich nach Innen und nach Aussen sicherte und festigte und noch einmal die grossartigen Eigenschaften ächt römischen Charakters offenbarte, so nahm die historische Darstellung zur Verherrlichung der Thaten des grossen Kaisers noch einmal einen bedeutenden Aufschwung, der uns berechtigt, die traianische Epoche als die letzte Glanzperiode der classischen Kunst überhaupt zu betrachten.

Wäre es mir verstattet, in diesen Blättern eine umfassendere Untersuchung über das Kunsttreiben im ersten Jahrhundert der Kaiserzeit anzustellen, so müsste ich, um das Bild zu vervollständigen, auch die damalige Glyptik und Toreutik in Betracht ziehen.

Die Glyptik dieser Periode ist glänzend vertreten durch eine Reihe von Cameos, welche verschiedene Begebenheiten aus der Geschichte des Julischen Kaiserhauses verherrlichen. Doch würde eine eingehendere Würdigung dieser Denkmäler die Grenzen, die ich nothwendiger Weise dieser Einleitung stecken muss, weit überschreiten. Indem ich somit die Mittheilung meiner Untersuchung auf eine andere Gelegenheit verschiebe, begnüge ich mich hier in aller Kürze das Resultat derselben mitzutheilen. Wenn irgend eine Gattung, so knüpft sicherlich diese an hellenistische Leistungen an. Um die Alexanderepoche fand die Technik, welche das Bild erhaben aus dem Steine herausschneidet, in der griechischen Kunst Eingang. Die Situationen, welche auf den Cameos der Kaiserzeit geschildert sind, und die Weise ihrer Auffassung stehen in engstem Zusammenhange mit der Cultur und der Kunst der Diadochenperiode. Bereits damals begann die göttliche Verehrung sterblicher Herrscher oder ihre Gleichsetzung mit bestimmten Gottheiten; bereits damals wurde die symbolisi-

III. Die realistische Sculptur.

rende Richtung, welche in diesen Cameendarstellungen zu herrschen pflegt, und der ihnen eigenthümliche Apparat von Personificationen ausgebildet [1].

Hinsichtlich der Toreutik begnüge ich mich, auf ein Urtheil des Plinius zu verweisen, welches, richtig gefasst, den damaligen Zustand dieser Kunst in der deutlichsten Weise bezeichnet. Er schreibt am Schlusse des Kapitels, in dem er über die berühmten Toreuten handelt [2]: subitoque ars haec ita exolevit ut sola iam vetustate censeatur usuque attritis caelaturis, si nec figura discerni possit, auctoritas constet. Die erhaltenen Denkmäler scheinen dieser Angabe zu widersprechen. Mögen die Gefässe des Hildesheimer Silberfundes einer älteren Epoche angehören, so dürfen doch die in Pompei gefundenen Arbeiten dieser Art im Ganzen als Producte der Zeit der flavischen Kaiser betrachtet werden und lassen dieselben beim ersten Anscheine auf einen hohen Standpunkt der damaligen Toreutik schliessen. Doch hat man auch hier zwischen Erfindung und Ausführung zu scheiden. Während das Verdienst einer vortrefflichen Ausführung den Toreuten der Kaiserzeit nicht abgesprochen werden kann, ist es sehr unwahrscheinlich, dass sie den bildlichen und ornamentalen Schmuck der Gefässe selbst erfanden. Fassen wir diesen Gesichtspunkt in das Auge, dann steht die Angabe des Plinius mit den erhaltenen Denkmälern keineswegs im Widerspruch und giebt sie einen ganz verständlichen Sinn. Wenn die Toreutik nichts Neues hervorbrachte, sondern sich begnügte, ältere Vorbilder zu wiederholen, dann ist es ganz begreiflich, dass Kenner oder solche, die als Kenner gelten wollten, nur Gefässe schätzten, die einer älteren, selbstständig schaffenden Epoche anzugehören schienen. Allerdings giebt Plinius nicht an, wann dieser Verfall eintrat. Den Pasiteles, welcher in den letzten Jahrzehnten der Republik thätig war, erwähnt er [3] noch unter den »lobenswerthen« Toreuten. Doch hat man wohl zu beachten, dass er die Vertreter dieser Kunst nach dem Ansehen, dessen sie genossen, ausdrücklich in vier Kategorien eintheilt und dass Pasiteles erst in der letzten seinen Platz findet. Ausserdem darf man annehmen, dass, wenn es zur Zeit des Plinius mit der Toreutik vollständig aus war, in der unmittelbar vorhergehenden Epoche zum Mindesten eine Abnahme der Erfindungskraft vorherging, welche den definitiven Verfall vorbereitete. Nur über eine toreutische Arbeit des Pasiteles sind wir einigermaassen unterrichtet. Sie war in Silber ausgeführt und stellte

---

1) Vgl. O. Jahn, aus der Alterthumswissenschaft p. 297 ff.
2) Plin. XXXIII 157. Vgl. Wieseler, Hildesheimer Silberfund p. 37.
3) Plin. XXXIII 156.

ein Ereigniss aus der Jugend des Schauspielers Roscius dar, in welchem man ein Vorzeichen der späteren Berühmtheit desselben erkennen wollte, wie Roscius als Knabe von einer Schlange umwunden wurde [1]. Ueber die Behandlung der Composition erfahren wir nichts; doch kann ich nicht unterlassen darauf hinzuweisen, dass Kekulé [2] die Frage aufwirft, ob sich nicht der Künstler dabei das Gemälde des Zeuxis zu Nutzen gemacht habe, welches den Schlangen würgenden Herakles darstellte und, wie es scheint, von Pasiteles in seiner Schrift über die mirabilia opera mit besonderem Lobe hervorgehoben wurde. Wenn wir es bei Betrachtung der Sculptur als ein Zeichen der Schwäche des Kunstvermögens anführten, dass viele Copien nach Meisterwerken der griechischen Kunst gearbeitet wurden, so wissen wir, dass bereits Zenodoros, der Künstler des neronischen Kolosses, genaue Copien zweier Becher des Kalamis arbeitete [3]. Unter solchen Umständen dürfen wir mit hinreichender Sicherheit annehmen, dass es sich während der ganzen Epoche, mit der wir uns gegenwärtig beschäftigen, mit der Toreutik ähnlich verhielt wie mit der idealen Plastik, dass das poetische Gestaltungsvermögen hier wie dort gering war, dass beide Künste mehr oder minder von der Erbschaft zehrten, welche ihnen aus einer reicher begabten Vergangenheit zugefallen war.

IV. Die Ueberlieferung über die Malerei.

Einer der feinsten Kunstkenner unter den erhaltenen römischen Schriftstellern, Petronius [4], der vermuthlich unter Nero lebte, urtheilt über die Malerei seiner Zeit in der abschätzigsten Weise. Nach seiner Ansicht war es mit dieser Kunst vollständig zu Ende. Auch Plinius [5] bezeichnet dieselbe als eine ars mori-

---

1) Cicero, de div. I 36.
2) Die Gruppe des Menelaos p. 20.
3) Plin. XXXIV 47.
4) Petron. sat. 88: Erectus his sermonibus consulere prudentiorem coepi aetates tabularum et quaedam argumenta mihi obscura, simulque causam desidiae praesentis excutere, cum pulcherrimae artes perissent, inter quas pictura ne minimum quidem sui vestigium reliquisset. Ueber die bekannte Stelle im Kap. 2 »pictura quoque non alium exitum fecit, postquam« etc. vergleiche den fünfzehnten Abschnitt.
5) Plin. XXXV 28. Vgl. XXXV 50. Ueber die entsprechende Ansicht des Lucian s. Blümner, arch. Stud. zu Lucian p. 59.

IV. Die Ueberlieferung über die Malerei.

ens. Wie es mit ähnlichen Aeusserungen über die gleichzeitige Toreutik der Fall war, stehen auch diese anscheinend im Widerspruch zu den erhaltenen Denkmälern. Nach den römischen und campanischen Wandmalereien, deren Ausführung ungefähr in die Zeit fällt, in welcher jene Schriftsteller thätig waren, möchte man im Gegentheil auf eine gedeihliche Entwickelung der Malerei schliessen. Somit werden wir auch hier zwischen Erfindung und Ausführung zu scheiden haben. Dass sich die letztere in dem ersten Jahrhundert der Kaiserzeit auf einer verhältnissmässig hohen Stufe hielt, ist nach den Wandbildern, die doch nur einen annähernden Begriff von den Vorzügen der gleichzeitigen Tafelmalerei geben, unzweifelhaft. Hierüber abschätzig zu urtheilen, lag also kein Grund vor. Anders dagegen wird es sich mit dem poetischen Gestaltungsvermögen verhalten haben. Dieses war offenbar höchst geringfügig, wie es derselbe Plinius an einer anderen Stelle in der bestimmtesten Weise ausspricht. Er sagt, dass die gleichzeitige Malerei trotz der vielfachen materiellen Mittel, welche ihr zu Gebote standen, doch keine bedeutende Leistung aufweise [1].

Mit dieser Auffassung stimmen die Bemerkungen, welche Plinius über die Maler des letzten Jahrhunderts der Republik und des ersten der Kaiserzeit mittheilt. Er weiss verschwindend wenig darüber zu berichten. Während er in der Geschichte der gleichzeitigen Plastik mehrere Künstler, wie Pasiteles, Arkesilaus und Diogenes, lobend hervorhebt und sogar einige ihrer Werke einer kurzen Beschreibung würdigt, führt er auf dem Gebiete der Malerei kaum mehr als Namen an. Aus den letzten Jahrzehnten der Republik erwähnt er die gesuchten Porträtmaler Sopolis und Dionysios und die Porträtmalerin Iaia oder Laia [2]. Für Sopolis ist eine Bemerkung in einem Briefe des Cicero [3] bezeichnend, wo Gabinius Antiochus »einer von den Malern des Sopolis, Freigelassener und accensus des Gabinius« erwähnt wird; demnach scheint er wie gewisse heutige Modemaler das Geschäft im Grossen betrieben und eine Anzahl von Hülfsarbeitern in seinem Atelier beschäftigt zu haben. Von der Richtung, welche diese Künstler

---

[1] XXXV 50: nunc et purpuris in parietes migrantibus et India conferente fluminum suorum limum et draconum elephantorumque saniem nulla nobilis pictura est. omnis ergo meliora tunc fuere, cum minor copia. Ita est, quoniam, ut supra diximus, rerum, non animi pretiis excubatur.

[2] Plin. XXXV 147, 148. Den von Varro (Plin. XXXV 113) angeführten Skenographen Seraphon lasse ich, da es nicht sicher ist, ob er unserer Periode angehört, unerwähnt.

[3] Epist. ad Att. IV 16, 12.

verfolgten, erfahren wir nichts. Doch ist es bedeutsam, dass Plinius[1] an einer anderen Stelle darüber klagt, wie die Portraitmalerei zu seiner Zeit vollständig verkümmere und bei dem Hange zur Verarbeitung kostbarer Stoffe durch imagines clupeatae aus Edelmetall verdrängt werde. Ausserdem wird aus republikanischer Epoche noch Arellius[2] erwähnt, der Göttinnen mit den Zügen seiner Maitressen malte. In augusteischer Epoche begegnen wir einem geschickten Prospectenmaler, dessen Name Studius, Ludius oder S. Tadius nicht hinlänglich feststeht; er ist der einzige unter allen diesen Künstlern, von dessen Thätigkeit wir uns vermöge der Charakteristik bei Plinius[3] und durch Vergleichung von Wandbildern in der Villa ad Gallinas[4], im Grabe des Patron an Via Latina[5] und in Pompei[6], die von seiner Richtung abhängig zu sein scheinen, einen anschaulichen Begriff bilden können. Weiterhin finden wir den Fabullus oder Amulius[7], der in dem goldenen Hause des Nero thätig war und unter dessen Werken Plinius ein Minervenbild hervorhebt, endlich Cornelius Pinus und Attius Priscus, die den Tempel des Honor und der Virtus, nach der Wiederherstellung desselben durch Vespasian, ausmalten[8]. Auf die Dilettanten, die Plinius der Merkwürdigkeit halber anführt, brauchen wir an dieser Stelle nicht einzugehen.

Es ist bezeichnend, dass beinah alle diese Maler in verhältnissmässig untergeordneten Kunstgattungen thätig sind. Das Prospectenbild, wie es von jenem unter August arbeitenden Maler gepflegt wurde, gehört dem decorativen Gebiete an. Sopolis, Dionysios und Iaia oder Laia waren gesuchte Portraitmaler. Nirgends hören wir von einem Gemälde, welches sich durch den geistigen Inhalt ausgezeichnet hätte; kaum, dass virtuose Züge in der Behandlung der Einzelheiten, wie die geschickte Zeichnung des Auges an der Minerva des Fabullus oder Amulius, hervorgehoben werden. Wenn wir, was möglich ist, monumentale Malereien in den Werken des Cornelius Pinus und Attius Priscus vorauszusetzen haben, so ist es beachtenswerth, dass Plinius von dem letzteren Künstler überliefert, »er habe sich den Alten genähert«. Also werden wir auch hier, wo es sich vielleicht um

---

[1] Plin. XXXV 4.
[2] Plin. XXXV 119.
[3] Plin. XXXV 116.
[4] Bull. dell' Inst. 1863 p. 81 ff.
[5] Secchi, mon. ined. d'un sepolcro di famiglia greca Roma 1843, Taf. I. II.
[6] Helbig, Wandgemälde p. 384 ff.
[7] Plin. XXXV 120.
[8] Plin. XXXV 120.

IV. Die Ueberlieferung über die Malerei.

bedeutendere Leistungen handelt, auf Einflüsse der älteren Kunst hingewiesen.

Wenn ferner massenhaftes Copiren älterer Meisterwerke geeignet ist, gegen die selbstständige Productivität einer Epoche Verdacht zu erwecken, so liegen in dieser Hinsicht die Verhältnisse auf dem Gebiete der Malerei ganz ähnlich wie auf dem der Plastik. Es gab damals viele Maler, welche sich nur mit Copiren beschäftigten[1]. Auch scheint diese Thätigkeit keineswegs gering geachtet worden zu sein. Wenigstens hat uns die Ueberlieferung den Namen des Dorotheos bewahrt, welcher für Nero die Anadyomene des Apelles copirte[2].

Aus diesen Betrachtungen ergiebt sich Eines mit Sicherheit, dass nämlich in der Epoche, mit der wir uns gegenwärtig beschäftigen, keine reiche und im höheren Sinne poetisch schaffende Entwickelung der Malerei Statt fand. Ueber die verschiedenen Richtungen, in denen sich die damalige Malerei bewegte, schweigt die Ueberlieferung. Doch ist es verstattet, hierüber vor der Hand aus der Analogie der Sculptur einige Schlüsse zu ziehen. Wie in der Sculptur werden auch in der Malerei eine ideale und eine realistische Richtung neben einander her gegangen sein. Jene herrschte selbstverständlich in den Gemälden mythologischen Inhalts; die letztere wird namentlich massgebend gewesen sein bei Darstellungen aus der Wirklichkeit, den grossen Leinwandbildern, wie sie zur Ausstattung von Spielen oder zur Erinnerung an Spiele gemalt wurden[3], den Gemälden mit Scenen aus Feldzügen, wie sie bei Triumphen ausgestellt und vorübergeführt oder zu bleibender Erinnerung in Tempeln oder in den Häusern der Feldherrn ausgeführt wurden[4]. In das Portrait und die Darstellung aus dem Alltagsleben können sich die beiden Richtungen, wie es in der Sculptur der Fall war, auch in der Schwesterkunst getheilt haben. Mag nun die Malerei, wo sie an die Wirklichkeit anknüpfen konnte, eine gewisse Productivität gewahrt haben, so werden wir auf idealem Gebiete ihre Erfindungskraft noch geringer veranschlagen und in höherem Grade ihre Abhängigkeit von älteren Leistungen voraussetzen müssen, als bei der gleichzeitigen Sculptur; denn, während sich die antike Ueberlieferung über die letztere aus-

---

1) Dionys. Hal. de Dinarcho VII p. 644. Quintilian. X 2, 6. Vgl. X 2, 2. Lucullus kauft das apographon eines Gemäldes des Pausias Plin. XXXV 125. Lucian Zeuxis 3 sieht zu Athen im Atelier eines Malers eine Copie des Kentaurenbildes des Zeuxis.
2) Plin. XXXV 91.
3) Vgl. Friedlaender, Darstellungen aus der Sittengeschichte Roms II p. 230.
4) Vgl. Raoul Rochette, peint. ant. inéd. p. 303 ff.

64 Kunstvermögen der griechisch-römischen Epoche.

führlicher und zum Theil selbst mit Lob ausspricht, würdigt sie nur wenige Maler, die ausserdem grösstentheils in untergeordneteren Kunstgattungen thätig sind, einer flüchtigen Erwähnung und giebt sie über den ganzen Zustand der Kunst absolute Verdammungsurtheile ab. Wenn wir daher in unserer Epoche Gemälden begegnen, deren Erfindung eine bedeutende künstlerische Begabung voraussetzt, so ist von vorn herein die Vermuthung berechtigt, dass die Composition nicht von der gleichzeitigen Kunst gestaltet, sondern aus einer älteren, reicher begabten Entwickelung entlehnt ist. Dieses Resultat wird uns bei Beurtheilung der campanischen Wandgemälde als Grundlage dienen.

Die campanische Wandmalerei.

V. Ueber einige eigenthümliche stylistische Erscheinungen.

Die campanische Wandmalerei vertritt mit wenigen Ausnahmen eine vollständig freie Entwickelung, eine Entwickelung, wie sie nach Allem, was wir von griechischer Kunst wissen, etwa seit der Zeit Alexanders des Grossen zur Vollendung kam. Nur ganz vereinzelte Erscheinungen treten aus diesem Kreise heraus. Es sei mir verstattet, um den weiteren Zusammenhang der Untersuchung nicht durch Hinweis auf dieselben zu unterbrechen, die betreffenden Gemälde gleich hier zu erwähnen.

Am Deutlichsten zeigt sich eine Behandlungsweise, die vor die freie Entwickelung und die Durchbildung des eigentlich Malerischen fällt, in dem bekannten Gemälde aus der Casa del poeta, welches das Opfer der Iphigeneia darstellt [1]. Die Composition ist mit strengster Symmetrie gegliedert: um die Mittelgruppe entsprechen sich unten die Gestalten des Kalchas und des Agamemnon, oben die der Artemis und der Nymphe, welche den an Iphigeneias Statt zu opfernden Hirsch herbeibringt. Die gegenseitige Deckung der Figuren ist möglichst vermieden, sodass es nur weniger Modificationen bedürfen würde, um die Composition in das Relief zu übertragen. Die Faltenbehandlung an den Gewändern des Agamemnon, des Kalchas und des muthmasslichen Diomedes verräth eine eigenthümliche Steifheit. Während der Hintergrund auf den übrigen Bildern in einer mehr oder minder der Wirklichkeit entsprechenden Weise behandelt ist, hat der Maler hier von der Andeutung eines realen Raumes beinah vollständig abstrahirt. Wie wir diese eigenthümliche Erscheinung zu erklären, ob wir darin die Copie eines vor die freie Entwickelung fallenden Ge-

[1] Die beste Abbildung bei Zahn, die schönst. Orn. III 42. Helbig N. 1304.

mäldes oder etwa eine bewusst archaisirende oder eklektische Richtung zu erkennen haben, darüber wird es vor der Hand gerathen sein, mit einem entscheidenden Urtheil zurückzuhalten. Ausserdem ist ein leises Archaisiren von Dilthey[1]) richtig in einem Gemälde erkannt worden, welches die Strafe des Aktaion darstellt. Nicht wegen der Zeichnung, sondern wegen des Colorits wären an dieser Stelle zwei Gemälde aus Casa del citarista zu erwähnen, von denen das eine das Urtheil des Paris[2]), das andere einen griechischen Jüngling als Schutzflehenden vor einem barbarischen Herrscher[3]) darstellt. Die Färbung derselben erscheint auffällig hart und trocken und bewegt sich, während die Wandgemälde in der Regel eine sehr harmonische Farbenscala verrathen, in scharfen Gegensätzen. Ich begnüge mich, hiermit die Aufmerksamkeit der Gelehrten auf diese eigenthümliche Erscheinung gelenkt zu haben. Darin eine archaisirende Richtung des Colorits zu erkennen, scheint mir vor der Hand gewagt. Einerseits halte ich es nicht für unmöglich, dass diese Eigenthümlichkeiten zum Theil durch äussere Umstände, etwa durch die Einflüsse der Atmosphäre oder durch die Feuchtigkeit der in unmittelbarer Nähe aufgethürmten Schuttmassen, verursacht sind. Andererseits hat man zu bedenken, dass uns, bevor nicht das Colorit der Wandmaler überhaupt und namentlich das Verhältniss, in welchem die Farbenscala der Mittelbilder zu dem Tone der umgebenden Wand steht, systematisch untersucht ist, die nöthige Grundlage fehlt, um Erscheinungen aus diesem Gebiete richtig zu würdigen.

Die Composition, welche Helle darstellt, wie sie im Meere versinkt, während der auf dem Widder reitende Phrixos die Hand nach ihr ausstreckt[4]), enthält zwar keine archaischen Bildungselemente, verräth aber eine Auffassung und Behandlung, welche nach dem gegenwärtigen Stande unserer Kenntniss der griechischen Kunst eher auf die Entwickelung vor Alexander dem Grossen, als auf eine spätere Epoche hinweisen. Der Ausdruck der Affecte ist sehr maassvoll und erinnert trotz der mittelmässigen Ausführung an die zarte Auffassungsweise, welcher wir auf attischen Grabreliefs der besten Zeit begegnen. Das Durchschimmern der unteren Theile des Widders durch das Gewässer verräth eine ungleich weniger naturalistische Charakteristik, als die, mit welcher die campanische Wandmalerei sonst derartige

---

1) Bull. dell' Inst. 1869 p. 153: Helbig, N. 249, Atlas Taf. VII.
2) Helbig N. 1256.
3) Arch. Zeitung 1866 Taf. 205. Helbig N. 1401.
4) Helbig N. 1251 ff.

V. Ueber einige eigenthümliche styllistische Erscheinungen. 67

Motive zu behandeln pflegt. Besonders eigenthümlich ist die
ideale und von der Wirklichkeit abstrahirende Behandlung des
Hintergrundes, welche der besten Replik dieser Composition [1]
eigenthümlich ist. Hier ist nämlich der ganze Grund von Meer-
wasser überzogen. Dasselbe reicht bis an den oberen Rand des
Bildes und lässt von dem Himmel, der bei einer naturalistischen
Darstellung oben angedeutet sein müsste, nichts wahrnehmen, eine
Behandlung, welche in wundervoller Weise die unendliche Weite
des Meeres veranschaulicht. Wiewohl sich dieses Motiv nur bei
einer Replik findet und die anderen den Himmel andeuten, so
scheint es doch unzweifelhaft, dass die ideale Darstellungsweise
dem Originale eigenthümlich war: denn, da sie den sonst in der
Wandmalerei herrschenden Principien vollständig zuwiderläuft,
so liesse es sich schwer begreifen, wie ein Wandmaler darauf verfallen konnte, dieselbe zu improvisiren. Es scheint somit, dass
dieses Gemälde auf ein Original zurückgeben, welches entweder
vor der Alexanderepoche entstand oder einer Richtung angehörte,
die auch über diese Epoche hinaus den Geist der älteren Entwickelung bewahrte.

Allerdings stehen noch einige andere in der campanischen
Wandmalerei vorkommende Compositionen mit der Kunst vor
Alexander in Zusammenhang. Doch ist nur das Grund-
schema im Grossen und Ganzen festgehalten und entspricht die
Charakteristik in Geist und Form einer jüngeren Entwickelung.
Hierher gehört das herculaner Gemälde, welches den Kampf des
Herakles mit dem nemäischen Löwen darstellt [2]. Die Composition
desselben liegt im Wesentlichen bereits auf einer Metope des
Theseion ausgebildet vor [3]. Dagegen ist die Charakteristik im
Sinne einer späteren Entwickelung behandelt und lässt namentlich
die Bildung des Kopfes des Herakles deutlich den Einfluss des
von Lysippos erfundenen Typus erkennen. Aehnlich verhält es
sich mit dem herculaner Monochrom, welches einen auf einer
Quadriga fliehenden Krieger darstellt [4]. Wir begegnen einer
entsprechenden Composition bereits auf einem zu Oropos gefundenen Relief, dessen Styl auf die Epoche vor Alexander dem
Grossen hinweist [5]. Doch ist auf dem Monochrom im Grunde nur
die räumliche Anordnung der einzelnen Bestandtheile festgehalten. Durch allerlei Abwandelungen in der Anlage des Kriegers

---

[1] Die beste Abbildung bei Ternite 3. Abth. I 1. Helbig N. 1251.
[2] Pitt. d'Erc. IV 5 p. 27. Helbig N. 1124.
[3] Denkm. d. a. K. I 20, 105.
[4] Zahn, die schönst. Orn. II 1. Welcker, alte Denkm. II 10, 18 p. 179 ff. Helbig N. 1405b.
[5] Welcker, alte Denkm. II 9, 13. Overbeck, Gal. her. Bildw. VI 6.

5*

erscheint sogar der Inhalt der dargestellten Handlung wesentlich modificirt. Endlich ist die Charakteristik ungleich naturalistischer, als auf dem griechischen Relief. Wir haben es in diesen beiden Fällen mit einer durch vielfache Belege bekannten Erscheinung zu thun; ein einmal ausgebildetes künstlerisches Motiv wird von der späteren Kunst wiederholt, dabei jedoch nach dem Geiste der Epoche, in welcher die Reproduction stattfindet, und nach individuellen Absichten des reproducirenden Künstlers eigenthümlich abgewandelt.

VI. Die beiden Hauptgruppen.

Sehen wir von vereinzelten Erscheinungen ab, welche einer besonderen Erörterung bedürfen, dann lässt sich der uns bekannte Vorrath campanischer Wandgemälde, soweit sie Scenen aus der Mythologie, der Geschichte und dem Alltagsleben darstellen, in zwei Hauptgruppen scheiden.

Die eine Hauptgruppe umfasst mit wenigen Ausnahmen alle Gemälde, welche Scenen aus der griechischen Mythologie darstellen, eine Reihe von Gemälden aus dem Alltagsleben und die einzige, in der Wandmalerei erhaltene historische Schilderung, das Bild mit dem Tode der Sophoniba [1]. Die zweite enthält lediglich Darstellungen aus der Wirklichkeit, Scenen aus dem Alltagsleben, aus Circus und Amphitheater [2].

Der Gegensatz, welcher zwischen den beiden Gattungen obwaltet, könnte nicht schärfer gedacht werden. Das Gestaltungsprincip, welches den der ersten Hauptgruppe angehörigen Producten zu Grunde liegt, dürfen wir in aller Kürze als ein Ideales bezeichnen. Der Geist der Künstler, welche diese Gemälde erfanden, ist sichtend und ordnend zu Werke gegangen. Die Composition erscheint allenthalben nach aesthetischen Gesetzen gegliedert. Hinsichtlich der Charakteristik der Träger der Handlungen lassen sich zwei Richtungen unterscheiden, die sich aber streng innerhalb der dieser Gattung gesteckten Grenzen bewegen. Die eine dieser Richtungen geht darauf aus, schöne oder anmuthige Erscheinungen zu verwirklichen, schliesst Charaktere,

---

[1] Mus. Borb. I 34. Visconti, Iconogr. gr. III 18. O. Jahn, Tod der Sophoniba. Helbig N. 1365.
[2] Helbig N. 1477 ff. 1507 ff.

VI. Die beiden Hauptgruppen. 69

welche ihr zuwiderlaufen, entweder aus oder gestaltet sie in ihrem Sinne um. Die andere strebt nach einer eminent charakteristischen Darstellung. Wiewohl sie nicht absolut schöne und vollkommene Bildungen erzielt, so ist ihr Gestaltungsprocess doch von einem realistischen Verfahren weit entfernt. Sie copirt die Wirklichkeit nicht, wie sie vor den Sinnen liegt, sondern giebt, was dieselbe zersplittert, mehr oder minder getrübt und zweifelhaft zeigt, concentrirt, in sich wahr und vollständig wieder. Die beiden Richtungen greifen auf einer ganzen Reihe von Gemälden in einander über und schon dieser Gesichtspunkt rechtfertigt es hinlänglich, dass wir sie in eine und dieselbe Gruppe einbegriffen haben.

Innerhalb der Bilder mythologischen Inhalts herrscht die an erster Stelle erwähnte Richtung beinah unumschränkt. Wo nicht die Hand des ausführenden Wandmalers den Charakter der Originalcomposition getrübt hat, begegnen wir fast durchweg schönen oder anmuthigen Erscheinungen. Nur in wenigen Fällen greift die charakteristische Richtung auf mythologisches Gebiet über. Wir begegnen einigen sehr charakteristisch gebildeten alten Frauen wie der Eurykleia [1]) und den Ammen der Phaidra [2], der Skylla [3]) und der Alkestis [4]). Auf dem Gemälde, welches die Entlassung der Briseis darstellt [5]), erscheint Phoinix bartlos, mit verfallenem und sehr individuell gebildetem Gesichte. Aehnlich ist einmal der Vater des Admetos aufgefasst [6]). Unbeschränkt herrscht die charakteristische Richtung nur in einer Serie mythologischer Bilder, der nämlich, welche Pygmaien bald im Kampfe mit Kranichen oder Hähnen [7]), bald in genreartigen Situationen [8]) darstellt. Da die Bildung der Pygmaien von einer über die Wirklichkeit hinausragenden, also idealen Hässlichkeit ist, so versteht es sich, dass diese Gemälde in das Bereich der Gruppe gehören, mit der wir uns gegenwärtig beschäftigen.

In bedeutenderem Umfange als auf mythologischem Gebiete macht sich die charakteristische Richtung innerhalb der Darstellungen aus dem Alltagsleben geltend. Hier strebt sie Typen aus-

---

1) N. 1331. 2) N. 1243 ff. 3) N. 1337.
4) N. 1157 ff. Vgl. Bull. dell' Inst. 1872 p. 70.
5) N. 1309.
6) N. 1161. Vgl. auch N. 1398. Aus dem Bereiche der Compositionen, welche Scenen aus dem Alltagsleben, mit mythologischen Motiven vermischt, schildern, wären die beiden Gemälde mit dem Erotenverkaufe beizufügen (N. 824, 825). Auf dem einen verkauft die Eroten eine sehr charakteristisch gebildete Alte, auf dem anderen ein zwerghafter, dickleibiger Mann mit Spitzbart und derben Zügen.
7) N. 1528 ff. 8) N. 1530 ff.

zuprägen, welche in allgemein gültiger Weise ganze Gattungen vertreten, und dieselben in Situationen darzustellen, welche für das Denken und Treiben dieser Gattungen bezeichnend sind. Hierher gehören zunächst zwei Gemälde, welche einen Barbaren darstellen, der mit einem schönen Mädchen, vermuthlich einer Hetäre, zecht[1]. Gewiss hat man diesen Barbaren, wie die entsprechenden Darstellungen der bosporanischen und pergamenischen Kunst, als eine Gestalt zu betrachten, welche Eigenthümlichkeiten, die in der Natur bei einzelnen Individuen der betreffenden Race zerstreut auftreten, zu einem die ganze Race bezeichnenden Typus zusammenfasst. Niemand wird aber einen auf solchem Wege gestalteten Typus als ein realistisches Product bezeichnen. Ausserdem stimmt die wohl angeordnete Composition und die anmuthige Schönheit des dem Barbaren beigesellten Mädchens, die durch den Gegensatz des Barbarentypus besonders hervorgehoben wird, vollständig mit den Bildungsgesetzen, welche den Gemälden der ersten Hauptgruppe eigenthümlich sind.

Ob wir die sehr individuell gebildeten Gestalten, welche auf Gemälden vorkommen, die Scenen aus dem Leben der Theater- und Tonkünstler schildern[2], als Portraits oder als Standestypen aufzufassen haben, lässt sich nicht in jedem einzelnen Falle entscheiden. Gewiss aber berechtigen uns Composition und Charakteristik, diese Gemälde als Producte einer idealen Kunstrichtung zu betrachten.

Einen sehr bezeichnenden Ausdruck empfängt die charakteristische Richtung in den Gemälden, welche Scenen aus der Komödie darstellen[3]. Mochte sich die neuere Komödie ihrem Inhalte nach vollständig in das philiströse Alltagsleben und dessen kleinliche Interessen und Conflicte versenken, so beruhte ihre Darstellung doch nicht sowohl auf dem Detail individueller Kleinmalerei, sondern folgte dem allgemeinen Zuge der späteren griechischen Kunst, der dahin ging, Charaktertypen auszuprägen. Diesem Zuge entsprach auch die äussere Ausstattung, die Maske und die Tracht. Die Untersuchung antiker Masken, deren uns eine beträchtliche Menge in Marmor, Bronze und Thon erhalten ist, zeigt, wie die Alten auch hier mit feinem Verständnisse hervorstechende physiognomische Eigenthümlichkeiten zu erfassen und zu steigern und auf diesem Wege grotteske Idealtypen der verschiedenen Charaktere zu gestalten wussten.

Dass das Gemälde mit dem Tode der Sophoniba[4], in das Bereich der uns gegenwärtig beschäftigenden Gruppe zu rechnen

---

1) N. 1448, 1418b. 2) N. 1455 ff. 3) N. 1468 ff. 4 N. 1355.

VI. Die beiden Hauptgruppen.

sei, kann nach der Weise der Charakteristik, welche die Träger der Handlung als historische Charaktere im ächtesten Sinne schildert, und nach dem dramatischen Inhalte und der künstlerischen Gliederung der Composition keinem Zweifel unterliegen.
Die Charakteristik der Eigenthümlichkeiten der zweiten Hauptgruppe können wir sehr kurz fassen, da die ihr angehörigen Producte rückhaltslos von einer Richtung beherrscht sind und Abstufungen, wie wir sie innerhalb der ersten Hauptgruppe wahrnahmen, hier nicht vorkommen. Wie die Stoffe dieser Bilder durchweg der realen Gegenwart entlehnt sind, so ist auch ihre Auffassungs- und Behandlungsweise eine entschieden realistische. Die Maler greifen die Wirklichkeit auf, wie sie vor den Sinnen liegt, und geben die Erscheinungsweise derselben ohne ordnende Thätigkeit des Geistes und der Phantasie wieder. Nirgends zeigt sich das Streben, die Natur im Bilde zu veredeln oder zu verschönern, sie von den Zufälligkeiten zu läutern und in ihren wesentlichen Elementen zu erfassen. Vielmehr wird allenthalben, sowohl hinsichtlich der Composition, wie hinsichtlich der Charakteristik der handelnden Figuren, das Alltäglichste und Nächstliegende aufgegriffen.

Dies sind die beiden Hauptgruppen, in welche sich die campanischen Wandgemälde eintheilen lassen. Doch zeigt sich ihr Gegensatz nicht nur in der Verschiedenheit der künstlerischen Principien, die wir soeben hervorgehoben, sondern es haften an jeder der beiden noch andere bezeichnende Unterschiede. Viele der Compositionen der ersten Hauptgruppe kehren in den campanischen Städten in einer grösseren Anzahl von Repliken wieder. Manche sind nicht blos auf die campanischen Städte beschränkt; vielmehr begegnen wir ihnen oder wenigstens Motiven aus denselben auch auf Denkmälern, die an verschiedenen anderen Stellen des orbis antiquus gefunden sind. Hieraus ergiebt sich mit Sicherheit, dass diese Compositionen nicht Producte localer Bedeutung, sondern gemeinsames Eigenthum der griechisch-römischen Welt waren. Die Compositionen der zweiten Hauptgruppe dagegen sind auf die Malerei der campanischen Städte beschränkt und finden sich auch hier nur in einem Exemplare.

Hiermit stimmt eine andere Erscheinung, welche sich bei Betrachtung der Bilder der beiden Gattungen jedem aufmerksamen Beobachter aufdrängt. Angesichts der Gemälde der ersten Hauptgruppe gewahren wir fast durchweg einen auffälligen Abstand zwischen Erfindung und Ausführung. Während die Erfindung von einer bedeutenden künstlerischen Begabung zeugt, steht die Ausführung mehr oder minder zurück. Wir werden somit unwillkürlich zu der Annahme geführt, dass diese beiden

Seiten künstlerischer Thätigkeit verschiedenen Individuen zuzuschreiben sind. Bei den Gemälden der zweiten Hauptgruppe dagegen tritt kein derartiger Unterschied hervor; vielmehr steht in der Regel der Kunstwerth der Erfindung wie der der Ausführung auf derselben Stufe.

VII. Die realistische Richtung.

Aus Gründen, die sich im Laufe der Untersuchung rechtfertigen werden, wende ich mich zunächst zur näheren Betrachtung der Bilder der zweiten Hauptgruppe. Die besten Leistungen auf diesem Gebiete scheinen, soweit man nach den Abbildungen schliessen darf, die gegenwärtig zerstörten Gladiatorenkämpfe und Thierhetzen gewesen zu sein, welche am Podium des pompeianischen Amphitheaters gemalt waren [1]. Wenn auch nur decorativer Art, gehörten sie immerhin der öffentlichen Kunst der campanischen Landstädte an. Die erhaltenen Bilder stammen durchweg aus privaten Räumen. Hinsichtlich der Güte der Durchführung verdienen an erster Stelle genannt zu werden die Gemälde, welche die verschiedenen Thätigkeiten der Fullones schildern [2], und das Bild mit dem Bäckerladen [3]. Trotz der banausischen Prosa, welche diese Darstellungen bedingt, lässt sich ihnen das Verdienst einer lebendigen, der Natur entsprechenden Charakteristik nicht absprechen. Roher sind die spielenden Strassenjungen auf einem Bilde aus Casa de Lucrezio behandelt [4]. Noch tiefer stehen die Malereien aus dem sogenannten Lupanar [5], welche, abgesehen von einem gewissen Geschick in der Wiedergabe der Gesichter, einen vollständigen Mangel der Elementarkenntnisse der Zeichnung verrathen. Auch die dieser Richtung angehörigen obscönen Bilder, von denen eine reiche Serie in dem pompeianischen Bordell erhalten ist, sind von kaum mittelmässiger Ausführung [6]. Die Gemälde endlich, welche Scenen auf dem Forum schildern, sind kurz gesagt Schmierereien, welche bei glücklichen Griffen in dem Ausdrucke einzelner Motive nicht einmal die Handlung aller Figuren deutlich erkennen lassen.

Offenbar geben alle diese Bilder Erscheinungen aus der

---

1) N. 1514, 1515, 1519.   2) N. 1502.   3) N. 1501.   4) N. 1477.
5) N. 1504 ff.   6) N. 1506.

Civilisation des ersten Jahrhunderts der Kaiserzeit wieder und sind sie in dieser Epoche sowohl erfunden, wie ausgeführt. Von einigen lässt es sich sogar wahrscheinlich machen, dass sie unter Eindrücken, welche die campanischen Landstädte darboten, entstanden sind. Die Köpfe der auf diesen Gemälden dargestellten Personen entsprechen Typen, wie man sie noch heut zu Tage im Neapolitanischen wahrnimmt. Die Bilder, welche Scenen auf dem Forum darstellen, schildern ein Treiben, wie es der Reisende noch jetzt auf den öffentlichen Plätzen süditalienischer Landstädte beobachten kann. Der tunicatus popellus, der das Forum bevölkert, erinnert an eine bekannte Stelle des Horaz[1]. Die sehr individuelle Charakteristik der Mädchen auf den Bildern in dem Bordell kann nur unter dem unmittelbaren Eindrucke der Insassinnen dieses Locales entstanden sein; einige sind mit dem hohen Tonpet ausgestattet, welches zur Zeit der flavischen Kaiser Mode war. Die Tracht ist innerhalb dieser Gattung von Bildern die im römischen Alltagsleben übliche. Wir begegnen Reisenden mit dem cucullus bekleidet[2], der als Reisetracht öfters von den Schriftstellern der Kaiserzeit erwähnt wird[3]. Die Form der Brode auf dem Bäckerbilde stimmt mit der überein, welche den in Pompei gefundenen Broden eigenthümlich ist. Der Hintergrund der Marktscenen entspricht genau der Architektur des pompejanischen Forums.

Sollten diese Erscheinungen für nicht bezeichnend genug erachtet werden, um daraus gerade den campanischen Ursprung dieser Bilder zu erweisen, so kennen wir gegenwärtig wenigstens ein Gemälde, welches nun in Pompei conceptirt werden konnte[4]. Allerdings ist dasselbe ein Landschaftsbild und müsste seine Würdigung eigentlich in unseren zwölften Abschnitt verwiesen werden. Da es sich aber nach Inhalt, Auffassung und Durchführung deutlich als ein Product der Richtung herausstellt, die uns gegenwärtig beschäftigt, so dürfen wir es bereits hier in den Kreis der Untersuchung ziehen. Das Gemälde schildert ein bekanntes Ereigniss aus der pompejanischen Stadtgeschichte. Wir sehen darauf das Amphitheater in seinem Festschmucke prangend und mit dem velum bedeckt; daneben sind, wie es noch heute bei italienischen Volksfesten üblich ist, hölzerne Baracken aufgeschlagen, worin allerlei Händler ihre Waaren feilbieten; in der Arena, auf den Stufen der Cunei

---

1) Epl. I 7, 65.
2) N. 1504.
3) Vgl. Stephani, Compte rendu 1867 p. 56, 211.
4) Giornale degli scavi (n. s.) I Tav. VIII.

74   Die campanische Wandmalerei.

und auf dem das Amphitheater umgebenden Platze bewegen sich
mehrere Gruppen von Leuten, die auf einander losschlagen.
Offenbar schildert diese Darstellung die von Tacitus [1]) berichtete
Rauferei, welche im Jahre 59 n. Chr. bei einer Aufführung im
Amphitheater zwischen Pompeianern und Nucerinern stattfand,
ein Ereigniss, welches die Regierung veranlasste, die amphitheatralischen Spiele in der campanischen Landstadt zu verbieten,
und, wie wir aus Graffiti [2]) wissen, einen tiefen Eindruck in der
Erinnerung der Pompelaner hinterliess [3]). Es versteht sich, dass
die Schilderung eines Vorganges von so ausschliesslich localer
Bedeutung nur an der Stelle entstehen konnte, wo das Interesse
an demselben rege war. Somit dürfen wir dieses Bild mit Sicherheit als ein Product ausschliesslich pompeianischer Kunstübung
betrachten. Dieses Resultat aber berechtigt uns, hinsichtlich der
oben angeführten Gemälde, welche einer ganz entsprechenden
Richtung angehören, das Gleiche vorauszusetzen. Ein Motiv,
welches der Annahme des campanischen Ursprungs derselben
widerspräche, lässt sich nicht nachweisen. Vielmehr gewinnt
Pompei durch die Figuren, welche auf diesen Bildern auftreten,
und durch das auf ihnen geschilderte Treiben die naturgemässe
Staffage. Mit Gestalten, wie sie auf den Gemälden Im sogenannten
Lupanar vorkommen, haben wir uns die vor dem herculaner
Thor und längs der consularischen Strasse gelegenen Schenken
bevölkert zu denken. Der Bewaffnete, dem ein Kellner zu trinken
reicht [4], wird für einen der Stadtsoldaten, der Vigiles, zu erklären
sein, die bisweilen In Municipalinschriften [5]) erwähnt werden.
Wie es auf dem Cyklus der Marktscenen der Fall ist, werden
auch auf dem pompeianischen Forum der Ortolano, Frottaiolo
und Ramaiolo dem tunicatus popellus ihre Waare feilgeboten
haben. Aufzüge, wie sie, veranstaltet von der Bürgerschaft oder
von einzelnen Innungen, bei festlichen Gelegenheiten die Strassen
der Stadt belebten, werden uns in bezeichnendster Weise durch
zwei Gemälde [6]) vergegenwärtigt.

---
1) Ann. XIV 17.   2) C. J. L. IV n. 1293, 1329.
3) Die Zweifel, welche gegen diese Deutung in der Arch. Zeitung
1870 p. 21 geäussert sind, halte ich für unbegründet.
4) N. 1504.
5) Vgl. Kellermann, vigilum romanor. intercula p. 33. Vielleicht
gehört auch hierher die brundisiner Inschrift bei Mommsen J. N. 487:
C. CLODI
VS. MILEs
BRVNDISI
NVS,
falls hier nicht Miles cognomen ist.
6) N. 1479 = Giorn. d. scavi (n. s.) I Tav. VI; N. 1480.

VII. Die realistische Richtung.

Mit der Annahme des campanischen Ursprungs dieser Bilder stimmt auch der bereits im vorigen Abschnitte hervorgehobene Umstand, dass sie alle nur in einem Exemplare vorliegen und sich kein Motiv derselben ausserhalb der campanischen Städte vorgefunden hat, eine Thatsache, welche darauf hinweist, dass sie ein beschränktes locales Interesse hatten und vermuthlich für die Decoration des bestimmten Raumes, in dem sie entdeckt wurden, erfunden sind.

Uebrigens nahm die realistische Richtung, soweit sie sich mit Darstellungen aus dem Alltagsleben beschäftigte, in der campanischen Wandmalerei einen sehr untergeordneten Rang ein. Die Ausführung dieser Bilder ist im Ganzen ungleich nachlässiger als die der Gemälde der ersten Hauptgruppe. Soweit wir ihre Provenienz kennen, stammen sie fast durchweg aus Räumen, auf deren Decoration man keine Sorgfalt verwenden konnte oder wollte, zum Theil sogar aus Localen von entschieden vulgärem Charakter. Nur das Bäckerbild wurde in einem im Ganzen wohl decorirten Zimmer gefunden. Die spielenden Strassenjungen waren in einem der hinteren Räume der Casa di Lucrezio gemalt, welche, namentlich in Vergleich mit dem reichen Schmucke der vorderen Räume, sehr ärmlich ausgestattet sind. Der Bildercyklus, welcher die verschiedenen Thätigkeiten der Walker schildert, stammt aus dem Fabrikraume der Fullonica. Das sogenannte Lupanar, worin sich die Gemälde fanden, welche Scenen aus dem pompeianischen Kneipleben darstellen, scheint der Hefe des Volkes zugleich als Schenke und Bordell gedient zu haben. In dem grossen Bordell war das obere Stockwerk, an dessen erhaltenen Theilen sehr feine Architekturmalereien ersichtlich sind, vermuthlich für die höheren Classen der Gesellschaft bestimmt; das Erdgeschoss dagegen, worin sich die hierher gehörigen obscönen Bilder vorfinden, ist sehr roh decorirt und wurde, wie die Graffiti an den Wänden bezeugen [1], von Leuten aus den untersten Schichten des Volkes, Sklaven, Krämern, Gladiatoren u. s. w., frequentirt. Die Bilder, welche das Treiben auf dem Forum schildern, stammen vermuthlich aus einer der Schenken, welche an der Gräberstrasse und an der Strada consolare aufgedeckt wurden.

Somit gelangen wir bei Betrachtung der Wandmalereien zu demselben Resultat, welches sich oben für die Sculptur ergab, dass nämlich die realistische Richtung innerhalb der Darstellungen aus dem Alltagsleben nur bei Arbeiten untergeordneter Bedeutung maassgebend war.

---

1. Vgl. C. J. L. IV 2173 ff.

VIII. **Die idealisirenden Darstellungen aus dem Alltagsleben.**

Von den beiden Richtungen, welche sich, wie wir im sechsten Abschnitt gesehen haben, innerhalb der zu der ersten Hauptgruppe gehörigen genrehaften Gemälde unterscheiden lassen, ist die, welche darauf ausgeht, schöne oder anmuthige Erscheinungen zu verwirklichen, quantitativ die stärker vertretene. Die Stoffe, welche sie zur Darstellung wählt, sind solche, die eine Schilderung in diesem Sinne begünstigen. Mit Vorliebe werden jugendliche Frauengestalten zu Trägern der Handlung gemacht. Wir begegnen ihnen in den verschiedensten Situationen. Sie schicken sich an, Cultushandlungen zu vollziehen[1]; sie sind mit ihrer Toilette beschäftigt[2], unterhalten sich[3], musiciren[4], scheinen in Liebesgedanken versenkt[5]; eine Malerin ist in ihrem Atelier thätig[6]; Mädchen spielen mit einer Ziege[7]. Die Bildung ist durchweg von anmuthiger Schönheit; in der Behandlung der Gewänder ist allenthalben die Entwickelung schöner Motive angestrebt. Im Wesentlichen ist es nur die vollständigere Bekleidung, welche diese Gestalten von der in der Regel bei mythologischen Figuren üblichen Behandlungsweise unterscheidet. Wo Knabenfiguren vorkommen, sind sie, abgesehen von der fehlenden Beflügelung, wie Eroten gebildet.

Gegenstände, deren Charakter einer anmuthigen Darstellung widerstrebt, werden vermieden oder es wird zu dem Auskunftsmittel gegriffen, sie auf mythologisches Gebiet zu entrücken. Bei Schilderungen aus dem Leben der niederen Schichten der Gesellschaft, der Landleute, Fischer, Hirten, Jäger, Handwerker, waren, wenn sie in dem Bereiche der Wirklichkeit gehalten wurden, Züge, welche auf die Härte der Existenz dieser Berufsclassen hinweisen, kaum zu vermeiden. Um solche Stoffe in ihrem Sinne zur Darstellung zu bringen, macht die Richtung, mit der wir uns beschäftigen, mythologische Gestalten, Eroten oder Eroten und Psychen, zu Trägern der Handlung. Diese Bilder entbehren mit wenigen Ausnahmen jeglichen mythologischen Gehalts, sind vielmehr, da sie die geflügelten Kinder in den verschiedenartigsten Thätigkeiten und Situationen des täglichen Lebens, auf der Jagd[8], beim Fischfang[9], auf der Weinlese[10], mit mannigfachen Handwerken[11] beschäftigt, vor Augen führen, nichts Anderes als Darstellungen aus dem Alltagsleben, die jedoch in eine über die

---

1) N. 1410. 1412. 2) N. 1435 ff. 3) N. 1431 ff. 4) N. 1442.
5) N. 1429. 1430. 6) N. 1443. 1444. 7) N. 1434. 8) N. 807 ff.
9) N. 820. 10) N. 501 ff. 11) N. 804 ff.

VIII. Die idealisirenden Darstellungen aus dem Alltagsleben. 77

Mangel des irdischen Daseins erhabene Sphäre übertragen sind und lauter Erscheinungen anmuthigster Naivität verwirklichen. Auch führt diese Richtung bisweilen mythologische Motive in Scenen aus der Wirklichkeit ein. So findet sich Eros zu Frauen oder Mädchen gesellt, welche in Gedanken versunken dasitzen[1]), bringt somit die Art der Gedanken, denen die Schöne nachhängt, figürlich im Bilde zum Ausdruck und verleiht zugleich der Scene einen über die alltägliche Wirklichkeit hinausragenden Charakter. Zwei Gemälde[2]) schildern, wie die geflügelten Knaben, in einen Käfig eingeschlossen, schönen Frauen zum Kaufe angeboten werden.

Die charakteristische Richtung giebt, wie bereits im sechsten Kapitel bemerkt wurde, Spiegelbilder von dem Treiben bestimmter Charaktere oder Gattungen und erscheint bisweilen dem modernen Sittenbilde verwandt. Besonders bezeichnend ist hierfür eine bereits oben erwähnte Composition[3]): ein Barbar, der mit einer Hetäre zecht, spricht dem Weine männiglich zu; die Hetäre benutzt die günstige Situation und winkt ein Mädchen heran, die ein Kästchen mit Schmucksachen hält; offenbar soll der angetrunkene Liebhaber dieselben für sie kaufen. Eine andere Serie schildert das Treiben der Vertreter der theatralischen und musikalischen Künste[4]). Mag es öftern unsicher sein, ob man in den Hauptfiguren Portraits oder Standestypen vorauszusetzen hat, mag auch die bestimmte Bedeutung einzelner Figuren zweifelhaft bleiben und es sich nicht überall entscheiden lassen, ob wir es mit Dichtern, Regisseurs oder Schauspielern zu thun haben, so ist nichts desto weniger die Absicht, Charakterbilder zu geben, deutlich zu erkennen. Um hier einige Gemälde zu erwähnen, deren Erklärung hinlänglich gesichert ist, so begegnen wir einem preisgekrönten tragischen Schauspieler; bekleidet mit dem Costüm seiner Rolle, sitzt er voll Selbstbewusstsein da und sieht zu, während unter dem zum Andenken an seinen Sieg aufgestellten Anathem, einer tragischen Maske, die Inschrift angebracht wird[5]). Ein anderes Bild[6]) stellt das Ducti eines Flötenbläsers und einer Kitharspielerin dar. Vermuthlich haben wir es mit einer Probe zu thun. Der Flötenbläser rollt in bedeutsamer Weise die Augen gegen die Kitharspielerin und scheint mit deren Spiel nicht zufrieden; ein daneben sitzendes Mädchen blickt auf ein Täfelchen, das es in der Hand hält und auf dem wir die Noten zu gewärtigen haben, und begleitet mit ausgestrecktem Zeigefinger die Takte.

---

1) N. 1429. 1430. 2) N. 624. 625. 3) N. 1445. 4) N. 1455 ff. 5) N. 1460. 6) N. 1462.

Entsprechend der Absicht, Charakterbilder zu geben, geht die Kunst auf diesem Gebiete in höherem Grade, als es die anmuthige Richtung zu thun pflegt, darauf aus, den Schein der Wirklichkeit zu erwecken. Die Tracht wird nach Schnitt und Farbe mannigfach individualisirt und stimmt in allen Einzelheiten mit der, welche den handelnden Personen, je nach Stand oder Beruf, im Leben eigenthümlich war. Der tragische Schauspieler erscheint in dem Costüm eines Königs der Tragödie, wie man es auf dem Theater zu sehen gewohnt war. Die Tracht des Flötenspielers verräth alle Eigenthümlichkeiten, die, wie uns die Schriftsteller berichten, dem festlichen Ornate dieser Künstler zukamen[1]. Weibliche Figuren treten in langärmeligen Chitonen[2] und anderen individuellen Trachten des täglichen Lebens auf.

Wie die anmuthige Richtung gewisse Stoffe, um sie in ihrem Sinne zu behandeln, der Wirklichkeit entrückt, so bietet auch die charakteristische ähnliche Erscheinungen dar. Wo eine komische Wirkung erzielt werden soll, schöpft sie nicht unmittelbar aus dem Leben, sondern entlehnt die Situation und die Charakteristik der dabei auftretenden Personen von der komischen Bühne. Die Gemälde mit den scenae comicae[3] sind im Grunde nichts Anderes als Darstellungen aus dem städtischen Alltagsleben, welche von der Malerei nicht nach der Natur, sondern nach dem Vorgange der Komödie gestaltet sind. Einerseits ergab sich hierbei eine Darstellung, welche im höchsten Sinne charakteristisch war und somit vollständig dem Geiste dieser Richtung entsprach. Andererseits war sie im Besonderen den Bedingungen der Wandmalerei angemessen. Während es für die beschränkten Mittel der decorativen Frescotechnik schwierig sein musste, die vielfältigen Charaktere, wie sie das städtische Alltagsleben darbot, in einer der Natur entsprechenden Weise zu individualisiren, liessen sich die einfachen, aber bezeichnenden Formen der Maskentypen auch durch eine nur andeutende Behandlung dem Verständniss des Betrachters nahebringen.

Sollte die Wirkung eine noch drastischere sein, dann wurden Pygmäen zu Trägern der Handlung gemacht. Wir finden dieselben vielfach in genreartigen Situationen, als Landleute, Jäger, Fischer und Maler[4]. Es fehlt diesen Bildern nicht an sehr derben Zügen. Ich erinnere an das pompeianische Bild[5], auf dem ein in einem Nachen befindlicher Pygmäe seinen Koth in den

---

[1] Der den Chiton des Flötenspielers (N. 1462) der Länge nach durchziehende Streifen wird von Statius Theb. VI 367 erwähnt: pleto disclngit pectora limbo.
[2] N. 1462.   [3] N. 1469 ff.   [4] N. 1530 ff.   [5] N. 1541 ff.

gähnenden Rachen eines Hippopotamos streichen lässt. Auch kommen hisweilen starke Obscönitäten vor[1]. Doch machen diese Darstellungen, da sie der Welt der Fabel angehören, einen ungleich weniger anstössigen Eindruck, als es der Fall sein würde, wenn sie im Bereiche der Wirklichkeit gehalten wären.

VIIII. Die mythologischen Compositionen.

Um die innerhalb der mythologischen Compositionen herrschenden Richtungen zu veranschaulichen, können wir nicht umhin, zu einem vielfach benutzten Nothbehelf unsere Zuflucht zu nehmen und Bezeichnungen zu Grunde zu legen, die von einer zwar verwandten, aber immerhin verschieden bedingten Kunst, der Poesie, entlehnt sind. Die hierhei in Betracht kommenden Mängel sind allgemein anerkannt und bedürfen keiner weiteren Erörterung meinerseits.

Eine der epischen Poesie verwandte Darstellungsweise, wie sie der Malerei des Polygnot eigenthümlich war und wie sie auf den ältesten mit mythologischen Scenen bemalten Vasen zu herrschen pflegt, hat man in der campanischen Wandmalerei, wo die mythologischen Compositionen in der Regel auf geringen Raum und wenige Figuren beschränkt sind, nicht zu gewärtigen. Höchstens liessen sich die Bilder einiger Predellen und Friese, welche Amazonen- und Kentaurenkämpfe darstellen[2], als einer epischen Schilderung verwandt anführen; doch ist ihre Behandlung so flüchtig und wenig eingehend, dass sie kaum zu den Malereien gerechnet werden können, welche als einigermaassen selbstständige Bestandtheile aus der Wanddecoration heraustreten. Innerhalb der als Tafelbilder behandelten Gemälde verrathen nur wenige und auch diese nur sehr oberflächliche Berührungspunkte mit einer epischen Darstellung: zwei herculaner Monochrome, welche Theseus im Kentaurenkampfe[3] und einen fliehenden Krieger auf einer Quadriga darstellen[4], die Gemälde mit Thaten des Herakles[5], endlich einige noch nicht hinreichend erklärte Bilder, welche den Eindruck erwecken, als gehörten sie von Haus aus zu einem grösseren Cyklus, der Episoden aus einer erzählen-

1) N. 1540.   2) N. 1250 ff. 504 ff.   3) N. 1241.
4) N. 1405 b.   5) N. 1124 ff.

den Dichtung behandelte[1]). Die Monochrome und die Heraklesbilder schildern Scenen, wie sie das Epos behandelte, in einer der epischen Poesie entsprechenden Weise. Bei den letzteren lässt sich sogar der Beweis führen, dass sie aus einem grösseren Ganzen herausgelöst sind, welches, dem Epos vergleichbar, die Thaten des Helden in ununterbrochener Reihenfolge zusammenstellte. Doch wird gerade durch die Lösung aus diesem Zusammenhange der epische Charakter gewissermaassen aufgehoben. Derselbe Gesichtspunkt kommt bei den an letzter Stelle erwähnten Gemälden in Betracht, falls dieselben in der That von Haus aus zu der fortlaufenden Illustration einer erzählenden Dichtung gehörten. Andere Compositionen, wie die, welche die Ankunft der Io in Aegypten[2]) und Thetis in der Schmiede des Hephaistos[3]) darstellen, erinnern zwar an die erzählende Darstellung des Epos; dagegen widerspricht das reflectirende Gestaltungsverfahren, welches in ihnen hervortritt und sich namentlich in der Einführung von Personificationen äussert, dem Geiste ächter epischer Poesie, welche, ohne mit Verstandeswerk zu operiren, unmittelbar auf die sinnliche Anschauung wirkt.

Mit ungleich grösserer Bestimmtheit können wir eine Richtung nachweisen, die der dramatischen Poesie nahe verwandt ist. Sie strebt darnach, eine Handlung in ihrem ausdrucksvollsten Momente aufzufassen, aus dem heraus man auf das Vorhergegangene und Nachfolgende schliessen kann, hat es daher vorwiegend mit dem streitenden Inneren der Individuen, dem Inhalte ihrer Leidenschaften und deren Wechselwirkung auf einander zu thun. Als einen besonders bezeichnenden Beleg dieser Richtung hebe ich die auf Timomachos zurückgehende Composition hervor, welche Medeia darstellt, wie sie, herumgetrieben von widersprechenden Gefühlen, Rachedurst und Mutterliebe, den Mord ihrer Kinder erwägt[4]); es ist hier der höchste tragische Conflict veranschaulicht, als dessen nothwendige Folge man die schreckliche That voraussieht. Andere Situationen, welche einem entscheidenden Momente der dramatischen Entwickelung unmittelbar vorhergehen, bieten die Gemälde, welche darstellen, wie Kalchas die Iphigeneia zu dem bevorstehenden Opfer weiht[5]), wie der zürnende Achill sich anschickt, gegen Agamemnon das Schwert zu ziehen[6]), und, um dies gleich an dieser Stelle einzuschalten, die einzige innerhalb der Wandmalerei erhaltene historische Darstellung, das auf den Tod der Sophoniba bezügliche Gemälde[7]).

1) Z. B. N. 1358, 1358 b, 1359, 1359 b, 1395.
2) N. 139 ff.   3) N. 1316 ff.   4) N. 1262 ff.   5) N. 1305.
6) N. 1306. 1307.   7) N. 1355.

VIIII. Die mythologischen Compositionen.

Gewissermaassen der Moment der Katastrophe selbst ist in der Composition einbegriffen, welche die Strafe der Dirke darstellt [1]. Ein gewaltiger tragischer Conflict und die damit verbundene moralische Katastrophe sind in den Bildern veranschaulicht, welche schildern, wie Hippolytos den Liebesantrag der Phaidra zurückweist [2], wie Skylla dem entsetzten Minos die Locke ihres Vaters überreicht [3]. Das grosse Bild mit dem Iphigenienopfer [4] und die mit dem Schlangen würgenden Heraklesknaben [5] lassen uns zugleich die Lösung der vor Augen geführten Verwickelung erkennen. Der Moment der Lösung selbst ist in den Compositionen festgehalten, welche Achill auf Skyros darstellen [6]; unter lebhafter Bewegung und mit verschiedenartigen ihren Charakteren entsprechenden Affecten gruppiren sich die Gestalten um ihren Mittelpunkt, den die Waffen ergreifenden Achill. Andere Bilder wiederum verrathen weniger Bewegtheit in der äusserlichen Erscheinung der Handlung und enthalten keinen bis an die Grenzen der Katastrophe geführten Conflict, bieten aber eine inhaltschwere Verbindung von psychologischen Motiven dar, welche das Fortschreiten der Handlung deutlich erkennen lässt. Hierher gehört die Composition, welche darstellt, wie Admetos und Alkestis von dem verhängnissvollen Orakel Kenntniss erhalten [7]; ferner das Bild, welches die Heimsendung der Chryseis darstellt [8]: nur muss man sich, um den Inhalt dieser Composition richtig zu würdigen, über die Bedeutung des der scheidenden Jungfrau zornig nachblickenden Helden, der kein anderer sein kann, als Achill, klar werden. Eine reich entwickelte Stufenleiter psychologischer Affecte ist in den Compositionen zur Darstellung gebracht, welche die Entlassung der Briseis [9] und Orestes bei den Tauriern [10] darstellen. Dort sehen wir Achill stolz, aber gefasst, die Herolde verlegen, Briseis schamhaft zugleich und betrübt. Hier steht Orestes physisch und moralisch ermattet, in dumpfer Resignation hinbrütend; Pylades hängt noch am Leben und verräth eine Mischung von Unwillen und Besorgniss; davor sitzt Thoas und betrachtet mit trotziger Miene die Gefangenen; im Hintergrunde sieht man Iphigeneia die Tempeltreppe herab schreiten; ihr gegenwärtig zerstörtes Gesicht war vermuthlich mit theilnehmendem Ausdrucke den Jünglingen zugewendet.

1) N. 1151.   2) N. 1242 ff.   3) N. 1337.   4) N. 1304.
5) N. 1123; Arch. Zeitung 1868 Taf. 4.
6) N. 1296 ff.   7) N. 1157 ff.
8) N. 1308. Mit der Deutung dieses Bildes auf die Entführung der Helena (Brunn, troische Miscellen p. 51 ff. in den Sitzungsberichten der Akad. d. Wiss. zu München 1868 I 2) lässt sich der im Hintergrunde befindliche Jüngling nicht in Einklang bringen.
9) N. 1309.   10) N. 1333 ff.

Wenn sich diese dramatischen Scenen auf einem räumlich charakterisirten Hintergrunde entwickeln, so ist derselbe in der Regel ein architektonischer. Einerseits musste der Inhalt der Scenen und der Einfluss der Tragödie, die sich gewöhnlich auf einer architektonischen Decoration abspielte, zu dieser Behandlungsweise führen. Andererseits empfahl es sich aus aesthetischen Gründen, dass eine innerlich wie äusserlich heftig bewegte Handlung in der Ruhe eines streng gegliederten Hintergrundes ein Gegengewicht fand. Wir sehen deutlich, wie das Bewusstsein dieses Gesichtspunktes auch in der campanischen Wandmalerei lebendig ist. Betrachten wir die Gemälde, welche eine Ausnahme von der soeben aufgestellten Regel zu bilden scheinen, so stellt es sich fast durchweg heraus, dass es mit ihnen eine besondere Bewandniss hat. Ein pompeianisches Gemälde, welches Hippolytos und Phaidra darstellt [1], hat den architektonischen Hintergrund aufgegeben, welcher allen übrigen Darstellungen aus diesem Mythos eigenthümlich ist, und lässt die Scene in freier Natur vor sich gehen. Doch ist mit dieser Veränderung des Locales eine verschiedene Auffassung der Handlung verbunden. Die Bewegung der Figuren ist ungleich ruhiger und ihr Pathos weniger entwickelt, als auf den übrigen Bildern desselben Gegenstandes. Bezeichnend hierfür ist es, dass Hippolytos nicht wie gewöhnlich schreitend, sondern sitzend dargestellt ist und dass Phaidra durch den Vorgang nicht so sehr heftig erregt, als wehmüthig betroffen erscheint. Somit herrscht statt eines dramatischen Pathos vielmehr ein sentimentaler Zug in der Composition. Eben so unterliegt das Gemälde, welches die Strafe der Dirke in einem waldigen Thale darstellt [2], besonderen Gesichtspunkten. Einerseits dürfen wir dasselbe bei seinem ausführlichen landschaftlichen Hintergrunde kaum der eigentlichen Megalographie zurechnen; andererseits fragt es sich, ob dieses Bild nicht unter dem Eindrucke der Gruppe des farnesischen Stieres entstanden und somit aus den selbstständigen Producten der dramatischen Malerei auszuscheiden ist.

Wir wenden uns nunmehr zu der Gattung, welche in der campanischen Wandmalerei weitaus am Reichsten vertreten ist. Es ist derselben nicht an der Schilderung leidenschaftlicher Momente oder tief einschneidender Conflicte gelegen; auch die äusserliche Bewegung der Handlung ist für sie von nebensächlichem Interesse. Sie trachtet vorwiegend darnach, Empfindungen zur Darstellung zu bringen, welche die in dem Bilde auftretenden Charaktere entweder in übereinstimmender Weise umfassen oder, wenn sie in Gegensätzen hervortreten, doch nicht so energisch

---
1) N. 1245. 2) N. 1151.

VIIII. Die mythologischen Compositionen.

entwickelt sind, dass eine Katastrophe unausbleiblich schiene. Während in der dramatischen Gattung besonders das pathetische Element maassgebend ist, herrscht hier in der Regel eine beschauliche Befriedigung oder ein sentimentaler Zug. Somit führen Inhalt und Auffassung von selbst dazu, dass die Handlung nur wenig bewegt ist oder an die Stelle der Handlung geradezu ein Zustand tritt. Solchen Gesichtspunkten entsprechend wählt diese Richtung mit Vorliebe Mythen zur Darstellung, welche wie der von Endymion oder die geläufige Version der Narkissossage keine Conflicte enthalten. Zieht sie anders geartete Mythen in ihr Bereich, dann behandelt sie nicht ergreifende und folgenschwere Momente aus denselben, sondern schildert Götter oder Heroen in Situationen, welche für die Entwickelung des Mythos von geringer Bedeutung sind, aber sich den soeben auseinandergesetzten Bedingungen fügen.

Mag es misslich sein, diese Bilder, welche nach Inhalt und Auffassung eine Fülle der verschiedenartigsten Abstufungen darbieten, durch ein Schlagwort zu bezeichnen, so möchte doch, will man ihre Richtung durch einen Vergleich aus dem Gebiete der Poesie veranschaulichen, das Idyll mit ihnen die meiste Verwandtschaft darbieten. Diese Dichtungsgattung schildert den Menschen, wie er sich durch die Bedingungen der ihn umgebenden Aussenwelt bestimmen lässt, sei es dass er darin Befriedigung findet, sei es dass er sich darunter bengt. Daher beschäftigt sich das antike Idyll am Liebsten mit naiven, von der Civilisation unberührten Individualitäten, die in ungetrübtem Zusammenhange mit der Natur leben, wie Hirten, Fischern, Jägern. Die Natur, welche die Träger der Situation umgiebt, findet in dieser Gattung eine eingehendere Berücksichtigung, als in allen übrigen. Wenn das Idyll mythische Gestalten in sein Bereich zieht, dann pflegt es dieselben in gemüthlichen Bezügen zu schildern, die sich nicht über die Sphäre des Allgemeinmenschlichen erheben. Im Gegensatz zu dem Epos endlich, dessen hauptsächlichstes Object die Handlung ist und dessen Vortragsweise auf der Erzählung beruht, hat es das Idyll vorwiegend mit Zuständen zu thun und ist es mehr beschreibend, als erzählend thätig.

Eine Reihe von Wandbildern erscheint dieser Dichtungsgattung schon ganz äusserlich durch den bukolischen Charakter der Darstellung verwandt. Ich erinnere an die Compositionen, welche die Liebe des Polyphemos zur Galatela[1], das Gespräch des Hermes und des Argos über die Syrinx[2], Apoll bei Admet[3], Marsyas als Lehrer des Olympos[4] darstellen. Das Gleiche gilt

1) N. 1012 ff.   2) N. 135 ff.   3) N. 220 ff.   4) N. 225 ff.

von Schilderungen aus dem Leben des Paris auf dem Ida, mag er in beschaulicher Stille seine Heerden weiden[1], mag er der Oinone seine Liebe betheuern[2], und von Darstellungen des Parisurtheils, wenn die Scene auf einem bedeutender entwickelten landschaftlichen Hintergrunde vor sich geht[3].

Zwar kein bukolischer Charakter, aber immerhin ein dem Idyll nah verwandter Geist herrscht in den Compositionen aus den Mythen von Ganymedes[4], Kyparissos[5], Adonis[6], Endymion[7], Narkissos[8], in den Gemälden, welche darstellen, wie Aphrodite angelt[9], wie sie in einem schattigen Waldthal ihren Schmuck anlegt[10], wie der Dionysosknabe von dem Thiasos erlustigt wird[11], wie Perseus und Andromeda die Spiegelung des Medusenhauptes in einem Bache betrachten[12]. Endlich sei hier noch, um diese Reihe mit einem besonders bezeichnenden Deispiele abzuschliessen, der Composition gedacht, welche ein Liebespaar in der Betrachtung eines Nestes mit Eroten schildert[13].

Diese Bilder enthalten mannigfache der idyllischen Poesie entsprechende Züge. Bald herrscht darin jene beschauliche Stille, welche vielfach auch in dem Idyll die maassgebende Stimmung ist. Bald sehen wir die mythologischen Gestalten in Beschäftigungen eingeführt, deren Schilderung zu den Lieblingsstoffen dieser Dichtungsgattung gehört. Aphrodite angelt; Ganymedes und Endymion treten als Jäger auf: eines der Gemälde, welches den Dionysosknaben im bakchischen Thiasos darstellt[14], nähert sich beträchtlich einer bäuerlichen Genrescene. Besonders aber tritt diese Verwandtschaft in einem allen diesen Gemälden gemeinsamen Zuge hervor. Es ist dies der innige Wechselbezug, welcher zwischen der Handlung und der umgebenden Natur obwaltet. Wie im Idyll wird der Charakter der Landschaft in der Regel auf das Harmonischste der darin vorgehenden Scene angepasst. Während die dramatische Poesie und die entsprechende Richtung der Malerei einen architektonischen Hintergrund bevorzugen, spielt sich die Scene auf diesen Bildern, wie es im Idyll zwar nicht immer, aber doch in der Regel der Fall ist, in der freien Natur ab und bilden Berg und Wald den Hintergrund, während der Vordergrund mit Vorliebe durch ein Gewässer belebt wird. Durch die Beifügung von Personificationen aus dem Gebiete der freien Natur, wie der Ἄκται und Σκοπιαί, welche die in ihrem Bereiche vorgehende Scene betrachten, wird der Bezug der Land-

1) N. 1279. 2) 1250. 3) N. 1251 ff. 4) N. 153 ff. 5) N.218 ff.
6) N. 329 ff. 7) N. 950 ff. 8) N. 1308 ff. 9) N. 346 ff.
10) N 303. 11) N. 376 ff. 12) N. 1192 ff.
13) N. 821 ff. Vgl. Bull. dell' Inst. 1869 p. 152.
14) N. 376.

schaft zu der dargestellten Situation öfters **auf das Nachdrücklichste hervorgehoben.**

Um Missverstände zu vermeiden, bemerke ich ausdrücklich, dass ich den Hintergrund der freien Natur keineswegs als eine **nothwendige** Bedingung der idyllischen Schilderung in Anspruch nehme. Vielmehr kennen wir Idyllien wie die Adoniazusen des Theokrit, welche Scenen aus dem städtischen Leben schildern und somit ein verschiedenes Local voraussetzen. Ich sehe demnach keinen hinreichenden Grund, eine Reihe von Gemälden, welche hinsichtlich der Situation, die sie darstellen, und der Stimmung, die dieselbe erweckt, mit der idyllischen Dichtung übereinstimmen, lediglich desshalb, weil ihr Hintergrund der Poesie der freien Natur entbehrt, einer besonderen Gattung zuzuweisen, die man etwa »mythologisches Genre« benennen dürfte. Als Exemplare, bei denen dieser Gesichtspunkt in Betracht kommen könnte, erwähne ich die Gemälde, welche schildern, wie Apoll einem schönen Mädchen Unterricht im Kitharspiel ertheilt[1], wie derselbe Gott Liebesgedanken nachhängt, während sich Eros mit seiner Kithara erlustigt[2], wie Achill in seinem Zelte die Leier spielt[3]. Wollte man diese Gemälde einer besonderen Gattung, dem »mythologischen Genre«, zuweisen, dann würde dieselbe vielfach in die, welche ich als idyllischer Richtung bezeichnet habe, übergreifen und mehrere Gemälde, z. B. die, welche darstellen, wie Aphrodite angelt oder sich schmückt, wie Perseus und Andromeda die Spiegelung des Medusenhauptes betrachten, unter beiden Kategorien anzuführen sein. Es scheint mir daher einfacher, wenn wir uns auf die Aufstellung einer dem Idyll verwandten Gattung beschränken, die, falls wir die ganze Breite der idyllischen Poesie in Betracht ziehen, geeignet ist, auch die soeben berührten Gemälde zu umfassen.

Um die Umrisse der in der campanischen Wandmalerei maassgebenden Richtungen zu vervollständigen, müssen wir noch der Compositionen gedenken, in denen ein humoristisches oder lascives Element vorwaltet. Es ist sehr misslich, dieselben durch den Vergleich mit einer bestimmten Dichtungsgattung zu veranschaulichen. Allerdings finden sich einzelne Züge dieser Art in der idyllischen Poesie und auf den Gemälden, die wir mit derselben verglichen. Doch ist der Eindruck, wenn ein solcher Zug als Nebenmotiv auftritt, ein anderer, als wenn er den wesentlichen Inhalt eines Gemäldes bildet. Ich wage es demnach nicht, diese Compositionen in die idyllische Gattung einzubegreifen. Jedenfalls läuft das berechnete Zuspitzen des Gedankens, wie

---

1) N. 217. 2) N. 205. 3) N. 1315.

es in mehreren derselben ersichtlich ist, der Frische und der Ursprünglichkeit, die wir als bezeichnende Eigenthümlichkeiten einer idyllischen Schilderung betrachten müssen, zuwider und werden wir dabei eher an gewisse Producte der epigrammatischen Dichtung erinnert.

Um diese Richtung durch Beispiele zu veranschaulichen, sei folgender Compositionen gedacht:

Zeus thront, missgestimmt, in den Wolken und scheint bereit, seine üble Laune mit dem Blitze auszulassen. Da giebt Eros, indem er den Göttervater auf eine Schöne hinweist, den Gedanken desselben eine andere Richtung[1].

Während der Schwan Leda heimsucht, trägt Eros das Spinngeräth von dannen und deutet dabei auf den Vogel, gleich als wolle er sagen, die Jungfrau möge sich besser hiermit beschäftigen, als mit der Spindel[2].

Auf einem Bilde aus dem Danaemythos[3] ist der goldene Regen in humoristischer Weise behandelt. Nicht Zeus lässt ihn dem Mädchen in den Schooss träufeln; vielmehr schüttet ihn ein schwebender Eros aus einer Amphora aus.

Reich an fein berechneten Gegensätzen sind die Compositionen, welche den Aufenthalt des Herakles bei Omphale schildern[4]. Omphale tritt überall auf voll Stolzes über ihren Erfolg. Der Held ist auf den einzelnen Bildern verschieden aufgefasst; bald unterzieht er sich gehorsam der ungewohnten Arbeit des Spinnens[5], bald giebt er sich, seiner selbst vergessen, den ihm dargebotenen Genüssen hin[6], bald erscheint er in Folge derselben physisch und moralisch ermattet[7]. Um die Hauptfiguren herum ergehen sich bakchische Thiasoten und Eroten in muthwilligem oder lascivem Treiben.

Als eine drastische Steigerung der humoristischen Richtung lassen sich die Pygmaienbilder betrachten, über welche im vorigen Abschnitte die Rede war.

Träger der Handlung auf den lasciven Bildern sind Satyrn, Pane, Bakchantinnen und der Hermaphrodit. Bisweilen sind diese Gemälde mit einer humoristischen Pointe ausgestattet. Dies ist der Fall auf den Gemälden, welche Pan darstellen, wie er den Hermaphroditen aufgedeckt hat und über den unerwarteten Anblick erschrickt[8]. Weitaus die grössere Menge dagegen beruht lediglich auf sinnlichem Reize und schildert Satyrn oder Pane und Bakchantinnen in unzweideutig wollüstigen Situationen[9]. In vielen Hin-

---
1) N. 113. 2) N. 149. 3) N. 116. 4) N. 1136 ff.
5) N. 1136 ff. 6) N. 1137—39. 7) N. 1140.
8) N. 1370, 1371. Vgl. 1372.
9) N. 542 ff. N. 559 ff.

VIIII. Die mythologischen Compositionen.

nichten lehrreich ist der Vergleich dieser Gemälde mit den dem Gegenstande nach verwandten obscönen Bildern realistischer Richtung. Der Gegensatz, der in dem Kunstprincipe der beiden Hauptgruppen obwaltet, in welche wir die Wandbilder eingetheilt, tritt hierbei mit aller Schärfe zu Tage. Wenn Figuren aus dem bakchischen Thiasos, denen die mythologische Ueberlieferung von Alters her eine stark entwickelte Sinnlichkeit zuschrieb, in lasciven Situationen auftreten, so erscheint die Scene in die Welt der Fabel entrückt und somit weniger anstössig, als wenn sie, wie es in den obscönen Bildern der zweiten Hauptgruppe der Fall ist, auf dem Boden der Wirklichkeit vorgeht. Dort gestattet die ideale Sphäre die Entwickelung hinreissend schöner Formen und Geberden. Hier giebt der Maler irdische Erscheinungen mit allen Mängeln und Zufälligkeiten wieder. Ein anderer Unterschied zwischen den beiden Richtungen zeigt sich in der Wahl des darzustellenden Moments. Während die realistische Richtung mit Vorliebe das Symplegma selbst zur Darstellung erwählt, begegnen wir innerhalb der vielen Bilder, welche den lasciven Verkehr der bakchischen Thiasoten schildern mit einer einzigen Ausnahme [1]) nur Scenen, welche diesem Acte vorhergehen. Es ist dies gewiss nicht als Zufall zu betrachten, sondern als ein Zeugniss, wie diese Kunstrichtung selbst bei schlüpfrigen Darstellungen gewisse Grenzen einzuhalten bestrebt war.

Nur mit wenigen Worten genügt es, an eine in vereinzelten Exemplaren vertretene Gattung mythologischer Bilder zu erinnern. Bisweilen sind verschiedene Gottheiten zusammengestellt, ohne jedoch durch eine bestimmte Handlung zu einander in Bezug gesetzt zu sein. So finden wir auf einem pompeianischen Bilde Apoll, Cheiron und Asklepios [2]). Der Gesichtspunkt, auf welchem diese Vereinigung beruht, ist hinreichend klar: die beiden Götter und der Kentaur sind als Vertreter der Heilkunde zusammengestellt. Wenn dagegen auf einem anderen pompeianischen Gemälde Zeus, umgeben von Dionysos und Aphrodite [3]), vorkommt, so lässt sich der Gedanke, welcher bei dieser Zusammenstellung zu Grunde lag, nicht mit Sicherheit bestimmen. Vielleicht waren dabei individuelle Absichten des Auftraggebers maassgebend, welcher jene Gottheiten besonders verehrte und diese Verehrung, die gewöhnlich in den Penatenbildern ihren Ausdruck fand, auch in einem Decorationsbilde geäussert wissen wollte. Dass auch ein pompeianisches Bild, welches Apoll und Artemis vereinigt [4]), in diesen Kreis zu ziehen sei, wage ich nicht zu behaupten. Da der Gott, der vor ihm sitzenden Artemis zugewandet, die Kithara

---

1) N. 636b. 2) N. 202. 3) N. 104. 4) N. 200.

spielt, ist es auch möglich, dass der Künstler das göttliche Geschwisterpaar in einer genrehaften Situation auffasste und schildern wollte, wie Apoll die Schwester durch seine Musik ergötzt [1].

Eine ganz vereinzelte Erscheinung ist es endlich, wenn Heroen, welche der Mythos durch eine bestimmt entwickelte Handlung zu einander in Bezug setzt, ohne Handlung und ohne Ausdruck einer durch das Zusammensein bedingten Stimmung neben einander gestellt sind. Dieser Fall könnte vorliegen auf zwei Gemälden, welche Meleagros und Atalante darstellen [2]. Doch fragt es sich, ob diese Erscheinung nicht vielmehr der Hand des ausführenden Wandmalers zuzuschreiben ist, ob nicht die Originale in der psychologischen Entwickelung der Gestalter der Darstellung einen Inhalt gaben, welcher in der decorativen Frescomalerei verloren ging.

Ich verhehle es mir nicht, wie unzureichend diese Bemerkungen sind gegenüber der Fülle der mannigfachen Abstufungen, welche innerhalb der gesammten Masse der mythologischen Wandgemälde ersichtlich sind, bin mir vielmehr wohl bewusst, dass sich die Grenze zwischen den einzelnen Richtungen, die ich unterschieden habe, nicht immer mit mathematischer Genauigkeit ziehen lässt, dass man angesichts vieler Compositionen schwanken kann, welcher Richtung sie zuzuschreiben seien, dass sich in einzelnen Bildern Züge verschiedener Richtungen kreuzen. Trotzdem habe ich diese Bemerkungen nicht unterdrückt; gelingt es auch nicht, ein in alle Einzelheiten eingehendes Bild der auf diesem Gebiete herrschenden Bewegung zu geben, so sind wenigstens gewisse Hauptrichtungen, die eine grössere Menge von Compositionen umfassen, zum Bewusstsein gebracht und durch charakteristische Beispiele veranschaulicht.

X. Ueber einige synkretistische Producte.

Ehe wir mit der Untersuchung weiterschreiten, sei hier einiger Gemälde gedacht, in denen ideale Motive, welche von Haus aus in das Bereich der ersten Hauptgruppe gehören, absichtlich mit einer veränderten Charakteristik zur Darstellung gebracht sind.

---

1) Uebrigens findet sich bei Nonn. dionys. XLIV 177 ein Hinweis auf eine unglückliche Liebe des Apoll zur Artemis.
2) N. 1163. 1164.

X. Ueber einige synkretistische Producte. 89

Hierher gehört das Portrait des Pompelaners Paquius Proculus und seiner Gattin [1]. Der Maler hat Motive zu Grunde gelegt, welche auf anderen Wandbildern mit einer idealen Behandlung zum Vortrag kommen. Die Anlage des Brustbildes des Paquius, der eine Schriftrolle unter dem Kinne hält, entspricht der einer Jünglingsbüste mit schönen Zügen, die etwas Individuelles haben, aber nicht in dem Grade, dass man sie nothwendig für ein Portrait erklären müsste [2]. Das Bildniss der Gattin, welche mit der Rechten den Griffel zum Munde führt und in der anderen Hand ein Diptychon hält, stimmt mit einer anmuthigen Mädchenbüste, der wir dreimal in der Wandmalerei begegnen [3]. Der Portraitmaler hat diese Typen zu Grunde gelegt, aber die edlen Köpfe derselben durch die prosaischen Physiognomien des pompeianischen Ehepaares ersetzt.

Eine ähnliche Erscheinung bietet das Wandgemälde, welches eine Scene aus dem 12. Buche der Aeneis darstellt [4]. Wie wir bereits im ersten Abschnitte sahen, sind die Motive dieser Darstellung zum Theil aus anderen Compositionen entlehnt. Doch erscheinen sie auf dem Wandgemälde mit einer verschiedenen, mehr realistischen Charakteristik durchdrungen. Aeneas tritt nicht auf in idealer Nacktheit, sondern versehen mit allem Detail kriegerischer Rüstung, goldfarbigem Panzer, violetter Tunica mit blauem Rande und blauem Gürtel, hellviolettem Paludamentum und grauen Sandalen. Unwillkürlich denken wir dabei an eine bekannte Stelle des Plinius [5]: Graeca res nil velare, at contra Romana ac militaria thoraces addere. Das bräunliche Gesicht des Helden, welches Bartspuren auf den Wangen erkennen lässt, ist sehr individuell gebildet, noch mehr den Kopf des an der Wunde beschäftigten Arztes mit der stark hervortretenden kahlen Stirn, der Adlernase und braun und grau gemischtem Haar und Bart. Wir begegnen hier einem Streben, den Schein individueller Wirklichkeit zu erwecken, wie es innerhalb der Gemälde der ersten Hauptgruppe nicht vorkommt. Selbst bei den genreartigen Charaktertypen dieser Gruppe ist die Kunst in dieser Hinsicht zurückhaltender. Vielmehr erinnert die Charakteristik des Aeneasbildes in ungleich höherem Grade an die, welche wir in den realistischen Producten der zweiten Hauptgruppe nachgewiesen haben.

Dürfen wir, von dem Gebiete der decorativen Malerei abschweifend, eine Bemerkung über die Sacralbilder einschalten, so verrathen dieselben mit wenigen Ausnahmen und vor Allen

---

1) Giorn. d. scav. (n. s.) I Tav. II p. 63.
2, N. 1420. 1420 b.   3) N. 1422—24.   4) N. 1380.   5) XXXIV 18.

die Laren- und Penatenbilder ein ganz ähnliches Gestaltungsprincip. Die von Alters her überlieferten griechischen Göttertypen sind in der Anlage im Allgemeinen festgehalten; dagegen wird die Idealität der Köpfe mehr oder minder durch Einführung individueller Züge getrübt. Fast nirgends begegnen wir einem idealen Profile; vielmehr springt die Nase beinah durchweg in sehr bemerklicher Weise unter der Stirn hervor. Eben so ist die Bildung und Stellung der Augen meist sehr individuell behandelt. Bei Darstellungen der reiferen Götter, wie des Jupiter[1], tritt das Streben hervor, durch Beifügung von Runzeln die Einflüsse des Alters anzudeuten. Das Auftreten einer solchen Tendenz gerade in diesen Bildern darf uns nicht befremden. Wie sich aus ihrer Ausführung ergiebt, die im Ganzen tief unter der der mythologischen Bilder steht, gehören sie zu den niedrigsten Gattungen der Wandmalerei. Bei der Verschiedenheit, welche in der Auffassung und Behandlung zwischen den für decorative Zwecke bestimmten Malereien und den Laren- und Penatenbildern obwaltet, möchte man sogar annehmen, dass die letzteren von einer ganz bestimmten Classe von Malern oder richtiger Anstreichern ausgeführt wurden, welche, wie der Spott des Naevius über Theodotos, ein Individuum dieser Art, beweist[2], nicht in besonderem Ansehen gestanden haben wird. Wir sahen aber sowohl bei der Betrachtung der Sculptur der Kaiserzeit[3], wie bei der Untersuchung der zur zweiten Hauptgruppe gehörigen Bilder aus dem campanischen Alltagsleben[4], dass eine realistische Richtung vorzugsweise bei Arbeiten untergeordneter Art zur Geltung kam. Somit ist es begreiflich, dass sie auch in die volksthümliche Malerei der Laren- und Penatenbilder Eingang fand. Uebrigens zeigt sich eine entsprechende Erscheinung in einer diesen Bildern verwandten Gattung der Sculptur, nämlich in den Hermen oder Doppelhermen, welche in dem antiken Hause zum Schmucke der Atrien oder Peristyle verwendet zu werden pflegten. Auch hier regt sich bisweilen ein realistischer Zug, von dem wir in der kunstmässigen Plastik keine Spur wahrnehmen. Besonders merkwürdig ist der in dieser Denkmälergattung häufig vorkommende Marstypus[5], der mit seinen scharf geschnittenen Zügen, der krummen Nase und dem trotzigen, beinahe höhnischen Ausdrucke

---

[1] Z. B. N. 60; 67 = Atlas Taf. II.
[2] Ribbeck, comic. rel. p. 29.
[3] Siehe oben Seite 39 und 42.
[4] Siehe oben Seite 74.
[5] Z. B. Gerhard, antike Bildw. Taf. 318. Vgl. Bull. dell' Inst. 1867 p. 66. Viele Repliken dieses Typus, die grössten Theils aus Pompei stammen, befinden sich im Museum zu Neapel.

an Köpfe römischer Soldaten erinnert, denen wir auf den Reliefs der Siegesdenkmäler der Kaiserzeit begegnen.

Einen ganz vereinzelten Platz nimmt unter der Masse der Gemälde aus der griechischen Mythologie ein pompeianisches Wandbild ein, dessen Darstellung mit hinreichender Sicherheit auf den Tod des Archemoros gedeutet wird[1]. Wie auf dem Aeneasbilde ist die ideale Nacktheit aufgegeben und treten die gegen die Schlange kämpfenden Helden der eine mit dem Panzer, der andere mit dem Chiton bekleidet auf. Die Ausführung erscheint gleich roh und nachlässig wie bei den untergeordnetsten Bildern, welche Scenen aus dem campanischen Alltagsleben schildern. Es ist dies der einzige Fall innerhalb der campanischen Wandmalerei, dass ein Gegenstand aus der griechischen Mythologie in einem Geiste behandelt ist, welcher den Producten der realistischen Richtung entspricht, die ich in der zweiten Hauptgruppe zusammengefasst habe. Ganz ausnahmsweise hat sich einmal ein Wandmaler, der auf dem Gebiete des groben Realismus zu Hause war, dazu verstiegen, ein mythologisches Bild herzustellen. Ob er es aber ganz selbstständig gestaltete, scheint sehr zweifelhaft. Die Anordnung nämlich und die Stellung der einzelnen Gestalten zeugen von einem Geschicke, welches zu der Rohheit der Ausführung in deutlichem Gegensatze steht. Es scheint somit, dass dem Maler ein Original vorschwebte, welches derselben Richtung angehörte wie die Gesammtmasse der in der Wandmalerei reproducirten mythologischen Compositionen; doch wurde der ursprüngliche Bestand desselben durch die realistische Charakteristik und durch die rohe Ausführung so verwischt, dass das Bild bei flüchtiger Betrachtung für ein selbstständiges Product der plebeischen realistischen Richtung gehalten werden könnte.

Sehr schwer ist es, ein endgültiges Urtheil zu fällen über die beiden herculaner Bilder, welche Scenen aus dem Isiscultus darstellen[2]. Die Composition derselben überhaupt und namentlich die Anordnung der Massen der Gläubigen, welche in geschickter Weise um den Tempel herum gruppirt sind, verrathen einen höheren Grad eigentlich künstlerischer Auffassung, als wir ihn innerhalb der realistischen Richtung wahrzunehmen gewohnt sind. Dagegen herrscht in der Bildung der menschlichen Gestalt ein auffälliger Mangel an Sinn für Proportion und ist die Ausführung so flüchtig, dass sie die Bedeutung mancher Einzelheiten vollständig im Unklaren lässt. Trotzdem machen diese Bilder, namentlich aus grösserer Ferne gesehen, einen effectvollen Eindruck, welcher wesentlich verschieden ist von dem, den wir an-

---

[1] N. 1156. [2] N. 1111. 1112.

gesichts der realistischen Darstellungen aus dem campanischen Alltagsleben empfinden. Ich begnüge mich, die eigenthümlichen Eigenschaften dieser Bilder in der Kürze hervorzuheben. Ueber die Weise ihrer Entstehung wage ich bei dem Mangel an bestimmten Anhaltspunkten keine Vermuthung auszusprechen.

XI. Thierstück und Stillleben.

Das Thierstück ist in der campanischen Wandmalerei durch eine reiche Serie verschiedenartiger Bilder vertreten. Wir begegnen einerseits Schilderungen, welche das Treiben der reissenden Thiere veranschaulichen, wie sie sich zum Kampfe mit einander anschicken oder wie sie Rothwild verfolgen[1]. Diese Darstellungen sind bisweilen als grosse Prospectenbilder behandelt, finden sich aber besonders häufig auf den kleinen Gemälden, welche vignettenartig der Architekturmalerei eingefügt sind. Innerhalb der ersteren Gattung veranschaulicht der landschaftliche Hintergrund meist in angemessener Weise die Wildniss, in der diese Thiere zu Hause sind[2]. Aehnlichen Gesichtspunkten unterliegen die nah verwandten Malereien, welche Jagdscenen darstellen[3].

Eine besondere Betrachtung erfordern zwei grosse Thierstücke, die in einem Hause auf Vico d'Eumachia als Gegenstücke gemalt sind[4]. Auf dem einen derselben sehen wir einen Löwen, welcher, krank oder missmuthig, daliegt, und vor ihm einen Hirsch, der ängstlich die linke Vorderpfote erhebt, wie um in jedem Augenblicke zur Flucht bereit zu sein. Der Inhalt dieser Darstellung stimmt in deutlicher Weise mit einer in verschiedenen Versionen überlieferten Thierfabel überein[5]. Die aus einer solchen Fabel erhaltenen Verse[6]

»Κέρδεσι φηλωθέντα βοὴ κεράς, ἐγγύθι δ' ἐστή, ἠπεδανοῖο λέοντος«

schildern in aller Kürze die Situation des Wandgemäldes. Wenn aber dieses Bild mit hinlänglicher Sicherheit aus der Thierfabel erklärt werden darf, so wird dasselbe bei dem Gegenstück anzu-

---
1) N. 1585 ff. 2) Siehe namentlich N. 1585. 3) N. 1520 ff.
4) N. 1593. 1594.
5) Babrius 95. Vgl. 103 und syll II 40 (Anthol. lyric. ed. Bergk 2. Ausg. p. 311).
6) Anth. lyr. ed. Bergk 2. Ausg. p. 172 n. 5.

nehmen sein. Allerdings ist die darauf dargestellte Situation — ein Eber und ein Bär, die sich zum Kampfe anschicken, während hinter einem Felsen ein grimmig blickender Löwe liegt — in dem erhaltenen Schatze antiker Thierfabeln nicht nachweisbar; dagegen wird Niemand bestreiten, dass sie ganz geeignet war, in einer solchen Erzählung Platz zu finden. Die betreffende Fabel konnte beispielsweise dahin lauten, dass, während der Löwe krank liegt, Eber und Bär sich vorzeitig um die Königswürde streiten, deren Erledigung durch den baldigst erwarteten Tod des Löwen bevorsteht, dass beide in dem Kampfe ihrem Ehrgeize zum Opfer fallen und ihre Leiber dem kranken Thierkönig zur Atzung dienen.

Eine andere Gattung beschäftigt sich mit den zahmen Thieren. Sie schildert mit Vorliebe solche, welche culinarischen Zwecken dienen, Ziegen, Lämmer, Schweine, meist mit gebundenen Füssen, und dabei allerlei Gegenstände aus Küche oder Vorrathskammer und nähert sich somit beträchtlich der Gattung, welche wir als »Stillleben« zu bezeichnen pflegen [1].

Werfen wir einen Blick auf die Bilder, welche das Treiben der Vögel schildern [2], so begegnen wir Reihern, wie sie, auf Fische passend, in das Wasser hinabblicken, einem mit seiner Beute beschäftigten Sperber, Rothkehlchen, Wachteln, Rebhühnern, Eichelhähern, Amseln ihrem Futter nachgebend. Noch häufiger wird das zahme Geflügel zum Gegenstand der Darstellung gemacht. Tauben, Hühner, Gänse, Enten finden sich in den mannigfachsten Situationen und der verschiedenartigsten Umgebung, die der Darstellung öfters ebenfalls einen dem »Stillleben« verwandten Charakter verleiht. Einige Male kommen auch Luxusvögel, Pfauen und Papageien, vor.

Bilder, welche Fische darstellen, finden sich in Pompei beinah in jedem Hause [3]. Vielfach ist anderes dem feuchten Elemente eigenthümliches Gethier mit ihnen vereinigt: Hummern, Polypen, verschiedenartige Muscheln.

Diese wenigen Andeutungen mögen genügen, um dem Leser das auf dem Gebiete des Thierstückes herrschende Treiben zu veranschaulichen. Eine eingehendere Behandlung ist überflüssig, da für Jeden, der diese Gattung näher kennen lernen will, mein Verzeichniss das einschlagende Material darbietet.

Die Durchführung steht innerhalb dieser Gattung im Grossen und Ganzen auf einer sehr hohen Stufe. Wir begegnen beinah durchweg einem richtigen Verständniss für den Charakter des darzustellenden Gegenstandes. Nicht nur die plastischen Typen

---

1) N. 1606 ff.   2) N. 1614 ff.   3) N. 1649 ff.

der Thiere, sondern auch die verschiedene Erscheinungsweise ihrer Oberfläche, das Haar der Vierfüssler, die Federn der Vögel, die glatte und schleimige Haut der Fische, sind in treffendster Weise individualisirt.

Unmöglich ist es, mit wenigen Worten die bunte Welt zu vergegenwärtigen, die sich uns in den Fruchtstücken, den Schilderungen aus Küche und Vorrathskammer, den Darstellungen von allerlei Geräthen des täglichen Gebrauchs aufthut[1]. Wie die Zusammenstellung dieser Gegenstände in der Wirklichkeit von Willkühr oder Zufall bedingt ist, so darf sie auch die Kunst in der mannigfachsten Weise gruppiren. Ohne demnach den Versuch zu machen, den Inhalt dieser Gemälde eingehender zu analysiren, sei hier nur eine Bemerkung über ihre Auffassung und Durchführung beigefügt. Die letztere ist mit wenigen Ausnahmen sehr sorgfältig und steht, wenn wir sie mit der der mythologischen und genrehaften Compositionen vergleichen, im Grossen und Ganzen auf einer höheren Stufe. Die Ursache dieser Erscheinung ist hinreichend deutlich. Während die Gemälde mit mythologischen oder genrehaften Scenen selbst bei flüchtiger Behandlung durch ihren Inhalt Interesse erregen, entbehren die Fruchtstücke und ähnliche Schilderungen ohne Feinheit und Naturwahrheit der Durchführung jeglichen Reizes[2]. Es ist demnach leicht begreiflich, dass die tüchtigsten Kräfte unter den Wandmalern gerade auf diesem Gebiete thätig waren. Doch müssen wir hier zugleich eine wesentliche Beschränkung hervorheben, welche diesen Bildern im Vergleiche mit den entsprechenden modernen eigenthümlich ist. Während die moderne und namentlich die holländische Malerei auch in dem »Stillleben«, indem sie die Gegenstände unter eigenthümlichen Wirkungen der Luft und des Lichts zur Darstellung bringt, eine eigenthümliche poetische Stimmung zu erwecken weiss, findet sich innerhalb der antiken Gemälde dieser Gattung keine Spur eines derartigen Strebens. Ich glaube nicht, dass man diese Erscheinung aus der Beschränktheit der Mittel der Frescotechnik ableiten darf. Bei den ausgezeichneten Leistungen, welche die Wandmalerei gerade in dieser Gemäldegattung aufweist, bei der feinen Auffassung der Natur der Dinge, bei der Fähigkeit, sie in bezeichnender Weise

---

1. N. 1661 ff.
2) Diese Vorzüge werden auch in antiken Epigrammen, welche sich auf solche Gemälde beziehen, hervorgehoben. Z. B. Anth. pal. VIIII 761

εἰς βότρυν ἐκ γραμμάτων
Μικροῦ κατίσχον τὸν βότρυν τοῖς δακτύλοις,
ὑπεραπατηθεὶς τῇ βίᾳ τῶν χρωμάτων.

wiederzugeben, hätten einige der Wirkungen, über welche die moderne Kunst verfügt, recht wohl zum Mindesten angedeutet werden können. Vielmehr ist es wahrscheinlich, dass wir mit dieser Beobachtung eine Beschränkung der antiken Malerei und einen Grundunterschied derselben gegenüber der modernen berührt haben.

XII. Die Landschaft.

Das einzige bis jetzt bekannte Landschaftsbild, welches eine grobrealistische Richtung vertritt und mit Sicherheit als in den campanischen Städten erfunden betrachtet werden darf, ist das Gemälde, welches das pompejanische Amphitheater und darin die Prügelei zwischen Pompejanern und Nucerinern darstellt[1]). Da wir hierüber das Nöthige im siebenten Abschnitte bemerkt, so brauchen wir gegenwärtig nicht mehr darauf zurückzukommen.

Versuchen wir die ganze sonstige Masse der erhaltenen Landschaftsbilder nach bestimmten Gattungen zu classificiren, so stellen sich hierbei noch erheblichere Schwierigkeiten heraus als auf dem Gebiete der mythologischen Compositionen. Während die Frescotechnik bei den letzteren in der Regel ausreicht, um wenigstens die wesentlichen Motive, auf denen der Gedanke beruht, zum Ausdruck zu bringen, erfordert die Landschaft, falls die durch dieselbe beabsichtigte Wirkung einigermaassen vollständig erzielt werden soll, eine ungleich eingehendere Behandlung des Details, wie sie die Wandmaler nur in beschränktem Grade zu erreichen vermochten. Daher kommt es, dass der Gedanke auf diesen Bildern nicht immer zu vollständiger Klarheit entwickelt ist, dass der Geist des Betrachters, um denselben zu erfassen, öfters den Andeutungen der Frescomalerei ausführend und ergänzend entgegenkommen muss. Eine weitere Schwierigkeit ergiebt sich, wenn wir das Verhältniss dieser Bilder zu den muthmaasslichen Originalen erwägen. Das einzige Landschaftsbild, welches sicher in Pompei erfunden wurde, ist, wie gesagt, jenes Gemälde mit dem Amphitheater. Dagegen ist die grosse Masse, wie wir bei Betrachtung der einzelnen Gattungen sehen werden, unter dem Eindrucke von Vorbildern gestaltet, die den campanischen Wandmalern aus bedeutenderen künstlerischen Mittelpunkten zugekommen waren. Nun liegt es in der Natur der Sache, dass die Improvisation

---

1) Giornale degli scavi (n. s.) I Tav. VIII. Vgl. oben Seite 73.

bei der Wiedergabe einer Landschaft leichtern Spielraum hat, als bei der Reproduction eines mythologischen Originals. Wie in der Wirklichkeit der Charakter einer Gegend, namentlich wenn in ihr menschliche Cultur thätig gewesen ist, vielfach durch Zufälligkeiten bestimmt wird, so konnte der Wandmaler bei der Reproduction eines landschaftlichen Vorbildes leicht darauf verfallen, Motive, sei es aus anderen Compositionen, sei es aus der ihn umgebenden Natur, beizufügen. Wiewohl hierdurch der einheitliche Charakter, wie er dem Originale eigenthümlich sein mochte, getrübt wurde, so ergab sich nichts desto weniger eine Gestaltung, die der Wirklichkeit nicht schlechthin widersprach. Hieraus erklärt es sich offenbar, dass eine grosse Menge der campanischen Landschaftsgemälde nicht eine bestimmte Richtung ausschliesslich und ohne fremdartige Zuthat vertritt, sondern dass die Bilder vielfach einzelne Bestandtheile enthalten, welche zu der in dem Ganzen vorherrschenden Stimmung im Widerspruche stehen, oder dass sie gar aus verschieden gearteten Motiven zusammengearbeitet sind, die sich unter einander gewissermassen neutralisiren und somit das Hervortreten eines bestimmten landschaftlichen Charakters vollständig aufheben. Wir werden diese Erscheinung im weiteren Laufe der Untersuchung durch bezeichnende Belege veranschaulichen.

Um unter so schwierigen Bedingungen wenigstens einige feste Gesichtspunkte zu gewinnen, beschränke ich mich vor der Hand auf Bilder, welche eine bestimmte Richtung ausschliesslich oder wenigstens im Ganzen einheitlich zum Ausdruck bringen.

Einige der Landschaftsgemälde vertreten eine Richtung, welche der, die wir innerhalb der mythologischen Compositionen als eine dramatische bezeichneten, nahe verwandt ist. Sie schildern eine erhabene Natur, voll von energischen Formen, namentlich kühnen Felsbildungen, und beleben dieselbe durch eine dramatisch bewegte Staffage. Wie die verwandten mythologischen Bilder machen sie auf den Betrachter einen mächtig ergreifenden Eindruck. Dürfen wir dieselben durch einen Vergleich mit der modernen Malerei veranschaulichen, so würden sie sich am Besten der »historischen Landschaft« vergleichen lassen, vorausgesetzt, dass diese Bezeichnung in dem ursprünglichen präcisen Sinne gefasst wird. Die glänzendsten Leistungen dieser Art, welche uns aus dem Alterthume erhalten, sind die zu Rom auf dem Esquilin entdeckten Landschaftsbilder mit Scenen aus der Odyssee[1],

---

[1] Mairanga, Città di Lamo Tav. 1. 2. Arch. Zeit. 1852 Taf. 45, 46 p. 497. Vgl. Griß, Scoperta di una statua in Trastevere e di pitture sull' Esquilino, Roma 1849. Arch. Anz. 1849 p. 27. Brunn, die philostrat. Gemälde p. 286.

Gemälde, auf welche wir in den späteren Abschnitten noch öfters zurückkommen werden. Aus der campanischen Wandmalerei gehört hierher eine Landschaft, worin der Kampf des Perseus mit dem Meerungeheuer dargestellt ist[1]. Die in einem düstergrauen Grundtone gehaltenen schroffen Felsen, aus denen nur hie und da ein abgestorbener Baum emporragt, und der schreckliche Vorgang, der im Vordergrunde stattfindet, vereinigen sich zu einer vollständig harmonischen Gesammtwirkung. Einen ähnlichen Eindruck macht ein Landschaftsbild, dessen Staffage aus dem Daidalosmythos entnommen ist[2]. Zackige Klippen umrahmen auf beiden Seiten die Düne, auf welcher der Leichnam des Ikaros liegt. Daidalos schwebt zu dem todten Sohne herab, während sich eine nicht mehr deutlich erkennbare Figur, vielleicht eine Personification des Gestades, theilnahmsvoll zu dem Leichnam herabbeugt. Links steht auf dem Felsen ein ländliches Heiligthum, beschattet von einem Feigenbaum. Im Hintergrunde erstreckt sich das Meer, leicht vom Winde gekräuselt, und darin fährt ein Nachen mit zwei Schiffern einher.

Eine andere Gattung entspricht der, welche ich auf mythologischem Gebiete als idyllisch gestimmt bezeichnet habe. Ein pompeianisches Gemälde[3] schildert eine wohl entwickelte Felslandschaft, die sich vorn in schroffen, weiter hinten in milderen Formen aufthürmt: in der Mitte liegt, beschattet von einem ehrwürdigen Baume, ein ländliches Heiligthum; ein mit einem Felle umgürteter Hirt führt eine Ziege auf dasselbe zu, während rechts ein Schäfer mit seiner Heerde den Bergpfad herabsteigt. Ein anderes Gemälde[4] zeigt uns ein von Felsen umrahmtes und von einem Bache durchflossenes Thal; der Mittelpunkt ist wiederum von einem Sacellum gebildet; Landleute schicken sich davor zum Opfer an; einer wäscht sich zu der bevorstehenden heiligen Handlung unter dem Sturzbache die Hände. Es spricht aus diesen Compositionen eine frische Naturpoesie, wie aus den besten Producten der idyllischen Dichtung. Alles vereinigt sich zu einer harmonischen Wirkung in diesem Sinne; höchstens könnte Jemand den Vorwurf erheben, dass die Architektur der ländlichen Heiligthümer für die vorliegende Scenerie etwas zu elegant gehalten ist. Ferner verweise ich, um diese Gattung zu veranschaulichen, auf Landschaften, welche bald Paris[5], bald einen gewöhn-

---

[1] Pitt. d'Erc. IV 61 p. 309. Helbig N. 1164.
[2] Pitt. d'Erc. IV 63 p. 317. Millin, gal. myth. 131 bis, 469. Helbig N. 1209.
[3] Pitt. d'Erc. II 45 p. 251. N. 1564.
[4] Mus. Borb. XI 26. N. 1558.
[5] Pitt. d'Erc. III 53 p. 263. N. 1279.

lieben Hirten[1] auf grünem Wiesengrunde im Kreise seiner Heerden vor Augen führen, eine andere[2], in welcher ein Hirt seiner Geliebten auf der Doppelflöte vorspielt, die in zwei Repliken vorliegende Composition[3], welche einen Bauernhof und von der Arbeit zurückkehrende Landleute darstellt, endlich das Gemälde[4], in dessen Staffage ich eine Zauberin erkenne, die einem Landmann einen Trank reicht. Diese Bilder schildern eine Natur, wie sie dem Städter im Gegensatz zu dem ihn umgebenden complicirten Culturleben lieb ist, die einen erfrischenden und zugleich beruhigenden Eindruck in dem Geiste des Betrachters hervorruft. Die in der Landschaft vorgehende Handlung wird in der Regel von Lieblingsfiguren des Idyll, Hirten und Landleuten, getragen. Einige Male kommen auch mythologische Gestalten vor. Doch sind dieselben entweder in eine entsprechende bukolische Sphäre übertragen, wie wir z. B. auf einer Landschaft dieser Art dem Paris als Hirten begegneten, oder werden nicht in den ergreifendsten Momenten der mythischen Handlung, sondern in mehr genreartigen Situationen aufgefasst. Als Beleg für die letztere Auffassung diene ein Landschaftsbild[5], dessen Staffage aus dem Bellerophonmythos entlehnt ist: vorn ein Bach, umgeben von anmuthigen, blumigen Triften; rechts ein Sacellum mit dem eingefriedigten heiligen Baume: hinten erheben sich Felsen, zwischen denen hindurch ein Pfad abwärts führt; vorn an dem Bache grast Pegasos, während Pallas und Bellerophon den Pfad herabschreiten, um sich des arglos weidenden Thieres zu bemächtigen.

Während in den bisher erwähnten Gemälden überall eine bestimmte Staffage bedeutsam hervortrat, die gewissermaassen zugleich zur Erklärung der Stimmung diente, welche darin zum Ausdruck kommen soll, begegnen wir anderen, in welchen der poetische Gedanke ausschliesslich oder fast ausschliesslich auf der Landschaft beruht, die Staffage entweder fehlt oder nur ganz flüchtig angedeutet ist. Bei der Schwierigkeit, welche die Aufstellung bestimmt abgegrenzter Kategorien mit sich bringt, sei es mir verstattet, ihrer an dieser Stelle zu gedenken, mögen sie auch Nuancen enthalten, die über den Kreis des schlechthin Idyllischen hinausgehen.

Sie schildern namentlich die eigenthümliche Poesie von Strandgegenden. Wir sehen am Ufer einen schlichten Tempel und ein Donarium, an dem, wie es scheint, zwei Fackeln angebunden sind;

---

1) N. 1559.   2) N. 1560.   3) N. 1561. 1562.
4. Mus. Borb. X 57. Gell, Pomp. II 72 p. 130. N. 1563.
5) Giorn. degli scavi (n. s.) I Tav. VII n. 1.

davor breitet sich das Meer aus, in welchem ein Nachen einherfährt, während im Hintergrunde Berge mit zackigen Umrissen den Horizont abschliessen[1]. Auf einem anderen Gemälde[2] ist der Mittelpunkt durch ein auf einer Landenge liegendes Heiligthum gebildet; rechts und links davon streckt sich das Meer, vorn der Strand hin; auf dem letzteren sieht man links eine Priapherme und an einzelnen Stellen geborstene Baumstämme, deren Zweige durch die anprallende Fluth abgespült zu sein scheinen. Offenbar soll diese Composition die eigenthümlich melancholische Stimmung einer öden Strandgegend verwirklichen. Ein drittes Bild[3] zeigt im Vordergrund einen Tempel, von dem dazu gehörigen heiligen Baume beschattet, weiter hinten Hafenbauten mit den Schiffshütten (ναύσταθμοι), die sich in der Mitte öffnen und die Aussicht auf die weite See gestatten; am äussersten Horizonte liegt ein Eiland, dessen Form an die der Insel Capri erinnert.

Bisweilen ist auch die Poesie verfallener Architekturen künstlerisch verwerthet. Eine sehr zart gestimmte, idyllische Landschaft in Villa Albani[4] zeigt neben einer Brücke ein Thor, zwischen dessen Steinen Gras und Gesträuch herauswachsen. Auf einem kleinen campanischen Rundbilde[5], welches einen heiligen Baum und das zugehörige Sacellum darstellt, ist das Epistyl des Sacellums deutlich verschoben und erscheint die Umfriedigung des Baumes verfallen. Immerhin hat man diese Bilder bei Untersuchung über ein von Philostratos[6] beschriebenes Gemälde zu berücksichtigen, welches nach der Schilderung des Rhetors den Einblick in ein verfallenes Atrium durch eine von Spinngeweben überzogene Thüre darstellte.

Wir wenden uns nunmehr zu einer dritten Richtung, welche in der campanischen Landschaftsmalerei weitaus am reichsten vertreten ist. Die Neigung für das Ursprüngliche, wie wir ihr bei der idyllischen Gattung begegneten, ist ihr fremd. Sie schildert eine lachende, von einer üppigen Cultur überwucherte und reichlich durch Menschenwerk ausgestattete Natur. Am häufigsten behandelt sie Küstenlandschaften, die allenthalben mit Prachtbauten überzogen sind. Villen mit reichen Façaden sind auf hohen Substructionen in das Gewässer hineingebaut[7], und durch mächtige Dämme vor dem Andrange der Fluthen

---

[1] Pitt. d'Erc. I p. 75.
[2] Pitt. d'Erc. I p. 55.
[3] Pitt. d'Erc. II 52 p. 281. Vgl. auch Pitt. d'Erc. II p. 4.
[4] Winckelmann, mon. ined. II parte 4 p. 281.
[5] Pitt. d'Erc. I p. 18.
[6] Imag. II 28.
[7] Pitt. d'Erc. I p. 7. II p. 253. Gell, Pomp. I p. 46.

geschützt¹). Wir begegnen Prospecten anf Hafenbauten mit ihren Arsenalen und reich decorirten Molos²). Eine Seestadt baut sich amphitheatralisch empor, während im Vordergrunde der Hafen, reich an plastischem Schmuck, und das Treiben der Schiffe in demselben geschildert wird³). Die Säulenpracht der Hallen und der Reichthum der Façaden spiegeln sich in dem grünlichen Blau des feuchten Elements. Eine poetische Idee im höheren Sinne des Worts, der »Ausdruck einer geahnten Seelenstimmung« ⁴), findet sich in diesen Gemälden nicht. Im Wesentlichen herrscht darin ein üppiges Behagen, eine Stimmung, welche deutliche Anklänge verräth an die, welche in der Durchschnittsmasse der modernen neapolitanischen Vedutenbilder den Grundton zu bilden pflegt, wo sich die Bläue des Himmels und des Meeres, die schön geschwungenen Umrisse der den Golf umgebenden Berge, die weissen Häusermassen der sich an den Küsten hinziehenden Ortschaften zu einer heiteren Gesammtwirkung vereinigen, ohne dabei einen tieferen poetischen Inhalt zum Ausdruck zu bringen. Es sei mir verstattet, die antike Gattung in aller Kürze als Vedutenbilder zu bezeichnen, eine Benennung, die im weiteren Laufe der Untersuchung ihre Rechtfertigung finden wird.

Zum Theil dem Stoffe nach, durchweg in der Auffassung sind dieser Gattung verwandt die grossen Prospectenbilder, welche wir berechtigt sind, mit den Leistungen des Studius, Ludius oder S. Tadius, eines Decorationsmalers der augusteischen Epoche, in Beziehung zu setzen. Die Schilderung von Villen, Häfen, Seestädten, welche Plinius ⁵) als diesem Maler eigenthümlich anführt, wird namentlich durch die Prospectenbilder im Peristyl der Casa della piccola Fontana und im Xystos der Casa d'Apolline⁶) veranschaulicht. Die Malerei der Parkanlagen ist im Bereich der campanischen Städte nur durch unbedeutende Arbeiten⁷), desto glänzender aber in der Villa ad Gallinas bei Prima Porta vertreten⁸). Ueberall vermissen wir, wie es bei den soeben be-

---

1) Pitt. d'Erc. II p. 1.
2) Pitt. d'Erc. III p. 47. II p. 137. 277.
3) Pitt. d'Erc. II 55 p. 295. N. 1572ᵈ.
4. Vischer, Aesthetik III § 698 p. 649.
5. Plin. XXXV 116.
6) Helbig N. 567. 1503. 1572—72ʳ.
7) Helbig, Wandgemälde p. 384.
8 Bull. dell' Inst. 1863 p. 81 ff. Verwandter Art sind die Malereien, welche im Grabe des Patron an Via Latina entdeckt wurden: Secchi mon. ined. d'un sepolcro di famiglia greca (Roma 1843) Taf. I. II. Plinius epl. V 6, 22 schreibt von einem cubiculum seiner tuskischen Villa: nec cedit gratiae marmoris ramos insidentesque ramis aves imitata pictura.

XII. Die Landschaft.

sprochenen Vedutenbildern der Fall war, den Ausdruck einer bestimmten poetischen Idee. Selbst die Parkanlagen der Villa ad Gallinas, deren Ausführung höchst charaktervoll ist, geben nur darauf aus, den Betrachter durch wohl gegliederte und vortrefflich ausgeführte Baumgruppen angenehm anzuregen, ohne ihn in bedeutsamerer Weise zu stimmen.

Eine vierte Gattung wird durch die ägyptischen Landschaften gebildet. Sie zerfällt in verschiedene Unterarten, die jedoch vielfach in einander übergreifen und sich somit nicht immer scharf scheiden lassen. Einerseits bildet auch hier eine ursprüngliche und von menschlicher Cultur unberührte Natur den Gegenstand der Darstellung. Dies ist der Fall bei den Nillandschaften [1]. Reichliches Schilf überzieht das Ufer; aus dem Wasser ragt die Nilbohne [2] hervor; dazwischen sehen wir Wasservögel ihr Wesen treiben, das Krokodil lagern und das Hippopotamos durch den Dickicht brechen. Um das Fremdartige des Eindrucks zu vermehren, werden in diese wunderbare Welt nicht gewöhnliche Sterbliche, sondern Wesen der Fabel, Pygmaien, eingeführt. Wir sehen diese grottesken Figuren, wie sie in mannigfachen, zum Theil obscönen Situationen aufgefasst, auf den Nilbarken einherfahren, wie sie fischen oder jagen oder mit Krokodil oder Hippopotamos allerlei Kurzweil treiben [3]. Andere Gemälde schildern reich angebaute und mit mannigfacher Architektur ausgestattete Gegenden des hellenisirten Aegyptens. Wir begegnen Landhäusern, überragt von Palmen, bisweilen umgeben von verschiedenen auf die Drainage bezüglichen Vorrichtungen [4], welche, durch die physikalische Beschaffenheit des Landes erfordert, besonders in der Ptolemaierepoche durch Archimedes vervollkommnet wurden [5], und Complexen von Tempeln hellenistisch-aegyptischen Styls, vor denen Gruppen von Gläubigen Cultushandlungen verrichten [6].

Als eine fünfte Gattung lassen sich die Marinebilder mit Darstellungen von Seeschlachten bezeichnen [7]. Sie finden sich

---

1) N. 1538, 1540 ff, 1566.
2) κύαμος αἰγύπτιος, λωτός, μελίλωτος Theophr. h. pl. IV 8, 7. 8. Vgl. Athen. III p. 72 C ff.
3) Angesichts des Gemäldecyklus, welcher Pygmaien in der Thätigkeit der Landleute schildert (N. 1530—32), könnte man geneigt sein, eine Travestie der mit bäuerlicher Staffage ausgestatteten Landschaften anzunehmen; doch vertritt derselbe, da er die Landschaft ziemlich flüchtig behandelt, vielmehr eine Mittelgattung zwischen landschaftlicher und genrehafter Darstellung.
4) Pitt. d'Erc. I 49 p. 257. N. 1569.
5) Diodor. I 34.
6) N. 1571.   7) N. 1576 ff.

namentlich auf den kleinen innerhalb der Architekturmalerei angebrachten Bildchen. Mag hier die Flüchtigkeit der Ausführung den deutlichen Ausdruck einer bestimmten poetischen Idee unmöglich machen, so regen immerhin die schönen Formen der antiken Schiffe und der Schwung ihrer Linien das Auge angenehm an. Dass jedoch die antike Malerei auch auf diesem Gebiete bedeutendere Gedanken verwirklichte, davon findet sich eine bezeichnende Spur in einem grösseren Gemälde dieser Gattung [1]. Wir sehen in der Mitte eine Insel mit einem Sacellum, vor dem eine Poseidonstatue steht. Rechts operiren zwei Schiffe, im Begriff das Gefecht zu beginnen. Links hat der Zusammenstoss bereits stattgefunden. Wir sehen ein Schiff, welches, von dem Embolon eines anderen getroffen, zu sinken anfängt. Die Composition ist sehr wohl gegliedert und durch den Hinweis auf die Gegenwart des meerbeherrschenden Gottes gewinnt die Schilderung des Seegefechtes eine tiefere Beziehung.

Ich habe bereits im Vorhergehenden darauf hingedeutet, dass sich die campanischen Landschaftsbilder nicht immer als harmonische und einheitliche Schöpfungen darstellen, sondern dass sie öfters aus unzusammengehörigen und zum Theil widersprechenden Bestandtheilen componirt sind. Gegenwärtig gilt es, diese Erscheinung durch einige bezeichnende Beispiele zu veranschaulichen. Eine besonders merkwürdige Mischbildung ist eine Landschaft, in welcher die Strafe des Aktaion dargestellt ist [2]. Die Grundlage der Composition bildet ein zerklüftetes felsiges Terrain, in welchem ein Waldbach abwärts braust, eine Gegend, deren Charakter vortrefflich mit dem der Staffage übereinstimmt. Dagegen hat die Gegend in der Mitte einen milderen Charakter und gewährt sie auf der rechten Seite die Aussicht auf ein ruhig fliessendes Gewässer mit niedrigen Ufern, auf denen Vieh weidet. Den Mittelpunkt der Landschaft bildet ein reiches und mit Weihgeschenken und Cultusapparaten aller Art ausgestattetes Heiligthum der Artemis. Rechts noch weiter im Hintergrunde sieht man einen Krytoporticus, ein thurmartiges Gebäude und eine Gewandstatue. So vereinigt diese Composition Elemente aus drei der oben besprochenen Gattungen der Landschaftsmalerei. Die Felsgegend und die Staffage sind im Geiste der Richtung behandelt, welche sich der modernen »historischen Landschaft« vergleichen lässt; in den von Vieh bevölkerten Triften zeigt sich ein idyllischer Zug; das Heiligthum der Artemis und vor allen die Gebäude im Hintergrunde sind Bestandtheile, wie

---

[1] Pitt. d'Erc. I 45 p. 239. N. 1590.
[2] N. 252 = Atlas Taf. VIII.

sie sich in dem architektonischen Reichthume der Vedutenbilder finden. Mag das Uebergehen der Felsgegend in die Triften naturgemäss und somit künstlerisch begründet sein, so wirken die im Hintergrunde dargestellten Luxusbauten entschieden als Dissonanz, und machen sie den Eindruck, als seien sie anderswoher in den Zusammenhang, in dem sie sich vorfinden, übertragen. Das Gemälde, auf welchem die Befreiung des Prometheus durch Herakles dargestellt ist [1], entspricht in dem Charakter der Staffage wie in den Grundzügen der Landschaft, die sich aus schroffen, zackigen Felsen aufbaut, dem Geiste der von mir an erster Stelle behandelten Richtung. Doch sind in schneidendem Widerspruche hierzu links ein mit Guirlanden bekränzter ionischer Tempel und eine Gewandherme beigefügt, Denkmäler menschlicher Cultur, welche keineswegs in die Oede des Kaukasos hineinpassen, in der die Handlung vor sich geht.

Zur Vergleichung mit dem oben besprochenen, die Rettung der Andromeda darstellenden Gemälde bietet sich ein anderes Landschaftsbild mit entsprechender Staffage dar [2]. Wiewohl dasselbe namentlich in den Motiven des Hintergrundes sehr gelitten hat, so können wir immerhin behaupten, dass es nicht in dem Grade, wie jenes, von der einheitlichen Stimmung des Grauens durchdrungen ist. Jedenfalls trägt die auf dem Felsen beigefügte Priapherme eine wesentlich verschiedene Nuance in die Composition hinein.

Eben so sind vielfach Compositionen, welchen im Ganzen eine idyllische Stimmung zu Grunde liegt, in entschiedenem Gegensatze zu derselben mit fremdartigen, aus dem Bereiche der Vedutenbilder entlehnten Bestandtheilen versetzt. Während der Vordergrund, in dem Polyphem, umgeben von seinen Heerden, mit Galateia liebäugelt, idyllisch gehalten ist, sehen wir im Hintergrunde das Ufer durch einen halbrunden Porticus begrenzt und darüber auf der Höhe eine Palastanlage [3], ein Vermischen nozusammengehöriger Bestandtheile, welches sowohl der mythologischen Ueberlieferung, wie den Gesetzen künstlerischer Einheit widerspricht. Aehnlich verhält es sich mit zwei Berglandschaften, in denen das Parisurtheil dargestellt ist [4].

Auf einem der grossen Landschaftsgemälde in der Casa della caccia antica ist der Charakter des Vedutenbildes der vor-

---

[1] Denkm. d. a. K. II 64, 632. N. 1178.
[2] N. 1193.
[3] Zahn, die schönst: Orn. II 30. N. 1042.
[4] N. 1263. 1263b = Atlas Taf. XVI. Vgl. auch Pitt. d'Erc. I p. 127 und Helbig N. 567.

herrschende [1]. Die Höhen im Hintergrunde sind mit Villenanlagen bedeckt; im Vordergrunde befindet sich eine Gruppe von zierlich gebauten und mit plastischem Schmucke und Weihgeschenken reichlichst ausgestatteten Heiligthümern. Nichts desto weniger ist in diese von der raffinirtesten Civilisation durchdrungene Gegend eine idyllische Staffage hineingetragen: ein nackter, nur mit einem Schurze bekleideter Landmann und eine Frau schicken sich im Vordergrunde an, einen Widder zu opfern, während weiter rechts ein Hirt seine Heerde weidet. Keinesfalls darf man hierin eine bestimmte künstlerische Absicht voraussetzen und etwa annehmen, der Maler habe eine luxuriöse Civilisation und idyllisches Landleben in bewusstem Gegensatze vor Augen führen wollen. Hätte eine solche Absicht vorgelegen, so würden die Bilder dieselbe deutlicher zur Schau tragen. Wie leicht wäre es z. B. gewesen, die Affecte der Staffagefiguren in diesem Sinne zu charakterisiren und die biederen Landleute die sie umgebende Pracht bewundern zu lassen. Doch deutet weder die Charakteristik der Figuren, noch die Anordnung der landschaftlichen Bestandtheile auf einen solchen Gegensatz hin. Demnach bleibt nur die Annahme übrig, dass diese Mischbildungen ohne bestimmte künstlerische Absicht entstanden sind, dass die Wandmaler geläufige Motive aus verschiedenen Compositionen, vielleicht auch solche, die sie aus der ihren Augen gegenwärtigen Natur entnahmen, zusammenarbeiteten, ohne sich von der Bedeutung der einzelnen Bestandtheile klare Rechenschaft zu geben.

Schliesslich müssen wir auf die bereits oben berührte Frage zurückkommen, ob die campanischen Wandmaler die landschaftlichen Motive selbstständig gestaltet oder aus fremden Vorbildern entlehnt haben. Wie bereits oben bemerkt wurde, kennen wir nur ein Gemälde, das mit dem pompeianischen Amphitheater, welches sicher in den campanischen Städten erfunden ist. Schon die Erscheinung, dass dieses Gemälde mit seiner rohen Auffassung innerhalb der ganzen Gattung vollständig vereinzelt dasteht, ist geeignet, gegen die Selbstständigkeit der Wandmaler auf dem gesammten sonstigen Gebiete Verdacht zu erwecken. Beginnen wir mit der Betrachtung der Bilder, welche zur Beurtheilung des Sachverhalts sichere Anhaltspunkte darbieten, so versteht es sich von selbst, dass die Marinebilder mit Seeschlachten und die aegyptischen Landschaften nicht in den campanischen Städten erfunden sind. Die grossartigen Landschaften mit dramatischer Staffage und die, welche ich als idyllischer Richtung bezeichnet habe, bezeugen eine Tiefe der Auffassung und eine Feinheit des Gefühls, wie wir

---

[1] Zahn, die schönst. Orn. II 60. N. 1555.

sie schwerlich bei den Decorationsmalern kleiner Landstädte
voraussetzen dürfen. Ausserdem verrathen sie einen Geist, welcher dem, den wir im neunten Kapitel in zwei Gattungen mythologischer Bilder nachgewiesen haben, nahe verwandt ist, und
wenn ich es damals von den letzteren wahrscheinlich machte,
dass sie nicht von den Wandmalern erfunden sind, so wird
dasselbe auch bei den entsprechenden Landschaftsbildern vorauszusetzen sein. Endlich begreift es sich schwer, wo die campanischen Wandmaler in der sie unmittelbar umgebenden Natur
Eindrücke in sich hätten aufnehmen können, wie sie erforderlich
waren, um solche Landschaften zu gestalten. Anders verhält
es sich in dieser Hinsicht mit den Vedutenbildern. Diese schildern in der That eine Natur, welche mit der übereinstimmt,
die die Einwohner von Pompei und Herculaneum täglich vor
Augen hatten. Doch bleibt diese Uebereinstimmung nicht lediglich auf die Ufer des neapolitanischen Golfes beschränkt; vielmehr muss die ganze italische Westküste von Ostia bis Salerno
herab seit dem letzten Jahrhundert der Republik ganz ähnliche
Eindrücke dargeboten haben. Also braucht die Anregung zu
derartigen Compositionen nicht lediglich an dem neapolitanischen
Golfe gesucht, sondern kann mit gleichem Rechte dem Anblicke
von Antium, Terracina, Formiä und anderen liegenden der Küste
zugeschrieben werden. Jedenfalls finden sich innerhalb der
Vedutenbilder Motive, welche mit hinlänglicher Wahrscheinlichkeit auf bestimmte Erscheinungen aus der Umgebung der campanischen Städte zurückgeführt werden dürfen, nur sehr vereinzelt. Wir begegnen zweimal einem Berge, dessen Form auf
einen Vulcan schliessen lässt und in dem wir vielleicht eine Darstellung des Vesuvs anzunehmen haben, wie er vor dem verhängnissvollen Ausbruche gestaltet war [1]. Zweimal kommt ein Eiland
vor, dessen Umrisse an die der Insel Capri erinnern [2]. Doch beweisen solche vereinzelte Erscheinungen keineswegs den campanischen Ursprung der Vedutenbilder. Hätte sich dieser Kunstzweig in Campanien unter dem Eindrucke der umgebenden Natur
selbstständig entwickelt, dann stände gewiss zu erwarten, dass
der bestimmte Charakter derselben in umfassenderer und deutlicherer Weise wirksam gewesen wäre. Dies ist aber nicht der
Fall. Betrachten wir die in den Hintergründen dieser Bilder dargestellten Berge, so sind die Formen derselben sehr allgemein
gehalten und verrathen sie nirgends deutlichere Anklänge an die

---

[1] Pitt. d'Erc. V p. 343. Gell, Pomp. I p. 83.
[2] Pitt. d'Erc. II 52 p. 281; Gell, Pomp. I p. 192 = Overbeck,
Pompei 1. Aufl. p. 395, 2. Aufl. II p. 190.

Bergketten, welche den pompejanischen Horizont abschliessen. Nirgends gewahren wir Motive, welche an die eigenthümlich ausgezackten Umrisse des Monte Santangelo oder an die schwellenden Formen des Monte del Sarno erinnern. Somit haben wir kein Recht, die Vedutenbilder als die localen Producte eines den campanischen Städten eigenthümlichen Kunsttreibens zu betrachten. Vielmehr wurde vermuthlich auch diese Gattung aus einem bedeutenderen künstlerischen Mittelpunkt, wobei man in erster Reihe an Rom denkt, dorthin verpflanzt. Es erscheint ganz naturgemäss, dass die Landschaftsmalerei der Hauptstadt der Vorliebe Rechnung trug, welche der vornehme Römer für lachende, mit luxuriösen Bauten ausgestattete Strandgegenden hegte[1]). Da andererseits der neapolitanische Golf unter den Gegenden dieser Art den ersten Rang einnahm, da vor allen Bajae einer der beliebtesten Aufenthaltsorte des eleganten römischen Publicums war, so ist es leicht begreiflich, dass die Maler, wo sie auch immer thätig sein mochten, bisweilen durch Reminiscenzen an jene Gegend bestimmt wurden.

Dagegen kann es keinem Zweifel unterliegen, dass die Vedutenbilder unter Eindrücken, wie sie die Civilisation der Kaiserzeit dem Auge darbot, gestaltet und somit als eigenthümliche Producte der gleichzeitigen Kunst zu betrachten sind. Die Richtigkeit dieser Behauptung könnte allerdings, wenn wir die Untersuchung auf die Gemälde beschränkten, welche Seestädte darstellen, zweifelhaft erscheinen; denn die Erscheinungen, welche dieselben darbieten, die mit plastischem Schmucke reich verzierten Dämme, die Arsenale, die den Hafen umgebenden Hallen, werden seit der Alexanderepoche jeder blühenden Handelstadt sowohl im östlichen wie im westlichen Becken des Mittelmeeres eigenthümlich gewesen sein. Die Malerei konnte demnach sowohl während der Diadochenperiode, wie während der römischen Epoche Eindrücke empfangen, wie sie auf diesen Gemälden verwirklicht sind. Betrachten wir z. B. die Landschaft, welche eine Seestadt schildert, die sich über einem reich decorirten Hafen amphitheatralisch aufbaut[2]), so werden Rhodos oder Smyrna[3]) seit der Zeit ihrer Blüthe einen ganz entsprechenden Anblick dargeboten haben. Anders dagegen verhält es sich mit den Gemälden, welche eine mit prächtigen Villenanlagen bedeckte Seeküste schildern. Sie

---

[1] Friedlaender, Darst. aus der Sittengesch. Roms II p. 110.
[2] Pitt. d'Erc. II 55 p. 295. N. 1572 d.
[3] Rhodos: Diodor. XVIII 45. Aristid. or. 43 p. 539, 8—541, 3. Vgl. Friedlaender, Darst. aus der Sitteng. II p. 69. Smyrna: Aristid. or. XLI p. 913. Philostrat. vit. Apoll. IV 7.

stimmen in der deutlichsten Weise mit dem Charakter überein, welcher dem Küstenstriche von Antium bis Sorrent in der Kaiserzeit eigenthümlich war. Alle architektonischen Erscheinungen, die darauf vorkommen, erläutern sich wechselseitig mit Angaben der Schriftsteller der Kaiserzeit oder mit den aus dieser Epoche erhaltenen Ruinen. Die in das Meer hineingebauten Villen, die wir aus den Trümmern von Antium, Formiae, Bajae und Sorrent kennen, finden sich auch auf den Vedutenbildern. Hier wie dort begegnen wir den gewaltigen Substructionen, auf denen sich die Gebäude erheben, und den Dammanlagen, welche sie vor dem Andrange der Fluthen beschützten. Eine Reihe von schriftstellerischen Belegen[1] bezeugt, dass es in der Kaiserzeit Sitte war, die Villen mit Thurmbauten zu versehen, welche eine weite Rundsicht ermöglichten. Auch dieses Motiv kehrt auf den Gemälden wieder und in besonders bezeichnender Weise auf einem, wo der Thurm auf der Spitze des die Villa tragenden Vorgebirges, ein rechter Luginsland, errichtet ist[2]. Wenn ein anderes Gemälde innerhalb des Gartens einer Villa eine Pyramide wiedergiebt[3], so stimmt diese Erscheinung mit dem aus der tiburtiner Villa des Hadrian und auch anderweitig bekannten Gebrauche[4], wonach die Umgebungen der Landhäuser mit architektonischen Denkmälern ägyptisirenden Styls geschmückt wurden.

Besonders lehrreich aber ist der Vergleich dieser Bilder mit den drei Briefen des Plinius[5], worin derselbe sein Laurentinum, seine tuskische und seine beiden am Lacus Larius gelegenen Villen beschreibt. Wollte man eine illustrirte Ausgabe dieser Briefe veranstalten, so würde sich fast jedes einzelne Motiv der Anlage und äusseren Architektur der Villen, welches darin erwähnt wird, durch Belege aus den Vedutenbildern veranschaulichen lassen. Schon, wenn wir die Schilderung der Aussichten lesen, deren Plinius von seinem Laurentinum genoss[6], werden wir an dieselben erinnert. Von einem in einem Thurme angebrachten Speisezimmer überschaute man »das weite Meer, das langhin gestreckte Ufer, anmuthige Villen«[7]. Die Aussicht aus einem anderen Zimmer

---

1) Becker, Gallus I² p. 109 verweist über diesen Gegenstand auf Turneb. Adv. XXIV, 4, welche mir unzugänglich sind. Die Hauptstellen: Seneca ad Helv. cons. 9. Plin. epl. II 17, 12. 13. V 6. Lamprid. Hellogab. 33. Anth. lat. ed. Riese. N. 304.
2) Pitt. d'Erc. II p. 1. Vgl. auch Pitt. d'Erc. I p. 1 p. 243.
3) Pitt. d'Erc. I p. 7.
4) Memphis und Labyrinth auf einer Beetzung des Septimius Severus vgl. Marini atti d. arval. I p. 556. 628. Gruter p. 1050 n. 3.
5) Plin. epl. II 17, V 6. VIII 7.
6) Plin. epl. II 17.
7) Plin. epl. II 17, 12.

wird in den Worten zusammengefasst[1]: a pedibus mare, a tergo villae, a capite silvae. Von dem Ufer schreibt er[2]: »Das Ufer schmücken mit anmuthigster Mannigfaltigkeit Villenanlagen, bald zusammenhängend, bald durch grössere Zwischenräume unterbrochen; sie machen den Eindruck vieler Städtchen, mag man sie vom Meere oder vom Lande aus betrachten«. Bei der Beschreibung seiner beiden am Lacus Larius gelegenen Villen sagt er[3]: »Die eine liegt nach bajanischer Weise auf Felsen und überschaut den See, die andere ebenfalls nach bajanischer Weise berührt denselben«. Beide Arten der Anlage finden sich auf den Vedutenbildern. Eben so ist daselbst der umfangreiche Xystos nachweisbar, durch welchen in der Villa des Plinius das Ufer eingebogen wurde[4]. Wenn Plinius ferner angiebt, dass man von der hochliegenden Villa auf die Fischer herabblicken, von der niedriger liegenden selbst fischen könne, so sind die Figuren von Fischenden die Lieblingsstaffage dieser Wandgemälde[5]. Endlich zeigt sich auch eine gewisse Verwandtschaft der Stimmung, indem die Malerei wenigstens einen Abglanz von dem behaglichen, mit üppigem Comfort verbundenen Naturgenuss verräth, wie er sich in den Beschreibungen des Plinius äussert. Zu einem ähnlichen Resultate führt der Vergleich der Villenschilderungen bei Statius[6]; doch fürchte ich durch die weitere Verfolgung dieses Gesichtspunktes die Grenzen der mir gesteckten Aufgabe zu überschreiten.

Da demnach die Vedutenbilder in so hohem Grade mit realen Erscheinungen übereinstimmen, wie sie die Cultur des ersten Jahrhunderts der Kaiserzeit darbot, so dürfen wir mit hinlänglicher Sicherheit annehmen, dass sie unter dem Eindrucke eben dieser Erscheinungen gestaltet sind. Sollte auch etwas dem Vedutenbilde Entsprechendes bereits in der Diadochenperiode ausgebildet worden sein, dann ist die Kunst der römischen Epoche zum Mindesten nicht bei den älteren Leistungen stehen geblieben, sondern hat die unmittelbare Gegenwart in das Bereich der Darstellung gezogen und den Kunstzweig in ihrem Sinne weiterentwickelt. Dieses Ergebniss steht mit der Ansicht, die wir uns über das Kunstvermögen der Kaiserzeit gebildet haben, im besten Einklange. Indem das Vedutenbild auf den Ausdruck einer poeti-

---

1) II 17, 21.
2) II 17, 27.
3) VIIII 7.
4) Pitt. d'Erc. I p. 55. Vgl. Plin. epl. VIIII 7.
5) Pitt. d'Erc. I p. 55. II p. 1 p. 251.
6) Villa Tiburtina Manlii Vopisci: Stat. silv. I 3; villa Surrentina Pollii Felicis: silv. II 2.

schen Idee verzichtet und Erscheinungen nachschildert, wie sie die italische Küste damals in Hülle und Fülle darbot, hält sich diese Gattung recht eigentlich innerhalb der Grenzen, welche der damaligen Kunst, insoweit sie selbstständig thätig sein wollte, gesteckt waren.

Das Gleiche gilt von den grossen Prospectenbildern. Mochte diese Gattung in der Diadochenperiode ausgebildet sein [1]), so erhielt die Pflege derselben zur Zeit des August durch Studius, oder wie er sich nennen mochte, einen neuen Impuls [2]). Wie sich seine Leistungen zu den älteren verhielten, sind wir bei der Dürftigkeit der Ueberlieferung ausser Stande zu beurtheilen. Dürfen wir annehmen, dass die Angaben des Vitruv [3]) über die ältere Entwickelung des Prospectenbildes genau und vollständig sind, so würde sich ergeben, dass dieselbe eine ursprüngliche und wenig von menschlicher Cultur berührte Natur schilderte, während die jüngere nach dem Berichte des Plinius [4]) mit Vorliebe Gegenden, die den Stempel einer raffinirten Civilisation tragen, in das Bereich der Darstellung zog. Jedenfalls tragen die erhaltenen Prospectenbilder nach Inhalt wie nach Auffassung deutlich den Stempel der realistischen Kunst der Kaiserzeit [5]).

XIII. Die decorativ angewandten Figuren.

Den misslichen Versuch, den ich in meinem Verzeichnisse gemacht, diese Gestalten nach ihren äusseren Eigenthümlichkeiten in bestimmte Kategorien einzutheilen, will ich hier nicht wiederholen. Sehen wir auch von den äusseren Kennzeichen ab und erwägen wir die Eindrücke, die sie hervorrufen, dann fällt es

---

1) Siehe Vitruv. VII 5. Vgl. Rhein. Mus. XXV (1870) p. 394 ff.
2) Plin. XXXV 116.
3) VII 5, 2: pinguntur enim portus promuntoria litora flumina fontes euripi fana luci montes pecora pastores . . .
4) Plin. XXXV 116: villas et portus et toplaria opera . . . . varias ibi obambulantium species aut navigantium terraque villas adeuntium asellis aut vehiculla . . . .
5) Zu bedauern ist, dass wir nichts Näheres wissen von dem Bilde der tusculaner Villa des Lucullus, welches der Tribun A. Gabinius i. J. 67 v. Chr. dem Volke, um dasselbe gegen den Besitzer zu stimmen, zeigte und erklärte. Cic. pro Sestio XL 93. Drumann R. G. IV. p. 167.

unendlich schwer, die Fülle derselben zu zergliedern und in gedrängter Weise zu veranschaulichen. Doch ist ein Grundzug der Erfindung beinah allen diesen Gestalten gemein: eine hinreissende Schönheit der Form und der Bewegung. Wir begegnen auf diesem Gebiete künstlerischen Gedanken, die zu den vortrefflichsten gehören, welche uns aus dem classischen Alterthume erhalten sind. Die zarte Anmuth und der leichte Ausdruck des Schwebens, wie sie den berühmten sogenannten Tänzerinnen [1] eigenthümlich sind, das Feuer und die Energie in der Gruppe der Bakchantin, die dem gebundenen Kentaur den Fuss in den Rücken stemmt [2], sind bis auf den heutigen Tag nicht übertroffen. Allerdings ist bei diesen Malereien auch die Ausführung von besonders fein fühlender Hand und der Genuss, den Ihr Anblick gewährt, somit von seltener Harmonie und Reinheit. Wenn andere Figuren hinsichtlich der Ausführung zurückstehen, dann folge der Betrachter, um sich ein richtiges Urtheil über den Kunstwerth der Erfindung zu bilden, dem Rathe Burckhardts [3] und lege sich immer nur die Frage vor: »Liess sich die betreffende Figur überhaupt schöner denken, deutlicher ausdrücken, anmuthiger stellen?« — und in der Regel wird man das Höchste erreicht finden, wenn auch in flüchtiger Ausführung. Derselbe ausgezeichnete Kenner [4] fasst seine Eindrücke über die ganze Gattung in folgenden Worten zusammen: »Den unmittelbarsten und ungestörtesten Eindruck griechischen Geistes machen aber (nach meinem Gefühl) überhaupt nicht die vollständigen Gemälde, sondern jene zahlreichen decorativ angewandten einzelnen Figuren und Gruppen, welche theils auf einfarbigem Grunde stehen, theils zur Belebung der gemalten Architektur, der Kapellchen, Pavillons, Balustraden u. s. w. dienen. Die besten derselben können nur in der Zeit der höchsten griechischen Kunstblüthe erfunden worden und dann Jahrhunderte hindurch von Hand zu Hand gegangen sein, bis sie unter anderm auch in der kleinen Stadt am Vesuv ihre Anwendung fanden. Die Maler lernten sie ohne Zweifel am besten auswendig und reproducirten sie am unbefangensten«. Verstehen wir jene höchste Kunstblüthe im engeren Sinne von der vollendetsten Entwickelung der decorativ angewandten Malerei, dann stimmt das Resultat, zu dem unsere Untersuchung führen wird, mit dem Urtheile Burckhardts vollständig überein.

---

[1] N. 1906. 1907 (vgl. den topographischen Index hinter meinem Verzeichnisse p. 494 unter: sog. Villa des Cicero).
[2] N. 499.   [3] Cicerone III p. 723.   [4] Cicerone III p. 721.

XIII. Die decorativ angewandten Figuren.

Wir haben nunmehr diese Umrisse, die wir von der in der Wandmalerei vorliegenden Entwickelung gegeben haben, mit dem Resultate zu vergleichen, welches wir in den früheren Kapiteln hinsichtlich des Kunstvermögens des ersten Jahrhunderts der Kaiserzeit gewannen. Dieses Resultat lautete dahin, dass die Erfindungskraft wenigstens auf idealem Gebiete sehr gering war, dass die Kunst nur, wo sie unmittelbar an die Wirklichkeit anknüpfen konnte, ein reges Leben bewahrt hatte. Betrachten wir unter diesem Gesichtspunkte die verschiedenen Gattungen der campanischen Wandmalerei, so entsprechen die realistischen Darstellungen aus Amphitheater, Circus und aus dem campanischen Alltagsleben, die Prospecten- und Vedutenbilder, die Stillleben, vielleicht auch die Mehrzahl der Thierstücke dem Maasse des Kunstvermögens, welches wir dem ersten Jahrhundert der Kaiserzeit zutrauen dürfen. Anders verhält es sich dagegen mit der Gesammtmasse der mythologischen Compositionen, den idealen Darstellungen aus dem Alltagsleben, den grossartigen Landschaften mit dramatischer Staffage, den zart gestimmten Landschaften idyllischer Richtung, den auf einfarbigem Grunde oder in der Architekturmalerei angebrachten Figuren oder Gruppen. Sehen wir von der mehr oder minder mangelhaften Ausführung dieser Malereien ab und betrachten wir den Geist, welcher in ihrer Erfindung ersichtlich ist, dann tritt uns das Bild einer reich begabten und vielseitigen Kunstentwickelung entgegen. Wir bewundern in einer Reihe von Compositionen die Tiefe und Grossartigkeit des Inhalts und die ergreifende Gewalt der Darstellung: wo der Inhalt weniger bedeutend ist, gewahren wir in der Regel ein zartes poetisches Gefühl und unter allen Umständen schön gedachte und klar ausgedrückte Figuren, im Ganzen eine reiche Fülle bedeutender Motive, wie sie nur von einer im höchsten Sinne productiven Kunst erfunden werden konnte.

Wollten wir annehmen, dass diese Motive in der Kaiserzeit erfunden sind, dann würden wir mit dem Resultate, welches wir im Vorhergehenden über den Zustand der Malerei dieser Epoche gewonnen haben, in den entschiedensten Widerspruch gerathen. Wir glaubten annehmen zu müssen, dass es mit der Malerei der Kaiserzeit noch schlimmer stand, als mit der gleichzeitigen Plastik, dass, wenn schon die letztere auf idealem Gebiete mehr oder minder an ältere Leistungen anknüpfte, diese Annahme in noch höherem Grade bei der Malerei berechtigt ist. Ist dieses Resultat richtig, dann ergiebt es sich mit Nothwendigkeit, dass die soeben erwähnten Compositionen nicht in der Kaiserzeit erfunden sind, sondern auf ältere Originale zurückgehen.

Gegen diese Annahme scheint bei flüchtiger Betrachtung die

eigenthümliche Uebereinstimmung zu sprechen, welche zwischen der lateinischen Dichtung der augusteischen Epoche und den Wandgemälden obwaltet. Dieselbe ist im Besonderen hinsichtlich der beiderseitigen Behandlung der mythologischen Stoffe beobachtet worden und hat öfters die Erklärer der Wandbilder zu der Annahme veranlasst, dieselben seien durch die lateinische Dichtung angeregt und somit in dem ersten Jahrhundert der Kaiserzeit erfunden [1]. Da diese Ansicht selbst durch die bedeutende Autorität eines Gelehrten wie Welcker vertreten ist, so erfordert sie eine eingehende Prüfung und behandeln wir sie daher in einem besonderen Kapitel.

XIV. Ueber das Verhältniss der mythologischen Wandgemälde zu der Dichtung der Kaiserzeit.

Die Thatsache, dass die mythischen Stoffe von der Wandmalerei und von der Dichtung der augusteischen Epoche vielfach in eigenthümlich übereinstimmender Weise behandelt sind, dass gewisse Gemälde geradezu wie Abbildungen nach Schilderungen der betreffenden Dichter erscheinen, ist so oft bemerkt worden, dass ich mich begnügen darf, einige besonders bezeichnende Belege in das Gedächtniss zurückzurufen. So lässt sich die Erzählung des Europamythos, wie sie sich in Ovids Metamorphosen [2] findet, in geeignetster Weise durch die campanische Wandmalerei illustriren. Wir begegnen innerhalb derselben sowohl der Scene, wie sich Europa, umgeben von ihren Gefährtinnen, auf den Rücken des Stieres setzt [3], als auch mehreren Compositionen, welche darstellen, wie sie von dem Stier durch das Meer getragen wird [4]. Hier wie dort stimmt die malerische Darstellung in der allgemeinen Charakteristik und sogar in der Wiedergabe bestimmter Motive mit der Schilderung des Ovid überein. Die gleiche Verwandtschaft findet statt zwischen den Wandgemälden und der Erzählung desselben Mythos in den Fasten [5].

Das pompeianische Gemälde, welches Paris auf dem Ida darstellt, wie er den Namen seiner Geliebten, Oinone, einschneidet [6], erscheint wie eine Illustration zu der fünften Epistel des Ovid,

---

1) Vgl. z. B. Avellino, Il mito di Ciparisso p. 16; Welcker, Bull. nap. (n. s.) I p. 34; Minervini, Bull. nap. (n. s.) VII p. 131.
2) II 846 ff. 3) N. 123. 4) N. 124 ff. 5) V 607 ff. 6) N. 1260.

in welcher Oinone den treulosen Paris an ihr glückliches gemeinsames Leben auf dem Ida erinnert und dabei auch der auf jenem Bilde dargestellten Handlung gedenkt.

Dasselbe Resultat ergiebt sich, wenn wir die auf den Iomythos bezüglichen Gemälde, welche darstellen, wie sich Hermes und Argos über die Syrinx unterhalten[1], und die Erzählung dieser Begebenheit in Ovids Metamorphosen[2] vergleichen.

Die enge Verwandtschaft, welche in der Behandlung des Mythos von Herakles und Omphale zwischen campanischer Wandmalerei und lateinischer Dichtung vorliegt, ist von O. Jahn[3] hervorgehoben worden. Stark[4] hat das Gleiche gethan hinsichtlich der Behandlung des Mythos von Ariadne auf Naxos. Besonders lehrreich ist der Vergleich der Schilderung, welche Catull[5] von Ariadne giebt, wie sie, von Theseus verlassen, erwacht, mit Wandgemälden, welche dieselbe Scene darstellen[6]. Die Uebereinstimmung erstreckt sich hier beinah bis auf die geringfügigsten Einzelheiten.

Wenn man aus dieser Erscheinung den Schluss zog, dass die Compositionen der Wandgemälde durch die lateinische Dichtung des goldenen Zeitalters inspirirt und somit Schöpfungen der Kunst der ersten Kaiserzeit seien, so hat man eine hinlänglich beglaubigte litteraturgeschichtliche Thatsache unser Acht gelassen. Die lateinische Dichtung der augusteischen Epoche, insoweit sie sich mit Stoffen aus der griechischen Mythologie beschäftigt, schafft nicht vollständig frei und original, sondern hängt mehr oder minder von der griechischen Poesie der Diadochenperiode ab, von jener Poesie, die wir in der Regel als die alexandrinische bezeichnen. Dieser Sachverhalt lässt sich auch hinsichtlich mehrerer der lateinischen Dichtungen, die wir soeben wegen ihrer Uebereinstimmung mit den Wandgemälden erwähnt haben, entweder nachweisen oder wahrscheinlich machen. Es ist wohl zu beachten, dass sich die wesentlichen Züge der Schilderung, welche Ovid von der Entführung der Europa entwirft, bereits in einem Idyll des Moschos[7] vorfinden. Das 64. Gedicht des Catull geht, wenn ich auch die Vermuthung von Riese[8], welcher annimmt, dasselbe sei aus Kallimachos übersetzt, keineswegs als bewiesen betrachte, jedenfalls auf eine alexandrinische Quelle zurück. Bei der trümmerhaften Ueberlieferung der Litteratur der Diadochenperiode ist es begreiflich, dass wir nicht

---
[1] N. 135 ff.   [2] I 675 ff.
[3] Berichte der sächs. Gesellschaft d. Wiss. 1855 p. 222 ff.
[4] Ber. d. sächs. Ges. 1860 p. 30.
[5] LXIV 52 ff.   [6] N. 1222 ff.   [7] II 125 ff.
[8] Rheinisches Museum XXI (1866) p. 498 ff.

Helbig, Untersuchungen ü. d. campan. Wandmalerei.

überall im Stande sind, dieses Abhängigkeitsverhältniss bestimmt zu beweisen. Immerhin liegt öfters die Wahrscheinlichkeit und unter allen Umständen die Möglichkeit vor, dass der lateinische Dichter den mythischen Stoff nach einem alexandrinischen Vorbilde gestaltete. So sind wir, um uns auch hier auf die oben angeführten Stellen zu beschränken, gewiss berechtigt zu fragen, ob nicht die Züge, welche Ovid bei der Schilderung der Liebe des Paris und der Oinone verwerthet, bereits von Nikandros oder dem Gergithier Kephalon berichtet wurden, die als Quellen der Erzählung des Parthenios[1] angeführt werden, ob nicht die Behandlung des Iomythos bei demselben Dichter durch alexandrinische Poesien, etwa die Ἴους ἄφιξις des Kallimachos[2], bedingt ist. Wie bei Erweiterung unserer Kenntniss der antiken Plastik die Abhängigkeit der Kaiserzeit von älteren griechischen Leistungen mehr und mehr zu Tage tritt, so haben wir Aehnliches hinsichtlich der gleichzeitigen Poesie zu gewärtigen und werden wir, wenn einmal dem lang empfundenen Bedürfniss einer kritischen Sammlung und Sichtung der Fragmente der alexandrinischen Dichter genügt ist und unser Blick für die Eigenthümlichkeiten derselben an Umfang und Schärfe gewonnen hat, auch auf diesem Gebiete ein bestimmteres Urtheil fällen können, als es gegenwärtig möglich ist. Wenn demnach ein Wandgemälde den mythischen Stoff in entsprechender Weise gestaltet und ausschmückt wie eine lateinische Dichtung, so berechtigt dies noch nicht zu dem Schlusse, dass die Composition desselben durch die letztere bedingt sei. Da vielmehr stets zum Mindesten die Möglichkeit vorhanden ist, dass der lateinische Dichter ein alexandrinisches Vorbild benutzte, so gestaltet sich die Frage dahin, ob die Malerei an die ursprüngliche alexandrinische oder an die reproducirende lateinische Bearbeitung des Mythos anknüpft.

Eine Erscheinung, welche sich bei eingehenderer Vergleichung der lateinischen Poesie und der Wandmalerei herausstellt, giebt uns zur Beurtheilung dieser Alternative einen beachtenswerthen Fingerzeig. Wir haben derselben bereits in dem ersten Abschnitte gedacht, müssen aber nothwendig in dem gegenwärtigen Zusammenhange darauf zurückkommen. Die Dichtung der augusteischen Epoche behandelt einerseits griechische Mythen, die bereits in der vorhergehenden hellenischen und hellenistischen Poesie Verarbeitung gefunden hatten. Andererseits zieht sie aber auch mythische Stoffe in ihr Bereich, die bisher entweder gar nicht oder nur nebenbei behandelt worden waren, nämlich die

---

[1] Narrat. amat. IV. Die Stelle, welche von den Liebesbetheuerungen des Paris handelt, ist leider lückenhaft.
[2] Suid. s. v.

XIV. Ueber das Verhältniss der mythol. Wandgemälde etc. 115

Sagen von der Ankunft des Aeneas in Italien und von der Gründung Roms. Diese Stoffe, die im Wesentlichen ausschliesslich der lateinischen Dichtung eigenthümlich sind, haben wir bei unserer Untersuchung in erster Linie in Betracht zu ziehen. Wenn diese Dichtung in der That, wie in der Regel angenommen wird, einen bedeutenderen Einfluss auf die Wandmalerei ausübte, dann steht zu gewärtigen, dass die Behandlung, welche sie dem römischen Mythos angedeihen liess, zum Mindesten in gleichem Grade wirksam war, wie ihre Thätigkeit auf dem Gebiete der griechischen Mythologie. Dies ist aber nicht der Fall. Neben der unendlichen Fülle von Wandgemälden, welche Scenen aus dem griechischen Mythos darstellen, begegnen wir nur einem Gemälde, welches mit Sicherheit auf die poetische Bearbeitung der römischen Sage, wie sie in der Epoche des August erfolgte, zurückgeführt werden darf. Es ist dies das bereits mehrfach erwähnte Gemälde, welches eine Scene aus dem zwölften Buche der Aeneis darstellt[1]. Ausser diesem vollständig vereinzelten Falle ist die dichterische Behandlung des römischen Mythos spurlos an der Wandmalerei vorübergegangen. Wir kennen kein weiteres sicher beglaubigtes Bild aus der Aeneis, kein Bild, welches, wenn wir von der die Zwillinge säugenden Wölfin, dem bekannten und verbreiteten Symbol der römischen Weltherrschaft, absehen, ein Ereigniss aus dem Sagenkreise der römischen Königszeit darstellte. Diese Thatsache muss gegen die geläufige Annahme, dass die Wandmalerei im weiteren Umfange durch die Dichtung der augusteischen Epoche bedingt sei, nothwendiger Weise Verdacht erwecken. Gewiss wäre es eine höchst befremdende Erscheinung, wenn diese Dichtung nur, insoweit sie griechische Mythen behandelt, auf die Wandmalerei wirkte, die andere Seite ihrer Thätigkeit dagegen, die Behandlung des römischen Mythos, fast spurlos daran vorüberging. Vielmehr führt die unbefangene Betrachtung des Sachverhalts zu der entgegengesetzten Annahme, dass nämlich der Einfluss jener Dichtung auf die Wandmalerei sehr geringfügig war, dass die letztere im Grossen und Ganzen davon unabhängig und durch eine andere und dann ohne Zweifel ältere Entwickelung bedingt ist. Gehen wir einen Schritt weiter und gedenken wir des bereits oben berührten Abhängigkeitsverhältnisses, in dem die lateinische Dichtung hinsichtlich der Behandlung der griechischen Mythen zu der alexandrinischen Poesie steht, so ist es das Nächstliegende, die Erfindung der Gemälde in der alexandrinischen Entwickelung anzunehmen. Hierdurch würde es sich zugleich erklären, warum die augu-

---

1 N. 1383. Vgl. oben Seite 6 und 59.

stelische Poesie und die Wandmalerei, obwohl sie im Allgemeinen von einander unabhängig sind, doch so viele Berührungspunkte darbieten. Diese wären dann auf die gemeinsame alexandrinische Quelle zurückzuführen. Doch ich will der Untersuchung nicht vorgreifen und beschränke mich daher vor der Hand auf diesen flüchtigen Hinweis.

Noch sei es mir verstattet, zwei Gesichtspunkte hervorzuheben, welche in engstem Zusammenhange zu der in diesem Kapitel niedergelegten Untersuchung stehen und die Resultate derselben bestätigen. Das Gemälde aus der Aeneis ist, wie wir sahen, das einzige innerhalb der campanischen Wandmalerei erhaltene Product, welches nach dem Vorgange der augusteischen Poesie und also sicher im Anfange der Kaiserzeit gestaltet ist. Der Leser erinnere sich gegenwärtig dessen, was wir im ersten und zehnten Kapitel über den Charakter dieses Gemäldes bemerkt haben. Es steht hinsichtlich des Kunstwerthes der Erfindung auf einer tieferen Stufe als die meisten Bilder mythologischen Inhalts und nimmt wegen der realistischen Charakteristik, mit der es seine Figuren durchdringt, innerhalb der ganzen mythologischen Wandmalerei einen vereinzelten Platz ein. Diese Erscheinung stimmt mit der Annahme, dass die Gesammtmasse der mythologischen Gemälde, die einen von dem Aeneasbilde ganz verschiedenen Geist verrathen, auf einer anderen Grundlage erwachsen sind, als dieses.

Mannigfache in der Wandmalerei hervortretende Eigenthümlichkeiten deuten darauf hin, dass diese Grundlage eine griechische war. Die Inschriften, welche bisweilen die Bedeutung der auf den Gemälden dargestellten Figuren erläutern, sind innerhalb der mythologischen Malerei der campanischen Städte stets griechisch. Dasselbe gilt auch von den an anderen Orten entdeckten mythologischen Wandbildern mit einziger Ausnahme der Heroinen von Tor Marancio¹, die indess nach der Architektur der Villa, in der sie sich vorfanden, und nach der Art ihrer Ausführung einer beträchtlich späteren Epoche, nämlich dem Ende des zweiten Jahrhunderts n. Chr., angehören. Wären die campanischen Wandbilder durch eine lateinische Poesie bedingt, so hätte man naturgemäss lateinische Inschriften auf ihnen zu gewärtigen.

Eben so sind gewisse Personificationen, die sich häufig auf den Wandgemälden finden, deutlich aus der griechischen Sprache herausgestaltet und zum Theil nur unter Voraussetzung der Kenntniss dieser Sprache verständlich. Es sind dies die Personi-

---

1 Raoul Rochette, peint. ant. inéd. pl. 1 ff. Blondi monumenti amaranzisol tav. IV ff.

ficationen der einsam emporragenden Bergwarten, der σκοπιαί, welche als Frauengestalten auftreten, die, auf einem Felsen gelagert, in der Thätigkeit des Schauens begriffen sind, der Ufer, der ἀκταί, die durch eine Nymphengruppe bezeichnet werden, der Wiesen, der λειμῶνες, deren Personification vermuthlich in einer Gruppe zarter, mit Laub und Primeln bekränzter Jünglinge zu erkennen ist [1]. Das lateinische Wort specula bezeichnet in der voraugusteischen Litteratur stets die Warte [2]. In der Bedeutung der einsam emporragenden Bergspitze findet es sich das erste Mal bei Vergil [3]. Offenbar ist es von der hellenisirenden lateinischen Poesie künstlich auf diesen Gegenstand übertragen, um für die in den griechischen Vorbildern häufig erwähnten σκοπιαί eine analoge lateinische Bezeichnung zu gewinnen. Doch fand diese Uebertragung nicht viel Anklang und kommt specula als landschaftlicher Bestandtheil in der lateinischen Poesie der Kaiserzeit nur selten vor. Die lateinische Bezeichnung war demnach keineswegs geeignet, die auf den Wandgemälden auftretende Personification in das Leben zu rufen. Die griechischen ἀκταί konnten auf Lateinisch durch ripae oder orae übersetzt werden; doch ist die geläufigste Bezeichnung für diesen Gegenstand litora, also ein Wort sächlichen Geschlechts. Dasselbe gilt von den λειμῶνες, wofür den Lateinern nur die sächliche Bezeichnung prata zu Gebote stand. Ich begnüge mich vor der Hand mit der Hervorhebung dieser sprachlichen Gesichtspunkte; im weiteren Verlaufe der Untersuchung wird es sich herausstellen, dass die betreffenden Personificationen von der Kunst der Alexander- oder Diadochenperiode erfunden sind.

Die Zahl der Wandgemälde, welche Personificationen dieser Art enthalten, namentlich derer, auf denen Σκοπιαί vorkommen, ist beträchtlich gross. Ausserdem stehen einzelne derselben in engstem Bezuge zu ganzen Serien von Bildern, welche zwar die Personificationen auslassen, dagegen die Haupthandlung in so ähnlicher Weise behandeln, dass sowohl die Gemälde, welche dieselbe Scene mit, wie die, welche sie ohne Personificationen darstellen, auf dasselbe Original zurückgeführt werden dürfen. Dies gilt z. B. von der bekannten Composition der fischenden Aphrodite, welche zehn Mal in Pompei wiederkehrt [4]. Wenn auf zweien dieser Repliken eine Σκοπιά beigefügt ist, welche, von einem Felsen herabschauend, das Treiben der Göttin betrachtet, so er-

---

1. Vgl. Rheinisches Museum XXIV 1869, p. 497 ff.
2) Vgl. Varro l. l. VIII 51 speculum, quod in eo speciunus imaginem; specula, de qua prospicimus.
3) Ecl. VIII 59. Aen. X 454.
4 N. 346 ff.

scheint die Personification keineswegs als eine müssige Zuthat, vielmehr fügt sie sich in organischer Weise dem Charakter des Ganzen und trägt sie dazu bei, die idyllische Stimmung, die die Composition verwirklichen soll, gewissermaassen figürlich zum Ausdruck zu bringen. Man kann sich somit unmöglich der Ueberzeugung verschliessen, dass die Erfindung der Hauptfigur wie die der Personification aus derselben Geistesrichtung hervorgegangen ist, dass also, wenn die letztere griechischen Ursprungs ist, dasselbe auch von der ersteren angenommen werden muss. Was über die Darstellungen der fischenden Aphrodite bemerkt wurde, gilt auch von den auf Endymion und Ganymedes bezüglichen Gemälden, von denen, welche die Heimholung der Ariadne durch Dionysos und die Liebesvereinigung der Aphrodite mit Adonis schildern, von den noch nicht hinreichend erklärten Bildern, welche Lichtgottheiten ohne deutlich ausgesprochene Handlung zusammenstellen[1]. Alle diese Compositionen, deren Repliken sich durchweg auf ein gemeinsames Original zurückführen lassen, kehren bald mit, bald ohne Σκαπια wieder. Immer aber fügt sich die letztere in so harmonischer Weise zu der Haupthandlung, dass man unmöglich einen heterogenen Ursprung der verschiedenen Bestandtheile annehmen kann. Wenn daher meine Annahme des griechischen Ursprungs der Personificationen richtig ist, so beschränkt sich die Tragweite dieses Ergebnisses nicht nur auf die Zahl der Gemälde, auf welchen Personificationen vorkommen, sondern umfasst über dieselben hinaus mehrere Bilderserien, die innerhalb der campanischen Städte durch eine beträchtliche Menge von Repliken vertreten sind.

Die bisherige Untersuchung hat gezeigt, dass der Einfluss der lateinischen Dichtung auf die Wandmalerei sehr gering anzuschlagen ist. Jedenfalls ist das umgekehrte Verhältniss, der Einfluss der Wandbilder auf die Darstellungsweise der Dichter, von ungleich grösserem Belang. Nicht nur in Herculaneum, Pompei und Stabiae waren die Wände mit Bildern aus der griechischen Mythologie geschmückt, sondern dieselben Darstellungen werden, mehr oder minder modificirt, auf dem ganzen orbis antiquus wiedergekehrt sein, soweit die griechisch-römische Civilisation reichte, wie sich denn auch in römischen Wandmalereien Compositionen und Compositionsmotive gefunden haben, welche mit den in den campanischen Städten entdeckten übereinstimmen. Von Jugend auf war das damalige Geschlecht von jenen Darstellungen der Europa, des Argos und der Io, der verlassenen Ariadne u. s. w. umgeben und es konnte nicht ausbleiben, dass diese Gebilde in

---

[1] X. 964 ff.

XIV. Ueber das Verhältniss der mythol. Wandgemälde etc. 119

das Fleisch und Blut des Römers übergingen. Unter solchen Umständen mussten sie auch auf die dichterische Darstellung einwirken. Vielfach führen die Dichter der augusteischen Epoche zur Charakteristik einer mythologischen Gestalt oder Handlung Motive an, wie sie auf Wandgemälden vorkommen. Ovid[1] bezeichnet einmal die Europa, ohne sie namhaft zu machen, mit den Worten

<blockquote>Quaeque super pontum simulato vecta iuvenco
Virginea tenuit cornua vara manu</blockquote>

— hebt also ein Motiv hervor, welches ihrer Gestalt auf den Wandbildern eigenthümlich ist.

Die Schilderung, welche derselbe Dichter[2], von dem Untergange der Helle giebt, ist offenbar durch Reminiscenzen an die in mehreren Repliken erhaltene malerische Composition bestimmt.

Auch der Brief der Ariadne an Theseus[3], verräth an mehreren Stellen den Einfluss von Motiven, welche uns aus Wandbildern bekannt sind.

Die Dichtung hatte hierbei den Vortheil, durch einen flüchtigen Hinweis plastische Gestalten vor die Phantasie des Lesers zu zaubern. Wenn z. B. der Römer im Lygdamus III 3, 34 las:

<blockquote>et faveas concha, Cypria, vecta tua,</blockquote>

so mussten die farben- und gestaltenreichen Darstellungen der das Meer durchziehenden Aphrodite vor seinen Geist treten[4]. Besonders häufig haben sich die Dichter dieses Vortheils bei Vergleichungen bedient, die sie mit Vorliebe von Stoffen entlehnen, welche in der Wandmalerei Gestaltung gefunden hatten. Wenn Propertius I 3, 1 ff. schreibt:

<blockquote>Qualis Thesea iacuit cedente carina
languida desertis Gnosia litoribus[5]
. . . .
nec minus assiduis Edonis fessa choreis
qualis in herboso concidit Apidano[6],</blockquote>

oder I 3, 29 ff.:

---

[1] Amor. I 3, 23. Vgl. auch Metam. II 874. Fast. V 607.
[2] Fast. III 23, 871.
[3] Herold. X. Siehe namentlich Vers 49:
　　Aut mare prospiciens in saxo frigida sedi,
　　Quamque lapis sedes, tam lapis ipsa ful.
[4] Vgl. N. 307 ff.
[5] Vgl. N. 1217 ff.
[6] Vgl. N. 542 ff. 559 ff. 566. Der Vergleich mit der schlafenden Mainade findet sich, weiter ausgeführt, bei Ovid, amor. I 14, 19:
　　saepe etiam, nondum digestis mane capillis,
　　purpureo iacuit semisupina toro;
　　tum quoque erat neglecta decens, ut Threcia Bacche,
　　cum temere in viridi gramine lassa iacet.

sed sic intentis haerebam fixus ocellis,
Argus ut ignotis cornibus Inachidos [1]

oder III 26, 5:

qualem purpureis agitatam fluctibus Hellen [2],

so erhielt der Vergleich trotz seiner nur flüchtigen Andeutung durch die Erinnerung an allgemein bekannte malerische Compositionen sofort plastisches Leben.

Wer die Dichter des augusteischen Zeitalters, namentlich die Elegiker, unter diesem Gesichtspunkte durchliest, wird finden, dass er von bedeutender Tragweite und auch zur aesthetischen Beurtheilung derselben von Wichtigkeit ist [3].

Namentlich häufig finden sich Reminiscenzen an Kunstwerke bei Ovid. An zwei Stellen [4] ist seine Dichtung offenbar durch den Eindruck der bekannten Statue des die Sehne in den Bogen einspannenden Eros, an einer anderen [5] durch die knidische Aphrodite oder durch einen der davon abgeleiteten Typen bestimmt. Auf seine mit den Wandgemälden übereinstimmende Behandlung der Mythen der Europa, der Ariadne und der Helle wurde bereits oben hingewiesen. Besonders merkwürdig aber ist der Zusammenhang, welcher zwischen zwei Schilderungen dieses Dichters und bekannten Wandbildern obzuwalten scheint. Ovid beschreibt in den Fasten [6], wie Priapos die entschlafene Lotis beschleicht. Die Ausmalung dieser Handlung stimmt in auffälliger Weise mit der häufig vorkommenden Wandgemälde, welche Satyrn oder Pane darstellen, wie sie von schlafenden Bakchantinnen das Gewand abheben [7]. In denselben Fasten [8], schildert Ovid, wie Ariadne wegen einer gefangenen indischen Königstochter eifersüchtig auf Bacchus wird. Sie flieht an das Meeresufer und ergeht sich hier in verzweifelten Klagen, als plötzlich der Gott hinter ihr steht und sich anschickt, sie zu trösten. Die wesentlichen Züge dieser Schilderung — Ariadne trauernd am Strande, hinter ihr Bacchus, dessen Gegenwart sie nicht ahnt — sind dieselben, denen wir auf einem Wandgemälde begegnen, welches darstellt [9], wie Ariadne auf Naxos um den treulosen Theseus trauert, und

---

1 N. 131 ff.
2 N. 1251 ff
3 Vgl. Dilthey, Rheinisches Museum XXV 1870, p. 153, O. Jahn, Ber. d. sächs. Ges. d. Wiss. 1854 p. 179 ff., Blümner, archäologische Studien zu Lucian p. 69 ff. Auch die Composition aus dem Perseusmythos, welche Lucian περὶ τοῦ οἴκου 22 und Achilles Tatius III 6 beschreiben und welche den ersteren in der Schilderung der dialog. marin. XIV 3 Blümner a. a. O. p. 57 inspirirte, ist gegenwärtig in der campanischen Wandmalerei nachweisbar; N. 1183.
4 Amor. I 1, 21 ff. remed. amor. 435.
5 Ars am. II 613.
6 I 415 ff.   7. N. 542 ff. 550 ff.   8. III 461 ff.   9. N. 1244.

Dionysos sich ihr naht, um sie als Gattin heimzuholen. Obwohl sich die poetische Schilderung in beiden Fällen auf eine andere Situation bezieht, als die in den Wandbildern behandelte, stimmt die plastische Gestaltung, welche sie den Stoffen giebt, doch in so deutlicher Weise mit den malerischen Darstellungen überein, dass die Annahme berechtigt ist, der Dichter habe die ihm durch die letzteren geläufige Form, absichtlich oder unwillkürlich, auf verwandte Scenen übertragen.

Der Hellenismus und die campanische Wandmalerei.

XV. Die Decorationsweise.

Nachdem wir im Vorhergehenden gezeigt, dass die campanischen Wandbilder, abgesehen von einigen bestimmten Gattungen, die wir namhaft gemacht, im Grossen und Ganzen nicht in der Kaiserzeit erfunden sein können, gilt es nunmehr die Epoche zu bestimmen, in der wir ihren Ursprung ansetzen dürfen. Um hier gleich das Endresultat der in den folgenden Abschnitten niedergelegten Untersuchungen an die Spitze zu stellen, so ist es die an die Zeit Alexanders des Grossen anknüpfende Entwickelung, die wir als die »hellenistische« zu bezeichnen pflegen, welche die grösste Masse dieser Motive in das Leben rief. Ehe wir jedoch zur Betrachtung der Gemälde selbst übergehen, sei es verstattet, einige Bemerkungen über die Decorationsweise vorauszuschicken, als deren Bestandtheile sie auftreten. Es ist bezeichnend, dass bereits hier der Einfluss der hellenistischen Civilisation nachweisbar ist.

Die in den campanischen Städten übliche Decorationsweise theilt die Wände in Felder und macht Bilder, welche durch gemalte Rahmen abgegrenzt sind, zu Mittelpunkten derselben. Diese Bilder beruhen auf dem Princip des Tafelbildes. Mehrere, deren Verzeichniss Donner »über die antiken Wandmalereien in technischer Beziehung« p. CXXVIII giebt, sind auf besondere Stucktafeln gemalt, um fertig in die Wand eingelassen zu werden, und können somit als Tafelbilder im eigentlichsten Sinne des Worts betrachtet werden. Die meisten Gemälde sind allerdings auf derselben Stuckfläche ausgeführt, wie die anderweitige Wanddecoration, tragen aber durch den sie umgebenden Rand deutlich die Erscheinungsweise des Tafelbildes zur Schau. Es ist unzweifel-

XV. Die Decorationsweise.   123

haft, dass diese Decorationsweise an eine ältere ankuüpft, welche wirkliche Tafelbilder, deren Material in der Regel Holz gewesen sein wird [1]), in den Bewurf einliess oder sonstwie an der Wand befestigte. Auch verdrängte die Nachahmung in Fresco nie vollständig den älteren Gebrauch; vielmehr können wir denselben bis in die späte Kaiserzeit hinein verfolgen [2]. Uebrigens ergiebt sich die Thatsache, dass die Frescomalerei Motive, wie sie das Tafelbild darbot, aufgriff, nicht nur aus der Anordnung der Mittelbilder, sondern auch aus anderen Erscheinungen. So begegnen wir häufig auf pompeianischen Wänden Bildern, welche als auf Simsen oder Consolen der Architekturmalerei stehend oder an Epistylien oder Säulen derselben angeheftet charakterisirt sind [3]. Sie haben gewöhnlich Rahmen, welche an den Ecken vorspringen, und, ähnlich wie die Altarblätter des Mittelalters und der Frührenaissance, bewegliche, zum Theil zweitheilige Seitenflügel, mit denen das Bild nöthigenfalls bedeckt werden konnte. In besonders charakteristischer Weise sind zwei solche Gemälde in der Wandmalerei eines Privathauses behandelt, welches auf dem Palatin neben der Kryptoporticus des Palastes des Tiber entdeckt wurde [4]. Offenbar giebt die Frescomalerei in allen diesen Fällen Tafelbilder wieder, welche unter Umständen in der Wirklichkeit eine entsprechende Aufstellung fanden.

Fragen wir nach der Entstehungszeit der Decorationsweise, welche die Wände in Felder eintheilt und Tafelbilder zu deren Mittelpunkten macht, so lässt es sich mit Sicherheit nachweisen, dass das ältere Stadium derselben, in welchem wirkliche Tafelbilder zu Mittelpunkten der Wandfelder gemacht wurden, in der Diadochenperiode fertig ausgebildet vorlag und dass das zweite Stadium, die Uebertragung dieser Decorationsweise in die Frescomalerei, geradezu als eine Erfindung dieser Epoche betrachtet werden darf.

Kallixenos von Rhodos [5]) beschreibt ausführlich einen von

---

[1] Nach Theophrast h. pl. III 9, 7 war das beliebteste Material der antiken Tafelmaler Lindenholz.
[2] S. die Stellen bei Raoul Rochette, peint. ant. p. 162, Letronne lettre d'un ant. à un artiste p. 57.
[3] Z. B. Zahn, die schönst. Orn. II 24, 53. III 68. Niccolini, Case di Pomp.: Terme stabiane Tav. VIII. Ornati delle pareti di Pomp. I 4, 5, 6. — Niccolini, Case di Pomp.: Casa di Castore e Polluce Tav. VI. Ornati dello par. die Pomp. I 5.
[4] Die Gemälde sind, jedoch ohne die umgebende Architekturmalerei, publicirt von Perrot in der Revue archéologique XXI 1870—71 pl. XXI.
[5] Athen. V p. 196 E = Fragm. hist. graec. ed. Müller III p. 50 § 26: ἄξιον δὲ ἐπὶ μὲν τῶν τῆς σκηνῆς παραστάδων ζῷα μαρμάρινα τῶν

Ptolemaios Philadelphos veranstalteten Festzug und das Prachtzelt, welches zur Aufnahme der Festgenossen bestimmt war. In diesem Zelte begegnen wir das erste Mal der Decorationsweise, welche uns in diesem Abschnitte beschäftigt. Die Wände waren durch Pilaster (παραστάδες) in Felder getheilt; vor den Pilastern standen Statuen: In der Mitte der einzelnen Wandfelder waren Tafelgemälde aus sikyonischer Schule und mit ihnen abwechselnd reich gestickte Gewänder und Teppiche angebracht. Diese Decorationsweise beruht auf demselben Principe, wie die, welche in den campanischen Städten üblich ist. Nur ist hier, was dort wirklich structives Element war, gemalt. An die Stelle wirklicher Pilaster, welche die Wandfelder begrenzen, treten gemalte Pilaster oder Arabeskenstreifen, an die Stelle wirklicher Tafelbilder Nachahmungen derselben auf dem Stuckgrunde.

Wann die Decorationsweise, welcher wir in dem Zelte des Ptolemaios Philadelphos begegnen, erfunden wurde, darüber lassen sich bei der Dürftigkeit der Ueberlieferung nur Vermuthungen wagen. Das Tafelbild tritt bekanntlich während der zweiten Hälfte des 5. Jahrhunderts in den Vordergrund der Kunstentwickelung. Ueber die Weise, in welcher dasselbe während der Zeit vor Alexander dem Grossen angebracht und mit der umgebenden Architektur in Einklang gesetzt wurde, fehlt es uns an jeglicher Nachricht. Immerhin scheint eine Thatsache hinlänglich sicher, dass nämlich in der älteren Zeit keineswegs die Bedingungen vorhanden waren, um eine Decorationsweise, nach welcher Tafelgemälde die Mittelpunkte der Wandfelder bildeten, in das Privathaus einzuführen. Die Tafelbilder waren damals seltene und kostbare ἀγάλματα, die durch private Mittel gewiss nur ganz ausnahmsweise erworben werden konnten. Auch bezeugt uns die Ueberlieferung, dass die Tafelbilder in jener Epoche, weit entfernt, dem Privatluxus zu dienen, in öffentlichen Gebäuden, namentlich Tempeln, ihre Aufstellung fanden. Vollständig richtig bezeichnet Plinius den Sachverhalt, indem er von den Malern der Blüthezeit schreibt [1]: omnium eorum ars urbibus excubabat pictorque res communis terrarum erat. Bedenken wir, dass die in Rede stehende Decorationsweise zur Ausschmückung eines ganz kleinen Zimmers, wo jede Wand nur ein Feld bildet und die Eingangswand ohne Mittelbild gelassen ist, mindestens drei einander entsprechende Tafelbilder erforderte, dann sind wir entschieden berechtigt, die Existenz derselben in dem griechischen

πρώτων τεχνιτῶν ἑκαστόν, ἐν δὲ ταῖς ἀνὰ μέσον χώραις πίνακες τῶν σικυωνικῶν ζωγράφων, ἀναλλὰξ δὲ ἐπίλεκτοι εἰκασίαι παντοῖαι ....
[1] XXXV 118.

XV. Die Decorationsweise.

Bürgerhause zu läugnen. Mit dieser Annahme stimmen die allerdings sehr dürftigen Andeutungen, welche die Schriftsteller vor Alexander dem Grossen über die Ausstattung des Privathauses geben. Ein Zeugniss aus der ersten Hälfte des 5. Jahrhunderts ist uns in einem Gedichte des Bakchylides erhalten. Indem er die Wirkung des Weins und der Liebe auf die Einbildungskraft des Menschen schildert, schreibt er [1]:

χρυσῷ δ' ἐλέφαντί τε μαρμαίρουσιν οἶκοι.

Offenbar haben wir es hier mit der uralten asiatischen Decorationsweise zu thun, vermöge deren die Wände mit Metall und Elfenbein incrustirt wurden. Uebrigens liegt der Gedanke nahe, dass der Dichter solche Eindrücke nicht so sehr im eigentlichen Griechenlande, wie in Syrakus an dem prachtreichen Hofe des Hieron empfing, an dem er sich mit seinem Oheime Simonides eine Zeit lang aufhielt. Wenn die Ueberlieferung [2] berichtet, dass Agatharchos das Haus des Alkibiades ausmalte, so kann nach der ganzen Richtung dieses Künstlers nicht an Tafelbilder, sondern nur an Wandmalereien gedacht werden. Die Erzählung, dass Zeuxis das Haus des Königs Archelaos ausschmückte [3], ist zu allgemein gehalten und in zu verdächtiger Weise überliefert, als dass Schlüsse daraus gezogen werden könnten. Will man dieses Zeugniss nichts desto weniger gelten lassen, so weist die Fassung desselben ebenfalls auf Wand-, nicht auf Tafelmalerei hin [4]. Uebrigens beweisen die Unternehmungen eines makedonischen Königs und einer Persönlichkeit wie Alkibiades, die in jeder Hinsicht eine besondere Stellung einnahm, nichts für den Schmuck, der in dem gewöhnlichen griechischen Bürgerhause üblich war. Bezeichnender hierfür ist die Stelle in den Wespen des Aristophanes [5], wo Bdelykleon Anweisungen giebt, wie sich der feine Mann, wenn er zu Gast geladen ist, zu benehmen habe. Er schlägt unter Anderm vor

ὀροφήν θεᾶσαι, κρεκάδι' αὐλῆς θαύμασον.

Der Eingeladene soll seinem Wirthe schmeichelhafte Bemerkungen über die geschmackvolle Verzierung der Decke und über die zwischen den Säulen des Hofes aufgezogenen Vorhänge machen.

---

1 Fragm. 27 ed. Bergk.
2) Andocid. contra Alcibiad. § 17. Demosth. in Mid. § 147 p. 562 und Schol. Plut. Alcibiad. 16.
3) Aelian. var. hist. XIV 17. Vgl. Welcker, Allg. Litt.-Zeit. 1836 Oct. p. 216. Brunn, Gesch. d. gr. K. II p. 81.
4 Vgl. Letronne, lettre d'un ant. à un artiste p. 284 ff.
5) 1215. Vgl. Diphilos bei Meineke, fragm. comicor. gr. IV p. 404 fragm. 2.

126 Der Hellenismus und die campanische Wandmalerei.

Von einem malerischen Schmucke der Wände, dessen Erwähnung hier so nahe lag, verlautet kein Wort. Die Stellen des Platon und Xenophon[1], welche angeführt werden, um die Decoration des Wohnhauses, wie sie in der ersten Hälfte des 4. Jahrhunderts üblich war, zu veranschaulichen, sind sehr allgemein gehalten. Doch weist keine derselben mit Bestimmtheit auf Gemälde im eigentlichen Sinne des Wortes hin; vielmehr lassen die Ausdrücke ποικιλίζι und ποικίλματα eher auf Ornamentmalerei schliessen. Die Aufzählung der rhetorischen Ergüsse, welche die Schlichtheit des Wohnhauses der älteren Zeit und die luxuriöse Pracht der späteren Epoche gegenüberstellen, kann ich mir füglich ersparen[2]. Unter allen Umständen brachten es die Verhältnisse mit sich, und weisen die Spuren der Ueberlieferung darauf hin, dass das kostbare Tafelbild bis zur Diadochenperiode zum Wenigsten kein ständiges Element in der Decoration des Privathauses ausmachte.

Anders als im Privathause lagen die Verhältnisse in den öffentlichen Gebäuden, vor allen in den Tempeln. Hier mochte sich mit der Zeit eine grössere Anzahl von Tafelbildern ansammeln, die bei verschiedenen Gelegenheiten in dem betreffenden Raume geweiht wurden. Waren die Wände mit Frescomalereien geschmückt, dann musste die Unterbringung der Tafelbilder grosse Schwierigkeiten verursachen. Es ergiebt sich dies deutlich aus der Betrachtung der sogenannten Pinakothek in Athen, wo die drei Wände, welche allein hinreichendes Licht hatten, mit Frescobildern bemalt waren. Wir sind ausser Stande, uns eine Vorstellung davon zu machen, wie die Menge von Tafelbildern, die sich mit der Zeit in diesem Raume ansammelte, in geeigneter Weise Platz fand[3]. Wo die Wände ohne figürliche Darstellung gelassen waren, wurden die Tafelbilder vermuthlich wie andere Anathemata an der Wand angebracht[4]. Somit liegt allerdings die Möglichkeit vor, dass ihre Anordnung an der Tempelwand bereits in der Zeit von Alexander dem Grossen Motive darbot, welche die Decoration, die uns in diesem Abschnitte beschäftigt, vorbereiteten. Dagegen fragt es sich, ob nicht die Menge anderweitiger Weihgeschenke, Waffen, Cultus- und Hausgeräthe, Kleidungsstücke u. s. w., welche an denselben Wänden anzubringen waren, das Hervortreten der Tafel-

---

1) Plato, res publ. VII 10 p. 529 D. Xenophon, memorab. III 8, 9. oecon. VIIII 2. Plato, Hippias maior p. 298 A. Vgl. Rochette, Journ. des sav. 1833 p. 480 ff. peint. ant. inéd. p. 131 ff.
2) Vgl. Becker, Charikles II² p. 94.
3) Vgl. Michaelis, Rhein. Mus. XVI 1861 p. 219. Bursian, Geogr. v. Griechenl. I p. 308.
4) Rangabé, ant. hell. II n. 861, 15: κάτοπτρον πρὸς τῷ τοίχῳ. Kirchhoff, Philol. XV p. 405, 36: ἀσπίδες ... πρὸς τῷ τοίχῳ.

XV. Die Decorationsweise.

bilder als Mittelpunkte des Wandschmuckes beeinträchtigte und somit der vollendeten Ausbildung dieser Decorationsweise Schwierigkeiten bereitete [1].

Jedoch bewegen wir uns in dieser Hinsicht lediglich auf dem Gebiete der Vermuthung. Unter allen Umständen war keine Epoche so geeignet, das auf dem Tafelbilde beruhende Decorationsprincip systematisch auszubilden und in das Privathaus einzuführen, wie die Diadochenperiode. Eine Bedingung, welche hierbei von der grössten Tragweite war, gedieh damals zu vollständiger Erfüllung: eine beträchtliche Anzahl von Tafelbildern sammelte sich in dem Besitze Einzelner an. Die Begierde, Kunstwerke zu besitzen, war bei den Mächtigen der Diadochenperiode gleich gross und gleich verbreitet, wie später bei den Römern. Kunstraub und Sammelwuth waren in dieser, wie in jener Periode im Schwunge [2].

Nach der Eroberung von Theben entführte Alexander der Grosse einen kostbaren Kronleuchter, den er später in dem Apollotempel der aeolischen Stadt Kyme weihte und der sich zur Zeit des Plinius [3] in dem palatinischen Tempel des Apoll befand. Vermuthlich bei derselben Gelegenheit liess der König auch das berühmte Bild des Aristeides, welches eine sterbende Mutter mit ihrem Kinde darstellte, nach Pella bringen [4]. Während des persischen Feldzugs wurden die in Asien aufgehäuften Schätze geplündert. Von der Menge kostbarer, mit Edelsteinen besetzter Gefässe, welche damals von den Makedoniern erbeutet wurden, geben erhaltene Fragmente eines von Parmenion über die Beute geführten Registers einen anschaulichen Begriff [5]. Prusias I. von Bithynien beraubte bei seinem Einfall in das pergamenische Gebiet den dortigen Asklepiostempel und scheute sich nicht, selbst das Götterbild, ein Werk des Phyromachos, zu entführen [6]. Ptolemaios III. Euergetes schickte bei seinem siegreichen Zuge durch Asien nicht nur die von den Persern aus Aegypten entführten Götterbilder dorthin zurück, sondern nahm, was er von Kunstschätzen in den

---

1 Auch wissen wir, dass die Tempelbehörden bisweilen gegen die Ueberfülle der Anathemata einschritten und, was des heiligen Raumes unwürdig schien, ausschieden: Rangabé, ant. hell. II n. 777; Benndorf, griech. und sicil. Vasenb. p. 14. Ueber ähnliche Nassregeln in Rom vgl. Liv. XL 51. Sueton, Caligula 34.
2) Vgl. Semper, der Stil I p. 299 ff.
3) Plin. XXXIV 14.
4) Plin. XXXV 98.
5) Athen. XI p. 781 F. Auch die kostbaren Gefässe, welche in einem Briefe Alexanders an die asiatischen Satrapen aufgeführt werden (Athen. XI p. 784 B.), sind vermuthlich Beutestücke.
6) Polyb. XXXII 25. Diodor. Exc. XXXI fragm. 46. Dekker.

occupirten Gebieten vorfand, mit sich¹. Bekannt ist die Plünderung des Tempels von Jerusalem durch Antiochos Epiphanes²). Das kostbare Material, mit welchem dieser Seleukide das von ihm in Daphne gefeierte Fest anstattete, raubte er grösstentheils bei seinem aegyptischen Feldzuge³). Ein Gespräch, welches aus einer Komödie des Philippides, eines Zeitgenossen des Lysimachos, erhalten ist, zeigt deutlich, wie wenig die Anathemata in den Tempeln vor Raub oder Diebstahl sicher waren⁴).

Doch auch auf friedlichem Wege suchten die Diadochen ihren Kunstbesitz zu erweitern. Sie beschäftigten nicht nur eine Menge von Künstlern ständig an ihren Höfen, sondern machten auch den auswärts lebenden Meistern die glänzendsten Anerbietungen, damit dieselben für sie arbeiteten, eine Erscheinung, die ausführlicher in dem siebzehnten Abschnitt erörtert werden wird. Besonderen Eifer aber zeigten sie, wenn sich die Gelegenheit darbot, berühmte Kunstwerke der älteren Entwickelung zu erwerben. Diese Neigung der Ptolemaier wurde sogar für politische Zwecke ausgebeutet. Um die Unterstützung des dritten Ptolemaiers für seine Interessen zu gewinnen, schickte Aratos Gemälde aus sikyonischer Schule, namentlich Werke des Pamphilos und Melanthios, nach Alexandreia⁵). Bereits Ptolemaios II. Philadelphos besass eine Anzahl solcher Gemälde; denn er schmückte damit die Wände des von Kallixenos beschriebenen Prachtzeltes⁶).

Auch die Könige von Pergamos scheinen sich bemüht zu haben, alte Kunstwerke zu erwerben. König Attalos soll für ein Gemälde des Aristeides 100 Talente (= 157175 Thlr.)⁷) gezahlt haben. Doch ist die Vermuthung Brunns sehr wahrscheinlich, dass Attalos bei der Versteigerung der korinthischen Beute diese Summe für den Dionysos des Aristeides bot. Mummius, durch die Höhe des Angebots betroffen, lieferte ihm jedoch das Gemälde nicht aus, sondern weihte es zu Rom in dem Tempel der Ceres.

König Nikomedes von Bithynien bot den Knidiern an, gegen Abtretung der Aphrodite des Praxiteles ihre ganze Staatsschuld zu tilgen⁸.

---

1 S. die Inschrift von Adulis C. J. Gr. III p. 508 ff. n. 5127 v. 21 ff. Hieronymus zu Daniel XI.
2 Maccab. I 1, 23. Diodor. XXXIV 1. Joseph. contra Apion. II 7. Vgl. Polyb. XXXI 11.
3 Polyb. XXXI 4, 9, 10.
4 Athen. VI p. 230 B = Meineke, frgm. com. gr. IV p. 469.
5 Plutarch, Arat. 12.
6 Bei Athen. V p. 196 E.
7 Plin. VII 126, XXXV 100, XXXV 24. Vgl. Brunn, Gesch. d. gr. K. II p. 173.
8 Plin. VII 39, XXXVI 5.

XV. Die Decorationsweise.

Unter solchen Umständen musste sich in den Residenzen der Diadochen allmählig eine unsägliche Menge von Kunstschätzen aufspeichern. Die Beute an Sculpturen, Gemälden, kostbaren Gefässen, welche die Römer nach siegreichen Kriegen mit den betreffenden Staaten nach Rom entführten, war unermesslich. Die Berichte über den Triumph des Aemilius Paullus bezeugen die Fülle von Statuen und Gemälden, die sich im Besitze des makedonischen Hofes befand[1]. Ambrakia, einst die Residenz des Pyrrhos, war voll von Kunstschätzen bis zum Jahre 189 v. Chr., in welchem der Consul M. Fulvius dieselben nach Rom bringen liess[2].

Die Privaten suchten, wie es stets zu geschehen pflegt, nach Kräften das Beispiel der Machthaber nachzuahmen. Ein bekanntes Fragment des Aristoteles[3] zeigt deutlich, dass zu seiner Zeit, wie später in Rom, der Besitz von Statuen und Gemälden zu den nothwendigen Anforderungen eines reichen Haushaltes gehörte. Diese Sachlage musste nothwendiger Weise die Entwickelung der Decoration fördern, mit der wir uns gegenwärtig beschäftigen. Die Säle und Zimmer in den Palästen der hellenistischen Grossen verlangten bildlichen Schmuck. Das grosse Wandbild entsprach nicht mehr dem Geiste der Zeit. Einerseits konnte die einfache Behandlung der Frescotechnik dem überfeinerten Geschmacke der Diadochenperiode kaum mehr zusagen. Andererseits verlor die Kunst mehr und mehr die Fähigkeit der monumentalen Darstellung, wie sie dem Wandbilde angemessen war. Endlich spielte in den hellenistischen Prachtbauten, soweit unsere Kenntniss reicht, auch der statuarische Schmuck eine zu bedeutende Rolle, als dass sich das Wandbild in seiner ganzen Fläche ungestört vor dem Auge des Betrachters hätte entfalten können. So waren in jenem Prachtzelte des Ptolemaios Philadelphos vor den Pilastern, welche die Wandfelder schieden, nicht weniger als hundert Bildsäulen aufgestellt[4]. Unter solchen Umständen lag, da eine bedeutende Menge von Tafelbildern zur Verfügung stand, nichts näher, als das Decorationsprincip auf dem Tafelbilde zu basiren. Das reihenweise Aufspeichern von Kunstwerken, wie es in den Salons moderner Amateure üblich ist, widersprach dem Geiste des Alterthums. Der classische Schönheitssinn musste nothwendig

---

1) Liv. XLV 39 ff. Plutarch, Aemil. Paul. 32 ff
2) Polyb. XXII 13, 9. Liv. XXXVIII 9, 43.
3. Bei Cicero de nat. deor. II 37: si essent ... qui sub terra semper habitavissent bonis et illustribus domiciliis, quae essent ornata signis atque picturis instructaque rebus iis omnibus, quibus abundant ii, qui beati putantur .....
4) Athen. V p. 196 E.

darauf ausgehen, die verschiedenen Stücke in einer Weise anzuordnen, welche den Zusammenhang derselben unter einander und mit der umgebenden Architektur vermittelte. So kam ganz naturgemäss die Decoration zur Ausbildung, welche die Wände in Felder theilt und Tafelbilder zu deren Mittelpunkten macht. Mögen, wie gesagt, ähnliche Motive bereits früher bei der Ausschmückung der Tempelwand vorgekommen sein, so spricht doch alle Wahrscheinlichkeit dafür, dass die systematische Ausbildung dieses Princips erst in der Alexander- oder Diadochenperiode stattfand.

Mit dieser Annahme stimmen verschiedene Erscheinungen, welche in der damaligen Malerei hervortreten. Es ist eigenthümlich, dass wir innerhalb der Ueberlieferung, welche über die ältere Geschichte der Tafelmalerei vorliegt, nirgends grösseren Cyklen entsprechender Gemälde begegnen. Selbst die Herstellung zweier zusammengehöriger Tafelbilder scheint bis zur Zeit Alexanders des Grossen etwas Seltenes gewesen zu sein; denn wir besitzen eine Nachricht, die sich mit hinreichender Wahrscheinlichkeit in diesem Sinne deuten lässt, nur über zwei Bilder des Parrhasios, von denen das eine einen anstürmenden Hopliten, das andere einen Hopliten darstellte, welcher die Waffen ablegt [1]. Anders lautet die Ueberlieferung seit der Zeit Alexanders. Theon, ein Zeitgenosse des Demetrios Poliorketes, malte »den Kampf vor Ilion auf mehreren Tafelbildern«, die sich zur Zeit des Plinius zu Rom in der Porticus des Philippus befanden [2]. In dem Athenetempel zu Syrakus waren die Wände mit einer Reihe von Tafelbildern bekleidet, welche verschiedene Reitergefechte aus der Zeit des Agathokles oder, wollen wir die Worte des Cicero im strengsten Sinne fassen, verschiedene Episoden aus einer von diesem Könige gewonnenen Reiterschlacht schilderten. Verres liess diese Tafeln herausnehmen und verunstaltete hierdurch den Tempel [3]. Brunn [4] schreibt mit hinreichender Wahrscheinlichkeit dem Protogenes einen Cyklus von Bildern rhodischer Stammesheroen zu. Ein zusammenhängender Cyklus wird vermuthlich auch in den 27 Bildern syrakusaner Könige zu

---

[1] Plin. XXXV 71.
[2] Plin. XXXV 144. Ueber die Identität des Theoros und Theon siehe Brunn, Gesch. d. gr. Künstl. II p. 255 und Ann. dell' Inst. 1865 p. 239 ff.
[3] Cicero in Verr. IV 55, 122: pugna erat equestris Agathocli regis in tabulis picta praeclare: his autem tabulis interiores templi parietes vestiebantur.... iste .... omnes eas tabulas abstulit: parietes .... nudos ac deformatos reliquit.
[4] Gesch. d. gr. Künstl. II p. 235.

erkennen sein, welche Verres aus dem bereits erwähnten Athenetempel entführte [1]. Die Jo und die Andromeda des Nikias waren, wie im folgenden Abschnitte gezeigt werden wird, Gegenstücke. Dasselbe gilt von der Medeia und dem Aias des Timomachos. Brunn [2] vermuthet, dass der von Aëtion gemalten Hochzeit der Rhoxane ein anderes Bild desselben Malers entsprochen habe, welches die Hochzeit des Ninos und der Semiramis darstellte [3]. Wenn somit die Künstler seit der Zeit Alexanders anfingen, Cyklen von Tafelbildern herzustellen, wenn sie sich häufiger dazu herbeiliessen, Gegenstücke zu malen, so lässt dieses Verfahren darauf schliessen, dass die gleichzeitige Wanddecoration ihnen Gelegenheit bot, die Entsprechung und die Zusammengehörigkeit der Bilder auch durch die äussere Anordnung derselben deutlich zu machen. Dies war aber der Fall, wenn das Princip, nach dem die Wände in Felder getheilt und Tafelbilder zu Mittelpunkten derselben gemacht wurden, ausgebildet vorlag.

Was ferner die Einführung des Tafelbildes als Schmuck des Privathauses betrifft, so ist es bedeutsam, dass wir Malern von kleinen Cabinetsbildern zum ersten Male in der an die Alexanderepoche anknüpfenden Entwickelung begegnen. Plinius macht als solche namhaft den Pausias, Antiphilos, Peiraikos, Kalates und Kalliklos [4]. Von diesen Künstlern blühte Pausias zur Zeit Alexanders, Antiphilos während der Regierung des Ptolemaios Soter. Peiraikos, welcher »Barbier- und Schusterbuden, Eselein, Esswerk und Aehnliches« [5] malte, that sich auf dem Gebiete des Genres und des Stilllebens hervor, Gattungen, welche, wie wir später sehen werden, in der Diadochenperiode zur Ausbildung kamen. Da Properz [6] denselben mit bahnbrechenden Künstlern wie Kalamis, Pheidias, Praxiteles, Lysippos und Apelles zusammenstellt, so liegt die Vermuthung nahe, dass er zu den Begründern dieser Gattungen gehörte und seine Thätigkeit somit ebenfalls in der Diadochenperiode anzusetzen ist. Darstellungen von Komödienscenen, wie sie Kalates malte [7], finden sich bereits auf Vasen,

---

1) Cicero in Verr. IV 55, 123.
2) Gesch. d. gr. Künstl. II p. 245 ff.
3) Gemälde, bei denen es zweifelhaft ist, ob sie Wand- oder Tafelbilder waren, wie die Gemälde des Euphranor im Kerameikos und des Omphalion in Messene (Brunn, Gesch. d. gr. Künstler II p. 152 p. 201), lassen wir bei dieser Untersuchung selbstverständlich ausser Betracht.
4) Plin. XXXV 124: (Pausias) parvas pingebat tabellas maximeque pueros. XXXV 114: parva et Callicles fecit, item Calates comicis tabellis, utraque Antiphilus.
5) Plin. XXXV 112.
6) III 9, 12.
7) Plin. XXXV 114.

welche der Entwickelung nach Alexander angehören. Demnach spricht zum Mindesten nichts gegen die Annahme, dass auch Kalates zu den Cabinetsmalern der Diadochenperiode gehörte. Endlich haben wir noch eine Neuerung des Pausias zu berücksichtigen, welche in engstem Zusammenhange mit dem Gegenstand steht, der uns in diesem Abschnitte beschäftigt. Plinius[1]) schreibt von diesem Künstler: idem et lacunaria primus pingere instituit, nec camaras ante eum taliter adornari mos fuit. Ich übersetze dies folgendermaassen. Pausias fing auch zuerst an, Decken zu bemalen; auch war es vor ihm nicht Sitte, dass Gewölbe in dieser Weise geschmückt wurden. Brunn[2]) legt das Hauptgewicht auf den zweiten Satz und nimmt an, die Neuerung habe darin bestanden, dass Pausias durch Verwerthung optischer Kenntnisse im Stande gewesen sei, eine malerische Darstellung in naturentsprechender Weise und ohne Beeinträchtigung der Verhältnisse der einzelnen Theile auf einer gewölbten Fläche zu entwickeln. Doch sprechen gegen diese Auffassung gewichtige Bedenken. Zunächst weist die Fassung der Nachricht bei Plinius darauf hin, dass zur Beurtheilung des Pausias vorwiegend der erste Satz in Betracht zu ziehen ist. Er sagt ausdrücklich nur, dass Pausias zuerst Decken gemalt habe. Die weitere Angabe, dass vor diesem Künstler Gewölbe nicht bemalt worden seien, scheint absichtlich vorsichtig gehalten. Lassen wir aber auch dieses Bedenken fallen und vergleichen wir die Neuerung, welche Brunn dem Pausias zuschreibt, mit dem, was wir sonst von antiker Gewölbmalerei wissen, so findet dieselbe weder in der Ueberlieferung der Schriftsteller noch in den erhaltenen Denkmälern irgendwelche Analogie. Die grössten und das Princip des Gewölbes am Vollständigsten realisi-

---

1 Plin. XXXV 124.
2 Gesch. d. gr. Künstl. II p. 146 ff. — Falsch ist die Ausführung von Letronne, lettre d'un ant. p. 321 ff., welcher die Angabe des Plinius, Pausias habe zuerst Decken gemalt, für irrthümlich hält und behauptet, diese Art der Decoration sei schon zur Zeit des Aischylos üblich gewesen. Er stützt diese Ansicht auf zwei Glossen des Hesychios: ἐγκομβώδες· τὰ ἐν τῷ προσώπῳ προνωπίῳ coni. Schmidt στίγματα καὶ οἱ ἐν ταῖς ὀροφαῖς γραφικοὶ πίνακες, und κουρίς· ἤ, ἐν τοῖς ὀροφώμασι γραφή, ὀροφικός πίναξ; an beiden Stellen wird beigefügt, dass das Wort bereits in den Myrmidonen des Aischylos vorkomme. Doch sind die von Hesychios gegebenen Erklärungen des Wortes so allgemein gehalten, dass sie einen lediglich ornamentalen Schmuck der Decke bezeichnen können, der natürlich der Epoche vor Alexander dem Grossen nicht abgesprochen werden darf vgl. z. B. Plutarch, Lycurg. 13. Somit stehen sie keineswegs im Widerspruch mit der Angabe des Plinius, die sich selbstverständlich auf figürliche Ausmalung der Decke bezieht.

ronden Anlagen, die Kuppelbauten, wurden, soweit unser Wissen reicht, in der Regel nicht durch malerischen Schmuck, sondern durch Metallincrustation verziert. Die erhaltenen Gewölbemalereien sind von dem von Brunn aufgestellten Princip weit verschieden. Hier ist für die figürlichen Darstellungen ein so beschränkter Raum ausgespart, dass die Spannung des Gewölbes dem Auge kaum bemerkbar ist und der Maler somit beinah wie auf einer ebenen Fläche arbeiten konnte. Wollten wir aber auch angeben, dass wir bei der Dürftigkeit unserer Monumentalkenntniss nicht berechtigt sind, die von Brunn angenommene Gewölbemalerei dem Alterthume abzusprechen, so steht dieselbe jedenfalls in entschiedenem Widerspruch zu dem Kunstcharakter des Pausias. Diese Malerei konnte selbstverständlich nur in Fresco ausgeführt werden. Wir wissen aber, dass Pausias in dieser Gattung nichts Hervorragendes leistete und dass Wandmalereien, die er in Thespiae ausführte, durch den Vergleich mit den in derselben Stadt befindlichen des Polygnot in hohem Grade benachtheiligt wurden [1]. Es ist dies bei der ganzen Richtung des Künstlers vollständig begreiflich. Er malte mit Vorliebe kleine Bilder und seine Lieblingsgegenstände, Kinderfiguren und Blumen flechtende Mädchen, liefen der monumentalen Würde, wie sie die Frescomalerei erfordert, entschieden zuwider. Auch konnten die ihm eigenthümlichen Vorzüge, vor allem seine virtuose Behandlung des Colorits, mit der er, wie im Stieropfer, schwierige Verkürzungen oder, wie in der Methe, das durch das Glas durchschimmernde Gesicht der Trinkenden zu schildern wusste, in der Frescotechnik nicht vollständig zur Geltung kommen; vielmehr fand er vorwiegend in der Enkaustik ein seinen Anlagen entsprechendes Mittel des Ausdrucks. Alle diese Gesichtspunkte zusammengenommen, kann ich der Ansicht Brunns nicht beistimmen. Ziehen wir dagegen, wie es die Fassung der Worte des Plinius verlangt, vor der Hand die Angabe in Betracht, dass Pausias zuerst Decken malte, und erklären wir dieselbe in der nächstliegenden und einfachsten Weise, dann ergiebt sich eine Art der Malerei, welche dem Kunstcharakter des Pausias entspricht und in erhaltenen Denkmälern Analogien findet. Während bisher die Decken nur ornamentirt wurden, schmückte Pausias dieselben mit bildlichen Darstellungen, indem er die durch die Balken der Decke gebildeten Felder (φατνώματα, lacunaria) mit kleinen Tafelbildern ausfüllte. Fassen wir die Neuerung des Künstlers in dieser Weise auf, dann lässt sie sich vortrefflich durch die in Stabiae gefundenen Fragmente einer grossen Stuck-

[1] Plin. XXXV, 123.

134 Der Hellenismus und die campanische Wandmalerei.

platte ¹) veranschaulichen, die offenbar nicht, wie die Akademiker von Ercolano angeben, zu der Wand, sondern zu der Decke eines Zimmers gehörte. Die Malerei dieser Stuckplatte giebt zierlich geschnitzte Balken wieder, welche sich kreuzen und so viereckige Felder bilden. Diese Felder sind abwechselnd mit schwebenden Figuren, kleinen Rundbildern, Vögeln und Rosetten verziert. Offenbar ist auch hier ein architektonisches Motiv mit allen seinen structiven Bestandtheilen von der Frescomalerei aufgegriffen. Dass diese structiven Bestandtheile an einer Wand unmöglich und nur an einer Decke zulässig sind, bedarf keiner weiteren Auseinandersetzung. Die irrthümliche Angabe der Akademiker, es handle sich um eine Wanddecoration, erklärt sich leicht daraus, dass die Decke, wie es gewöhnlich der Fall ist, herabgestürzt und somit der Platz, den die Fragmente ursprünglich einnahmen, zweifelhaft war.

Die Malerei gewölbter Decken, welche Plinius an zweiter Stelle erwähnt, wird auf einem ganz ähnlichen Princip beruht haben, wie die der flachen. Auch hier werden innerhalb der Gewölbedecoration bestimmte felder- oder cassettenartige Räume ausgespart und mit figürlichen Darstellungen bemalt worden sein. In diesem Sinne gefasst, stimmt das von Plinius erwähnte Verfahren vollständig mit den erhaltenen Denkmälern und lässt es sich z. B. durch die Verzierung der Gräber der Via Latina ²⁾ veranschaulichen, wo der ornamentale Schmuck der Decke in symmetrischer Weise durch abgegrenzte Stuckreliefs und Gemälde unterbrochen wird.

Die Verwandtschaft des von Pausias eingeführten Verfahrens, wie wir dasselbe aufgefasst, mit der in diesem Abschnitte behandelten Wanddecoration liegt auf der Hand. Wie hier das Tafelbild als ständiger Mittelpunkt der in Felder getheilten Wand auftritt, so fügt es sich dort zu einem neuen Systeme der Decoration der Decke. Beide Neuerungen stehen in so engem Bezuge zu einander, erscheinen derartig als das Product derselben geistigen Richtung, dass sie nothwendig derselben Epoche zugeschrieben werden müssen. Wenn daher das neue Princip des Deckenschmucks um die Zeit Alexanders des Grossen eingeführt wurde, so dürfen wir bei der organischen Entwickelung der griechischen Kunst annehmen, dass auch die entsprechende Wanddecoration um dieselbe Zeit ihre systematische Ausbildung erhielt. Nehmen wir, um gewissermaassen die Probe zu machen, an, die Sache

---

1) Pitt. d'Erc. IV p. 54 ff. Stücke auch bei Zahn, die schönst. Orn. I, 79.
2) Mon. dell' Inst. VI 43 ff. 49 ff.

habe sich anders verhalten, denken wir uns einen Saal, an dessen Mauern sich grosse monumentale Wandgemälde ausbreiten, während die Decke mit kleinen tafelbildartigen Malereien verziert ist, dann stellt sich ein vollständig unorganisches Ganzes heraus, wie wir es keinesfalls der classischen Kunst zutrauen dürfen.

Wir haben die Wanddecoration bisher in ihrem älteren Stadium kennen gelernt, während dessen Verlauf wirkliche Tafelbilder zu Mittelpunkten der Felder gemacht wurden. Gegenwärtig gehen wir zur Betrachtung des zweiten Stadiums über, in welchem die wirklichen Tafelbilder durch auf den Stuckgrund nachgeahmte ersetzt und die ganze Decoration lediglich durch die Frescomalerei hergestellt wurde. Die Ursachen dieser Neuerung liegen auf der Hand. Nur reiche Leute waren im Stande, eine hinreichende Anzahl von Tafelbildern zu erwerben, wie sie für die ursprüngliche Art der Wandverzierung erforderlich war. Es war daher ganz naturgemäss, dass man im Interesse der weniger Begüterten bedacht war, dieselbe billiger herzustellen, und dies wurde erreicht, indem die ganze Decoration von der Frescomalerei aufgegriffen wurde.

Nachdem dieses Verfahren einmal in Gebrauch gekommen war, wird dasselbe aus begreiflichen Gründen baldigst auch in reiche Häuser Eingang gefunden haben. Die kostbaren Tafelbilder waren leichter Beschädigungen ausgesetzt als die sie nachahmenden Stuckgemälde und ihr Verlust schwerer zu verschmerzen. Desshalb fing man an, die Tafelbilder zu ihrer besseren Sicherung in einem besonders für sie eingerichteten Raum unterzubringen, der Pinakothek, welche von Vitruv[1] als nothwendiger Bestandtheil des hellenistischen Wohnhauses angeführt wird, und wurde in den dem täglichen Gebrauche dienenden Räumen die Decoration in der Regel lediglich durch die Frescomalerei hergestellt. Wenn sich auch vereinzelte Beispiele, dass Tafelbilder in die Wände von Wohnzimmern eingelassen wurden, bis in die späte Kaiserzeit verfolgen lassen, so scheinen diese Fälle doch als Ausnahmen von der Regel betrachtet werden zu müssen. Wenigstens haben weder die Ausgrabungen in den campanischen Städten noch die auf römischem Boden einen sicheren Beleg dieses Verfahrens geliefert[2].

Jedenfalls ist das zweite Stadium, in welchem das wirkliche Tafelbild durch das auf dem Stuckgrunde nachgeahmte ersetzt wurde, eine Erfindung der hellenistischen Civilisation. Wiewohl

---

[1] VI cap. 7. Vgl. Letronne lettre d'un ant. p. 205 ff.
[2] Vgl. Donner, über die ant. Wandmalereien in techn. Bez. p. CXXVI.

keine bestimmten Angaben hierüber vorliegen, so glaube ich
nichts desto weniger, dass eine vielfach besprochene Stelle des
Petronius [1], wenn sie in den Kreis unserer Untersuchung gezogen
und richtig erklärt wird, über diesen Gegenstand hinreichendes
Licht verbreitet. Petronius, nachdem er über den zu seiner Zeit
herrschenden Verfall der Beredsamkeit und Geschichtschreibung
gesprochen, fährt fort: pictura quoque non alium exitum fecit,
postquam Aegyptiorum audacia tam magnae artis compendiariam
inuenit. Hermann[2] erhebt Bedenken gegen die richtige Ueberlieferung der Stelle und schlägt vor zu lesen: postquam topia-
riorum audacia ... inuenit. Er stützt diese Aenderung durch
den Vergleich einer bekannten Stelle des Vitruv[3], wo derselbe
den Verfall der gleichzeitigen Ornamentmalerei beklagt und namentlich gegen die unstylistische Verwendung vegetabiler Bestandtheile, wodurch in dieser Kunst gesündigt wurde, zu Felde zieht.
Demnach würden, wenn ich Hermanns Gedankengang richtig verstehe, die von ihm vorgeschlagenen topiarii Arabeskenmaler be-
deuten. Doch ist bisher dieses Wort nur in der Bedeutung
»Kunstgärtner« bekannt. Wollen wir aber auch zugeben, dass
Petronius mit einer gewiss sehr kühnen Uebertragung hierdurch
die Arabeskenmaler bezeichnen konnte, so erscheint der Vorschlag Hermanns nichts desto weniger unhaltbar. Die Angabe
des Nebensatzes, dass die Arabeskenmaler für die Malerei ein
verkürztes Verfahren erfanden, ist mir eben so unverständlich,
wie der Inhalt des Hauptsatzes, dass hierdurch der Verfall der
Malerei herbeigeführt worden sei. Vermuthlich nahm der Göt-
tinger Gelehrte an, die Arabeskenmalerei habe die ganze Decoration überwuchert und für figürliche Darstellungen keinen
Platz mehr gelassen. Doch sprechen gegen diese Voraussetzung
sämmtliche erhaltenen antiken Wanddecorationen, welche bis in
die spätesten Zeiten herab innerhalb der Ornamentmalerei stets
der figürlichen Darstellung Raum gönnen. Ausserdem zeigen die
Worte des Petron deutlich, dass es sich nicht um eine innerhalb
der decorativen Wandmalerei vollzogene Neuerung handeln
kann; denn kein Alter würde die dieser Gattung eigenthümlichen
Figurenbilder als Leistungen der kunstmässigen Malerei — tam
magnae artis — auffassen. Dagegen giebt die handschriftliche
Lesart, wenn sie mit den bisherigen Ergebnissen unserer Untersuchung zusammengebracht wird, einen vollständig richtigen Sinn.
Petronius sagt, dass die Aegyptier der Malerei geschadet hätten,

1 Cap. 2.
2. Ueber den Kunstsinn d. Römer p. 35.
3, VII 5.

indem sie für diese so bedeutende Kunst ein verkürztes Verfahren erfanden. Worin dieses Verfahren bestand, giebt er nicht an. Doch glaube ich, dass damit nichts Anderes gemeint sein kann, als die Neuerung, welche die wirklichen an der Wand angebrachten Tafelbilder durch Nachahmungen auf dem Frescogrunde ersetzte. Jedenfalls musste dieselbe die Folge haben, welche Petronius jener Erfindung der Aegyptier zuschreibt. An die Stelle des sorgfältig durchgeführten Staffeleibildes trat die Nachahmung im Fresco, die, ihrer Technik entsprechend, nicht umhin konnte, auf eine genaue Durchführung zu verzichten. Da das Frescoverfahren billig und praktisch war, wurde es, wie die erhaltenen Denkmäler bezeugen, mit Beifall aufgenommen und mit der Zeit das allgemein übliche. Das Tafelbild, auf welchem die Entwickelung der kunstmässigen Malerei beruhte, wurde hierdurch in den Hintergrund gedrängt; da das Bedürfniss nach solchen Bildern geringer wurde, fanden die Vertreter dieser Kunstgattung nicht mehr dasselbe reiche Feld der Thätigkeit wie früher; die Kunstindustrie griff beschränkend in das Gebiet der Kunst ein. Dieser sich mit Nothwendigkeit ergebende Sachverhalt stimmt so deutlich mit der Angabe des Petron überein, dass ich kein Bedenken trage, in der von ihm beklagten Erfindung der Aegyptier die Ersetzung der Tafelbilder durch das Frescoverfahren zu erkennen. Die Folgen dieser Neuerung entsprachen vielfach denen, welche sich in unserer Zeit nach der Erfindung der Photographie herausstellten. Diese hat in gewissen Hinsichten die Thätigkeit der Porträt- und Landschaftsmalerei beeinträchtigt, und, wenn man heut zu Tage Maler, die dadurch benachtheiligt zu sein glauben, über diesen Gegenstand sprechen hört, wird man vielfach an jene Stelle des Petron erinnert.

Somit spricht alle Wahrscheinlichkeit dafür, dass die durch die römische Weltherrschaft über den ganzen orbis antiquus verbreitete Decorationsweise von dem hellenisirten Aegypten, man darf wohl bestimmter sagen von Alexandreia ausging. Alexandreia, »die Lehrerin aller Hellenen und Barbaren«[1], der Mittelpunkt, von welchem aus das kosmopolitisch gewordene Griechenthum, welches man Hellenismus nennt, den mächtigsten Einfluss ausübte, wird auch diese für die Gestaltung des antiken Lebens immerhin bedeutsame Erfindung in das Leben gerufen haben; sie entspricht vollständig dem versatilen Geiste, welcher in so vielen Hinsichten das alexandrinische Treiben bezeichnet[2].

1) Athen. IV p. 184 B.
2) Plinius VIII 196 berichtet, dass die Alexandriner in der Weberei ein vereinfachtes Verfahren einführten, welches sich der Herstellung der Wanddecoration durch die Frescomalerei vergleichen lässt. Sie

Uebrigens steht das Ergebniss, dass die griechisch-römische Decoration durch den aegyptischen Hellenismus bedingt ist, keineswegs vereinzelt da; vielmehr weist eine ganze Reihe anderer Erscheinungen, denen wir in der campanischen Wandmalerei begegnen, deutlich auf dieselbe Quelle zurück. Aegyptische Ornamentmotive, hellenistisch umgebildet oder mit griechischen Motiven zusammengestellt, wie sie in der Ptolemaierepoche nachweisbar sind [1], finden sich unendlich oft in den campanischen Städten [2]. Ich erinnere an die leichten Rohrcolonnaden und Baldachine mit den im Stichbogen gewölbten, von Sphinxen oder Greifen gekrönten Frontispicien, die beinah in keinem pompeianischen Hause fehlen. Betrachten wir die als Tafelbilder behandelten Gemälde, so ist die Ankunft der Io [3] ganz in dem Geiste des Agyptischen Hellenismus aufgefasst; die Gestalten sind nach dem Formenprincipe der griechischen Kunst gebildet, wogegen Sccnerie, Tracht, Attribute das örtliche Colorit zur Schau tragen; es liegt nahe, diese Composition mit der 'Ιοῦς ἄφιξις, einem Gedichte des Kallimachos [4], in Zusammenhang zu bringen. Die beliebten Pygmäenbilder und eine ganze Reihe landschaftlicher Schilderungen [5] sind auf dem Boden des hellenisirten Aegyptens erwachsen. Das Interesse, welches der Römer an dem alten Wunderlande nahm, und der Isisdienst, der sich allmählig in Italien verbreitete und im letzten Jahrhundert der Republik auch in Rom Eingang fand [6], trugen dazu bei, dass Italien solchen Einflüssen leicht zugänglich wurde. Bezeichnend ist es, dass wir bereits gegen Mitte des 2. Jahrhunderts v. Chr. einen alexandrinischen Landschaftsmaler, Demetrios, in Rom ansässig finden [7].

Jedenfalls fand die Ersetzung des Tafelbildes durch das Frescoverfahren in einer verhältnissmässig frühen Epoche des

machten die Erfindung, farben- und figurenreiche Gewebe lediglich mit Hülfe des Webstuhls herzustellen. Vgl. Büchsenschütz, die Hauptstätten des Gewerbfleisses p. 63.
1) In der Thalamegos des Ptolemaios Philopator befand sich neben Baulichkeiten griechischen Styls ein ägyptischer Speisesaal: Kallixenos bei Athen. V p. 206 A = Müller, fragm. hist. gr. III p. 57.
2) Um von der Decoration des pompeianischen Isistempels zu schweigen, welche selbstverständlich in diesem Style behandelt ist, vergleiche man Pitt. d'Erc. I 59 p. 263, IV 69 ff. p. 345 ff.; Mus. Borb. VIII 47 ff.; Helbig N. 1094 ff.; Semper, der Stil I Taf. XIV.
3) Mus. Borb. X 2. Zahn, die schönst. Orn. III 8. Helbig N. 138, 139.
4) Suid s. v.
5) Helbig N. 1530 ff. 1566 ff.
6) Vgl. Friedlaender, Darstell. aus der Sitteng. Roms II p. 79 ff.
7) Overbeck, Schriftquellen p. 411 n. 2141 ff. Vgl. über diesen Maler unseren XXIII. Abschnitt.

XV. Die Decorationsweise.

Hellenismus statt; denn diese Neuerung war schon in der zweiten Hälfte des dritten Jahrhunderts v. Chr. in Italien eingebürgert. Plautus nämlich lässt in den Menaechmen I 2, 34 ff. den Menaechmus fragen:

> Dic mihi, nunquam tu vidisti tabulam pictam in pariete,
> Ubi aquila Catamitum raperet, aut ubi Venus Adoneum?

Peniculus antwortet:

> Saepe; sed quid istae picturae ad me attinent?

Offenbar haben wir es hier mit auf dem Stuckgrunde nachgeahmten Tafelbildern zu thun. An grosse Wandbilder im strengsten Sinne des Wortes ist nicht zu denken; denn einerseits waren Darstellungen, wie der Raub des Ganymed und die Entführung des Adonis, keineswegs geeignet, ganze Wandflächen zu füllen; andererseits kann tabula gewiss nur ganz ausnahmsweise vom Wandbilde gebraucht werden. Ebenso ist es unzulässig, wirkliche an der Wand angebrachte Tafelbilder anzunehmen. Man darf nicht etwa übersetzen: »hast Du niemals ein gemaltes Bild an der Wand gesehen?« Dies verbietet die Wortstellung und die metrische Synaloiphe, welche pictam und in pariete verbindet. Vielmehr hat man zu übersetzen: »hast Du niemals ein auf die Wand gemaltes Bild gesehen?« Die Sache ist an und für sich so klar, dass es kaum noch nöthig ist, auf eine Stelle des Mercator II 2, 42 hinzuweisen, wo es heisst:

> Si unquam vidisti pictum amatorem, hem, illic est.
> Nam meo quidem animo vetulus, decrepitus senex
> Tantidem est, quasi sit signum pictum in pariete[1].

Also war bereits zur Zeit des Plautus die Nachahmung des Tafelbildes in der Frescomalerei aus Aegypten nach Italien verpflanzt. Von der weiteren Verbreitung dieser Decorationsweise zeugt die Antwort des Peniculus, der die in der Frage angegebenen Bilder als allgemein bekannte bezeichnet. Auch die Stelle im Mercator scheint unter dem Eindrucke solcher in der Frescomalerei nachgeahmten Tafelbilder geschrieben; denn die erhaltenen Denkmäler bezeugen, dass in dieser Gattung die picti amatores eine hervorragende Rolle spielten, während sie in die monumentale Malerei des eigentlichen Wandbildes nur ausnahmsweise Eingang finden konnten.

---

1. Vgl. Letronne, lettre d'un ant. p. 63.

XVI. Chronologisch bestimmte Compositionen.

Wenden wir uns nunmehr zu der Untersuchung der Gemälde selbst, so erhebt sich zunächst die Frage, ob sich einige derselben auf bestimmte Meister zurückführen lassen. Mit hinlänglicher Sicherheit glaube ich in der Wandmalerei Wiederholungen zweier Compositionen des Niklas nachweisen zu können. Die hierbei in Betracht kommenden Gemälde sind die, welche darstellen, wie Perseus die gerettete Andromeda von dem Felsen heruntergeleitet[1] und wie Argos die Io bewacht[2]. Jeder unbefangene Betrachter wird zugeben, dass die vortreffliche Anordnung und die klare und schöne Stellung der Figuren berechtigen, die Erfindung dieser Compositionen auf einen bedeutenden Künstler zurückzuführen. Auch waren sie im Alterthume allgemein bekannt und geschätzt. Die an erster Stelle erwähnte Composition findet sich nicht nur in der Wandmalerei, sondern kehrt, mehr oder minder abgewandelt, auch in einer Statuengruppe, auf Reliefs, Münzen und geschnittenen Steinen wieder[3]. Sie schwebte dem Lucian vor, als er die Rettung der Andromeda schilderte[4], und ist in einem Epigramme des Antiphilos behandelt[5]. Die auf den Iomythos bezügliche Composition ist nicht nur in vier pompeianischen Wandgemälden, sondern auch in einem römischen[6] erhalten. Properz[7] wurde durch dieselbe an einer bereits oben angeführten Stelle inspirirt. Weiterhin scheint der Umstand beachtenswerth, dass die römische Replik dieser Composition, ebenso wie zwei pompeianische Perseusbilder von ungewöhnlich grossen Dimensionen sind, was zu dem Schlusse berechtigt, dass wir es mit Reproductionen von Megalographien im eigentlichsten Sinne des Wortes zu thun haben. Vergleichen wir endlich die beiden Compositionen unter einander, so verrathen sie nach Inhalt, wie

---

1. N. 1186—1189. Diese Composition ist, jedoch ohne weitere Begründung, bereits von Heyne, comment. gottingens. X p. 3, C. F. Hermann, Perseus und Andromeda p. 14 ff. und Benndorf, de anthol. graec. epigrammatis quae ad artes spectant p. 62, 71 mit Niklas in Verbindung gebracht worden.
2) N. 131—134. Die Vermuthung, dass diese Composition auf die Io des Niklas zurückgehe, ist in vorsichtiger Fassung bereits von Engelmann, Arch. Zeit. 1870 p. 39 ausgesprochen worden.
3) S. Fedde de Perseo et Andromeda p. 77.
4) Dial. marin. XIV 3. Vgl. Blümner, arch. Studien zu Lucian p. 77 ff.
5) Anth. plan. 147.
6) Revue archéologique XXI (1870) pl. XV.
7) I 3, 20. Vgl. oben Seite 112.

nach Anordnung eine so deutliche Verwandtschaft, dass man sie mit grosser Wahrscheinlichkeit als Schöpfungen desselben Geistes oder, um mich bestimmter auszudrücken, geradezu als Gegenstücke betrachten darf. Mit einer Antithese, die ganz dem Geiste der antiken Kunst entspricht, schildert die eine die Befreiung der Andromeda, die andere eine Situation, welche der Erlösung einer anderen Gefangenen, der Io, unmittelbar vorhergeht. Hier wie dort verräth die Anordnung der Bestandtheile ein verwandtes Princip; die Figuren des Perseus und des Argos scheinen auch hinsichtlich der Stellung auf gegenseitige Entsprechung angelegt. Wenn nun Plinius[1]) angiebt, dass Nikias eine Io und eine Andromeda malte, so führen alle die soeben aneinandergesetzten Gesichtspunkte in übereinstimmender Weise zu der Vermuthung, dass die Wandbilder auf diese Schöpfungen des athenischen Meisters zurückgehen. Auch verrathen sie einen Geist, welcher vollständig mit dem Kunstcharakter des Nikias, soweit wir denselben nach der Ueberlieferung zu beurtheilen im Stande sind, übereinstimmt. Nikias war besonders beflissen, Frauengestalten zu malen, eine Angabe des Plinius[2]), welche durch die Titel mehrerer Gemälde desselben bestätigt wird: zwei Heroinen bilden auf unseren Wandgemälden den Mittelpunkt der Handlung. Wenn ferner Pausanias[3] dem Künstler vorwirft, er habe den Hyakinthos allzu jugendlich zart gemalt, um hierdurch auf die Liebe des Apoll zu dem Jünglinge hinzudeuten, so bietet die Charakteristik des Argos, welcher auf den Wandgemälden nicht, der Ueberlieferung entsprechend, als gewaltiger Riese, sondern als schlanker Ephebe auftritt, eine verwandte Erscheinung dar.

Ist die Zurückführung der Wandbilder auf Nikias anerkannt, so fragt es sich, in wie weit dieselben die Originale getreu wiedergeben. Bei dem Vergleiche der einzelnen Repliken nämlich bemerken wir nicht nur eine verschiedenartige Charakteristik, nicht nur Abweichungen in den Einzelheiten, kurz nicht nur Erscheinungen, welche sich aus der verschiedenen Individualität der ausführenden Wandmaler ableiten lassen. Vielmehr ist auch der wesentliche Bestand der Composition nicht überall derselbe. Die pompeianischen Iobilder geben nur die Figuren der Io und des Argos wieder. Dagegen fügt die römische Replik, welche diese beiden Gestalten in im Ganzen übereinstimmender Weise behandelt, links Hermes bei; der Gott tritt heran, indem er, scheinbar gleichgültig, den Caduceus zwischen den Fingern spielen

---

1) XXXV 132.
2) XXXV 130.
3) III 19, 4.

lässt, dabei jedoch, wie aus der Richtung und dem Ausdruck
seines Blickes zu schliessen, aufmerksam die Situation prüft.
Durch die Gegenwart des Hermes gewinnt die Composition innerlich, wie äusserlich. Der Betrachter wird dadurch über den
dargestellten Moment hinaus auf das Fortschreiten der Handlung,
auf die bevorstehende Erlösung der Io, hingewiesen. Andererseits
bildet die Gestalt des Gottes in der äusseren Anordnung der Glieder
ein beinah unbedingt erforderliches Gegenstück zu der des Argos.
Man wird daher voraussetzen müssen, dass das römische Gemälde
den Bestand des Originals vollständiger wiedergiebt, als die pompeianischen.

Von den auf die Rettung der Andromeda bezüglichen Gemälden enthält eines nur die Gruppe des Perseus und der von dem
Felsen herabsteigenden Jungfrau; die anderen drei fügen links
von dieser Gruppe zwei auf dem Felsen sitzende Mädchenfiguren
bei, in denen ich Ἄκται erkannt habe [1]. Auch hier glaube ich,
dass die ausführlichere Darstellung dem Originale näher steht,
als die verkürzte. Da es offenbar für die Wandmaler leichter
war, die Compositionen, welche sie reproducirten, zu verkürzen,
als durch Beifügung eines neuen Motivs zu erweitern, so ist diese
Annahme, wo eine derartige Alternative an uns herantritt, stets
als die nächstliegende zu betrachten. Wenn ferner meine Vermuthung richtig war, dass die Io und die Andromeda von Nikias
als Gegenstücke gemalt wurden und ersteres Bild, wie es auf der
römischen Replik der Fall ist, von Haus aus die Gestalt des
Hermes enthielt, so musste auch die entsprechende Composition
eine dreifache Gliederung der Motive darbieten, wie sie durch die
Gegenwart der Ἄκται erzielt wird. Da diese Personificationen
von Naturgegenständen ein Product der mit der Alexanderepoche
beginnenden Entwickelung sind [2], so liegt kein Grund vor,
sie dem Nikias abzusprechen; vielmehr stimmt die Schilderung
der anmuthigen Mädchengruppe vollständig mit der Richtung
dieses Künstlers überein.

Angesichts der Publicationen der gegenwärtig zerstörten Gemälde mit Scenen aus der Ilias, die sich in der Porticus des sogenannten Venustempels befanden [3], drängt sich unwillkürlich
die Frage auf, ob diese Compositionen nicht zu einem entsprechenden Cyklus des Theon in Beziehung stehen. Dieser Künstler
malte bellum iliacum pluribus tabulis, die nachmals in Rom die

---

[1] Vgl. Rhein. Mus. XXIV (1869) p. 499.
[2] Vgl. Rhein. Mus. XXIV 1869) p. 513 ff. und weiter unten den
neunzehnten Abschnitt.
[3] Steinbüchel, grosser antiquarischer Atlas Taf. VIII B—VIII D.

Porticus des Philippus schmückten [1]. Es ist von Haus aus wahrscheinlich, dass sich ein Wandmaler, wenn es galt, eine Reihe von Bildern aus der Ilias herzustellen, diesen Cyklus zu Nutze machte. Auch stimmen drei der Wandgemälde deutlich mit dem aus der Ueberlieferung bekannten Kunstcharakter des Theon überein. Wenn unter den Leistungen dieses Meisters namentlich der effectvolle Ausdruck energisch bewegter Handlungen gerühmt wurde [2], so verräth das Wandgemälde, welches den Streit des Achill und Agamemnon [3], ein anderes, welches einen Zweikampf, vermuthlich den zwischen Achill und Hektor, darstellt [4], endlich das Fragment, auf welchem ein Hoplit ersichtlich ist, der von einer vorwärts sprengenden Biga herabstürzt [5], deutlich dieselben Vorzüge. Die Figur des zürnenden Achill, der, die Rechte an dem Griffe des Schwertes, heftig auf Agamemnon zuschreitet, und die des muthmaasslichen Achill auf dem an zweiter Stelle erwähnten Bilde, der mit erhobenem Schilde und gezücktem Speere ausfällt, erscheinen nach Auffassung und Bewegung dem berühmten vorwärts stürmenden Hopliten des Theon [6] nahe verwandt. Mag die Figur des Achill in der Zeichnung bei Steinbüchel, die offenbar erst, nachdem das Original beträchtlich verblasst war, und dann auch nur in flüchtiger Weise ausgeführt ist, weniger bedeutend erscheinen, so treten die Vorzüge, welche der Erfindung dieser Gestalt eigenthümlich sind, die grossartige Auffassung des Zorns und die Gewalt der Bewegung, auf das Glänzendste in der wundervoll ausgeführten, aber leider ebenfalls sehr beschädigten Replik hervor, die in der Casa del Dioscuri [7] entdeckt wurde. Ausserdem stimmt mit der Zurückführung dieser Composition auf einen berühmten Meister wie Theon die Thatsache, dass die wesentlichen Motive derselben öfters und auch auf einem Denkmal wiederkehren, das ausserhalb der campanischen Städte gefunden

[1] Plin. XXXV 144. Ueber die Identität des Theon und Theoros s. Brunn, Gesch. d. gr. Künstl. II p. 255 und Ann. dell' Inst. 1865 p. 239 ff.
[2] Vgl. Brunn, Gesch. d. gr. Künstl. II p. 252 ff.
[3] Steinbüchel, Atlas Taf. VIII B 1. Helbig N. 1306.
[4] Steinbüchel a. a. O. Taf. VIII B 2. N. 266.
[5] Steinbüchel a. a. O. Taf. VIII D 1. Helbig N. 1324, vgl. Nachträge p. 462.
[6] Aelian. var. hist. II 44: ὁπλίτης ἐστὶν ἐκβοηθῶν ... ἐναργῶς δὲ καὶ πάνυ ἐκθύμως· ὁ νεανίας ἔοικεν ὁρώντι εἰς τὴν μάχην. καὶ εἴποις ἂν αὐτὸν ἐνθουσιᾶν ὥσπερ ἐξ Ἄρεος μανέντα. γοργὸν μὲν αὐτῷ βλέπουσιν οἱ ὀφθαλμοί, τὰ δὲ ὅπλα ἁρπάσας ἔοικεν ἢ ποδῶν ἔχει ἐπὶ τοὺς πολεμίους ἵεσθαι. προβέβληται δὲ ἐντεῦθεν ἤδη τὴν ἀσπίδα, καὶ γυμνὸν ἀπωσίει τὸ ξίφος φονῶντι ἔοικεν καὶ σφάττειν βλέπων καὶ ἀπειλῶν δι' ὅλου τοῦ σχήματος ....
[7] N. 1307.

144   Der Hellenismus und die campanische Wandmalerei.

ist. Der Streit der Könige ist in einer im Ganzen entsprechenden Weise nicht nur auf den beiden Wandgemälden aus dem pompeianischen Tempel und der Casa dei Dioscuri, nicht nur auf einem pompeianischen Mosaik [1], sondern auch auf der capitolinischen Tabula iliaca [2] behandelt.

Ausser den bereits erwähnten Gemälden kennen wir noch zwei andere, welche zu dem den Venustempel schmückenden Cyklus gehörten. Das eine derselben scheint, soweit man nach der Zeichnung bei Steinbüchel [3] schliessen darf, Priamos darzustellen, wie er den Achill um die Rückgabe des Leichnams des Hektor bittet. Allerdings verräth diese Composition nicht jene die Phantasie packende, effectvolle Darstellungsweise, welche von den Alten als die hervorstechende Eigenthümlichkeit der Malerei des Theon bezeichnet wurde. Doch reicht dieser Gesichtspunkt nicht aus, um ihm die Erfindung dieser Composition schlechthin abzusprechen. Theon war keineswegs so einseitig, immer und ausschliesslich dieselbe Richtung zu verfolgen. Vielmehr wissen wir, dass er in einem Gemälde, welches die in Nachdenken versunkene Leontion darstellte, einen ganz verschiedenen Inhalt verwirklichte. Andererseits aber haben wir zu bedenken, dass es fraglich ist, ob die pompeianischen Wandmaler, welche die Porticus mit Bildern aus dem troischen Mythos schmückten, lediglich die troischen Compositionen des Theon und nicht auch andere Gemälde aus demselben Sagenkreise reproducirten. Ja bei der grossen Anzahl entsprechender Gemälde, welche die Ausschmückung dieses Porticus erforderte [4], ist es sogar möglich, dass der Cyklus sich nicht auf den troischen Mythos beschränkte, sondern, was bei den Anschauungen der damaligen Periode besonders nahe lag, auch Darstellungen aus der Sage von Aeneas und der Gründung Roms umfasste. Diese Möglichkeit ist besonders bei Untersuchung des letzten hierher gehörigen Gemäldes [5] zu berücksichtigen. Wir sehen darauf rechts einen Jüngling sitzen, mit Speer und Schild neben sich. Vor ihm schreitet ein mit Chiton und hohen Stiefeln bekleideter bärtiger Mann einher, ein Scepter in der Linken, welcher unter heftiger Rede die Rechte erhebt und das Antlitz einem links stehenden sehr zart gebildeten Jüngling zuwendet. Der letztere tritt auf in vollständiger Bewaffnung, den Speer in der Linken, und streckt, wie dem ihm zuredenden Manne erwidernd, die

1 Bull. dell' Inst. 1841 p. 99.
2 Foggini, Mus. capitol. IV Tav. 68, Fig. 6—8.
3 Gross. ant. Atl. Taf. VIII C 2.
4 Noch heute sind die Spuren von mindestens elf grossen mit Rahmen umgebenen Wandbildern deutlich kenntlich.
5 Steinbüchel, gross. ant. Atl. VIII C 1.

XVI. Chronologisch bestimmte Compositionen.

Rechte vor. Etwas weiter im Hintergrunde sieht man zwei Krieger und eine jugendliche, vielleicht weibliche Figur, die, wie es scheint theilnehmend, die Rechte erhebt. Keiner der Versuche, welche gemacht worden sind, um diese Scene aus einem der auf den troischen Krieg bezüglichen Mythen zu erklären, hält gegenüber dem Inhalt der Steinbüchelschen Lithographie Stich [1]. Nun wäre es allerdings ein Leichtes, zu bezweifeln, dass diese Publication den ursprünglichen Bestand des Wandgemäldes in allen Einzelheiten richtig wiedergiebt; denn man sieht deutlich, dass das Bild, als die betreffende Zeichnung ausgeführt wurde, bereits beträchtlich gelitten hatte. Doch wird durch diesen Zweifel für unsere Untersuchung nichts gewonnen, im Gegentheil ihre Grundlage nur noch schwankender gemacht. Allen diesen Gesichtspunkten Rechnung tragend, halte ich mich für berechtigt, mit einem entscheidenden Urtheil über das Verhältniss, in welchem die beiden an letzter Stelle besprochenen Compositionen zu Theon stehen, zurückzuhalten.

Eine andere Composition [2] darf vielleicht mit einem Original des Artemon in Beziehung gesetzt werden. Danae ist soeben auf Seriphos an das Land gespült worden und sitzt, den Perseusknaben auf den Armen, am Ufer, während zwei Jünglinge, von denen der eine ein Ruder, der andere eine Angel hält, also Fischer, sie voll Verwunderung betrachten und Fragen an sie zu richten scheinen. Einen verwandten Inhalt hatte ein Gemälde des Artemon, welches Plinius [3] anführt mit den Worten: Artemon (pinxit) Danaen mirantibus eam praedonibus. Da sich die Gegenwart von Räubern nur schwer mit der geläufigen Version des Danaemythos in Einklang bringen lässt, die Fischer dagegen vortrefflich zu einer Handlung passen, welche im Reiche des Diktys vorgeht, der schon durch seinen Namen zu dem Fischfang in Bezug gesetzt wird, so ist der Verdacht nicht ausgeschlossen, dass sich Plinius bei Benennung der von Artemon mit der Danae zusammengestellten Figuren irrte. Auch bietet eine Lesart des Dalecampius, deren Ursprung allerdings unbekannt ist, die aus einer Handschrift stammen, jedoch auch gelehrte Conjectur sein kann, für praedonibus die Variante piscatoribus, deren Aufnahme in den Text eine dem pompeianischen Gemälde vollständig entsprechende Situation ergeben würde. Auf dasselbe Original wie dieses Gemälde gehen auch zwei andere zurück, die jedoch die Fischer auslassen und nur die Figur der Danae mit dem Perseusknaben wiedergeben [4].

---

1. S. Helbig, Wandgemälde p. 461.
2) N. 119 ff. 3) XXXV 139.
4. Eine ganz neuerdings entdeckte Replik (Bull. dell' Inst. 1871 p. 180) giebt nur einen Fischer wieder.

Die Verkürzung ist in diesem Falle, da der emporgerichtete Blick der Danae ohne die Gegenwart der Fischer nicht hinlänglich motivirt ist, keineswegs glücklich bewerkstelligt. Welche der beiden Auffassungen der Danae, die auf dem ausführlicheren Gemälde gefasster erscheint, während sie sich auf den beiden anderen dem heftigsten Schmerze hingiebt, dem Originale näher steht, wage ich nicht zu entscheiden. Wenn der kleine Perseus dort nackt, hier dagegen als unförmliches Wickelkind dargestellt ist, so ist ersteres Motiv offenbar das ursprüngliche und gehört das letztere in das Bereich jener realistischen Züge, welche die Wandmaler bisweilen unter dem Eindrucke der sie umgebenden Wirklichkeit improvisirten.

Dass die Wandbilder, welche Medeia vor dem Kindermorde schildern[1], auf ein Original des Timomachos zurückgehen, ist allgemein anerkannt. Auch wird nach Donners[2], überzeugenden Beobachtungen über das herculanische Gemälde Niemand mehr daran zweifeln, dass die Originalcomposition Medeia nicht als Einzelfigur, sondern mit ihren Kindern darstellte. Die Frage endlich, ob hinsichtlich der Anlage der Medeia das herculanische oder die beiden pompeianischen Bilder das ursprüngliche Motiv wiedergeben, ist von Dilthey[3] in eingehender Weise erörtert worden. Die Verschiedenheit beruht lediglich auf der Darstellung der Hände. Hiervon abgesehen, stimmen die drei Gestalten in der Haltung, in der Gewandung und, was sich wenigstens von dem herculanischen und dem wohl erhaltenen pompeianischen Bilde aus Casa dei Dioscuri behaupten lässt, selbst in der Färbung genau überein. Auf dem herculanischen Gemälde hält Medeia die Hände gefaltet und presst sie die Spitzen der Daumen wie convulsivisch zusammen; das in der Scheide geborgene Schwert ruht mit dem Griffe zwischen den Handflächen und ist oben an den linken Arm angelehnt. Auf den pompeianischen Bildern dagegen hält sie das Schwert in der Linken und fasst sie mit der Rechten nach dem Griffe, wie um es zu ziehen. Ich glaube, dass Dilthey mit Recht ersteres Motiv als das ursprüngliche bezeichnet. Die gefalteten Hände stimmen vortrefflich zu der gesammelten Haltung der ganzen Gestalt. Wenn dagegen Medeia auf den pompeianischen Bildern mit der Rechten nach dem Schwerte greift, so fügt sich diese Geberde nicht so harmonisch zu der Anlage der Figur, die hier wie dort in ganz übereinstimmender Weise behandelt ist. Mochte auch der Künstler ausdrücken

---

1. N. 1262—1264. Vgl. Dilthey, Ann. dell' Inst. 1869 p. 46 ff.
2. Die antike Wandmalereien in techn. Beziehung p. LXXVIII ff.
3. Ann. dell' Inst. 1869 p. 49 ff.

XVI. Chronologisch bestimmte Compositionen. 147

wollen, wie Medeia die Hand nur momentan an den Schwertgriff legt, so würde doch bei einer naturgemässen und durchdachten Darstellung diese Bewegung irgendwie auch in der sonstigen Haltung des Körpers wiederklingen. Demnach erscheint das Motiv des herculaner Gemäldes entschieden als das des Timomachos würdigere. Uebrigens werden wir einer entsprechenden Behandlung der Hände bei einer Figur der Iphigeneia begegnen, welche mit grosser Wahrscheinlichkeit auf denselben Meister zurückgeführt werden darf.

Es scheint, dass die den pompelanischen Gemälden eigenthümliche Modification als eine der nächstliegenden und somit vermuthlich ältesten Abwandlungen betrachtet werden darf, welche die Composition des Timomachos im Laufe der Zeit erfuhr. Da dieses Motiv allem Anscheine nach auf einem Gemälde vorlag, welches in einem Epigramme [1] behandelt ist, so ergiebt sich, dass dasselbe nicht von den pompelanischen Wandmalern erfunden, sondern an einem grösseren künstlerischen Mittelpunkte und vermuthlich von der kunstmässigen Tafelmalerei vorgebildet wurde.

Wie die Medeia, ist auch eine andere Composition des Timomachos, die taurische Iphigeneia, von der späteren Kunst in eigenthümlicher Weise weiterentwickelt worden. Um den Charakter der Originalcomposition festzustellen, haben wir zunächst, da Plinius[2] nur den Gegenstand angiebt, ein Epigramm[3] zu berücksichtigen, welches bereits von O. Jahn und von Brunn[4], auf das Gemälde des Timomachos bezogen worden ist. Die ersten Verse desselben fehlen; was erhalten ist, lautet:

Μαίνεται Ἰφιγένεια· πλὴν δὲ μὴν εἶδος Ὀρέστου
ἐς γλυκερὴν ἀνάγει μνῆστιν ὁμαιμοσύνης·
τῆς δὲ χολουμένης καὶ ἀδελφεὸν εἰσοροώσης
οἶκτῳ καὶ μανίῃ βλέμμα συνέξηγεται.

Das in diesem Epigramme behandelte Gemälde stellte also eine Begegnung der Iphigeneia und des Orestes im Lande der Taurier dar. Iphigeneia ist heftig bewegt von widersprechenden Gefühlen. Sie zürnt, weil sie einen Griechen vor sich sieht, einen Mann aus dem Volke, welches ihren Tod beschlossen und ihre Verbannung nach dem Barbarenlande verschuldet hatte; zugleich aber wird sie, da bei dem Anblicke des gefangenen Jünglings die Erinnerung an ihren Bruder Orestes erwacht, zu Mitleid bewegt. Diese Schilderung einer von widersprechenden Gefühlen bewegten Indi-

---
1) Anth. plan. IV 140. Vgl. Ann. dell' Inst. 1869 p. 58.
2) XXXV 136.
3) Anth. plan. IV 128.
4) O. Jahn, Ann. dell' Inst. 1848 p. 206. Brunn, Gesch. d. gr. K. II p. 277.

vidualität verräth ganz denselben Geist, den wir in der Medeia
des Timomachos wahrnehmen. Daher hat die Annahme, dass
sich das Epigramm auf die taurische Iphigeneia dieses Künstlers
bezieht, alle Wahrscheinlichkeit für sich.
Unter den erhaltenen Wandbildern, welche den taurischen Mythos behandeln, stimmt keines mit der Schilderung dieses Epigrammes überein. Am Nächsten möchte ihr hinsichtlich des zur Darstellung erwählten Moments ein kleines herculaner Fries- oder Pre-
dellenbild [1] stehen. Orestes und Pylades, beide gefesselt und von
einem Barbaren bewacht, stehen vor Iphigeneia; diese betrachtet
aufmerksam die Gefangenen, indem sie die Rechte zum Antlitz erhebt. Mag auch die Kleinheit und die nur andeutende Ausführung
dieses Bildes eine eingehendere psychologische Analyse der einzelnen Gestalten unmöglich machen, so ist es immerhin sicher,
dass sich die Stimmung der Iphigeneia gegenüber den Gefangenen
nicht über eine theilnahmsvolle Aufmerksamkeit erhebt. Von der
heftigen Bewegung, dem Conflicte widersprechender Gefühle,
welchen wir bei der Schöpfung des Timomachos zu gewärtigen
haben, ist nichts wahrzunehmen. In noch höherem Grade gilt
dies von einer anderen Composition, die durch mehrere Repliken
und am Schönsten durch das grosse Gemälde aus Casa del Citarista [2]
vertreten ist. Links stehen Orestes und Pylades, gefesselt und
von einem Barbaren bewacht; rechts sitzt Thoas, einen Trabanten
neben sich, und blickt hochfahrend die Gefangenen an; in der
Mitte, etwas weiter im Hintergrunde, schreitet Iphigeneia, das
taurische Idol in der Linken, langsam über die Plattform des
Tempels nach vorwärts. Allerdings ist der Kopf der letzteren Figur
zerstört. Mag er aber auch, was nach der Richtung des Halses
angenommen werden muss, den Gefangenen zugewendet gewesen
sein, mag das Gesicht einen theilnehmenden oder mitleidigen Ausdruck gehabt haben, so ist doch von einer pathetischen Bewegung
in dieser Figur keine Spur wahrzunehmen. Auch stimmt die in
dieser Composition geschilderte Situation keineswegs mit der überein, auf welche das oben angeführte Epigramm hinweist. Bei
dem heftigen Gegensatze widerstreitender Gefühle, welchen dasselbe der Iphigeneia zuschreibt, haben wir vorauszusetzen, dass
das in dem Epigramme behandelte Gemälde eine Scene schilderte,
welche der Lösung dieses Conflictes, also der gegenseitigen Erkennung der beiden Geschwister, unmittelbar vorherging. In den
pompeianischen Bildern dagegen ist offenbar eine beträchtlich

---
1 Pitt. d'Erc. I 12 p. 67. Mus. Borb. VIII 19. Overbeck, Gal.
her. Bildw. Taf. 30, 9. Helbig N. 1334.
2 Mon. dell' Inst. VIII 22. N. 1333.

frühere Situation dargestellt, in welcher sich im Geiste der Iphigeneia eben die Gefühle zu regen beginnen, die im weiteren Verlaufe der Handlung zum Conflicte und hierauf zu dessen Lösung führen.

Während somit die Wandgemälde der Ansicht, die wir uns über die Composition des Timomachos gebildet, zuwiderlaufen, zeigt ein früher in Venedig und gegenwärtig in Weimar befindliches Sarkophagrelief [1]) eine vollständig entsprechende Darstellung. Hier steht Iphigeneia unmittelbar den Gefangenen gegenüber; ihre Haltung, der energisch vorgesetzte rechte Fuss, die stark zurückgeworfene linke Schulter, die über dem Schosse zusammengepressten Hände — alles dies verräth deutlich die heftige Bewegung, von der die Jungfrau ergriffen ist. Auch hat bereits Overbeck [2]) dieses Sarkophagrelief mit der Schöpfung des byzantiner Meisters verglichen und erkennt Preller [3]) in der Figur der Iphigeneia, ohne des Timomachos zu gedenken, gerade den Conflict widerstreitender Leidenschaften, welcher auf dem in dem Epigramme behandelten Gemälde hervortrat. Jedenfalls weist die grossartige Anlage der Gestalt auf die Erfindung eines bedeutenden Künstlers hin und verräth die Behandlung ihrer Hände eine deutliche Verwandtschaft mit der, welche der Medeia des Timomachos eigenthümlich war. Da es ausserdem bekannt ist, dass die römischen Sarkophagarbeiter vielfach malerische Compositionen aus der Diadochenperiode zu Grunde legten, so spricht alle Wahrscheinlichkeit dafür, dass das weimaraner Relief auf die taurische Iphigeneia des byzantiner Meisters zurückgeht.

Durch dieses Ergebniss haben wir eine sichere Grundlage gewonnen, um das Verhältniss zu beurtheilen, in welchem die anderweitigen Darstellungen des taurischen Mythos zu der Composition des Timomachos stehen. Auf dem herculaner Gemälde ist zwar Iphigeneia verschieden aufgefasst; dagegen ist die dargestellte Situation und die Behandlung der Gruppe der Gefangenen im Ganzen dieselbe, wie auf dem weimaraner Sarkophage. Wir dürfen daher annehmen, dass die Composition dieses Gemäldes eine freie Reproduction, eine eigenthümliche Weiterentwickelung der Schöpfung des Timomachos ist. Vergleichen wir ferner die pompeianischen Wandgemälde, vor allem das aus Casa del Citarista stammende, mit dem Sarkophagrelief, so gewahren wir auch hier die Spur des Einflusses dieses Meisters. Obwohl nämlich

---

1) Millin, Orestéide pl. 4. Overbeck, Gal. her. Bildw. Taf. 30, 2 p. 731. Ber. d. sächs. Ges. d. Wiss. 1850 Taf. VII B p. 250 ff.
2) Gal. her. Bildw. p. 735.
3) Ber. d. sächs. Ges. d. Wiss. 1850 p. 250.

150 Der Hellenismus und die campanische Wandmalerei.

das Relief einerseits und die Wandgemälde andererseits eine verschiedene Situation schildern und im Grossen und Ganzen von einander vollständig unabhängig sind, so verrathen sie doch in einem Bestandtheile die deutlichste Uebereinstimmung. Es ist dies die Gruppe der gefangenen Jünglinge. Die Abweichungen, welche die Darstellung derselben auf dem Sarkophage, verglichen mit der auf den Wandgemälden, darbietet, sind kaum der Rede werth. Wenn die Gestalten der Jünglinge auf dem Sarkophage weiter auseinandergerückt, wenn die Gesichter beider im Profil gebildet sind, während auf den Gemälden das des Pylades in der Vorderansicht aufgefasst ist, wenn das Relief die Verkürzung des linken Fusses des Orestes auslässt, so sicht jeder Kundige ein, dass diese Abweichungen durch die Stylgesetze des Reliefs geboten waren, und wird sich angesichts der Uebereinstimmung, welche in den Hauptmotiven obwaltet, Niemand der Ueberzeugung verschliessen, dass die Gruppe hier wie dort durch dasselbe Original bedingt ist. Wenn wir aber die Darstellung des Sarkophagreliefs richtig auf die Iphigeneia des Timomachos zurückgeführt haben, so ergiebt sich nunmehr, dass die Gruppe der Gefangenen, welche auf den Wandgemälden vorkommt, aus derselben Composition entlehnt ist. Sie ist aus dem Zusammenhange, für welchen sie ursprünglich von Timomachos erfunden worden war, herausgelöst und in die Schilderung einer anderen Situation aus dem taurischen Mythos übertragen. Die Gruppe, wie sie uns auf der besten Replik, dem Bilde aus Casa del Citarista[1], entgegentritt, erscheint ganz dieses Meisters würdig. Der psychologische Gegensatz zwischen dem melancholisch und resignirt vor sich hinbrütenden Orestes und dem Pylades, dessen Ausdruck eine eigenthümliche Mischung von Unwillen und Besorgniss verräth, dem man es ansieht, dass er noch am Leben hängt, ist in meisterhafter Weise veranschaulicht. Auch entspricht diese Auffassung vollständig dem Kunstcharakter des Timomachos. Wenn derselbe in der Medeia und der Iphigeneia den Conflict verschiedener dasselbe Individuum bestürmender Affecte schilderte, so erscheint der Ausdruck des psychologischen Gegensatzes in zwei zu einer Gruppe vereinigten Gestalten als eine nah verwandte Aufgabe.

Die feine Reflexion, mit welcher die Gruppe des Timomachos in den verschiedenen Zusammenhang hineingearbeitet ist, übersteigt das Maass des Kunstvermögens, welches wir den campanischen Wandmalern zuzutrauen berechtigt sind. Auch findet sich eine Composition, welche, abgesehen von unbedeutenden Ab-

---

1 Mon. dell' Inst. VIII 22. Ann. dell' Inst. 1865 p. 336 ff. Helbig N. 1333.

XVI. Chronologisch bestimmte Compositionen. 151

weichungen, die der Reliefstyl erforderte, dem Wandgemälde aus
Casa del Citarista entspricht, auf zwei Sarkophagen, von denen
der eine aus Ostia [1], der andere aus Venedig [2], stammt. Dies
beweist schlagend, dass sie nicht in den campanischen Städten,
sondern an einem grösseren künstlerischen Mittelpunkte gestaltet
ist, dessen Einfluss nach den verschiedensten Gegenden hin maassgebend war.

Die eigenthümliche Weise, in welcher die Medeia und die
taurische Iphigeneia des Timomachos abgewandelt und weiterentwickelt wurden, ist zur Beurtheilung der späteren griechischen
Kunst höchst lehrreich. Allerdings ist das monumentale Material,
welches die Weiterentwickelung der ersteren Composition veranschaulicht, reicher vertreten und konnte daher Dilthey [3] die
Aufeinanderfolge und den Zusammenhang einer grösseren Reihe
von Stadien nachweisen, als wir es bei der taurischen Iphigeneia
im Stande sind. Doch ergiebt sich mit hinreichender Deutlichkeit,
dass die Weiterentwickelung der letzteren, verglichen mit der,
welche an die Medeia anknüpft, eine diametral entgegengesetzte
Bahn einschlug. Während dort der Moment, welcher zur Darstellung erwählt wird, mehr und mehr der Katastrophe näher rückt
und sich dem entsprechend das Pathos und die äussere Bewegung
mehr und mehr steigern, während in der Gruppe von Arles,
welche eines der äussersten Stadien dieser Entwickelung bezeichnet [4], Medeia das Schwert bereits entblösst und die Kinder
ängstlich zusammenschrecken, erscheint in dem herculaner Gemälde, in welchem wir eine dem Originale verhältnissmässig nahe
stehende Abwandlung der Iphigeneia nachgewiesen haben, die
pathetische Bewegung, die Timomachos der Hauptfigur gegeben
hatte, abgeschwächt. In dem weiteren Stadium, welches durch die
pompeianischen Wandgemälde und die Reliefs des ostiensischen und
des venetianischen Sarkophags vertreten wird, ist von den Bestandtheilen des Originals nur noch die Gruppe der Gefangenen festgehalten; die Handlung dagegen ist eine andere, von dem Conflicte, den Timomachos geschildert hatte, noch ferner liegende.
Die Verschiedenheit dieser Entwickelung erklärt sich hinlänglich aus dem Charakter der beiden Compositionen. Sollten die
Gebilde, welche aus der Medeia abgeleitet wurden, im Ganzen

---

1 Arch. Zeit. 1844 Taf. 23 p. 367 ff. Overbeck, Gal. Taf. 30, 3 p. 729.
2 Millin, Orestéide pl. 3. Ber. d. sächs. Ges. d. Wiss. 1850 Tav. VII A p. 245 ff.
3 Ann. dell' Inst. 1869 p. 46 ff.
4 Millin, voyage dans le midi de la France Atlas pl. LXVIII 2, gal. myth. 102, 407. Vgl. Ann. dell' Inst. 1869 p. 55. 59.

don Geist des Originals und wesentliche formelle Bestandtheile desselben bewahren, so kamen nur die Momente in Betracht, welche zwischen die von Timomachos geschilderte Situation und die Vollziehung des Kindermords fielen. Innerhalb dieser beiden Grenzpunkte konnte der Typus, welchen der byzantiner Maler geschaffen, noch eine Reihe von Nuancen erfahren. Bei der taurischen Iphigeneia dagegen war es unmöglich, die Handlung auch nur ein Haar über den in dem Originale dargestellten Conflict hinauszuführen. Das erste Aufleuchten der gegenseitigen Erkennung der beiden Geschwister hätte sofort eine ganz andere Bewegung aller Gestalten und einen ganz verschiedenen Inhalt der Darstellung zur Folge gehabt. Daher entfernen sich die abgeleiteten Compositionen ganz naturgemäss von dem Momente des höchsten Conflictes. Und, da die von Timomachos erfundene Gruppe der Gefangenen für eine ganze Reihe von Situationen des taurischen Mythos, welche vor die Erkennung des Geschwisterpaares fallen, mustergültig war, so hielt die spätere Malerei diesen Bestandtheil fest und verwendete ihn zur Darstellung einer dieser Situationen.

Ehe wir mit unserer Untersuchung weiterschreiten, sei noch bemerkt, dass Dilthey [1] eine Reproduction der Medusa des Timomachos in einem herculaner Wandbilde vermuthet. Dasselbe stellt den Perseus dar im Begriffe, der Medusa das Haupt abzuschneiden; der Held scheint, von Mitleid bewegt, mit der Vollziehung des Mordes zu zögern, während Pallas hastig, mit gezücktem Speere, auf die Gorgone zuschreitet. Ich sehe der von Dilthey versprochenen Begründung seiner Hypothese mit Spannung entgegen und enthalte mich vor der Hand jeglichen Urtheils über ihre Berechtigung.

O. Jahn [2] hat die Vermuthung ausgesprochen, dass das berühmte herculaner Gemälde, welches darstellt, wie Herakles in Gegenwart der Arkadia und des Pan den von einer Hirschkuh gesäugten Telephosknaben betrachtet [3], auf ein Werk der pergamenischen Kunst zurückgehe. Da Telephos in Pergamos als Nationalheros verehrt wurde [4] und die Münzen von Pergamos [5] und der benachbarten Stadt Germe [6] eine Darstellung wiedergeben, welche trotz beträchtlicher Abweichungen immerhin auf

---

1. Ann. dell' Inst. 1871 p. 231 p. 235 Anm. 31; Helbig N. 1152.
2. Arch. Aufsätze p. 161 ff.
3; N. 1143.
4 Vgl. Wegener, de aul. Attal. I p. 15 ff.
5; Mionnet, descr. II p. 607 n. 605. suppl. V p. 445 n. 1047. Sestini, descr. del Mus. Hederv. II p. 119 n. 55. Choiseul Gouffier voyage pittor. Atlas II 5, 3.
6, Abhandl. d. bayer. Akad. d. Wiss. 1 1835, Taf. III n. 2 p. 191. Streber, num. not. graec. III 3.

XVI. Chronologisch bestimmte Compositionen. 153

ein mit dem Wandgemälde gemeinsames Original zurückweist, so
hat bei der bekannten Sitte der Alten, Kunstwerke ihrer Stadt
oder ihres Staates auf den Münzen abzubilden, diese Vermuthung
alle Wahrscheinlichkeit für sich. Dagegen kann ich Jahns Auseinandersetzung über die Art jenes gemeinsamen Originals nicht
beipflichten. Da die Gestalt des Herakles auf den Münzen von
Germe und auf dem Wandgemälde die deutlichste Uebereinstimmung mit dem namentlich durch die farnesische Statue bekannten Typus verräth, so vermuthete der Duc de Luynes[1],
diese Darstellungen seien durch eine Statuengruppe bestimmt, zu
welcher von Haus aus jener bekannte Heraklestypus gehört habe.
Diese Ansicht, die von O. Jahn für zulässig erachtet wird, erscheint bei näherer Betrachtung unhaltbar. Zunächst bietet die
Gestalt des Herakles, wie sie in der farnesischen und anderen
Repliken auftritt, keine zwingende Nothwendigkeit dar, sie als
Bestandtheil einer Gruppe aufzufassen; sie erscheint vielmehr
als eine in sich abgeschlossene Schilderung des ermattet ruhenden
Helden. Ausserdem widerspricht der Ansicht des Herzogs die
Epoche, in welche die Erfindung dieses Heraklestypus fällt.
Derselbe ist, wie wir gegenwärtig mit hinlänglicher Sicherheit
annehmen dürfen[2], ein Product der Kunst des 4. Jahrhunderts,
vermuthlich der zweiten attischen Schule, und darf keinesfalls
viel über die Alexanderepoche herabgerückt werden. Denken wir
uns aber eine Statue wie die farnesische und davor die Hirschkuh
mit dem Telephosknaben, so ergiebt sich eine architektonisch so
wenig abgeschlossene Gruppe, wie wir sie unmöglich der Kunst
der zweiten Hälfte des 4. Jahrhunderts v. Chr. zutrauen dürfen.
Dieser Heraklestypus ist also von Haus aus keineswegs als Bestandtheil einer die Auffindung des Telephos darstellenden Gruppe erfunden. Die Vermuthung, dass derselbe von der späteren Kunst
zur Herstellung einer solchen plastischen Gruppe verwendet
wurde, lässt sich nicht beweisen. Zwar sah Pausanias[3] auf
dem Helikon eine plastische Darstellung der den Telephos säugenden Hirschkuh; doch giebt er nicht an, dass derselben eine Statue
des Herakles beigefügt war. Endlich führt die unbefangene Betrachtung der pergamenischen und germäischen Münztypen, welche
wir, bis die Frage über die Art des Originals gelöst ist, an erster
Stelle zu berücksichtigen haben, zur Annahme eines anderen
Vorbildes, als einer Statuengruppe. Der Gegenstand als solcher,
welcher die Darstellung einer Fülle von Motiven erforderte, war

---

1) Nouv. Ann. de l'Inst. I p. 60.
2) Vgl. oben Seite 14.
3) Pausan. VIIII 31, 2.

seiner Natur nach ungleich mehr für die Malerei als für die Plastik geeignet. Und auf ein malerisches Vorbild weist deutlich die ausführliche Schilderung des felsigen Terrains hin, auf dem die Handlung vor sich geht. Die Thatsache, dass die Münztypen bisweilen berühmte Gemälde wiedergeben, ist durch viele Belege bezeugt [1]). Demnach darf das Original dieser Darstellungen mit hinreichender Sicherheit in der pergamenischen Malerei gesucht werden. Ist dieses Ergebniss anerkannt, dann spricht alle Wahrscheinlichkeit dafür, dass das Wandgemälde den Bestand des Vorbildes getreuer wiedergiebt, als die Münzen. Die Stempelschneider mussten bei der Reproduction eines Gemäldes, wollten sie eine einigermassen klare und verständliche Darstellung erzielen, wegen der Beschränktheit des ihnen zu Gebote stehenden Raumes nothwendig zu Aenderungen und namentlich zu Auslassungen veranlasst werden. Der Wandmaler dagegen hatte keinen zwingenden Grund, von dem Bestande der Originalcomposition abzuweichen. Dass er die Nebenfiguren, welche auf den Münzen fehlen, die Arkadia, den Pansknaben, den Löwen, nicht aus eigener Erfindung beifügte, ist an und für sich wahrscheinlich und lässt sich hinsichtlich des letzteren Motivs beweisen; denn der Löwe findet sich neben Herakles auf einem unseren Mythos darstellendem Denkmale, welches aus Griechenland stammt [2], also unmöglich durch die Kunst der campanischen Landstädte bestimmt werden konnte.

Jedenfalls lässt sich die Composition, wie sie sich auf dem herculaner Gemälde darstellt, recht wohl in die Entwickelung der pergamenischen Kunst einreihen. Diese Kunst beschäftigte sich vorwiegend mit der Verherrlichung der Siege der pergamenischen Könige über die Gallier und erzielte die vollendetsten und eigenthümlichsten Leistungen in der charaktervollen Ausprägung von

---

1 Ich begnüge mich folgende Beispiele anzuführen: Die Victoria quadrigam in sublime rapiens des Nikomachos 'Plin. XXXV 108; ist auf Denaren des L. Plautius Plancus Cohen, descr. des monn. de la rép. pl. XXXIII Plautia 7, 8; reproducirt. Vgl. Schuchardt, Nikomachos p. 20 ff. — Perseus und Andromeda des Niklas siehe oben Seite 140 auf Münzen von Deultum in Thrakien: Dumersan, méd. de All. de Hauteroche pl. III 10. — Die Composition der Skylla, wie sie auf einem pompejanischen Wandgemälde vorkommt N. 1063, kehrt auf Denaren des S. Pompeius Cohen a. a. O. pl. XXXIII Pompeia 6. 7; wieder. Vgl. Schuchardt a. a. O. p. 40 ff. — Perseus in Gegenwart der Athene die Medusa tödtend N. 1182 auf Münzen von Sebaste: Millin, gal. myth. pl. 105 n. 356**, peint. de vases II 78, 3. — Erotenbad, auf einem römischen Wandgemälde Denkm. d. a. K. I 74, 427ᵃ und Münzen der Lucilla Denkm. I 74, 427ᵇ). Vgl. O. Jahn, arch. Beitr. p. 213 Anm. 9.
2 Gerhard, antike Bildw. 113, 3.

Barbarentypen. Die Virtuosität einer dem Leben entsprechenden Charakteristik, worauf das wesentliche Verdienst dieser Schule beruhte, konnte auf dem idealen Gebiete mythologischer Darstellung nur in geringem Grade zur Geltung kommen. Deshalb steht, wie bereits Brunn[1] richtig hervorgehoben, die aus dem pergamenischen Statuencyklus erhaltene Amazone hinter den dazu gehörigen Barbarentypen zurück. Wenn daher die Composition des Wandgemäldes allzusehr die Reflexion verräth, wenn der Gedanke nicht einfach, sondern mit einer Ueberfülle von Motiven zum Ausdrucke gebracht ist, so widerspricht diese Erscheinung keineswegs dem Charakter, den wir der spätgriechischen und im Besonderen der pergamenischen Kunst zuzuschreiben berechtigt sind. Mit dieser Beschränktheit des idealen Gestaltungsvermögens wird es auch zusammenhängen, dass der Künstler bei Bildung der Figur des Herakles einen älteren plastischen Typus entweder bewusst zu Grunde legte oder durch dessen Reminiscenz bestimmt wurde.

Dass auch die auf die Verurtheilung des Marsyas bezüglichen Gemälde[2] auf Leistungen pergamenischer Künstler zurückgehen, ist zum Mindesten eine nahe liegende Vermuthung. Die beliebten Stoffe pflegten in Pergamos sowohl in der Sculptur wie in der Malerei behandelt zu werden. Dies geschah, wie wir gesehen haben, mit den Gallierschlachten[3]. Ausser dem Gemälde mit dem Telephosmythos gab es auch eine plastische Gruppe, welche die den Telephosknaben säugende Hindin darstellte und deren Ursprung vermuthlich in Pergamos anzunehmen ist[4]. Der das Urtheil des Marsyas darstellende Statuencyklus, aus welchem uns die Figur des das Messer wetzenden Skythen und Copien nach dem aufgehängten Marsyas erhalten sind, war jedenfalls ein Product dieser Schule. Der Gedanke, welcher dieser Composition zu Grunde liegt, ist derselbe, wie bei den Gallierschlachten. Wie die letzteren die Ueberlegenheit griechischer Streiter über die Barbaren verherrlichen, so wird dort der Sieg des hellenischen Apoll über den asiatischen Marsyas, der Sieg hellenischer Kitharistik über asiatische Flötenmusik gefeiert. Ausserdem entspricht die im Florentiner Museum befindliche Statue des Skythen, die ganz den Eindruck einer Originalarbeit macht, in der Auffassung,

---

1. Ann. dell'Inst. 1870 p. 306, 307. Mon. dell'Inst. VIII Tav. XX 5.
2. N. 231 b ff
3. Vgl. oben Seite 54.
4. Pausan. VIIII 31, 2. Auf eine plastische Gruppe scheint auch die den Telephosknaben säugende Hindin auf Münzen von Capua zurückzugehen: Friedlaender, oskische Münzen Taf. III n. 19, 20 p. 13; Carelli, num. Ital. vet. LXVIIII 14.

der Technik und selbst der Qualität des Marmors genau den pergamenischen Barbarenstatuen[1]. Die campanischen Wandgemälde, welche das Marsyasurtheil darstellen, weichen zwar in der Behandlung der einzelnen Motive von den aus der Gruppe erhaltenen Statuen ab; dagegen verräth die Auffassung und die Charakteristik der Barbarentypen hier wie dort einen merkwürdig entsprechenden Geist. Diese Erscheinung führt zu der Vermuthung, dass irgendwelche Beziehung zwischen dem Statuencyklus und den Wandgemälden obwaltet, dass die Erfindung der Malereien auf derselben Grundlage stattfand, wie die der Statuen.

Mehrere Wandbilder, welche darstellen, wie Cheiron den Achill im Kitharspiel unterrichtet[2], reproduciren offenbar eine Marmorgruppe, die sich zur Zeit des Plinius in Rom in den Septa befand[3]. Plinius sagt, dass der Meister derselben unbekannt war. Doch ergiebt sich aus dem Zusammenhange, in welchem er die Gruppe aufführt, dass sie als ein Product ächt griechischer Kunst galt. Untersuchen wir, um die Entstehungszeit derselben zu bestimmen, die beste Replik dieser Composition, das vortrefflich durchgeführte herculaner Gemälde, so weist der Typus des Cheiron, welcher ein verwandtes Formenprincip wie ein beim Mausoleum gefundener Kopf und wie der Herakles Steinhäuser verräth[4], deutlich auf Einflüsse der zweiten attischen Schule hin. Ausserdem haben wir zu berücksichtigen, dass Plinius zugleich mit der Gruppe des Cheiron und Achill eine andere, welche Pan und Olympos darstellte, als in den Septa befindlich anführt. Man hat vermuthet, dass diese beiden Kunstwerke als Gegenstücke gearbeitet waren, und das letztere mit der in mehreren Repliken erhaltenen Gruppe identificirt, welche Pan darstellt, wie er einen zarten Jüngling im Syrinxspiel unterrichtet[5]. In der That erscheinen die beiden Gruppen nach Inhalt, wie nach Anordnung als Gegenstücke und ist der Contrast zwischen dem ernsten Cheiron und dem trotzigen Heroenknaben einerseits und dem lüsternen Pan und dem zärtlichen, schelmisch blickenden Jüngling andererseits ganz in dem Geiste der griechischen Kunst der zweiten Hälfte des 4. Jahrhunderts. Erkennen wir aber diese Vermuthung als richtig an, so ergiebt sich aus dem Charakter der letzteren Gruppe, dass die beiden Gegenstücke schwerlich vor der Zeit Alexanders des Grossen erfunden sein können;

---

1) Vgl. Bursian, Allg. Encyclopädie Sect. I D. 52 p. 482. Overbeck, Gesch. d. Plastik II[2] p. 202.
2) N. 1291 ff.
3) Plin. XXXVI 29.
4) Vgl. Bull. dell' Inst. 1872 p. 67 ff.
5) Vgl. Friederichs, Bausteine n. 654 p. 379.

XVI. Chronologisch bestimmte Compositionen. 157

denn ein Kunstwerk, welches eine schlüpfrige Richtung verräth, wie die Gruppe des Pan und Olympos, ist in der älteren Epoche nicht nachweisbar. Eine der in der campanischen Wandmalerei am häufigsten wiederkehrenden Compositionen ist die, welche darstellt, wie Ariadne, nachdem sie von Theseus auf Naxos zurückgelassen worden ist, dem enteilenden Schiffe desselben nachsieht[1]. In dem 64. Gedichte des Catull wird der Teppich, der das Hochzeitsbett des Peleus und der Thetis bedeckt, und als Muster desselben eine ganz entsprechende Composition beschrieben. Mag auch die Vermuthung Riese's[2], dass dieses Gedicht aus Kallimachos übersetzt sei, nicht hinlänglich begründet sein, so ist die Annahme, dass Catull ein alexandrinisches Product im Ganzen genau wiedergiebt, über jeden Zweifel erhaben. Der alexandrinische Dichter also, den Catull übersetzt oder nachahmt, kannte bereits die in der Wandmalerei reproducirte Composition. Vor der Zeit Alexanders des Grossen kann die Entstehung derselben wegen der sentimentalen Richtung, die darin den Grundton bildet, kaum angesetzt werden. Somit haben wir die Erfindung dieser Composition entweder der Alexander- oder der daran anknüpfenden Diadochenperiode zuzuschreiben.

Schliesslich haben wir noch einiger Motive der Wandbilder zu gedenken, deren Ursprungszeit sich nicht genau bestimmen, von denen es sich aber nachweisen lässt, dass ihre Erfindung eine beträchtliche Spanne Zeit vor die Ausführung der campanischen Wandmalereien fällt. Das bekannte Motiv des schlafenden Endymion[3], dessen Reminiscenz auch eine Schilderung des Lucian[4] bestimmte, war sicher bereits im letzten Jahrhundert der Republik ausgebildet; denn es findet sich auf dem Denar eines Münzmeisters dieser Epoche, des L. Buca[5]. Ferner war das Motiv

---
1 N. 1222 ff.
2) Rhein. Mus. XXI (1866) p. 496 ff.
3) N. 951 ff
4) Dial. deor. XI 2. Vgl. Blümner, arch. Stud. zu Lucian p. 72.
5) Ueber die Zeit des L. Buca s. Borghesi oeuvres I p. 425, Mommsen, Gesch d. röm. Münzw. p. 647 und die Uebersetzung des Duc de Blacas II p. 523. Die Abbildung des Denar bei Cohen, descr. des monn. de la république pl. I n. 11 (vgl. p. 10 n. 12 und p. 14) und in den Denkm. d. a. K. II 16, 175b ist ungenau: auch fassen meines Erachtens Borghesi und Cavedoni (Ann. dell' Inst. 1854 p. 62) die auf dem Reverse dargestellte Handlung falsch auf. Ich beschreibe dieselbe nach einem vortrefflich erhaltenen Exemplare, welches sich im Besitze Herrn Martinetti's befindet: Am Boden schläft auf einer zottigen Unterlage ein Jüngling, von den Hüften abwärts mit einem Gewande bedeckt, den linken Arm über das Haupt legend. Dem Jüngling gegenüber befindet sich, anscheinend auf einem Felsen sitzend, eine weibliche Gestalt. mit der

des Odysseus, welches auf einem Wandgemälde vorkommt, das die Begegnung des Helden mit Penelope darstellt[1], bereits den Steinmetzen etruskischer Urnen bekannt[2]. Dasselbe gilt von der Composition der Alexanderschlacht; ein Auszug aus derselben findet sich, wie bereits im dritten Abschnitte bemerkt wurde, auf einer Reihe peruginer Urnen[3]. Wenn, wie in der Regel angenommen wird, die Fabrik der etruskischen Urnen im Wesentlichen gegen Ende der Republik aufhörte, so ergiebt sich, dass diese Motive bereits ungefähr drei Menschenalter vor der Ausführung der campanischen Wandmalereien geläufig waren.

Zwar hat man noch verschiedene andere Wandgemälde mit berühmten Gemälden, von denen Plinius berichtet, in Verbindung zu bringen versucht. Bei den Bildern, welche darstellen, wie Satyrn oder Pane schlafenden Bakchantinnen nachstellen, ist an die »nobilis Bacchas obreptantibus Satyris« des Nikomachos gedacht worden[4]. Hinsichtlich der beiden Compositionen, welche Achill auf Skyros darstellen, könnte man die Frage aufwerfen, ob nicht eine derselben auf ein Gemälde des Athenion zurückgeht, welches denselben Gegenstand behandelte[5]. Angesichts des grossen Wandbildes, welches die Befreiung der Hesione darstellt, wird einer oder der andere Archäolog sich erinnern, dass Antiphilos eine berühmte Hesione malte, die sich nachmals zu

---

Mondsichel über der Stirn, offenbar Selene. Sie hält mit der Rechten ein Gewand, welches in bogenartigen Schwingungen über ihrem Haupte flattert. Ihr zugewendet, zu Häupten des Schlafenden, steht eine geflügelte, mit langem Chiton bekleidete Figur, welche mit der Rechten einen kurzen Stab, wie drohend, gegen Selene erhebt und mit der Linken eine offenbar abwehrende Geberde macht. Ohne Zweifel bezieht sich diese Darstellung auf den Mythos von Endymion und Selene. Die an letzter Stelle beschriebene Figur ist vermuthlich Hypnos (vgl. Helbig N. 956), welcher die Göttin, die den Schlaf des Jünglings zu stören geneigt ist, mit erhobenem Stabe zurückscheucht. Die etwas unklare Anordnung der Gestalt der Selene, welche auf anderen Denkmälern zu Endymion herabschwebt oder auf ihn zuschreitet, ist vermuthlich nur aus dem Streben des Stempelschneiders, den runden Raum auszufüllen, abzuleiten.

1) N. 1332.
2) Brunn, rill. delle urne etrusche I Taf. XCIX 1. Vgl. Conze, Zeitschr. für österr. Gymnas. 1876 p. 876, 1871 p. 822.
3) Siehe oben Seite 44. Auch die Figur des reitenden Troilos auf einem Wandgemälde (Arch. Zeit. 1870 Taf. 36 n. 1) erinnert an die Darstellung dieses Jünglings, wie sie auf Urnen vorkommt (s. namentlich Brunn, rill. delle urne I Taf. L 5); doch ist die Uebereinstimmung nicht bezeichnend genug, um mit Nothwendigkeit auf ein gemeinsames Original schliessen zu lassen.
4) N. 542 ff. 559 ff.; Plin. XXXV 109.
5) N. 1296 ff.; Plin. XXXV 134.

Rom in der Porticus der Octavia befand¹. Das pompeianische Gemälde, welches ein Stieropfer darstellt, steht vielleicht zu einer berühmten Composition des Pausias oder dessen Schüler Aristolaos in Bezug². Doch sind alle diese Vermuthungen zu vager Natur, als dass sie gegenwärtig, wo es darauf ankommt, eine feste Grundlage für die Untersuchung zu gewinnen, berücksichtigt werden dürften.

Ziehen wir aus den vorhergehenden Untersuchungen die chronologischen Resultate, so war Nikias zur Zeit Alexanders des Grossen und noch nach dessen Tode thätig. Theon kennen wir als Zeitgenossen des Demetrios Poliorketes und des Epikur. Auf ungefähr dieselbe Epoche weisen die Alexanderschlacht, die Gruppe des Cheiron und Achill, die trauernde Ariadne auf Naxos hin. Von Artemon wissen wir, dass er eine Königin Stratonike malte³. Wiewohl es nicht sicher ist, dass dieselbe die berühmteste Fürstin dieses Namens war, die Tochter des Demetrios Poliorketes, welche Seleukos Nikator geheirathet hatte und später seinem Sohne Antiochos Sota als Gemahlin abtrat, so deutet doch der Name entschieden auf die Seleukidendynastie und ist demnach Artemon als ein Maler der Diadochenperiode zu betrachten. Dass auch Timomachos dieser Epoche angehört, ist durch Welcker⁴, Brunn⁵ und Dilthey⁶ hinreichend festgestellt. Ohne die Frage nach der Chronologie dieses Künstlers einer erneuten Revision zu unterziehen, begnüge ich mich, gegenwärtig nur einen bisher übersehenen Gesichtspunkt hervorzuheben, der die Untersuchungen jener Gelehrten ergänzt. Cicero⁷ giebt an, dass die Kyzikener zu seiner Zeit zwei Gemälde, welche Aias und Medeia darstellten, als den Stolz ihrer Stadt betrachteten. Welcker und Brunn haben dieselben mit vollem Rechte mit den Bildern des Timomachos identificirt, welche, wie Plinius⁸ berichtet, von Caesar erworben und im Tempel der Venus Genetrix aufgestellt wurden. Wenn derselbe Plinius⁹ an einer anderen Stelle schreibt, Agrippa habe von den Kyzikenern zwei Gemälde, eines des Aias und ein anderes der Venus, gekauft, so hat bereits Welcker¹⁰ den Verdacht aus-

---

1) N 1152; Plin. XXXV 114.
2) N. 1411; Plin. XXXV 126, 137.
3) Plin. XXXV 139.
4) Kl. Schriften III p. 457 ff.
5) Gesch. d. gr. Künstl. II p. 276 ff.
6) Ann. dell' Inst 1869 p. 57 ff.
7) In Verr. IV 60, 135.
8) XXXV 136.
9) XXXV 26.
10) Kl. Schriften III p. 456.

gesprochen, es möchte dem Schriftsteller aus dem Vorhergehenden in templo Veneris eine Venus statt einer Medeia in die Feder geflossen sein. Diese an und für sich nahe liegende Vermuthung wird durch den genaueren Vergleich der beiden Stellen des Plinius bestätigt. Doch ergiebt sich hierbei zugleich die Wahrscheinlichkeit, dass Plinius irrte, wenn er die Erwerbungen des Caesar und des Agrippa als zwei verschiedene Thatsachen betrachtete, und es somit nicht nöthig ist, mit Welcker bei einem der beiden Ankäufe an Ateliercopien zu denken. Plinius giebt nämlich an, dass Caesar für den Aias und die Medeia des Timomachos 80 Talente, dass Agrippa für die kyzikener Gemälde, den Aias und die angebliche Venus, 1200000 Sestertien zahlte. 80 Talente sind aber gleich 1200000 Sestertien. Also hätte sowohl Caesar wie Agrippa denselben Kaufpreis erlegt. Der Zufall, dass zwei derselben Epoche angehörige Personen für zwei Gemälde genau denselben Preis zahlen, ist gewiss sehr auffällig. Noch bedenklicher aber erscheint dieses Zusammentreffen, wenn wir in Betracht ziehen, dass der Ankauf, falls die Vermuthung über die Identität der von Cicero erwähnten kyzikenischen Gemälde und der von Caesar gekauften Bilder des Timomachos richtig ist, beide Male in Kyzikos erfolgte, dass ausserdem gegründeter Verdacht vorliegt, dass es sich bei beiden Ankäufen um zwei Gemälde desselben Gegenstandes handelte. Unter solchen Umständen ist es gewiss nicht zu gewagt, an der Genauigkeit der Angaben des Plinius zu zweifeln und anzunehmen, dass er zwei verschiedene Berichte über die Aquisition der kyzikenischen Gemälde las und deshalb zwei Ankäufe voraussetzte, während in der That nur einer stattfand. Man kann sich diesen Irrthum ganz gut so erklären, dass der kunstsinnige Agrippa, der dem jungen Octavian nahe stand, mit demselben in Apollonia studirte und somit gewiss auch Beziehungen zu Caesar hatte, die Gemälde für Caesar ankaufte, dass demnach in einem Berichte Caesar, in einem anderen Agrippa als Käufer angegeben war. Der eine dieser Berichte scheint, nach der Bezeichnung des Preises in Talenten zu schliessen, ein griechischer, der andere, der die Summe auf Sestertien reducirt, ein lateinischer gewesen zu sein. Jedenfalls werden durch diese Vermuthung die Angabe des Cicero und die beiden Stellen des Plinius in vollkommensten Einklang gebracht.

Die künstlerische Thätigkeit in Pergamos, deren wir bei Betrachtung der Telephoscomposition gedachten, ist so eng mit der Dynastie des Philetairos verknüpft, dass sie keineswegs vor die Erhebung dieser Dynastie und schwerlich nach dem Ende derselben

133 v. Chr.) angesetzt werden darf[1]). Wenn die Gruppe der den Telephos säugenden Hirschkuh, die sich auf capuanischen Münzen findet[2]), auf ein pergamenisches Original zurückgeht, dann würde sich ergeben, dass der Telephosmythos in Pergamos bereits vor dem Jahre 211 v. Chr. künstlerisch behandelt wurde, denn in diesem Jahre hörte mit der Zerstörung der Stadt die capuanische Prägung auf.

Wo sich also überhaupt Etwas feststellen oder vermuthen lässt über die Erfindungsepoche der von den Wandmalern reproducirten mythologischen Compositionen, werden wir auf die Zeit Alexanders des Grossen und der Diadochen hingewiesen.

Doch müssen wir, nachdem wir uns in dieser Weise angesprochen, sogleich zweier Compositionen gedenken, über die bei flüchtiger Betrachtung anders geurtheilt werden könnte. Es ist dies die Composition, welche Eroten schildert, wie sie die Vestalia feiern[3]), und die, welche den Tod der Sophoniba darstellt[4]). Da die erstere ein ausschliesslich latinisches Fest, die letztere ein Ereigniss aus der römischen Kriegsgeschichte behandelt, so versteht es sich, dass sie beide in römischer Epoche und auf italischem Boden erfunden sind. Für das Sophonibabild ergiebt sich als bestimmter Terminus a quo das Jahr 203 v. Chr., in welchem der Tod der Gattin des Syphax erfolgte. Jedoch nöthigt nichts zu der Annahme, dass die beiden Compositionen erst in der Kaiserzeit erfunden worden seien. Vielmehr ist es bekannt, dass die griechische Kunst bereits mindestens zwei Jahrhunderte früher im Dienste der Römer römische Stoffe behandelte[5]). Angesichts der die Vestalia feiernden Eroten sind wir im Besonderen berechtigt, an das bereits erwähnte Gemälde des Simos zu erinnern, welches die Feier des Quinquatrus in einer Walkerwerkstätte darstellte[6]). Wenn die Angabe des Plinius über den Inhalt dieses Bildes genau und eine Vermuthung Brunns richtig ist, der den Maler Simos mit einem gleichnamigen Bildhauer identificirt, welcher spätestens im 3. Jahrhundert v. Chr. auf Rhodos thätig war, dann würden wir bereits mindestens zwei Jahrhunderte vor der Kaiserzeit einem Gemälde begegnen, welches, wie es auf den

---

1 Ueber die Chronologie der Meister der Gallierschlachten vgl. Urlichs, Jahns Jahrb. 69 p. 353 ff. Brunn, Ann. dell' Inst. 1870 p. 322 ff.
2) Friedlaender, osk. Münzen Taf. III n. 19, 20 p. 13 Carelli, num. Ital. vet. LXVIIII 14.
3) Helbig N. 777.
4) N. 1385.
5 Vgl. oben S. 8.
6) Plin. XXXV 143. Vgl. Brunn, Gesch. d. gr. Künstl. I p. 467 ff. Arch. Zeit. 1854 p. 191.

pompejanischen Wandgemälden der Fall ist, ein italisches Fest behandelte.

Hinsichtlich des Sophonibabildes führt der unbefangene Vergleich desselben mit den sonstigen aus der antiken Kunst erhaltenen historischen Darstellungen mit hinreichender Sicherheit zu der Annahme, dass seine Erfindung in eine von der Kaiserzeit beträchtlich fern liegende Epoche fällt. Vermöge seiner Acht dramatischen Auffassung und der künstlerischen Anordnung der Composition unterscheidet sich dieses Bild wesentlich von der chronikenartigen Vortragsweise, welche den historischen Reliefs der Kaiserzeit eigenthümlich ist. Vielmehr verräth dasselbe unter den erhaltenen Denkmälern, wie bereits O. Jahn[1] nachdrücklich hervorgehoben hat, die grösste Verwandtschaft mit dem Mosaik der Alexanderschlacht. Wenn nun die letztere Composition als eine Schöpfung der an die Alexanderepoche anknüpfenden Entwickelung betrachtet werden darf[2], so ergiebt sich die Wahrscheinlichkeit, dass die Erfindung des Sophonibabildes auch chronologisch der Epoche, welche die Alexanderschlacht in das Leben rief, näher steht, als der Kaiserzeit. Da es ferner bekannt ist, dass die griechische Kunst bereits im 2. Jahrhundert v. Chr. den Bilderschmuck römischer Triumphe herstellte[3], so liegt die Vermuthung nahe, dass das Original des Sophonibabildes unter dem unmittelbaren Eindruck des afrikanischen Feldzugs des Scipio entstand und etwa bei dem Triumphe dieses Feldherrn vorübergetragen oder zu bleibender Erinnerung in einem Tempel geweiht wurde[4]. Wenn aber dieses Bild, wofür alle Wahrscheinlichkeit spricht, eine verhältnissmässig frühe Leistung der nach Italien übertragenen historischen Kunst des Hellenismus ist, dann gehört es einer Entwickelung an, welche geistig und zeitlich in engem Zusammenhang steht mit der, auf welche wir durch die bisherige Untersuchung hingewiesen wurden.

Die Annahme, dass die Wandbilder auf Originale der an die Alexanderepoche anknüpfenden Malerei zurückgehen, wird durch eine Erscheinung bestätigt, auf die wir bereits hingedeutet. Die Thatsache, dass die Dichtung der Kaiserzeit, in so weit sie

---

1 Der Tod der Sophonibba p. 14.
2 Vgl. oben Seite 44.
3) Vgl. oben Seite 5.
4. Die Malereien, mit welchen die Triumphe ausgestattet wurden, schilderten nicht nur Schlachten. Ein Gemälde, dessen Darstellung der des Sophonibabildes verwandt war, wurde bei dem Triumphe des Pompejus über Mithradates einhergetragen. Es stellte den besiegten König dar, wie er sich in Mitten seines Harems den Tod giebt. S. Appian, Mithridat. § 117.

mythologische Stoffe behandelt, in der Gestaltung derselben mehr oder minder durch die alexandrinische bedingt wurde, ist allgemein anerkannt. Wir werden in den folgenden Abschnitten eine beträchtliche Menge von Motiven der alexandrinischen Poesie kennen lernen, die, mit grösseren oder geringeren Modificationen, bald erweitert und bald verkürzt, bis in die späteste Kaiserzeit hinein wiederholt wurden. Wie immer der mythologische Stoff von den Dichtern der Kaiserzeit gestaltet sein mag, stets ist die Frage berechtigt, die wir diesem Buche als Motto gegeben hatten. Wenn aber auf diesem Gebiete die Dauer der Ueberlieferung und die Abhängigkeit der späteren Leistungen von den älteren bestimmt nachweisbar sind, dann ist es unmethodisch bei der Malerei, weil hier die Ueberlieferung weniger vollständig ist, weil sich vor allen Dingen keine Originale aus der Diadochenperiode erhalten haben, einen verschiedenen Gang der Entwickelung vorauszusetzen. Ja, wenn wir den Stolz, mit dem die Kaiserzeit auf ihre poetischen Leistungen blickt, und die Bescheidenheit oder gar Geringschätzung vergleichen, mit der sie sich über die gleichzeitige bildende Kunst und im Besonderen die Malerei äussert, dann sind wir berechtigt einen Schritt weiter zu gehen und zu behaupten, dass diese Abhängigkeit auf dem Gebiete der Malerei in noch weiterem Umfange maassgebend war, als auf dem der Dichtung.

Ehe wir unsere Untersuchung weiterführen, haben wir noch einige Einwände zu beseitigen, die voreilig gegen das bisherige Resultat erhoben werden könnten. Wenn, wie wir annehmen, die Wandgemälde idealer Richtung vorwiegend auf Originale aus der Diadochenperiode zurückgehen, so könnte Jemand die Frage aufwerfen, warum die Zahl der Compositionen, die sich auf bestimmte Meister aus jener Epoche zurückführen lassen, verhältnissmässig so beschränkt ist. Als Erwiderung auf diese Frage gebe ich zu bedenken, wie wenig die uns zugekommene Ueberlieferung über die hellenistische Malerei überhaupt und im Besonderen über die damaligen Cabinetsbilder berichtet, welche aus begreiflichen Gründen bei dieser Untersuchung an erster Stelle zu berücksichtigen sind.

Die kunstgeschichtliche Grundlage, auf welcher die späteren Schriftsteller bis auf Plinius weiterbauten, wurde im Wesentlichen in der Zeit nach Alexander dem Grossen ausgebildet. Damals entstand die Litteratur, welche sich mit der Geschichte der Künstler beschäftigte, und die, welche darauf ausging, Kunstwerke zu beschreiben und zu erläutern. Duris von Samos, Xenokrates, Antigonos, Polemon, Heliodoros, die die Geschichte der Maler oder der Malerei schrieben oder Gemälde, welche an bestimmten Orten angesammelt waren, registrirten, gehören der Diadochenperiode an[1]). Da die gleichzeitige Production, mit dem Maasse der Schöpfungen der Blüthezeit gemessen, weniger bedeutend erschien, so lag es in der Natur der Sache, dass sich das Interesse dieser Schriftsteller vorzugsweise der abgelaufenen Kunstentwickelung zuwendete und dass sie aus der Malerei ihrer Periode höchstens die hervorragendsten und gewissermaassen monumentalen Leistungen hervorhoben. Hieraus ist offenbar die spärliche Kenntniss, welche der Nachwelt über die Malerei der Diadochenperiode übermittelt wurde, zu erklären. Nur einige Maler, welche im Anfange dieser Periode blühten und zum Theil noch Zeitgenossen Alexanders gewesen waren, treten in der Ueberlieferung als individuelle Gestalten hervor. Weiterhin begegnen wir kaum mehr als Namen von Malern und Titeln einzelner Gemälde. Wenn uns ausnahmsweise über Timomachos etwas reichlichere Kunde zugekommen ist, so verdanken wir dies offenbar dem zufälligen Umstande, dass seine Medeia und sein Aias um theueren Preis von Caesar oder Agrippa erworben und zu Rom an einem öffentlichen Orte ausgestellt waren. Dass es mit der schriftlichen Ueberlieferung auch über diesen Künstler schwach bestellt war, ergiebt sich deutlich aus dem Irrthume des Plinius über die Epoche desselben.

Uebrigens tritt dieselbe Erscheinung auch in der Geschichte der Plastik hervor. Plinius[2] überrascht uns sogar mit der merkwürdigen Angabe, diese Kunst habe nach der 121. Olympiade (296—293 v. Chr.) aufgehört und sei erst um Ol. 156 (156—153 v. Chr.) zu neuem Leben erstanden. Offenbar lagen dem Plinius über die an erstere Olympiade anknüpfende Entwickelung der Sculptur keine zusammenhängenden kunsthistorischen Arbeiten zum Excerpiren vor. Wenn er ein Wiederaufleben dieser Kunst um Ol. 156 annimmt, so weist Brunn[3] richtig darauf hin, dass um diese Zeit Metellus Macedonicus seine Bauten in Angriff nahm. Der vielseitigen Thätigkeit, welche bei deren Ausschmückung verschiedene Bildhauer der neuattischen Schule entfalteten, konnte sich das Auge der Römer unmöglich verschliessen.

Floss aber die Ueberlieferung selbst über die bedeutenderen Leistungen der hellenistischen Malerei nur spärlich, so werden wir dies in noch höherem Grade hinsichtlich der Cabinetsbilder vorauszusetzen haben. Schon der Umstand, dass sich dieselben

---

1, Vgl. hierüber Brieger, de fontibus libr. Plin. quatenus ad artem pertinent p. 9 ff.
2 XXXIV 52.
3) Gesch. d. gr. Künstl. I p. 539.

meist im Privatbesitze befanden, musste einer eingehenderen
Würdigung dieser Gattung Schwierigkeiten bereiten. Die
Kunstschriftstellerei der Diadochenperiode konnte daher kaum
mehr thun, als die wesentlichen Richtungen der gleichzeitigen
Cabinetsmalerei und ihre namhaftesten Vertreter notiren. Die
grosse Masse dieser Maler wird, wie es zu allen Zeiten der Fall
gewesen ist, baldigst vergessen worden sein. Dass die Kunst-
forscher der römischen Epoche, wie Pasiteles und Varro, welche
die hauptsächlichsten Gewährsmänner des Plinius waren, der
Cabinetsmalerei der vorhergegangenen Generationen besondere
Aufmerksamkeit schenkten, ist wenig glaublich. Bei dem Mangel
an gleichzeitigen Quellen konnte der Versuch, in die auf diesem
Gebiete herrschende Anonymität Licht zu bringen, kaum der
Mühe verlohnen. Unter solchen Umständen ist es gewiss begreiflich, dass Plinius über die hellenistische Cabinetsmalerei nur
wenige und sehr oberflächliche Notizen mittheilt, die nicht aus-
reichen, um die Entwickelung dieser Gattung in den Hauptzügen,
geschweige denn den Zusammenhang derselben mit den einzelnen
erhaltenen Wandgemälden zu beurtheilen.

Ein weiterer Einwand gegen unsere Auffassung könnte aus
dem Gebiete der Vasenmalerei erhoben werden. Die späteren
Stadien dieser Kunstindustrie fallen in die Diadochenperiode, also
gerade in die Zeit, in welcher wir den Ursprung der Originale
der Wandbilder annehmen. Vergleichen wir die hierbei in Betracht
kommenden Vasendarstellungen mit den Wandgemälden, so stimmt,
wie in den späteren Abschnitten nachgewiesen werden wird, der
in den beiden Gattungen herrschende Geist auf das Deutlichste
überein. Die Richtungen, welche wir innerhalb der letzteren
unterschieden haben, treten auch in den jüngeren Stadien der
Vasenmalerei — von dem sogenannten neuattischen Style abwärts — hervor. Auch in der Wahl des Moments, welcher aus
dem Mythos herausgegriffen und zur Darstellung gebracht wird,
gewahren wir Berührungspunkte. Dagegen sind, wenn derselbe Stoff in den beiden Gattungen zur Behandlung kommt,
die Anordnung der Bestandtheile und die Gestaltung der Motive stets beträchtlich verschieden und lässt sich nirgends mit
Bestimmtheit nachweisen, dass ein Vasengemälde und ein Wandbild auf dasselbe Original zurückgehen. Doch spricht diese Erscheinung keineswegs gegen die Zurückführung der Wandbilder
auf die hellenistische Tafelmalerei. Vielmehr erklärt sie sich hinlänglich aus dem Verhältnisse, wie es sich naturgemässer Weise
zwischen der Vasenzeichnung und dem entwickelten Tafelbilde
gestalten musste. Lediglich die monumentale Wandmalerei der
polygnotischen Schule scheint unmittelbar auf die Vasenmaler

gewirkt und dieselben in weiterem Umfange zur Reproduction angeregt zu haben. Da diese Malerei nur mit Umrissen und Localtönen operirte, so konnten die Gefässzeichner mit ihren beschränkten Mitteln ohne erhebliche Schwierigkeit einen Anzug aus derselben geben. Daher begegnen wir auf Gefässen mit rothen Figuren strengen Styls öfters Darstellungen, welche dieselben Gegenstände behandeln, wie die polygnotischen Fresken, und die mit dem Begriffe übereinstimmen, den wir uns von dem Kunstcharakter dieser Schule zu bilden berechtigt sind[1]. Ganz anders dagegen musste sich das Verhältniss der Vasenmalerei zu dem Tafelbilde gestalten, welches nach Abblühen der polygnotischen Schule in den Vordergrund der Kunstentwickelung tritt. Seitdem dasselbe durch die Abstufungen von Licht und Schatten, durch die Ausbildung der perspectivischen Wirkungen, durch eine auf Illusion ausgehende Charakteristik ein neues Princip der Darstellung ausgebildet hatte, waren die kunstmässige Malerei und die Vasenzeichnung durch eine unübersteigliche Kluft geschieden, die auch dadurch, dass die letztere in den späteren Stadien durch die Anwendung der Vergoldung und die Ausbildung verschiedener polychromer Manieren die Darstellungsmittel zu erweitern trachtete, nicht ausgeglichen werden konnte. Wollte ein Vasenmaler ein Tafelbild in einer den Bedingungen seiner Technik entsprechenden und klaren Weise reproduciren, so musste er die Composition desselben vollständig umgestalten, sie einem verschiedenen Raume anpassen, Motive, welche dort perspectivisch angeordnet waren, entweder neben einander stellen oder auf die Schilderung der ferner liegenden verzichten, und konnte er im günstigsten Falle nur einen sehr dürftigen und vielfach modificirten Anzug seiner Vorlage geben. Unter solchen Umständen ist es begreiflich, dass, wenn ein Vasenmaler unter dem Eindrucke eines Tafelbildes der fortgeschrittenen Entwickelung arbeitete, der Bestand der Composition auf dem Gefässe ein wesentlich verschiedener wurde. Vor der Hand beschränke ich mich auf diesen flüchtigen Hinweis. Wir werden auf das Verhältniss der Wand-

---

[1] Vgl. Klügmann, Ann. dell' Inst. 1867 p. 221 ff. Von besonderer Wichtigkeit ist in dieser Hinsicht eine von den Gebrüdern Bocca nera in einem caeretaner Grube gefundene Schale des Euphronios. Das Innenbild derselben stellt in grossartiger Zeichnung den von Polygnot oder Mikon im Theseion zu Athen gemalten Mythos dar, wie Theseus zur Amphitrite in das Meer hinabtaucht (Pausan. I 17 3. Vgl. Brunn, Gesch. d. gr. Künstl. I p. 23). Hoffentlich gelingt es mir noch die Schwierigkeiten zu überwinden, die der Veröffentlichung dieses wichtigen Denkmals im Wege stehen. Eine kurze Beschreibung der Schale hat unterdess de Witte im Bull. dell' Inst. 1872 p. 190 ff. gegeben.

bilder zu der späteren Vasenmalerei noch öfters und namentlich im zwanzigsten Abschnitte zurückkommen.

Die Erscheinungen innerhalb der Wandbilder idealer Richtung, welche sich vermöge äusserer Merkmale, Zeugnisse der Ueberlieferung oder Combinationen aus derselben, auf Originale der Alexander- oder Diadochenperiode zurückführen lassen, haben wir in diesem Abschnitte erschöpft. Es bleibt uns nun noch übrig nachzuweisen, wie die Gesammtmasse dieser Bilder hinsichtlich der Stoffe, der Art der Auffassung, der verschiedenen Richtungen, die darin hervortreten, allenthalben den Stempel jener Periode trägt, wie sie sich in organischer Weise in die Kunstentwickelung derselben einreihen lässt. Gelingt es, diesen Nachweis zu führen, dann sind wir berechtigt anzunehmen, dass diese Compositionen damals und nicht erst in römischer Epoche erfunden sind. Allerdings bedingen die Culturfactoren, welche wir als in der Diadochenperiode maassgebend nachweisen werden, grösstentheils auch die spätere römische Civilisation, welche im Grunde nichts weiter ist als eine Fortsetzung der hellenistischen. Doch hat man angesichts der Alternative, ob die Compositionen der Wandbilder durch die ältere oder durch die jüngere Entwickelung in das Leben gerufen sind, die Thatsache festzuhalten, dass das Erfindungsvermögen auf dem Gebiete der Malerei seit dem letzten Jahrhundert der Republik ausserordentlich schwach war. Die Erfindung der Wandbilder idealer Richtung dagegen zeugt von einem bedeutenden künstlerischen Talente. Lässt es sich daher nachweisen, dass ein Gedanke, welcher auf Wandbildern eine künstlerisch vollendete Form gefunden hat, in der Diadochenperiode lebendig war, dann spricht alle Wahrscheinlichkeit dafür, dass diese Form bereits damals, als die Malerei noch original zu schaffen im Stande war, erfunden wurde.

XVII. Die äusseren Bedingungen der hellenistischen Kunst.

Das Ideal des Hellenenthums in der Blüthezeit war die Gestalt des Menschen in der vollsten, allseitigsten und zugleich harmonischsten Entwickelung seiner moralischen, intellectuellen und physischen Kräfte. Der Unterricht in Musik, Grammatik und Gymnastik, wie er dem freien Griechen in der Jugend zu Theil wurde, die vielseitige Thätigkeit, welche dem Manne die Pflichten gegenüber dem Staate, in der Versammlung und im Felde, auferlegten, wirkten in diesem Sinne. Der massvolle Geist, wie er jener Epoche eigenthümlich war, wehrte jeder einseitigen Entwickelung und hielt alle Kräfte im Gleichgewichte. So bewegte sich der Hellene in dem ihm vorgezeichneten Kreise vergleichbar einem Werke der Sculptur oder Malerei, welches sich einer architektonischen Räumlichkeit zu fügen hat, jedoch innerhalb und in Folge der durch dieselbe gesetzten Schranken seine vollendetste Entfaltung findet. Schon während der Blüthezeit selbst zeigen sich die ersten Regungen, welche die Zersetzung dieses harmonischen Bildungsprincips vorbereiten. Die Auflösung wird mächtig gefördert durch den peloponnesischen Krieg und kommt zum Abschluss in der Entwickelung, welche an die Epoche Alexanders des Grossen anknüpft. Damals löste sich das Griechenthum endgültig von dem heimathlich Beschränkten und durch locale Verhältnisse Bedingten. Hierdurch wurde es ermöglicht, dass sein geistiger Inhalt auf den verschiedensten Gebieten der alten Welt Wurzel fasste und eine Menge individueller Culturformen hervorrief. Dieses kosmopolitisch gewordene Griechenthum nennen wir Hellenismus.

So scharf sich übrigens der Hellenismus als Gesammterscheinung von der älteren Cultur abhebt, so schliesst dies nicht aus, dass eine Menge von Fäden der abgelaufenen Entwickelung in die neue herübergreifen und dass verschiedene Eigenthümlichkeiten der hellenistischen Civilisation bereits früher innerhalb einzelner griechischer Stämme und Staaten vorgebildet sind. Diese Thatsache tritt mit besonderer Deutlichkeit in der Geschichte der sicilischen Griechen hervor. Wie die dortigen politischen Verhältnisse in vielen Hinsichten den später in den Diadochenreichen vorhandenen verwandt waren, wie vor allen Dingen die Monarchie zu Syrakus mit verhältnissmässig geringen Unterbrechungen Bestand hatte, so zeigt Sicilien auf dem Gebiete der Gesellschaft und der Kunst bereits während des 5. und der ersten Hälfte des 4. Jahrhunderts ähnliche Erscheinungen, wie wir ihnen zur Zeit der Diadochen in Alexandreia und Antiocheia am Orontes begegnen. Auch die Civilisation der griechischen Kolonien in Kleinasien wird bei den engen Beziehungen, in welchen diese Städte zu dem Orient standen, bereits in der Zeit vor Alexander gewisse später der hellenistischen Cultur eigenthümliche Elemente vorgebildet haben; doch lässt sich dieser Sachverhalt bei den dürftigen Spuren der Ueberlieferung mehr ahnen, als in weiterem Umfange beweisen. Jedenfalls aber hatten solche Eigenthümlichkeiten, so lange sie nur innerhalb einzelner Stämme oder Staaten maassgebend blieben, eine beschränkte locale Bedeutung. Culturfactoren von allgemeinerer Wirksamkeit wurden

XVII. Die äusseren Bedingungen der hellenistischen Kunst. 169

sie erst, nachdem sie in den breiten Strom der hellenistischen Entwickelung Eingang gefunden hatten.

Betrachten wir zunächst die äusseren Bedingungen, welchen die griechische Kunst seit der Zeit Alexanders des Grossen unterlag, so treten die alten berühmten Pflegestätten derselben jetzt in den Hintergrund. Die Freistaaten des eigentlichen Griechenlands waren zu tief gedemüthigt und ihr materieller Wohlstand zu sehr gesunken [1], als dass sie der Kunst ein geeignetes Feld der Thätigkeit bieten konnten. Die bedeutendsten Kräfte wurden somit zunächst von dem makedonischen, später von den Diadochenhöfen angezogen; ausserdem entwickelte sich ein reges Kunsttreiben in dem damals aufblühenden Freistaate Rhodus, welcher durch die Bedeutung seines Handels und durch seine vorsichtige auswärtige Politik in dem gleichzeitigen Staatensystem eine hervorragende Stellung einnahm. Unter solchen Umständen ist es begreiflich, dass der Prahler bei Theophrast [2] behauptet, die Künstler, welche in Asien arbeiteten, seien bedeutender, als die in Europa. Auch begegnen wir nunmehr verschiedenen Künstlern, welche in den Städten der Diadochenreiche entweder geboren sind oder wenigstens dort Bürgerrecht besitzen. Antiphilos war in Aegypten geboren [3]. Der Landschaftsmaler Demetrios [4] und Polemon werden als Alexandriner, Aristobulos als Syrer bezeichnet [5].

Die Berührung, in welche die griechische Kunst auf asiatischem Boden mit dem Orient gerieth, war für die Architektur, das Ornament, die Glyptik und gewisse Gattungen der Kunstindustrie von bedeutender Tragweite. Auf diesen Gebieten nahmen die Griechen gegenwärtig eine ganze Reihe asiatischer Motive an — eine Erscheinung, deren Würdigung ich, da sie dem bestimmten Gegenstand unserer Untersuchung ferne liegt, auf eine andere Gelegenheit verschiebe. Dagegen hatten sich die griechische Plastik und Malerei in so eigenthümlich hellenischem Sinne entwickelt und waren zu einem von dem der asiatischen Kunst so verschiedenen Principe gediehen, dass der orientalische Einfluss an ihrem inneren Organismus spurlos vorüberging. Die Berührung mit dem Morgenlande wirkte nur ganz äusserlich auf die Wahl der Stoffe, die seit der Alexanderepoche öfters aus orientalischem Bereiche entnommen werden.

1) Vgl. Büchsenschütz, Besitz und Erwerb p. 610 ff.
2) Theophr. char. 23.
3) Plin. XXXV 114.
4) Valer. Maxim. V 1, 1. Vgl. über diesen Künstler unseren dreiundzwanzigsten Abschnitt.
5) Plin. XXXV 146.

170   Der Hellenismus und die campanische Wandmalerei.

Allerdings hatten die Griechen schon früher ein lebhaftes Interesse für die fremdartige Welt des Orients. Wir besitzen bestimmte Belege, welche bezeugen, wie sie während der Blüthezeit ihrer Kunst, im fünften Jahrhundert, die ornamentalen Fabrikate der Asiaten, eine Gattung, worin das Morgenland zu allen Zeiten dem Abendland überlegen war, zu schätzen wussten. Diese Erscheinung ist um so erklärlicher, da ja noch bis vor Kurzem die griechische Kunstindustrie im Wesentlichen unter asiatischem Einflusse gestanden hatte und einzelne Fäden dieser älteren Entwickelung vermuthlich bis in die Periode der höchsten Blüthe herabreichten. Euripides[1]) beschreibt einen im delphischen Apollotempel befindlichen Vorhang asiatischer Arbeit, in welchem Scenen von Seeschlachten und Reiterjagden eingewebt waren. Aristophanes[2]) gedenkt der ίππαλεκτρυόνας und τραγέλαφοι als bekannter Muster medischer Teppiche. Fabrikate dieser Art aus Sardes, welche von dem komischen Dichter Plato[3] erwähnt werden, und die karthagischen Teppiche und Kopfkissen, welche Hermippos[4] rühmt, haben wir uns vermuthlich mit orientalischen Mustern verziert zu denken. Auch wurden bereits damals einzelne morgenländische Kleidungsstücke in Athen Mode. Kratinos[5]) lässt den Eteobutaden Lykurgos in einer aegyptischen Kalasiris auftreten. In den Wespen des Aristophanes bekleidet Bdelykleon seinen Vater mit einer in Ekbatana gewebten Kannake[6]). Aristophanes[7]) erwähnt mehrere Male die Περσικαί, eine Art weiblicher Fussbekleidung. Eine eigenthümliche mit Seitenlaschen und einem den Nacken bedeckenden κατάβλημα versehene Kopfbedeckung, welcher wir bei einigen Reitern des Parthenonfrieses begegnen, scheint nach dem Vorbilde der persischen Kidaris gestaltet[8]). Die Kunst beschäftigte sich mit der Verherrlichung der Siege der Hellenen über die Perser und unterliess hierbei nicht, die phantastische Pracht des Morgenlandes dem Auge zu vergegenwärtigen. Dieses Streben, welches vermuthlich

1 Jon. 1159 ff.
2 Frösche 937 ff.
3 Athen. II p. 48 B = Meineke frgm. com. II 2 p. 683, 8.
4 Athen. I p. 28 A = Meineke frgm. II 1 p. 408, 23.
5 Schol. Aristoph. Av. 1294 (Meineke fragm. com. gr. II 1 p. 31, 1).
Ueber die Beziehungen der Eteobutaden zu Aegypten vgl. Hermes V p. 352.
6 Aristoph. Wespen 1137 ff.
7 Wolken 151, Thesmoph. 734, Ekklesiaz. 319.
8 Michaelis, Parthenon Tafel 9, Platte IV u. 9, Platte VIII n. 15. Tafel 10, Platte I n. 2—4. Tafel 13, Platte XXXV u. 108, Platte XXXVIII u. 117, Platte XXXVIIII u. 120. — In Kroton war der Herold des Prytanen persisch gekleidet: Timaios bei Athen. XII p. 522 C.

schon bei der scenischen Ausstattung der Phoinissen des Phrynichos maassgebend war, tritt deutlich in den Persern des Aischylos und in mehreren Tragödien des Euripides zu Tage [1]. Polygnot in dem die Schlacht bei Marathon darstellenden Gemälde [2] und der Künstler des Frieses der Nike apteros [3] charakterisirten die Perser durch die denselben eigenthümliche Tracht. Nichts desto weniger zeigt sich aber, wenn wir diese Entwickelung mit der an die Alexanderepoche anknüpfenden vergleichen, ein bedeutsamer Unterschied. Die ältere Kunst schildert die Orientalen in bewusstem Gegensatze zu den Hellenen und mit der bestimmten Absicht, die Ueberlegenheit der letzteren zu verherrlichen. Davon, dass sie orientalische Stoffe um ihrer selbst willen und ohne Bezug auf Griechenland behandelt hätte, findet sich nicht die geringste Spur. Dies war vielmehr, soweit unsere Kenntniss reicht, erst der Alexanderepoche vorbehalten.

Nachdem die Makedonier das Perserreich unterworfen, fielen die Schranken, welche bisher das Abendland und das Morgenland getrennt hatten. Ein lebendiger Verkehr fand zwischen den beiden Ländern statt. Griechen aus allen Stämmen verbreiteten sich über die neu erschlossenen Gebiete, sei es um sich in daselbst gegründeten Städten niederzulassen, sei es zu vorübergehendem Aufenthalte, um Handelsverbindungen anzuknüpfen, wissenschaftlichen Untersuchungen obzuliegen, der Abenteuerlust oder dem Wandertriebe zu genügen. Andererseits bereisten auch vornehme Asiaten Griechenland und gaben der dortigen Bevölkerung Gelegenheit, die eigenthümlichen Erscheinungen orientalischer Civilisation durch eigene Anschauung kennen zu lernen [4]. An den Höfen Alexanders des Grossen, des Demetrios Poliorketes und vermuthlich noch anderer Diadochen war die Etikette in eigenthümlicher Weise aus makedonischen und orientalischen Gebräuchen zusammengesetzt [5]. Wie Alexander der Grosse sich bisweilen persisch kleidete [6], fand gegenwärtig eine Menge orientalischer Moden in Griechenland Eingang [7]. Producte ornamentalen

---

1 Vgl. unter anderen den Kyklops 183 ff., Orest. 1369 ff.
2) Perisus sat. III 53.
3) Denkm. d. a. K. I 29, 124.
4 Machon bei Athen. XIII p. 581 A. Alciphron epi. I 38.
5) Plutarch. Alex. 74. Chares bei Athen. XII p. 538 D ff. Duris bei Athen. XII p. 535 F. Vgl. Droysen, Alexander p. 346 ff.
6) Duris bei Athen. XII p. 535 F. Ephippos bei Athen. XII p. 537 E. Tertullian de Pall. IV p. 94 Salm.
7 Menander bei Athen. XI p. 484 D = Meineke frgm. IV p. 74: προσωπί στολαί. Vgl. auch Pollux X 137 über den κανδύταλις: εἰς χρῆσιν δ' αὐτὸ ἡμῶν Μακεδόνες. Siegreiche Athleten erscheinen auf Gefässen mit rothen Figuren bisweilen mit einer barocken, der Kidaris ähnlichen

172 Der Hellenismus und die campanische Wandmalerei.

asiatischen Kunstbetriebs, Teppiche, Arbeiten aus Metall und Edelstein, wurden jetzt in ganz Griechenland allgemein verbreitete und beliebte Luxusartikel. Sie wurden theils als Beutestücke von den Soldaten Alexanders des Grossen oder der Diadochen zurückgebracht, theils durch den Handel eingeführt, dessen Beziehungen in Asien unter makedonischer Herrschaft sicherer und weitreichender geworden waren. Die gleichzeitige Litteratur ist voll von Zeugnissen, welche diesen Sachverhalt in das hellste Licht stellen [1], und der Inhalt der Gräber, welche im Bereiche der griechischen Colonien am schwarzen Meere aufgedeckt worden sind, liefert dazu einige interessante monumentale Belege. Auf der Halbinsel Taman fand sich in dem Grabe einer griechischen Dame neben einer Menge von Goldschmuck, Broncegeräthen und Terracotten, welche von griechischer Hand etwa in den letzten Jahrzehnten des 4. Jahrhunderts v. Chr. gearbeitet sind [2], ein orientalisches Kunstproduct: ein um einen goldenen Bügel drehbarer Chalcedon, auf welchem die bekannte Darstellung des den Löwen würgenden Ormuz oder Königs eingravirt ist [3]. Zwei

---

Mütze bekleidet: Duc de Luynes descr. de quelques vases pl. 45 = Arch. Zeit. 1853 Taf. 5. Boll. dell' Inst. 1871 p. 122. Vgl. Micali storia Tav. XXXV 13. Der Bericht, welchen Demokritos von Ephesos bei Athen. XII p. 525 D über den in seiner Vaterstadt herrschenden orientalischen Kleiderluxus giebt, bezieht sich aller Wahrscheinlichkeit nach auf die Diadochenperiode. Die engen Beziehungen, in welchen die Griechen in zwei Epochen ihrer Entwickelung zum Orient standen, äussert sich auch in einer eigenthümlichen Erscheinung, welche die Behandlung der Tracht innerhalb der verschiedenen Vasengattungen darbietet. Gewänder mit reichen figürlichen oder ornamentalen Mustern, ein Kunstbetrieb, der namentlich im Orient gepflegt wurde, finden sich nur auf Gefässen, welche sehr alten Styls sind oder einen solchen nachahmen, und später wiederum auf solchen, die der Zeit nach Alexander angehören. Offenbar haben wir diese Erscheinung beide Male dem orientalischen Einfluss zuzuschreiben, wie er in jenen frühen Stadien der griechischen Entwickelung und dann wieder seit der Alexanderepoche massgebend war.

1 Hipparchos bei Athen. XI p. 477 F = Meineke frgm. IV p. 431. Menander bei Athen. XI p. 451 C = Meineke frgm. IV p. 74. Klearchos bei Athen. VI p. 255 E. Theophr. char. 23. Vgl. Kallixenos bei Athen. V p. 197 B. Pausan. V 12, 2. Eine ganze Reihe von Gefässen, welche persische Namen führen, kommt in der neueren Komödie vor (Athen. XI p. 477 F, p. 478 A, p. 784 A). Es ist in den einzelnen Fällen schwer zu beurtheilen, ob es sich um originale asiatische Producte oder um griechische Nachahmungen solcher handelt; denn, als die orientalischen Gefässe in Griechenland beliebt wurden, fingen griechische Fabrikanten an, dieselben nachzuahmen, eine Erscheinung, welche ich demnächst an einer anderen Stelle behandeln werde.

2) Die in dem Grabe gefundenen Gegenstände sind verzeichnet von Stephani Compte-rendu 1869 p. 5 ff., abgebildet Tafel I—III.

3) Compte-rendu 1869 Taf. I n. 18.

Steine von orientalischem Schnitte, der Karneol, welcher zwei mit Menschenköpfen versehene Löwen gegenüberstellt, und dessen Inschrift bisher aller Erklärungsversuche gespottet hat[1], und der uralte Cylinder mit dem sogenannten assyrischen Herakles[2], wurden in demselben Grabe entdeckt mit griechischen Goldsachen, welche ganz den Stempel der Kunst der Alexanderepoche tragen[3]. Da ausserdem die Hellenen seit der Unterwerfung des Perserreichs die Asiaten nicht mehr zu fürchten brauchten, sondern denselben ganz objectiv gegenüberstanden, so waren alle Bedingungen erfüllt, um die griechische Kunst zu der Behandlung ausschliesslich orientalischer Stoffe zu veranlassen[4]. So malte denn auch Apelles die Procession des Megabyzos, des Oberpriesters der ephesischen Artemis[5], Aëtion ein Ereigniss aus der Geschichte der Semiramis, vermuthlich die Hochzeit derselben mit Ninos[6], Nealkes einen Schiffskampf zwischen Persern und Aegyptiern auf dem Nil[7]. Offenbar beruhte ein wesentlicher Reiz dieser Gemälde auf der Schilderung der bunten Pracht orientalischer Kleidung und Sitte. Wir dürfen dies mit hinlänglicher Sicherheit aus der Vasenfabrik schliessen, welche dieser Entwickelung der kunstmässigen Malerei parallel läuft. Sie schildert mit Vorliebe Scenen, bei welchen Asiaten oder asiatisch gekleidete Barbaren auftreten, und trägt, insoweit es die Kenntniss der einzelnen Maler und die Mittel der Technik gestatten, der realen Erscheinung des Morgenlands Rechnung. Diese Richtung zeigt sich zuerst auf den feinen Gefässen mit rothen Figuren vollständig freier Zeichnung und den dieser Gattung hinsichtlich des Styls nahe verwandten Vasen, auf welchen gewisse Motive durch Vergoldung hervorgehoben sind,

---

1) Ant. du Bosph. cimm. pl. XVI n. 10.
2) Ant. du Bosph. cimm. pl. XVI n. 5. 6.
3) Ant. du Bosph. cimm. pl. VIII. XVIII 9.
4) Auf die Frage über die richtige Lesart des Verzeichnisses, welches Plinius XXXV 99 von den Bildern des Aristeides giebt, und die daran anknüpfende Polemik zwischen Dilthey und Urlichs, kann hier nicht näher eingegangen werden. S. hierüber Rhein. Mus. XXV (1870) p. 151 ff. p. 505 ff. XXVI (1871) p. 263 ff. p. 590 ff. Wiewohl ich Urlichs zugebe, dass Aristeides nach der Zeit, in welcher er thätig war, möglicher Weise orientalische Stoffe behandeln konnte, so scheinen doch die, welche sich durch die Vermuthungen von Urlichs ergeben, zu abgelegen, um sich zur Darstellung von Seiten der griechischen Kunst zu eignen. Die Schwierigkeiten der Stelle scheinen mir durch den Vorschlag Diltheys, Rhein. Mus. XXV p. 155, artomenen propter fratris amorem zu lesen, glücklich beseitigt.
5) Plin. XXXV 93.
6) Plin. XXXV 78. Vgl. Brunn, Gesch. d. gr. Künstl. II p. 245 ff.
7) Plin. XXXV 142.

174 Der Hellenismus und die campanische Wandmalerei.

und lässt sich weiterhin durch die ganze spätere Entwickelung der Vasenmalerei, durch die unteritalischen und die localen etruskischen Gattungen hindurch, verfolgen. Die Zahl der einschlagenden Bilder ist so bedeutend, dass ich mich begnüge, an die hervorragendsten unter denselben und an Serien zu erinnern, welche durch eine grössere Anzahl von Exemplaren vertreten sind. Wir begegnen Kämpfen zwischen Hellenen und orientalisch gekleideten und bewaffneten Barbaren, welche vermuthlich Perser darstellen sollen [1]. Aehnliche Barbaren finden wir sehr oft auf der Jagd begriffen [2], eine Gattung, welche glänzend vertreten ist durch die berühmte zugleich mit gemalten und mit Relieffiguren verzierte Vase des Athener Xenophantos [3]. Offenbar wollte dieser Künstler Perser darstellen; denn er bezeichnete die einzelnen Jäger, soweit seine Kenntniss reichte, mit beigeschriebenen persischen Namen. Ein zierliches Gefäss sogenannten neuattischen Styls giebt uns in naiv-genrehafter Weise ein Bild von dem Verkehr des Grosskönigs mit seiner Gemahlin [4]. Hieran schliesst sich die bekannte Dareiosvase [5], wo die Darstellung

---

[1] Tischbein, Vases Hamilton II 2. Vgl. O. Jahn, Abh. d. sächs. Ges. d. Wiss. VIII p. 702, Anm. 11. Gerhard, auserl. Vas. III 168.
[2] Vgl. Stephani, Compte-rendu 1864 p. 73 ff. 1867 p. 93 ff.
[3] Arch. Zeit. 1856 Taf. 86. Stephani, Compte-rendu 1866 Taf. 4. Der Ansicht Stephanis, Compte-rendu 1864 p. 75, dass dieses Gefäss im Anfange des 4. Jahrhunderts v. Chr. gearbeitet sei, kann ich nicht beipflichten. Für diese Epoche scheint mir der Styl viel zu üppig. Offenbar hängt die Gattung der mit bemalten und vergoldeten Reliefs geschmückten Thongefässe von der Richtung der Toreutik ab, welche Gefässe aus Edelmetall mit Relieffüllern herstellte. Diese Production aber wurde erst seit der Alexanderepoche in weiterem Umfange geübt 'Philippides' bei Athen. VI p. 230 A = Meineke frgm. com. IV p. 469. Juba bei Athen. VI p. 229 C Athen. VI p. 231 D. Vgl. Blichsenschütz, Besitz und Erwerb p. 235 ff.). Eine Gattung, welche den polychromen, mit Reliefs geschmückten Vasen nahe verwandt und wie diese durch entsprechende Leistungen der Toreutik bedingt ist, kam in Aegypten zur Zeit der Ptolemäer zur Ausbildung. Es sind dies die glasirten, mit Reliefs verzierten Thongefässe, von denen zwei mit den Namen zweier Königinnen, der Berenike und der Kleopatra, bezeichnet sind Deulé, Journ. d. sav. 1862 Mars p. 182 ff. Fr. Lenormant, Rev. arch. VII (1863) p. 259 ff. Vgl. auch Klügmann, Ann. dell' Inst. 1871 p. 5 ff. p. 199 ff.). Ein Exemplar der Gattung, welche durch die Vase des Xenophantos vertreten ist, die mit Reliefs aus dem Marsyasmythos verzierte Vase von Armento (Arch. Zeit. 1869 Taf. 19 wurde, wie mir Herr Raffaelo Gargiulo mittheilte, zugleich mit *stoviglie di stile pugliese* gefunden. In Anbetracht aller dieser Gesichtspunkte glaube ich annehmen zu müssen, dass diese Gattung der Entwickelung seit Alexander angehört.
[4] Mus. Gregor II 4, 2. 2ª. Ann. dell' Inst. 1847 pl. V.
[5] Arch. Zeit. 1857 Taf. 103.

der Berathung des Königs mit seinen Vertrauten und der Empfangnahme der Tribute deutlich das Streben des Malers nach historisch getreuer Schilderung verräth. Ein feines durch aufgelegte Vergoldung ausgezeichnetes Gefäss stellt einen asiatischen König dar auf einem Dromedar reitend, umgeben von einem Schwarme orgiastisch bewegter Orientalen[1]. Ein unteritalisches Gefäss zeigt uns einen morgenländischen Hofstaat und als Mittelpunkt desselben eine offenbar weibliche Gestalt, welche mit Helm und Scepter ausgestattet ist[2]. Auf Gefässen mit rothen Figuren sehr flüssigen Styls begegnen wir zum ersten Male Darstellungen aus dem Mythos des Phrygiers Midas[3]. Tantalos[4], Pelops[5], Aletes[6] und andere Könige asiatischen Ursprungs treten auf unteritalischen Vasen entweder immer oder doch gewöhnlich in reicher orientalischer Tracht auf. Unendlich oft finden sich Darstellungen asiatisch gekleideter Jünglinge, welche einen heftig bewegten Tanz, vielleicht das persische ὄκλασμα, aufführen[7], und von

---

[1] Denkm. d. a. K. II 38, 447. Vgl. O. Jahn über bem. Vasen mit Goldschmuck p. 9 n. 13. Stephani, Compte-rendu 1863 p. 58. Ausserdem erinnere ich noch an folgende Vasenbilder: Ein asiatisch gekleideter Barbar ist beschäftigt, das Horn seines Bogens zu krümmen Mus. Gregor. II 74, 2ᵇ. (Vgl. auch den Ring des Athenades: Compte-rendu 1861 Taf. VI n. 11 p. 153.) — Eine ähnliche Gestalt, den Bogen in der Linken, schreitet, den Kopf umwendend, vorwärts Ann. dell' Inst. 1847 pl. W. — Ein Löwe ist auf den Rücken eines Pferdes gesprungen: der Reiter in asiatischer Tracht entweicht mit dem deutlichen Ausdrucke des Schreckens: Mon. dell' Inst. IV 46. Auf diesen Vasenbildern stimmt die Tracht derartig mit der Ueberlieferung über die den Persern eigenthümliche überein (vgl. Ann. dell' Inst. 1847 p. 348 ff. 370 ff.), dass wir die betreffenden Figuren bestimmt als Perser benamen dürfen. — Ein Asiat auf einem Kameele reitend: Mon. dell' Inst. I 50 B. — Ein orientalisch gekleideter Jüngling zu Pferd in bakchischem Thiasos: Stephani, Compte-rendu 1865 Taf. IV 1 p. 72 ff. — Ein ähnlicher Barbar verfolgt ein Mädchen: Compte-rendu 1868 p. 72. 73.
[2] Mon. dell' Inst. IV 43. Welcker, alt. Denkm. III p. 366. Stephani, Compte-rendu 1863 p. 50. Stellt die Hauptfigur vielleicht die reisige Königin Semiramis dar? Da Aëtion ein Ereigniss aus dem Leben derselben behandelte (s. oben Seite 173), so ist es nicht unmöglich, dass auch die spätere Vasenmalerei diese Gestalt in ihr Bereich zog.
[3] Mon. dell' Inst. IV 10. Ann. 1844 tav. d'agg. H D 3 p. 200 ff. = Arch. Zeit. 1844 Taf. 24, 3 = Mus. Gregor. II 72, 2ᵇ.
[4] Denkm. d. a. K. I 65, 273ᵃ.
[5] Overbeck, Gal. I 1. Ann. dell' Inst. 1840 Tav. d'agg. N = Arch. Zeit. 1853 Taf. 54. Ann. dell' Inst. 1851 Tav. d'agg. Q R. Arch. Zeit. 1853 Taf. 55. Vielleicht auch Arch. Zeit. 1853 Taf. 53.
[6] Millin, Tombes de Canose Taf. 7. Arch. Zeit. 1847 Taf. 3.
[7] Stephani, Compte-rendu 1859 p. 120. 1865 p. 65. 1868 p. 51. 169. Mém. de l'Ac. de St. Pétersbourg Band XVI n. 13 p. 24.

Barbaren in ähnlicher Tracht, welche auf Greifen reiten oder in freundschaftlichem oder feindlichem Verkehre mit solchen Wunderthieren begriffen sind [1]). Nach einem Fragmente des Hipparchos [2] und der Analogie der Vase des Xenophantos könnte man die letzteren recht wohl für Perser erklären. Doch ist es auch möglich, dass die Maler Bewohner des nordöstlichen Skythien, Arimaspen oder Hyperboreer, darstellen wollten, welche von der Ueberlieferung vorzugsweise mit den Greifen in Bezug gesetzt wurden [3]). Denn bei der Vorliebe, welche die spätere Vasenmalerei für die asiatische Tracht hegt, überträgt sie dieselbe auch auf Heroen und Völkerschaften, welche ausserhalb Asiens zu Hause sind. Wir begegnen dieser Tracht oder wenigstens einzelnen Bestandtheilen derselben bei Orpheus und den seinem Spiel lauschenden Thrakiern [4]), bei Thamyras [5]), bei Phineus [6], bei Boreas [7], bei Rhesos und seinem Gefolge [8]), bei dem thrakischen Lykurg [9], bei den Tauriern [10]). Gestalten in dieser Tracht werden überhaupt beigefügt, wo es gilt anzudeuten, dass eine Handlung ausserhalb Griechenland vor sich geht [11]). Während die Amazonen auf den rothfigurigen Vasen strengen Styls wie griechische Hopliten gerüstet sind, treten sie innerhalb der späteren Gattungen in der Regel asiatisch gekleidet und gewaffnet auf. Die ältere Vasenmalerei drückt bei Priamos, Paris, Memnon, Medeia [12]) und anderen Heroen oder Heroinen asiatischen Ursprungs den orientalischen Charakter gar nicht aus oder deutet denselben

---

1 Vgl. Stephani, Compte-rendu 1864 p. 55 ff. Barbaren mit Greifen kämpfend, auch am Kalathos der Demeterpriesterin von Taman: Compte-rendu 1865 Taf. I. p. 21 ff.
2 Hipparchos bei Athen. XI p. 477 F = Meineke frgm. com. IV p. 431 : Ξανθίων ἐν ἀγαπητῷ ποιεῖλ.αν
Πάροσε ἔχον καὶ τρόπας ἐξαλλεις τινὸς τῶν Περσικῶν
3) Vgl. Stephani, Compte-rendu 1864 p. 52 ff.
4 Vgl. Ann. dell' Inst. 1867 p. 167 ff. Orpheus in asiatischer Tracht auch auf den Ann. dell' Inst. 1864 p. 253 ff. behandelten Unterweltsvasen.
5) Mon. dell' Inst. II 23 = Mus. Gregor. II 13, 2ª. Michaelis, Thamyris und Sappho, Leipz. 1865. 4.
6 Mon. dell' Inst. III 49.
7 Vgl. Stephani, Boreas und die Boreaden Mém. de l'Ac. de St. Pétersbourg XVI n. 13 p. 12.
8 Overbeck, Gal. XVII 6.
9 Millin, Vases de Canose pl. 19.
10 Mon. dell' Inst. VI. VII 66.
11 So bei der Aussetzung der Andromeda: Archaeologia XXXVI p. 70. Mon. dell' Inst. VIII 39. Vgl. Ann. 1872 p. 121 ff. Bei dem rasenden Lykurgos: Millin, Vases de Canose pl. 19. Bei einem Widderopfer: Rochette, mon. in. pl. 34, 35.
12 Vgl. O. Jahn, Arch. Zeit. 1847 p. 37, Anm. 24.

XVII. Die äusseren Bedingungen der hellenistischen Kunst. 177

höchstens zu. Die jüngere hebt ihn gewöhnlich in der nachdrücklichsten Weise hervor. Bisweilen überträgt sie eine derartige Charakteristik selbst auf Gestalten, die der Mythos als ächt hellenische bezeichnete. So erscheint Atalante auf einer mit Goldschmuck versehenen Vase aus Bengazi und auf einer unteritalischen Amphora mit einer kidarisartigen Mütze bekleidet [1]. Vermuthlich war es einerseits der Charakter der Jungfrau als Bogenschützin — eine Waffe, welche als typisch für die Asiaten betrachtet wurde —, andererseits ihre Verwandtschaft mit den Amazonen, welche zu dieser Darstellungsweise Veranlassung gab. Aus ähnlichen Motiven wird es zu erklären sein, dass eine asiatische Tracht bisweilen auch auf Artemis übertragen wurde, die ausserdem als Inhaberin des ephesischen Heiligthums zu den mythischen Gründerinen desselben, den Amazonen, in enger Beziehung stand. Eine solche Tracht ist dieser Göttin nicht nur auf Vasenbildern aus der taurischen Sage eigenthümlich, wo sie sich hinreichend aus dem diesem Mythos zu Grunde liegenden barbarischen Cultus erklären würde, sondern auch auf Gefässen, welche die kalydonische Jagd, die Hochzeit des Herakles und der Hebe, die Verurtheilung des Marsyas und Ereignisse aus anderen Sagenkreisen darstellen [2]. Während der argeiische Heros Perseus auf den älteren Gefässen in der griechischen Reisetracht auftritt, statten ihn die jüngeren Vasenmaler gewöhnlich mit einer orientalischen Kopfbedeckung aus. Es steht dies offenbar in Zusammenhang damit, dass die schon von Herodot [3] berichtete Ueberlieferung, wonach dieser Heros als Stammvater der Perser betrachtet wurde, in der späteren Zeit allgemeinere Verbreitung fand. Da die Griechen ferner den Begriff des Gewalthabers und des patriarchalischen Familienhaupts vorwiegend in Asien kennen lernten, so übertrugen sie eine entsprechende Kleidung bisweilen rückhaltslos auf Charaktere dieser Art, mochte der Mythos dieselben auch ausserhalb Asiens localisiren. Um hier nur einige sichere Belege dieser Erscheinung aufzuführen, so begegnen wir der asiatischen Tracht oder einzelnen Bestandtheilen derselben bei Busiris [4], bei den Todtenrichtern [5], bei dem korinthischen

1. Ann. dell' Inst. 1868 Tav. d'agg. L M. Gerhard, apul. Vasenb. Taf. A 4.
2. Vgl. Stephani, Nimbus und Strahlenkranz p. 138 Nachtrag zu p. 60. Compte rendu 1862 p. 135. Kekulé, Hebe p. 36 u. 22. Ann. dell' Inst. 1865 p. 326. Bull. dell' Inst. 1867 p. 143. Vielleicht auch auf Denkm. d. a. K. II 13, 142.
3 VII 61, 150.
4. Millingen, pent. de vases I 28, Mus. Borb. XII 39. — Overbeck, Gal. Taf. XXVIII 4. Vgl. Ann. dell' Inst. 1865 p. 303.
5. Denkm. d. a. K. I 56, 275*. Mon. dell' Inst. VIII 9.

Kreon[1], bei dem thebanischen Kreon, vor den die gefangene Antigone geführt wird[2], bei dem nemeischen Lykurgos[3] u. s. w. Auf einer Vase, welche darstellt, wie Herakles ein Mädchen gegen die Angriffe eines lüsternen Kentauren schützt, tritt ein bärtiger Mann, vermuthlich der Vater dieses Mädchens, in orientalischer Kleidung auf[4]. Mag die bestimmte Benennung des Mannes, wie die seiner Tochter zweifelhaft sein, so dürfen wir nach Allem, was die Ueberlieferung über den Aufenthaltsort der Kentauren berichtet, mit Sicherheit annehmen, dass wir es mit einem Ereigniss zu thun haben, welches den Mythos nicht in Asien, sondern in Europa vorgehen liess. Die schwierige Frage, in wie weit diese Charakteristik zuerst auf der Bühne ausgebildet wurde[5], und von hier aus auf die Malerei wirkte, lasse ich, da sie dem bestimmten Zwecke unserer Untersuchung ferner liegt, ausser Betracht. Eben so verzichte ich darauf, diese orientalisirende Neigung über die Vasenmalerei hinaus auf anderen Denkmälern der späteren griechischen und italischen Kunst zu verfolgen und bemerke nur, dass die häufige Verwendung der phrygischen Mütze, wie sie der jüngeren etruskischen Kunst eigenthümlich ist, die dieses Attribut, namentlich auf Spiegeln und Urnen, ohne Unterschied Heroen aus allen Sagenkreisen zuertheilt, gewiss damit zusammenhängt[6].

Innerhalb der campanischen Wandmalerei ist eine entsprechende Richtung durch ein bisher noch nicht genügend erklärtes Gemälde vertreten, welches einen hellenischen Jüngling als Schutzflehenden vor einem Barbarenkönig darstellt und den eigenthümlichen Schnitt und die bunte Pracht asiatischer Kleidung in sehr bezeichnender Weise hervorhebt[7]. Auf einem anderen Gemälde, welches Herakles bei Omphale schildert, zeigt Priapos in Gesichtstypus, wie in Tracht ein acht orientalisches Gepräge, eben so der lydische Jüngling, auf dessen Knie sich Omphale stützt, der mit

---

1) Millin, Tombes de Canose pl. 7. Arch. Zeit. 1847 Taf. 3.
2) Millingen, peint. de vases I 54, Panofka, Mus. Blacas pl. 31. Vgl. Arch. Zeit. 1863 p. 76, Heydemann, über eine rachenripideische Antigone, Berlin 1868. 8. Arch. Zeit. 1870 Taf. 40.
3) Gerhard, apul. Vasenb. E 10, Overbeck, Gal. Taf. IV 4.
4) Stephani, Compte rendu 1865 Taf. IV 1 p. 110 ff.
5) Vgl. Welcker, alte Denkm. III p. 402 ff. Wieseler, Satyrspiel p. 114. O. Jahn, Vasensamml. K. Ludwigs Einleitung p. CCXXVII.
6) Da die spätere Kunst mit der phrygischen Mütze so freigebig ist, so kann ich der Vermuthung Diltheys im Bull. dell' Inst. 1869 p. 150, dass ein mit diesem Attribute ausgestatteter Jüngling, der auf zwei Wandbildern (N. 220. 221) mit Apoll zusammengestellt ist, Branchos zu benennen sei, nicht unbedingt beipflichten.
7) N. 1401.

scharf geschnittenem Gesichte und brauner Hautfarbe auftritt[1]. Ausserdem gehören hierher die orientalisch gekleidete Localgöttin, welche bei dem Tode des Adonis gegenwärtig ist[2], der Berggott des Ida auf einem Gemälde mit dem Parisurtheil[3], und die bärtige Figur mit weichlichen Zügen und in weibischer Tracht, die bei der Schmückung der Hermaphroditen Beistand leistet und offenbar für eines jener Zwitterwesen zu erklären ist, wie sie häufig in den asiatischen Religionen vorkommen[4]. Dass diese Erscheinungen vollständig der Entwickelung der Diadochenperiode gemäss sind, bedarf nach den im Obigen gegebenen Andeutungen keiner weiteren Auseinandersetzung. Die Behandlung der Tracht der bei dem Marsyasurtheil gegenwärtigen Barbaren ist in einer pompeianischen Architekturmalerei[5], im Wesentlichen dieselbe, wie auf der denselben Gegenstand darstellenden Reliefvase von Armento[6]. Eben so treten Priamos[7], Paris[8], und die Trabanten des Thoas[9] mit einer Charakteristik auf, welche im Ganzen der entspricht, die die spätere Vasenmalerei diesen Figuren zu geben pflegt. Allerdings behandelt die Wandmalerei den Reichthum des orientalischen Costüms niemals in so prolixer Weise, wie es auf einigen Vasen und namentlich solchen, die durch aufgelegte Vergoldung verziert sind, der Fall ist[10]. Doch erscheint dieser Unterschied der beiden Denkmälergattungen nur als ein partieller und gradueller und wird dadurch der Zusammenhang, den wir zwischen den Wandbildern und der kunstmässigen Malerei der Diadochenperiode annehmen, keineswegs in Frage gestellt. Einerseits haben wir zu gewärtigen, dass die kunstmässige Malerei bei Schilderung des orientalischen Kleiderprunkes nach aesthetischen Gesichtspunkten verfuhr und demnach gewisse Grenzen einhielt, während die volksthümliche Industrie der Vasen eher auf eine drastische Wirkung ausgehen durfte. Mag aber auch auf einzelnen Tafelbildern der Reichthum dieses Kostüms sehr detaillirt behandelt worden sein, dann ist es begreiflich, dass der spitze Griffel der Vasenzeichner einer solchen Charakteristik leichter nahe kommen konnte, als der breite und hastig arbeitende Pinsel der decorativen Frescomalerei.

Noch eine Erscheinung, welche auf den Wandbildern vor-

1) N. 1140. 2) N. 340. 3) N. 1245. 4) N. 1369.
5) N. 232. 6) Arch. Zeit. 1869 Taf. 18.
7) N. 1147. Vgl. N. 1389. 1391. 1395.
8) N. 1207—89. 1310—1313. Ohne Andeutung phrygischer Tracht findet sich Paris nur auf N. 1359. Vgl. auch den muthmasslichen Troilos Helbig, Wandgemälde p. 460. Arch. Zeit. 1869 Taf. 10.
9) N. 1333 ff.
10) Vgl. z. B. Stephani, Compte rendu 1861 Taf. V 1—4.

kommt, steht in engem Zusammenhange mit den Beziehungen zwischen Occident und Orient, die wir soeben erörtert. Die Tracht der dargestellten Figuren besteht sehr oft aus Zeugen, die in mehrfachen Farben schillern. Diese Behandlung lässt sich kaum anders erklären als durch die Annahme, dass die Wandmaler seidene Stoffe darstellen wollten, denen allein dieses Farbenspiel eigenthümlich ist. Wiewohl solche Stoffe, unter denen namentlich die auf Kos gefertigten berühmt waren, am häufigsten von römischen Schriftstellern aus dem ersten Jahrhundert v. Chr. erwähnt werden[1], so lässt sich der Gebrauch derselben doch schon in der Alexanderepoche nachweisen. Aristoteles nämlich berichtet, dass die Cocons der Seidenraupe zuerst in Kos eingeführt und die davon abgehaspelte Seide von den dortigen Frauen zu Stoffen verarbeitet worden wäre[2]. Zur Zeit des Aristoteles waren also seidene Zeuge bei den Griechen bereits in Gebrauch. War dies aber einmal der Fall, dann lag es ganz in dem Geiste der gleichzeitigen Malerei[3], den eigenthümlichen coloristischen Reiz solcher Gewänder künstlerisch zu verwerthen. Jedenfalls beruht die in den Wandgemälden vorkommende Behandlung der Gewänder auf einer Erscheinung, die nicht ausschliesslich der römischen Kaiserzeit eigenthümlich war, sondern die bereits in der Alexanderepoche existirte.

Die Liebe zur Kunst, welche von jeher eine nothwendige Ergänzung des griechischen Daseins gewesen war, dauerte auch über die Alexanderepoche hinaus und begleitete die Hellenen in die neu erschlossenen Gebiete Asiens und Afrikas. Sie bildet einen schönen Zug in dem Charakter des grossen Alexander, der bekanntlich mit den bedeutendsten Künstlern seiner Zeit, mit Lysippos und Apelles, in vertrautem Verhältnisse stand, und an

---

1. Vgl. Marquardt, röm. Privatalterth. II p. 104 ff. Allerdings heben diese Schriftsteller in der Regel die Durchsichtigkeit der koischen Gewänder hervor; doch muss ihnen als Seidenzeugen auch ein gewisser Glanz eigenthümlich gewesen sein. Hiermit stimmt der Vers des Propertius II 1, 5:
   Sive illam cois fulgentem incedere coccis.

2. Aristot. hist. an. V 19 p. 551ᵇ Bekker. Plinius XI 76 berichtet dagegen, dass die koischen Frauen importirte orientalische Seidenzeuge aufgetrennt und die Fäden zu neuen Stoffen verwebt hätten. Ob er die Stelle des Aristoteles missverstand oder aus einer anderen Quelle schöpfte, lässt sich nicht entscheiden. Die reiche Litteratur über diesen Gegenstand s. bei Büchsenschütz, die Hauptstätten des Gewerbfleisses p. 68 Anm. 1 und bei Blümner, die gewerbl. Thätigkeit der Völker des Alterthums p. 85 ff.

3. Vgl. hierüber den 19. Abschnitt.

XVII. Die äusseren Bedingungen der hellenistischen Kunst. 151

ihren Leistungen den lebhaftesten Antheil nahm[1]. Allerdings tragen die Berichte, wie Demetrios Poliorketes während der Belagerung von Rhodos mit Protogenes verkehrte, wie er bei den Operationen bemüht war, den Jalysos desselben zu schonen[2], ein entschieden anecdotenhaftes Gepräge; doch lassen sie immerhin auf die Kunstliebe schliessen, welche den Genialsten unter den Diadochen zierte. Betrachten wir den Eifer, mit welchem die Herrscher und die reichen Privatleute damals Kunstwerke sammelten[3], im Zusammenhange mit dem ganzen Geiste der Zeit, so dürfen wir annehmen, dass hierbei in ungleich höherem Grade, als später bei den Römern, eine lebendige Empfänglichkeit für das Schöne massgebend war. Auch in materieller Hinsicht liessen es die damaligen Machthaber an Unterstützung der Kunst nicht fehlen, wie es in schlagender Weise die hohen Preise bezeugen, mit denen die Werke berühmter Meister bezahlt wurden. Mnason von Elatea zahlte dem Aristeides für seine Perserschlacht 100[4], dem Asklepiodoros für das Bild mit den zwölf Göttern 300[5], dem Theomnestos, welcher in seinem Auftrage eine Reihe von Heroen malte, für jede Figur 20 Minen[6]. Dem Apelles sollen für das im ephesischen Artemision aufgestellte Gemälde, welches Alexander den Grossen mit dem Blitze in der Hand darstellte, 20 Talente Goldes zugemessen worden sein[7]. Derselbe Künstler gab vor, um die Rhodier zu einer richtigen Würdigung der Leistungen des Protogenes zu vermögen, die gerade fertigen Bilder desselben für 50 Talente erwerben zu wollen[8]. Ptolemaios Soter bot dem Nikias für die Nekyia vergeblich 60 Talente[9]. Wie einträglich die Malerei damals war, ergiebt sich auch aus den hohen Lehrgeldern, welche sich berühmte Meister von ihren Schülern zahlen liessen[10]. Von Nikias ist es bestimmt überliefert,

---

1. Siehe die Stellen bei Brunn, Gesch. d. gr. Künstl. I p. 363. II p. 211, p. 213, p. 215.
2. Plin. XXXV 104. Overbeck, Schriftquellen N. 1914 ff.
3) Vgl. oben Seite 128 ff.
4 = 26000 Thlr.; Plin. XXXV 99.
5) = 9360 Thlr.; Plin. XXXV 107.
6) = 520 Thlr.; Plin. XXXV 107.
7. Plin. XXXV 92.
8 = 78587 Thlr.; Plin. XXXV 88.
9) = 94305 Thlr.; Plutarch, non posse suav. vivi sec. Epicurum XI 2 p. 1093 E. (Glücklicher war der alexandrinische Hof mit dem Hyakinthos des Nikias. Wenigstens befand sich dieses Gemälde, als Caesar Alexandreia einnahm, in dieser Stadt und wurde es damals von dort nach Rom gebracht. Plin. XXXV 131.
10) Pamphilos liess sich seinen Unterricht jährlich mit einem Talente bezahlen. Plin. XXXV 76. Plutarch, Arat. 13.

dass er sehr reich wurde¹. Auch kam es damals häufig vor, dass die hochgestelltesten Persönlichkeiten in Plastik und Malerei dilettirten². Attalos III., der letzte König von Pergamos, modellirte in Wachs, goss und ciselirte in Erz³. Antiochos Epiphanes suchte mit Vorliebe seine Erholung in den Ateliers der Toreuten⁴. Das Treiben der Machthaber lässt mit Sicherheit auf ähnliche Richtungen innerhalb der privaten Gesellschaft schliessen. Da sich die Griechen unter der Monarchie nicht mehr mit den öffentlichen Angelegenheiten beschäftigen durften, so lag es nahe, dass einzelne Individuen nunmehr in dem Studium oder in dem Genusse der Kunst oder in der dilettirenden Ausübung derselben Befriedigung suchten. Besonders gefördert wurde eine solche Richtung durch eine Neuerung, welche gegen die Zeit Alexanders in dem Unterrichte der griechischen Jugend stattfand. Damals wurde in Folge der Leistungen der sikyonischen Malerschule, in deren strenger Zucht die Hellenen ein paidagogisches Element erkannten, das Zeichnen unter die bei der Bildung des freien Knaben üblichen Lehrgegenstände aufgenommen⁵. Aristoteles empfiehlt diesen Unterricht besonders aus dem Grunde, weil er die Fähigkeit befördert, richtig über Kunstwerke zu urtheilen⁶. Wenn wir unter solchen Umständen annehmen dürfen, dass die Kennerschaft, im Vergleich mit der früheren Epoche, an Breite und bei einzelnen Individuen an Verfeinerung gewann, so hatten die neuen Verhältnisse doch auch ihre bedenkliche Seite. Für die Entwickelung der monumentalen Kunst waren sie keineswegs förderlich. So lange die Künstler vorwiegend für die griechischen Freistaaten arbeiteten, waren sie, wenn sie nur bedeutsamen, in dem Volksleben massgebenden Ideen einen vollendeten Ausdruck verliehen, der Anerkennung gewiss. Seitdem sie dagegen an den Höfen Beschäftigung fanden, lag es in der Natur der Sache, dass die Rücksicht auf die Herrscher die Freiheit ihres Schaffens mehr oder minder beeinträchtigte. Allerdings machte sich dieser Uebelstand erst während der späteren Geschichte des Hellenismus in weiterem Umfange geltend. Alexander war der Träger einer grossen civilisatorischen Idee. Auch unter seinen unmittelbaren Nachfolgern finden sich bedeutende Persönlichkeiten, welche die Künstler begeistern oder wenigstens erwärmen konnten. Seitdem

---

1 Plin. XXXV 132.
2 Plutarch. Demetr. 20.
3 Justin. XXXVI 4.
4 Polyb. XXVI 10.
5 Plin. XXXV 77.
6 Aristot. pol. VIII 3 p. 1338ᵃ Bekker: δοκεῖ δὲ καὶ γραφική, χρήσιμος εἶναι πρὸς τὸ κρίνειν τὰ τῶν τεχνιτῶν ἔργα κάλλιον.

dagegen der Verfall der hellenistischen Dynastien begann, seitdem dieselben mit wenigen Ausnahmen nur ruchlose oder erbärmliche Charaktere hervorbrachten, war die Aufgabe der monumentalen Kunst, insoweit sie mit der Persönlichkeit des Herrschers zu rechnen hatte, gewiss keine beneidenswerthe. Unsere Ueberlieferung ist zu dürftig, um den Verfall in den einzelnen Stadien zu verfolgen. Doch stimmt mit unserer Auffassung das einzige Zeugniss, welches über die Entwickelung dieser Kunst in der späteren Geschichte des Hellenismus vorliegt. Eine zu Antiocheia am Orontes befindliche Bronzegruppe stellte zur Erinnerung daran, dass Antiochos Epiphanes den Berg Tauros von Räubern gesäubert hatte, den König dar im Begriff, einen Stier zu bändigen [1]. Also beruhte dieses Kunstwerk, falls die Deutung, die Libanius davon giebt, richtig und nicht etwa aus dem erfindungsreichen Kopfe eines antiochener Perlegeten entsprungen ist, auf einem höchst frostigen Wortspiele.

Bekannt ist, dass die Kunst seit der Alexanderepoche in beträchtlich höherem Grade, als es früher der Fall gewesen war, dem Privatluxus zu dienen anfing. Wie bereits oben bemerkt [2], sind die ältesten Cabinetsmaler, von denen wir wissen, Pausias und Antiphilos, an welche sich Peiraikos, Kalates und Kallikles anschliessen. Die Entwickelung der Cabinetsmalerei bietet, entsprechend der Aufgabe, der dieselbe zu genügen hat, zu allen Zeiten gewisse verwandte Erscheinungen dar. Sie geht nicht so sehr darauf aus, einen bedeutenden, den Betrachter ergreifenden Inhalt zu verwirklichen, wie das Auge angenehm anzuregen, sei es durch die Anmuth der dargestellten Motive, sei es durch die Feinheit der Durchführung. Einzelne Künstler bilden gewisse Richtungen, die diesen Gesichtspunkten entsprechen, in raffinirter Weise aus und werden somit gesuchte Modemaler. Dieser Sachverhalt, den wir a priori auch hinsichtlich der Cabinetsmalerei der Diadochenperiode voraussetzen dürfen, wird durch die Nachrichten über Peiraikos bestätigt, den einzigen Vertreter dieser Gattung, über den wir einigermaassen unterrichtet sind. Der Inhalt seiner Bilder, »Barbier- und Schusterbuden, Eselein, Esswerk und Aehnliches«, war unbedeutend; »dagegen stand er in der Durchführung nur Wenigen nach« [3]. Desshalb wurden seine Bildchen, wie Plinius beifügt, theurer bezahlt, als grosse Gemälde anderer Meister. Immerhin bot jedoch die Diadochenperiode die geeigneten Bedingungen dar, um die Cabinetsmalerei

---

1) Liban. Ἀντιοχικός I p. 311 Reiske.
2) Siehe oben Seite 131 ff.
3) Plin. XXXV 112.

innerhalb der ihr gesteckten Grenzen in gedeiblicher Weise zu entwickeln. Wenn es im Allgemeinen bedenklich erscheint, dass dieser Kunstzweig unmittelbar von dem Geschmacke des Publicums bestimmt wird, so konnte dieses Verhältniss in der Diadochenperiode nur günstig wirken. Einerseits dürfen wir nach dem im Obigen Bemerkten den damaligen Griechen ein hohes Maass von Schönheitsinn und Kennerschaft zutrauen. Andererseits giebt uns der Bericht des Plinius[1] über Peiräikos ein bestimmtes Zeugniss von dem strengen Maassstabe, mit dem damals auch die Leistungen der Cabinetsmalerei beurtheilt wurden. Während die Malerei von Bildern unbedeutenden Inhalts in der Regel Rhopographie hiess, wurde Peiräikos spottweise Rhyparograph d. i. Schmutzmaler genannt. Es zeigt dies deutlich, wie sich gegenüber dem Beifalle, der diesem Künstler zu Theil wurde, Stimmen erhoben, welche die von ihm eingeschlagene Richtung missbilligten.

Gegen die Annahme, dass weitaus die grösste Menge der campanischen Wandgemälde, die, welche die mythologischen Gestalten der menschlichen Sphäre nähern[2], und die, welche Scenen aus dem Alltagsleben mit idealer Auffassung behandeln[3], von dieser Entwickelung des Cabinetsbildes abhängen, wird sich schwerlich ein stichhaltiger Einwurf geltend machen lassen. Ein Vorzug, welcher den Originalen in hervorragendem Grade eigenthümlich gewesen sein wird, die Feinheit der Durchführung, ging bei der Frescoreproduction selbstverständlich verloren. Dagegen entsprechen diese Wandbilder hinsichtlich des Inhalts, der sich innerhalb des Bereiches des Allgemeinmenschlichen hält und somit für das Verständniss des Betrachters leicht zu erfassen ist, und hinsichtlich der schönen, anmuthigen oder charaktervollen Formen, in welchen sie diesen Inhalt zum Ausdruck bringen, vollständig den Anforderungen, welche eine an feinem Kunstgefühle reiche Epoche an das Cabinetsbild stellen durfte. Im Weiteren wird gezeigt werden, wie die geistigen Regungen, welche sich in diesen Compositionen aussprechen, und die Lebensformen, die darin geschildert sind, durchweg den Stempel der hellenistischen Entwickelung tragen.

---

[1] Plin. XXXV 112. Vgl. Brunn. Gesch. d. gr. Künstl. II p. 259 ff.
[2] Siehe oben Seite 52 ff
[3] Siehe oben Seite 76 ff.

XVIII. Die Gesellschaft.

Von der weitreichendsten Bedeutung war es, dass die Culturentwickelung seit der Alexanderepoche vorwiegend auf monarchischen Staaten beruhte. Jene allseitige und harmonische Durchbildung des Mannes, die bisher als das Ideal des Hellenenthums gegolten hatte, war namentlich bedingt durch die selbstthätige Theilnahme am Staatswesen. Da dieselbe in der Monarchie, wo der Herrscher die politische Leitung in seiner Person concentrirte, selbstverständlich wegfiel, so wurde der hellenischen Bildung die wesentliche Grundlage entzogen und flugen die einzelnen Individuen nunmehr an, bestimmt durch innere Neigung oder äussere Interessen, einzelne Kräfte in einseitiger und concentrirter Weise auszubilden. Die Berufszweige sonderten sich mit einer Entschiedenheit, wie sie dem älteren Griechenthume vollständig fremd geblieben war. Innerhalb der Staaten der Diadochen, namentlich des der Ptolemäer, unterscheiden wir deutlich einen Soldaten- und einen Beamtenstand. Sehen wir von den Sophisten, die in vielen Hinsichten die hellenistische Entwickelung vorbereiten, und von anderen vereinzelten Erscheinungen der früheren Periode ab, so waren Kunst und Wissenschaft bisher in der Regel von Männern gepflegt worden, die als Bürger eines Gemeinwesens an den Schicksalen desselben mehr oder minder thätigen Antheil nahmen. Jetzt dagegen erscheinen Künstler und Gelehrte fast durchweg als exclusive Fachmänner und ausser Zusammenhange mit einem bestimmten Staate. Die Hingabe an ihre privaten Bestrebungen macht sie bisweilen vollständig gleichgültig gegen das Gemeinwesen, dem sie angehören. Protogenes fährt ruhig fort, an seinem ausruhenden Satyr zu malen, während Demetrios Poliorketes Rhodos bestürmt[1]). Früher waren es vorwiegend politische Interessen, welche die Individuen zusammenführten oder trennten. Jetzt tritt vielfach der private Beruf an deren Stelle. Dichter und Gelehrte fangen an, sich in besonderen Zirkeln zu vereinigen, ein Gebrauch, welcher zu Alexandreia in dem Museion feste Form erhielt. Die Schauspieler treten unter bestimmten Statuten in den Synodol zusammen. Alle solche Vereinigungen hatten einen vollständig kosmopolitischen Charakter und zogen ohne Rücksicht des Stammes die geeigneten Kräfte an sich. Waren doch selbst die damaligen Condottieri in der Regel vollständig vaterlandslos und dienten sie, wie es ihren Interessen entsprach, bald diesem, bald jenem Staate. Bezeichnend ist es

---

1) Plin. XXXV 105.

aber, dass auch sie sich als Stand fühlten und in ihrem feindlichen und friedlichen Verkehr eine Art von Gewohnheitsrecht ausbildeten. Die neuen Anschauungen finden auch in der Philosophie der Diadochenperiode einen entsprechenden Ausdruck. Während noch Plato und Aristoteles behaupten, die vollkommene Sittlichkeit sei nur in einem Gemeinwesen erreichbar, wird von der nacharistotelischen Philosophie die Unabhängigkeit von Welt, Vaterland, Familie und anderen bindenden Verhältnissen als das höchste Ziel aufgestellt. Mochte unter solchen Umständen die Mehrzahl des Volkes an sittlichem Charakter Einbusse leiden, so mussten innerhalb der allgemeinen politischen Machtlosigkeit und nach Wegfall der Bildungselemente, die bisher einen gewissermassen ausgleichenden Einfluss ausgeübt hatten, die verschiedenen Richtungen und Bestrebungen der einzelnen Individuen um so vielseitiger gedeihen und kann sich demnach die Ausbildung dessen, was man individuellen Charakter nennt, nur vervielfältigt haben.

Die Neugestaltung der Verhältnisse machte ihren Einfluss in der umfassendsten Weise geltend. Sie bedingt sogar den physiognomischen Charakter des damaligen Geschlechtes. Während die Portraits der vorhergehenden Epoche eine gewisse Uebereinstimmung des Ausdrucks verrathen, welche zum Theil dem die Epoche beherrschenden Style, zum Theil aber auch gewiss der gleichmässigen Ausbildung zugeschrieben werden darf, deren die Griechen damals genossen, bieten die Portraits seit der Zeit Alexanders des Grossen eine Fülle der individuellsten Erscheinungsweisen dar. Zeitgenössische Typen von solcher Verschiedenheit, wie sie der schwungvolle Kopf Alexanders des Grossen mit seinem Ausdrucke stürmischer Thatkraft, die durchgearbeitete Gelehrtenphysiognomie des Aristoteles und das Gesicht des Menander mit dem ihm eigenthümlichen Zuge ironischer Beobachtung darbieten, sucht man in der vorhergehenden Epoche vergeblich.

Mit Vorliebe wendet sich die Kunst zur Ausprägung von Charaktertypen der einzelnen Gesellschafts- und Berufsklassen. Die neuere Komödie griff die bezeichnenden Erscheinungen des städtischen Lebens auf und brachte die Typen des Condottiere, des wohlhabenden Bourgeois, der Künstler, Handwerker, des Parasiten, der Hetaire, der Kupplerin zur vollendetsten Entwickelung. In entsprechendem Sinne war das Idyll hinsichtlich der ländlichen Bevölkerung, der Hirten, Jäger und Fischer thätig. Das Epigramm endlich griff in alle denkbaren Schichten der Gesellschaft ein, allenthalben das besonders Charakteristische in knapper Form zuspitzend.

XVIII. Die Gesellschaft.

Dieselbe Richtung zeigt sich auch in der Plastik und Malerei. Die genrehaften Standestypen, welche uns aus Sculpturen der römischen Epoche bekannt sind, wurden vermuthlich in der Diadochenperiode erfunden. Mit Sicherheit lässt sich dies nachweisen hinsichtlich des Typus des krummnasigen, durchwetterten Fischers, welche uns in pompeianischen Bronzefiguren[1], und in einem vortrefflichen Marmorkopfe erhalten ist, der sich im Besitze des römischen Kunsthändlers Milani befindet[2]. Die Charakteristik, welche die alexandrinische Dichtung den Fischern zu geben pflegt, stimmt mit der diesen Sculpturen eigenthümlichen überein[3]. Ausserdem kommt bei Theokrit[4] unter den bildlichen Darstellungen des Kissybion des Aipolos ein die Netze auswerfender Fischer vor, dessen Bezeichnung als γριπεὺς und ἁλίτρυτος γέρων auf die Existenz eines Typus hinweist, wie er durch die soeben erwähnten Sculpturen vertreten ist. Innerhalb der Malerei begegnen wir einem Gemälde des Antiphilos, welches Weiber darstellte, welche Wolle bereiten[5], dem Maleratelier des Philiskos[6], den Barbier- und Schusterbuden des Peiraikos[7], der Walkerwerkstätte des Simos[8]. Ungefähr in dieselbe Epoche wird das nachmals auf dem römischen Forum befindliche Gemälde gehören, welches einen alten Hirten mit dem Stabe in der Hand darstellte[9]. Ein Gesandter der Teutonen erwiderte auf die Frage, wie hoch er dasselbe schätze, dass er einen solchen Mann auch lebendig nicht einmal als Geschenk annehmen würde. Da die Gesandtschaft der Teutonen in die letzten Jahre des 2. Jahrhunderts v. Chr. fällt, so ergiebt sich, dass dieses Gemälde bereits damals existirte. Dass es nicht vor der Alexanderepoche ausgeführt werden konnte, bedarf keines weiteren Beweises. Mochten auch früher bisweilen Portraits berühmter Dichter hergestellt worden sein, so geschieht dies in weiterem Umfange doch erst seit der Alexanderepoche[10]. In der älteren Entwickelung findet sich keine Spur, dass die bildende Kunst Schauspieler in ihr Bereich zog. Jetzt begegnen wir dem Tragoeden Gorgosthenes des Apelles[11]

---

[1] Mus. Borb. IV 55.
[2] Bull. dell' Inst. 1880 p. 138.
[3] Theokr. Idyll. III 25. Mosch III 9. Inc. idyll. III (Theokr. XXI). Leonidas, Anth. pal. VI 4. Vgl. Antipater von Sidon Anth. pal. VI 93.
[4] Idyll. I 38 ff.
[5] Plin. XXXV 138.
[6] Plin. XXXV 143.
[7] Plin. XXXV 112.
[8] Plin. XXXV 143. Vgl. oben Seite 5.
[9] Plin. XXXV 25.
[10] Vgl. O. Jahn, Abhandl. d. sächs. Ges. d. Wiss. VIII p. 751.
[11] Plin. XXXV 93.

188 Der Hellenismus und die campanische Wandmalerei.

und einem Gemälde des Aristeides, welches tragoedum et puerum darstellte[1]; Kratinos malte, wenn eine wohl begründete Vermuthung Raoul Rochettes richtig ist, comoedos[2], und Chalkosthenes stellte Statuen derselben in Erz her[3]. In der Diadochenperiode kam auch, wie bereits bemerkt, die Malerei der comicae tabellae zur Ausbildung, welche darauf ausging, Handlungen aus der Komödie dem Theater nachzucopiren[4]. Auch die weiblichen Vertreter der musischen Künste fanden Berücksichtigung, wie denn Lysippos die Statue einer temulenta tibicen bildete[5], Leontiskos eine Psaltria malte[6].

Der Reflex dieser Richtung der Kunst tritt deutlich hervor in der ihr parallel laufenden Entwickelung der Vasenmalerei. Wie wir unter den Gemälden des Peiraikos Schustersluben begegneten, zeigt uns eine chiusiner Schale mit rothen Figuren sehr flüssigen Styls einen Schuster mit seiner Arbeit beschäftigt[7]. Indem der Vasenmaler das Profil des Handwerkers sehr individuell gestaltete, den Eifer, mit welchem derselbe seiner Arbeit obliegt, in bezeichnender Weise hervorhob und durch die im Hintergrunde dargestellten Schuhe und Schusterwerkzeuge das Interieur anzudeuten bemüht war, ist es ihm gelungen, innerhalb der Grenzen seiner Technik ein höchst charaktervolles Lebensbild zu geben. Dem Maleratelier des Philiskos lassen sich zwei rothfigurige Schalen vergleichen, von denen die eine einen mit der Bearbeitung einer Herme beschäftigten Bildhauer[8], die andere die Werkstätte eines Bronzegiessers darstellt[9]. Mag die Charakteristik auf ersterem Gefässe sehr allgemein gehalten sein, so verräth die Darstellung der Bronzegiesserei in der Weise, wie der verschiedene Rang und die verschiedene Bildungsstufe der Arbeiter individualisirt, wie der Raum, worin die Handlung vorgeht, durch die im Hinter-

---
1) Plin. XXXV 100.
2) Plin. XXXV 140. Vgl. Brunn, Gesch. d. gr. Künstl. II p. 299. Dass Kratinos in die Diadochenperiode gehört, ist nach den Künstlern, mit welchen er von Plinius zusammengestellt wird, sehr wahrscheinlich.
3. Plin. XXXIV 87. Overbeck, Schriftquellen p. 202 n. 1380 liest Caecosthenes und identificirt den Bildhauer mit einem dieses Namens, der aus attischen Inschriften bekannt ist.
4) Vgl. oben Seite 131 ff.
5) Plin. XXXIV 63.
6 Plin. XXXV 141.
7) O. Jahn, Ber. d. sächs. Ges. d. Wiss. 1867 Taf. IV 5. Dass diese Schale nicht, wie gewöhnlich angegeben wird, aus Capua, sondern aus Chiusi stammt, wird mir von Herrn Alexander Castellani mitgetheilt.
8) Ber. d. sächs. Ges. d. Wiss. 1867 Taf. V 1.
9) Gerhard, Trinkschalen Taf. 12, 13. Ber. d. sächs. Ges. d. Wiss. 1867 Taf. V 4.

grunde angegebenen Werkzeuge und Votivgegenstände angedeutet
ist, deutlich das Streben des Vasenmalers nach einer dem Leben
entsprechenden Behandlung. Noch weiter vorgeschritten und
bereits an das Häusliche streifend, erscheint diese Richtung auf
einem in Lipari gefundenen Krater unteritalischen Styls, welcher
einen Fischhändler darstellt [1]).

Auch das Interesse für die Vertreter der musischen Künste
findet in der Vasenmalerei Ausdruck. Von den Gefässen, auf
denen Scenen aus dem Leben berühmter Dichter oder Dichterinnen dargestellt sind [2]), fällt meines Erachtens keines vor
die Mitte des vierten Jahrhunderts. Auf einer volcenter Schale,
deren Bilder ein Gastmahl darstellen, sind, was vielleicht nicht
zufällig ist, zwei der Zecher mit Namen komischer Dichter, des
Philippos und des Diphilos, bezeichnet [3]). Darstellungen aus dem
Leben der Schauspieler finden sich auf einer bekannten Vase,
welche die Vorbereitung zu einem Satyrspiel schildert [4]), und auf
einem apulischen Krater, in dessen Malerei ich einen siegreichen
Schauspieler erkenne, der von Nike bekränzt wird [5]). Scenen aus
den σὐλητρίδων διδασκαλία bilden oft auf Gefässen vollständig
freien Styles den Gegenstand der Darstellung [6]).

Ein weiterer für die hellenistische Gesellschaft bezeichnender
Zug ist die Lockerung der Schranken, die bisher den Individuen
durch ihre Herkunft gesteckt waren. Da in den griechischen
Freistaaten, um eine einflussreiche Stellung zu erringen, zum Mindesten eine zu dem vollen Bürgerthume berechtigende Geburt erforderlich war, so boten dieselben, so lange sie von fremden Einflüssen unabhängig waren, für Emporkömmlinge keinen geeigneten Spielraum. Seitdem dagegen ihre Selbständigkeit durch
die Uebermacht des makedonischen und später der Diadochenstaaten verkümmert wurde, konnte dieses exclusive Princip kaum
unter allen Umständen aufrecht erhalten werden. Die Nivellirung der Stammes- und Standesunterschiede vollzog sich zunächst
innerhalb der durch die Unterwerfung des Perserreichs neu erschlossenen Gebiete. Dorthin strömten Griechen aller Stämme
und Stände zusammen. Bei der Menge der neuen Ankömmlinge

---

1) Bull. dell' Inst. 1864 p. 55.
2) Vgl. O. Jahn, Abhandl. d. sächs. Ges. d. Wiss. VIII p. 700 ff.
3. O. Jahn a. a. O. Taf. VII p. 741 ff.
4 Mon. dell' Inst. III 31. Wieseler, Denkm. d. Bühnenwesens
Taf. V 2. Vgl. O. Jahn, Abhandl. d. sächs. Ges. d. Wiss. VIII p. 743.
Der Annahme Wieselers, Satyrspiel p. 9, dass dieses Gefäss, dessen
Malerei sich beträchtlich dem ausgebildeten unteritalischen Styl
nähert, in voralexandrinische Epoche falle, kann ich nicht beipflichten.
5) Newton, Cat. of the vases in the Brit. Mus. II p. 32 N. 1293.
6 Vgl. Stephani, Compte rendu 1869 p. 92 ff.

und bei der Entfernung ihrer Heimath war es gewiss schwierig, den Stammbaum der einzelnen Individuen einer genauen Controle zu unterziehen. Auch waren die Monarchen in dieser Beziehung durch keine Rücksicht gebunden, sondern durften aus Berechnung oder Laune, wen sie wollten, auszeichnen und erhöhen. Diese Neugestaltung der Gesellschaft, wie sie zunächst in den asiatischen Monarchien Statt fand, konnte nicht umhin auch auf die griechischen Freistaaten einzuwirken. Ihrer Schwäche bewusst, mussten sie nunmehr gegenüber Personen, die bei den mächtigen Monarchen in Gunst standen, welcher Herkunft dieselben auch sein mochten, Rücksichten nehmen und ihnen allerlei Concessionen gewähren. Unter solchen Umständen ist es begreiflich, dass seit der Alexanderepoche Aventuriers und Parvenus eine hervorragende Rolle zu spielen anfangen. Bereits Alexis[1] klagt darüber, dass der Itelchthum alle Mängel der Gebnrt tilge. Verbannte, verhungertes Volk und entlaufene Sklaven drängten sich, wie Diphilos[2] sagt, an die Höfe, um daselbst Glück zu machen. In einer Komödie des Philippides[3] ist davon die Rede, wie, während die freien Bürger darben, Sklaven auf silbernem Tafelgeschirre die kostbarsten Mahlzeiten einnehmen. Der Plateroer Demetrios, welcher in makedonischem Auftrage zehn Jahre lang Athen regierte, war unedler Herkunft[4]. Der stoische Philosoph Persaios von Kition, der später als Günstling des Antigonos Gonatas mit wichtigen politischen und militärischen Missionen betraut wurde, soll von Haus aus ein Abschreiber gewesen sein[5]. Hierax, der als Jüngling bei unzüchtigen Pantomimen die Flöte geblasen, hatte unter Ptolemaios VI., Philometor und Ptolemaios VII., Euergetes II. die einflussreichste Stellung in der ägyptischen Regierung[6]. Der berühmte Mechaniker Ktesibios war der Sohn eines Barbiers[7]. Der Kreter Itbianos war als Sklave geboren[8]. Wie es sich von selbst begreift und ausserdem durch erhaltene Aussprüche der Komiker bezeugt wird[9], gehörten solche Emporkömmlinge nicht immer zu den erfreulichsten Elementen der Gesellschaft.

Auch hinsichtlich der Stellung des weiblichen Geschlechts tritt

1 Athen. IV p. 159 D, Meineke, fragm. com. gr. III p. 419.
2) Athen. V p. 190 E, Meineke a. a. O. IV p. 420.
3) Athen. VI p. 230 A, Meineke, fragm. com. gr. IV p. 469.
4) Diog. Laert. V 5, 75.
5) Diog. Laert. VII 36. Vgl. Müller, fragm. hist. gr. II p. 623.
6. Poseidonios bei Athen. VI p. 252 E, Müller, fragm. hist. gr. III p. 251, 7.
7) Vitruv. IX 6.
8 Meineke, anal. alex. p. 171.
9. Meineke, fragm. com. gr. IV p. 614, 11, 42.

seit der Alexanderepoche eine Umwandlung ein. Die Frauen erscheinen in den Grossstädten der Diadochenreiche freier gestellt und individueller entwickelt, als in den griechischen Republiken oder, um mich ganz vorsichtig auszudrücken, in den Republiken demokratischer Verfassung. Auch diese Thatsache steht offenbar in engem Zusammenhange mit der monarchischen Regierungsform. Wir dürfen es als einen Erfahrungssatz aussprechen, dass, wo immer in der griechischen Geschichte das weibliche Geschlecht bedeutsamer aus dem häuslichen Kreise heraustritt, dies in monarchisch oder oligarchisch regierten Staaten der Fall ist. Auf solchem Boden gediehen auch in der Zeit vor Alexander dem Grossen einige, wenn auch vereinzelte individuelle Frauencharaktere. Wenn Erscheinungen dieser Art besonders häufig in Syrakus vorkommen[1], so steht dies, da dort die Monarchie mit geringen Unterbrechungen Bestand hatte, in bestem Einklange mit der von uns aufgestellten Regel. Dagegen war innerhalb des grössten Culturmittelpunktes der voralexandrinischen Epoche, in dem demokratischen Athen, die Stellung des weiblichen Geschlechtes eine streng begrenzte. Wie es die berühmten Worte des Perikles[2] in so bezeichnender Weise ausdrücken, war die Frau lediglich auf das Haus und die Beschäftigung mit den häuslichen Angelegenheiten angewiesen und blieb ihr Alles, was ausserhalb dieses Kreises lag, verschlossen.

Die Diadochenstaaten, welche mit Ende des 4. Jahrhunderts in den Vordergrund der Culturentwickelung treten, waren Monarchien. An den Höfen zu Alexandreia, Antiocheia am Orontes und Pergamos entwickelte sich ein an feiner Bildung und Genuss reiches Leben, an dem auch die Königinnen und die dieselben umgebenden Damen Theil nahmen. Mit der Zeit konnte es nicht ausbleiben, dass diese Verhältnisse auch auf weitere Kreise wirkten. Da der Mann nicht mehr in der selbstthätigen Theilnahme an den öffentlichen Angelegenheiten eine seine Existenz aus-

---

[1] Ich erinnere an Demareta, die Gattin Gelons I., an die beiden Frauen des älteren Dionysios, deren verschiedene Abstammung von politischer Tragweite war, und namentlich an Aristomache und Arete, die beiden Gemahlinnen des Dion Plutarch, Dion. 51,. Bezeichnend für die Bildung der vornehmen Syrakusanerinnen ist die von Plutarch, Dion 19 berichtete Thatsache, dass die Frauen am Hofe des jüngeren Dionysios sich lebhaft für Plato interessirten. In merkwürdigem Gegensatze zu diesen Erscheinungen stehen die strengen Anstandgesetze, denen nach Phylarchos (bei Athen. XII p. 521 B) die Frauen in Syrakus unterworfen waren. Vielleicht haben wir hierin eine demokratische Reaction gegen die durch die Tyrannis geförderte Entwickelung der Frauen zu erkennen. Doch berichtet leider Phylarchos nicht, wann diese Gesetze erlassen wurden.

[2] Thukyd. II 45.

füllende Thätigkeit fand, so konnte dies, wenn er nicht seine Zerstreuung im Umgange mit Hetairen suchte, vielfach der Stellung der Hausfrau zu Gute kommen. Jedenfalls bezeugen uns bestimmte Nachrichten, dass die Frauen in dem Bereiche der hellenistischen Monarchien grösserer Freiheit genossen und von den Männern in höherem Grade berücksichtigt wurden, als in Athen. Theokrit kennt in Milet nicht nur den Nikias, den Schüler des Alexandriners Erasistratos, sondern auch dessen Gattin; er schickt derselben eine Spindel und begleitet dieses Geschenk mit einem verbindlichen Gedichte [1]. In den Adoniazusen [2] begeben sich Gorgo und Praxinoa, ehrbare in Alexandreia ansässige Bürgersfrauen, um den Adoniszug anzusehen, in das dichteste Gedräng und unterhalten sich in ungezwungener Weise mit einem Fremden, der ihnen einen Platz verschafft, von dem aus sie den Festzug übersehen können. Abgesehen von diesen vereinzelten Zeugnissen ergiebt sich die veränderte Stellung des weiblichen Geschlechts aus der Fülle individueller Frauengestalten, wie sie in der Diadochenperiode auf den verschiedensten Gebieten hervortreten. Die Frauen der hellenistischen Dynastien zeigen, wo die Ueberlieferung uns einigermassen über dieselben unterrichtet, eine scharf ausgeprägte Physiognomie; sie mischen sich, bisweilen in sehr verhängnissvoller Weise, in die politischen Verhältnisse; einige nehmen auch an den litterarischen Interessen der Zeit Antheil.

Die Mutter Alexanders Olympias und ihre Feindin Eurydike, welche gegen einander die Truppen in das Feld führten, jene in bakchischer Tracht, diese in makedonischer Rüstung, sind noch halbbarbarische makedonische Erscheinungen [3]. Dagegen zeigt sich Berenike, die Gattin des Ptolemaios Soter, bereits als fein gebildete und intrigante hellenistische Weltdame. Sie übte einen bedeutenden Einfluss auf ihren Gemahl aus und setzte es durch, dass derselbe mit Uebergehung seines Sohnes aus erster Ehe ihren Sohn, den nachmaligen Ptolemaios Philadelphos, zum Nachfolger ernannte [4]. Bei den Schmeicheleien, die ihr die alexandrinischen Dichter spenden [5], dürfen wir annehmen, dass sie dem in Alexandreia herrschenden litterarischen Treiben nicht fern stand. Phila, die Gattin des Demetrios Poliorketes, finden wir mit der diplomatischen Mission beschäftigt, zwischen ihrem Manne und ihrem Bruder, Kassandros, Frieden zu stiften [6].

[1] Idyll. 22. [2] Idyll. 15.
[3] Vgl. Droysen, Gesch. d. Hellenismus I p. 244 ff.
[4] Pausan. I 6.
[5] Asklepiades oder Poseidippos Anth. plan. IV 68. Theokrit. Id. XVII 34 ff. Kallimachos, Anth. pal. V 146 51 Meineke, 52 Schneider.
[6] Plutarch. Demetr. 32.

Nikaia, die Frau des Alexander, Sohnes des jüngeren Krateros, behauptete sich nach dem Tode ihres Mannes, der sich in Euboia zum Tyrannen aufgeworfen hatte, eine Zeit lang in Korinth und unterhielt ein kostspieliges Liebesverhältniss mit dem Dichter Euphorion[1]). Namentlich reich an gewaltthätigen und zum Theil rachlosen Frauencharakteren ist die spätere Geschichte der Seleukiden. Ich erinnere an Laodike, welche ihren Gatten Antiochos II. Theos, von dem sie verstossen worden war, nebst dessen zweiter Gemahlin Berenike und dem aus dieser Ehe entsprossenen Kinde ermorden liess[2], an Kleopatra, die ihren Mann Demetrios II., Nikator und ihren Sohn Seleukos aus der Welt schaffte[3]), an die beiden Schwestern Kleopatra und Tryphaina, deren Zwietracht die vollständige Zerrüttung des ohnehin schon geschwächten Seleukidenreiches herbeiführte[4]). Doch nicht nur innerhalb der Familien der Herrscher, sondern auch in anderen Schichten der Gesellschaft tritt die Frau aus dem häuslichen Kreise heraus. Wir begegnen der Alexandrinerin Histiaia, welche topographische Untersuchungen über die Ilias veröffentlichte[5]), mehreren Dichterinnen, der Hedyle[6]), der Nossis aus der italischen Stadt Lokroi, der Anyte aus Tegea, der Byzantierin Myro oder Moiro. Die Malerin Anaxandra, die Tochter des Nealkes, welche in Sikyon oder Aegypten thätig war, gehört sicher, ihre Colleginnen Eirene und Aristarete wahrscheinlich in diese Periode[7]). Die Thatsache, dass einige dieser auf dem Gebiete der Kunst thätigen Frauen ausserhalb der Diadochenreiche zu Hause sind, weist darauf hin, wie die daselbst vollzogene Emancipation des weiblichen Geschlechtes von den neuen Culturmittelpunkten aus auch auf weitere Gebiete wirkte. Wenn diese Wirkung über die Grenzen der Monarchien hinaus eine beschränkte blieb, so erklärt sich dies daraus, dass, wie bereits bemerkt, die Natur des griechischen Freistaats einem bedeutenderen Hervortreten des weiblichen Geschlechts widerstrebte. Was Athen betrifft, so bezeugt die neuere Komödie durch bestimmte Aussprüche[8]) und durch die wenig individuelle Charakteristik, die sie Bürgerfrauen und Bürgermädchen zu geben pflegt, dass die attische Sitte dem weiblichen

---

1) Vgl. Meineke, anal. alex. p. 8 ff.
2 Vgl. Droysen, Gesch. d. Hellenismus II p. 359 ff.
3) Liv. epitome LX. Arrian. Syr. 65 ff.
4) Vgl. O. Müller, ant. Antioch. I p. 66.
5) Meineke, anal. alex. p. 23.
6) Athen. VII p. 297 B.
7) Vgl. Brunn, Gesch. d. gr. Künstl. II p. 291, 299, 300.
8) Menander bei Stob. flor. 74, 11. Meineke fragm. com. gr. IV p. 141, 2.

Geschlechte noch immer strenge Schranken zog. Auch die Geschichte der bedeutendsten politischen Macht im damaligen Griechenland, des achäischen Bundes, weist keinen scharf ausgeprägten Frauencharakter auf, während doch das gleichzeitige Makedonien, Syrien und Aegypten eine Fülle derselben darbieten. Allerdings tritt Anaxandra, indem sie sich der Pflege der Malerei befleissigt, aus dem Kreise der griechischen Bürgerfamilie heraus. Doch lässt sie sich keineswegs den individuellen Frauengestalten vergleichen, welche in der Geschichte der Diadochen vorkommen, und ist es ausserdem nicht einmal sicher, ob ihre Thätigkeit in ihrer Vaterstadt Sikyon oder in Aegypten Statt hatte.

Die veränderte Stellung der Frau wirkte auch modificirend auf die Verkehrsweise der beiden Geschlechter. Wir begegnen jetzt zum ersten Male Zügen, die an Frauencultus und Galanterie erinnern. Offenbar gaben auch in dieser Hinsicht die Höfe, wo der Verkehr der Officiere, Beamten und Litteraten mit den Damen des königlichen Hauses beinah nothwendig etwas Derartiges ausbilden musste, den Ton an. Zwei erhaltene Epigramme, von denen sich das eine auf ein Portrait der Berenike, Gattin des Ptolemaios Soter, das andere vermuthlich auf ein Portrait der jüngeren Königin dieses Namens, der Gemahlin des Ptolemaios III. Energetes, bezieht [1], und die Schmeichelei des Astronomen Konon, der zu Ehren der schönen Haare der jüngeren Berenike ein Sternbild »Haar der Berenike« benannte [2], sind bezeichnende Denkmäler der höfischen Galanterie der Diadochenperiode. Von den Höfen aus wird sich eine entsprechende Verkehrsweise baldigst auf weitere Gesellschaftskreise erstreckt haben. Während der Handkuss von Alters her unter Männern als Zeichen der Unterwerfung gebräuchlich war, wurde es jetzt Sitte, dass der Liebhaber ihn der Geliebten darbrachte. Wenn Polyphem bei Theokrit [3] der Galatea die Hand küssen will, wenn in einem anderen Idyll [4] Achill die Hand der Deidameia mit Küssen bedeckt, so versteht es sich, dass diese Liebesbezeugung in dem damaligen Leben allgemein üblich war.

---

[1] Asklepiades oder Poseidippos, Anth. plan. IV 68:
 Κύπριδος ἅδ' εἰκών· φέρ' ἰδώμεθα μὴ Βερενίκας.
 ὁποτέρᾳ ποτέρα φῇ τις ὁμοιοτέραν.
Kallimachos, Anth. pal. V 146 (51 Meineke, 52 Schneider):
 Τέσσαρες αἱ Χάριτες· ποτὶ γὰρ μία ταῖς τρισὶ καίναις
 ἄρτι ποτεπλάσθη, κἤτι μύροισι νοτεῖ,
 εὐαίων ἐν πάσαις ἀρίζηλος Βερενίκα.
 ἇς ἄτερ οὐδ' αὐταὶ ταὶ Χάριτες Χάριτες.
[2] Hygin. poet. astr. II 24. Vgl. Eratosth. catast. 12.
[3] Id. XI 53.
[4] Inc. id. VI 29.

XVIII. Die Gesellschaft.

Was andererseits die Frau betrifft, so konnte sie, freier gestellt und in unbeschränkterem geselligen Verkehre mit den Männern, dem Triebe zu gefallen in höherem Grade nachgeben, als es früher der Fall gewesen war. Dies musste nothwendig der Verbreitung jenes reflectirten Strebens, zu reizen und zu fesseln, welches wir Koketterie nennen, Vorschub leisten. In diesem Sinne benimmt sich bei Theokrit[1] Galateia gegenüber Polyphem; so tritt in einem andern Idyll[2] eine prätentiöse Städterin einem verliebten Rinderhirten gegenüber. Innerhalb des Bilderschmuckes des Kissybion des Aipolos begegnen wir einer Kokette, welche mit zwei sie umwerbenden Männern liebängelt[3]. Wie nahe es der damaligen Epoche lag, das Gebahren des weiblichen Geschlechts in dieser Weise aufzufassen, bezeugen die Bemerkungen, mit denen Dikaiarchos[4] die Verse der Odyssee 21, 63 ff. begleitet. Hier schildert der Dichter, wie Penelope, den Schleier vor die Wangen haltend, den Freiern gegenüber tritt. Während das Auftreten der Königin ganz dem Gebrauche des heroischen Zeitalters gemäss und nach den Anschauungen desselben vollständig sittsam erscheint, erklärt es der Gelehrte der Diadochenperiode für die raffinirteste Koketterie.

Systematisch ausgebildet erscheint diese Fähigkeit, zu reizen und zu fesseln, bei den damaligen Hetairen[5], die ein zu bedeutendes Element in der hellenistischen Gesellschaft darstellen, als dass sie an dieser Stelle übergangen werden dürften. Mögen die Hetairen bereits in der älteren Entwickelung eine Rolle spielen, so werden sie doch erst gegen die Alexanderepoche ein Culturfactor von allgemeinerer Tragweite. Von da an erscheinen sie als der regelmässige Mittelpunkt der geselligen Vergnügungen der Jugend. Viele unter ihnen zeichnen sich durch feine Bildung und schlagfertigen Witz aus, wissen die ausgezeichnetsten Persönlichkeiten der damaligen Zeit, Feldherrn, Staatsmänner, Litteraten, Künstler, dauernd an sich zu fesseln und veranschaulichen in der bezeichnendsten Weise die aus feinen geistigen und sinnlichen Genüssen gemischte Existenz, welcher die Mehrzahl der damaligen Griechen huldigte. Fast bei jeder bedeutenderen Persönlichkeit, welche in der Geschichte des Hellenismus hervortritt, sind Beziehungen mit bekannten Hetairen nachweisbar. Die Mehrzahl

---

[1] Theokr. Id. VI 6 ff.
[2] Inc. Id. II 12 ff.
[3] Theokr. Id. I 30 ff.
[4] Cramer, anecd. parisin. III p. 422. Müller, fragm. hist. gr. II p. 246, 33ª.
[5] Vgl. Alexis bei Athen. XIII p. 568 A ff. Becker, Charikles III p. 61.

der Zeitgenossen fand darin nichts Anstössiges. Ptolemaios VII., Euergetes II.[1]) unterliess nicht, in seinen Hypomnemata die Hetairen anzuführen, mit denen seine königlichen Vorgänger Umgang gepflogen. Zur Zeit des Polybios[2]) waren die schönsten Häuser in Alexandreia mit den Namen berühmter Flötenspielerinnen und Hetairen bezeichnet. Portraitstatuen solcher Frauen wurden in Tempeln und anderen öffentlichen Gebäuden neben denen verdienter Feldherrn und Staatsmänner aufgestellt[3]). Ja das gesunkene Ehrgefühl der griechischen Freistaaten liess sich sogar herbei, Hetairen, die mächtigen Persönlichkeiten nahe standen, durch Kränze und bisweilen selbst durch Altäre und Tempel zu ehren[4]). Für unseren Zweck genügt dieser flüchtige Hinweis auf hinlänglich festgestellte Thatsachen; denn es giebt kaum einen Gegenstand aus der antiken Culturgeschichte, welcher in so eingehender Weise untersucht und von so verschiedenen Standpunkten aus beleuchtet worden ist, wie dieser[5]).

Die Neugestaltung der Verhältnisse findet in dem litterarischen und künstlerischen Treiben einen bezeichnenden Ausdruck. Seit der Alexanderepoche tritt in der Litteratur die Beziehung der beiden Geschlechter ungleich mehr in den Vordergrund, als es früher der Fall zu sein pflegte. In den drei Dichtungsgattungen, welche die Diadochenperiode mit besonderem Eifer pflegte, in der Elegie, dem Idyll und der neuern Komödie, ist sie ein Hauptgegenstand der Behandlung. Die milesischen Mährchen, deren Ausbildung zu einer selbstständigen Litteraturgattung mit hinreichender Sicherheit in derselben Periode angenommen werden darf, beschäftigen sich damit ausschliesslich. Die alexandrinischen Litteraten spüren nach Legenden und Sagen erotischen Inhalts, welche bisher nur mündlich überliefert waren, und machen dieselben zu Gegenständen ihrer Dichtung[6]). Sie statten Mythen, in deren Gestaltung bisher die Liebe keinen Eingang gefunden hatte, mit erotischen Zügen aus. Die erste Spur der Version, der zufolge Achill ein Liebesverhältniss mit Iphigeneia hatte, findet sich bei Duris von Samos[7]). Wir begegnen sogar der Erscheinung, dass mythische Gestalten, die nach der ursprünglichen Ueberlieferung der Liebe abgeneigt waren, in vollständig entgegengesetzter Weise

---

1. Athen. XIII p. 576 E. Müller, fragm. hist. gr. III p. 186, 4.
2) Polyb. XIV 11, 2.
3) Vgl. Kühler, gesammelte Schriften VI p. 323 ff.
4) Demochares und Polemon bei Athen. VI p. 253 A B.
5) Jacobs, vermischte Schriften IV p. 343 ff., Becker, Charikles II² p. 50 ff., wo auch die ältere Litteratur verzeichnet ist.
6) Vgl. Dilthey, de Callimachi Cydippa p. 119 ff.
7) Schol. Il. XIX 327. Müller, fragm. hist. gr. II p. 470, 3.

aufgefasst werden. Während in der Tragödie des Euripides Atalante als keusche Jungfrau auftritt, welche ihren Abscheu gegen die Ehe in der entschiedensten Weise äussert¹), finden wir sie später als die Geliebte des Meleagros. Da diese Version einem unteritalischen Vasenbilde²) zu Grunde liegt, so dürfen wir mit Sicherheit annehmen, dass dieselbe bereits in der alexandrinischen Epoche ausgebildet war, und, da wir wissen, dass der aitolische Mythos damals von mehreren Dichtern, wie Sosiphanes, Nikandros und Euphorion³), behandelt wurde, so liegt die Vermuthung nahe, dass die erotische Umbildung desselben durch die alexandrinische Poesie erfolgte. Aehnlich ist es der Galateia ergangen. Während dieselbe nach der ursprünglichen Ueberlieferung den Polyphemos verschmäht, erscheint sie in der spätern Litteratur bisweilen als die Geliebte des Kyklopen, eine Version, welche auch in der campanischen Wandmalerei nachweisbar ist⁴). Die alexandrinische Dichtung bietet in diesem Falle zum Mindesten eine Situation, an welche die Umbildung anknüpfen konnte. In dem sechsten Idyll des Theokrit nämlich sucht Galateia, als Polyphemos mit seinen vorgeblichen Liebesbewerbungen aufgehört hat, aufs Neue die Aufmerksamkeit desselben auf sich zu ziehen, indem sie sich dem Gestade nähert und Aepfel nach der Heerde des Kyklopen schleudert. Dieser aber stellt sich, als bemerke er gar nicht ihr Gebahren, und spricht die Hoffnung aus, dass diese scheinbare Gleichgültigkeit die Nereide schliesslich veranlassen werde, sich ihm hinzugeben.

Dass die veränderte Stellung der Frau auch in der damaligen Malerei Ausdruck fand, dürfen wir aus den gleichzeitigen Vasenbildern schliessen. Mit Vorliebe schildern dieselben das Treiben von Frauen oder Mädchen, wie sie sich baden⁵), mit ihrer Toilette

---

1) S. Nauck, fragm. trag. gr. p. 416 frgm. 329.
2) Bull. nap. 1857 Taf. I. Dieselbe Version findet sich auch auf römischen Sarkophagreliefs. Vgl. Matz, Ann. dell' Inst. 1869 p. 86 ff.
3) Vgl. Meineke, anal. alex. p. 144 fragm. 131.
4) Auf dem Bilde N. 1052 (= Atlas Taf. XIII) sind Polyphem und Galateia einander umarmend dargestellt. Wenn, wie es auf N. 1048 und 1049 der Fall ist, Eros dem Kyklopen einen Brief der Galateia überbringt, so lässt auch diese Handlung auf eine Version schliessen, nach welcher die Nereide die Anträge ihres Liebhabers nicht unbedingt zurückwies. Auf N. 1050 und 1053, wenn ich dieselben richtig erklärt, hat Galateia das Meer verlassen und gewährt sie dem Kyklopen eine Unterredung auf dem Festlande. Vgl. Symbola philologorum Bonnensium p. 362 ff. Arch. Zeit. 1864 p. 188.
5) Z. B. Millin, peint de vases II 9. Stackelberg, Gräber der Hellenen Taf. 36. El. cér. IV 10 ff. Gerhard, aus. Vasenb. IV 296.

beschäftigen¹), musiciren⁷, Ball spielen³), sich schaukeln und andere Kurzweil treiben⁴. Auch lassen die Darstellungen der unteritalischen Gefässe deutlich die Umgangsweise der beiden Geschlechter erkennen, die wir als ein Product der hellenistischen Civilisation voraussetzen. Wir sehen, wie die Frau ungezwungen mit Männern und Jünglingen verkehrt⁵), wie sie von ihnen Huldigungen oder Geschenke entgegennimmt⁶), wie sie mit ihnen musicirt⁷), Morra spielt⁸, kurz, wie sie ein dem Manne ebenbürtiges Element der Gesellschaft geworden ist. Allerdings lassen es einzelne Bilder zweifelhaft, ob die dargestellten Frauen der ehrbaren Gesellschaft oder der Classe der Hetairen angehören. Doch herrscht in denen, auf die ich diese Beobachtung gegründet, ein so decenter Geist und erscheint das Entgegenkommen der Männer so rücksichtsvoll, bisweilen selbst so schüchtern⁹), dass die Annahme, der Vasenmaler habe eine Scene aus dem Hetairenverkehr schildern wollen, geringe Wahrscheinlichkeit für sich hat. Mochte auch bisweilen in den Kreisen vornehmer Hetairen ein sehr feiner und gehaltener Ton herrschen, wie wir dies bei dem Verkehre voraussetzen dürfen, den Epikur und sein Anhang mit Leontion pflogen, so ist es doch wenig glaublich, dass solche immerhin exceptionelle Erscheinungen auf das Kunsthandwerk wirkten.

Was endlich die Hetairen betrifft, so ist ihr Einfluss auf die damalige litterarische und künstlerische Production unverkennbar. Mehrere Schriftsteller beschäftigten sich damit, Anecdoten aus dem Leben berühmter Hetairen zu sammeln, eine Litteraturgattung, die namentlich von den späteren Peripatetikern gepflegt wurde¹⁰). In der Oikonomie der neuen Komödie spielen sie eine hervorragende Rolle. Mögen die Angaben, nach welchen sie den bedeutendsten Bildhauern und Malern nahe standen und denselben als Modelle dienten, vielfach anecdotenhaft ausgeschmückt sein, so läuft die Erscheinung als solche dem Geiste der damaligen

---

1 Él. cér. IV 12, 15, 19. Stephani, Ant. du Bosph. cimm. Taf. 57, 2, 61, 2. Compte-rendu 1861 Taf. I.
2) Vgl. O. Jahn, Abb. d. sächs. Ges. d. Wiss. VIII p. 716 Anm. 81.
3) Vgl. O. Jahn, Europa Denkschriften der hist.-phil. Cl. der Ak. zu Wien, Band XIX) p. 2 Anm. 5.
4 Vgl. O. Jahn, Ber. d. sächs. Ges. d. Wiss. 1854 p. 244 ff.
5) Mon. dell' Inst. IV 23, 47. Millin, peint. de vases II 70. Él. cér. II 23. IV 64, 69, 73. Vgl. IV 60.
6) Mon. dell' Inst. IV 24. Él. cér. IV 70, 71.
7) Mon. dell' Inst. IV 77.
8 Arch. Zeit. 1871 Taf. 56, 1.
9) Siehe namentl. Él. cér. IV 61, 69.
10) Vgl. Luzac, lect. att. II p. 139. Jacobs, verm. Schrift. IV p. 313.

Epoche keineswegs zuwider. Wir wissen bestimmt, dass die ausgezeichnetsten Künstler sich herbeiliessen, berühmte Hetairen zu portraitiren. Eine Statue der Phryne wurde von Praxiteles gearbeitet [1]; ausser dieser sind auch die Portraitstatuen einer Reihe anderer Hetairen sicher bezeugt [2]. Pankaspe wurde von Apelles [3], Leontion vielleicht von Aristeides [4], gewiss von Theon [5] gemalt. Dass endlich die damalige Malerei das Treiben derselben auch in genrehaften Darstellungen behandelte, dürfen wir aus dem häufigen Vorkommen solcher Scenen auf den späteren Vasen schliessen. Da es, um diese Erscheinung zu beobachten, nur eines flüchtigen Blicks auf jede beliebige Vasensammlung bedarf, so ist es überflüssig, sie durch Anführung einzelner Exemplare zu veranschaulichen.

Die campanischen Wandbilder, in so weit sie bei dieser Untersuchung in Betracht kommen, stimmen vollständig mit den Umrissen, welche wir von der hellenistischen Gesellschaft und dem Einfluss derselben auf die gleichzeitige Kunst gegeben. Da sie nur eine Auswahl hellenistischer Compositionen reproduciren, eine Auswahl, welche durch die decorative Bestimmung der Bilder und durch technische Rücksichten bedingt war, so haben wir allerdings nicht zu gewärtigen, dass darin alle Erscheinungen der Gesellschaft der Diadochenperiode, die in der gleichzeitigen Malerei Ausdruck fanden, vertreten sind. Dagegen ergiebt sich, dass die Summe der Erscheinungen dieser Art, welche die Wandmalerei schildert, durchweg den Stempel der hellenistischen Entwickelung trägt.

Die von uns an erster Stelle hervorgehobene Richtung, welche darauf ausging, Charakterbilder aus dem Leben der einzelnen Berufsclassen zu geben, ist durch eine Reihe von Wandbildern vertreten, welche das Treiben der Theater- und Tonkünstler schildern [6]. Wir sahen im Obigen, wie die griechische Kunst seit der Alexanderepoche mit Vorliebe Schilderungen aus solchem Kreise in ihren Bereich zog [7]. Eines dieser Bilder, welches die Aufstellung einer Maske als Anathem für einen Schauspielersieg darstellt [8], findet die sprechendste Analogie in zwei Denkmälern

---

1) Overbeck, Schriftquellen n. 1246, 1251, 1269 ff.
2) Vgl. Köhler, gesammelte Schriften VI p. 323 ff.
3) Plin. XXXV 86, Aelian. var. hist. XII 34, Lucian. imagg. 7.
4) Plin. XXXV 99. Vgl. Rhein. Mus. XXV (1870) p. 512.
5) Plin. XXXV 144. Ueber die Identität des Theoros und Theon s. Brunn, Gesch. d. gr. Künstl. II p. 255, Ann. dell Inst. 1865 p. 239 ff.
6) N. 1455 ff. Vgl. oben Seite 77.
7) Vgl. oben Seite 186 ff.
8) N. 1460.

aus der Diadochenperiode, in einem Epigramme des Kallimachos, welches besagt, dass der Schauspieler Agoranax die Maske des Pamphilos weiht, in dessen Rolle er den Sieg davon getragen [1], und in einem apulischen Vasenbilde, welches einen siegreichen Schauspieler darstellt, welcher in der Linken eine tragische Maske hält und von Nike bekränzt wird [2]. Einer entsprechenden Handlung, wie sie auf dem pompeianischen Mosaik geschildert ist, welches Schauspieler darstellt im Begriffe, sich für die bevorstehende Aufführung anzukleiden [3], begegneten wir auf einer bekannten ruvoser Vase [4].

Wenn auf zwei Wandgemälden ein Barbar einer griechischen Hetaire beigesellt erscheint [5], so entspricht diese Situation vollständig den realen Verhältnissen der hellenistischen Epoche. Bei der damals stattfindenden Nivellirung der Geburts- und Stammesunterschiede waren Leute niederer Herkunft und auch Barbaren in den Stand gesetzt, sich griechische Schönheiten willig zu machen. Pythionike, die Hetaire des Harpalos, gab sich den Söhnen eines Fischhändlers hin [6]. Gnathaina wurde von einem freigelassenen Sklaven ausgehalten und warf ihre Angeln nach einem alten Satrapen aus, der sich zeitweise in Athen aufhielt [7]. In einem der Briefe des Alkiphron [8] macht Menekleides der Bakchis ein besonderes Verdienst daraus, dass sie den Anerbietungen eines vornehmen Meders widerstand. Auch dürfte die hellenische Abstammung der syrischen Fremdlinge, welche öfters als Freunde der Hetairen vorkommen [9], berechtigtem Zweifel unterworfen sein. Jedenfalls lag es ganz im Geiste der hellenistischen Kunst, den pikanten Gegensatz aufzugreifen, den die Vereinigung des Barbaren mit der griechischen Schönheit darbot. Andere Wandbilder, welche Zechgelage von jungen Leuten und Hetairen, theils unter vier Augen, theils in grösserer Gesellschaft schildern [10], stimmen vortrefflich mit dem bei solchen Gelegenheiten herrschenden Treiben, wie es sich aus der neueren Komödie, aus den Chrien des Machon, den an hellenistische Vor-

---

1) Anth. pal. VI 311 (49 Meineke, 50 Schneider).
2) Newton, Catal. of the gr. and etr. Vases II n. 1239.
3) Mus. Borb. II 56, Goll, Pomp. I 45 p. 174, Wieseler, Theaterg. Taf. VI 1.
4) Siehe oben Seite 189.
5) N. 1448. 1448b. Vgl. oben Seite 77.
6) Timokles bei Athen. VIII p. 339 D.
7) Aristodemos bei Athen. XIII p. 585 A, Machon bei Athen. XIII p. 581 A.
8) Epi. I 36.
9) Machon bei Athen. XIII p. 579 F.
10) N. 1145 ff.

bilder anknüpfenden Briefen des Alkiphron und aus den Schilderungen der späteren Vasonmalerei ergiebt. Ebenso ist der Inhalt der Compositionen, welche Frauen und Mädchen, bei denen kein Grund vorliegt an Hetairen zu denken, in genrehaften Situationen vor Augen führen[1]), ganz den Verhältnissen der hellenistischen Cultur gemäss. Wenn auf zwei Wandgemälden[2] eine Malerin in ihrem Atelier geschildert wird, so gedenken wir unwillkürlich der Thatsache, dass in hellenistischer Epoche Anaxandra und vermuthlich auch Eirene und Aristarete als Malerinnen auftraten. Die um die Alexanderepoche eintretende Veränderung in dem Entgegenkommen des Mannes gegenüber der Frau klingt deutlich durch in der vermuthlich auf Nikias zurückzuführenden Composition, welche darstellt, wie Perseus mit zarter Rücksicht die befreite Andromeda von dem Felsen heruntergeleitet[3]. Die Weise, in welcher Aphrodite bei dem Parisurtheil[4] mit dem troianischen Jüngling kokettirt, steht im besten Einklange mit hellenistischer Sitte. In besonders vollendeter Weise ist aber die Erscheinung der koketten Weltdame, wie wir sie an den Höfen der Seleukiden und Ptolemaier voraussetzen haben, auf einem Wandgemälde wiedergegeben, welches Phaidra darstellt, während sie von Hippolytos die Zurückweisung ihres Liebesantrages vernimmt[5]). Wir begegnen hier nicht der grenzenlos verzweifelnden Phaidra des Euripides. Vielmehr mischen sich in ihrem Gesichte und in ihren Bewegungen deutlich die Scham, ihr Geständniss abgelegt, und die Bestürzung, dies ohne den gewünschten Erfolg gethan zu haben; doch ist sie von diesen Empfindungen keineswegs übermannt, sondern bewahrt äusserlich eine bis zu einem gewissen Grade gefasste Haltung.

Betrachten wir ferner die Wandbilder, welche Erscheinungen aus dem Alltagsleben schildern, die nicht ausschliesslich der Diadochenperiode, sondern der ganzen griechischen Entwickelung eigenthümlich sind, so werden wir auch hier an Leistungen der an die Alexanderepoche anknüpfenden Malerei erinnert. Wie Pausias und dessen Schüler Aristolaos ein Stieropfer malten[6], wie dieser Gegenstand auf Vasen mit rothen Figuren vollständig entwickelten Styls behandelt ist[7]), so begegnen wir einer ent-

---

1) N. 1429 ff.   2. N. 1443, 1444.   3. N. 1186—89.
4) N. 1284—86.   5) N. 1244.
6) Plin. XXXV 126. 137.
7) Z. B. Millingen, peint. de vases pl 51, Arch. Zeit. 1845 Taf. 35, 1, Denkm. d. a. K. I 2, 10; De Witte, Cab. Durand n. 322; Inghirami, vas. fitt. IV 361, Panofka, Bilder ant. Leb. Taf. 4, 10, Denkm. d. a. K. II 50, 625; Inghirami, vas. fitt. IV 359; Gerhard, auserl. Vasenb. IV 243.

sprechenden Handlung auch auf einem pompeianischen Wandbilde[1]. Scenen aus dem Cultus, bei denen Frauen als Trägerinnen der Handlung auftreten, finden sich in Pompei[2], wie auf Vasen späterer und namentlich unteritalischer Fabrik[3]. Bei den Darstellungen des Treibens der Kinder[4] gedenken wir unwillkürlich der Thatsache, dass Pausias solche Gegenstände mit Vorliebe behandelte[5], und dass die Vasenmalerei seit der vollständig freien Entwickelung eine ganze Reihe von Schilderungen aus diesem Bereiche aufweist[6]. Es sei fern von mir, die durchaus unberechtigte Vermuthung zu wagen, dass jene Wandbilder auf Originale des Pausias oder Aristolaos zurückgeben. Immerhin aber ergiebt sich aus diesem Vergleiche soviel, dass die auf den Wandbildern behandelten Stoffe bereits der an die Alexanderepoche anknüpfenden Malerei geläufig waren, dass also von dieser Seite aus nichts gegen die Annahme ihres hellenistischen Ursprungs eingewendet werden kann.

Endlich haben wir noch die Wandgemälde zu betrachten, welche Scenen aus dem städtischen Alltagsleben nach dem Vorgange der komischen Bühne schildern. Fragen wir, ob diese Compositionen durch die griechische oder durch die lateinische Komödie bedingt sind, so spricht alle Wahrscheinlichkeit für die erstere Annahme. Obwohl wir die lateinische Komödie durch eine beträchtliche Anzahl erhaltener Stücke kennen, so ist es doch nicht gelungen, auf den Wandbildern eine bestimmte Scene aus derselben nachzuweisen. Vielmehr hat Wieseler[7] die Unhaltbarkeit aller der Vermuthungen, welche in diesem Sinne versucht worden sind, in schlagender Weise dargethan. Allerdings sind wir andererseits auch ausser Stande, eines dieser Bilder auf eine bestimmte Scene aus der attischen Komödie zurückzuführen. Doch erklärt sich dies hinlänglich aus der dürftigen Ueberlieferung, auf welcher unsere Kenntniss der neueren attischen Komödie — denn diese kommt allein in Betracht — beruht, und wird hierdurch die Annahme eines Zusammenhanges der beiden Kunstgattungen keineswegs widerlegt. Den einzigen festen Anhaltspunkt in dieser Untersuchung bietet ein Gemälde in der Casa

---

[1] N. 1411.
[2] N. 1410. 1412.
[3] Stephani, Compte-rendu 1860 Taf. I; Gerhard, akad. Abhandl. II Taf. 66, 2; Millingen, point. de vases pl. 41; de Witte, Cab. Durand n. 472, Cat. Pourtales p. 68 n. 267.
[4] N. 1417 ff.
[5] Plin. XXXV 124.
[6] Vgl. O. Jahn, Ber. d. sächs. Ges. d. Wiss. 1851 p. 248 ff.
[7] Theatergebäude p. 82 ff.

della grande fontana"). Hier ist zu jeder Seite der Komödienscene, welche vermuthlich einen Parasiten darstellt, der einem prahlerischen Krieger schmeichelt, ein bärtiger Alter gemalt, welcher, nackten Oberkörpers, einen Mantel über den Schenkeln, auf einem Lehnsessel sitzt und einen Stab in den Händen hält. Die Typen beider Alten sind von ächt griechischer Auffassung und ihre Gegenwart bei einer scenischen Aufführung erklärt sich in der naturgemässesten Weise aus den attischen Theateralterthümern. Offenbar sind diese beiden Alten, wie Wieseler[2] richtig nachgewiesen hat, die Rhabduchen, welche in Athen bei scenischen Aufführungen von der Thymele aus die Theaterpolizei handhabten. Dieses Motiv ist also sicher in Griechenland und unter dem Eindrucke der griechischen Bühne erfunden. Wir werden demnach auch bei den Compositionen der scenae comicae, wo sich überhaupt über den Ursprung derselben etwas feststellen lässt, auf eine rein griechische Kunstthätigkeit hingewiesen. Dass diese Gattung der Malerei bereits in der Diadochenperiode ausgebildet war, haben wir im fünfzehnten Abschnitte wahrscheinlich gemacht[3])

Uebrigens steht die Erscheinung, dass im ersten Jahrhunderte n. Chr. Scenen aus der griechischen und nicht aus der lateinischen Komödie als Wanddecoration verwendet wurden, im besten Einklange mit dem gleichzeitigen litterarischen Geschmacke. Indem die gebildeten Römer seit dem Ende der Republik bis zur Zeit Hadrians mit wenigen Ausnahmen Feinheit der Form als die wesentliche Bedingung jeder poetischen Leistung betrachteten, war das Interesse für die lateinische Komödie, die dieser Anforderung nur unvollkommen genügte, ein sehr beschränktes[4]). Dagegen wurden die Dichter der neueren attischen Komödie als Muster der Eleganz gepriesen und viel gelesen[5]). Menander war neben Homer die hauptsächlichste Lectüre nicht nur in Knaben-, sondern sogar in Mädchenschulen[6]). Unter solchen Umständen musste die Kenntniss der in der neueren attischen Komödie vorkommenden Situationen in den weitesten Kreisen verbreitet sein und ist es ganz begreiflich, dass bildliche Darstellungen derselben auch in die Decoration der Wohnhäuser Eingang fanden.

1) N. 1465. 2) Ueber die Thymele p. 47 ff.
3) Siehe oben Seite 131.
4) Vgl. namentlich Bernhardy, Grundr. d. röm. Litt. I Anm. 169.
5) Hor. sat. II, 3, 11. Quintil. I 8, 7. X 1, 69 ff.
6) Ovid. trist. II 369. Stat. silv. II 1, 114. Germanicus hinterliess griechische Komödien: Sueton. Calig. 3.

XVIIII. Das Interesse für die Wirklichkeit.

Die geistige Entwickelung der Griechen verräth seit der Alexanderepoche in dem weitesten Umfange das Streben, die Dinge in ihrer Realität zu erfassen. Aristoteles, welcher auf dem Gebiete der Forschung die hellenistische Entwickelung einleitet, wie Alexander der Grosse auf politischem, fand die Objecte der philosophischen Erkenntniss in der Erfahrungswelt, erkannte den Begriff in dem, was den Dingen bestimmte Form und damit Wirklichkeit giebt, und schloss aus dem Einzelnen, in der Erfahrung Gegebenen auf das darin enthaltene Allgemeine. Es entsprach dieser empirischen Richtung, wenn er den Erfahrungswissenschaften, namentlich der Geschichte und Naturgeschichte, das eingehendste Studium widmete und einen unvergleichlichen Schatz positiver Kenntnisse ansammelte. Die nächsten Generationen arbeiteten auf den verschiedensten Gebieten in seinem Geiste weiter.

Auch die bildende Kunst unterlag dem Einflusse der neuen Richtung. Sie fängt gegenwärtig an, eine Menge von Erscheinungen, welche bisher unberücksichtigt geblieben waren, in ihr Bereich zu ziehen. Mit Vorliebe prägt sie Typen der verschiedenen Standes- und Berufsclassen aus und giebt sie Charakterbilder von dem Treiben derselben[1]. Die Malerei der Landschaft und die des Stilllebens werden zu selbstständigen Gattungen ausgebildet[2]. Der Kreis der pathologischen Erscheinungen, welche zur Darstellung gebracht werden, erfährt im Vergleich mit der früheren Epoche eine beträchtliche Erweiterung. Allerdings war das pathetische Element schon von der zweiten attischen Schule und namentlich von Skopas gepflegt worden. Doch wurde dasselbe bisher, soweit unser Wissen reicht, stets von einer bestimmten poetischen Handlung getragen und dadurch innerlich begründet. Jetzt dagegen begegnen wir Kunstwerken, welche die Schilderung des Leidens zum hauptsächlichen oder alleinigen Zweck machen und darauf verzichten, den Zusammenhang zu verdeutlichen, durch welchen dasselbe hervorgerufen wird. Während wir angesichts der Niobegruppe erkennen, warum Niobe leidet, kann in der Einzelstatue des Silanion, welche die sterbende Jokaste darstellte[3], das Interesse nur auf der Schilderung eines

---

[1] Vgl. oben Seite 186 ff.
[2] Vgl. hierüber den dreiundzwanzigsten und fünfundzwanzigsten Abschnitt.
[3] Plutarch. de aud. poet. III 30. quaest. conviv. V 1, 2.

unter furchtbaren moralischen Qualen erfolgenden Sterbens beruht haben. Andere bezeichnende Producte dieser Richtung sind die sterbende Mutter mit dem Kinde, ein Gemälde des Aristeides[1], der Kranke desselben Meisters[2], die Sterbenden des Apelles[3]. Unter den erhaltenen Denkmälern wird sie am Besten durch den sterbenden Alexander des florentiner Museums[4], durch den Laokoon und durch die Medusa Ludovisi veranschaulicht[5].

In dem weitesten Umfange macht sich der veränderte Zeitgeist in der Weise der Charakteristik geltend. Allerdings hatto bereits die zweite attische Schule einen beträchtlichen Schritt in naturalistischem Sinne gethan. Deutlicher als die mehr oder minder abgeflachten Copien aus griechisch-römischer Epoche zeigen dies die vom Mausoleum stammenden Originalsculpturen, die leider bisher für die Kunstgeschichte nur in geringem Grade ausgebeutet worden sind. Doch ergiebt selbst eine oberflächliche Betrachtung derselben, dass verschiedene eine individuelle Darstellung bezweckende Mittel des Ausdrucks, die bisher in der Regel als Neuerungen des Lysippos betrachtet werden, bereits den am Mausoleum beschäftigten Künstlern geläufig waren. Dies gilt von dem hervorspringenden Stirnknochen und der die Stirnhaut durchziehenden Falte, Motive, durch welche eine eigenthümliche Bewegung in die Ruhe des griechischen Typus gebracht wurde. Auch in der Behandlung der Gewänder zeigt sich deutlich das Streben, die verschiedenen Stoffe zu charakterisiren und durch Ausdruck naturalistischer Züge, wie der Brüche, welche die Zusammenlegung des Gewandes, bevor es angezogen wurde, hervorrief[6], den Schein der Wirklichkeit zu vermehren. Immerhin aber tritt, wenn wir die Sculpturen des Mausoleums mit den besseren Copien vergleichen, welche uns von Werken des Lysippos oder seiner Schüler erhalten sind, ein beträchtlicher Abstand hervor. Die Behandlung des Nackten verräth hier einen auf die Einzelheiten eingehenden Naturalismus, wie er den Werken der zweiten attischen Schule, soweit wir dieselben kennen, entschieden fremd ist. Der Charakter der Haut, wie sie an dem menschlichen Körper bald schärfer gespannt ist, bald lockerer aufliegt, wie sie an gewissen Stellen und namentlich am Halse Falten bildet, das Getriebe der Muskeln und Adern — alles dies ist in der natur-

---

1) Plin. XXXV 98. Anth. pal. VII 623.
2) Plin. XXXV 100.
3) Plin. XXXV 96.
4) Denkm. d. a. K. I 30, 160.
5) Mon. dell' Inst. VIIII 35. Vgl. Dilthey, Ann. dell' Inst. 1871 p. 212 ff.
6) Vgl. oben Seite 35.

entsprechendsten Weise wiedergegeben. Angesichts der besten
Copien, wie der vaticanischen des Apoxyomenos, fühlt das Auge
des Betrachters gewissermaassen die verschiedenen unter der
Haut liegenden Substanzen, festes Fleisch, Knorpel, Fetttheile,
heraus. Noch weiter als Lysippos ging dessen Bruder Lysistratos,
über dessen extremen Realismus bereits im dritten Abschnitte die
Rede war[1].

Betrachten wir die aus der Diadochenperiode erhaltenen
Sculpturen, so geben die Barbarentypen pergamenischer Kunst
nicht nur die eigenthümliche Gesichtsbildung und Gestalt,
sondern selbst die Structur und Spannung der Haut wieder,
wie sie diesen Stämmen im Gegensatze zu dem graeco-italischen
eigenthümlich war. Der hängende Marsyas, der vermuthlich auf
dieselbe Schule zurückzuführen ist[2], verräth eine wunderbare
Kenntniss von dem Getriebe des menschlichen Muskelsystems.
Das Gleiche gilt von dem Laokoon aus rhodischer Schule, in
welchem die Convulsionen eines von tödtlichen Schmerzen gepeinigten Mannes im Ganzen richtig bis in jede einzelne Muskel
und Fiber verfolgt sind[3]; und, was die Schwierigkeit der Aufgabe nicht wenig vermehrte, der Leidende in einer Stellung aufgefasst erscheint, in der es unmöglich ist, ein Modell auch nur
einige Secunden festzuhalten. Vermuthlich ist es nicht als Zufall zu betrachten, dass solchen Kunstwerken die Studien des
Herophilos, Erasistratos und Eudemos vorhergingen, durch
welche die Anatomie zu einer selbstständigen Wissenschaft erhoben wurde[4].

In sehr bezeichnender Weise tritt die neue Richtung in der
Portraitdarstellung hervor. Mag auch der rückhaltslose Realismus
des Lysistratos vor der Hand eine vereinzelte Erscheinung geblieben sein, immerhin zeigen die Portraits, welche der Entwickelung nach Alexander dem Grossen angehören, verglichen mit
denen der unmittelbar vorhergehenden Kunst, eine beträchtliche
Steigerung des Strebens, die Erscheinung der Wirklichkeit getreu
wiederzugeben. Um die Alexanderepoche vollzieht sich auf
diesem Gebiete ein ganz ähnlicher Umschwung, wie er ungefähr

---

1) Vgl. oben Seite 37.
2) Vgl. oben Seite 165.
3) Allerdings zeigt der Laokoon einen anatomischen Fehler,
dessen Nachweis ich Herrn Dr. Valentiner verdanke. An dem linken
Oberschenkel ist nämlich der Verlauf der Vena saphena etwas zu tief
localisirt. Bandinelli hat in der im Palazzo Pitti befindlichen Copie
des Laokoon diesen Fehler verbessert.
4) Vgl. Le Clerc, histoire de la médicine (Amsterdam 1702) II
p. 28 ff.; Sprengel, Versuch einer Geschichte der Arzneikunde I[3]
p. 525 ff.

gleichzeitig in der Geschichtschreibung stattfindet. Schriftsteller der der Alexanderepoche vorhergehenden Entwickelung heben, wenn sie Persönlichkeiten schildern, die wesentlichen Eigenschaften hervor, auf denen ihr historischer Charakter beruht, und führen als Belege für diese Eigenschaften Handlungen an, in denen dieselben mit besonderer Schärfe zu Tage traten[1]. Dagegen wird Alles, was nicht zu dem historischen Charakter der betreffenden Persönlichkeit gehört, unberücksichtigt gelassen. In solchem Geiste sind die Schilderungen gehalten, welche Xenophon von Kyros[2], von Klearchos, Proxenos, Menon[3] und von Agesilaos[4] entwirft. Anders die Schriftsteller seit der Zeit Alexanders. Sie fassen die zu schildernden Persönlichkeiten nicht lediglich als historische Charaktere, sondern suchen ein in alle Einzelheiten eingehendes Bild derselben zu geben, schildern ihr Aeusseres, berichten Eigenthümlichkeiten aus ihrem Privatleben, wie sich die betreffenden Personen in diätetischer Hinsicht verhielten, wie sie sich kleideten. Je nach der Individualität des Beschreibers treten in grösserem oder geringerem Grade anecdotenhafte Züge in den Vordergrund. Als Beleg dieser Art der Charakteristik sei hier die Schilderung angeführt, welche der Samier Duris[5] von Phokion entwirft. »Kein Athener, so schreibt er, sah ihn jemals lachen oder weinen, noch öffentlich baden, noch die Hand aus dem Mantel herausstecken; im Felde marschirte er stets ohne Sandalen und nur mit dem Chiton bekleidet; nur wenn das Wetter sehr rauh war, zog er den Mantel an, sodass die Soldaten es als ein Zeichen grosser Kälte betrachteten, wenn der Feldherr nach dem Mantel griff.«

Einen ganz entsprechenden Gegensatz bietet die Behandlung des Portraits in den beiden Epochen dar. Allerdings verräth die Portraitdarstellung bereits in der ersten Hälfte des 4. Jahrhunderts, wenn wir sie mit der im 5. Jahrhunderte maassgebenden vergleichen, eine beträchtliche Weiterentwickelung in naturalistischem Sinne. Sie hat die erhabene Ruhe aufgegeben, welche die

---

1. Xenophon. Agesil. I 6: ἀπὸ γὰρ τῶν ἔργων καὶ τοὺς τρόπους αὐτοῦ κάλλιστα νομίζω καταδήλους ἔσεσθαι. Vgl. Peterson, Einleitung zu Theophrasti characteres p. 102.
2. Anab. I 9.
3. Anab. II 6.
4. Agesil. I 30 ff.
5. Plutarch. Phok. 4. Fragm. hist. graec. ed. Müller II p. 474, 22. Vgl. ausserdem Theopompos über Philipp II von Makedonien bei Polyb. VIII 11 (Fragm. graec. ed. Müller I p. 282, 27), Duris von Samos über den Phalereer Demetrios bei Athen. XII p. 542 C (Fragm. hist. gr. ed. Müller II p. 475, 27 und die Charakteristiken bei Polybios, namentlich die des jüngeren Scipio XXXII 9 ff.

208 Der Hellenismus und die campanische Wandmalerei.

vorhergehende Kunst wie über alle ihre Schöpfungen so auch über ihre Bildnisse verbreitete, und fängt an, die Einflüsse des Alters anzudeuten, während das 5. Jahrhundert die darzustellenden Persönlichkeiten als ideale von solchen Mängeln unberührte Existenzen auffasste. Doch tritt der naturalistische Zug zunächst sehr maassvoll auf. Die Portraits des 4. Jahrhunderts, insoweit sie vor die Alexanderepoche fallen, wie der sogenannte Mausolos, der Sophokles im Lateran, der angebliche Phokion [1], geben mit grossartigeinfacher Behandlung die Formen wieder, auf denen der Charakter der darzustellenden Individualität beruht, und übergehen die Züge, welche für diesen Zweck nicht in Betracht kommen. Während diese Auffassungsweise der entspricht, mit welcher gleichzeltige Schriftsteller, wie Xenophon, historische Persönlichkeiten schildern, tritt in der an die Alexanderepoche anknüpfenden Portraitkunst eine Richtung hervor, welche sich der Charakteristik des Theopompos, des Duris von Samos und anderer späterer Schriftsteller vergleichen lässt. Jetzt werden auch Züge, die für das Ethos der darzustellenden Person unwesentlich sind, in dem Portrait verwirklicht. So ist in dem Aristoteles Spada[2], und in dem vaticanischen Menandros[3] die ungleiche Bildung der Augen offenbar der Wirklichkeit nachcopirt. In den Portraits Alexanders des Grossen ist öfters der schiefe Hals, welcher den Wuchs des Königs entstellte, zum Ausdruck gebracht. Allerdings wurde hierbei nicht schlechthin die Wirklichkeit copirt, sondern in ächt griechischem Geiste der organische Fehler zu einer dem Charakter des Welteroberers entsprechenden Eigenthümlichkeit idealisirt; denn die schräge Stellung des Halses stimmt vortrefflich zu der stürmischen Bewegung, wie sie in dem Ausdrucke der Bildnisse Alexanders zu herrschen pflegt. Wiewohl somit die Kunst ein Verfahren einschlug, welches sich gewissermaassen als ein Compromiss zwischen der Wiedergabe der realen Erscheinung und dem lauteren Ausdruck der Idee bezeichnen lässt, so ist es immerhin bedeutsam, dass ein solcher Fehler überhaupt berücksichtigt wurde. Während die vorhergehende Epoche den durch das Alter verursachten Verfall des Organismus in sehr gemässigter Weise andeutet, wird derselbe gegenwärtig mit grosser Ausführlichkeit geschildert[4]. Früher

1) Visconti, Mus. Pio-Cl. II 13.
2) Visconti, Iconogr. gr. I 20 a b.
3) Visconti, Mus. Pio-Cl. III 15, Iconogr. gr. I 6, 1. 2.
4) Vgl. oben Seite 37. 38. Vermuthlich ist auch das Portrait des greisen Sophokles (Pistolesi il Vaticano descr. V 54, 1. Braun, Ruinen und Museen p. 302 n. 120. Mon. dell' Inst. III 32. Vgl. Bull. dell' Inst. 1807 115 in der Diadochenperiode erfunden.

XVIIII. Das Interesse für die Wirklichkeit. 209

wurde die Tracht nach ästhetischen Rücksichten vereinfacht: Sophokles und der sogenannte Phokion treten nur mit dem Mantel bekleidet auf. Jetzt wird öfters auch der Chiton beigefügt, wie es z. B. bei den vaticanischen Statuen des Menandros und Poseidippos[1] der Fall ist.

Wie die Kunst im Grossen und Ganzen dem Zeitgeiste Ausdruck verleiht, so ist es wohl möglich, dass auch gewisse Wissenschaften, die damals zur Ausbildung kamen, einen unmittelbaren Einfluss auf dieselbe ausübten. Von der Anatomie wurde dies bereits oben bemerkt. Vielleicht haben wir dasselbe hinsichtlich der Physiognomik vorauszusetzen. Wenn der Versuch gemacht wurde, Horoentypen auf dem Wege der Theorie zu gestalten[2], so wird dies allerdings, da die meisten derselben bereits früher bildlich dargestellt worden waren und die Kunst in der Regel an die vorhergehenden Leistungen anknüpfte, für die Praxis der Plastik und Malerei von geringer Bedeutung gewesen sein. Dagegen fragt es sich, ob nicht diese Wissenschaft auf einen anderen in jener Periode vielfach gepflegten Kunstzweig von Einfluss war, den nämlich, welcher Bildnisse berühmter Persönlichkeiten schuf, von denen keine ikonischen Porträts existirten. So wurde zur Zeit des Theokrit ein Portrait des alten epischen Dichters Peisandros gestaltet[3]. In derselben Weise schufen Lysippos und Aristodemos Typen des Aisopos[4], ersterer vielleicht auch die der sieben Weisen[5]. Unter den erhaltenen Denkmälern wird diese Richtung vergegenwärtigt durch den Kopf des Homeros, worin das Wesen des greisen gottbegeisterten Sängers grossartig aufgefasst ist und der Ausdruck der Blindheit von der feinsten Beobachtung der Wirklichkeit zeugt[6], durch den Aesop in Villa Albani[7], welchen Burckhardt treffend als »concentrirten Idealtypus des geistvollen Buckligen« bezeichnet, ferner durch die Köpfe der sieben Weisen[8], physiognomische Meisterstücke, welche die Charaktere dieser Männer, wie sie kurz in ihren Sinnsprüchen zusammengefasst sind, in der vollendetsten Weise veranschau-

---

1) Visconti, Mus. Pio-Cl. III 15, 16.
2) Clemens Alexandrin. protrept. I 26.
3) Theokr. epigr. VI XX.
4) Anth. plan. IV 332. Tatian. c. Graec. 55 p. 119 ff.
5) Vgl. Brunn, Gesch. d. gr. Künstl. I p. 364.
6) Visconti, Iconogr. gr. I 1, 1. 2. Vgl. die Schilderung des blinden Phineus bei Apollon. Rhod. II 254:
τοῦ δ' ἦλος κενεαί· ὁ γεραιὸς ἀνέγρεν | γλήνας διαπεπτώσας.
7) Visconti, Iconogr. gr. I 12. Mon. dell' Inst. III 4. Vgl. Burckhardt, Cicerone II[2] p. 50*.
8) Visconti, Iconogr. gr. I 9, 10.

lichen. Auch der Typus des Hippokrates[1], in dem das Ideal des wohlwollenden und geistvollen Arztes verwirklicht ist, und der des Sokrates[2] sind vermuthlich in der Alexander- oder Diadochenperiode gestaltet, letzterer vielleicht unter unmittelbarem Eindrucke einer berühmten Stelle des Plato[3]. Wenn wir schon nach der Analogie der Sculptur anzunehmen berechtigt sind, dass auch in der Malerei seit der Alexanderepoche das Eingehen auf täuschende Lebenswahrheit beträchtliche Fortschritte machte, so wird dies durch die Ueberlieferung in dem weitesten Umfange bestätigt. An den Bildern des Nikias wurde die Rundung und das Heraustreten der Gestalten gerühmt[4]. Dem Pausias gelangen die kühnsten Verkürzungen[5]. Auf einem Gemälde des Apelles schien der Blitz, den Alexander in der Hand hielt, aus der Bildfläche heranzutreten[6]. Ich erinnere ferner an das berühmte verlorene Profil bei dem Herakles desselben Meisters[7], und an die Staunen erregende Naturwahrheit, welche ein Kenner, wie Petron[8], an den Studien des Protogenes bewunderte. Die Künstler versuchten sich in den mannigfachsten und schwierigsten coloristischen Problemen. Als Meister in der Verwirklichung von Lichteffecten begegnen wir dem Antiphilos[9]. Apelles scheint die atmosphärischen Erscheinungen des Gewitters malerisch behandelt zu haben[10]. Ueberhaupt äussert sich das Interesse, mit welchem die damalige Zeit die verschiedenen Lichtwirkungen berücksichtigte, in mannigfachen Erscheinungen der gleichzeitigen Kunst. Auch die Bezeichnung des die Gottheiten umgebenden Lichtglanzes durch bestimmte Attribute, Nimbus und Strahlenkranz, fand, wie es scheint, um die Alexanderepoche in die griechische Malerei Eingang[11]. Die Methe des Pausias

---

1) Visconti, Iconogr. gr. I 32, 2. 3.
2) Schönstes Exemplar in Villa Albani: Braun, Ruinen und Museen p. 657 n. 40.
3) Sympos. XXXII.
4) Plin. XXXV 131.
5) Plin. XXXV 126.
6) Plin. XXXV 92.
7) Plin. XXXV 94.
8) Cap. 84.
9) Plin. XXXV 138.
10) Bisher wurden die betreffenden Worte des Plinius XXXV 96 auf Personificationen der Erscheinungen des Gewitters gedeutet. Doch weist ihre Fassung, wie Blümner in Jahns Jahrb. Band 101 p. 611 richtig auseinandersetzt, eher auf die Verwirklichung der realen Erscheinungen hin. Dass die Malerei bereits in der Diadochenperiode derartige Gegenstände behandelte, darf man aus einem unteritalischen Vasenbilde schliessen, welches Helios bei einem Gewitter darstellt: Arch. Zeit. 1848 Taf. 20.
11) Vgl. Stephani, Nimbus und Strahlenkranz p. 93 ff.

stellte eine aus einem Glase trinkende Frauengestalt dar und liess durch das Glas das Gesicht derselben durchschimmern[1]). Wenn die von Benndorf[2]) ausgesprochene Vermuthung, dass sich ein Epigramm des Demokritos[3]) auf die Anadyomene des Apelles bezieht, richtig ist, dann erschien die Göttin auf diesem Bilde mit der Brust aus dem Meere emporragend, während die unteren Partien durch das Wasser sichtbar waren. Unter den Stickereien des Gewandes des Jason erwähnt Apollonios von Rhodos[4]) eine Darstellung der Aphrodite, welche den Schild des Ares vor sich hält und deren Büste sich in dem blanken Metall abspiegelt. Der Mosaicist Sosos von Pergamos drückte in naturwahrster Weise den Schlagschatten aus, den eine aus einem mit Wasser gefüllten Gefässe trinkende Taube über die Flüssigkeit warf[5]). Wahrscheinlich fällt auch die Ausbildung des Nachtstückes in die Alexander- oder Diadochenperiode. Allerdings begegnen wir einem chronologisch datirten Gemälde dieser Art zum ersten Male in dem Jahre 61 v. Chr. (693 d. St.). Dasselbe wurde bei dem Triumphe des Pompeius einhergetragen und stellte König Mithradates VI. dar, wie er, vor den verfolgenden Römern fliehend, durch die Nacht dahinritt[6]). Doch ist es wenig glaublich, dass dieses Bild die älteste derartige Leistung gewesen sei. Ein Fragment des Chairemon[7]) bezeugt uns, dass die griechische Poesie bereits während des 4. Jahrhunderts v. Chr. in der vollendetsten Weise Nachtstücke zu vergegenwärtigen wusste. Wenn aber solche Schilderungen in der damaligen Poesie vorkommen, so dürfen wir annehmen, dass sie auch der Malerei nicht lange fremd blieben. Ausserdem scheint es mir, dass ein spätes nolaner Vasenbild, welches mit gelber Farbe auf schwarzem Grunde die Mondsichel und die dieselbe umgebenden Gestirne darstellt[8]), mit hinlänglicher Sicherheit auf die Existenz des Nachtstückes in der gleichzeitigen Tafelmalerei schliessen lässt.

Ueberhaupt klingt die Richtung der kunstmässigen Malerei, die wir soeben erörtert, deutlich in den nach der Alexanderepoche fallenden Vasengattungen wieder. Die Gefässzeichner

---

1) Pausan. II 27, 3.
2) Benndorf de anth. graec. epigramm. quae ad art. spectant p. 74. Diese Vermuthung ist angegriffen von Wustmann, Apelles' Leben p. 109, vertheidigt von Bursian in Lützows Zeitschr. f. bild. Kunst V p. 378.
3) Anth. plan. IV 180.   4) I 745 ff.
5) Plin. XXXVI 184.
6) Appian. Mithridat. § 117: Μιθριδάτου δὲ καὶ ἡ πολιορκία, καὶ ἡ νὺξ ὅτε ἔφευγεν, εἴκαστο καὶ ἡ σιωπή.
7) Fragm. 14 Nauck. Vgl. weiter noten Seite 213 ff.
8) Mon. dell' Inst. IV 39, 2.

deuten oft ganz ähnliche Erscheinungen an wie die, in deren
Verwirklichung die damaligen Meister ihre Virtuosität offenbarten. Auch hier begegnen wir dem Ausdrucke von Reflexen,
welche feste Körper in glänzenden oder durchsichtigen Materien
hervorrufen [1]. Der Lichtglanz des Aethers wird durch einen mit
Strahlen besetzten Bogen ausgedrückt [2]. Auf einer Vase [3], welche
darstellt, wie die zum Feuertode verurtheilte Alkmene durch
einen von Zeus gesendeten Regen gerettet wird, ist der Regenbogen, auf einer anderen, welche denselben Gegenstand ausführlicher behandelt [4], unter dem Bogen auch der herabströmende
Regen wiedergegeben. Mit Vorliebe macht die spätere Vasenmalerei Helios und überhaupt Lichtgottheiten zum Gegenstand
der Behandlung und unterlässt hierbei nicht, auch die physikalischen Erscheinungen anzudeuten, welche dem betreffenden Naturprocess eigenthümlich sind [5]. Wir sehen, wie die mit Lichtstrahlen
umgebene Sonnenscheibe sich am Himmel erhebt [6], wie, während
Helios sein Gespann aus dem Meere emporlenkt, die in dem Aether
schwimmenden Wolkenmassen in Flocken aufgelöst werden [7].
Ein unteritalisches Vasenbild [8] zeigt uns Helios, wie er unter
einem Gewitter dahin fährt: der Gott steht auf seiner Quadriga,
umgeben von einem Kranze von Strahlen, während links ein
Donnerkeil herunterfährt. Auf einem Gefässe des Assteas [9] ist
über Kadmos, der gegen die Schlange kämpft, die Sonnenscheibe
mit den sie umgebenden Strahlen ausgedrückt [10].

---

1) Reflexe von menschlichen Köpfen in Spiegeln z. B. Inghirami,
monumenti etruschi Ser. V 27. Elite céramogr. IV 9. Philologus
XXVII Taf. III p. 15. Mon. dell' Inst. IV 19. Overbeck, Gal. XXIX 5.
Arch. Zeit. 1871 Taf. 55, 2. — Unter den Vasenbildern, welche darstellen, wie Pallas den Perseus die Spiegelung des Medusenhauptes
in einem Gewässer betrachten lässt (O. Jahn, Philologus XXVII p. 11
Anm. 39), giebt das eines Kraters von Ruvo auch das Spiegelbild
wieder: Ann. dell' Inst. 1859 Tav. d'agg. A.
2) Vgl. Ann. dell' Inst. 1869 p. 194 Anm. 2. Eigenthümlich streng
stylisirt findet sich dieses Motiv auf der Vase mit dem Gigantenkampf
Mon. dell' Inst. VIII 8.
3) Ann. dell' Inst. 1872 Tav. d'agg. A p. 5 ff.
4) Nouv. Ann. dell' Inst. 1837, Mon. pl. 10.
5) Vgl. Gerhard, akad. Abhandl. I p. 143 ff. Welcker, alt. Denkm.
III p. 55 ff. Brunn, die philostrat. Gemälde p. 228 ff.
6) Welcker, alt. Denkm. III Taf. XI = Gerhard, akad. Abhandl.
Taf. V 1.
7) Welcker, alt. Denkm. III Taf. IX = Gerhard, akad. Abhandl.
Taf. V 2.
8) Arch. Zeit. 1848 Taf. 20.
9) Millingen, anc. uned. mon. I 27, Mus. Borb. XIV 28.
10) Nach der Annahme der Alten waren die Schlangen zur Zeit
der Hitze besonders wüthend. Vgl. Apoll. Rhod. Argon. IV 1539 ff.

XVIII. Das Interesse für die Wirklichkeit. 213

Dasselbe Motiv findet sich auf unteritalischen Vasen über einer bakchischen Scene[1], und über einem Kampfe zwischen Hopliten und Kentauren[2] und auf einer sicilischen Amphora[3], deren Malerei eine reich gekleidete junge Frau darstellt, die sich mit zwei Epheben unterhält.

Auch die Erscheinung der Gestirne wird öfters auf den späteren Vasenbildern zur Darstellung gebracht[4].

Es ist bezeichnend für den engen Zusammenhang, wie er in der griechischen Entwickelung zwischen Poesie und Malerei zu herrschen pflegt, dass auch die gleichzeitige Dichtung solche Erscheinungen mit Vorliebe behandelt. Schon Chairemon[5] schildert in malerischster Weise die Reflexe, welche das Mondlicht auf die nackten Glieder schlafender Mädchen ausstrahlt. Theokrit[6] gedenkt der Kiesel, welche auf dem Grunde der Debrykenquelle gleich Krystall oder Silber erglänzen. Der eifrigste Maler von Lichteffecten unter den erhaltenen Dichtern ist Apollonios von Rhodos. Derselbe bringt die Wirkung des Sonnenaufgangs auf die Landschaft und die im Aether schwebenden Wolken in anschaulichster Weise zum Ausdrucke[7]. Er vergegenwärtigt nicht nur den Glanz der Gestirne[8], den Schimmer, welchen der Mondschein über die zarte Gestalt des Hylas verbreitet[9], den Lichtglanz, welcher das Antlitz der Sprossen des Helios umgiebt[10], sondern berücksichtigt auch ziemlich fern liegende Erscheinungen aus diesem Gebiete. Er malt das Umherhüpfen der Reflexe der Sonnenstrahlen, die von einem mit Wasser gefüllten Gefässe zurückgeworfen werden[11], und gedenkt der bleichen Mondscheibe, wie sie bei der Morgendämmerung zu sehen ist[12]. Er schildert, wie ein Mädchen das Licht des in ihre Kammer hineinscheinenden Vollmondes in einem feinen Gewande auffängt und sich des hierdurch hervorgerufenen Glanzes erfreut[13]. Während Jason das goldene Vliess durch die Mondnacht dahin trägt, wird das Antlitz des Helden durch den Wiederschein der goldenen Zotteln röthlich bestrahlt[14]. Als das Vliess

---

1) Gerhard, Neapels ant. Bildwerke p. 272.
2) Inghirami, vasi fittili I 73.
3) Catalogue Pourtalès-Gorgier p. 84 n. 334.
4) Z. B. Welcker, alt. Denkm. III Taf. X, 1. Gerhard, akad. Abhandl. Taf. VI. VII 1. 3. Denkm. d. a. K. II 66, 843. Mon. dell' Inst. IV 39, 2. Ann. dell' Inst. 1861 Tav. d'agg. S T.
5) Fragm. 14 Nauck. 6) Id. XX 37 ff.
7) Vgl. Woermann, über den landschaftl. Natursinn der Griechen und Römer p. 70. Die bezeichnendste Stelle: Argon. IV 125 ff.
8) Argon. II 40 ff. III 1376 ff.   9) I 1231.   10) IV 725 ff.
11) III 755 ff. Die Stelle ist nachgeahmt von Vergil, Aeneis VIII 22 ff.
12) IV 1477 ff.   13) IV 167 ff.   14) IV 172 ff.

214 Der Hellenismus und die campanische Wandmalerei.

in der Hochzeitsnacht des Jason und der Medeia über das Brautbett gebreitet liegt, wirft es einen röthlichen Schein auf die Gestalten der bei der Feier gegenwärtigen Nymphen[1]). Die effectvollste Schilderung dieser Art ist aber die, wie Apoll, als die Argonauten durch die finstere, von keinem Sterne erhellte Nacht dahinfahren, auf das Flehen des Jason seinen goldenen Bogen erhebt und hierdurch einen Lichtglanz verbreitet, vermöge dessen die Helden durch das Dunkel die Insel Anaphe wahrnehmen[2]. Selbst das Nordlicht ist von diesem Dichter, wenn ich die betreffenden Verse[3]) richtig verstehe, nicht unberücksichtigt gelassen worden. Meleagros[4] endlich schildert in einem Epigramme, wie er zugleich von den Augen des Alexis und von der untergehenden Sonne bestrahlt wird.

Die campanischen Wandgemälde verrathen, wenn wir von den vereinzelten Erscheinungen absehen, die wir im fünften Abschnitte namhaft gemacht, dieselben Bildungsprincipien, wie sie seit der Zeit Alexanders in der griechischen Malerei nachweisbar sind. Beinah alle coloristischen Leistungen der letzteren, welche die Ueberlieferung als Epoche machend hervorhebt, finden auf dem Gebiete der Wandmalerei Analogien. Die Verkürzungen des Pausias kann man nicht besser veranschaulichen, als durch Hinweis auf ein pompeianisches Wandbild[5], welches, wie es in der berühmtesten Composition des Pausias der Fall war, die Gestalt eines Stieres verkürzt wiedergiebt. Die vortrefflich gelungene Verkürzung eines Pferdes findet sich auf dem Mosaik mit der Alexanderschlacht[6]) und auf zwei Wandbildern[7]. Das verlorene Profil kommt so oft vor, dass es überflüssig ist, dafür Belege anzuführen. Auch Darstellungen von Reflexen fester Körper auf glänzendem Metall oder im Wasser sind häufig. Thetis spiegelt sich in dem Schilde des Achill, den ihr Hephaistos vorhält[8]). Ein Hermaphrodit[9] und ein Jüngling, dessen Benennung noch nicht hinlänglich festgestellt ist[10], betrachten sich in einem Toilettenspiegel. Auf dem Mosaik mit der Alexanderschlacht wirft ein am Boden liegender Schild den Reflex des Kopfes eines gestürzten Persers zurück. Gemälde aus dem Perseusmythos zeigen das Spiegelbild des Medusenhauptes[11], die aus dem Narkissosmythos das des Narkissos in einem Gewässer[12]. Wenn das Gesicht der Methe des Pausias durch ein von ihr an den Mund gehaltenes Glas sichtbar war, so bieten die Wandgemälde in der Weise, wie

1) IV 1143.   2) IV 1692 ff.   3) IV 296, 301.
4) Anth. pal. XII 127.
5) N. 141 f.   6) Denkm. d. a. K. I 55, 273.   7) N. 1399. 1359 b.
8) N. 1314 e.   9) N. 1369.   10) N. 1356.   11) N. 1102 ff.
12) N. 1339 ff.

sie die Frauenkörper durch zarte Gewänder durchschimmern lassen, eine ganz verwandte Erscheinung. Wir begegnen auch der Darstellung atmosphärischer Erscheinungen. Auf einem herculanischen Gemälde wölbt sich über der Gestalt des Zeus ein Regenbogen und sind mit graugelblichen Tinten die Wolkenmassen angedeutet¹). Die Darstellung eines unter Sturm und Regen hereinbrechenden Unwetters findet sich zwar nicht auf campanischen, wohl aber auf einem der in Rom am Abhange des Esquilin entdeckten Wandbilder²). Lichteffecte kommen aus leicht begreiflichen technischen Gründen nur selten vor und sind, wie es bei dem decorativen Frescoverfahren nicht anders möglich war, in sehr andeutender Weise behandelt. Als sichere Belege einer solchen Darstellung wüsste ich innerhalb der campanischen Wandmalerei nur die beiden Gemälde anzuführen, welche Pero darstellen, wie sie im Kerker ihrem Vater Kimon die Brust reicht³). Die Lichtwirkung ist auf den beiden Gemälden eine verschiedene. Auf dem einen fällt ein dünner Sonnenstrahl in den Kerker. Auf dem anderen, neuerdings entdeckten dagegen reicht ein breiter lichter Streifen in denselben hinein, dessen Behandlung darauf schliessen lässt, dass der Maler dieselbe Erscheinung darstellen wollte, welche Lucretius⁴) in so anschaulicher Weise schildert, wie nämlich die in der Atmosphäre befindlichen Staubtheile, wenn ein Sonnenstrahl durch eine Ritze in einen dunklen Raum dringt, innerhalb des Lichtstromes rastlos umherwirbeln. Aus dem Gebiete der römischen Wandmalerei gehört hierher die wundervolle, am Esquilin gefundene Landschaft mit der Unterwelt. Der Orcus und die darin sich bewegenden Schatten sind im Ganzen in einem dunklen, graulichen Tone gehalten und nur durch das Felsenthor, welches zur Oberwelt emporführt, fällt ein fahler Schein auf Odysseus und seine mit dem geopferten Widder beschäftigten Gefährten⁵).

Wenden wir uns nunmehr wieder zurück zu der Betrachtung des Einflusses, den der veränderte Zeitgeist seit der Alexanderepoche auf das künstlerische Treiben ausübte, so scheint es natürlich, dass eine so kritisch angelegte Zeit nicht immer zu naivem und unmittelbarem poetischen Schaffen gestimmt ist, dass sie vielmehr der schaffenden Phantasie bisweilen die Reflexion bei-

---
1) N. 113.
2) Matranga, Città di Lamo Tav. I. Arch. Zeit. 1852 Taf. XLV. Vgl. Brunn, die philostratischen Gemälde p. 229.
3) N. 1376. — Giorn. d. scav. II (n. s.) Tav. III p. 23 ff. Bull. dell' Inst. 1871 p. 205.
4) Lucret. II 111 ff.
5) Vgl. Brunn, die philostratischen Gemälde p. 229.

mischt oder gar jene durch die letztere zu ersetzen trachtet. Hieraus erklärt es sich, dass Allegorie und Personification von der damaligen Kunst mit Vorliebe gepflegt wurden. Jene ist durch den Kairos des Lysippos und durch ein die Verläumdung darstellendes Gemälde vertreten, welches dem Apelles zugeschrieben wurde[1]). Sollte auch in diesem Falle die Autorschaft des Apelles zweifelhaft sein, so liegt nichts desto weniger den sicher beglaubigten Compositionen dieses Meisters, welche den Gedanken der Weltherrschaft Alexanders des Grossen symbolisirten, ein reflectirender Gestaltungsprocess zu Grunde[2]). Ein höchst unglückliches Product dieser Richtung scheint jene zu Ehren des Antiochos Epiphanes hergestellte Gruppe gewesen zu sein, über die bereits im siebenzehnten Abschnitte[3]) das Nöthige bemerkt wurde. Reich an merkwürdigen Personificationen[4]) waren die beiden Festzüge, welche Ptolemaios Philadelphos in Alexandreia und Antiochos Epiphanes in Daphne veranstalteten. In ersterem trat ein stattlicher Mann mit tragischer Tracht und Maske auf, welcher ein Füllhorn hielt und als die Personification des Jahres galt. Er war begleitet von der Penteteris, einer reich gekleideten und geschmückten Frau, welche in der einen Hand einen Kranz, in der anderen einen Palmzweig hielt. An diese beiden Gestalten schlossen sich die vier Jahreszeiten an, jede mit den bezeichnenden Attributen ausgestattet[5]). Bei dem Festzuge in Daphne wurde eine Gruppe von Figuren vorübergeführt, welche die Nyx, die Hemera, die Ge, den Uranos, die Eos und die Mesembria personificirten[6]). Eine derartige Richtung fand selbst in die Vasenmalerei Eingang. Auf seinen Gefässen mit rothen Figuren von freier Zeichnung, namentlich solchen, welche durch aufgelegte Vergoldung ausgezeichnet sind, sehen wir öfters Personificationen von Stimmungen oder Zuständen, wie Paidia, Eudaimonia, Eunomia, Euthymia, Pannychis, Pandaisia entweder mit Gottheiten zusammengestellt oder bei Scenen aus dem menschlichen Verkehr gegenwärtig. Da die Vasenmaler dieselben nicht zu bestimmten Typen individualisiren konnten oder wollten, so wurde ihre Bedeutung durch beigeschriebene Namen verdeutlicht[7]).

---

1) Lucian. calum. non. tem. cred. 4. Vgl. Bllümner, arch. Stud. zu Lucian p. 41 ff.
2) Vgl. Brunn, Gesch. d. gr. Künstl. II p. 215 ff.
3) Vgl. oben Seite 183.
4) Interessante Beispiele von Personificationen auf dem Gebiete der Dichtung s. bei Meineke, Menandri et Philemonis reliquiae p. 284 und fragm. comic. gr. IV p. 307 ff. n. 351.
5. Kallixenos bei Athen. V p. 199 A. 6) Polyb. XXXI 3.
7) Vgl. O. Jahn, Ber. d. sächs. Ges. d. Wiss. 1854 p. 260 ff. Ann. dell' Inst. 1857 p. 140 ff.

Wenn wir in der Wandmalerei allegorische Darstellungen vermissen, die sich dem Kairos des Lysippos und dem dem Apelles zugeschriebenen Bilde der Verläumdung vergleichen liessen, so erklärt sich dies hinlänglich daraus, dass der Inhalt solcher Compositionen keineswegs den Anforderungen entsprach, die man naturgemässer Weise an Decorationsbilder von Wohnzimmern zu stellen hatte, und derselbe ausserdem, sollte er verständlich sein, eine Feinheit der Individualisirung erforderte, welche die Mittel der decorativen Technik überstieg. Dagegen begegnen wir auf den Wandbildern einigen Personificationen, die deutlich den Stempel der Kunst der Diadochenperiode tragen. Dies gilt von den häufig vorkommenden Ἄκτα(und Σκοπια(¹). Die Ausbildung dieser Personificationen steht in engem Zusammenhange mit einer Abwandlung des Naturgefühls, die sich, wie wir im dreiundzwanzigsten Abschnitte sehen werden, um die Alexanderepoche vollzog. Ausserdem wird die Annahme ihres hellenistischen Ursprungs durch den Vergleich einer Stelle des Vitruv mit den vaticanischen Odysseelandschaften bestätigt, auf denen die Ἄκτα(inschriftlich bezeichnet vorkommen²). Dieser Schriftsteller vergleicht in einem vielfach erörterten Abschnitte seines Werkes³) die Wanddecoration der antiqui mit der zu seiner Zeit überhandnehmenden Ausartung dieses Kunstzweigs. Wie ich an einer anderen Stelle⁴) nachgewiesen zu haben glaube, können jene antiqui keine anderen sein, als die Griechen der Diadochenperiode, und bezieht sich die Uebersicht, welche der römische Architekt von der Geschichte der Wanddecoration giebt, auf die Entwickelung, welche dieselbe seit der Zeit Alexanders des Grossen durchmachte. Nun werden unter den bildlichen Darstellungen, mit denen die antiqui die Räume des Hauses ausschmückten, auch Ulixis erraiiones per topia erwähnt. Diese Bezeichnung stimmt vollkommen mit dem Charakter der vaticanischen Odysseelandschaften überein. Wir sind demnach zu der Vermuthung berechtigt, dass diese Bilder auf der aus der Diadochenperiode stammenden Ueberlieferung beruhen. Auf dieselbe Annahme werden wir hingewiesen, wenn wir das zu diesem Cyklus gehörige Gemälde, welches Odysseus in der Unterwelt darstellt, mit den Schilderungen des Schattenreichs vergleichen, die uns aus der classischen Poesie erhalten sind. Wäre diese Composition

---

1) Vgl. Rhein. Mus. XXIV (1869) p. 407 ff.
2) Vgl. Brunn, die philostrat. Gemälde p. 286. Arch. Zeit. 1863 p. 117. Rhein. Mus. XXIV (1869) p. 409.
3) VII 5.
4) Rhein. Mus. XXV (1870) p. 395 ff.

in der Kaiserzeit erfunden, dann hätte man zu gewärtigen, dass
dieselbe irgendwelche Berührungspunkte mit der Dichtung des
Vergil darböte. Dies ist aber nicht der Fall. Vielmehr stimmt
sie in dem ganzen Geiste und selbst in dem Aufbau der wesentlichen Bestandtheile mit der Schilderung überein, die ein Dichter
der Diadochenperiode, nämlich Apollonios von Rhodos[1]), von der
Unterwelt entwirft. Die Beschreibung dieses Dichters beginnt
mit dem acherusischen Vorgebirge. Dasselbe ragt, aus schwer
ersteigbaren Klippen aufgethürmt, in das bithynische Meer
hinaus. Von dem Vorgebirge nach dem Festlande hin erstreckt sich ein hohles Thal, worin die von Felsen überwölbte
Grotte des Hades liegt. Durch einen engen, aufwärts steigenden
Schlund, welcher sich in dem Vorgebirge öffnet, ergiesst sich der
Acheron in das Meer. Die vaticanische Landschaft zeigt eine im
Ganzen entsprechende Topographie und weicht nur in der Schilderung des Ausflusses des Acheron von der Beschreibung des
Apollonios ab. Der Fluss ergiesst sich nicht, wie es bei dem
Dichter der Fall ist, durch einen das Vorgebirge durchbohrenden
Schlund in das Meer, sondern mündet durch eine Spalte, welche
sich zwischen dem Hauptstocke des Gebirges und einer davor
aufgethürmten Klippe öffnet. An der Stelle des Schlundes, durch
welchen der Dichter den Acheron ausfliessen lässt, giebt das
Wandgemälde ein Felsenthor wieder, welches das Schattenreich
mit der Oberwelt verbindet und durch dessen Oeffnung jener
Lichtschein, über den wir oben gehandelt[2], in die Unterwelt
herabfällt[3].

Ausser den Ἀυραί und Σκοτιαί verrathen noch einige andere
in der Wandmalerei vorkommende Figuren das Gepräge solcher
von der hellenistischen Kunst erfundener Personificationen. Dies
gilt von dem geflügelten Mädchen, welches, ein Stäbchen in der
Hand, die Thetis auf den von Hephaistos gefertigten Schild des
Achill hinweist, einer Figur, für welche Dilthey die Benennung
Τέχνη vorschlägt[4]). Ausserdem gehört hierher eine weibliche
Gestalt, welche auf Bildern vorkommt, die Ariadne auf Naxos
darstellen. Sie weist die verlassene Jungfrau auf das im Hintergrunde fortsegelnde Schiff des Theseus hin[5]. Auf einem anderen
Bilde[6] entweicht sie, während sich der bakchische Thiasos nähert,

---

1) II 729 ff.   2) Vgl. oben Seite 215.
3) Die einzige Beschreibung, welche von diesem Gemälde vorliegt, ist die sehr dürftige von Grifi, Scoperta di una statua in Trastevere e di pittura sull' Esquilino p. 10 ff.
4) N. 1318—1319b. Vgl. Dilthey, Bull. dell' Inst. 1869 p. 156.
5) N. 1227 ff.
6) N. 1240. Dass diese Figur identisch ist mit der auf N. 1227 ff.

um Ariadne heimzuholen. Die Charakteristik dieser Figur, das scharf geschnittene Gesicht, welches auf dem zuletzt erwähnten Gemälde durch die eigenthümlich hohlen Augen, das fahle Colorit und die schlangenartig herabfallenden Haare einen besonders unheimlichen Eindruck macht, und die an ihrem Rücken angebrachten Fledermausflügel, lassen auf ein daimonisches Wesen unheilvoller Bedeutung schliessen. Dasselbe peinigt Ariadne, die aus dem väterlichen Hause entflohen ist, um dem Fremdlinge zu folgen, und nunmehr von eben diesem verlassen wird. Als dagegen für die Jungfrau die Erlösungstunde schlägt, als Dionysos naht, um sie als Braut einzuholen, ist für die nächtige Gestalt kein Verbleiben mehr und sie entweicht vor dem Anblicke des olympischen Gottes. Unter den vielen für diese Figur vorgeschlagenen Benennungen dürfte wohl die einer Μετάνοια[1]) den beiden Situationen, unter denen sie auftritt, am Meisten entsprechen. Endlich hat Wieseler die Frage aufgeworfen, ob nicht in einer weiblichen Figur mit skenischer Maske, welche auf einem herculaner Gemälde einem bärtigen Alten anspricht, eine Personification der διδασκαλία zu erkennen sei, die einem Schauspieler Anweisungen über die Ausführung seiner Rolle ertheilt[2]). Bei dem reflectirenden Gestaltungsprocess, durch welchen diese Figuren entstanden, fällt es unendlich schwer, für jede derselben eine in allen Hinsichten befriedigende Benennung zu finden.

Mit Sicherheit sind auf einem pompeianischen Wandbilde[3]) die Personificationen der drei den Alten zugänglichen Erdtheile erkannt worden. Offenbar hatte der Künstler, welcher diese Composition erfand, das meiste Interesse für Europa; denn diese Personification nimmt den Mittelpunkt des Bildes ein, ist sitzend dargestellt, während die anderen beiden stehen, und erscheint ausserdem durch eine hinter ihrem Sessel befindliche Dienerin ausgezeichnet, die einen Sonnenschirm über ihrem Haupte hält. Dagegen ist es auffällig, dass nichts in diesem Bilde die römische Weltherrschaft andeutet. Und doch lag es so nahe, auf dieselbe

---

dargestellten, scheint mir hinlänglich sicher und für die Erklärung derselben von grosser Wichtigkeit.

1) Vgl. Dilthey, Bull. dell' Inst. 1869 p. 144. Dem Versuche Diltheys, die Figur für eine Personification des Ὄνειρος zu erklären, kann ich nicht beipflichten. Ariadne wacht, während die Figur ihr das entseilende Schiff des Theseus zeigt. Der Traum dagegen ist unzertrennlich vom Schlafe. Der Künstler hätte demnach, wenn er den Ὄνειρος darstellen wollte, eine wesentliche Eigenthümlichkeit des zu verkörpernden Begriffs aufgegeben und die Personification in einer demselben widersprechenden Weise aufgefasst.

2) N. 1461. Vgl. Wieseler, Theatergebäude IV 11 p. 36.
3) N. 1113.

hinzuweisen, sei es auch nur durch ein Symbol, wie etwa die die Zwillinge säugende Wölfin, welche zu Füssen der Europa beigefügt werden konnte. Wenn die Composition von einem Künstler erfunden wurde, der zur Zeit der römischen Weltherrschaft und für ein römisches Publicum arbeitete, dann hat dieses Abstrahiren von einer Idee, welche den ganzen damaligen Zeitgeist durchdrang, gewiss etwas sehr Befremdendes. Das Gleiche gilt von der Charakteristik der Asia. Die realen Verhältnisse, wie sie das von den Römern unterworfene Asien darbot, hätten naturgemässer Weise zu einer ganz anderen Personification führen müssen, als zu dem schlanken, kräftigen Mädchentypus mit den Exuvien des Elephanten auf dem Haupte, welcher auf diesem Bilde die Asia darstellt. Ungleich näher lag eine solche Auffassung zu einer Zeit, in welcher Asien eine hervorragendere Stellung in der Geschichte einnahm, in welcher die Heere der Seleukiden mit Tausenden von Elephanten in das Feld zogen. Also spricht auch bei Betrachtung des Inhalts dieses Bildes die grössere Wahrscheinlichkeit für die Annahme, dass dasselbe nicht im Bereiche und unter dem Eindrucke der römischen Weltherrschaft, sondern in dem Kreise des hellenistischen Staatensystems erfunden wurde.

— —

XX. Die Auffassung der Mythen.

Wir unterschieden im neunten Abschnitt innerhalb der Wandbilder mythologischen Inhalts vornehmlich zwei Richtungen: die eine, welche sich wegen des Pathos und der Bewegtheit der Handlung der dramatischen Poesie vergleichen liess, die andere, welche die mythologischen Gestalten in genreartigen Situationen auffasst und vielfach eine verwandte Stimmung hervorruft, wie die idyllische Dichtung.

Dass die erstere Gruppe sich organisch in die Kunstentwickelung der Diadochenperiode einreihen lässt, bedarf keiner ausführlichen Auseinandersetzung. Bereits die unmittelbar an die Alexanderepoche anknüpfende Malerei weist bedeutende Schöpfungen dieser Art auf. Antiphilos malte den Tod des Hippolytos, Theon den Muttermord des Orestes. Weiterhin begegnen wir der Atropos des Ophellon, dem Kapaneus, dem Eteokles und der Klytaimnestra des Tauriskos, der Medeia und dem Aias des Timomachos. Das häufige Vorkommen pathetischer und pathologischer Scenen in der späteren Vasenmalerei, namentlich auf unteritalischen Gefässen, bezeugt, wie diese Richtung in der hellenistischen Epoche beliebt und verbreitet war. Glücklicher Weise besitzen wir auch hier zwei sichere Anhaltspunkte, welche auf den Zusammenhang der Wandgemälde dramatisch-pathetischen Inhalts mit dieser Entwickelung hinweisen. Wie wir im sechszehnten Abschnitt sahen, gehen die beiden Wandbilder, welche den Zorn des Achill darstellen, auf ein Gemälde des Theon zurück, und sind die Medeiabilder im Ganzen genaue oder höchstens leicht abgewandelte Reproductionen einer Composition des Timomachos.

Schwieriger ist die Untersuchung über die Wandgemälde, welche die mythologischen Gestalten in genrehaften Situationen auffassen; denn die ohnehin dürftigen Nachrichten, welche über die Geschichte der antiken Malerei vorliegen, lassen uns in dieser Frage fast vollständig im Stiche. Wenn eine derartige Richtung bereits während der Diadochenperiode gepflegt wurde, so versteht es sich, dass dieselbe in dem Cabinetsbilde den geeignetsten Spielraum fand. Und gerade von diesem Kunstzweige, dessen Kenntniss für unsere Untersuchung von der grössten Wichtigkeit wäre, wissen wir, wie bereits im sechszehnten Abschnitte hervorgehoben wurde, so gut wie gar nichts. Wir müssen daher, um uns in dieser Frage ein Urtheil zu bilden, andere Denkmäler der künstlerischen Thätigkeit des Hellenismus zum Vergleiche heranziehen, die alexandrinische Poesie und die späteren Vasenbilder, welche letzteren Erzeugnisse zwar nicht der Kunst, aber doch der Kunstindustrie dieser Epoche sind.

In der alexandrinischen Poesie macht sich das Streben, die Götterwelt von ihrer idealen Höhe herabzurücken und menschlichen Verhältnissen zu nähern, in dem weitesten Umfange geltend. Besonders bezeichnend für diese Tendenz sind die vielen dem Alltagsleben entsprechenden Züge, welche in den Olymp eingeführt werden[1]. Kallimachos lässt den Hermes sein Gesicht mit Asche schwärzen, um gleich Mormo die ungezogenen Götterkinder zu erschrecken[2]. Die kleine drollährige Artemis setzt sich, als sie die Werkstätte des Hephaistos besucht, auf die Kniee des Briareus und zaust demselben eine Hand voll Haare aus der zottigen Brust[3]. Auch die Einleitung des Hymnos auf die Artemis und die Verse, welche den der Göttin bevorstehenden Empfang im Olymp schildern, bieten eine Reihe genrehafter Züge dar[4].

1) Vgl. Dilthey, de Callimachi Cydippa p. 45.
2) Hymn. in Dian. 66 ff.
3) Hymn. in Dian. 72 ff.
4) Hymn. in Dian. 142 ff.

Apollonios von Rhodos[1]) führt Eros und Ganymedes ein, wie sie mit Astragalenspiel ihre Zeit verkürzen. Bei Moschos[2]) setzt Aphrodite Belohnungen aus für den, welcher ihren entlaufenen Sohn Eros zurückbringt. Ueberhaupt giebt das Idyll, wo es mythologische Scenen behandelt, denselben einen genrehaften Charakter und zieht es Götter und Heroen mit Vorliebe in den bukolischen Kreis[3]).

Die poetische Gestaltung der Mythen, welche den in Rede stehenden Wandgemälden zu Grunde liegt, ist von einem ganz entsprechenden Geiste durchdrungen. Die Mythologie giebt im Wesentlichen nur die schöne Form her, unter welcher Situationen und Stimmungen, die dem Alltagsleben entsprechen, zur Darstellung gebracht werden. Aphrodite und Adonis, wie sie in beschaulicher Stille einen Kranz, eine Fruchtschale oder eine Muschel betrachten, die die Göttin dem Jüngling darreicht[4]), erscheinen, abgesehen von den mythologischen Idealtypen, ganz wie ein sterbliches Liebespaar. Die Nereide Galatea lässt sich herbei, die Liebesanträge des Polyphem brieflich zu beantworten[5]). Auf anderen Gemälden[6] hat sie das feuchte Element verlassen und gewährt sie dem Kyklopen eine Unterredung auf dem Festlande. Ares und Aphrodite haben, um sich vor Ueberraschung zu sichern, ganz der Wirklichkeit entsprechend, einen Hund als Wächter bestellt[7]. Diese Richtung erstreckt sich sogar auf Mythen, welche erst in der Diadochenperiode in die Litteratur Eingang fanden. Auf einer Reihe von Bildern aus dem Daphnemythos[8]) ist eine Version dargestellt, der zufolge Apoll durch seine Musik die Jung-

---

1) Argon. III 111 ff. Vgl. auch I 553. III 91 ff.
2) II 1 ff.
3) Die bezeichnendste Stelle: Idyll. incert. II 33 ff. Viele genrehafte Züge, welche sich in den Dionysiaka des Nonnus finden, werden vermuthlich aus alexandrinischer Quelle abzuleiten sein; VIII 167. X 126. XXIV 242. XXXIII 55. XXXVIII 176 ff.
4) N. 329—331. Bull. dell' Inst. 1871 p. 249 ff. Ausserdem würden noch hierher gehören die Wandbilder, welche ein Liebespaar darstellen, das ein Nest mit darinsitzenden Eroten betrachtet (N. 821—823), falls Dilthey (Bull. dell' Inst. 1869 p. 152) die Hauptgruppe richtig auf Aphrodite und Adonis gedeutet. Es war Sitte, dass die Liebenden sich Vogelnester schenkten (vgl. Bull. dell' Inst. 1871 p. 250). An die Stelle des Vogelnestes tritt ganz im Geiste der alexandrinischen Poesie ein Nest mit Eroten. Siehe darüber weiter unten Seite 223.
5) N. 1048. 1049. Vgl. Symbola critica philologor. Bonnens. p. 303.
6) N. 1050—1053. Vgl. Symb. phil. Bonnens. p. 364 ff.
7) N. 316. 317. 323. Vgl. Rhein. Mus. XXIV (1869) p. 520 ff. Bull. dell' Inst. 1869 p. 164 ff.
8) N. 213—215. Vgl. Rhein. Mus. XXIV (1869) p. 262 ff. Jahrbücher des Vereins von Alterthumsfreunden im Rheinlande LII (1872) p. 49 ff.

fran zu gewinnen trachtet. Die ursprüngliche Form der Sage von der männerscheuen Jägerin Daphne, wie sie in dem Munde der arkadischen Bauern geläufig war, enthielt diesen Zug gewiss nicht. Vielmehr wurde derselbe ohne Zweifel erst von der alexandrinischen Dichtung beigefügt, die diesen Mythos aufgriff und ihn durch allerlei Zuthaten dem Geschmacke des gleichzeitigen Publicums mundgerecht zu machen trachtete. Während Narkissos nach der ursprünglichen Ueberlieferung sein Spiegelbild in einer Quelle betrachtete, spiegelt er sich auf einem Wandgemälde[1]) in einem zierlichen Wasserbecken, welches Eroten vor ihn hingestellt haben, eine Abwandlung, die vollständig der tändelnden Richtung entspricht, wie sie sich vielfach in der alexandrinischen Poesie geltend macht. Um es kurz zu fassen, schwerlich dürfte sich innerhalb dieser Gattung von Wandbildern ein Motiv ausfindig machen lassen, von dem es sich nachweisen liesse, dass es nicht durch die alexandrinische Poesie bestimmt und demnach nicht von der hellenistischen Malerei erfunden sein könnte.

Da nur wenige Erzeugnisse der alexandrinischen Poesie vollständig erhalten sind, da wir vor allen von der Elegie und dem Epyllion, die vielleicht am Geeignetsten waren, die mythischen Stoffe für die malerische Behandlung zurechtzumachen, nur dürftige Fragmente besitzen, so haben wir nicht zu gewärtigen, dass es möglich sein wird, den Zusammenhang zwischen der Dichtung und der Wandmalerei in weiterem Umfange nachzuweisen. Nichts desto weniger aber begegnen wir einigen bezeichnenden Zügen, welche auf die Existenz dieses Zusammenhanges schliessen lassen. Eine Reihe von Gedanken ist beiden Kunstgattungen gemeinsam. Wenn auf Wandbildern ein Liebespaar im Nest mit darin sitzenden Eroten betrachtet[2]), wenn Liebesgötter in einem Vogelbauer zum Verkauf ausgeboten werden[3]), so findet sich der Vergleich des losen geflügelten Knaben mit einem Vogel häufig bei den Bukolikern[4]). Ein Dichter der Anakreonteen[5]) redet geradezu von einem in seinem Herzen befindlichen Erotenneste und ein Epigramm des Meleagros[6]) verurtheilt den Knaben zum Verkaufe. In einem Gedichte des Moschos[7]) bedroht Eros den Zeus, er

---

1) N. 1366. Vgl. Rhein. Mus. XXIV (1869) p. 267.
2) N. 621 ff.
3) N. 624. 625.
4) Bion, Id. XII (II). Moschos II 16. Theokrit. XV 120.
5) 25 (33) Bergk.
6) Anth. pal. V 178.
7) VI. Der Gedanke des Moschos kehrt, anders zugespitzt, auch bei Nonnos wieder, Dionys. IV 302:
αὐχένα μοσχῷ Ἔρωτι καὶ ὁ Δήμητρι τελώσει.

werde ihn, falls er nicht Regen sende, als Stier an den Pflug spannen. Ein pompeianisches Wandgemälde[1], auf welchem ein Liebesgott dem in den Stier verwandelten Göttervater mit Peitsche und Zügel zusetzt, bringt eine verwandte Pointe zum Ausdruck. Ganz nahe steht diesem Bilde die Schilderung des Nonnos[2], bei dem Eros den die Europa tragenden Zeusstier mit Kestos und Bogen antreibt. Dass aber diese Verse, wie so viele andere dieses Dichters, unter dem Eindrucke alexandrinischer Poesie geschrieben sind, ist zum Mindesten eine naheliegende Vermuthung. Wie Kallimachos[3] von Aphrodite, die sich zum Parisurtheil vorbereitet, dichtet

Κύπρις δὲ διαυγέα χαλκὸν ἐλοῦσα
πολλάκι τὰν αὐτὰν δὶς μετέθηκε κόμαν,

ist die Göttin auf einem Wandgemälde[4] beschäftigt, vor einem Spiegel, den ihr ein Eros entgegenhält, Toilette zu machen. Auch Apollonios von Rhodos[5] schildert, wie Aphrodite, als sie den Besuch der Hera und Athene empfängt, ihre Toilette unterbricht und eilig die aufgelösten Haare über dem Haupte zusammenbindet. Wenn bei Theokrit[6] Polyphem die Hoffnung hegt, dass Galateia ihm doch dereinst Gehör schenken werde, und er dies mit den Worten ausspricht

Ταῦτα δ' ἴσως ἐσορῶσα ποιεῦντά με πολλάκι πέμψει
ἀγγέλον,

gedenken wir unwillkürlich der Bilder, welche darstellen, wie Eros als Bote der Galateia dem Kyklopen einen Brief überbringt[7]. Die Situation, in welcher derselbe Dichter[8] die um den todten Adonis beschäftigte Aphrodite auffasst

ἀπ' οὐδὲ φθίμενόν νιν ἄπερ μαζοῖο τίθητι,

ist auch von einem Wandmaler[9] zur Darstellung gebracht worden. Die Schilderung, welche Bion[10] von der ärztlichen Pflege entwirft, die Eroten dem verwundeten Adonis widmen, stimmt in dem ganzen Geiste und in bezeichnenden Zügen, wie einige Eroten Wasser herbeitragen, wie ein anderer den Schenkel des Jünglings verbindet, mit einem Wandbilde[11] überein. Besonders eigenthümlich aber ist die Verwandtschaft, welche sich herausstellt, wenn wir die Verse, durch welche Moschos[12] den Raub der Europa schildert, mit den malerischen Darstellungen desselben Gegenstandes vergleichen. Die Worte des Dichters lauten:

---

1) N. 129. 2) Dionys. I 60 ff. 3) Lavacr. Pallad. 21 ff.
4) N. 305. 5) Arg. III 45 ff. 6) Idyll. VI 31 ff.
7) N. 1045 ff. 8) Theokr. id. III 47. 9) N. 336.
10) Id. I 80 ff. 11) N. 340. 12) Id. I 125 ff.

XX. Die Auffassung der Mythen. 225

ἡ δ' ἀρ' ἐφεζομένη Ζηνὸς βόεσις ἐπὶ νώτοις
τῇ μὲν ἔχεν ταύρου δολιχὸν κέρας, ἐν χερὶ δ' ἄλλῃ
εἴρυε πορφυρέην στολμόν πτύχα, ὄφρα κε μή μιν
δεύοι ἐφελκόμενον πολιῆς ἀλὸς ἄσπετον ὕδωρ.
κολπώθη δ' ἀνέμῳ μέγα πέπλος βαθὺς Εὐρωπείης,
ἱστίον οἷά τε νηός, ἐλαφρίζεσκε δὲ κούρην.

Alle einzelnen Motive dieser Schilderung, wie sich Europa mit
der einen Hand an dem Horne des Stieres festhält[1]), wie sie mit
der andern ihr Gewand fasst, wie dasselbe über ihr vom Winde
segelförmig aufgebläht wird[2]), sind auch auf Wandbildern nachweisbar. Fragen wir, ob in diesem Falle die Dichtung die Malerei bestimmte oder ob die Phantasie des Dichters durch Reminiscenzen an Gemälde angeregt wurde, so spricht der Charakter
der Schilderung, die recht eigentlich in das malerische Gebiet
übergreift, entschieden für die letztere Annahme. Es ergiebt
sich somit, dass Motive, wie sie auf den campanischen Europa-
bildern wiederholt sind, bereits zur Zeit des Moschos, also in
der Diadochenperiode, existirten. Mit diesem Resultate stimmt
der Vergleich polychromer Grussgefässe, welche in Athen und
in der Krim gefunden sind und mit hinlänglicher Sicherheit
als Arbeiten aus dem Ende des vierten oder dem Anfange des
dritten Jahrhunderts v. Chr. betrachtet werden dürfen[3]). Die
Stellung der an den Stier angelehnten Europa, welche als Hochrelief an dem Bauche dieser Gefässe angebracht ist, verräth
eine merkwürdige Uebereinstimmung mit der Behandlung derselben Figur auf einem pompeianischen Wandgemälde[4]). Aehnlich
verhalten sich zu einander die Darstellung einer unteritalischen
Schale[5]) und ein anderes pompeianisches Europabild[6]). Nun
wissen wir, dass Antiphilos, ein Zeitgenosse des Ptolemaios Soter
und im Dienste desselben thätig, eine Europa malte[7]). Da sich
dieses Bild aller Wahrscheinlichkeit zufolge in der Residenz der
Ptolemäer befand, so konnte Moschos bei seinem alexandrinischen
Aufenthalte recht wohl davon Kenntniss nehmen. Wir sind demnach berechtigt, die Frage aufzuwerfen, ob nicht die Schilderung
des Moschos durch Reminiscenzen an dieses Gemälde bestimmt
wurde, ob nicht die Schöpfung des Antiphilos die Grundlage bildete für die zahlreichen Europadarstellungen der späteren Kunst,
welche in grösserem oder geringerem Grade mit der Schilderung

1) N. 128.   2) N. 124—126.
3) Stackelberg, Gräber der Hellenen Taf. I, 1; O. Jahn, Europa
(Denkschriften der hist. phil. Classe der Wiener Akademie, Band XIX)
Taf. IX b p. 47; Stephani, Compte rendu 1860 Taf. II 33.
4) N. 127.
5) O. Jahn, Europa Taf. VIII a p. 40.
6) N. 129.   7) Plin. XXXV 114.

Helbig, Untersuchungen ü. d. campan. Wandmalerei.   15

des Bukolikers übereinstimmten¹. Wer sich eingehender mit diesen Darstellungen beschäftigt hat, wird die Fassung, in welcher ich meine Frage vortrage, nicht befremdend finden. Wiewohl nämlich die Behandlung der Europa innerhalb dieser Denkmäler durch die Uebereinstimmung des wesentlichen Inhalts und bezeichnender Motive auf denselben Ausgangspunkt zurückweist, so begegnen wir doch einer Menge von Nuancen der Auffassung und des Ausdrucks, die zu der Annahme nöthigt, dass, wie es öfters in der griechischen Kunst der Fall war, so auch hier eine bedeutende Schöpfung weiter entwickelt und in verschiedenartigem Sinne durchgebildet worden ist. Die Europa des Antiphilos schmückte später in Rom die Porticus des Pompeius²) und gehörte zu den populärsten Kunstwerken der Stadt, wie denn Martial die Localität, wo sie sich befand, kurz durch den Hinweis auf das Bild bezeichnet³). Unter solchen Umständen war es ganz naturgemäss, dass die von Antiphilos erfundenen Motive auch auf italischem Boden eine weite Verbreitung und unter andern in die Wandmalerei Eingang fanden. Betrachten wir aber die erhaltenen Denkmäler aus griechisch-römischer Epoche, welche die Entführung der Europa darstellen, so begegnen wir auf ihnen gerade den Motiven, welche Moschos bei Schilderung derselben Scene hervorhebt. Ja wir dürfen behaupten, dass es wenige Gedanken der classischen Kunst giebt, deren Wirkung in der Production der römischen Kaiserzeit so nachhaltige Spuren zurückgelassen hat, wie diese. Dieselben kommen nicht nur auf vielen erhaltenen Denkmälern und auf einem Landschaftsgemälde vor, welches Achilles Tatius⁴), als im Astartetempel zu Sidon befindlich beschreibt, sondern bestimmten auch Schilderungen, die Schriftsteller der Kaiserzeit von dem Raube der Europa geben, wie die des Ovid⁵), eines lateinischen Epigrammes⁶), des Lucian⁷); und

---

1) Vgl. O. Jahn, Europa p. 46 ff. 2) Plin. XXXV 114.
3) Martial. II 14, 3: currit ad Europen. Vgl. III 20, 12. XI 1, 11.
4) Ἡ παρθένος μέσσῳ ἐπεκάθητο τῷ νώτῳ τοῦ βοός, οὐ περιβάδην, ἀλλὰ κατὰ πλευράν, ἐπὶ δεξιὰ συμβᾶσα τὼ πόδε, τῇ λαιᾷ τοῦ κέρως ἀγομένη, ὥσπερ ἡνίοχος χαλινοῦ .... Αἱ χεῖρες ἄμφω διετέταντο, ἡ μὲν ἐπὶ κέρως, ἡ δὲ ἐπ' οὐρήν· ἤρτητο δὲ ἀμφοῖν ἑκατέρωθεν ὑπὲρ τὴν κεφαλὴν καλύπτρα κύκλῳ τῶν νώτων ἐμπεπετασμένη. Ἡ δὲ κόλπος τοῦ πέπλου πάντοθεν ἐτέτατο κυρτούμενος.
5) Metam. II 874:
  Respicit, et dextra cornum tenet, altera dorso
  Imposita est. tremulae sinuantur flamine vestes.
Fast. V 607: Illa iubam dextra, laeva retinebat amictus.
  Et timor ipse novi causa decoris erat.
  Aura sinus implet.
Am. I 3, 23: Quaeque super pontum simulato vecta Iuvenco
  virginea tenuit cornua vara manu.

des Nonnos[1]). Jedenfalls stimmt diese Erscheinung vortrefflich mit der Annahme, dass es die Composition des Antiphilos war, welche einerseits die Schilderung des Moschos inspirirte, und andererseits der Behandlung, welche die spätere Kunst der Entführung der Europa angedeihen liess, als Ausgangspunkt diente. Der schwierigen Aufgabe, auf den erhaltenen Denkmälern die Motive ausfindig zu machen, die dem Originale des Antiphilos am Nächsten stehen dürften, wage ich mich bei der geringen Kenntniss, die wir von dem Kunstcharakter dieses Meisters besitzen, nicht zu unterziehen. Aus begreiflichen Gründen wiegt in diesen Darstellungen gewöhnlich ein sinnlicher oder ländelnder Zug vor, von dem es fraglich ist, ob er in diesem Grade der Megalographie des Antiphilos eigenthümlich war. Da es demnach möglich ist, dass die Wandgemälde aus dem Europamythos ein Entwickelungsstadium vertreten, welches von dem Ausgangspunkte, der Schöpfung des Antiphilos, beträchtlich fern liegt, so habe ich diese Betrachtung nicht in dem Abschnitte, wo ich über die in der Wandmalerei reproducirten Compositionen bekannter Meister gehandelt, sondern an dieser Stelle eingeschaltet.

Dass die Beschreibung, welche Moschos von dem Treiben der bei dem Raube der Europa gegenwärtigen Meerwesen entwirft, allenthalben Reminiscenzen an Werke der bildenden Kunst verräth, ist bereits von O. Jahn[2]) ausführlich nachgewiesen worden. Verschiedene dieser Motive, die emporhüpfenden Delphine[3]), die auf Meerwundern reitenden Nereiden[4]), die in Muschelhörner stossenden Tritonen[5]), kommen, einzeln oder zu mehreren vereinigt, auch in der Wandmalerei vor.

Es ist unzweifelhaft, dass die genrehafte Behandlung mythologischer Stoffe, die der alexandrinischen Poesie eigenthümlich ist, in weitestem Umfange auch von der gleichzeitigen Malerei gepflegt wurde. Mögen, wie bereits bemerkt, die antiken Schriftsteller hier-

6) Anth. lat. I 14, 29:
    Tunc laeva taurum cornu tenet Inachis culpae
    Obliquaque sinus in ventum auramque patentem.
7) Dial. marin. XV 2: ἡ δὲ ἐαν ἐκπλαγεῖσα τῷ πράγματι τῇ λαιᾷ μὲν εἴχετο τοῦ κέρατος, ὡς μὴ ἀπολισθοίη, τῇ ἑτέρᾳ δὲ ἠνεμωμένον τὸν πέπλον συνεῖχεν.
1) Dionys. I 65:
    πηδάλιον κέρας ἔσχε, καὶ Ἵμερος ἔπλετο ναύτης.
    καὶ δολόεις Ἱμέρτης ταμίη δεδονημένον αὔρῃ
    φᾶρος ὅλον κόλπωσε.
2, Berichte der sächs. Ges. d. Wiss. 1854 p. 185 ff.
3) Diese begleiten in der Wandmalerei fast jede Handlung, die im Meere vorgeht, und finden sich auch bei dem Raube der Europa: N. 124—126, 128.
4) N. 1027 ff.   5) N. 1042, 1063, 1071.

15*

über so gut wie nichts berichten, so wird diese Lücke durch Vasenbilder ausgefüllt, die der Entwickelung seit Alexander dem Grossen angehören. Bereits O. Jahn[1] hat die Darstellung eines unteritalischen Gefässes mit den oben angeführten genrehaften Zügen der alexandrinischen Dichtung verglichen: Aphrodite scherzt mit Eros, indem sie ihm einen Vogel zeigt; der Knabe, welcher mit der Linken sein Spielzeug, einen kleinen Wagen, nach sich zieht, streckt die Rechte begierig nach dem Vogel aus, den ihm die Göttin aus Neckerei vorenthält; daneben ist ein Mädchen, das vielleicht Charis zu benennen ist, mit Ballspiel beschäftigt. Eine beinahe bis in die geringfügigsten Einzelheiten entsprechende Darstellung kehrt auf einem in der Krim gefundenen Krater wieder[2]. Es versteht sich von selbst, dass die Vasenindustrie eine derartige Richtung nicht selbstständig ausbildete. Vielmehr folgte sie in dieser, wie in anderen Hinsichten dem Vorgange der kunstmässigen Malerei. Wenn demnach die späteren Gefässbilder, sei es auch in vielfach abgeblasster und getrübter Weise, die Entwickelung der hellenistischen Malerei abspiegeln, so tritt nunmehr die Aufgabe an uns heran, zu untersuchen, wie sich der Inhalt dieser Denkmälergattung zu den in Rede stehenden Wandgemälden und zu unserer Ansicht über die Erfindungsepoche derselben verhalte. Doch muss ich, um für diesen Vergleich den richtigen Maassstab zu gewinnen, einige Bemerkungen vorausschicken, die ich bei allen Stellen dieses Buches, wo über das Verhältniss der Wandgemälde zu den Gefässbildern die Rede ist, beherzigt wissen möchte.

Die Wandgemälde — so lautet unsere These — sind im Grossen und Ganzen Wiederholungen von kunstmässigen Tafelbildern, im Besonderen Cabinetsbildern der Diadochenperiode. Mag die decorative Frescotechnik ausser Stande gewesen sein, die Originale mit allen ihren Feinheiten wiederzugeben, so reichte sie immerhin aus, um den wesentlichen Inhalt derselben zum Ausdruck zu bringen. Die räumlichen Bedingungen waren bei dem Tafelbilde und bei der Frescoreproduction dieselben; hier, wie dort verfügte die Malerei über ein der Natur entsprechendes Colorit und über die Abstufung von Licht und Schatten. Demnach hatten die Wandmaler keinen Grund, das Princip der Bilder, welche sie wiedergaben, umzugestalten. Anders verhält es sich mit den bemalten Vasen. Diese sind Producte eines Handwerkes, welches seiner Natur nach eine von der Tafelmalerei beträchtlich verschiedene Bahn einschlagen musste und dabei genügende künstlerische Productionsfähigkeit besass, um dies in zweckentsprechender Weise zu thun.

---

1. Ber. d. sächs. Gesellsch. d. Wiss. 1854 Taf. 13 p. 247.
2. Antiquités du Bosph. cimm. pl. 61, 6.

XX. Die Auffassung der Mythen

Geben wir uns von diesem Sachverhalte deutliche Rechenschaft, dann hält unsere Ansicht, dass die Compositionen der Wandbilder auf die den späteren Vasengattungen gleichzeitige Malerei zurückgehen, bei dem Vergleiche der beiden Denkmälergattungen vollständig Stich. Wir haben bereits im sechszehnten Abschnitte, wie die Vasenzeichnung von der kunstmässigen Malerei, seitdem dieselbe die Mittel zu einer Illusion erzielenden Darstellungsweise erworben hatte, durch eine beträchtliche Kluft getrennt war, wie ein Gefässzeichner, falls er ein Tafelbild der vollendeten Entwickelung in seiner Technik reproduciren wollte, genöthigt war, die Composition desselben vollständig umzuarbeiten. Andere Eigenthümlichkeiten, welche an dem Handwerke zu haften pflegen, waren ganz geeignet, diese Kluft zu erweitern. Zu allen Zeiten hängt dasselbe, mag auch die Kunst bereits andere Bahnen eingeschlagen haben, mehr oder minder an dem Althergebrachten. Besonders nahe lag dies aber bei der Fabrik der Vasen, die zum Theil für den Export in das Ausland gearbeitet wurden, wo die Entwickelung der griechischen Kunst gar nicht oder nur in geringem Grade verfolgt werden konnte. Dass die Vasenmalerei gewisse Style, während die gleichzeitige Kunst bereits weiter vorgeschritten war, noch conventionell festhielt, ist gegenwärtig allgemein anerkannt. Dasselbe gilt aber auch von einer Reihe von Motiven, welche während der älteren Entwickelung erfunden und vorwiegend durch die Bedingungen derselben berechtigt waren.

Ich erinnere, um diesen Sachverhalt durch ein bezeichnendes Beispiel zu veranschaulichen, an jene heftig bewegten Frauengestalten, welche auf Vasen, deren Bilder schreckliche oder wunderbare Ereignisse schildern, der Handlung beigefügt zu werden pflegen [1]. Ihre Gegenwart ist nicht immer durch die mythische Ueberlieferung begründet. Oefters sind sie, ohne dass der Mythos dazu Veranlassung gäbe, lediglich in der Absicht beigefügt, um den Eindruck, welchen die Handlung hervorrufen soll, figürlich in dem Bilde zum Ausdrucke zu bringen und somit dem Betrachter ein Hülfsmittel zum Verständniss der Darstellung zu gewähren. Offenbar wurde dieses Motiv in einer Entwickelung erfunden, in welcher die Kunst noch nicht fähig war, den Inhalt einer Handlung durch die Individualisirung der Träger derselben zu veranschaulichen. Nichts desto weniger aber kommen einzelne solcher Frauengestalten auch auf Gefässen vollständig freier Zeichnung vor [2]). Ebenso lässt sich der Ausdruck einer Liebes-

---
[1] Vgl. Stephani, Mélanges gréco-romains I p. 566 ff.
[2] Siehe z. B. Newton, catal. of the vases in the Brit. Mus. II p. 368 n. 38.

bewerbung durch eine Verfolgungsscene, wie er in der älteren Kunst üblich war [1], beinahe in allen Gattungen der Vasenmalerei nachweisen. Diese Darstellung findet selbst auf Mythen Anwendung, von denen zur Zeit, als die betreffende Vase gearbeitet wurde, eine ganz verschiedene Version ausgebildet war. Die berühmte Gruppe des Leochares [2], war ganz geeignet, die Version, nach welcher Ganymedes von dem Adler entführt wurde, in den weitesten Kreisen geläufig zu machen. Nichts desto weniger aber übte sie keinen Einfluss auf die Vasenmalerei aus. Vielmehr schilderte dieselbe stets Ganymed, wie er von Zeus verfolgt wird [3]. Diese Erscheinungen zeigen deutlich, wie die Vasenmalerei geneigt war, Motive festzuhalten, welche einmal typisch festgestellt und durch lange Ueberlieferung allgemein verständlich geworden waren.

Ebenso spricht alle Wahrscheinlichkeit dafür, dass sich das Vasenhandwerk hinsichtlich der Wahl der darzustellenden Stoffe conservativ verhielt und nicht jede Neuerung, die in dieser Hinsicht auf dem Gebiete der kunstmässigen Malerei Statt fand, sofort annahm. Viele Mythen, welche in der Wandmalerei behandelt sind, fehlen auf den Vasen. Es sind dies namentlich solche, welche erst in der Diadochenperiode eine Behandlung erfuhren, die geeignet war, die Kenntniss derselben in weiteren Kreisen zu verbreiten, wie wir dies von den Mythen des Kyparissos, der Daphne, des Narkissos u. a. annehmen dürfen [4]. Wenn wir diese auf den Wandbildern häufig behan-

---

[1] Vgl. O. Jahn, arch. Beiträge p. 27 ff.
[2] Plin. XXXIV 19. Vgl. O. Jahn a. a. O. p. 20 ff.
[3] Vgl. O. Jahn, arch. Beitr. p. 26 ff. Overbeck, Kunstmythologie II p. 516.
[4] Der älteste aus erhaltene Schriftsteller, welcher von Kyparissos und Narkissos erzählt, ist bekanntlich Ovid. Doch versteht es sich von selbst, dass er nicht der Erste war, der diese Mythen aus der mündlichen Ueberlieferung der Messenier, Phokier und Boiotier in die Litteratur einführte. Vielmehr bearbeitete er sie gewiss nach dem Vorgange alexandrinischer Dichter. Wir wissen, dass dieselben allenthalben nach den localen, bisher noch nicht von der Litteratur ausgenutzten Traditionen spürten und zu diesem Zwecke selbst Reisen unternahmen. Dagegen verlautet nichts von einer derartigen auf griechische Mythen gerichteten Thätigkeit der Dichter der augusteischen Epoche. Der Kyparissosmythos wird schon zur Zeit der Seleukiden über die Grenzen von Messenien und Phokis hinaus bekannt gewesen sein; denn er war auch in der Gegend von Antiocheia am Orontes localisirt (Serv. zu Aen. III 680, Philostrat. vit. Apoll. I 16), offenbar im Zusammenhange mit dem berühmten Kypressenhain in Daphne, dem bereits von den Seleukiden die aufmerksamste Pflege gewidmet wurde. Vgl. O. Müller, antiqu. Antioch. I p. 46 ff. Die Deutung eines Vasenbildes (Millingen, peint. de vases pl. 43, Inghirami, vasi fittili II

delten Stoffe auf den Vasen der Diadochenperiode vermissen, so wird hierdurch unsere Ansicht über den hellenistischen Ursprung der Wandbilder keineswegs widerlegt. Wir dürfen unmöglich voraussetzen, dass die Vasenfabrikanten, wenn ein alexandrinischer Dichter einen Mythos in die Litteratur eingeführt hatte, wenn die kunstmässige Malerei dieser Anregung gefolgt war, ihren Arbeitern sofort Befehl gaben, den neuen Gegenstand auf den Gefässen darzustellen. Diese Annahme würde dem Geiste, wie er zu allen Zeiten dem Handwerke eigenthümlich ist, entschieden widersprechen. Ausserdem können hierbei noch allerlei andere Verhältnisse wirksam gewesen sein, die sich bei dem gegenwärtigen Stande der Wissenschaft unserer Kenntniss entziehen. Die Epoche, in welcher die Vasenmalerei aufhörte, ist noch nicht mit hinreichender Sicherheit festgestellt. Ebenso sind wir ausser Stande, die Zeit, wann jeder der hierbei in Betracht kommenden Mythen in die Litteratur Eingang fand, selbst nach Generationen zu berechnen. Es bleibt daher immerhin die Möglichkeit offen, dass einzelne dieser Mythen erst nach Aufhören der Vasenmalerei populär wurden. Ferner hat man das Local und die eigenthümlichen Verhältnisse in Betracht zu ziehen, auf denen die Litteratur fusste, die diese Mythen zuerst behandelte. Dieselbe entwickelte sich vorwiegend in den Hauptstädten der griechischen Monarchien und vor allen in Alexandreia. Ob in diesen Städten Vasenfabriken existirten, können wir, bevor nicht ausgedehntere Ausgrabungen in den Nekropolen derselben angestellt worden sind, weder bejahen noch verneinen[1]). Jedenfalls treten, soweit gegen-

---

[1] auf Kypariasos ist entschieden falsch. Dasselbe stellt sicher Paris und Oinone auf dem Ida dar. Die Versuche, Vasenbilder auf den Narkissosmythos zu beziehen, sind von Brunn, Berliner Jahrb. für wissenschaftl. Kritik, 1845 Februar, p. 182 ff., und Wieseler, Narkissos p. 11 Anm. 26 zurückgewiesen worden. Ueber Daphne vgl. Rhein. Mus. XXIV (1869) p. 251 ff.

[2] Die einzige Nachricht von einem Vasenfunde in Alexandreia ist meines Wissens die bei Minutoli, verm. Abhandlungen Cyclus I p. 148, wo ganz kurz »des vases grecs peints provenant d'une catacombe de la nécropole d'Alexandrie« erwähnt werden. Doch beweist dies keineswegs die Existenz einer alexandrinischen Vasenfabrik; es können vielmehr die betreffenden Gefässe anderswo fabricirt und nach Alexandreia importirt worden sein. Unter den in der benachbarten Cyrenaica gefundenen Vasen befindet sich bekanntlich eine beträchtliche Anzahl aus nachweislich oder wahrscheinlich attischen Werkstätten. Vgl. O. Jahn, Beschr. d. Vasens. König Ludwigs Einleitung p. XXIX; Newton, catalogue of the vases in the British Museum II p. 281 ff.; Ann. dell' Inst. 1868 Tav. d'agg. L, M; Fröhner, catalogue d'une collection d'antiquités Paris 1868 p. 37 n. 67. Vielleicht gehört einer hellenistischen Localfabrik die von Fröhner a. a. O. p. 9 n. 16 verzeichnete Lekythos an. Sie ist in Beyrut gefunden und stellt mit

wärtig unsere Vasenkunde reicht, noch während des dritten Jahrhunderts athenische und nebenbei unteritalische Fabriken in den Vordergrund. Gewiss lagen aber Gestalten, wie Daphne und Narkissos, welche durch keinen Faden mit dem bisher geläufigen Mythenschatz verknüpft waren und ausserdem durch eine gelehrte Kunstdichtung zur Kenntniss gebracht wurden, von Haus aus dem athenischen Vasenmaler ungleich ferner, als die volksthümlichen hellenischen Heroen, oder im Besonderen die attischen, wie Triptolemos, Theseus, Erechtheus, welche von Alters her im Bewusstsein des Volkes lebendig waren und von denen die Monumente der athenischen Blüthezeit erzählten. Mag auch der gebildete Athener die Dichtungen des Kallimachos, Philotas und anderer Alexandriner baldigst nach ihrem Erscheinen gelesen und daran Geschmack gefunden haben, so war immerhin eine beträchtliche Zeit erforderlich, um diese Litteratur in weiteren Kreisen zu verbreiten und auf das Handwerk wirksam zu machen.

Andererseits haben wir zu gewärtigen, dass, wenn eine von der kunstmässigen Malerei ausgebildete Richtung in die Vasenindustrie Eingang fand, dieselbe bei dem verschiedenen Standpunkt, den das Handwerk einnimmt, eigenthümliche Abwandlungen erfuhr. Die kunstmässige Malerei wird im Ganzen maassvoller und reflectirender zu Werke gegangen sein, während es dem volksthümlichen Handwerke eher verstattet war, derbe Wirkungen zu erzielen. Dieser Gesichtspunkt ist bei Beurtheilung des bestimmten Gegenstandes, mit dem wir uns gegenwärtig beschäftigen, besonders in das Auge zu fassen. Vergleichen wir nämlich die Weise, wie sich die genrehafte Richtung auf den Wandbildern und auf den späteren Vasen geltend macht, so ergiebt sich, dass dieselbe innerhalb der letzteren Denkmälergattung ungleich drastischer auftritt, als in der ersteren. Um mich auch hier auf die Hervorhebung weniger bezeichnender Belege zu beschränken, so erinnere ich an einige Vasenbilder, welche das melitäische Spitzhündchen, den Lieblingsgespielen der griechischen Jugend [1], in mythologische Darstellungen einführen. Wir sehen dasselbe, während Bellerophon Abschied nimmt, auf Sthenoboia zulaufen [2]. Während das Urtheil über Marsyas gefällt wird, springt es an einer die Harfe spielenden Muse in die Höhe [3]). Ein

dunkler Farbe auf weissem Grunde eine achtseitige Lyra, eine Syrinx und drei Kränze dar. Frühner bezeichnet sie als »imitation archaïque«.
  1. Vgl. O. Jahn, arch. Beitr. p. 303 ff. Abhandl. d. sächs. Ges. d. Wiss. VIII p. 734 ff.
  2) Mon. dell' Inst. IV 21.
  3) Michaelis, Verurtheilung des Marsyas Taf. 2. Arch. Zeit. 1869 Taf. 17.

XX. Die Auffassung der Mythen. 233

mal ist ein solches Hündchen offenbar, um einen komischen Effect zu erzielen, sogar der reinigen Amazonenkönigin beigesellt¹). Wir kennen kein Wandbild, auf dem ein aus dem Alltagsleben entnommenes Motiv zu dem mythologischen Inhalte in so drastischem Gegensatze stände, wie in diesen Fällen. Auch das bisweilen von unteritalischen Vasenmalern bei der Darstellung des Parisurtheils eingeschlagene Verfahren, wodurch die Handlung in eine Reihe genrehafter Toilettenscenen aufgelöst wird²), ist auf dem Gebiete der Wandmalerei ohne jegliche Analogie. Diese Divergenz darf uns jedoch an der von uns vertretenen Ansicht nicht irre machen. Wenn die Wandgemälde von der kunstmässigen Malerei der Diadochenperiode abhängen, so haben wir gar nicht zu gewärtigen, dass die in ihnen sich darstellende Entwickelung mit der der hellenistischen Vasenmalerei vollständig identisch erscheine. Einerseits konnte es kaum ausbleiben, dass der volksthümliche Geist, welcher das Handwerk bestimmte, die aus der Kunst überkommenen Richtungen eigenthümlich modificirte. Ausserdem haben wir an dieser Stelle einen bereits öfters hervorgehobenen Gesichtspunkt zu berücksichtigen. Die Wandmalerei reproducirt nämlich nur eine beschränkte Anzahl von hellenistischen Compositionen, im Wesentlichen solche, welche die geeigneten Bedingungen darboten, um als ständiger Zimmerschmuck in Privathäusern zu figuriren. Da wir es demnach nur mit einer durch bestimmte Gesichtspunkte bedingten Auswahl zu thun haben, so dürfen wir nicht erwarten, dass darin alle Erscheinungen der Kunst nachweisbar seien, deren Reflex wir in der späteren Vasenmalerei wahrnehmen. Die richtige Würdigung dieses Sachverhalts lässt es uns vollständig begreiflich erscheinen, warum eine grosse Menge hellenistischer Gefässbilder sich gar nicht oder nur in ganz geringem Grade mit der Wandmalerei berührt. Es sind dies die unteritalischen, deren Darstellung die sepulcrale Bestimmung der Vasen hervorhebt, sei es, dass sie Handlungen des Todtencultus, sei es, dass sie mythologische Scenen schildert, welche in symbolischer Weise Gedanken über die Vergeltung in dieser Welt oder im Jenseits zum Ausdruck bringen. Dass eine derartige Richtung den Anforderungen, welche man naturgemäss an den malerischen Schmuck von Privathäusern stellen musste, vollständig zuwiderlief, bedarf keiner weiteren Auseinandersetzung. Ausserdem sind die bedeutendsten dieser unteritalischen Gefässe, mögen

---

1) Bull. nap. (n. s.) I 6. Arch. Zeit. 1858 Taf. 88.
2) Overbeck, Gal. X 2. Der Vermuthung Heydemanns in der Arch. Zeit. 1872 p. 167, wonach ein neuerdings gefundenes herculaner Wandgemälde (Giornale degli scavi, nuova serie, II Tav. 5, eine genrehafte Scene aus dem Parisurtheil darstellt, kann ich nicht beipflichten.

als auch mythologische Scenen ohne ausgesprochene sepulcrale Beziehung schildern, von gewaltigen Dimensionen und erforderte ihre Ausschmückung figurenreiche Darstellungen, während bei der Auswahl von Bildern, welche an den Wänden der Privathäuser reproducirt werden sollten, namentlich kleinere, auf wenige Figuren beschränkte Compositionen in Betracht kamen.

Diese Beobachtungen geben uns zugleich einen Fingerzeig, auf was für Vasen wir am ehesten eine der Wandmalerei verwandte Darstellung zu gewärtigen haben. Wir haben namentlich solche Gefässbilder in das Auge zu fassen, welche eine künstlerische Idee ohne tendentiösen Nebengedanken in anmuthiger Form verwirklichen, welche durch die Beschränkung auf wenige Figuren den räumlichen Bedingungen der Wandbilder entsprechen, endlich wohl auch solche, welche durch die Anwendung reichlicherer Darstellungsmittel der kunstmässigen Malerei näher stehen, als die geläufige Masse des Handwerks. Innerhalb der Vasen, welche diesen Bedingungen vollständig oder theilweise genügen, werden wir in der That einige bezeichnende Berührungspunkte mit der Wandmalerei wahrnehmen, mag auch hier der verschiedene Standpunkt, den die Kunstindustrie gegenüber der Kunst einnahm, allerlei Abwandlungen im Gedanken oder im Ausdrucke veranlasst haben.

Zunächst sind wir im Stande nachzuweisen, dass der Geist, welcher die Wandbilder bedingt, mit denen wir uns gegenwärtig beschäftigen, bereits in der späten Vasenmalerei hervortritt. Eine der idyllischen Poesie entsprechende Richtung, wie sie in einer beträchtlichen Anzahl dieser Wandgemälde maassgebend ist, zeigt sich, wenn auch durch die Beschränktheit der Darstellungsmittel etwas gebunden, mit hinreichender Deutlichkeit auf Gefässen sogenannten neuattischen Styls, welche darstellen, wie Apoll mit einer Hindin tändelt [1], oder wie er in Gegenwart desselben Thieres die Kithar spielt [2], und auf unteritalischen Vasen, welche das Zusammensein des Dionysos und der Semele [3], und die Liebe des Paris und der Oinone schildern [4]. Auch der bukolische Zug, welcher in einer Reihe von Wandbildern hervortritt, fehlt keineswegs in der Vasenmalerei. Ich erinnere an eine späte Amphora aus Lokroi, welche einen Hirten darstellt, mag er Daphnis oder

---

1 Élite céram. II 6ᵃ.
2) Panofka, Cab. Pourtalès pl. 29 = Él. cér. II 3.
3) Millin, peint. de vases II 59.
4) Millingen, peint. de vases pl. 43; Inghirami, vasi fittili II 171. Die vollständige Literatur s. bei Stephani, Mélanges gréco-romains I p. 544 n. 12.

Olympos zu benennen sein, wie er umgeben von seinen Schafen einem Satyr auf der Doppelflöte vorspielt¹).

Doch auch hinsichtlich des Moments, welcher aus dem Mythos zur Darstellung erwählt, und hinsichtlich der Weise, in welcher derselbe aufgefasst wird, zeigen die beiden Denkmälergattungen bisweilen eine auffällige Verwandtschaft. Danae, während sie von dem goldenen Regen heimgesucht wird, verräth auf einem Wandgemälde²) und auf einer polychromen Lekythos unteritalischen Styls³) eine entsprechende Auffassung. Selbst das Motiv, wie das Mädchen das Gewand ausbreitet, als wolle sie damit den Regen auffangen, stimmt in beiden Darstellungen merkwürdig überein. Allerdings ist das Wandgemälde lediglich auf die Gestalt der Danae beschränkt, während der Vasenmaler die Scene durch zwei Nebenfiguren erweitert. Wenn er einen Eros beifügt, der seine Freude über das vor ihm stattfindende Ereigniss zu erkennen giebt, so entspricht dieses Motiv vollständig dem Geiste der Wandmalerei, welche den geflügelten Knaben öfters in ganz ähnlicher Weise gegenwärtig sein lässt⁴). Ausserdem ist auf der Vase noch eine weibliche Figur dargestellt, die, erschreckt oder erstaunt über das der Danae begegnende Wunder, eiligen Schritts von dannen eilt. Wir sahen bereits⁵), wie die Vasenmaler sich häufig solcher Nebenfiguren bedienten, um dadurch den Betrachter nachdrücklich auf die Bedeutung der von ihnen dargestellten Scene hinzuweisen. Die entwickelte Kunst, auf welche die Wandbilder zurückgehen, die den furchtbaren oder wunderbaren Inhalt einer Handlung durch die Individualisirung der unmittelbar daran betheiligten Personen auszudrücken wusste, wird nur selten das Bedürfniss empfunden haben, von diesem Motive Gebrauch zu machen. Nichts desto weniger aber zeigt uns auch die Wandmalerei eine Erscheinung dieser Art und zwar innerhalb der Staffage eines Landschaftsbildes⁶). Während Perseus, um Andromeda zu retten, mit erhobener Waffe auf das Meerwunder zuschreitet, entflieht eine weibliche Gestalt mit dem deutlichen Ausdrucke des Entsetzens. Einerseits gewann durch Beifügung der links fliehenden Figur, da sie in der Anordnung der Bestandtheile dem rechts heranschreitenden Perseus entspricht, die Composition an Abrundung. Andererseits wurde aber auch dadurch, da

---

1) Ann. dell' Inst. 1845 Tav. d'agg. C p. 60.
2) N. 115.
3) Nowton, catal. of the vases in the Brit. Mus. II p. 268 n. 38. Vgl. Overbeck, Kunstmythologie II p. 407 n. 3.
4) Vgl. z. B. N. 149.
5) Vgl. oben Seite 229 ff.
6) N. 1164.

236 Der Hellenismus und die campanische Wandmalerei.

die Kleinheit der Staffagefiguren eine eingehende Individualisirung derselben erschwerte, der Inhalt der dargestellten Handlung deutlich bezeichnet, also demselben Bedürfnisse genügt, welches von Haus aus zur Einführung dieser Nebenfiguren Anlass gegeben. Da über die entsprechende Behandlung, welche die beiden Denkmälergattungen der Entführung der Europa angedeihen lassen, bereits oben die Rede war [1], so wenden wir uns sofort zur Vergleichung der Darstellungen aus dem Iomythos. Auf einem vulcenter Gefässe von sehr lockerer Zeichnung [2] ist die Situation, wie Argos die Io bewacht und Hermes, um die Jungfrau zu befreien, herantritt, in ganz ähnlicher Weise behandelt, wie auf dem römischen Wandgemälde, dessen Composition wir auf Nikias zurückführten [3]. Ein wesentlicher Unterschied zeigt sich nur darin, dass auf der Vase Argos in der Mitte und sitzend, dargestellt ist. Angesichts der beiden Figuren der Io scheint sogar die Frage berechtigt, ob nicht der Vasenzeichner durch Reminiscenzen an die nachmals in der Wandmalerei reproducirte Composition bestimmt wurde. Die Charakteristik des Argos, der nicht nach alter Ueberlieferung als ungeschlachter Riese, sondern als schlanker Ephebe auftritt, ist hier wie dort dieselbe. Aehnlich verhält es sich mit der Behandlung des Argos auf einem Vasenbilde späten Styls aus Katana, welches eine entsprechende Scene, jedoch mit Auslassung der Figur des Hermes, wiedergiebt [4], — eine Verkürzung, welcher wir auch auf den pompeianischen Gemälden dieses Gegenstandes begegneten [5]. Nur ist dem Argos auf diesem Gefässe die gewundene Muschel in die Hand gegeben, deren sich barbarische Völker als Signaltrompete zu bedienen pflegten [6]), ein Attribut, durch welches der Vasenmaler vermuthlich die Eigenschaft des Argos als Wächter hervorheben wollte.

Vergleichen wir die Darstellungen der Liebe der Aphrodite und des Ares, so nähert sich ein unteritalisches Vasenbild [7] durch seine genreartige Auffassung beträchtlich den Compositionen der Wandgemälde [8]. Die Göttin, den Speer des Ares in der Linken, spiegelt sich in dem Helme desselben, den sie in der Rechten hält. Ares steht dabei, den Schild am linken Arme, und hält den Toi-

1) Vgl. oben Seite 225.
2) Mon. dell' Inst. II 59, 1.
3) Revue archéolog XXI (1870, pl. XV. Vgl. oben Seite 140 ff.
4) Arch. Zeit. 1870 Taf. 30 p. 37 ff.
5) Vgl. oben Seite 141 ff.
6) Vgl. Ann. dell' Inst. 1872 p. 122 ff. Theognis bei Athen. X p. 457 D = 1229 Bergk.
7) Elite céramogr. IV 95. Vgl. auch IV 94.
8) N. 314 ff.

lettenspiegel der Geliebten. Ueber dem Haare schwebt ein Eros. Mag der Vasenmaler die Liebenden nicht, wie es auf den Wandgemälden der Fall ist, zu einer Gruppe vereinigt haben — was er vielleicht wegen der Beschränktheit seiner Technik absichtlich vermied —, so ist jedenfalls der Geist, welcher seiner Zeichnung zu Grunde liegt, dem in den Wandgemälden herrschenden nahe verwandt.

Dass das Treiben des Eros in den beiden Denkmälergattungen eine entsprechende Auffassung verräth, ist allgemein anerkannt. Hier wie dort ist er gegenwärtig, während Aphrodite ihre Toilette macht[1], treibt er, während Götter oder Heroen ihren erotischen Neigungen nachgehen, allerlei Muthwillen, ist er auch in das Getöse sterblicher Frauen eingeführt[2]. Ebenso kommt die in der Wandmalerei und überhaupt in der griechisch-römischen Kunst häufige Darstellungsweise, wonach Eroten in Beschäftigungen des täglichen Lebens eingeführt werden, bereits in den jüngeren Stadien der Vasenmalerei vor. Wir sehen sie Morra spielen auf dem Halse einer bekannten münchner Vase[3]. Angelnde Eroten, wie sie auf mehreren Wandgemälden vorkommen[4], finden sich auf einer polychromen, mit Vergoldung verzierten Oinochoe aus der Cyrenaica[5]. Wie die Wandmalerei Eroten schildert, die um die Wette reiten oder fahren[6], zeigt eine polychrome Schale aus Orvieto die geflügelten Knaben als Lenker von wettfahrenden Quadrigen[7]. Wenn die Eroten dort vollständig ideal behandelt, auf der Schale dagegen in realistischer Weise mit der den Aurigae des Circus eigenthümlichen Kopfbedeckung ausgestattet sind, so erklärt sich der letztere Zug hinreichend aus der grösseren Derbheit, die dem Handwerke im Vergleiche mit der kunstmässigen Malerei eigenthümlich war.

Zwei Wandgemälde schildern, wie Liebesgötter, die in einem Vogelbauer eingeschlossen sind, zum Verkauf ausgeboten werden[8]. Ein Erotenverkauf ist auch auf einem Gefässe unteritalischen Styls dargestellt[9]: eine weibliche Figur hält eine Wage; in jeder

1) Ant. du Bosph. cimm. 52 = Él. céram. IV 33 B; Ant. du Bosph. 49 = Él. céram. IV 33 A. Vgl. Helbig N. 303, 305.
2) Z. B. Ann. dell' Inst. 1866 Tav. d'agg. U = Arch. Zeit. 1871 Taf. 56, 3. Arch. Zeit. 1871 Taf. 56, 1. Stephani, Compte rendu 1860 Taf. I. 1861 Taf. I.
3) Arch. Zeit. 1860 Taf. 139, 140. 1871 Taf. 56, 2. Denkm. d. a. K. II 52, 668. Vgl. Ann. dell' Inst. 1860 p. 320.
4) Helbig N. 829, 311, 349—353. Bull. dell' Inst. 1872 p. 171.
5) O. Jahn, über bemalte Vasen mit Goldschmuck p. 16 n. 32.
6) Helbig N. 779, 787, 789.
7) Ann. dell' Inst. 1871 Tav. d'agg. A.
8) N 824, 825.
9) O. Jahn, arch. Beitr. Taf. VII 1 p. 220.

228 Der Hellenismus und die campanische Wandmalerei.

der Schalen derselben sitzt ein Eros; ein dabei stehender Jüngling
verfolgt aufmerksam die vor ihm stattfindende Handlung, gleich
als wolle er sich überzeugen, welcher der beiden geflügelten Knaben schwerer wiegt. Der Grundgedanke ist hier wie dort derselbe
und der Unterschied beruht im Wesentlichen nur auf der Aus-
drucksweise. Der Vasenmaler giebt den Gedanken in derber und
den alltäglichen Verhältnissen entsprechender Weise wieder. Die
Künstler dagegen, welche die in der Wandmalerei reproducirten
Compositionen erfanden, spitzen ihn in reflectirter Weise zu, indem
sie die geflügelten Knaben Vögeln gleichsetzen, ein Scherz, welcher, wie wir bereits gesehen, öfters von der alexandrinischen
Poesie verwerthet wurde [1]).

Aehnlich verhält es sich mit den Darstellungen von Satyrn,
welche Bakchantinnen beschleichen. Am Nächsten dürften den
Wandgemälden [2]) zwei leider unpublicirte volcenter Vasenbilder
stehen, auf welchen der Satyr, wie es dort der Fall ist, das Gewand
von dem schlafenden Mädchen abhebt [3]). Auf den übrigen bis jetzt
bekannten Gefässbildern dieses Gegenstandes schleichen sich die
Satyrn voll Begehrlichkeit heran, ohne jedoch das Gewand der
Schläferin zu berühren [4]). Wenn ihre Bewegungen drastischer
sind, als auf den Wandgemälden, und bisweilen geradezu einen
scurrilen Charakter haben [5]), wenn statt eines Satyrs bisweilen

---

1) Siehe oben Seite 223 ff.
2) N. 542 ff.
3) Museum étrusque de Luc. Bonap. Prince de Canino (Viterbo
1829) p. 65 n. 543 und De Witte, Cabinet Durand n. 139. Auf dem
letzteren Gefässe ist jedoch noch ein zweiter Satyr beigefügt, welcher
in knieender Stellung die Bakchantin betrachtet.
4) a. Amphora sog. nolanischen Styls früher in der Sammlung Betti,
später bei Alessandro Castellani: Arch. Zeit. 1848 p. 218 n. 5.
b. Zwei entsprechende Krüge mit rothen Figuren freien Styls
aus Cervetri: Bull. dell' Inst. 1866 p. 186, 1869 p. 29 n. 3.
c. Millin, mon. ant. inéd. II 20 p. 145.
d. Capuaner Krater unteritalischer Fabrik bei Barone in Neapel.
Derselbe wird nächstens in den Monumenten des Instituts
veröffentlicht werden. Hier ist die Gruppe des der Bakchantin nachstellenden Satyrs in eine ausführliche Darstellung des Thiasos eingeschaltet.
e. Bauchige Kanne aus Ruvo, Sammlung Santangelo: Auf
einem Felsen, neben dem ein gänsartiger Vogel steht, schläft
die Bakchantin, einen Thyrsos in der Rechten, die Linke
über das Haupt haltend; neben ihr liegt eine Nebris. Von
loser Seite schreitet ein bärtiger Satyr auf sie zu, der ohne,
mit Thyrsos, die Rechte vorstreckend, der andere mit der
Linken die Geberde des ἀποσκοπεῖν machend. Arch. Zeit.
1848 p. 220 n. 12.
5) So namentlich auf dem Gefässe d der vorigen Anmerkung.

zwei auftreten¹), so sind dies Abwandlungen, welche sich leicht aus dem Geiste und den räumlichen Bedingungen der Vasenmalerei erklären, und ich halte es in diesem Falle gar nicht für unmöglich, dass sich die Gefässzeichner durch Reminiscenzen an dieselben Motive bestimmen liessen, welche nachmals von den Wandmalern reproducirt wurden.

Ein pompeianisches Wandbild²) stellt Dionysos als Vertreter skenischer Aufführungen dar. Er ist umgeben von Pan, Silen und mehreren Jünglingen in Bühnentracht und hilft einem der letzteren, eine komische Maske über den Kopf zu ziehen. Mit dieser Darstellung berührt sich nach Inhalt und Auffassung die einer apulischen Vase³). Der Gott, umgeben von dem Thiasos, in welchem Silen und Pan besonders hervortreten, übergiebt einem Jüngling eine skenische Maske oder nimmt sie aus dessen Händen in Empfang. Auch ein unteritalischer Krater des neapeler Museums⁴) lässt sich zum Vergleich heranziehen. In der Mitte sehen wir eine Gestalt in der Tracht der komischen Bühne. Dionysos, einen Thyrsos in der Rechten, eine Schale auf der Linken, steht davor und scheint den Schauspieler aufmerksam zu betrachten, während ein Mädchen beschäftigt ist, an dem Costüm desselben etwas in Ordnung zu bringen.

Sehr häufig schildern die Wandgemälde, wie Perseus die Andromeda das Spiegelbild der Medusa in einem Gewässer betrachten lässt⁵). Mit diesen Compositionen lässt sich eine Reihe später Vasenbilder⁶) vergleichen, welche darstellen, wie Pallas in entsprechender Weise dieselbe Spiegelung dem Perseus zeigt. Auf den Vasen sind bei der Scene noch andre Figuren gegenwärtig, Hermes, Nike oder ein Satyr, der auf einem Gefässe sein Erstaunen über die vorgehende Handlung zu erkennen giebt, auf einem andern sich mit einer scurrilen Geberde abwendet, als wolle er mit der unheimlichen Geschichte nichts zu thun haben. Niemand wird läugnen, dass die Compositionen der Wandmalerei und die der Vasenbilder hinsichtlich der Situation und des Gedankens verwandt sind. Wenn auf den ersteren die Auffassung noch entschiedener genrehaft erscheint, und der Handlung ein erotischer In-

---

1) So auf den Anm. 3 der vorigen Seite angeführten vulcenter Vasen und auf den Gefässen b und c in Anm. 4.
2) N. 408.   3) Arch. Zeit. 1855 Taf. 83.
4) Gerhard, Neapels antike Bildwerke p. 359 n. 32. Mus. Borb. X 30.
5) N. 1192 ff.
6) Diese Vasenbilder sind zusammengestellt von O. Jahn, Philologus XXVII p. 11 Anm. 38. Dieselbe Scene findet sich auch auf späteren etruskischen Spiegeln, deren Zeichnungen meines Erachtens ebenfalls in engem Zusammenhange mit der hellenistischen Kunst stehen: Gerhard, etr. Spiegel II 122—124.

halt gegeben ist, die Gefässzeichner dagegen sich in höherem Grade an die Substanz des Mythos halten und durch Beifügung der Satyrn eine komische Wirkung erzielen, so sind dies Erscheinungen, welche sich hinlänglich aus den verschiedenen Bedingungen der kunstmässigen Cabinetsmalerei und der volksthümlichen Vasenfabrikation erklären.

Ein stabianer Wandgemälde [1] und eine lucanische Vase [2] schildern den Moment, wie sich Paris mit seiner Liebeserklärung der Helena zu nahen wagt, in merkwürdig übereinstimmender Weise. Die Gestalten sind auf beiden Denkmälern ähnlich gruppirt, und, wiewohl die psychologische Individualisirung auf dem letzteren aus begreiflichen Gründen unvollkommener ist, so lässt die Charakteristik, welche der Vasenzeichner dem Paris gab, doch dieselbe zurückhaltende Schüchternheit durchklingen, deren Ausdruck dem Wandmaler so vorzüglich gelang. Die Handbewegung des Paris ist beide Male ähnlich behandelt. Die Beine des Jünglings und die der Helena sind hier wie dort gleich gestellt. Die Vermuthung, dass die beiden Künstler unter dem Eindrucke desselben Originals arbeiteten, dürfte somit nicht schlechthin abzuweisen sein. Wenn der Gefässzeichner der Helena einen Eros auf den Schooss setzt, der derselben im Interesse des Paris zuzusprechen scheint, so fehlt dieses Motiv allerdings auf dem stabianer Bilde: dagegen bieten mehrere andere Wandgemälde, wo die Beziehung der dargestellten Personen figürlich durch die Gegenwart des Liebesgottes angedeutet wird [3], ganz entsprechende Erscheinungen dar. Einer Kunstthätigkeit von beschränkten Mitteln, wie die Vasenmalerei war, lag es besonders nahe, von diesem Motive Gebrauch zu machen, indem dadurch auch ohne eingehende psychologische Charakteristik die Bedeutung der Scene in der greifbarsten Weise veranschaulicht wurde.

Auch Vasenbilder, welche das Parisurtheil [4] oder Thetis schildern, wie sie dem Achill die Waffen überbringt [5], verrathen bisweilen, wenn sie die Darstellung auf die Hauptfiguren beschränken, eine der Wandmalerei verwandte Auffassung.

1. N. 1288.
2. Millingen, peint. de vases pl. 42. Overbeck, (Gal. XII 8.
3) Siehe z. B. N. 253 ff. 1289.
4. Z. B. Raoul Rochette, mon. inéd. pl. 49, 2.
5. Z. B. Stephani, Compte rendu 1865 p. 41. Auch die den Schild haltende, auf einem Seepferde reitende Thetis, welche auf Münzen des Pyrrhos vorkommt, kann zum Vergleiche herangezogen werden (s. Raoul Rochette, sur les médailles de Pyrrhus in den Mémoires de numism. et d'ant. pl. I n. 4. 5 p. 50 ff.. Wie hier, vollständig bekleidet und mit Kopfschleier, findet sie sich auch auf dem Wandgemälde N. 1321.

XX. Die Auffassung der Mythen. 241

Lösen wir endlich innerhalb der figurenreichen unteritalischen Vasenmalereien einzelne in sich abgeschlossene Theile der Darstellung aus dem prolixen Ganzen heraus, so fehlt es selbst hier nicht an Berührungspunkten. Dies gilt von dem bereits angeführten Gefäss, welches den Verkehr des Paris und der Oinone auf dem Ida schildert [1]. Abstrahiren wir von den Nebenfiguren, dem Pan, dem Satyr, der Aphrodite und dem Eros, und fassen wir lediglich die Hauptgruppe, den Paris und die Oinone, in das Auge, dann wird Niemand verkennen, dass der Verkehr derselben in einer ganz ähnlichen Weise aufgefasst ist, wie auf einem pompeianischen Gemälde [2].

Fassen wir schliesslich in der Kürze das Resultat dieses Vergleichs zusammen, so erscheint der Inhalt der an die Alexanderepoche anknüpfenden Vasenmalerei von dem durch die Wandgemälde vertretenen allerdings beträchtlich verschieden. Doch erklärt sich diese Verschiedenheit hinlänglich aus den Bedingungen der beiden Kunstzweige. Hier haben wir es mit Reproductionen einer Auswahl von kunstmässigen Tafelbildern, dort mit selbstständigen Producten des Handwerks zu thun. Die Mittel der Darstellung, die Tradition des Handwerks, die räumlichen Gesichtspunkte, welchen die Bemalung der Gefässe unterlag, zum Theil auch mercantilische Rücksichten — alles dieses konnte nicht umhin, die Vasenzeichnung in eine von der kunstmässigen Malerei verschiedene Bahn zu leiten. Dagegen berechtigt nichts zu der Annahme, dass zwischen dem Inhalte der beiden Gattungen in geistiger und zeitlicher Hinsicht ein beträchtlicher Abstand vorliege. Vielmehr konnten wir eine Reihe von Erscheinungen nachweisen, in welchen sich die späteren Vasenbilder und die Wandgemälde in sehr bezeichnender Weise berühren und die darauf schliessen lassen, dass die Compositionen beider Denkmälergattungen auf Grundlage derselben Entwickelung gestaltet worden.

Wir haben bereits früher hervorgehoben [3], wie wenig die Ueberlieferung von der kunstmässigen Malerei der an die Alexanderepoche anknüpfenden Entwickelung berichtet, wie wir namentlich von dem damaligen Cabinetsbilde, welches bei unserer Untersuchung besonders in Betracht kommt, so gut wie nichts wissen. Um so bedeutsamer erscheint der Umstand, dass eine der wenigen malerischen Schöpfungen jener Epoche, von deren Inhalt wir uns einen verhältnissmässig deutlichen Begriff machen können, einige

---

1) Vgl. oben Seite 234 Anm. 4.
2) N. 1280.
3) Siehe oben Seite 163 ff.

242   Der Hellenismus und die campanische Wandmalerei.

sehr bezeichnende Berührungspunkte mit den Wandbildern darbietet. Es ist dies das Gemälde des Aëtion, welches die Hochzeit Alexanders und der Rhoxane darstellte[1]. Dieser Künstler fügte der Haupthandlung Liebesgötter bei, welche beschäftigt waren, die Waffen Alexanders fortzuschleppen. In ganz entsprechender Weise sind die geflügelten Knaben auf Wandbildern um das Rüstzeug des mit der Aphrodite kosenden Ares und des bei der Omphale täudelnden Herakles bemüht[2]. Wenn Lucian in seiner Beschreibung der Composition des Aëtion angiebt: »zwei Eroten tragen den Speer des Alexander, indem sie die Lastträger nachahmen, wenn sie beim Tragen eines Balkens schwer beladen sind«, so wird dies vortrefflich durch Wandbilder veranschaulicht, welche die geflügelten Knaben darstellen, wie sie die Keule des Herakles zu transportiren versuchen[3]. Auf dem Gemälde des Aëtion lüftete ein Liebesgott den Schleier der Rhoxane und zeigte dieselbe dem Bräutigam. Die Wandbilder bieten ein verwandtes Motiv dar: Eros zieht von der schlafenden Ariadne das Gewand ab und zeigt dieselbe dem Dionysos[4]. Endlich lässt sich auch das Motiv, wie Alexander von einem Eros zu Rhoxane hingeführt wird, durch Analogien aus den Wandbildern veranschaulichen[5]. Mögen diese Gedanken auf den letzteren in einen anderen Zusammenhang übertragen und bisweilen etwas anders zugespitzt sein, als es in der Composition des Aëtion der Fall war, immerhin ist die Verwandtschaft unverkennbar, und somit die Vermuthung berechtigt, dass dieselbe geistige Atmosphäre, in welcher Aëtion schuf, auch die Erfindung der entsprechenden Wandbilder bedingte.

Bereits im Vorhergehenden gedachten wir der Gemälde, welche wettfahrende oder wettreitende Eroten darstellen[6]. Wenn eines derselben die Liebesgötter auf Böcken reitend vor Augen führt[7], so sind wir im Stande nachzuweisen, dass diese Darstellungsweise bereits in der Kunst kurz nach Alexander dem Grossen geläufig war. Ein Epigramm der Anyte[8] bezieht sich nämlich

---

1) Lucian, Herodot. s. Aëtion 4. Vgl. Brunn, Gesch. d. gr. K. II p. 246 ff. Blümner, arch. Stud. zu Lucian p. 43 ff.
2) N. 319—320. 324. Bull. dell' Inst. 1872 p. 239. N. 1137—39.
3) N. 1137—39. Vgl. N. 756.
4) N. 1237. 1239.
5) N. 327. 954. 955. 874. 1235. 1290. 1397.
6) Siehe oben Seite 237.
7) N. 779. Vgl. N. 747. 759.
8) Anth. pal. VI 312·
   Ἡνία δή τοι παῖδες ἔνι, τράγε, φοινικόεντα
   θέντες καὶ λασίῳ φιμὰ περὶ στόματι,
   ἵππια παιδεύουσι θεοῦ (θεὰς conj. Jacobs) περὶ ναὸν ἄεθλα,
   ὄφρ' (κοῦφ' conj. Jacobs) αὐτοὺς φορέῃς νήπια τερπομένους.

offenbar auf ein Bildwerk dieses Inhalts, mag es auch unentschieden bleiben, ob dasselbe ein Friesrelief oder ein Gemälde war.

Zwei Wandgemälde schildern Eros, wie er von Aphrodite zur Strafe für irgend welchen muthwilligen Streich in Fesseln gelegt ist[1]). Dass dieser Ideenkreis bereits im Anfange des 2. Jahrhundert v. Chr. von der griechischen Kunst behandelt wurde, bezeugt ein Epigramm des Alkaios von Messene[2]), der die Schlacht von Kynoskephalai erlebte. Dasselbe bezieht sich auf die Statue eines solchen gefesselten Eros.

Künstlerische Darstellungen der Peinigung der Psyche, welche dem Inhalte nach vollständig einem pompeianischen Gemälde dieses Gegenstandes[3]) entsprachen, bedingten ein Epigramm[4]) des Meleagros, dessen Thätigkeit gegen Ende des zweiten und den Anfang des ersten Jahrhunderts v. Chr. anzusetzen ist.

Noch von einigen andern in der Wandmalerei vorkommenden Gegenständen lässt es sich nachweisen, dass sie bereits von der bildenden Kunst der Diadochenperiode behandelt wurden.

Wie der aus Menander übersetzte Eunuchus des Terenz[5]) bezeugt, existirten zur Zeit der neueren Komödie Tafelbilder, welche die Danae darstellten im Begriffe den goldenen Regen zu empfangen. In dem Festzuge des Ptolemaios Philadelphos[6]) wurde auf einem Wagen ein Kelter voll von Trauben einhergefahren; darin standen Satyrn, beschäftigt, die Trauben zu stampfen. Da dieser Festzug allenthalben an Motive der bildenden Kunst anknüpft und recht eigentlich als eine Reihe von mit grossartigem Luxus ausgestatteten lebenden Bildern betrachtet werden kann, so dürfen wir es als wahrscheinlich annehmen, dass damals bildliche Darstellungen von kelternden Satyrn existirten. Wir begegnen solchen sowohl in der Wandmalerei, wie auf Reliefs der römischen Epoche[7]. Da jedoch die Verse des Terenz nichts

Jacobs, Anth. VI p. 134 und Benndorf, de anth. graec. epigr. quae ad artes spectant p. 39 halten es für zulässig, dass sich das Epigramm auf einen zu Ehren einer Gottheit, etwa der aegeatischen Athene (Pausan. VIII 47), ausgeführten Wettritt von Knaben beziehe. Doch fehlt es an jeglichem Zeugnisse, dass solche Wettritte auf Böcken ausgeführt worden wären.

1) Helbig N. 526. (Giornale degli scavi (n. s.) II p. 101 ff. Bull. dell' Inst. 1871 p. 181. Vgl. Ann. dell' Inst. 1866 p. 93 ff.
2) Anth. plan. IV 196.
3) N. 854.
4) Anth. pal. XII 132.
5) Vers 585 ff. (III 5. 36 ff.). In dem Verse 588 ist die Lesart hominem offenbar verdorben. Man hat an deren Statt ein Wort zu gewärtigen, welches Regen, Wolke oder etwas Aehnliches bedeutet.
6) Kallixenos bei Athen. V p. 199 A.
7) Helbig N. 438. 439. Zoëga, bassiril. I 26. In ornamentaler

244   Der Hellenismus und die campanische Wandmalerei.

über die Auffassung der Danae ergeben, die, wie die Vasendarstellungen dieses Mythos bezeugen, eine sehr verschiedene sein kann, da wir nicht wissen, wie die kelternden Satyrn auf den Kunstwerken, welche die Ausstattung des entsprechenden Theiles des Festzuges bedingten, charakterisirt und componirt waren, so sind diese Notizen für den bestimmten Zweck unserer Untersuchung von geringem Werthe.

XXI. Die Sentimentalität.

Mit dem Altern der griechischen Cultur wird in der Empfindungsweise der Hellenen ein sentimentaler Zug bemerklich. Während die frühere Entwickelung nur schüchterne und vereinzelte Regungen desselben aufweist, ist das absichtliche Schwelgen in der Empfindung eine bezeichnende Eigenthümlichkeit der hellenistischen Epoche. Producte, wie das Idyll des Bion, welches das Verscheiden des Adonis behandelt, oder das Klagelied auf den Tod des Bion[1], die sich von Anfang bis zu Ende in Variationen über denselben Schmerz ergehen, worin die Thränen eine so hervorragende Rolle spielen, sucht man in der älteren Periode vergebens. Am bezeichnendsten jedoch tritt diese Richtung hervor, wo es sich um Liebe und namentlich um unglückliche Liebe handelt.

Während Theokrit in seinem zweiten Idyll einen Mimos des Sophron zu Grunde legte und denselben jedenfalls bei Schilderung der Zauberscene benutzte, konnte er doch nicht umhin, nach dem Geschmacke seiner Zeit die lange sentimentale Liebesklage der Simaitha beizufügen[2]. Auch, wo die Liebe als pathetische Kraft auftritt und zu furchtbaren Katastrophen führt, pflegt diese Richtung mitzusprechen. Der unglückliche Liebhaber, von dem ein Idyll[3] erzählt, unterlässt nicht, bevor er zum Selbstmord schreitet, ausführliche Reflexionen über seine Leiden anzustellen; wie mit

Behandlung auf einer Terracottaplatte bei Campana, opere in plastica Tav. XL. In den Anacreontea 3 (17) Bergk wird Hephaistos, der einen silbernen Trinkbecher herstellen soll, aufgefordert:
ποίει δὲ ληνὸν οἴνου
ληνοβάτας πατοῦντας
τοὺς Σατύρους γελῶντας.

1) Incert. idyll. I (Moschos III).
2) Vgl. O. Jahn, Hermes II p. 239.
3) Inc. idyll. V (Theokrit. XXIII).

einer Art von Wollust wohlt er in seinem Schmerze, malt er sich den Eindruck aus, den seine That auf den Geliebten hervorrufen wird, und schliesst er mit dem Wunsche, derselbe möge ihm, wenn er ihn erhängt an seiner Thüre gefunden, eine Thräne und einen letzten Kuss gewähren. In den Gedichten des Phanokles und des Aitolers Alexander, welche Liebesgeschichten tragischen Ausgangs behandeln, ist die ganze Vortragsweise in einem trüben, schwermüthigen Tone gehalten. Selbst die Aeusserungen der glücklich Liebenden, wie die des Theokrit gegenüber seinem Ἄγεας[1], sind bisweilen von einer leisen Wehmuth angehaucht.

Dieses Schwelgen in dem Schmerze tritt auch in der äusseren Erscheinung und dem Gebahren der unglücklichen Liebhaber zu Tage. Ausführlich malt die alexandrinische Dichtung die kränkelnde Blässe, das matte Auge, die Seufzer, den schlechten Schlaf, kurz alle die Züge[2], deren sich die spätere griechische und lateinische Litteratur bei entsprechenden Schilderungen zu bedienen pflegt. In unmerklichen Uebergängen steigert sich dieser Zustand bis zur Krankheit aus Liebe. Vielleicht ist es nicht zufällig, dass die älteste pathologische Erscheinung dieser Art, deren Andenken die Geschichte bewahrt hat, in die Diadochenperiode fällt. Antiochos, der Sohn des Seleukos Nikator, erkrankte in Folge der Leidenschaft, die er für seine Stiefmutter Stratonike gefasst hatte[3]. Ein Epigramm des Diotimos[4], welches sich bereits in der Sammlung des Meleagros befand, giebt die Grabschrift einer Skyllis, die aus Sehnsucht nach ihrem verstorbenen Gemahl langsam dahin siechte. Die Schilderung solches Leidens ist ein Lieblingsgegenstand der alexandrinischen Poesie. Der von den Bukolikern besungene Daphnis verzehrt sich in thatenloser Liebespein. Die verliebte Simaitha in dem zweiten Idyll des Theokrit liegt zehn Tage und zehn Nächte krank darnieder. Der Zustand des Akontios, wie ihn Kallimachos in der Kydippe schilderte[5], ist von Krankheit nicht viel verschieden. Sogar ein verliebter Ziegenhirt, dessen Qualen Theokrit[6] schildert, wird von Kopfschmerz heimgesucht.

Gewiss erklärt es sich zum Theil aus dem Bedürfniss, welches

---

[1] Idyll. XII.
[2] Dilthey, de Callimachi Cydippa p. 70 ff. Kallimachos, Anth. pal. XII 71 (epigr. 30 Meineke, 32 Schneider), Anth. pal. XII 134 epigr. 43 Meineke, 41 Schneider). Apoll. Rhod., Arg. III 297. In der späteren Litteratur vergleiche man namentlich Apulelus metam. X 2.
[3] Plutarch, Demetr. 38. Lucian, de dea syria 16 ff. de salt. 58. Julian. misopog. p. 347 B Spanheim. Val. Max. V 7 ex. V 1.
[4] Anth. pal. VII 475.
[5] Dilthey, de Callimachi Cydippa p. 71 ff.
[6] Idyll. III 51.

die damalige Zeit nach wehmüthiger Anregung empfand, wenn die alexandrinische Dichtung einem Impulse folgend, den bereits die euripideische Tragödie gegeben, mit Vorliebe Leidenschaften behandelt, die den bestehenden Satzungen zuwiderlaufen, wie die von Vätern zu Töchtern, von Brüdern zu Schwestern oder umgekehrt. Einerseits entsprachen solche Leidenschaften dem schrankenlosen, alles Herkommen verachtenden Individualismus der hellenistischen Epoche, und scheinen sie damals auch in der Wirklichkeit nicht selten gewesen zu sein. Der Liebe des Seleukiden Antiochos zu seiner Stiefmutter haben wir bereits gedacht. Die beiden ersten Ptolemaier verliebten sich in ihre Schwestern und scheuten sich nicht dieselben als Gattinnen heimzuführen und durch ihr Beispiel die Ehe zwischen Bruder und Schwester in ihrer Dynastie zu sanctioniren, ein Gebrauch, der zwar nicht in Aegypten, wo solche Heirathen von Alters gebräuchlich waren, wohl aber in Griechenland grosses Aergerniss verursachte[1]). Zu was für krankhaften Verirrungen sich die griechische Phantasie in der Alexander- oder Diadochenperiode bisweilen verstieg, bezeugt die Thatsache, dass damals mehrere Individuen in sinnlicher Begierde zu schönen Statuen entbrannten[2]). Andererseits aber gab die Schilderung von Leidenschaften, deren Befriedigung auf unübersteigliche Hindernisse stiess, die geeignetste Gelegenheit, den Hörer oder Leser durch schmerzliche Ergüsse zu rühren.

Auch in der damaligen Plastik gewahren wir Spuren sentimentaler Empfindungsweise. Die Portraits der Diadochenperiode, wie das des zweiten Hieron auf dem agrigentiner Relief[3]) und die der meisten Seleukiden auf Münzen[4]), verrathen öfters einen wehmüthigen Zug, der sich namentlich in der Behandlung des Mundes äussert. Mögen sich leise Anklänge einer entsprechenden Charakteristik bereits bei älteren Typen, wie z. B. dem attischen Ephebenkopfe im Museum zu Kassel[5]), finden, so tritt dieselbe mit vollständiger Klarheit, die über die Gefühlsnuance, die der Künstler veranschaulichen wollte, keinen Zweifel verstattet, inner-

---

1) Hegesandros bei Athen. XIV p. 621 A. Pausan. I 7, 1.
2) Athen. XIII p. 605 F ff.
3) Anc. marbl. of the Brit. Mus. X 32. Vgl. Rhein. Mus. XXVII (1872) p. 155 ff.
4) Die Abbildungen reichen, um solche Feinheiten zu erkennen, nur selten aus. Meine Beobachtungen gründen sich auf die Betrachtung einer Reihe vortrefflich erhaltener Seleukidenmünzen, die sich im Besitze Martinetti's befinden. Besonders stark entwickelt erschien mir dieser wehmüthige Zug auf Münzen des Demetrios I Soter (Denkm. d. a. K. I 40, 220 g), des Antiochos II Theos (Denkm. I 49, 220 i, 52, 236) und des Antiochos VII Sidetes (Denkm. I 52, 243).
5) Conze, Beiträge Taf. II p. 8.

XXI. Die Sentimentalität.

halb der chronologisch bestimmten Denkmäler doch erst in diesen hellenistischen Bildnissen hervor. Ein solcher Ausdruck bleibt aber nicht nur auf Portraits beschränkt, sondern findet auch in Idealtypen Eingang, ohne dass der Inhalt derselben oder die Situation, in welcher sie aufgefasst sind, dazu Veranlassung gäbe. Wir begegnen ihm bei verschiedenen Athletenköpfen, welche den polykletischen Typus in eigenthümlich verfeinerter und gemilderter Weise wiedergeben und aller Wahrscheinlichkeit nach für nichtikonische Bildnisse siegreicher Athleten zu erklären sind[1]). Die Analogie jener der Diadochenperiode angehörigen Portraits berechtigt zu der Vermuthung, dass es dieselbe Entwickelung war, welche diesen Zug in den peloponnesischen Typus hineintrug. Selbst Götterideale, deren Ethos einer sentimentalen Stimmung vollständig zuwiderlief, werden von dem Reflexe derselben berührt. Während die älteren Typen der Pallas eine vollendete Klarheit und Ruhe verrathen, zeigen ein Kopf der Göttin, der sich im Besitze des Prinzen Karl von Preussen befindet[2]), die Statue Rospigliosi[3]) und ihre Repliken, besonders aber ein Kopf, der vom Grafen Gregor Strogauoff in Rom bei Martinetti erworben wurde, einen leisen Ausdruck schwermüthigen Sinnens. Die eigenthümlichste Erscheinung dieser Art ist aber der Apollon Giustiniani[4]), dessen Züge geradezu schmerzerfüllt erscheinen. Die Formen dieses Kopfes, vor allem die tiefe Einsenkung zwischen Nase und Augen, entsprechen im Ganzen der Kunstweise der zweiten attischen Schule und der Typus als solcher wird daher der Erfindung dieser Schule zuzuschreiben sein. Dagegen ist die Stimmung, welche in dem Antlitze zu Tage tritt, innerhalb der Kunst vor Alexander ohne irgendwelche Analogie und spricht nach dem hisher Bemerkten und bei der Verwandtschaft, welche hinsichtlich des Ausdruckes zwischen diesem Kopfe und den bewegteren Bildnissen Alexanders des Grossen ersichtlich ist, alle Wahrscheinlichkeit dafür, dass es die Kunst der Alexander- oder Diadochenperiode war, welche den attischen Typus mit einer solchen, demselben ursprünglich fremden Auffassung durchdrang.

Dass die sentimentale Richtung an der Vasenmalerei fast spurlos vorüberging, ist bei den eigenthümlichen Bedingungen, auf denen diese Kunstindustrie beruhte, leicht begreiflich. Dem volksthümlichen Geiste des Handwerks und den beschränkten

[1] Bull. dell' Inst. 1867 p. 35. Benndorf und Schöne, Bildw. des lateran. Mus. p. 170 n. 254.
[2] Mon dell' Inst. IV 1, 1. 2.
[3] Denkm. d. a. K. II 21, 233.
[4] Denkm. d. a. K. II 11, 123.

Mitteln seiner Technik lag es ungleich näher, dramatische, von einem heftigen Pathos getragene Handlungen, als sentimental gestimmte Situationen zu schildern. Dagegen wird diese Lücke in der geeignetsten Weise durch die campanischen Wandbilder ausgefüllt. Jener Aufgelöstheit in Schmerz, wie sie die alexandrinischen Dichter mit Vorliebe schildern, begegnen wir bei der von Theseus verlassenen Ariadne [1], bei der über die Treulosigkeit des Paris verzweifelten Oinone [2], bei Aphrodite, welche dem Verscheiden des Adonis entgegensieht [3], bei dem über den Tod der Hirschkuh trauernden Kyparissos [4], bei einer Jugendlichen, mit phrygischer Mütze ausgestatteten Büste, die vermuthlich auf Atys zu deuten ist [5]. Hinsichtlich einer dieser Figuren, der trauernden Ariadne, haben wir bereits den Beweis geführt, dass dieselbe in der Alexander- oder Diadochenperiode erfunden ist [6], und somit einen festen Anhaltspunkt gewonnen, der uns berechtigt, bei den übrigen geistesverwandten Producten das Gleiche vorauszusetzen. Auf einer Reihe noch nicht gehörig erklärter Wandbilder, welche Gestalten, die in das Bereich der Lichtgottheiten zu gehören scheinen, ohne deutlich bezeichnete Handlung zusammenstellen [7], verrathen die Gesichter durchweg eine eigenthümlich träumerische oder wehmüthige Stimmung, und unwillkürlich empfängt der Betrachter den Eindruck, als müsse das Zusammensein dieser Charaktere von einem tragischen Ausgang begleitet sein. Ich wüsste den Geist, welcher aus diesen Compositionen spricht, nicht besser zu veranschaulichen, als durch den Vergleich mit dem trüben Tone, in welchem Phanokles und der Aitoler Alexander ihre verhängnissvollen Liebesgeschichten erzählen. Narkissos endlich, der in sein Spiegelbild verliebt dahinschmachtet, ist ein dem bukolischen Daphnis nah verwandter Charakter. Es würde in der That wunderbar erscheinen, wenn dieser Mythos, dessen Gehalt das hellenistische Publicum in so hohem Grade ansprechen musste, nachdem er in die alexandrinische Litteratur Eingang gefunden [8], nicht auch von der bildenden Kunst behandelt worden wäre.

1) Siehe namentlich N. 1227 und 1234.
2) N. 1287.   3) N. 336 ff.   4) N. 219. 220.   5) N. 558.
6) Siehe oben Seite 157.
7) N. 964 ff. Vgl. Bull. dell' Inst. 1869 p. 152.
8) Vgl. oben Seite 230 Anm. 4.

XXII. Der Sinnenreiz.

Neben dem in dem vorigen Abschnitte geschilderten Raffinement der Empfindung geht, wie es stets in der Geschichte der Fall zu sein scheint, ein Raffinement der Sinnlichkeit her. Die Litteratur der Diadochenperiode ist überreich an Producten schlüpfrigen Inhalts. Ich begnüge mich, an die lüsternen Dichtungen des Philetas, an die berüchtigten Bücher der Philainis und Elephantis und an die milesischen Mährchen des Aristeides zu erinnern. Daneben beschäftigt sich die Litteratur eifrig mit der Knabenliebe, zieht bisher unberührt gebliebene Mythen solchen Inhalts in ihr Bereich und überträgt diese Leidenschaft selbst in Sagen, deren ursprüngliche Form nichts davon berichtete. Während nach der älteren Ueberlieferung Apoll dem Admetos dient, um eine Blutschuld abzubüssen, dichten Kallimachos und Rhianos[1], dass sich der Gott aus Liebe zu dem schönen Jünglinge diesem Dienste unterzog. Uebrigens wurde die Knabenliebe nicht immer mit der melancholischen Stimmung, wie sie in den Ἔρωτες ἢ καλοί des Phanokles durchklingt[2], sondern bisweilen mit einer recht behaglich lüsternen Gourmandise behandelt[3].

Die gleichzeitige Kunst zeigt ganz entsprechende Erscheinungen. Allerdings waren unzüchtige Gegenstände auch früher bildlich dargestellt worden. Scenen dieser Art finden sich bereits auf Gefässen mit braunen oder schwarzen Figuren, doch mit einer Behandlung, die Niemand als sinnlich reizend bezeichnen wird; vielmehr erscheinen sie schlechthin obscön, und lassen sie sich am Besten den derben Spässen der älteren attischen Komödie vergleichen. Ferner spielt Euripides in dem Hippolytos[4] auf unzüchtige Gemälde an und berichtet Plinius[5], dass Parrhasios in seinen Mussestunden, um sich zu erholen, libidines malte. Eines dieser Bilder des Parrhasios, das einzige, über welches wir näher unterrichtet sind[6], stellte Atalante dar, quae Meleagro ore morigeratur, und verfolgte demnach als Hauptzweck sarkastischen Spott gegen spröde Jungfräulichkeit. Dagegen ist es unzweifelhaft, dass der Stoff in einer die Sinne erregenden Weise behandelt war; denn sonst hätte sich Tiberius, dem das Gemälde testamentarisch vermacht wurde, schwerlich genöthigt gefühlt,

---

1 Callimach. hymn. in Apoll. 48 ff.; Rhianos bei Meineke, anal. alex. p. 180. Vgl. Antipater von Sidon Ant. pal. IX 241.
2) Vgl. Preller, Rhein. Mus. IV (1846) p. 399 ff.
3 Siehe namentlich die Epigramme des Rhianos, Anth. pal. XII 38, 39 Meineke anal. alex. p. 207, 1, 2].
4. Vers 1005. 5) XXXV 72. 6) Sueton. Tiber. 44.

250 Der Hellenismus und die campanische Wandmalerei.

dasselbe in seinem Schlafzimmer aufzustellen. Endlich hatten wir noch aus voralexandrinischer Epoche die nobilis Bacchas obreptantibus Satyris des Nikomachos [1] zu erwähnen, ein Gemälde, in welchem voraussichtlich die Behandlung dem sinnlichen Inhalte der Scene entsprach. Doch muss ich hierbei gleich bemerken, dass mir Brunn [2] die Thätigkeit dieses Künstlers zu früh anzusetzen scheint, dass dieselbe nach meiner Ansicht, die ich hier nicht ausführlich begründen kann, statt in der ersten Hälfte, vielmehr um die Mitte des 4. Jahrhunderts anzunehmen ist.

Mag aber auch diese Richtung durch einzelne frühere Leistungen vorbereitet sein, sicher ist, dass dieselbe vollständig emancipirt und in weiterem Umfange erst seit der Alexanderepoche hervortritt. In der Plastik ist das älteste Werk schlüpfrigen Inhalts, von dem wir hören, das Symplegma des Kephisodotos [3]. Der Bildhauer Heliodoros, der ein anderes berühmtes Symplegma schuf [4]; gehört vermuthlich in die Zeit nach Alexander und ist, wenn Plinius seine Angabe über diesen Künstler aus des Pasiteles volumina nobilium operum in toto orbe schöpfte [5], jedenfalls älter, als Pasiteles. Der Alexander- oder Diadochenperiode darf mit hinlänglicher Sicherheit auch die Erfindung der Gruppe zugeschrieben werden, welche den lüsternen Pan darstellt im Begriff, den Olympos auf der Syrinx zu unterrichten [6]. Drei berühmte Maler der Alexanderepoche, Aristeides, Pausias und Nikophanes, werden von Polemon [7] ausdrücklich als Pornographen bezeichnet. Diese Richtung äussert sich auch in der späteren Vasenmalerei, die, wie es durch eine Reihe von Gefässen sogenannten neuattischen und unteritalischen Styls bezeuget wird, vollständig die

---

1) Plin. XXXV 109.
2) Gesch. d. griech. Künstl. II p. 159 ff.
3) Plin. XXXVI 24. Dem von Stephani, Compte rendu 1867 p. 9, erneuerten Versuche, dieses Symplegma als eine Ringergruppe aufzufassen, kann ich nicht beistimmen.
4) Plin. XXXVI 35.
5) Dies ist bei der Fassung dieser Angabe »quod est alterum in terris symplegma nobile« besonders wahrscheinlich, wie Kekulé, die Gruppe des Menelaos p. 15 richtig hervorhebt.
6) Vgl. oben Seite 156 ff. Auch die Statue des unter wollüstigen Träumen schlafenden Hermaphroditen (Friederichs, Bausteine p. 346 u. 611) und verschiedene Gruppen, welche den lasciven Verkehr von Satyrn mit Nymphen oder Hermaphroditen schildern (Stephani, Compte rendu 1867 p. 10 ff.), sind, nach dem ganzen Geiste zu schliessen, Erzeugnisse der hellenistischen Kunst. Da jedoch diese Annahme durch kein bestimmtes Zeugniss bestätigt wird, so habe ich diese Kunstwerke im Obigen unberücksichtigt gelassen.
7) Bei Athen. XIII p. 567 B. Vgl. Letronne, append. p. 12, Brunn, Gesch. d. gr. Künstl. II p. 152.

Fähigkeit besitzt, unzüchtige Gegenstände in einer die Sinne reizenden Weise zu behandeln [1]). Wenn Aristoteles[2]) es für nöthig findet, den Behörden Maassregeln zu empfehlen, damit die Jugend nicht durch den Anblick lasciver Gemälde und Statuen verdorben werde, so dürfen wir annehmen, dass solche Kunstwerke zu seiner Zeit allgemein verbreitet waren.

Die campanischen Wandgemälde, welche Satyrn und Pane in wollüstigem Verkehre mit Bakchantinnen oder Hermaphroditen schildern[3]), erscheinen als organische Erzeugnisse dieser Richtung. Sie verrathen, wenn die Ausführung den Gedanken in einigermaassen entsprechender Weise wiedergiebt, eine hinreissende Schönheit der Form und der Bewegung[4], wie sie nur von einer im höchsten Sinne productiven Kunst gestaltet werden konnte, und erscheinen der grossen Maler, welche sich in der Alexanderepoche der Pornographie beflissen, vollständig würdig. Auch stimmen sie hinsichtlich der Wahl der Situation und der Charaktere deutlich mit sicher beglaubigten künstlerischen Aeusserungen der damaligen Zeit überein.

Eines der schönsten dieser Bilder[5], schildert einen Satyrisken, welcher neben einer gelagerten Bakchantin kniet und in heftiger sinnlicher Erregung deren Brust erfasst. Unwillkürlich gedenkt man angesichts dieser Composition der entsprechenden Schilderung eines Idyll[6]), wo ein von ihrem Liebhaber bedrängtes Mädchen fragt:

Τί μέζεις σατυρίσκε; τί δ' ἐνδοθεν ἆρας μυζῶν:

Der Reiz ruhender jugendlicher Gestalten beschäftigt seit der Mitte des 1. Jahrhunderts v. Chr. vielfach die Phantasie der dichtenden und bildenden Künstler. Schon Chairemon[7]) schildert in sehr raffinirter Weise halbnackte Mädchen, vermuthlich Bakchantinnen, welche unter dem Scheine des Mondlichtes schlummern. Ein dem Theokrit zugeschriebenes Epigramm[8]) handelt von

---

1) Aus begreiflichen Gründen sind nur wenige dieser Vasenbilder publicirt. Besonders reich daran war die Sammlung Pourtalès (Catalogue Pourtalès — (Gorglar p. 01 n. 357, p. 95 n. 301, 303 ff.). Als Beleg dieser Richtung diene das Ann. dell' Inst. 1854 Pl. M publicirte Gefässbild, dessen Ausführung jedoch sehr mittelmässig ist.
2) Polit. VII 17, 14 II p. 1336 Bekker).
3) N. 542 ff. 559 ff, 1370 ff.
4) Siehe namentlich N. 556 und 1370.
5) N. 556.
6) Inc. Idyll. VII 49 (Theocr. XXVII).
7) Bei Athen. XIII p. 608 D p. 610, 14 Nauck.
8) XI (III). Sollte übrigens dieses Epigramm nicht von Theokrit herrühren, so ist es doch jedenfalls ein Product der hellenistischen Dichtung.

Daphnis, der in einer Grotte schläft, während sich Pan und Priapos an ihn heranschleichen. Die Schilderungen, welche Nonnos[1]) von dem Schlummer der Nikaia, der Ariadne und der Aura entwirft, tragen deutlich den Stempel alexandrinischer Vorbilder. Bereits Nikomachos malte Bacchas obreptantibus Satyris[2], wobei wir uns die Bakchantinnen aller Wahrscheinlichkeit nach schlafend zu denken haben. Unter den Werken des Aristeides wird eine anapauomene angeführt[3]. Schlafende Mainaden, welchen Satyrn nachstellen, finden sich in der späteren Vasenmalerei[4]. Das schlüpfrigste Product dieser Art ist endlich die Statue des von wollüstigen Träumen heimgesuchten Hermaphroditen, deren Erfindung zwar nicht mit Sicherheit, aber doch mit grösster Wahrscheinlichkeit in der hellenistischen Epoche anzusetzen ist[5]. Die campanische Wandmalerei bietet eine ganze Reihe entsprechender Erscheinungen dar: schlafende Bakchantinnen, von denen Satyrn oder Pane das Gewand abheben[6], den Hermaphroditen, wie er, aus der Ruhe aufgestört, dem erschreckt davon springenden Panisken nachblickt[7]. Ausserhalb des Kreises der eigentlich lasciven Bilder gehören hierher die schlafenden Gestalten der Ariadne[8], des Ganymedes[9] und des Endymion[10]).

Häufig ist innerhalb der Wandmalerei die Entblössung weiblicher Gestalten geschildert. Satyrn oder Pane heben das Gewand von schlafenden Bakchantinnen ab[11]). Dionysos, Pan, ein Satyr oder Eros sind in ähnlicher Weise mit dem Gewande der schlafenden Ariadne beschäftigt[12]). Wie bereits bemerkt[13]), fand sich ein ganz ähnliches Motiv auf einem Gemälde des Aëtion, auf dem ein Eros den Schleier von der Gestalt der Rhoxane entfernte.

Da wir im Vorhergehenden der Bilder, welche die Heimsuchung der verlassenen Ariadne durch Dionysos darstellen, öfters gedacht haben, so kann ich nicht umhin, an dieser Stelle einige Beobachtungen über dieselben einzuschalten. Obwohl diese Bilder die Scene in sehr verschiedener Weise behandeln, zeigen sie doch in einzelnen Motiven eine merkwürdige Uebereinstimmung. Am Nächsten verwandt erscheinen unter einander die Gemälde N. 1239 und 1240. Hier ist die Figur des mit Chiton und Nebris

---

1) Dionys. XVI 250 ff. XLVII 275 ff. XLVIII 258 ff., 607 ff.
2) Plin. XXXV 109.
3) Plin. XXXV 99. Vgl. Rhein. Mus. XXV (1870) p. 153 ff.
4) Siche oben Seite 228.
5) Vgl. Friederichs, Bausteine p. 356 n. 614.
6) N. 642 ff. 559 ff.
7) N. 1370.
8) N. 1217—1221, 1233, 1235—1240.
9) N. 155—157.   10) N. 951—956.   11) N. 542 ff., 559 ff.
12) N. 1235 ff.   13) Siehe oben Seite 242.

bekleideten Dionysos, welcher, den Thyrsos in der Rechten, die Linke zur Seite gestreckt, die schlafende Ariadne, voll Bewunderung, betrachtet, und die des Mädchens, die, dem Betrachter den Rücken zuwendend, das Haupt auf dem rechten Arm ruhen lässt, offenbar unter dem Eindrucke derselben Originale entworfen. Der Eros, welcher auf ersterem Bilde, und der Satyr, der auf dem letzteren das Gewand der Schläferin lüftet, zeigen beide dieselbe Bewegung und einen entsprechenden Ausdruck der Verwunderung. Doch bieten die beiden Bilder auch wesentliche Verschiedenheiten dar. Um mich bei diesem Vergleiche nur auf die im Vordergrunde befindlichen Figuren zu beschränken, sitzt auf N. 1239 zu Häupten der schlafenden Ariadne Hypnos, während auf N. 1240 an dieser Stelle jene dämonische Gestalt, über die bereits oben die Rede war[1]), von dannen schreitet. Das Gemälde N. 1236 stimmt hinsichtlich der Behandlung der Ariadne mit den beiden soeben besprochenen überein, stellt dagegen den Dionysos anders dar: auf die Schulter des neben ihm befindlichen Pan gestützt, hat der Gott das Gewand von der Schläferin gehoben und betrachtet er, in stumme Bewunderung versenkt, ihre Reize. Auf N. 1235 und 1237 wiederum geht die Figur der Ariadne, welche, ähnlich der vaticanischen Statue[2], von vorn gesehen und mit über das Haupt gelegter Rechten schlummert, auf ein gemeinsames Original zurück. Dagegen ist die Behandlung des Gottes auf diesen beiden Bildern verschieden und hat dieselbe auch mit dem Typus, der auf den Gemälden N. 1239 und 1240 vorkommt, nichts gemein. Auf N. 1235 stützt Dionysos die Rechte auf den Rücken des neben ihm stehenden Seilen; auf N. 1237 hält er in der Rechten den Thyrsos und legt er die Linke auf die Hand einer neben ihm vorwärts schreitenden Bakchantin. Beide Male ist er, abgesehen von den hohen Stiefeln und der über den Rücken fallenden Chlamys, nackt gebildet. Endlich sind einige Nebenmotive mehreren Bildern gemeinsam, welche die Hauptfiguren in verschiedener Weise behandeln. Die Darstellung des Hypnos auf N. 1237 und N. 1239 weist deutlich auf dasselbe Original zurück. Die Gruppe des Satyrs, welcher den Seilen dem Hügel erklimmen hilft, kehrt auf N. 1237, 1238 und 1239 wieder. Die Figur des durch die erhobene Hand seine Verwunderung bekundenden Pan, die auf N. 1236 unmittelbar neben Dionysos dargestellt ist, erscheint auf N. 1239 etwas weiter in den Hinter-

1) Vgl. oben Seite 219 ff.
2) Visconti, Mus. Pio-Clem. II 44. Denkm. d. a. K. II 418. Diese und andere verwandte Statuen (Stark, Ber. d. sächs. Ges. d. Wiss. 1860 p. 25) sind meines Erachtens von der späteren Kunst aus dem malerischen Typus zurecht gemacht.

gruud gerückt[1]). Ich könnte die Zahl dieser Variationen noch
beträchtlich vermehren, wenn ich die Reliefs, welche dieselbe
Scene darstellen[2], einer vergleichenden Analyse unterwürfe.
Doch ist für unsern Zweck die Vergleichung der Wandbilder
vollständig ausreichend. Sie ergiebt, dass alle diese Bilder trotz
der mannigfachen Verschiedenheiten, die sie darbieten, auf eine
gemeinsame Grundlage zurückweisen. Die Abwandlungen selbst
lassen, wenn wir uns genauer von ihnen Rechenschaft geben,
deutlich denselben Ausgangspunkt erkennen. Mag Dionysos mit
eigener Hand oder Pan oder ein Satyr oder ein Eros das Gewand
von der schlafenden Ariadne abheben, so sind alle diese Darstellungen doch nur Variationen desselben künstlerischen Gedankens.
War Ariadne ursprünglich in der Vorderansicht aufgefasst, so
lag es einem späteren Künstler sehr nahe, die Gestalt umzudrehen
und durch die Schilderung der weichen Formen des Rückens
einen verfeinerten sinnlichen Reiz zu erzielen. Die mannigfachsten Abwandlungen hat die Gestalt des Dionysos erfahren.
Doch ist es bei der Fülle von Typen dieses Gottes, über die die
spätere Kunst verfügte, ganz begreiflich, dass die einzelnen
Maler, indem sie bald den einen, bald den anderen Typus in die
Composition übertrugen, die ihnen als Grundlage diente, mannigfache Nüancen hervorzubringen trachteten. Sagt doch auch Philostratos[2], bei Beschreibung eines entsprechenden Gemäldes über
die Figur des Dionysos: Διονύσου τε μορφὰ φάσματα τοῖς γράφειν
ἢ πλάττειν δυναμένοις, ὧν κἂν μικροῦ τύχῃ τις, ἔγραψε τὸν θεόν.
Also haben wir es hier mit einer entsprechenden Erscheinung zu
thun, wie der, welche sich bei der Betrachtung der Medeia und
der taurischen Iphigeneia des Timomachos ergab[4]. Ein bedeutendes Gemälde, welches Ariadne schlafend auf Naxos und das

1) Ich gebe zur besseren Uebersicht der im Obigen mitgetheilten
Beobachtungen folgende Tabelle, durch welche der Leser mit einem
Blicke übersehen kann, welche Motive auf den einzelnen Bildern
mehrmals wiederholt sind, auf welchen Bildern dies der Fall ist,
welche Bilder sich durch Wiederholung desselben Motivs berühren:
Dionysos
mit Chiton und Nebris die
Linke zur Seite streckend . . . . 1239 . 1210
Ariadne in der Vorderansicht N. 1235 . . . . . 1237 . . . .
Ariadne von hinten gesehen . . . . 1236 . . . . 1238 . 1240
Hypnos 1237 1239
Satyr d. Sellen unterstützend . . . . 1237 . 1238 . 1239 . . . . .
Pan durch erhobene Hand
sein Erstaunen bekundend . . . . 1236 . . . . 1239 . . . .
2) Vgl. Stark, Ber. d. sächs. Ges. d. Wiss. 1860 p 26 ff.
3) Senior, imag. I 15.
4) Vgl. oben Seite 146 ff.

Herannahen des Dionysos darstellte, war geschaffen. Die spätere Kunst entwickelte diese Composition in eigenthümlicher Weise weiter, indem sie einzelne Gedanken derselben verschieden zuspitzte, die gegebenen Motive mannigfach gruppirte, durch Auslassungen verkürzte oder durch Zuthaten erweiterte. Hierbei konnte es im Laufe der Zeit nicht ausbleiben, dass der ursprüngliche Bestand der Composition mehr und mehr verwischt wurde, dass die Gemälde, welche den späteren Stadien dieser Entwickelung angehören, beträchtlich divergirten. Fassen wir den Sachverhalt in solcher Weise auf, dann darf selbst das Gemälde N. 1234 mit dieser Entwickelung in Bezug gesetzt werden. Während Ariadne auf den bisher besprochenen Gemälden schläft, erscheint sie hier erwacht und weint sie, ohne des hinter ihr befindlichen Dionysos gewahr zu werden, über die Treulosigkeit des Theseus. Vermuthlich entstand dieses Bild unter dem Eindrucke zweier von Haus aus verschiedener Compositionen, einerseits der Composition, welche Ariadne verlassen und um Theseus trauernd darstellte[1], andererseits der Gemälde, welche schilderten, wie sich Dionysos der schlafenden Jungfrau nähert. Indem Elemente aus diesen beiden Compositionen zusammengerückt wurden, ergab sich ein Inhalt, welcher die Figuren der trauernden Jungfrau und des in ihren Anblick versunkenen Gottes in einem höchst wirksamen Gegensatz neben einander stellte.

Unter den erhaltenen dichterischen Schilderungen dieses Mythos verräth die des Nonnos[2] die meiste Uebereinstimmung mit den Wandgemälden. Hier wie dort begegnen wir denselben Gestalten mit denselben Affecten. Auch bei Nonnos ist Dionysos angesichts der Reize der schlafenden Ariadne von Verwunderung ergriffen[3]. Wie auf den Gemälden N. 1235, 1237 und 1239 tritt Eros[4]. auch dieser staunend über die Schönheit der Jungfrau, in der nächsten Umgebung des Gottes auf. Seilen, Pan, die Bakchantinnen sind nach der Schilderung des Nonnos[5], wie auf den Wandgemälden, zugegen. In der Rede, welche der Dichter der Ariadne in den Mund legt, weist dieselbe sogar auf den Hypnos hin, der sie bis vor Kurzem umfangen hielt[6]. Gewiss hat Nonnos diese Schilderung nicht selbständig, sondern nach einem alexandrinischen Vorbilde, etwa dem Διόνυσος des Euphorion, entworfen. Diese an und für sich wahrscheinliche Annahme

---

1) N. 1222 ff. Vgl. oben Seite 157.
2) Dionys. XLVII 265 ff.
3) Siehe die Rede des Gottes XLVII 275 ff.
4) Vers 267 ff. und 312: αὐτὸς Ἔρως θαύμασεν.
5) Vers 291, 292, 275 ff.
6) Vers 345.

wird dadurch bestätigt, dass Philostratos in der rhetorischen Ausschmückung des Inhalts des von ihm beschriebenen Ariadnebildes offenbar durch Reminiscenzen an eine entsprechende oder gar dieselbe Dichtung bestimmt wurde, welche Nonnos benutzte. Bei Philostratos[1]) heisst es: Καὶ οὐδὲ κυμβάλοις αἱ Βάκχαι χρῶνται νῦν, οὐδὲ οἱ Σάτυροι αὐλοῦσιν· ἀλλὰ καὶ ὁ Πὰν κατέχει τὸ σκίρτημα, ὡς μὴ διαλύσεις τὸν ὕπνον τῆς κόρης. Ganz ähnlich lässt Nonnos den Dionysos zu dem Thiasos sprechen:

Ἡσυχαμθές, μὴ μέτρα τινάξητε, μὴ κτύπος ἔστω
ἢ ποδὸς ἢ σύριγγος. Κόσσα Κύπριν ἰαύειν
. . . . μίμνετε, Βάκχαι·
σιγᾶτε, Μάρων· μὴ δεύρο χορεύσατε· λῆγε ληαίνων,
Πὰν φίλε, μὴ σκεδάσειας ἑῶον ὕπνον Ἀθήνης.

Es scheint somit eine nahe liegende Vermuthung, dass das dichterische Vorbild, wodurch Philostratos und Nonnos bestimmt wurden, auch den Künstler inspirirte, der das Gemälde schuf, welches den erhaltenen Darstellungen dieser Scene als Grundlage diente.

Doch dürfte bei näherer Betrachtung noch eine andere Möglichkeit in Betracht zu ziehen sein. Schälen wir aus den rhetorischen Schnörkeln, mit denen die Schilderung des Nonnos überladen ist, den Thatbestand der Handlung heraus, dann erscheint dieselbe so farben- und gestaltenreich, so eigentlich malerisch, dass sich unwillkürlich die Vermuthung aufdrängt, die Form dafür sei zunächst von der bildenden Kunst gefunden worden und diese habe auf die Dichtung gewirkt. Die Voraussetzung, dass Nonnos unmittelbar unter dem Eindrucke der Kunstwerke und selbstständig seiner Schilderung dieses plastische Leben verlieh, scheint bei dem Charakter dieses Dichters wenig glaublich. Viel wahrscheinlicher ist es, dass diese formen- und farbenreichen Züge bereits in dem alexandrinischen Vorbilde gegeben waren, dass also bereits der alexandrinische Dichter, den Nonnos benutzte, Compositionen kannte, wie sie in der Wandmalerei reproducirt sind. Ist diese Vermuthung richtig, dann liegt es nahe, den Ausgangspunkt aller dieser Anregungen in einem Gemälde anzunehmen, welches sich zu Athen im Dionysostempel befand. Vier offenbar zusammengehörige Gemälde schilderten in diesem Tempel dionysische Mythen[2]). Das eine stellte die von Dionysos bewerkstelligte Zurückführung des Hephaistos in den Olymp dar, zwei andere die Strafe des Pentheus und des Lykurgos, ein viertes die schlafende Ariadne, den Aufbruch des Theseus und Dionysos, welcher ankommt, um das Mädchen

---
[1] Senior, Imag. I 15.
[2] Pausan. I 20, 2.

XXII. Der Sinnenreiz.

als Braut heimzuholen. In chronologischer Hinsicht lässt sich gegen diese Annahme nichts einwenden. Obwohl wir jeglicher bestimmten Angabe über die Ursprungszeit dieser Bilder entbehren, so lassen sich doch dafür ungefähre Grenzen feststellen. Das dramatische Pathos, welches Scenen, wie die Strafe des Pentheus und des Lykurgos, mit sich brachten, weist darauf hin, dass dieselben nicht eher gemalt wurden, als bis Zeuxis und Parrhasios die Individualität in der Malerei emancipirt hatten. Andererseits dürfen wir kaum annehmen, dass in Athen monumentale Malereien von solcher Bedeutung später als gegen das Ende des 4. Jahrhunderts v. Chr. ausgeführt worden. Mit diesen allerdings sehr weitläuftigen Zeitgrenzen würde eine Vermuthung Prellers[1] stimmen. Eine Reihe von Gefässen mit rothen Figuren nämlich schildert die Rückkehr des Hephaistos in den Olymp[2], also denselben Gegenstand, welcher auf einem der in dem Dionysostempel befindlichen Gemälde behandelt war. Da diese Darstellungen in der ganzen Auffassung und selbst in einzelnen Motiven mit einander übereinstimmen, so vermuthet Preller, dass die Vasenmaler durch ein gemeinsames Original angeregt wurden und dass dasselbe kein anderes war, als das Gemälde im Dionysostempel. Ist diese Annahme richtig, dann würde sich ergeben, dass die Ausführung des athenischen Gemäldecyklus älteren Datums war, als die Fabrik dieser Gefässe. Jedoch muss hierbei gleich bemerkt werden, dass unsere Kenntniss von den Beziehungen der Vasenmalerei zur höheren Kunst bis jetzt auf sehr unsicherer Grundlage beruht und dass desshalb eine Vermuthung, wie die Prellers, vor der Hand noch mit grosser Vorsicht aufzunehmen ist[3].

Doch wir kehren nach dieser Abschweifung wiederum zu dem Gegenstande zurück, von dem wir in diesem Abschnitte ausgingen.

Das Streben nach Sinnenreiz, welchem das spätere Griechenthum huldigte, äussert sich nicht nur in der Schilderung schlüpfriger Gegenstände, sondern greift auch in mannigfache andere

---

[1] Griech. Mythol. I² p. 139 ff.
[2] Élite céramogr. I 41—49. Mon. dell' Inst. V 35. Vgl. Ann. dell' Inst. 1851 p. 283 ff.
[3] Roulez in den Ann. dell' Inst. 1845 p. 113 und Gerhard in der Archaeol. Zeit. 1846 p. 251 versuchen auch die erhaltenen Darstellungen der Strafe des Lykurgos mit dem Gemälde desselben Gegenstandes, welches sich in dem athenischen Tempel befand, in Beziehung zu setzen. Doch ist die Auffassung der Handlung auf den verschiedenen unteritalischen Vasenbildern, welche diesen Mythos behandeln, (zuletzt zusammengestellt von Michaelis, Ann. dell' Inst. 1872 p 249), so verschieden, als dass sie auf eine gemeinsame Quelle zurückgeführt werden dürften.

Gattungen des litterarischen und künstlerischen Schaffens über. In engem Zusammenhange hiermit steht die Ausbildung einer neuen Art des männlichen Schönheitsideals. Die Veränderung des griechischen Geschmacks in dieser Hinsicht äussert sich deutlich in der Sitte des täglichen Lebens. Um die Alexanderepoche wird es Mode, das Gesicht zu rasiren, und tritt an die Stelle der vollbärtigen Hellenen ein glattwangiges Geschlecht, welches auf künstlichem Wege ein Scheinbild jugendlicher Zartheit festzuhalten trachtete[1]). Die Toilettenkünste, das Blondfärben des Haares[2], die Herstellung künstlicher Haarputze[3]), das Malen der Augenbrauen[4]), die Zubereitung feiner Schminken[5]) und Salben[6]), wurden mit grossem Raffinement gepflegt. Nicht nur Frauen, sondern auch Männer suchten durch solche Mittel der Natur nachzuhelfen. Der Phaleroer Demetrios färbte sein Haar und schminkte sein Gesicht, um, wie Duris von Samos[7]) sich ausdrückt, ein heiteres und zartes Aussehen zu haben. Unter solchen Umständen ist es begreiflich, dass die Durchschnittsmasse der damaligen gebildeten Griechen, im Vergleich mit den früheren Generationen, weichlich und weibisch erschien, eine Thatsache, welche zum Ueberfluss durch das Urtheil eines competenten gleichzeitigen Beobachters, des Klearchos[8]), bestätigt wird. Indem diese Eindrücke auf die schaffende Phantasie reflectirten, bildete dieselbe ein Schönheitsideal aus, welches nicht mehr die vereinten Begriffe des καλὸς κἀγαθός, sondern lediglich den ersteren Begriff verwirklichte. Die Lieblingsfiguren der hellenistischen Dichtung sind zarte Jünglinge mit milchweisser Hautfarbe, rosigen Wangen und langen, weichlichen Locken. So werden Apollon

1) Vgl. Becker, Charikles III³ p. 242 ff.
2) Menander bei Meineke, fragm. Menandri et Philemonis p. 215 und fragm. comicor. gr. IV p. 205, 133. Niklas, Anth. pal. XI 398 Vgl. Becker, Charikles III³ p. 248 ff.
3) Diphilus bei Meineke, fragm. com. gr. IV p. 400). Die complicirten Haartrachten der ersten Beroniko und anderer Königinnen der Ptolemäer- und Seleukidendynastie setzen in weitestem Umfange künstliche Nachhülfe voraus.
4) Alexis bei Athen. XIII p. 568 A.
5) Alexis bei Athen. XIII p. 568 A. Theokrit. Id. XV 16. Duris von Samos bei Athen. XII p. 542 D. Vgl. das Vasenbild bei Tischbein, vases Hamilton II 58; Böttiger, Sabina Taf. IX.
6) Die Königinnen der hellenistischen Dynastien liessen sich die Förderung dieses Luxusartikels besonders angelegen sein. Siehe namentlich Apollonios bei Athen. XV p. 689 A.
7) Duris von Samos bei Athen. XII p. 542 D.
8) Bei Athen. XV p. 687 A: νῦν δὲ τῶν ἀνθρώπων οὐχ αἱ ὁμαί μόνον, ὥς φησι Κλέαρχος ἐν τρίτῳ περὶ βίων, ἀλλὰ καὶ αἱ χροιαὶ τρυφερὸν ἔχουσί τι συνεκβληνόμεναι τοὺς μεταχειριζομένους.

von Kallimachos, so Achilles und Hylas von den Bukolikern geschildert[1]). Wie an Kleitos, dem Genossen Alexanders, der weisse Teint bewundert wurde, hebt Bion die schneeweisse Haut des Adonis hervor[2]. Auch die Züge entsprechender Schilderung, welche sich häufig bei Nonnos[3] finden, werden grösstentheils auf alexandrinische Vorbilder zurückgehen. Unsere Kenntniss ist zu beschränkt, um zu beurtheilen, in wie weit diese Richtung in der älteren Kunst, etwa durch den Theseus des Parrhasios und die Dionysostypen des Praxiteles, vorbereitet wurde. Jedenfalls tritt dieselbe seit der Alexanderepoche mit voller Bestimmtheit hervor. Pausanias[4]) urtheilt über den Hyakinthos des Nikias, der Künstler habe den Jüngling allzu zart geschildert, um dadurch auf die Liebe des Apoll zu demselben hinzudeuten. Die spätere Vasenmalerei bietet eine ganze Reihe von Jünglingstypen dar, deren Charakteristik vollständig der mit Vorliebe von den alexandrinischen Dichtern angewendeten entspricht. So sind auf unteritalischen Gefässen Aigisthos[5]), ein auf einem Widder das Meer durchreitender Jüngling, der vermuthlich Phrixos zu benennen sein wird[6]), Adonis[7]) und in der Regel Triptolemos behandelt, so der geflügelte Jüngling, welcher einer in Olbia gefundenen polychromen Vase als Stütze dient[8]). Selbst Gestalten, denen die Ueberlieferung von Haus aus eine vollständig verschiedene Erscheinung zuschrieb, sind im Sinne dieser Richtung umgebildet. Wir sahen bereits, dass der ungeheuerliche Argos auf zwei späten Vasenbildern als ein schlanker Ephebe auftritt[9]). Die unteritalischen Gefässmaler legen dem Herakles öfters so zarte Formen bei, dass der Betrachter, ergäbe sich nicht die Bedeutung der Figur aus der dargestellten Handlung, darin schwerlich den gewaltigen Helden erkennen würde[10]). Doch muss die eingehende Analyse, wie und in wie weit diese Richtung auf die einzelnen Götter- und Heroentypen wirkte, selbst-

---

1) Kallimachos, hymn. in Apoll. 36 ff. Inc. Idyll. VI 17. Theokrit. Id. XIII 7.
2) Athen. XII p. 539 C. Bion. Idyll. I 7, 10.
3) Dionys. X 215. XI 372 ff. 377. XV 242. XVIII 349 ff.
4) Pausan. III 19, 4.
5) Millingen, peint. de vases pl. 15. Ingirami, vasi fittili II 138.
6) Gerhard, akadem. Abhandl. Tafel LXXXI. Vgl. O. Jahn, Ann. dell' Inst. 1867 p. 90.
7) Bull. nap. (n. s.) VII Tav. 9.
8) Verhandlungen der 25. Versammlung deutscher Philologen (1867) p. 163. Stephani, Boreas und die Boreaden (Mémoires de l'Acad. de St. Pétersbourg Band XVI n. 13) Taf. I p. 23.
9) Siehe oben Seite 236.
10) Millingen, Vases Coghill pl. 11. vielleicht auch pl. 25. Vgl. Bull. dell' Inst. 1865 p. 164.

verständlich besonderen kunstmythologischen Untersuchungen vorbehalten bleiben.

Die Wandbilder bieten eine Reihe verwandter Erscheinungen dar. Adonis, Kyparissos und Narkissos sind stets, Ganymedes[1], Endymion[2], Phrixos[3], Admetos[4] und Paris[5] bisweilen als weichliche Jünglinge mit hellen Fleischtönen und langen Locken behandelt. Phrixos zeigt auf einem Wandbilde, welches den Jüngling darstellt, wie er, von dem Widder getragen, soeben das Land erreicht[6], einen entsprechenden Typus, wie der muthmaassliche Phrixos auf einer unteritalischen Schale[7]. Angesichts des Adonis in der Casa d'Adonide ferito werden wir an die schneeweisse Haut erinnert, welche Bion[8] dem Geliebten der Aphrodite beilegt.

Der Mythos von dem Dienste, dem sich Apoll bei Admetos unterzog, ist auf den Wandbildern nach der alexandrinischen Version behandelt, der zufolge der Gott in den schönen Jüngling verliebt war[9]. Zur Darstellung gewählt ist eine Scene geurchaftbukolischen Inhalts: Apoll unterhält den vor ihm sitzenden Admetos mit Kitharspiel, während durch die Figur eines Rindes die Heerden angedeutet sind, die der Gott zu weiden übernommen hatte[10]. Auch die Einführung des Kitharspiels ist ganz in dem Geiste der alexandrinischen Dichtung, die es liebt, in der Fabelerzählung die Einwirkung der Musik auf das Gemüth zur Geltung zu bringen[11]. Die üppig schwellenden Fleischmassen

---

1) N. 153, 154, 157, 158.
2) Namentlich auf N. 952 und 955.
3) N. 1255, 1257 Von befreundeter Seite wurde mir der Zweifel mitgetheilt, ob die auf N. 1255 dargestellte Figur nicht vielmehr weiblich und Theophane zu benennen sei. Doch kann ich nach einer genauen Untersuchung des Originals, die ich im Juli 1872 vorgenommen habe, versichern, dass an derselben noch gegenwärtig deutliche Spuren des männlichen Gliedes ersichtlich sind.
4) N. 220. 1158. 1160. 1161.   5) N. 1271.   6) N. 1257.
7) Gerhard, akad. Abhandl. Taf. LXXXI.
8) Idyll. I 10.
9) Vgl. oben Seite 249.
10) N. 220—222.
11) Vgl. Dilthey, Jahrb. des Vereins von Alterthumsfreunden im Rheinl. LII (1872) p. 60. Dass die Musik auch in der poetischen Behandlung der Sage von der Liebe des Apoll zu Admetos verwerthet wurde, ergiebt sich aus Lygdamus III 4, 67:

    me quondam Admeti niveas pavisse iuvencas
    non est in vanum fabula ficta locum:
    tunc ego nec cithara poteram gaudere sonora
    nec similes chordis reddere voce sonos,
    sed perlucenti cantus meditabar avena
    ille ego Latonae filius atque Jovis.

Vgl. Tibull. II 3, 11 ff.

XXII. Der Sinnenreiz. 261

und beinah weiblichen Formen, welche auf einem dieser Bilder[1] dem Admetus eigenthümlich sind, lassen, verglichen mit Versen, durch welche Ithianos die Reize eines von ihm begehrten Jünglings schildert[2], darauf schliessen, dass der Maler von einer ähnlichen Absicht bestimmt war, wie sie Pausanias bei dem Hyakinthos des Nikias hervorhebt. Das Gleiche gilt von der Behandlung, welche auf anderen Wandbildern dem Ganymedes[3], Phrixos[4] und Narkissos[5] gegeben ist. Auch, wo aus Vorliebe für anmuthige Erscheinung mythologische Gestalten in einer der ursprünglichen Ueberlieferung widersprechenden Weise umgebildet sind, dürfen wir annehmen, dass die Maler der Kaiserzeit dem Vorgange der Kunst der Alexander- oder Diadochenperiode folgten. Die den Wandgemälden eigenthümliche Darstellung des Argos als eines schlanken Epheben war, wenn wir über den Ursprung der betreffenden Composition richtig geurtheilt[6], bereits einem Bilde des Nikias eigenthümlich. Auch findet sich dieselbe schon auf zwei späten Vasenbildern[7]. Ebenso erscheint Polyphemos in der Wandmalerei nicht als ungeheuerlicher Riese, sondern als ein schöner Mann von gewaltigem Wuchse, welcher nur durch das struppige Haupthaar und das Stirnauge, das bisweilen absichtlich nur sehr schwach angedeutet ist, an den ursprünglichen Charakter des Kyklopen erinnert. Auf einem herculanischen[8] und einem römischen Wandgemälde[9], ist er sogar als bartloser Jüngling gebildet. Bezeichnend ist es, dass sich eine entsprechende Auffassung bereits bei Theokrit[10] findet, der den verliebten Kyklopen schildert

ἄρτι γενειάσδων περὶ τὸ στόμα τὼς κροτάφως τι.

Wie mit dem männlichen Schönheitsideal wird es sich auch mit dem weiblichen verhalten haben. Wir sehen deutlich, wie die späteren Typen der weiblichen Gottheiten, verglichen mit den älteren, in Formen und Ausdruck grössere Weichheit verrathen. Da jedoch eine eingehendere Untersuchung hierüber die Grenzen dieses Buches überschreiten würde, so sei nur

1) N. 220.
2) Anth. pal. XII 93, 3:
τῇ μὲν γὰρ Θεόδωρος ἔχει ποτὶ μῶνα σαρκὸς
ἀκμήν, καὶ γυίων ἄνθος ἀπηρόσιον.
3) N. 153. 151.
4) N. 1255. Vgl. oben Seite 260 Anm. 3.
5) N. 1354.
6) Vgl. oben Seite 110 ff.
7) Siehe oben Seite 256.
8) N. 1053.
9) Revue archéologique XXI (1870) pl. XVIII.
10) Idyll. XI 9.

einer Erscheinung gedacht, welche die Richtung, die uns in diesem Abschnitte beschäftigt, besonders deutlich darlegt. Eine Reihe von Thatsachen aus dem Leben bezeugt, wie die Griechen seit Mitte des vierten Jahrhunderts v. Chr. in der emancipirtesten Weise der Lust an der weiblichen Nacktheit huldigten. Bei dem Feste von Eleusis entkleidete sich Phryne und stieg unter dem Jubel der Versammelten zum Bade in den Fluss hinab[1]. Hypereides soll dieselbe Hetaire bei einem Processe vor der Verurtheilung gerettet haben, indem er ihren Chiton zerriss und die Richter durch den Anblick ihres Busens verwirrte[2]. Dem Anaxarchos, dem Schmeichler Alexanders des Grossen, wartete ein schönes Mädchen, vollständig nackt, als Mundschenkin auf[3]. Während eines Gastmahles, welches König Antigonos Gonatas zu Ehren einer arkadischen Gesandschaft gab, zeigten thessalische Tänzerinnen, nur mit einem Gurte bekleidet, ihre Künste[4]. Bei der Hochzeit des Makedoniers Karanos, die wir aus der Beschreibung eines Augenzeugen, des Hippolochos, kennen, traten nackte Gauklerinnen auf, welche mit blanken Schwertern gefährliche Kunststücke anstellten und Feuer spieen[5]. Die späteren Vasenbilder, auf welchen Gauklerinnen dieser Art, ganz nackt oder nur mit einem Schurze oder mit einer durchsichtigen Hose bekleidet, öfters vorkommen[6], bezeugen, dass solche Schaustellungen in der hellenistischen Epoche allgemein beliebt und verbreitet waren. Bekannt ist endlich, wie die damaligen Hetairen die reflectirte Entblössung gewissermassen in ein System gebracht hatten[7]. War doch auch die Gewandung bisweilen der Art, dass sie dem Körper, statt ihn zu verhüllen, einen gesteigerten Reiz verlieh. Die Frauenkleider wurden mit Vorliebe aus feinen, durchsichtigen Stoffen gearbeitet, welche die darunter befindlichen Formen allenthalben durchschimmern liessen[8]. Solche Kleider waren namentlich bei den Hetairen beliebt[9]. Von

---

1) Athen. XIII p. 590 F.
2) Die Stellen bei Becker, Charikles II² p. 55.
3) Klearchos von Soloi bei Athen. XII p. 548 B.
4) Persaios von Kition bei Athen. XIII p. 607 C.
5) Hippolochos bei Athen. IV p. 129 D.
6) Die wichtigsten dieser Darstellungen sind zusammengestellt von Minervini, Bull. nap. (n. s.) V p. 94 ff. Zu vergleichen ist auch die nackte Pyrrhichistin bei Stackelberg, Gräber der Hellenen Taf. 22, eine andere nur mit leichtem Tricot bekleidete Arch. Zeit. 1850 Taf. 21. Vgl. O. Jahn, arch. Beitr. p. 392.
7) Siehe namentlich Alexis bei Athen. XIII p. 568.
8) Klearchos bei Athen. XII 522 D. Menander bei Meineke, fragm. com. gr. IV p. 287, 241.
9) Vgl. Becker, Charikles II² p. 56 ff.

den Flötenspielerinnen, welche bei der Hochzeit des Makedoniers Karanos auftraten, sagt Hippolochos[1]), dass sie ihm völlig nackt erschienen seien, bis einige der Gäste ihn belehrten, dass sie Chitonen trügen. Doch scheinen auch die anständigen Frauen den verführerischen Reiz solcher Stoffe nicht verschmäht zu haben. Theokrit[2]) sagt zu der Spindel, welche er der Gattin seines Freundes Nikias schenkt:

σὺν τῇ πόλλα μὲν ἔργ' ἰκτέλεσεις ἀνδρείοις πέπλοις,
πόλλα δ' οἶα γύναικες φορέουσ' ὑδάτινα βράκη.

Ein Epigramm des Nikias[3]) erwähnt unter Weihgeschenken, welche eine Familienmutter nach glücklich vollbrachter Geburt der Eileithyia darbringt, den durchsichtigen Schleier (ὑδατόεσσα καλύπτρη).

Mit Vorliebe behandelt die alexandrinische Poesie Situationen, bei welchen die weibliche Nacktheit in den Vordergrund tritt. Kallimachos schildert, wie Teiresias die Athene, Aktäon die Artemis im Bade erblickt[4]). Apollonios von Rhodos[5]), indem er erzählt, wie die Nereiden die Argo durch die Planktai durchbugsiren, unterlässt nicht, auf die weisse Carnation ihrer entblössten Glieder hinzuweisen. Die Verse des Nonnos, welche beschreiben, wie Zeus die in dem Asopos einherschwimmende Semele[6]), Dionysos die badende Nikaia betrachtet[7]), verrathen deutlich die Nachahmung alexandrinischer Vorbilder. Die Ausmalung der Licht- und Farbeneffecte, welche die nackte Mädchengestalt in dem feuchten Elemente hervorruft, ist ganz in dem Geiste der alexandrinischen Poesie und verräth Anklänge an Schilderungen, welche uns aus derselben erhalten sind[8]). Die Uebertragung der Badescene auf mythologisches Gebiet entsprach zugleich der bekannten Tendenz der damaligen Zeit, die Sagen

---

1) Bei Athen. IV p. 129 A.
2) Idyll. XXII (XXVIII) 10. Dass das Adjectiv ὑδάτινος «durchsichtig» bedeutet, ergiebt sich mit Sicherheit aus Kallimachos fragm. 293 Blomfield: ὑδάτινον χείρωμ' ὑμένεσσιν ὅμοιον, und aus Auth. pal. IX 567: ὑδάτινους φορέουσαν βραχίονας, an welcher letzteren Stelle es offenbar die durchsichtige Carnation der Arme der Antiodemis bezeichnet. Dies gegen Becker, Charikles III² p. 203, der an gewässerte Zeuge (moiré) denkt.
3) Auth. pal. VI 270.
4) Lavser. Pallad. 70 ff. 110 ff. Auch Apollonios von Rhodos Argon. II 935 ff. bemerkt bei der Erwähnung des Parthenios, dass Artemis sich in diesem Flusse nach der Jagd zu baden pflege. Vgl. desselben Dichter III 875 ff.
5) Argon. IV 938: γυμνά' ἀναγχόμεναι λευκοῖς ἐπὶ γούνασι πέζας.
6) Dionys. VII 255 ff.
7) XVI 5 ff. Vgl. auch XV 209 ff. XXXVIII 120 ff.
8) Vgl. oben Seite 213.

mit genrehaften, der Wirklichkeit entsprechenden Zügen auszustatten.

Betrachten wir, wie sich die bildende Kunst zu dieser Richtung verhält, so waren allerdings schon während der älteren Entwickelung nackte Frauengestalten geschaffen worden, wie die Aphrodite am Westgiebel des Parthenon, die Helena des Zeuxis[1], die knidische Göttin des Praxiteles. Doch ist es unzweifelhaft, dass in diesen Gebilden ein ganz verschiedener Geist herrschte, als in den nackten Frauengestalten der nachalexandrinischen Kunst. Was die Helena des Zeuxis betrifft, so wissen wir nicht einmal, ob nicht der ionische Meister die Nacktheit durch die Situation motivirte, sei es dass er die Heroine im Bade, sei es dass er sie mit ihrer Toilette beschäftigt darstellte[2]. Urtheile man hierüber, wie man wolle, so dürfen wir nach dem ganzen Geiste der Kunst des fünften Jahrhunderts annehmen, dass in der Aphrodite am Parthenon, wie in der Helena des Zeuxis bei aller sinnlichen Schönheit der Formen doch die Würde der Göttin und der Heroine gewahrt wurde. Von Zeuxis zumal ist es ausdrücklich überliefert, dass er seinen Gestalten gewaltige Formen zu geben pflegte, angeblich nach dem Beispiele des Homer, »dem eine kräftige Erscheinung auch bei Frauen gefällt«[3]. Niemand wird die Behauptung wagen, dass die Knidierin des Praxiteles, deren Inhalt uns hinlänglich durch Copien aus griechisch-römischer Epoche veranschaulicht wird, auf den Sinnenkitzel berechnet sei. Sie erscheint mit dem höchsten Liebreiz ausgestattet, wie er der Göttin der Liebe und der Schönheit zukommt. Dabei aber ist durch die grossartige Behandlung der Formen der göttliche Charakter der Gestalt veranschaulicht, verleiht die Charakteristik des Blickes, der sich keines bestimmten Zieles bewusst ist, dem Antlitz einen gewissermaassen keuschen Ausdruck und ist endlich die Nacktheit auch äusserlich dadurch motivirt, dass die Göttin das letzte Gewand ablegt, um in das Bad zu steigen.

Erst die Entwickelung, welche an die knidische Statue des Praxiteles anknüpft, geht darauf aus, das Sinnlichreizende in der Erscheinung der Göttin zu betonen, bis dasselbe schliesslich, wie es in der mediceischen Statue der Fall ist, den wesentlichen Inhalt des Kunstwerkes ausmacht. Mag es sich nun auch nicht bestimmt nachweisen lassen, in wie weit diese Weiterentwickelung bereits während der Diadochenperiode im Gange war, so ist sie jedenfalls ganz in dem Geiste derselben.

1. Dionys. Halicarn. de priscis script. cens. I ,V p. 417 Helske).
2) Vgl. Raoul Rochette, monum. inéd. pl. XLIX A.
3) Quintilian. XII 10, 5.

Den unzweideutigsten Aufschluss giebt uns in dieser Hinsicht die an die Alexanderepoche anknüpfende Vasenmalerei. Diese ergeht sich mit Vorliebe in der sinnenreizenden Schilderung weiblicher Nacktheit. Wie in der alexandrinischen Poesie, gehören Scenen aus dem Frauenbade zu den Lieblingsgegenständen der späteren Gefässmaler [1]. Wir begegnen Hetairen, Gauklerinnen, Flötenspielerinnen entweder ganz nackt oder mehr oder minder entblösst. Diese Behandlungsweise kommt sogar zur Anwendung, ohne durch den Charakter der dargestellten Figuren oder durch die Situation motivirt zu sein. Die späteren Vasenbilder stellen Bakchantinnen öfters ohne jegliche Verhüllung dar [2]. Auf einem sehr feinen, mit reichlicher Vergoldung versehenen Gefässe [3], worauf die Abfahrt des Paris und der Helena abgebildet ist, tritt die Begleiterin der letzteren, die, ein Thymiaterion und eine Schale in den Händen, neben dem Gespanne steht, vollständig nackt auf. Allerdings fällt ein leichter Mantel über den Rücken der Helena; indem er jedoch die Vorderansicht des Körpers entblösst lässt, wirkt er vielmehr als Folie, von welcher sich der Reiz der nackten Theile um so nachdrücklicher loshebt. Ganz ähnlich verhält es sich mit der Darstellung der Europa an den attischen (ausgefässen, die wir bereits erwähnt [4]. Auch hier wird der Formen- und Farbenreiz der nackten Gestalt durch den Gegensatz des Mantels, welcher sich über dem Rücken der Heroine aufbauscht, mit besonderer Schärfe hervorgehoben. Am Emancipirtesten äussert sich die Neigung, die weibliche Gestalt nackt darzustellen, auf den späteren etruskischen Spiegeln und den pränestiner Cisten. Mag aber auch die italische Luxusindustrie diese Darstellungsweise rückhaltsloser verwendet haben, als es jemals in der griechischen Kunst der Fall war, so ist es nichts desto weniger sicher, dass der Impuls hierzu von Griechenland kam, dass die hellenistische Kunst, an welche diese Entwickelung der italischen anknüpfte, zum Mindesten verwandte Erscheinungen darbot.

Wie die hellenistische Malerei durch Schilderung fester Körper, die durch holle Materien durchschimmern, ihre Virtuosität zu zeigen liebte [5], so liess sie sich gewiss den Reiz der durch-

---

1) Vgl. oben Seite 197 Anm. 5.
2) Stephani, Compte rendu 1861 Taf. II, Vasen der Ermitage II p. 104 n. 2007. Millin, peint. de vases II 64. Inghirami, vasi fittili I 13 (= Panofka, Parodien und Caricaturen Taf. I 1, 2), 68. II 131, 166, 185, 190. III 271.
3) Stephani, Compte rendu 1861 Taf. V 3, 4, Vasen der Ermitage II p. 359 n. 1929.
4) Vgl. oben Seite 235.
5) Vgl. oben Seite 210 ff.

sichtigen Gewänder nicht entgehen¹). Auch verrathen die späteren Vasenbilder deutlich den Reflex dieser in der kunstmässigen Malerei üblichen Behandlungsweise, eine Erscheinung, die zu bekannt ist, um der Erläuterung durch bestimmte Belege zu bedürfen.

Die Wandbilder vertreten, in so weit sie hierbei zum Vergleiche herangezogen werden dürfen, eine vollständig entsprechende Entwickelung. Wie die alexandrinische Poesie mit Vorliebe Göttinnen oder Heroinen im Bade schildert, stellt die Wandmalerei die Ueberraschung der badenden Artemis durch Aktaion²) und Leda dar, welcher sich, während sie auf ein Badebecken zuschreitet, der Schwan nähert³). Aller Wahrscheinlichkeit zufolge wurde jene Version des Aktaionmythos durch die alexandrinische Dichtung in die Litteratur eingeführt; denn wir begegnen derselben zum ersten Male bei Kallimachos⁴), während die ältere Litteratur und die gesammte Vasenmalerei den Untergang des Jünglings in anderer Weise motivirt. Wenn die Wandmalerei mythologische Liebesgeschichten schildert, so thut sie dies fast regelmässig in einer die Sinne reizenden Weise, welche dem Geiste der hellenistischen Kunst entspricht. Göttinnen, wie die zu dem Endymion herabsteigende Selene, und Heroinen, wie die den Goldregen empfangende Danae, die vom Stier getragene Europa, Leda, Daphne u. a., treten beinah völlig nackt auf. Die leichten Gewänder, welche über die Schultern dieser Gestalten herabfallen oder sich, vom Winde gebläht, über ihrem Haupte oder Nacken aufbauschen, dienen dazu, den Reiz des Nackten mit besonderer Schärfe hervortreten zu lassen, und bedecken keineswegs die Theile, welche bei einer keuschen Darstellungsweise zu verhüllen wären. Diese Behandlung entspricht vollständig der, welche wir im Obigen in den späteren Stadien der Vasenmalerei nachgewiesen haben, und erscheint ausserdem den Schilderungen geistesverwandt, welche Nonnos von weiblichen Reizen zu entwerfen pflegt. Wie es auf den Wandgemälden der Fall ist, benutzt dieser Dichter die Gewandmotive, um durch den Gegensatz derselben den Farben- und Formenreiz der entblössten Theile hervorzuheben⁵), und unterlässt er nicht, die Phantasie des Lesers

1) In der Plastik begegnen wir einem durchsichtigen Gewande bereits bei der jüngsten Tochter der Niobe und bei einer der Statuen des Nereidenmonuments von Xanthos. Bei dem Festzuge des Ptolemaios Philadelphos wurde eine polychrome Dionysosstatue vorübergefahren, bekleidet mit einem χιτῶνι διαφανεῖ. Athen. V p. 198 C.
2) N. 210 ff. 3) N. 140. 4) Lavacr. Pallad. 113 ff.
5) Ich begnüge mich die sehr bezeichnenden Verse Dionys. XV 220 ff. anzuführen:

XXII. Der Sinnenreiz.

durch den Hinweis auf den ἄντυγα μηρῶν[1], die ὄργια μηρού[2], die πτύχα μηρού[3], zu erregen. Dass aber die Dichtung des Nonnos durch alexandrinische Vorbilder bestimmt wurde, ist bekannt und hinsichtlich der hierbei in Betracht kommenden Schilderungen besonders wahrscheinlich.

Ebenso finden die verschiedenen Nüancen, mit welchen auf den Wandbildern die vom Winde aufgebauschten Gewänder behandelt sind, in der Dichtung des Nonnos die sprechendsten Analogien[4]. Dass solche Motive bereits der Malerei der Diadochenperiode geläufig waren, ergiebt sich auf das Schlagendste aus den Betrachtungen, die wir im zwanzigsten Abschnitte über die Composition anstellten, durch welche Moschos bei seiner Schilderung der Entführung der Europa inspirirt wurde.

Auch die Weise, wie die Wandmaler den Gesichtsausdruck individualisiren, wie sie mit grosser Energie die sinnliche Gluth der dunklen Augen hervorheben, entspricht vollständig der Schilderung, deren sich die alexandrinische Poesie bei solchen Gegenständen zu bedienen pflegt[5].

Bisweilen steht die Charakteristik, welche die Wandmalerei den mythologischen Frauengestalten giebt, in entschiedenem Gegensatze zu der ursprünglichen Substanz derselben. Die arkadischen Hauern, aus deren mündlichen Ueberlieferung der Daphnemythos in die alexandrinische Litteratur Eingang fand, würden erstaunt gewesen sein wahrzunehmen, wie die Wandmalerei statt der rüstigen Jägerin, als welche sie die Daphne kannten, nur den sinnlichen Reiz der Scene zu erhöhen, ein zartes nacktes Mädchen wiedergiebt. Da uns keine älteren Darstellungen aus dem Daphnemythos erhalten sind, so lässt sich in diesem Falle nicht bestimmt

καὶ δολίοις ἐρέθιζεν Ἔρως ποθέοντα νομῆα
οἴστρῳ λαβροτέρῳ δεδονημένον· ἐν σκοπέλῳ γὰρ
παρθενικῆς ἀπίγητον ἐπεσσυμένης δρόμον ἅρπης·
πέπλον ὅλον κόλπωσεν ἐς ἠέρα κοῦφος ἀήτης·
καὶ χροὸς ἥνθεε κάλλος· ἐλευκαίνοντο δὲ μηροὶ
καὶ σφυρὰ φοινίσσοντο, καὶ ὡς κρίνον, ὡς ἀνεμώνη
χιονέων μελέων ῥοδόεις ἀνεφαίνετο λειμών·
καὶ νέος ἱμερόφοιτις ἔχων ἀδόρητον ὀπωπήν
δοπαίων ἐδόκευεν ἐλεύθερον ἄντυγα μηρῶν,
βότρυν ὀπισθοπόροιο κόμης ἐλέλιξεν ἀήτης
κουφίζων ἐκατέρθεν, ἀειρομένων δὲ χιτώνων
λευκοφαὴς σιλαγτὶς μέσος γυμνούμενος πυγῆν.

1) Dionys. XV 229. 2) XVII 224. 3) XLVIII 655.
4. Siehe namentlich Dionys. XV 220 ff. XVII 221 ff.
5) Apollon. Rhod. III 1017: ἁμαρυγὰς ὀφθαλμῶν. Vgl. III 286 ff. Moschos Idyll. II 7: ὅμματα δ' αὐτῇ ὁμαρύθλα καὶ φλογόεντα. loc. Id. V (Theokr. XXIII) 8: ὅσσων λιπαρὸν σίλας. Rhianos, Anth. pal. XII 93 (Meineke, anal. alex. p. 207 n. 3): τοῖον σέλας ὅμμασιν αἴθει.

268   Der Hellenismus und die campanische Wandmalerei.

beweisen, dass diese Behandlung aus hellenistischer Epoche datirt. Dagegen sind wir im Stande, diesen Nachweis zu führen hinsichtlich einer verwandten Erscheinung, der wir in der Wandmalerei begegnen. Die Jägerin Atalante nämlich tritt auf zwei pompeianischen Wandbildern[1], abgesehen von einem leichten Gewande, welches über ihren Rücken und ihre Beine herabfällt, völlig nackt auf. Ganz ähnlich ist sie auf Cisten[2], Spiegeln[3] und auf einem archaisirenden etruskischen Scarabäus[4] behandelt[5]. Nackt war sie nach der Angabe des Plinius[6] auch auf einem alten lanuviner Wandgemälde dargestellt. Dies zeigt deutlich, dass die Maler der Kaiserzeit nicht die ersten waren, welche die Jungfrau in dieser sinnlich reizenden Weise charakterisirten.

Wenn endlich Medusa auf einem herculanischen Wandbilde[7] als ein schönes Mädchen dargestellt ist, welches nur durch das Schlangenhaar auf den ursprünglichen Charakter der Gorgone hindeutet, so beweist ein polychromes Vasenbild aus Capua[8], welches die Gorgonen als zarte jugendliche Gestalten mit langen blonden Locken schildert, dass diese Umbildung des Medusatypus bereits im 3. Jahrhundert v. Chr. geläufig war.

Ueber die Behandlung der durchsichtigen Gewänder brauchen wir uns nach dem oben Bemerkten nicht weiter zu verbreiten. Denken wir uns, was die decorative Technik hierbei nur anzudeuten im Stande ist, mit allen Mitteln, über welche die kunstmässige Malerei verfügte, zum Ausdruck gebracht, dann ergiebt sich ein Raffinement der Darstellung, welches vollständig mit dem Geiste der hellenistischen Kunst übereinstimmt und in entsprechenden Schilderungen des alexandrinisirenden Nonnos[9] die schlagendsten Analogien findet.

[1] N. 1164. Bull. dell' Inst. 1872 p. 194.
[2] Mon. dell' Inst. VI 55. Vermuthlich auch auf der Cista Arch. Zeit. 1862 Taf. 161, 165 p. 292.
[3] Gerhard, etr. Spiegel Taf. 274 ff.
[4] Panofka, zur Erklärung des Plinius Fig. 5.
[5] Ob die nackte weibliche Figur auf einer Vase etruskischer Fabrik bei Inghirami, vasi fittili I 13 und Panofka, Parodien und Caricaturen I 1 Atalante darstellt, scheint mir zweifelhaft.
[6] Plin. XXXV 17.
[7] N. 1182. Vgl. oben Seite 152.
[8] Mon. dell' Inst. VIII 34. Vgl. Dilthey, Ann. dell' Inst. 1871 p. 229 ff.
[9] Dionys. XXXIV 275 ff.:
καὶ ἰ,θάλος ἕστοθι μέτρης
λευκὸς ἐρευθιόωντι χιτὼν φοινίσσετο μαζῷ
Μορρεὺς δ' εἰσορόων ἐπετέρπετο, καὶ διὰ πέπλου
λεπταλέου σφριγόωσιν ἴτυν τεκμαίρετο μαζοῦ.

XXIII. Das Naturgefühl.

Auch hinsichtlich des Verhältnisses des Menschen zu der Natur bildet die Alexanderepoche einen bedeutsamen Wendepunkt. Damals fing das Naturgefühl der Griechen an eine Richtung einzuschlagen, die bis zu einem gewissen Grade der modernen Empfindungsweise verwandt war. Da diese Erscheinung, namentlich in so weit sie in der Poesie hervortritt, bereits von Woermann[1] richtig beurtheilt und einleuchtend dargestellt worden ist, so begnüge ich mich, nur einige besonders bezeichnende Gesichtspunkte hervorzuheben.

Ein wesentlicher Culturfactor, der erforderlich war, damit die Empfindung der Griechen eine solche Richtung nehmen konnte, gedieh in der hellenistischen Epoche zu vollendeter Reife. Die polytheistische Religion war bei der grössten Masse der Gebildeten vollständig zersetzt und hatte monotheistischen, pantheistischen und selbst atheistischen Weltanschauungen Platz gemacht[2]. So lange der Glaube Bestand hatte, dass Gebirg, Thal, Wald mit einer Fülle von Nymphen, Satyrn und Panen bevölkert waren, musste der Eindruck der realen landschaftlichen Erscheinungen durch den Reflex der Göttergestalten, welche die Phantasie der Griechen darin lebend und webend dachte, eigenthümlich modificirt werden. Erst als dieser Glaube erloschen war, wirkte die sichtbare Natur rein und unmittelbar auf den Geist des griechischen Betrachters.

Mancherlei Elemente, welche seit der Alexanderepoche in der griechischen Entwickelung massgebend wurden, vereinigten sich, um diese Wirkung in eigenthümlicher Weise zu bestimmen. Der Grundzug der damaligen Zeit, der dahin ging, die Dinge in ihrer Realität zu erfassen und zu durchdringen, erstreckte sich auch auf die Natur. Seitdem die Erschliessung Asiens zur Ergründung derselben eine Fülle neuen Materials darbot, nahmen die Studien der Erd- und Naturkunde einen unvergleichlichen Aufschwung und wurden Geographie, Astronomie, Zoologie und Botanik zu besonderen Wissenschaften erhoben. Abgesehen von der wissenschaftlichen Untersuchung musste auch die Anschauung der bisher unbekannten Gegenden bei der damaligen Generation den Blick für die individuellen Erscheinungen der Natur schärfen. Nicht nur die Feldzüge Alexanders und der Diadochen, sondern

---

1) Ueber den landschaftlichen Natursinn der Griechen und Römer p. 65 ff.
2. Vgl. Woermann, Ueber den landschaftl. Natursinn p. 66 ff

270 Der Hellenismus und die campanische Wandmalerei.

auch der friedliche Verkehr war in diesem Sinne wirksam. Polybios[1]) sagt ausdrücklich, dass durch die Gründung des Reiches Alexanders beinah ganz Asien zugänglich geworden sei. Da ausserdem das Bedürfniss, einem Gemeinwesen anzugehören, geringer und der ganze Zeitgeist kosmopolitischer wurde, so verbreiteten sich Griechen der verschiedensten Stämme Handel treibend, abenteuernd, zu wissenschaftlichen Zwecken, als Aerzte, als Schauspieler, als Söldner über die neu erschlossenen Gebiete. Die Regierungen der Diadochenstaaten rüsteten Expeditionen zu geographischen und handelspolitischen Zwecken aus, wie z. B. die Seleukiden das kaspische Meer untersuchen liessen[2]). Griechenstädte erhoben sich am Indus und Jaxartes. Die Handelsverbindungen reichten bis nach China und Indien. Gesandtschaften gingen zwischen den Höfen der Seleukiden und Ptolemaier und den indischen Königen hin und her[3]). Die Vorliebe, mit welcher sich das damalige Publicum fremde Gegenden vergegenwärtigen liess, tritt deutlich hervor in den Argonautika des Apollonios, welche mit einer Fülle solcher Schilderungen ausgestattet sind. Indem somit die Griechen durch Untersuchen und erweiterte Anschauung der Natur näher traten, konnte es kaum ausbleiben, dass hierdurch auch das ästhetische Interesse an derselben, wie es unter ganz ähnlichen Verhältnissen in der Renaissanceepoche der Fall war[4]), eine Steigerung und Verfeinerung erfuhr.

Zudem entwickelte sich damals eine complicirte Civilisation in den hellenistischen Grossstädten und brachte den Griechen den Gegensatz zwischen Stadt und freier Natur in ungleich schärferer Weise zum Bewusstsein, als es jemals und irgendwo früher der Fall sein konnte.

Bis zur Alexanderepoche gestaltete sich das Leben des freien Griechen allenthalben in der naturgemässesten Weise. Die Städte waren von mässiger Ausdehnung und Bevölkerung. Der Bürger besass meist Grundbesitz in dem umliegenden Lande; seine ganze Thätigkeit, mochte er seinen privaten Interessen obliegen, mochte er den vom Staate geforderten Pflichten nachkommen, erhielt ihn in innigen Beziehungen zu der freien Natur. Thukydides[5]) berichtet, dass eine Menge von Athenern den Aufenthalt auf dem Lande dem in der Stadt vorzogen und sich daher bei Ausbruch des peloponnesischen Krieges sehr ungern zur Uebersiedelung in

---

1) III 59.
2) Plin. II 167. VI 58.
3) Droysen, Gesch. d. Hellenismus II p. 71 ff. p. 319 ff.
4) Vgl. Burckhardt, Cultur der Renaissance p. 292 ff.
5) II 14, 16, 65.

die Stadt entschlossen. Daher kam es, dass, wie Isokrates[1] bezeugt, die Häuser in der attischen Landschaft vielfach schöner gebaut und wohnlicher eingerichtet waren, als in Athen. Viele wohlhabende attische Bürger mochten den ständigen Wohnsitz auf ihrem Grundbesitze und in der Stadt vielleicht nur ein Absteigequartier haben, wie jener Philoneos, dessen Antiphon[2] gedenkt, eines gemiethet hatte. Ebenso hatten die Eleier nach dem Berichte des Polybios[3] eine ausgesprochene Vorliebe für den Landaufenthalt. Mögen uns bestimmte Zeugnisse über die Sachlage bei anderen griechischen Stämmen fehlen, so beruhte jedenfalls in den Freistaaten das Vermögen der Vollbürger vorwiegend auf dem Grundbesitze, und dieser Umstand musste die Städter vielfach auf das Land und in die freie Natur hinausführen. Unter solchen Verhältnissen lebte der Grieche im Vollgenusse der Natur und brauchte er dieselbe nicht zu suchen. Es ist daher begreiflich, dass sein Naturgefühl, so lange dieser Zusammenhang ungetrübt war, vollständig naiv und ohne jegliche Beimischung von Sehnsucht blieb.

Anders gestaltete sich das Leben in den Grossstädten der Diadochenreiche. Die bedeutende Anschnung dieser Städte, die zahlreiche Bevölkerung derselben, das daselbst herrschende bewegte und geräuschvolle Treiben, die überfeinerte Civilisation, die Concentration auf bestimmte Berufszweige — alles dies war geeignet, den Zusammenhang des Menschen mit der Natur zu verkümmern. Allerdings war die Scheidewand nicht so gewaltig wie die, welche durch die moderne Civilisation aufgebaut worden ist. Alexandreia, Antiocheia am Orontes, Seleukeia am Tigris[4]

---

1) Areop. § 52.   2, de venef. § 14.   3) IV 73.

4) Der ursprüngliche Plan berechnete Alexandreia auf einen Umfang von 15 Millien (Plin. n. h. V 62). Nach Diodor. XVII 52 war die Stadt von 300,000 Freien bewohnt. Vgl. Droysen, Gesch. d. Hellenismus I p. 603 ff. 610 ff. Seleukeia am Tigris wird hinsichtlich Grösse und Volkszahl von Strabo XVI 1 p. 738 2 p. 750 neben Alexandreia, über Antiocheia am Orontes, ja über Babylon gestellt. Mithradates von Pontos nennt in dem aus den Historien des Sallust erhaltenen Briefe an Arsaces XI die Stadt maxuma urbium (Sallust, ed. Jordan p. 124, 2). Für ihre Bewohnerzahl ist es bezeichnend, dass daselbst zur Zeit des Kaisers Claudius, als die griechische und syrische Bevölkerung eine Judenhetze anstellten, 50,000 Juden todtgeschlagen wurden (Joseph. antiquit. XVIII 9, 9). Philolus n. h. VI 122 berechnet die Einwohner auf 600,000, Rufus, brev. 21 (Vgl. Oros. VII 15, auf 400,000, Vgl. Droysen, Gesch. d. Hellenismus II p. 705 ff. Die Nachrichten über Antiocheia am Orontes sind zusammengestellt von O. Müller, ant. Antiocheo. 1 p. 2 p. 27 ff. Vgl. Droysen a. a. O. II p. 688 ff. Allerdings datiren die bestimmten Angaben über die Bevölkerungszahl dieser Städte aus der römischen Kaiserzeit. Doch

standen an Ausdehnung und Bewohnerzahl beträchtlich hinter unseren Weltstädten zurück. Auch gediehen die anderen hierbei maassgebenden Bedingungen nicht zu dem Extrem, bis zu dem die moderne Cultur sie entwickelt. Endlich lässt das südliche Klima, auch in grösseren Städten, die Trennung von der Natur niemals so empfindlich werden, als es im Norden der Fall ist. Hieraus erklärt es sich hinlänglich, dass das Naturgefühl der hellenistischen Griechen nicht alle Phasen des modernen durchmachte, dass namentlich die Ausbildung jenes wehmüthigen Zuges unterblieb, wie er seit dem vorigen Jahrhundert besonders bei der germanischen Race bemerkbar ist. Doch ist der Unterschied im Grunde nur gradueller Art. Immerhin lag in den Beziehungen des hellenistischen Grossstädters zu der Natur ein Bruch vor; die Natur war für ihn ein Gut, dessen Genuss ihm nicht ständig zu Gebote stand. Dies musste nothwendig in ihm das Bedürfniss entwickeln, den durch die äusseren Verhältnisse gelösten Bezug herzustellen. Er fing an, in bewusster Weise die Natur zu suchen. Mochten auch die in solchem Sinne wirksamen Factoren nur innerhalb der Grossstädte der Diadochenstaaten zur vollendeten Ausbildung kommen, so begreift es sich leicht, dass die durch dieselben angeregte Empfindungsweise von den neuen Culturmittelpunkten aus weitere Verbreitung fand und allmählig Gemeingut der hellenistischen Welt wurde.

Das bewusste Streben, den Menschen mit der Natur in Bezug zu setzen, äussert sich in mannigfachen Erscheinungen des damaligen Lebens. Die grossartigen mit Wasserkünsten ausgestatteten Promenadenanlagen in Antiocheia am Orontes und die künstlich gepflegten Haine in der benachbarten Daphne beweisen, wie man darauf ausging, dem Städter den Genuss wenigstens eines Abbildes der freien Natur zu gewähren[1]. Auch in Alexandreia waren die Häusermassen durch Gärten und Haine unterbrochen[2]. Im Mittelpunkte der Stadt lag das Paneion, ein künstlich aufgethürmter Hügel, welcher durch einen bequemen, in vielfachen Windungen gezogenen Weg zugänglich war und von dessen Höhe man das Panorama der ganzen Stadt überschaute[3]. Der Palast der Ptolemaier umfasste zahlreiche Gartenanlagen[4]. Im Museion befand sich ein mit Bäumen bepflanzter, schattiger

---

spricht alle Wahrscheinlichkeit dafür, dass sie während der Diadochenperiode zum Mindesten nicht geringer war.

[1] Vgl. O. Müller, antiqu. Antioch. I p. 45 ff.
[2] Strabo XVII 8 p. 793; 10 p. 795.
[3] Strabo XVII 10 p. 795.
[4] Strabo XVII 9 p. 794.

περίπατος, wo die Gelehrten lustwandelten[1]). In Kuidos errichtete Sostratos, der Architekt des berühmten alexandrinischen Leuchtthurms, die erste pensilis ambulatio[2].
Auch die Privaten fingen damals an, Gärten in der Stadt anzulegen. Plinius[3] schreibt die Einführung dieses Gebrauches dem Epikur zu. Mag auch die bestimmte Fassung dieser Nachricht bei der Neigung der Alten, jede Erscheinung an einen bekannten Namen anzuknüpfen, berechtigtem Zweifel unterworfen sein, so ist es immerhin bedeutsam, dass sie in chronologischer Hinsicht auf die Diadochenperiode hinweist. Die gleichzeitige Dichtung überträgt mit der ihr eigenthümlichen Neigung, das Göttliche zu vermenschlichen, den Garten sogar in den Olymp. Aphrodite, von Hera überredet, die Medeia in Liebe zu Jason zu entflammen, sucht und findet ihren Sohn Eros in dem blühenden Garten des Zeus[4].

Auch bei der Anlage der Wohnhäuser trug die hellenistische Epoche dem Bedürfnisse nach Naturgenuss Rechnung. Wir dürfen mit hinreichender Wahrscheinlichkeit annehmen, dass damals die oeci cyziceni oder triclinia cyzicena erfunden wurden. Diese Räume waren nach Norden orientirt und in der Mitte mit einer Thür, zu beiden Seiten mit Thürfenstern versehen und gestatteten somit von den zwei in ihnen befindlichen triclinia aus nach allen Richtungen die Aussicht in das Freie. Man sieht hieraus deutlich, wie sie recht eigentlich auf den Naturgenuss in der

---

[1] Strabo XVII 8 p. 795. Vgl. Parthey, das alex. Museum p. 51. 54.
[2] Plin. XXXVI 83. Fraglich ist, ob der Μύθης genannte Park in Syrakus, worin Hieron seinen Geschäften obzuliegen pflegte, in unsere Periode gehört; denn der Bericht des Seilenos (Athen. XII p. 542 A = Müller, fragm. hist. gr. III p. 101, 8) lässt es unentschieden, ob Hieron I. oder II. gemeint ist.
[3] XVIII 51. Ueber die Gärten des Epikur vgl. Athen. XIII p. 588 B.
[4] Apollon. Rhod. Argon. III 114: Διὸς παλεπῇ ἐν ἀλωῇ. Wenn die ältere Dichtung von Gärten der Götter redet, so geschieht dies nirgends in dem genrehaften Sinne, wie bei Apollonios. Λαπέρου κῆπος bei Pindar Ol. IX 27 steht bildlich für Poesie (vgl. die Erklärung von Boeckh, Pindari op. II 2 p. 188). In den Pythien IX 53 bezeichnet Διὸς κῆπος Africa wegen des daselbst blühenden Cultus des Zeus Ammon, wie bereits richtig der Scholiast erklärt. Ibykos fragm. I Bergk nennt die schattigen Finsterfrisen bildlich παρθένων (der Nymphen) κῆποι. In bildlichem Sinne sind vermuthlich auch die Διὸς κῆποι in einem sehr verstümmelten Fragmente des Sophokles (297 Nauck) zu verstehen. Dagegen dürfte in ähnlicher Weise, wie der Garten des Zeus bei Apollonios, die Wiese der Hera bei Kallimachos, hymn. in Dian. 164, zu erklären sein, auf welcher die amnisischen Nymphen den Klee für die Hirschkühe der Artemis sammeln. Es scheint, dass die Götterkönigin nach der Vorstellung des Kallimachos bestimmte Wiesen, gewissermaassen als Domäne, besass.

Sommerzeit berechnet waren. Vitruv[1] erwähnt diese Räume als Bestandtheile des griechischen Wohnhauses, giebt aber zugleich an, dass sie bisweilen, wenn auch zu seiner Zeit nur selten, in italischen Häuseranlagen Platz fanden[2]. Dass sich aber die von diesem Schriftsteller gegebene Beschreibung des griechischen Hauses nicht auf den Bau bezieht, welcher bei den Griechen bis zur Diadochenperiode allgemein üblich war, ergiebt sich hinlänglich aus den Schwierigkeiten, welche sich herausstellen, wenn es gilt, die einzelnen Angaben seiner Schilderung mit den Zeugnissen der voralexandrinischen Litteratur in Einklang zu bringen. Offenbar schildert Vitruv die palastähnliche Wohnung des hellenistischen Grossen, eine Annahme, die an und für sich wahrscheinlich ist und von mir an einer anderen Stelle ausführlicher begründet werden wird.

In engem Zusammenhange mit dieser Umwandlung des Naturgefühls steht ferner die Thatsache, dass die Jagdliebhaberei seit der Zeit Alexanders des Grossen eine eigenthümliche Steigerung erfuhr und sich in den weitesten Kreisen verbreitete. Zwar wurde das Waidwerk von den Hellenen auch früher gepflegt. Doch tritt die Neigung hierfür wenigstens in dem eigentlichen Griechenlande während der älteren Entwickelung niemals so nachdrücklich in den Vordergrund, als es in der hellenistischen Epoche der Fall ist. Die älteren griechischen Grab- und Votivreliefs, welche so vielfache Lebensbezüge veranschaulichen, weisen nirgends auf die Jagd hin[3]. Was im Besonderen Attika betrifft, so lassen ein Ausspruch des Demos in den Rittern des Aristophanes[4] und die lange Apologie, durch welche Xenophon am Schlusse seines Kynegetikos[5] die Berechtigung und den Nutzen der Jagd zu erweisen sucht, deutlich darauf schliessen, dass die gleichzeitige öffentliche Meinung in Athen hinsichtlich dieses Sports zum Mindesten getheilt war. Auch ist es ganz begreiflich, dass Attika mit seinem parcellirten Grundbesitze und seinem im Ganzen wohl

1) Vitruv. VI 6, 1. 10, 9.
2) VI 6, 1. Mit dem zunehmenden Steigen des hellenistischen Einflusses wurden auch die triclinia cyzicena in Italien häufiger. Räume dieser Art fanden sich in zwei Villen des jüngeren Plinius: Plin. epl. II 17, 5. V 6, 29.
3) Das von Schöne, griechische Reliefs Taf. XXV n. 102 publicirte attische Votivrelief würde, falls es in voralexandrinische Periode gehören sollte, dieser Behauptung keineswegs widersprechen; denn der Versuch, zwei darauf dargestellte Jünglinge für Jäger zu erklären, ist durch eine ungleich begründetere Deutung von Schöne (a. a. O p. 52) beseitigt.
4) 1382: μὰ Δί', ἀλλ' ἀνηρπάσω κυνηγεταῖν τρία τοὐνεχὺς ἄπαντας, παρεσκευάσμένους θηρεύμασιν.
5) XII 10 ff.

angebauten Boden dafür kein geeignetes Terrain darbot, wie denn Plato[1] deutlich auf Hindernisse anspielt, welche den des Waidwerks Beflissenen im Wege standen. Die Jagdliebe des Xenophon ist zumal bei einem Athener der voralexandrinischen Epoche eine ganz vereinzelte Erscheinung, und die Vermuthung liegt nahe, dass er dieselbe nicht so sehr in Attika, als bei seinem Aufenthalte im Auslande, in der Peloponnes und vor allem in Asien, ausbildete. Seit der Zeit Alexanders dagegen wird die Liebe zum Waidwerk eine sich auf das gesammte Griechenthum erstreckende Leidenschaft. Sie ist von einer Menge hervorragender Persönlichkeiten der damaligen und der folgenden Epoche bestimmt bezeugt. Um hier nur einige namhaft zu machen, so kennen wir als leidenschaftliche Jäger Alexander den Grossen[2], mehrere Personen aus seiner Umgebung, wie Philotas[3], Leonnatos[4], Krateros[5], Lysimachos[6], Kassandros[7], ferner Demetrios Poliorketes[8], Ptolemaios Philadelphos[9], Ptolemaios IV. Philopator[10], Philopoimen[11], den syrischen Prinzen Demetrios, welcher nachmals als König den Beinamen Soter führte[12]. Die makedonischen Könige liessen, um stets reichliches Wild zu haben, dasselbe an geeigneten Stellen ihres Landes einhegen[13]. Polybios[14] bezeichnet sich als einen Enthusiasten für diesen Sport, macht während seines Aufenthalts in Rom, wo sich die Gebildeten nicht viel damit abgaben, eifrig dafür Propaganda und freut sich, den jüngeren Scipio als Proselyten zu gewinnen. Seine Beziehungen zu dem Seleukiden Demetrios beruhten, wie er ausdrücklich hervorhebt[15], vorwiegend darauf, dass auch dieser ein eifriger Jäger war. Seine Geschichtsbücher sind voll von Anspielungen und Gleichnissen

---

1 Leges VII 23 p. 824 B heisst es, im Gegensatze von der Jagd durch Netze und Fallen, von den Jägern, welche dem Wilde mit der Waffe zu Leibe gehen: τούτοις μηδείς τοὺς ἱεροὺς ὄντας θηρευτὰς κωλύετω, ὅπου καὶ ὅπῃ περ ἂν ἐθέλωσι κυνηγετεῖν.
2) Plutarch. Alex. 40. Curtius, de gest. Alex. magn. VIII 1, 2.
3) Plutarch. Alex. 40.
4. 5) Athen. XII p. 539 D.
6) Curtius, de gest. Alex. VIII 1, 2.
7) Hegesandros bei Athen. I p. 18 A
8) Plutarch. Demetr. 50.
9) Diodor. III 36.
10) Polyb. XXIII 1, 8.
11) Polyb. X 22, 4.
12) Polyb. XXXI 22.
13) Polyb. XXXII 15.
14) Polyb. XXXII 15.
15) Polyb. XXXI 22, 3.

aus dem Bereiche des Waidwerks[1]. Viele junge Griechen der wohlhabenden Classe werden während der hellenistischen Epoche vorwiegend in diesem Sport ihre Beschäftigung und Befriedigung gesucht haben, wie die Ueberlieferung über den Tarentiner Philemenos andeutet, dessen beständiges Ausziehen zur Jagd dem Hannibal Gelegenheit gab, die römische Besatzung in Tarent zu überrumpeln[2]. Mannigfache Aussprüche und Nachrichten bezeugen uns, wie die waidmännische Thätigkeit geradezu als die nothwendige Ergänzung einer vollendeten männlichen Existenz betrachtet wurde, und wie ausgezeichnete Leistungen in dieser Richtung die damaligen Griechen mit dem grössten Stolze erfüllten[3]. Diese Anschauung äussert sich auch in der bildenden Kunst, die seit der Alexanderepoche die Zeitgenossen mit Vorliebe als Waidmänner verherrlicht. So bildeten Lysippos und Leochares eine von Krateros nach Delphi geweihte Gruppe, welche Alexander auf der Löwenjagd darstellte[4], und schilderte ein Gemälde des Antiphilos eine Jagd des Ptolemaios Soter[5]. Aristeides malte venatores cum captura[6]. Akragas ciselirte ähnliche Darstellungen auf Bechern[7]. Die Beziehung auf das Waidwerk fand nunmehr auch in den bildlichen Schmuck der Grabmonumente Eingang. An dem dritten Stockwerke des Scheiterhaufens des Hephaistion waren Jagdscenen dargestellt[8]. Ein von Nikias angemaltes Grabdenkmal bei Triteia in Achaia zeigte den Verstorbenen in Begleitung eines Dieners, welcher die Jagdspiesse hielt und eine Koppel Hunde an der Leine führte[9]. Wir kennen eine Gattung griechischer Grabreliefs, die durchweg nach der Zeit Alexanders gearbeitet sind und den Verstorbenen darstellen, wie er zu Pferd vorwärts sprengt, während ein dahinterher laufender Diener an einem Stocken das erlegte Wild trägt[10]. Endlich ist der Einfluss der hellenistischen Jagdlieb-

---

1) Siehe z. B. IV 8, 9.   2) Polyb. VIII 27 ff.
3) Vgl. Polyb. X 22, 4. XXIII 1, 9. XXXII 15, 7.
4) Plutarch. Alex. 40. Plin. XXXIV 63, 64. Vgl. Stephani, Compte rendu 1867 p. 96. Euthykrates bildete »equum cum fuscinis, canes venantium«. Plin. XXXIV 66.
5) Plin. XXXV 138.
6) Plin. XXXV 99.
7) Plin. XXXIII 155.
8) Diodor XVI 115.
9) Pausan. VII 22, 6 ff.
10) Das schönste bis jetzt bekannte Exemplar befindet sich in Verona: Orti di Manara, antichi monum. che si conserv. nel giardino Ginsti a Verona Tav. VI. Richard Schöne, den ich über die Chronologie dieser Gattung von Reliefs befragte, versicherte mir, dass er keines kenne, welches über das Ende des 3. Jahrhunderts v. Chr. heraufgerückt werden dürfe.

haberei auch in den Darstellungen der gleichzeitigen bemalten Gefässe deutlich wahrnehmen [1].

Beiläufig sei hier bemerkt, wie wir auf diesem Gebiete mit Bestimmtheit die Anfänge des hellenistischen Einflusses auf das römische Leben nachweisen können Polybios [2] sagt ausdrücklich, dass zur Zeit, als er in Rom lebte, die römische Jugend nur wenig Geschmack an der Jagd fand. Der jüngere Scipio war einer der ersten, welcher sich zu einer anderen Ansicht bekehrte. Als er seinen Vater nach Makedonien begleitete und die dortigen Wildparks kennen lernte, fing er an, das Waidwerk zu lieben, und nach seiner Rückkehr nach Italien wurde er in dieser Neigung durch das Beispiel seines achäischen Freundes, des Polybios, bestärkt. Unter den Lehrern, welche Aemilius Paullus berief, um seinen Söhnen eine hellenistische Bildung zu geben, werden auch griechische Jagdmeister erwähnt [3]. Also wird die Liebe zum Waidwerk gegen die Mitte des zweiten Jahrhunderts vor Christus durch griechisches Beispiel in Rom eingeführt. Wie es aber mit allen nach Italien übertragenen hellenistischen Sitten zu geschehen pflegte, so gewann auch diese im Laufe der Zeit an Verbreitung und Bedeutung. Das allmählige Eingehen der Bauernhöfe und die Entwickelung der Latifundienwirthschaft schuf in der unmittelbaren Nähe Roms ein zur Befriedigung der Jagdlust geeignetes Terrain. Bei den Römern der Kaiserzeit finden wir hinsichtlich des Waidwerks ganz dieselben Anschauungen, wie bei den hellenistischen Griechen, eine Thatsache, welche durch Nachrichten der Schriftsteller, Statuen, Münztypen, Reliefs von Triumphbögen und Sarkophagen hinlänglich bezeugt ist [4].

Fragen wir nach dem Grunde, warum die Jagdlust gerade um die Alexanderepoche eine derartige Steigerung und Verbreitung erfuhr, so werden hierbei mancherlei Umstände zusammengewirkt haben. Gewiss brachten die Makedonier bei ihrem Uebergange nach Asien die Jagdliebe aus ihrer Heimath mit. Da bei ihnen die politischen, gesellschaftlichen und nationalökonomischen Zustände in vielen Hinsichten noch auf einer entsprechenden Stufe standen, wie im heroischen Zeitalter, so dürfen wir annehmen, dass der makedonische Edelmann ähnlich wie die homerischen Helden in derbprimitiver Weise pirschte. Der tüchtige Jäger war bei ihnen hoch geachtet. Hegesandros [5] berichtet sogar, dass die

---

[1] Vgl. Stephani, Compte rendu 1867 p. 91 ff.
[2] XXXII 15, 8.
[3] Plutarch. Aemil. Paul. 6.
[4] Vgl. Stephani, Compte rendu 1867 p. 124 ff. Ann. dell' Inst. 1863 p. 94 ff.
[5] Bei Athen. I p. 18 A.

278 Der Hellenismus und die campanische Wandmalerei.

Plätze beim Mahle nach den waidmännischen Leistungen vertheilt wurden, dass nur die Jünglinge, welche mit dem Speere ein Wildschwein abgefangen, liegen durften, während sich die, die diese Probe nicht bestanden, mit einem Sessel begnügen mussten. Nach der Eroberung Asiens erhielt diese naturwüchsige Jagdlust einen lebhaften Impuls und eine veränderte Richtung. Die Makedonier lernten die luxuriösen Jagdvorrichtungen der Perser kennen und griffen dieselben begierig auf. Alexander der Grosse und seine Officiere pirschten nunmehr in den asiatischen παράδεισοι mit dem Pompe, welcher den Jagden der Könige von Babylon, Ninive und Persien eigenthümlich gewesen war [1]). Das Beispiel, welches Alexander und die Diadochen gaben, wird nicht ermangelt haben, auch in weiteren Kreisen und auf das eigentliche Griechenland zu wirken. Da jedoch die Verhältnisse in dem Mutterlande wesentlich andere waren, als in Asien, da die Jagd unmöglich überall nach dem Maassstabe der persischen und makedonischen Grossen betrieben werden konnte, so genügt dieser Gesichtspunkt keineswegs, um die rasche und allgemeine Verbreitung der Jagdleidenschaft über die ganze hellenistische Welt zu erklären. Vielmehr war hierbei auch gewiss die damals Statt findende Umwandlung des Naturgefühls wirksam. Indem der gebildete Grieche das Bedürfniss empfand, sich in der freien Natur herumzutummeln, so ergriff er die Jagd, die ihm hierzu die geeignete Gelegenheit bot, mit Begierde und pflegte er dieselbe mit grösserem Eifer und in reflectirenderer Weise, als es während der vorhergehenden Entwickelung der Fall zu sein pflegte.
Wie wir bei dieser Betrachtung orientalischer Vorrichtungen gedachten, welche sich die Makedonier nach Eroberung Asiens zu eigen machten, so darf auch bei anderen Erscheinungen der hellenistischen Civilisation, die mit dem Gegenstande, der uns gegenwärtig beschäftigt, in engem Zusammenhang stehen, der asiatische Einfluss in Betracht gezogen werden.
Da sich in Asien seit uralten Zeiten das Leben in kolossalen Städten concentrirte, so scheint sich daselbst das bewusste Bedürfniss, die Natur zu suchen, früh entwickelt zu haben. Um hier nur der Perser zu gedenken, deren Erbschaft die Griechen nach der Eroberung Asiens durch Alexander antraten, so ist es bezeichnend, dass König Dareios, als er auf seinem Zuge gegen Griechenland das Gebiet von Chalkedon berührte, den daselbst gelegenen Berg, auf welchem der Tempel des Zeus Urios lag, bestieg und von hier aus die Aussicht über den Bosporos be-

---

1) Plutarch. Alex. 40. Athen. XII p. 539 D.

trachtete¹). Von einem Griechen aus der Zeit vor Alexander wird nichts Entsprechendes berichtet. Erst in dem Jahre 181 v. Chr. begegnen wir einer verwandten Thatsache, der Besteigung des Haemus nämlich durch König Philipp V. von Makedonien²). Auch der ungefähr gleichzeitige Apollonios von Rhodos³) lässt die Argonauten, um der Kybele ein Opfer darzubringen, das Dindymon besteigen und schildert in knapper, aber anschaulicher Weise das Panorama, welches die Helden überschauen, deren Blick über Thrakien, den Bosporos, das mysische Hügelland, den Lauf des Aisepos und die Nepeisebene dahinschweift. An einer anderen Stelle⁴) vergegenwärtigt er die Ansicht, welche sich dem Auge von dem Gipfel des Olympos aufthut. Diese beiden Beschreibungen sind die ältesten landschaftlich aufgefassten Schilderungen von Fernsichten, welche die erhaltene classische Litteratur darbietet. Auch die Bewunderung, welche Xerxes auf seinem Marsche durch Lydien einer schönen Platane zollte, die er mit Goldschmuck versah und durch einen Soldaten aus der Reihe der Unsterblichen bewachen liess⁵), zeugt von einer bewussten Hingabe an die Natur, wie sie den älteren Griechen fremd ist. Künstliche Anlagen zum Zwecke des Naturgenusses sind im Orient uralten Datums. Im ägyptischen Theben sollen sich kolossale schwebende Gärten befunden haben⁶). Eingefriedigte Baumgärten, die von allen Seiten einen Palast umgeben, kommen auf ägyptischen Denkmälern aus der 16. Dynastie vor⁷). Was Asien betrifft, so genügt es an die schwebenden Gärten der Semiramis und an die allenthalben verbreiteten παράδεισοι zu erinnern⁸). Die in Makedonien am Fusse des Bermiongebirges gelegenen Rosengärten knüpften an den Namen des Phrygers Midas an, was deutlich auf den Zusammenhang derselben mit Asien hinweist⁹). Nachdem Alexander das Perserreich unterworfen, gingen die daselbst befindlichen Anlagen dieser Art in den Besitz des Königs oder seiner Officiere über. Bereits Alexander fand an denselben Gefallen. Oefters lag er in einem παράδεισος seinen Geschäften ob;

1) Herodot. IV 85.
2) Liv. XL. 22.
3) Arg. I 1103 ff.
4) III 164 ff.
5) Herodot. VII 31. Aelian. var. hist. II 14. VIIII 39.
6) Plin. XXXVI 94.
7) Lepsius, Denkm. aus Aegypten Band VI Abth. III Bl. 95.
8) Vgl. namentlich Plutarch. Alcibiad. 24. Artax. 25; über die lydischen παράδεισοι: Xenoph. oecon. IV 21, Klearchos bei Athen. XII p. 515 E; über die skioolischen: Diodor. XVI 41; über die in der syrischen Chersonnes: Plutarch. Demetr. 50.
9) Herodot. VIII 138. Vgl. Nikandros bei Athen. XV p. 683 B.

er ~~ass dabei auf goldenem Throne und nm ihn ~eine Gefährten auf silberfüssigen Sesseln[1]. Er beauftragte den Harpalos im Besonderen mit der Verwaltung der babylonischen παράδεισοι und wies ihn an, darin Gewächse griechischer Herkunft zu acclimatisiren, was u. a., jedoch vergeblich, mit dem Ephen versucht wurde[2]. Auf seinem Zuge von Kelonai nach den nysäischen Pferdeweiden machte er einen Umweg, um die Gärten in Augenschein zu nehmen, welche Semiramis am Fusse des Bergos Bagistanos angelegt hatte[3]. In einem der babylonischen Paradiese verbrachte er die ersten Tage seiner tödtlichen Krankheit, bis er, bereits sprachlos, in den Palast gebracht wurde[4]. Noch zur Zeit, als Theophrast seine Pflanzengeschichte schrieb, wurde den babylonischen Parks die sorgfältigste Pflege gewidmet; wie er mittheilt[5], brachten die Gärtner, wenn auch mit grosser Mühe, darin den Buchsbaum und die Linde zum Gedeihen. Solche παράδεισοι wurden dem Demetrios Poliorketes zur Verfügung gestellt, nachdem er von Seleukos in der syrischen Chersonnes internirt worden war[6]. Es ist wohl glaublich, dass die Griechen, als sie ihrerseits derartige Anlagen herzustellen anfingen, wie es u. a. in den Grossstädten der Diadochenreiche der Fall war, zunächst an die ihnen vom Orient gebotenen Vorbilder anknüpften.

Ueberhaupt wird die ganze Gärtnerei der Hellenen durch die Erschliessung Asiens einen beträchtlichen Umschwung erfahren haben. Allerdings ist es bekannt, dass diese Thätigkeit in Griechenland von Alters her gepflegt wurde. Die homerischen Gedichte bezeugen dies in der unwiderleglichsten Weise. Die in uralten Zeiten beginnende Einbürgerung von ursprünglich in Asien heimischen Gewächsen, wodurch allmählig die ganze Vegetation Griechenlands eine durchgreifende Veränderung erfuhr[7], setzt in weitem Umfange menschliche Nachhülfe voraus. Der reichliche Verbrauch an Blumen, wie ihn die Sitte des täglichen Lebens und die Satzungen des Cultus mit sich brachten[8], musste

[1] Ephippos von Olynth bei Athen. XII p. 537 D.
[2] Theophr. h. pl. IV 4 und bei Plutarch. quaest. conv. III 2 p. 648. Plin. XVI 62.
[3] Diodor. XVII 110. II 13. Vgl. Droysen, Gesch. Alexanders p. 563.
[4] Arrian. anab. VII 25.
[5] Theophr. h. pl. IV 4, 1.
[6] Plutarch. Demetr. 50
[7] Vgl. hierüber das vortreffliche Buch von Hehn, Culturpflanzen und Hausthiere in ihrem Uebergang aus Asien nach Griechenland und Italien. Berlin 1870.
[8] Da zur Ausübung gewisser Culte bestimmte Pflanzen nöthig waren, so führte dies vielfach zu Acclimatisationsversuchen. Vgl. Bötticher, Baumcultus p. 247 ff. Bei Pantikapaion bemühte man sich

nothwendig zu einer künstlichen Pflege der Blumen führen. Mag somit diese Thätigkeit bereits früher zu einem gewissen Grade der Vollkommenheit gediehen sein, immerhin war die Alexanderepoche ganz geeignet, ihr einen verstärkten Impuls zu geben. Durch die damals Statt findende Erschliessung des Orients lernten die Griechen eine neue Flora[1] und zugleich die dortige Kunstgärtnerei kennen, welche sich von Alters her auf einer sehr hohen Stufe befand[2]. Bald darauf erhob Theophrast die Botanik zu einer Wissenschaft und gründete er in Athen den ersten botanischen Garten[3]. Jetzt fingen die Griechen an, die Acclimatisation ausländischer Gewächse im Grossen und systematisch zu betreiben. Was in dieser Hinsicht in den babylonischen παράδεισοι geleistet wurde, habe ich bereits angeführt[4]. Die Seleukiden versuchten den Zimmtbaum in Syrien, das Amomum und den Nardus, die sie zu Schiff aus Indien kommen liessen, in Arabien[5], die Ptolemaier den Weihrauchbaum und den Ladanumstrauch in Aegypten zu acclimatisiren[6]. Von der Blumencultur im Lande der Ptolemaier berichtet Kallixenos von Rhodos[7]. Indem er beschreibt, wie in dem Prachtzelte des Ptolemaios Philadelphos der Boden mit einer Fülle der mannigfachsten Blumen bestreut war, fügt er bei, dass Aegypten wegen der Vorzüge seines Klimas und der sorgfältigen Pflege, welche man daselbst den selten und nur zu bestimmten Zeiten und an bestimmten Orten gedeihenden Blumen widmete, das ganze Jahr hindurch einen reichen Blumenflor hervorbringe, und keine Gattung jemals ganz ausgehe. Zur Zeit des Theophrast bemühten sich die Einwohner von Philippi namentlich um die Cultur der hundertblätterigen Rose, deren Schösslinge sie aus dem Pangaiosgebirge bezogen[8]. Nikandros

---

zur Zeit des Theophrast vergeblich, Lorbeer und Myrte zum Gedeihen zu bringen (Theophr. h. pl. IV 5, 3). Versuche, die auch von König Mithradates angestellt wurden (Plin. XVI 137). Ueber die Ἀσβύσται κῆποι vgl. Raoul Rochette, Rev. arch. VIII (1851) p. 97 ff, 209 ff.

1) Plinius XII 24 leitet, nachdem er über die italische und griechische Flora gehandelt, den neuen Abschnitt ein mit den Worten: nunc eas arbores exponemus, quas mirata est Alexandri Magni victoria orbe eo patefacto.

2) Vgl. Hehn, Culturpflanzen und Hausthiere p. 316 ff.
3) Diog. Laert. V 53.
4) Vgl. oben Seite 280. Von früheren Acclimatisationsversuchen, die an bestimmte Persönlichkeiten anknüpfen und sich somit chronologisch bestimmen lassen, kennen wir nur die Anpflanzung der Platane bei Rhegion durch den älteren Dionysios. Theophr. h. pl. IV 5, 6. Plin. XII 7.
5) Plin. XVI 135.
6) Plin. XII 56. 76.
7) Athen. V p. 196 D. E.
8) Theophr. h. pl. VI 6, 4.

gab in seinen Georgika ausführliche Anweisungen über Blumenzucht[1]). König Attalos III. von Pergamos beschäftigte sich höchsteigenhändig mit der Cultur von Medicinalpflanzen, namentlich giftiger Art, deren Wirkung er gelegentlich auch an seinen Gegnern erprobte[2]. Besonders wichtig aber für den uns beschäftigenden Gegenstand ist die Erscheinung, dass die Gärtnerei damals nicht nur als Mittel zum Zweck gepflegt wurde, sondern dass man auch darauf ausging, durch die künstliche Anordnung der Vegetation in einem gegebenen Raume einen ästhetischen Eindruck zu erzielen. Von der Existenz einer derartigen Richtung findet sich in der voralexandrinischen Epoche nicht die geringste Spur. Vielmehr begegnen wir den ältesten Nachrichten hierüber in der Beschreibung des Festzuges des Ptolemaios Philadelphos. Auf einem kolossalen Wagen wurde der Thalamos der Semele einhergefahren: er bestand aus einer künstlichen Grotte, welche von Epheu umrankt war und in der zwei Quellen, die eine von Milch, die andere von Wein, sprudelten; aus der Grotte heraus flogen allerlei Vögel, die von dem bei dem Feste gegenwärtigen Volke eingefangen wurden; um dieselbe herum waren die Gestalten von Nymphen gruppirt[3]). Ueber dem Wagen des Dionysos wölbte sich eine Laube aus Epheu, Weinreben und anderen Pflanzen, innerhalb deren Kränze, Tainien, Thyrsen, Tympana und scenische Masken angebracht waren[4]). Wiewohl es sich bei diesem Festzuge nur um temporäre Vorrichtungen handelt, so versteht es sich doch von selbst, dass dieselben durch bleibende Anlagen bedingt waren, wie sie sich in den Gärten der hellenistischen Grossen vorfanden. In dem Prachtschiffe Hierons II. waren die auf dem Verdecke angebrachten Gänge durch Blumenbeete eingefasst, denen durch bleierne Röhren das nöthige Wasser zugeführt wurde. Ueber den Gängen wölbten sich Lauben aus Epheu und Weinreben, deren Wurzeln in mit Erde gefüllten Töpfen fussten[5]).

Ueber die Weise, wie sich das hellenistische Naturgefühl in der Litteratur äussert, dürfen wir uns kurz fassen, da dieser Gegenstand bereits von Woermann[6]) richtig gewürdigt worden ist. Eine Dichtungsgattung, welche in der Diadochenperiode

---

1) Siehe die Fragmente bei Athen. XV p. 653 A (= Frgm. 74 p. 91 Schneider) und III p. 72 A (Fragm. 81 p. 115 Schneider).
2) Justin. XXXVI, 4. Plutarch. Demetr. 20.
3) Kallixenos bei Athen. V p. 200 C.
4) Athen. V p. 198 D.
5) Moschion bei Athen. V p. 207 D. Die Lesart der Handschrift κατεστεγασμένων ist offenbar verderbt. Dass der ursprüngliche Sinn der im Obigen angegebene war, ergiebt sich deutlich aus dem Folgenden: τὴν αὐτὴν ἄρδευσιν λαμβάνουσαι καθάπερ καὶ οἱ κῆποι.
6) Ueber den landschaftl. Natursinn p. 57 ff.

XXIII. Das Naturgefühl. 263

zur Ausbildung kam, die idyllische, beruht auf der damals erfolgten Umwandlung des Naturgefühls. Sie ist im Wesentlichen bedingt durch das Bewusstsein des Gegensatzes von Stadt und Land und geht darauf aus, den Leser in das verlorene Paradies der freien Natur zurückzuversetzen. Eine mehr oder minder ausführliche Schilderung des landschaftlichen Hintergrundes, auf welchem sich die Handlung abspielt, ist in dem Idyll ein beinah unumgängliches Erforderniss und mit feiner Reflexion wird der Charakter der Landschaft der darin vorgehenden Scene angepasst und zu einer künstlerischen Mitwirkung herangezogen. Aehnlich wird es sich mit einem anderen litterarischen Erzeugnisse der hellenistischen Epoche, dem Liebesroman, verhalten haben. In den erhaltenen antiken Romanen nimmt die Schilderung der die Handlung umgebenden Natur einen ganz ähnlichen Platz ein wie in dem Idyll. Mögen dieselben auch einer beträchtlich späteren Epoche angehören, so spricht doch alle Wahrscheinlichkeit dafür, dass die Berücksichtigung dieses Elements der betreffenden Litteraturgattung von Haus aus eigenthümlich war. Besonders bezeichnend ist aber die Erscheinung, dass eine ganze Reihe von Epigrammen aus der Diadochenperiode vorwiegend darauf berechnet ist, landschaftliche Eindrücke zu veranschaulichen. Solche Epigramme kennen wir von Nikias[1], Leonidas von Tarent[2]. Anyte[3], Satyros[4] und Menalkas[5]. Bisweilen wetteifert die Dichtung recht eigentlich mit der Landschaftsmalerei. Als Probe hierfür diene ein Epigramm des Anyte (Anth. pal. VIIII 314):

Ἑρμᾶς τᾶδ' ἕστακα παρ' ὄρχατον ἠνεμόεντα
ἐν τριόδοις, πολιᾶς ἐγγύθεν αἰόνος,
ἀνδράσι κεκμηῶσιν ἔχων ἄμπαυσιν ὁδοῖο·
ψυχρὸν δ' ἀχραὲς κράνα ὑποιάχει,

und ein zweites des Menalkas, der vermuthlich während der Blüthezeit des achäischen Bundes dichtete (Anth. pal. VIIII 333):

Στάμεν ἐλιφάντοιο παρὰ χθαμαλὸν χθόνα πόντου,
δερκόμενοι τέμενος Κυπρίδος Εἰναλίας,
κράναν τ' αἰγείροισι κατάσκιον, ἆς ἄπο νᾶμα
ξουθαὶ ἀρύσσονται χείλεσιν ἀλκυόνες.

Ueberhaupt wird in der an die Alexanderepoche anknüpfenden Litteratur der Natur ungleich häufiger gedacht als bisher. Während die Schilderung früher die einfachsten und wesent-

---

1) Anth. pal. VIIII 315.
2) Anth. pal. VIIII 326. Anth. plan. IV 230.
3) Anth. pal. VIIII 313. 314. vgl. 144. plan. IV 228.
4) Anth. pal. X 13.
5) Anth. pal. VIIII 333.

lichsten Erscheinungen in grossen Zügen hervorhebt, geht sie jetzt mehr auf das Einzelne ein und veranschaulicht sie mit fein berechnetem Ausdrucke der Phantasie mannigfache Phänomene, wie die Wirkung des Lichts auf die Landschaft und dergleichen, welche die frühere Epoche höchstens angedeutet hatte. Wir erkennen hierin ganz dieselbe Ader des neuen Geistes, die sich in der Charakteristik historischer Persönlichkeiten bei den gleichzeitigen Schriftstellern, die sich in der Behandlung des menschlichen Körpers bei den gleichzeitigen Bildhauern bemerkbar macht. Doch ist nicht allein die Fähigkeit, die Natur scharf aufzufassen und von ihren Erscheinungen Rechenschaft zu geben, gesteigert, sondern auch die gemüthlichen Beziehungen zu derselben erscheinen vertieft. Laute innigen Naturgefühls, wie sie Woermann[1]) aus der bukolischen Dichtung zusammengestellt hat, suchen wir in der vorhergehenden Epoche vergebens. Nicht nur ästhetisches Behagen ist hierbei maassgebend; vielmehr begegnen wir vielfach Aeusserungen welche darauf hinweisen, wie der Mensch bestrebt ist, sein Denken und Fühlen, seine Freude und sein Leid, mit der Natur zu vergleichen oder mit ihr zu verflechten. Ich erinnere an die Worte der die Liebesbeschwörung recitirenden Simaitha[2]:

Ἤνιδε σιγῇ μὲν πόντος, σιγῶντι δ' ἄηται
ἁ δ' ἐμὰ οὐ σιγᾷ στέρνων ἔντοσθεν ἀνία.

Akontios in der Kydippe des Kallimachos entweicht auf das Land, um den Bäumen sein Liebesleid zu klagen[3]. Menander stellt in einem Fragmente des Ὑποβολιμαῖος[4] die erhabene Schönheit der sich ewig gleich bleibenden Natur der Kleinlichkeit des wechselvollen menschlichen Treibens gegenüber. Aus einer ganz ähnlichen Abneigung gegen das complicirte Culturleben wird es abzuleiten sein, wenn der Sillograph Timon den Aufenthalt in einsamen Gärten liebte[5].

Andererseits erklärt sich aus dieser Hingabe an die Natur die Vorliebe, mit welcher die Dichter nunmehr einzelne Naturgegenstände beleben und unter heftigem Affecte an dem menschlichen Leiden Theil nehmend einführen. So beklagen bei Bion[6] Berge, Bäume, Eichen, Flüsse und Quellen den Tod des Adonis. In dem Klagelied über den Tod des Bion[7] werden Thäler,

---

1) Ueber den landsch. Naturalon p. 73 ff.
2. Theokr. II 38.
3' Siehe Dilthey, de Callimachi Cydippa p. 78 ff.
4 Meineke, fr. com. gr. IV p. 211 n. 2.
5 Antigon. Karyst. bei Diog. Laert. VIIII 112. Vgl. Wachsmuth, de Timone Phliasio p. 8.
6) Id. I 31 ff.
7) Incert. Id. (Mosch. III) 1 1 ff.

Flüsse, Wälder und Blumen aufgefordert, den Dichter zu beweinen; aus Trauer werfen die Bäume ihre Früchte ab und verwelken die Blumen. Aehnliche Belebungen finden sich auch in der Alexandra des Lykophron [1].

Noch manche andere Erscheinungen, welche in der hellenistischen und in der an dieselbe anknüpfenden römischen Entwickelung hervortreten, stehen mit dieser Gefühlsrichtung in engem Zusammenhange. Unter anderen erklärt sich hieraus die Vorliebe, die das spätere Alterthum für Mythen hegt, welche, wie die von Adonis, Hylas, Hyakinthos, Narkissos, Daphne und andere, die Naturbeziehungen klar bewahrt haben. Da jedoch ein weiteres Verfolgen dieses Gesichtspunktes die Grenzen meiner Aufgabe überschreiten würde, wende ich mich sofort zu der Untersuchung, wie sich das hellenistische Naturgefühl in der bildenden Kunst äussert.

Betrachten wir zunächst die Sculptur, so tritt uns als das älteste datirbare Denkmal, welches die neue Richtung des Naturgefühls voraussetzt, die Tyche von Antiocheia, ein Werk des Eutychides, eines Schülers des Lysippos, entgegen. Selbst in der nur decorativ behandelten vaticanischen Copie [2], fühlt man das reflectirende Behagen heraus, mit welchem der Künstler den anmuthigen Anblick der herrlichen auf den Hügeln des Orontes hingestreckten Stadt auf sich wirken liess und in seiner Statue wiederzugeben bestrebt war. Das Werk verkörpert recht eigentlich einen landschaftlichen Eindruck. Auch der farnesische Stier aus rhodischer Schule verräth das Streben, die die Handlung umgebende Natur zu vergegenwärtigen; dasselbe hat in diesem Falle die Darstellung einer Fülle von Motiven veranlasst, welche theils der Würde des Monumentalstyls, theils den Gesetzen der Plastik zuwiderlaufen. Endlich hätten wir hierbei der vaticanischen Nilstatue zu gedenken, vorausgesetzt, dass dieselbe in ihrem ganzen Bestande nach einem Originale der Ptolemaerepoche copirt ist [3].

Selbst auf griechischen Münzen, welche gegen Ende des 4. oder während des 3. Jahrhunderts v. Chr. geschlagen sind, wird den landschaftlichen Bestandtheilen bisweilen in eingehender Weise Rechnung getragen. Der Revers eines sehr schönen Te-

---

1) Vgl. Woermann, über d. landsch. Naturbeziehung p. 72.
2) Visconti, Mus. Pio-Cl. III 46. Denkm. d. a. K. I 49, 220. Der Ansicht von Michaelis, welcher in der Arch. Zeit. 1885 p. 235 diese Gestalt dem Eutychides abspricht, ihm dagegen einen Fortunatypus zu vindiciren versucht, der alle Kennzeichen beträchtlich späterer Erfindung trägt, kann ich nicht beipflichten.
3) Vgl. oben Seite 29 ff.

tradrachmon von Pandosia[1]) zeigt einen auf einem Felsen sitzenden Ephebeu mit zwei Speeren in der Rechten, neben welchem ein Hund liegt. Links ist zur näheren Bezeichnung des Locals eine bärtige Herme beigefügt. Tetradrachmen von Segesta stellen Pan dar, der, begleitet von zwei Hunden, auf einem verhältnissmässig ausführlich behandelten steinigen Terrain vor einer bärtigen, ithyphallischen Herme stoht[2]). Münzen von Gortyn, die aller Wahrscheinlichkeit nach der Ptolemaierepoche angehören[3]), zeigen Europa auf dem breiten Stamme einer Platane sitzend, während daneben und dahinter allerlei Reisig und Schilfstengel ersichtlich sind.

In ungleich weiterem Umfange jedoch als auf Plastik und Stempelschnitt wird das hellenistische Naturgefühl auf die Malerei gewirkt haben. Wollen wir nicht dieser Kunst ganz besondere und von der übrigen geistigen Entwickelung verschiedene Bahnen zuschreiben, dann müssen wir es als unzweifelhaft betrachten, dass sie soll dem Ende des 4. Jahrhunderts der Landschaft eine eingehendere Behandlung als früher angedeihen liess, dass sie dieselbe zu einer höheren, gesetzmässigeren Wirkung heranzog, dass sie die enge Verbindung zwischen landschaftlicher und Seelenstimmung, deren sich die Mitwelt vollständig bewusst war, künstlerisch verwertete. Die Vasenmalerei hat einige, wenn auch dürftige Reflexe dieser Thätigkeit bewahrt. Sie verräth mit Fortschreiten der Entwickelung hinsichtlich des Ausdrucks des Landschaftlichen eine fortwährende Steigerung[4]). Besonders auffällig tritt diese Steigerung hervor auf den feinen Gefässen, welche mit rothen Figuren vollständig freier Zeichnung bemalt und öfters durch aufgelegte Vergoldung verziert sind, also einer Gattung, deren vollendete Ausbildung mit hinlänglicher Sicherheit an die Alexanderepoche angesetzt werden darf. Um nur an einige besonders bezeichnende Exemplare zu erinnern, so verweise ich zunächst auf die Berliner Vase mit dem Parisurtheil[5]). Die Handlung findet auf einem wohl entwickelten hügeligen Terrain Statt. Einige Lorbeerstengel, welche darauf angebracht sind, deuten an, dass man sich die Hügel mit Lorbeerbäumen be-

---

1) Siehe Sallinas bei Strozzi, Periodico di numismatica III Tav. 3 n. 13.
2) Periodico di numismatica III Tav. 1 n. 10. Tav. 3 n. 1. Vgl. Sallinas p. 49 ff. 221 ff.
3) Die genauesten Abbildungen bei O. Jahn, Europa (Denkschr. der phil. hist. Cl. der Wiener Ak. Band XIX) Taf. IX d—k. Vgl. daselbst Seite 28 ff.
4) Vgl. Brunn, die philostrat. Bilder p. 292.
5) Overbeck, Gal. Taf. X 5.

schattet zu denken hat. Ein Reh und ein Panther vergegenwärtigen das Gethier, welches den Hain belebt. Am unteren Rande schliesst ein Gewässer, dessen Wogen in streng stylisirter Weise ausgedrückt sind, die Landschaft ab. Eine verwandte Behandlung ist der Petersburger [1] und der Karlsruher Vase [2] mit dem Parisurtheil eigenthümlich; doch hat der Maler der ersteren die Blumen, welche die Triften bedecken, besonders hervorgehoben und ist auf der letzteren, indem Helios sein Viergespann über den Bergen emporgelenkt, angedeutet, dass die Scene bei Sonnenaufgang vor sich geht. Ferner gehören hierher das bekannte Gefäss, worauf Aphrodite, Eros, Peitho, Paidia, Eudaimonia und andere Personificationen zusammengestellt sind [3], die Berliner Kadmosvase [4], der palermitaner Krater, dessen Darstellung die delphischen Gottheiten und den bakchischen Thiasos vereinigt [5], und der bekannte ruvoser Krater mit dem Iomythos [6]. Noch eingehender erscheint die Behandlung des Landschaftlichen auf den Gefässen mit gelockerter Zeichnung, wie sie sich namentlich in unteritalischen Gräbern finden. Die Maler derselben begnügen sich nicht die Bewegung des Terrains im Allgemeinen durch Umrisse anzudeuten, sondern individualisiren auch die verschiedene Structur desselben und unterscheiden, wie es z. B. Asteas auf seiner Kadmosvase [7] thut, die steinigen und die erdigen Bestandtheile. Die Andeutung der Vegetation erscheint reicher und mannigfaltiger. Das Wasser, dessen Darstellung in den älteren Gattungen streng stylisirt ist, wird der Wirklichkeit entsprechend behandelt [8]. Ja, einige dieser Gefässe, die wir bereits im neunzehnten Abschnitte angeführt, weisen sogar durch figürlichen Ausdruck der Himmelskörper oder durch Andeutung der Wolken auf die über der Landschaft ersichtlichen Erscheinungen des Lichts und der Atmosphäre hin [9].

Um diese Reihe mit einem Vasenbilde abzuschliessen, dessen Inhalt recht eigentlich auf bestimmten, ausschliesslich der hellenistischen Cultur eigenthümlichen Verhältnissen beruht, sei hier

1) Stephani, Compte rendu 1861 Taf. III. IV p. 33. Vasen der Ermitage n. 1807.
2) Overbeck, Gal. Taf. XI 1.
3) Stackelberg, Gräber der Hellenen Taf. 29.
4) Gerhard, etrusk. und campan. Vasenb. Taf. C 1.
5) Gerhard, antike Bildw. Taf. 59, Denkm. d. alt. Kunst II 36, 425.
6) Mon. dell' Inst. II 59, El. céram. III 101.
7) Millingen, anc. uned. mon. I 27, Mus. Borb. XIV 28. Vgl. auch Gerhard, etrusk. und campan. Vasenb. Taf. C 6.
8) Vgl. z. B. Stephani, Compte rendu 1862 Taf. IV. V. Vasen der Ermitage I n. 350.
9) Vgl. oben Seite 212 ff.

noch einer in der Ermitage befindlichen ruvesor Amphora[1], gedacht. Die Malereien dieses Gefässes stellen die Aussendung des Triptolemos dar, lassen dieselbe aber nicht, wie es gewöhnlich der Fall ist, in Eleusis, sondern an den Ufern des Nil vor sich gehen. Also liegt dieser Darstellung die in der Geschichte des Hellenismus so wichtige Thatsache zu Grunde, dass Aegypten durch die Handelspolitik der Ptolemaier die Kornkammer der europäischen Staaten geworden war. Auch hier ist das Landschaftliche zwar dürftig, aber in sehr bezeichnender Weise zum Ausdruck gebracht. Im Vordergrunde fliesst der Nil, dessen Wassermassen nicht stylisirt, sondern der Wirklichkeit entsprechend, mit breiten Pinselstrichen hingesetzt sind. Weisse und rothe Blumen überziehen die Ufer. Auf den Hügeln im Hintergrunde gedeihen verschiedene Vegetabilien, unter denen der Oelbaum und die Weinrebe deutlich kenntlich sind.

Allerdings ist der Ausdruck der landschaftlichen Bestandtheile durch Umrisse oder höchstens aufgesetzte Localfarben auf allen diesen Gefässen ein höchst dürftiger. Denken wir uns aber das landschaftliche Gefühl, welches aus diesen Producten des Handwerks spricht, in dem Geiste der Künstler verfeinert und gesteigert, denken wir uns, was auf der Vase nur angedeutet werden konnte, mit den Mitteln ausgedrückt, über welche die gleichzeitige Tafelmalerei verfügte, dann ergiebt sich für die damalige Kunst eine landschaftliche Schilderung, wie die, welche wir im Obigen als ein nothwendiges Product der hellenistischen Entwickelung voraussetzten.

Auch die Gestaltung gewisser Personificationen von Naturgegenständen, wie der Αχται und Εχωται, von denen namentlich die letzteren häufig in der campanischen Wandmalerei vorkommen, steht offenbar im Zusammenhange mit der neuen Phase des Naturgefühls. Da wir jedoch über dieselben bereits im neunzehnten Abschnitte[2] das Nöthige bemerkt, so ist es überflüssig, hier noch einmal darauf zurückzukommen.

Endlich konnte es nicht ausbleiben, dass in einer Periode, in welcher die Dichtung lediglich landschaftliche Eindrücke zu veranschaulichen bestrebt ist, in welcher die Hand des Gärtners die Vegetation nach künstlerischen Principien gestaltet, in welcher Bildhauer und Maler der landschaftlichen Umgebung in dem weitesten Umfange Rechnung tragen, auch die Landschaftsmalerei als selbstständige Gattung zur Ausbildung kam. Dem ältesten

---

[1] Vgl. Stephani, Compte rendu 1862 Taf. IV. V. Vasen der Ermitage I p. 330.
[2] Vgl. oben Seite 217 ff.

Landschaftsmaler, τοπογράφος, oder, wie Letronne mit einer leichten und sehr ansprechenden Aenderung zu lesen vorschlägt, τοπιογράφος, begegnen wir um die Mitte des zweiten Jahrhunderts vor Christus. Es ist der Alexandriner Demetrios, der damals in Rom lebte und bei dem der vertriebene König Ptolemaios Philometor sein Absteigequartier nahm [1]. Allerdings zweifelt Brunn [2] daran, dass τοπογράφος Landschaftsmaler bedeute, und schliesst er aus dieser Bezeichnung vielmehr auf einen Landkartenmaler. Doch ist diese Ansicht nicht haltbar. Der Begriff des Landkartenmalers konnte auf Griechisch nur durch eine Umschreibung ausgedrückt werden, etwa durch ὁ τοῖς γεωγράφοις χωρογράφοις) τοὺς πίνακας γράφων oder χαράσσων. Ausserdem waren die Landkartenmaler wie heut zu Tage so gewiss auch im Alterthume Leute untergeordneter Bedeutung, im Alterthume vermuthlich meist Sklaven, während Demetrios, der Gastfreund des Königs von Aegypten, offenbar eine höhere gesellschaftliche Stellung einnimmt. Wenn wir dagegen in Demetrios einen gesuchten Landschaftsmaler erkennen, so steht diese Auffassung mit der Bezeichnung τοπογράφος oder τοπιογράφος, mit den Verhältnissen, unter denen er auftritt, und mit den Bedingungen der ihm gleichzeitigen Kunstentwickelung im besten Einklang.

Dass damals die Landschaftsmalerei als selbstständige Gattung ausgebildet war, bezeugen in unwiderleglichster Weise die Berichte über die malerische Ausstattung römischer Triumphe. Mögen die von den Schriftstellern angewendeten Ausdrücke öfters zweideutig sein und sich die von ihnen erwähnten simulacra oppidorum, welche bei den Triumphen vorübergetragen wurden, auch als Personificationen eroberter Städte oder als Modelle derselben erklären lassen, so besitzen wir doch einige bestimmt gefasste Zeugnisse, die mit Sicherheit auf landschaftliche Schilderungen hinweisen. Die im Jahre 146 v. Chr. von L. Hostilius Mancinus auf dem Forum ausgestellten Gemälde, welche nach Plinius [3] die Lage der Stadt Karthago und die Operationen des Belagerungsheeres gegen dieselbe darstellten, waren offenbar Landschaftsbilder, die die bezeichneten Vorgänge als Staffage enthielten. Aehnlich werden wir über das Gemälde zu urtheilen haben, welches Sempronius Gracchus, der im Jahre 174 v. Chr. Sardinien unterwarf, im Tempel der Mater Matuta weihte, mag dasselbe auch von mehr landkartenartiger Behandlung gewesen

---

[1] Siehe Diodor. Excerpt. vat III p. 96 ed. Dind. und Overbeck, Schriftquellen 2111 ff. Vgl. Letronne, lettre d'un ant. à un artiste p. 408 ff.
[2] Gesch. d. gr. Künstl. II p. 289.
[3] XXXV 23.

sein: es stellte die Insel Sardinien und die darauf von Gracchus
gelieferten Schlachten dar[1].

Ausserdem stimmt mit der Annahme, dass die Landschaftsmalerei bereits in der hellenistischen Epoche geübt wurde, das
Resultat der in einem früheren Abschnitt vorgetragenen Combination, wonach die vaticanischen Odysseebilder auf Originale
aus dieser Epoche zurückgehen[2].

Doch wir können uns eine weitere Auseinandersetzung über
diesen Gegenstand ersparen; denn wir besitzen noch authentische
Denkmäler der Landschaftsmalerei der Diadochenperiode, die nur
bisher nicht als solche erkannt worden sind. Gar nicht selten
finden sich auf rothfigurigen Vasen beträchtlich vorgeschrittenen
Styls Malereien, welche Hermen und Altäre neben heiligen Bäumen
darstellen. Die Schilderung beschränkt sich bisweilen auf die
Hervorhebung dieser Gegenstände; bisweilen ist sie ausführlicher
und fügt als Wasserbecken, Votivbilder und zur Andeutung des
Heiligthums, welches man sich im Hintergrunde zu denken hat,
Inkranien bei[3]. Es ist undenkbar, dass die Vasenzeichner selbst-
ständig auf die Darstellung solcher Gegenstände verfielen. Viel-
mehr zeigte ihnen offenbar die kunstmässige Malerei den Weg.
Niemand aber wird läugnen, dass künstlerisch durchgeführte
Darstellungen dieses Inhalts als Landschaftsbilder im eigent-
lichsten Sinne des Worts zu betrachten sind. Wenn nun jene
Gefässe, um den spätesten möglichen Termin anzunehmen, im
Anfange des 2. Jahrhunderts v. Chr. gearbeitet sind, so ergiebt
sich, dass bereits damals Landschaftsgemälde existirten.

Das Resultat, zu dem wir in diesem Abschnitte gelangt sind,
findet eine merkwürdige Analogie in der Entwickelung der mo-

---

1) Liv. XLI 28.
2) Siehe oben Seite 217 ff.
3) Eine grosse Menge solcher Vasen sah ich in S. Maria di Capua
im Magazine des Herrn Simmaco Doris. Publicirt sind nur wenige:
1. Lekythos vormals im Besitze Gerhards. Gerhard, akadem.
Abhandl. II Taf. 63, 1.
2. Lekythos aus Nola im britischen Museum. D'Hancarville,
antiqu. etr. II 72, Christie, disqu. upon the painted greek
vases pl. XVI p. 85, Inghirami, vasi fittili III 230, Élite céra-
mographique III 79, Gerhard, akadem. Abhandl. II Taf. 63, 5.
3. Lekythos aus Nola im britischen Museum. D'Hancarville,
antiqu. etr. II 97, Inghirami, vasi fittili III 327, Élite céram.
III 78.
4. Olla aus Nola. Raoul Rochette, lettres archéol. pl. I, Élite
céram. III 80, Gerhard, akad. Abh. II Taf. 63, 4.
5. Lekythos aus Gela im Museum zu Palermo. Benndorf,
griechische und sicilische Vasenbilder, Lieferung 1, Titel-
vignette, p. 13 Anm. 57.

dernen Kunst. Die Griechen bilden die Landschaftsmalerei im Laufe der Diadochenperiode, die Modernen in der zweiten Hälfte des 16. Jahrhunderts zu einer selbstständigen Gattung aus. Beide Male tritt dies Ereigniss ein, nachdem die Kunst die ihr am Nächsten liegende Aufgabe, die Schilderung des Menschen, gewissermaassen erschöpft hat. Hier wie dort wird die Ausbildung der neuen Gattung durch das Auftreten entsprechender Culturfactoren eingeleitet. Wie in der griechischen Entwickelung der Zug Alexanders und infolge dessen eine Erweiterung der Natur- und Erdkunde vorhergeht, wie Theophrast die Botanik zu einer Wissenschaft erhebt und die ersten botanischen Gärten gründet, so begegnen wir in der Renaissanceepoche vor der Ausbildung der Landschaftsmalerei den Entdeckungen des Columbus, Vasco de Gama und Alvarez Cabral, einem Aufschwunge der Botanik, welcher an die Namen des Leonhard Fuchs, Konrad Gesner und anderer deutscher, wie italienischer Gelehrten anknüpft[1]), und der Anlage botanischer Gärten, wie sie zwischen 1545 und 1568 zu Padua, Pisa und Bologna gegründet werden[2]. Diese Uebereinstimmung bezeugt, dass der Sachverhalt, wie ich ihn dargestellt, den Bedingungen einer normalen Entwickelung vollständig entspricht.

XXIV. Ueber das Verhältniss der campanischen Landschaftsbilder zur hellenistischen Malerei.

Es gilt nunmehr zu untersuchen, wie sich die landschaftliche Schilderung der Wandbilder zu der im vorigen Abschnitte erörterten Entwickelung der hellenistischen Kunst verhält.

Allgemein anerkannt ist es, dass die Hintergründe der mythologischen Bilder trotz ihrer nur andeutenden Charakteristik in der Regel die vollendetste Harmonie mit der darauf dargestellten Handlung oder Situation verrathen. Es genügt daher, für diese Erscheinung an einige der am häufigsten vorkommenden Compositionen zu erinnern. Sehr bezeichnend wirkt die felsige und zum Theil öde und kahle Strandlandschaft auf Bildern, welche die von Theseus verlassene Ariadne und die Rettung der Andromeda oder Hesione darstellen. Das Gleiche gilt von dem waldigen

---

1) Vgl. Meyer, Geschichte der Botanik IV p. 309 ff. 322 ff.
2) Vgl. Meyer a. a. O. IV p. 256 ff.

Hintergrunde, auf welchem sich die Mythen des Endymion, Hylas und Narkissos abspielen. Das geheimnissvolle Waldesdunkel, in welchem der Raub des Hylas vor sich geht, macht selbst in dem Stiche der Pitture d'Ercolano[1]) einen bedeutenden Eindruck. Auf den Bildern, welche ein Liebespaar schildern, das ein Erotennest betrachtet[2]), haben wir im Vordergrunde ein anmuthiges Lorbeergebüsch, im Hintergrunde den Durchblick auf Berge mit sanft geschwungenen Umrissen; der Zug traulicher Heiterkeit, welcher in der dargestellten Handlung herrscht, klingt auch in der umgebenden Landschaft wieder. Ausserdem sei hier nur noch eines Gemäldes gedacht, welches wohl als die hervorragendste Leistung in dieser Richtung betrachtet werden darf. Es ist dies das hercolanor Wandbild[3]), welches drei schöne ruhige Frauengestalten neben einer in einem Haine dahinfliessenden Quelle darstellt. Die eigenthümliche Stimmung, welche den Menschen an einem heissen Sommertage in waldigem Thale und an kühler Quelle überkommt, könnte nicht edler veranschaulicht werden. Beiläufig sei bemerkt, dass wir mehrere dichterische Schilderungen aus der Diadochenperiode besitzen, welche gerade dieser Stimmung Ausdruck verleihen[4]).

Dieser Wechselbezug zwischen Landschaft und Handlung, den wir in den Wandbildern wahrnehmen, entspricht vollständig dem Geiste, welcher in der alexandrinischen Poesie und namentlich im Idyll massgebend zu sein pflegt. Wenn ausserdem unsere Behauptung richtig ist, dass die Wandmaler in der Darstellung der Handlung an hellenistische Vorbilder anknüpften, dann ist es beinah selbstverständlich, dass sie sich auch bei der Schilderung der Gründe durch dieselben Vorbilder bestimmen liessen. Allerdings sind wir bei der Dürftigkeit der Ueberlieferung ausser Stande, diesen Zusammenhang bestimmt zu beweisen. Die späteren Vasenbilder, welche wir bei der bisherigen Untersuchung vielfach mit Nutzen zum Vergleiche herangezogen, lassen uns in dieser Frage beinah vollständig im Stiche; denn die Gegenstände, um welche es sich hierbei handelt, das Terrain und die Vegetation, werden von den Vasenzeichnern nur ganz flüchtig angedeutet. Immerhin tritt bei dem Vergleiche der beiden Denkmälergattungen eine bezeichnende Erscheinung mit hinlänglicher Deutlichkeit zu Tage. Wo nämlich die Gründe räumlich bedeu-

---

1) IV 6 p. 31. Helbig N. 1260.
2) N. 521—523.
3) N. 1017. Vortrefflich wiedergegeben von Ternite, Schlussheft Taf. 1.
4) Theocr. Id. VII 135 ff. Callimach. lavacr. Pall. 71 ff. Niklas, Anth. pal. IX 315. Anyte, Anth. pal. IX 313.

tender entwickelt sind, verräth der Aufbau derselben hier wie dort dasselbe Princip. Betrachten wir Beispiels halber eine Reihe von Wandgemälden, welche Herakles bei Omphale darstellen¹). Unten im Vordergrunde liegt Herakles auf dem Rasen, umtändelt von Eroten; nach dem Hintergrunde zu erhebt sich der Boden und auf dem äussersten Rande sehen wir Omphale sitzen, umgeben von ihren Damen, wie sie voll Stolzes das Treiben des von ihr bezwungenen Helden betrachtet. Auf einer Replik ist, ebenfalls auf dem äussersten Plane, noch der bakchische Thiasos beigefügt, der sein Erstaunen über den unerwarteten Anblick äussert. Diese Weise der Composition stimmt deutlich mit der, welche in den jüngeren Vasengattungen von dem sogenannten nonattischen Styl abwärts vorkommt. Auch hier sehen wir die Haupthandlung unten im Vordergrunde dargestellt, während der Hintergrund als ein erhöhtes Terrain aufgefasst ist, auf dem sich Göttergestalten oder andere nicht unmittelbar an der Handlung betheiligte Figuren bewegen. Allerdings ist auf den Gefässen dieser Aufbau der Landschaft nur durch Umrisse oder punktirte Linien ausgedrückt. Denken wir uns aber diese Andeutungen malerisch durchgeführt, dann ergiebt sich eine Behandlung, welche der der soeben erwähnten Wandbilder vollständig entspricht. Besonders nachdrücklich tritt aber diese Verwandtschaft hervor, wenn die Wandmalerei ausnahmsweise mit den einfachsten Formen operirt und sich somit in den Mitteln des Ausdrucks der Vasenzeichnung nähert, wie es z. B. der Fall ist auf dem Gemälde, welches Herakles, Orpheus, die Musen und die Personification von Thrakien in verschiedener Höhe auf einem felsigen, von jeglicher Vegetation entblössten Terrain gruppirt²).

Bei Untersuchung der eigentlichen Landschaftsbilder legen wir die Gattungen zu Grunde, welche in unserem zwölften Abschnitte unterschieden wurden. Ueber die dort an erster Stelle behandelte Gattung, die nämlich, welcher eine dramatisch bewegte Staffage eigenthümlich ist, können wir uns kurz fassen; denn zur Beurtheilung des Zusammenhanges derselben mit der hellenistischen Malerei bieten uns die auf dem Esquilin gefundenen Landschaften mit Scenen aus der Odyssee³) einen festen Anhaltspunkt dar. Wir haben im Obigen⁴) wahrscheinlich gemacht, dass diese Gemälde auf hellenistischer Ueberlieferung beruhen. Ist dieses Resultat richtig, dann ergiebt sich die Möglich-

1) N. 1137—39.
2) N. 893.
3) Die Publicationen sind oben Seite 96 Anm. 1 verzeichnet.
4) Seite 217 ff.

204 Der Hellenismus und die campanische Wandmalerei.

keit, wo nicht die Wahrscheinlichkeit, dass die geistesverwandten Producte in der campanischen Wandmalerei, wie die Landschaften mit dem Kampfe des Perseus und mit dem Tode des Ikaros[1], auf dieselbe Quelle zurückgeben. Niemand wird daran Anstoss nehmen, dass die Odysseebilder nicht im Bereiche der campanischen Städte, sondern in Rom gefunden sind. Vielmehr ist der Zusammenhang, wir dürfen bestimmter sagen die Abhängigkeit der campanischen Wandmalerei von der römischen gegenwärtig genügend festgestellt, und sind demnach Gesichtspunkte, die innerhalb der letzteren erwiesen sind, auch für jene mustergültig.

Eine andere Gattung von Landschaftsbildern wurde von uns als idyllischen Charakters bezeichnet[2]. Die Richtung, welche darin vertreten ist, findet bereits in der Poesie der Diadochenperiode und namentlich im Idyll einen vollständig entsprechenden Ausdruck. Alle die auf diesen Gemälden dargestellten Handlungen könnten in der bukolischen Dichtung Platz finden. Einige verrathen deutliche Anklänge an Situationen, die in erhaltenen Idyllien geschildert sind. Hier wie dort begegnen wir einem Hirten, welcher seine Geliebte mit Flötenspiel ergötzt[3]. Zauberscenen, wie eine auf einem pompejanischen Landschaftsbilde[4] vorkommt, gehören zu den Lieblingsstoffen der Ungläuben und Aberglauben mischenden hellenistischen Epoche und sind auch von Seiten der bukolischen Poesie behandelt worden[5]. Ausser dem Idyll ist das Epigramm der Diadochenperiode zur Vergleichung heranzuziehen. Wie die campanische Landschaftsmalerei mit Vorliebe Opfer darstellt, die von Hirten oder Landleuten dargebracht werden[6], so behandeln viele erhaltene Epigramme von Dichtern aus jener Periode Opfer oder Weihungen, welche zu Ehren ländlicher Gottheiten, namentlich des Pan und der Nymphen, Statt finden. Wir begegnen als Verfassern solcher Gedichte dem Theokrit[7], Alexander Aitolos[8], Nikainetos[9], Leonidas von Tarent[10], Rhianos[11], der Anyte[12]

1) N. 1154, 1209.
2) Siehe oben Seite 97 ff.
3) N. 1560. Vgl. ins. Idyll. VII 12.
4) N. 1565.
5) Theocr. Id. II. Apoll. Rhod. Argon. III 528 ff., 800 ff., 843 ff., 1025 ff., 1196 ff., IV 477 ff., 1650 ff. Vgl. Meineke, anal. alex. p. 45.
6) N. 1558. 1564.
7) Anth. pal. VI 336, IX 437.
8) Anth. pal. VI 182.
9) Anth. pal. VI 225.
10) Anth. pal. VI 35. 154.
11) Anth. pal. VI 34. 173 (7. s bei Meineke, anal. alex. p. 210).
12) Anth. plan. IV 291.

und der Myro oder Moiro [1]). Auch Apollonios von Rhodos liebt es, primitive Cultushandlungen zu vergegenwärtigen. Er lässt die Argonauten eine solche auf dem Gipfel des Dindymon der Kybele darbringen [2]. Argos schnitzt aus wildem Weinstocke ein Bild der Göttin; dasselbe wird unter einer Gruppe von Phegosbäumen aufgestellt und davor aus Feldsteinen ein Altar aufgeschichtet, auf welchem die Helden ein Brandopfer darbringen. Auf der Insel Thynia errichten die Argonauten aus Felsstücken einen rohen Altar zu Ehren des Apoll und opfern darauf eine wilde Ziege [3]. Endlich zeigt der Vergleich der späteren Vasengattungen, dass auch die damalige Malerei solche Stoffe in gleichem Geiste behandelte. Ein Vasenbild feinen sogenannten neuattischen Styls [4], stellt ein Stieropfer dar, welches vor einem alterthümlichen Idol dargebracht wird. Der Altar ist aus Felsblöcken roh zusammengefügt; ein mit Votivbildern behangener Baum beschattet die Handlung. Die Beschaffenheit des Götterbildes und des Altars und die Gegenwart des populären Cultusmales, des heiligen Baumes, lassen deutlich erkennen, dass der Vasenmaler bemüht war, jenen Eindruck des Ursprünglichen und Primitiven zu erwecken, wie er in grösserem oder geringerem Grade einer idyllischen Darstellung eigenthümlich zu sein pflegt. Dieses Vasenbild ist den in den campanischen Landschaften dargestellten Opferscenen nicht nur hinsichtlich des Gegenstandes, sondern auch hinsichtlich der Stimmung nah verwandt [5]) und liefert uns somit den Beweis, dass eine entsprechende Richtung, wie sie in diesen Wandbildern hervortritt, bereits von der hellenistischen Malerei gepflegt wurde.

---

1) Anth. pal. VI 159.
2) Argon. I 1117 ff.
3) Argon. II 696 ff. Zu vergleichen ist auch die Schilderung des Arestempel der Amazonen, in welchem ein schwarzer Stein als primitives Cultusobject dient. Argon. II 1172 ff.
4) Raoul Rochette, peint. inéd. pl. 6 = Arch. Zeit. 1845 Taf. 35, 2. 1847 p. 155. Vgl. Stephani, Compte rendu 1868 p. 132.
5) Zu vergleichen ist auch ein merkwürdiges Vasenbild im Berliner Museum (Gerhard, akadem. Abhandl. II Taf. 67, 1): Ein mit einem Schurze bekleideter Jüngling schreitet zwischen zwei bärtigen ithyphallischen Hermen auf einen brennenden Altar zu. In der Linken hält er ein eigenthümliches in drei Spitzen auslaufendes Geräth, welches vielleicht dazu diente, die Opferflamme zu bedecken (vgl. Arch. Zeit. 1871 Taf. 45 p. 53). Auf dem Phallus der einen Herme sitzt ein Rabe. Auch diese Darstellung ist hinsichtlich des Gegenstandes den Opferscenen der campanischen Landschaftsbilder verwandt. Wenn die idyllische Stimmung nicht so deutlich hervortritt, wie auf dem oben angeführten Vasenbilde, so rührt dies offenbar von der sehr flüchtigen Durchführung her.

Wenden wir uns von der Betrachtung der Staffage zu der Untersuchung des Landschaftlichen, so gelangen wir zu demselben Resultate. Der Leser greife irgendwelche ausführlichere Schilderung aus der bukolischen oder epigrammatischen Poesie der Diadochenperiode heraus und er wird fast durchweg dieselben landschaftlichen Bestandtheile wahrnehmen, die auch auf den Wandbildern vorkommen. Im ersten Idyll des Theokrit[1] ist der Hintergrund durch ein Eichengebüsch, worin eine Quelle fliesst, und durch Statuen des Priap und der Quellnymphen bezeichnet. In einem Epigramme desselben Dichters[2] begegnen wir einem Holzbilde des Priap und einer von Felsen herabriesselnden Quelle, welche von Lorbeer, Myrten und Kypressen umgeben ist. Myro oder Moiro[3] schildert die Weihung von hölzernen Nymphenstatuen unter einem Pinienhain. Leonidas von Tarent vergegenwärtigt in zwei Epigrammen[4] eine Felslandschaft, in welcher eine Quelle herabrieselt und Holzbilder von Nymphen stehen. Alle diese von den Dichtern der Diadochenperiode gebildeten Motive kehren, einzeln oder mehrere vereinigt, auch in der Wandmalerei wieder. Die von Gebüsch umgebene oder von Felsen herabfallende Quelle[5] ist ein Lieblingsgegenstand ihrer landschaftlichen Schilderung. Eine Herme oder Statue des Priap pflegt fast auf keinem der Landschaftsgemälde, in denen ein idyllischer Zug maassgebend ist, zu fehlen[6]. Ländliche Bildnisse von Nymphen haben wir vermuthlich in den undeutlich behandelten weiblichen Gewandstatuen zu erkennen, die auf diesen Gemälden sehr häufig vorkommen[7]. Glücklicher Weise können wir auch hier beweisen, dass bereits die Malerei der Diadochenperiode mit einigen dieser Motive wirkte. Es ergiebt sich dies

---

1) Vers 20 ff.
2) Anth. pal. IX 437 (= Epigr. 17 Ahrens).
3) Anth. pal. VI 189.
4) Anth. pal. VI 334. IX 326.
5) Z. B. N. 1205, 1566. Auch auf mythologischen Compositionen wird öfters eine Quelle oder ein Bach beigefügt. Ein Bach findet sich neben Ganymed N. 155 (hier in meiner Beschreibung übersehen) und neben der schlafenden Chloris N. 974. Bei den Gemälden aus dem Narkissosmythos (N. 1340 ff.) und denen, welche Perseus schildern, wie er der Andromeda die Spiegelung des Medusenhauptes zeigt (N. 1192 ff.), bildet derselbe ein wesentliches Moment der Darstellung.
6) Z. B. N. 70. 549. 1053. 1183. 1356. 1370. 1585.
7) Z. B. N. 1053. 1561. 1562. Vgl. Philostrat. senior, imag. I 23: τὸ μὲν οὖν ἄντρον Ἀχελῴου καὶ νυμφῶν, γέγραπται δὲ τὰ ἀληθῆ· φαῦλου τε γὰρ τέχνης τὰ ἀγάλματα καὶ λίθου τοῦ ἐντεῦθεν, καὶ τὰ μὲν περιτέτριπται ὑπὸ τοῦ χρόνου, τὰ δὲ βουκόλων ἢ αἰπόλων παῖδες περιέκοψαν ἔτι νήπιοι καὶ ἀναίσθητοι τοῦ θεοῦ.

XXIV Ueber das Verhältniss der camp. Landschaftsbilder etc. 297

aus den oben angeführten Vasenbildern[1]), welche ithyphallische Hermen neben Altären, Wasserbecken oder heiligen Bäumen darstellen. Dieselben lassen mit Sicherheit auf eine gleichzeitige Landschaftsmalerei schliessen, welche den campanischen Wandbildern, mit denen wir uns gegenwärtig beschäftigen, hinsichtlich der Gegenstände, wie der Stimmung nahe verwandt war. Wir können in diesem Falle sogar eine entsprechende Darstellung nachweisen, welche sich zeitlich zwischen die Ausführung jener Vasenbilder und die künstlerische Thätigkeit in den campanischen Städten einreiht und somit deutlich auf die Continuität der Ueberlieferung hinweist. Die Reliefs einer in dem Grabmale der Volumnier gefundenen Urne[2] schildern eine Herme, an welcher eine Palme lehnt, einen Krater, auf dessen Rande Vögel sitzen, und eine von einer Säule getragene Amphora. Ein Weinstock, der an der rechten Seite der Darstellung angebracht ist, und ein anderes gleichartiges Gewächs, welches über dem Krater hervorragt, deuten den landschaftlichen Hintergrund an, vor dem man sich diese Gegenstände zu denken hat.

Die Gemälde ohne oder mit nur sehr flüchtig angedeuteter Staffage, deren Betrachtung wir an die der idyllischen Gattung anschlossen[3], verrathen merkwürdige Berührungspunkte mit Epigrammen der Diadochenperiode, die darauf ausgehen, landschaftliche Eindrücke zu vergegenwärtigen[4]). Ein Lieblingsgegenstand dieser Richtung ist die Strandgegend mit dem darin liegenden Heiligthume. Ein Epigramm des Menalkas[5], worin derselbe auffordert, an den Rand des Ufers zu treten und den Hain der Kypris zu überschauen, lässt sich als poetische Illustration dieser ganzen Serie betrachten. Angesichts des Bildes, welches einen einsamen Strand und darauf eine Priapherme darstellt[6]), denken wir unwillkürlich an eine ähnliche Schilderung der Anyte[7]).

Schliesslich sei hier noch des heiligen Baumes gedacht, eines Gegenstandes, welcher sehr oft auf den campanischen Landschaftsbildern vorkommt. Bald begegnen wir ihm neben kleinen Tempeln; bald streckt er seine Aeste unter einem Epistyl hervor, welches zwei Pfeiler oder Säulen verbindet[8]); öfters ist er, um

---

1) Siehe oben Seite 290. Vgl. auch die Seite 248 angeführten Münztypen von Pandosia und Segesta.
2) Conestabile, sepolcro dei Volunni Tav. XII.
3) Siehe oben Seite 98 ff.
4) Vgl. Seite 283.
5) Anth. pal. IX 333. Abgedruckt Seite 283.
6) Pitt. d'Erc. I p. 55.
7) Anth. pal. IX 314. Abgedruckt Seite 283.
8) Festus p. 319 Müller: Sacella dicuntur loca diis sacrata sine tecto. Vgl. Helbig N. 1571 ff.

die Ausdehnung des dazu gehörigen heiligen Bezirkes zu bezeichnen und dasselbe vor Verletzung zu schützen, mit einer Umfriedigung versehen[1]). Die Grundbedingung, welche erforderlich war, damit der gebildete Grieche gerade durch solche schlichte Cultusobjecte eigenthümlich gestimmt wurde, war in der fortgeschritteneren Entwickelung des Hellenismus gegeben. Als nothwendiger Rückschlag gegen die complicirte Civilisation, wie sie in den damaligen Culturmittelpunkten herrschte, entwickelte sich die Neigung zum Ursprünglichen und Primitiven, eine Neigung, die bekanntlich den Geist der damaligen Epoche in der vielseitigsten Weise bestimmt. Der gebildete Alexandriner, der Grieche aus Seleukeia am Tigris oder aus Antiocheia am Orontes, musste sich, wenn er, entfernt von dem Getümmel seiner Stadt, eines heiligen Bannes ansichtig wurde, in eine andere Welt versetzt fühlen, in welcher der Mensch unter einfacheren und naturgemässeren Verhältnissen seine Befriedigung fand. Zugleich wurde durch den Anblick der ehrwürdigen Bäume sein Naturgefühl angeregt[2]. Mögen uns auch aus der alexandrinischen Litteratur keine Aeusserungen erhalten sein, welche von solchen Eindrücken bestimmte Rechenschaft ablegen, so ergiebt sich die Existenz der Empfindungsweise, die wir aus den Bedingungen der damaligen Cultur geschlossen, deutlich aus Erscheinungen der gleichzeitigen Poesie und Kunst. Die Diadochenperiode fängt an, das Cultusmal des heiligen Baumes zum Gegenstande eingehender dichterischer Behandlung zu machen. Der Baumfrevel des Erysichthon ist der Stoff eines Gedichtes des Kallimachos[3]). Theokrit[4]) schildert, wie lakonische Jungfrauen eine der Helena geweihte Platane mit Lotoskränzen schmücken und mit Oelspenden benetzen. Apollonios von Rhodos[5]) handelt von dem Baumfrevel, den der Vater des Paraibios beging, und erzählt[6]), wie der Schiffsbalken aus wildem Oelbaumholze, den die Argonauten auf dem Grabe des Idmon aufgestellt, Sprossen trieb und nachmals Centralheiligthum der pontischen Herakleia wurde. Drei selbstverständlich epideiktische Epigramme des Leonidas von Tarent beziehen sich auf Weihungen, welche an heiligen Bäumen dargebracht werden. Ein Hirt weiht das Fell eines erschlagenen Wolfes

---

1) Z. B. Pitt. d'Erc. I p. 18.
2) König Attalos I. von Pergamos beschrieb ausführlich eine durch Grösse und Schönheit ausgezeichnete Pinie, die sich im Gebiete des Ida befand: Strabo XIII 1, 44 p. 603.
3) Hymn. in Cerer. 39 ff.
4) Idyll. XVIII 44 ff.
5) Argon. II 477 ff.
6) II 843 ff.

XXIV. Ueber das Verhältniss der camp. Landschaftsbilder etc. 299

an einer Fichte¹). Ein Jäger nagelt ein Hirschgeweih an einen gleichen Baum²). Nach dem dritten Epigramme wird Jagdbeute und Jagdgeräth dem Pan an einer Platane dargebracht³). Wenn aber die Griechen der Diadochenperiode das Bedürfniss empfanden, sich das Bild solcher mit Weihgeschenken ausgestatteter Bäume durch die Dichtung vergegenwärtigen zu lassen, dann wird auch die gleichzeitige Malerei nicht ermangelt haben, dasselbe durch den Pinsel zu verwirklichen. Und diese Annahme wird durch die gleichzeitige Vasenmalerei bestätigt. Wir kennen verschiedene Gefässbilder, welche den heiligen Baum in genrehafte Darstellungen einführen. Das eine derselben ist das bereits erwähnte Stieropfer⁴). Ein zweites von sehr später und nachlässiger Ausführung⁵) zeigt den heiligen Baum neben einer ithyphallischen bärtigen Herme mit Stierhörnern; rechts sitzt auf einem Felsen ein Jüngling mit Chlamys, die Linke auf einen Speer stützend; links steht eine vollständig bekleidete weibliche Figur, mit einem Kästchen in der Hand. Offenbar handelt es sich auch hier um einen Cultusact, der vor der Herme und dem Baume Statt finden soll. Schliesslich erwähne ich noch einen Krater ebenfalls später Fabrik, der sich in der Sammlung Santangelo befindet⁶). Seine Malereien scheinen einen Wanderer darzustellen, welcher unter dem Schatten eines heiligen Baumes ausruht. Wir sehen in der Mitte den Baum und vor demselben eine bartlose, phallische Herme; unter dem Baume sitzt ein Jüngling auf seiner Chlamys, den rechten Ellenbogen aufgestützt, einen Stab in der Linken; dem Ausruhenden nähert sich ein Mädchen, bekleidet mit Chiton und Mantel, und bietet ihm mit der Rechten eine Schale dar; im Hintergrunde hängt eine Tainia, während die Vegetation im Vordergrunde durch einige Kräuter angedeutet ist. Andere Vasenbilder, deren wir bereits gedacht, gehören in das Bereich der landschaftlichen Schilderung und stellen den heiligen Baum neben Altären, Wasserbecken oder ithyphallischen Hermen dar⁷). Trotz der dürftigen Mittel des Ausdrucks lassen diese Darstellungen deutlich genug eine entsprechende Stimmung durchklingen, wie sie Wandbildern, auf denen der heilige Baum vorkommt, eigenthümlich zu sein pflegt.

1) Anth. pal. VI 262.
2) Anth. pal. VI 110.
3) Anth. pal. VI 35.
4) Raoul Rochette, peint. inéd. pl. 6 = Arch. Zeit. 1845 Taf. 35, 2. Vgl. oben Seite 295.
5) Gerhard, akad. Abhandl. II Taf. 67, 2.
6) Heydemann, die Vasensammlungen des Museo nazionale zu Neapel p. 780 n. 649.
7) Siehe oben Seite 290.

300   Der Hellenismus und die campanische Wandmalerei.

Ueberblicken wir noch einmal in der Kürze die einzelnen Resultate dieser Untersuchung, so haben wir gezeigt, dass die Stimmung, welche in den campanischen Landschaftsbildern idyllischer Richtung herrscht, die darin vorkommende Staffage, endlich sogar die einzelnen landschaftlichen Bestandtheile bereits von der Poesie der Diadochenperiode künstlerisch verwerthet sind. Gewiss wäre es eine höchst abnorme Erscheinung, wenn eine Richtung, die schon damals in der Dichtung Ausdruck fand, Generationen hindurch keinen Einfluss auf die bildende Kunst ausgeübt und erst in griechisch-römischer Epoche, die an Productivität so tief unter der Diadochenperiode steht, in die Malerei Eingang gefunden hätte. Da wir vielmehr wissen, dass die Landschaftsmalerei bereits in der Diadochenperiode als selbstständige Gattung existirte, so ergiebt es sich als eine naturgemässe Consequenz, dass diese Kunst schon damals eine der gleichzeitigen Poesie entsprechende Richtung einschlug. Und diese Annahme konnte ausserdem durch einige Erscheinungen aus der an die Alexanderepoche anknüpfenden Vasenzeichnung bestätigt werden. Unter solchen Umständen dürfen wir es als hinlänglich bewiesen betrachten, dass die campanische Landschaftsmalerei, insoweit sie eine idyllische Richtung vertritt, von entsprechenden Leistungen der hellenistischen Kunst abhängt.

Dieses Resultat findet eine Bestätigung und kann zugleich schärfer gefasst werden, wenn wir das Verhältniss in Betracht ziehen, in welchem die Litteratur der Kaiserzeit hinsichtlich der poetischen Naturschilderung zu der alexandrinischen steht. Die Schriftsteller der Kaiserzeit, mögen sie lateinisch oder griechisch schreiben, wirken auf diesem Gebiete in entsprechendem Geiste und mit denselben landschaftlichen Motiven, wie ihre alexandrinischen Vorgänger. Hier wie dort begegnen wir denselben Lieblingsstoffen, der Quelle[1]), dem ländlichen Heiligthume[2]), dem heiligen Baume[3]), den Statuen des Priap und der Nymphen[4]). Hiermit soll keineswegs behauptet werden, dass alle diese Aeusserungen der römischen Poesie schlechthin Nachahmungen bestimmter alexandrinischer Dichterstellen seien. Das Naturgefühl der begabteren Dichter der augusteischen Epoche, wie des Horaz, Tibull und Properz, war gewiss ein ächtes und inniges. Doch

---

1) Horat. Carm. I 17, 12 ff. Ovid. Metam. III 155 ff. 407 ff. Ars am. III 687 ff. Propert. I 20, 33 ff. Krinagoras, Anth. pal. VI 253. Alciphron, ἐπιστολ. p. 80 ed. Meincke.
2) Propert. III 10, 13. V 3, 57. Ovid. fast. I 275.
3) Vergil. Aen. XII 766. Tibull. I 1, 11. Propert. III 19, 19.
4) Alciphron, ἐπιστολ. p. 80 ed. Meincke. Longos, past. I 4. Vgl. Propert. IV 3, 27 ff.

war die ganze Anschauungs- und Empfindungsweise der damaligen Gebildeten derartig von hellenistischer Bildung durchdrungen, dass sich auch das Naturgefühl in einer entsprechenden Richtung bewegte, dass es mit Vorliebe an denselben Gegenständen haftete und unwillkürlich einen ähnlichen Ausdruck annahm, wie bei den Griechen der Diadochenperiode. Wenn aber schon die hervorragendsten Geister, denen wir innerhalb der dem Geiste ihrer Zeit gesteckten Grenzen ein selbstständiges Empfinden zuzutrauen berechtigt sind, bis zu einem gewissen Grade dem hellenistischen Einflusse unterliegen, so wird derselbe in noch viel weiterem Umfange bei den weniger begabten massgebend gewesen sein. Horaz spottet an einer bekannten Stelle[1]) über die Naturschilderungen, mit denen zu seiner Zeit poetische Stümper ihre Gedichte auszuputzen pflegten. Die Gegenstände, die er dabei anführt:

lucus et ara Dianae
et properantis aquae per amoenos ambitus agros,

gehören zu der in der Diadochenperiode entwickelten Scenerie. In den Liebesromanen werden die hellenistischen Landschaftsmotive, wie Recepte, welche für bestimmte Bedürfnisse bereit liegen, verwendet und in mechanischer Weise, wo die Erzählung es erfordert, eingeschoben. Eine eigenthümliche Auffassung derselben, die der Darstellung einen gewissen Reiz giebt, ist höchstens in dem Romane des Longos wahrzunehmen. Wir können das Thema der Weihung einer Jagdbeute an einem heiligen Baume, wie es bereits von dem Tarentiner Leonidas behandelt wurde, durch Epigramme des Antipater[2]), Erykios[3]), Zonas[4]) bis zu einem Epigramme des Paulus Silentiarius[5]), also bis in das 6. Jahrhundert nach Christus verfolgen. Auf dem Gebiete der Dichtung ist also die Abhängigkeit der späteren Leistungen von den alexandrinischen durch erhaltene Litteraturdenkmäler hinlänglich festgestellt. Es wäre widersinnig, für die Malerei, weil hier die Ueberlieferung spärlicher fliesst, weil sich vor Allem keine hellenistischen Originale erhalten haben, einen verschiedenen Entwickelungsgang anzunehmen. Vielmehr werden wie die Dichter der Kaiserzeit so auch die gleichzeitigen Maler auf dem Gebiete der idyllischen Landschaftsschilderung an die Leistungen der hellenistischen Kunst angeknüpft und mit den von dieser ausgebildeten Motiven weitergearbeitet haben.

Die Veduten- und Prospectenbilder haben wir bereits im

---

1) Epist. ad Pison. 10 ff.
2) Anth. pal. VI 111. Offenbar eine Nachahmung des Epigrammes des Leonidas in Anth. pal. VI 110.
3) Anth. pal. VI 96.
4) Anth. pal. VI 106.
5) Anth. pal. VI 108.

302 Der Hellenismus und die campanische Wandmalerei.

zwölften Abschnitte als Producte anerkannt, die, dem wesentlichen Inhalte nach, in der Kaiserzeit gestaltet sind¹). Möglich ist es allerdings, dass auch in diese Gattungen einige Fäden der hellenistischen Entwickelung hineinreichen; doch lässt sich dies bei der Dürftigkeit der Ueberlieferung nicht im Einzelnen nachweisen. Dagegen sind wir im Stande, diesen Beweis an führen hinsichtlich einer Wandmalerei, welche der Gattung des Prospectenbildes, die Gartenanlagen darstellt, nahe verwandt ist. Stücke einer ursprünglich zusammengehörigen herculaner Wanddecoration²) stellen eine Reihe von Lauben dar, welche sich über scenischen Masken emporwölben. Zwischen den Blättern dieser Lauben sind allerlei Gefässe, Tympana, Syringen, Rhyta angebracht. Ganz denselben Motiven begegneten wir bereits an der Laube, die bei dem Festzuge des Ptolemaios Philadelphos über dem Wagen des Dionysos ausgespannt war³). Wir sind in diesem Falle sogar im Stande, eine entsprechende Anlage nachzuweisen, welche sich chronologisch zwischen die Diadochenperiode und die künstlerische Thätigkeit in den campanischen Städten einreiht. M. Antonius nämlich liess, wie Sokrates von Rhodos⁴) berichtet, zu Athen eine ganz ähnlich decorirte Laube über der Skene des Dionysostheater aufführen und zechte darunter vor dem versammelten Volke mit seinen Genossen.

Wenden wir uns nunmehr zu der Betrachtung der ägyptischen Landschaften⁵), so ist es sehr wahrscheinlich, dass auch diese Gattung bereits in der Diadochenperiode ausgebildet war. Die an der Basis der vaticanischen Nilstatue angebrachten Reliefs, welche Nilgegenden, belebt durch Pygmaienfiguren und durch die Fauna des ägyptischen Flusses, darstellen, setzen mit Nothwendigkeit die Existenz einer entsprechenden Landschaftsmalerei voraus. Wenn nun diese Statue, was mir hinlänglich sicher scheint⁶), in ihrem ganzen Bestande nach einem Originale der Ptolemaierepoche copirt ist, so ergiebt sich, dass die Galtung der ägyptischen Landschaft bereits damals existirte. Wenn ferner Plinius⁷) über ein Gemälde des Neulkes, welches eine Schlacht zwischen Aegyptern und Persern auf dem Nil schilderte, berichtet, dass der Maler der Handlung ein Krokodil beifügte, das einem am Ufer trinkenden Esel nachstellte, so lässt diese Angabe

---

1) Vgl. oben Seite 106 ff.
2) N. 1741, 1748.
3) Kallixenos von Rhodos b. Athen. V p. 198 D. Vgl oben S. 282.
4) Bei Athen. IV p. 148 B.
5) Siehe oben Seite 101.
6) Vgl. oben Seite 29 ff.
7) XXXV 142.

auf einen Hintergrund schliessen, welcher die eigenthümliche Natur des Landes veranschaulichte. Wir werden hierbei zugleich einer Spur gewahr, welche mit Bestimmtheit auf den Zusammenhang der in den campanischen Städten gefundenen ägyptischen Landschaften mit entsprechenden Leistungen der Diadochenperiode hinweist; denn ein ganz ähnliches Motiv, wie es Nealkes seinem Schlachtbilde beifügte, kehrt auf einem ägyptisirenden Landschaftsbilde aus Herculaneum[1]) wieder.

Was die Meerlandschaften mit Schiffskämpfen betrifft[2]), so wird Jedermann zugeben, dass kein Motiv derselben uns nöthigt, in ihnen Erfindungen der römischen Epoche zu erkennen. Wären vielmehr diese Compositionen gegen Ende der Republik oder im Anfange der Kaiserzeit geschaffen, dann stünde zu erwarten, dass der Charakter der damals geschlagenen Seeschlachten irgendwie auf die malerische Darstellung gewirkt hätte. Und diese Schlachten, die des Pompeius gegen die Seeräuber und die bei Actium, boten bezeichnende Züge genug dar, die sich selbst mit den dürftigen Mitteln der Frescotechnik deutlich veranschaulichen liessen. Nichts war leichter, als den Gegensatz zwischen den kleinen Schnellseglern des Octavian und den grossen schwer beweglichen Schiffen der ägyptischen Flotte hervorzuheben, wie er bei Actium den Ausschlag gab[3]). Doch findet sich von dem Versuche einer derartigen Charakteristik in der campanischen Wandmalerei nicht die geringste Spur. In der Form, der Ausrüstung und der Verzierung der Schiffe, in der Bewaffnung ihrer Mannschaften, welche bei beiden kämpfenden Parteien der der griechischen Hopliten entspricht, zeigt sich nichts Individuelles; vielmehr ist die ganze Behandlung sehr allgemein gehalten und scheint sie lediglich durch ästhetische Gesichtspunkte bedingt zu sein[4]). Ausserdem spricht die Tiefe der Auffassung, wie sie bisweilen in diesen Bildern trotz der beschränkten Mittel der Ausführung hervortritt[5]), gegen die Annahme einer so späten Erfindung. Wenn wir demnach den Ursprung auch dieser Gattung in älterer Zeit zu suchen haben, dann war ge-

---

1) N. 1569.
2) Vgl. oben Seite 101 ff.
3) Cassius Dio L 19, 5. 23, 2. 28, 1. 32, 2. Plutarch. Anton. 62. Horat. carm. I 37, 30.
4) Dieselbe Abstraction von dem specifisch Römischen zeigt sich noch bei den amphitheatralischen Seeschlachten der Kaiserzeit. Die Schauspiele dieser Art, welche bei der Einweihung des Colosseums und der Titusthermen gegeben wurden, stellten nicht etwa römische Siege, sondern Seeschlachten zwischen Korkyräern und Korinthiern, und Syrakusern und Athenern dar. Cassius Dio LXVI 25.
5) Siehe namentlich N. 1550.

304   Der Hellenismus und die campanische Wandmalerei.

wiss keine Periode so geeignet, sie in das Leben zu rufen, wie die der Diadochen. Die maritimen Interessen, welche früher von einzelnen Städten gepflegt worden waren, wurden damals das Gemeingut der gesammten civilisirten Welt. Es fand ein kolossaler Umschwung in dem Seewesen Statt. Alle Staaten, welche irgendwelche selbstständige politische Stellung einnehmen wollten, wendeten der Entwickelung ihrer Seemacht die grösste Aufmerksamkeit zu. Hierdurch wurde das nautische Interesse in den weitesten Kreisen verbreitet und auch die Kunst auf die Behandlung entsprechender Stoffe hingewiesen. Schon Nikias empfahl die Darstellung von Seeschlachten als einen Gegenstand, welcher dem Maler die geeignete Gelegenheit böte, die Fülle seiner Erfindungskraft zu bewähren [1]. In der weiteren Entwickelung begegnen wir dem bereits erwähnten Bilde des Nealkes, welches eine Schlacht zwischen der persischen und ägyptischen Flotte auf dem Nil darstellte [2]. Jedenfalls erscheint die Einführung von Landschaften mit Schiffskämpfen in die Decoration des Privathauses ungleich natürlicher in den hellenistischen Staaten, wo ein bedeutendes Capital nautischer Bildung und nautischen Interesses vorlag, als in dem römischen, welcher sich nur zeitweise und nothgedrungen die Entwickelung seiner Seemacht angelegen sein liess. Demnach spricht alle Wahrscheinlichkeit dafür, dass diese Gattung nicht in römischer Epoche und auf italischem Boden ausgebildet, sondern von den Römern zusammen mit dem ganzen Apparate hellenistischer Wanddecoration übernommen wurde.

Schliesslich tritt die Frage an uns heran, wie sich die Gemälde, welche verschieden geartete landschaftliche Bestandtheile vermischen [3], zu der in diesem Abschnitte begründeten Auffassung verhalten. Wir haben nachgewiesen, dass eine ganze Reihe von Compositionen oder Motiven, welche in der Wandmalerei reproducirt sind, seit der Diadochenperiode von Generation zu Generation weiter überliefert worden. Es ist schon in Anbetracht der langen Dauer der Ueberlieferung begreiflich, dass mit der Zeit das Verständniss für die Bedeutung der einzelnen Motive getrübt wurde. Besonders nahe lag dies aber, wenn die Reproduction innerhalb einer untergeordneten Kunstübung, wie es die Wandmalerei war, Statt fand. Mag man den ästhetischen Sinn der campanischen Wandmaler noch so hoch veranschlagen, so wird doch Jedermann zugeben, dass das Bewusstsein des Wechselbezuges, wie er in dem Organismus der Natur zwischen den

---

[1] Demetr. Phaler. de elocutione 76.
[2] Plin. XXXV 142. Vgl. oben Seite 302.
[3] Siehe oben Seite 102 ff.

Gliedern und dem Ganzen herrscht, nicht bei allen gleich entwickelt war. Ziehen wir ausserdem noch die Art in Betracht, wie diese Künstler arbeiteten, ohne Vorlegeblatt und durch die Bedingungen ihrer Technik zur Eile genöthigt, dann erklären sich jene Mischbildungen in der naturgemässesten Weise. Bei dem Verfahren der Wandmaler konnte es kaum ausbleiben, dass dieselben sich bisweilen in den Dimensionen einzelner landschaftlicher Bestandtheile vergriffen. Ihr Gefühl für richtige Raumfüllung, ein Gefühl, welches die classische Kunst bis in die spätesten Zeiten des Verfalls hinein bewahrte, trieb sie an, diesen Vorstössen, so gut es ging, abzuhelfen. Sie konnten sich somit leicht veranlasst fühlen, ein geläufiges Motiv aus dem Apparate der idyllischen Gattung, eine Priap- oder Nymphenstatue oder ein sacellum rusticum beizufügen, mochte auch ein solcher Zug dem Grundcharakter der zu reproducirenden Composition zuwiderlaufen. Da ausserdem, wie wir später sehen werden, die improvisirende Thätigkeit der Wandmaler nicht gering anzuschlagen ist, so fragt es sich sogar, ob sie nicht die von Altors her überlieferten Motive bisweilen geradezu wie Versetzstücke behandelten und dieselben, um neue Landschaften zu erzielen, willkürlich auseinanderrückten oder zusammenschoben. Besonders nahe lag es ihnen aber, Motive aus dem Bereiche des Vedutenbildes einzuschalten; denn die von dieser Gattung geschilderten Erscheinungen mussten ihnen, da sie mit der Natur, welche die Wandmaler umgab, übereinstimmten, vorzugsweise geläufig sein. In dieser Weise aufgefasst, findet die Entstehung der Landschaftsbilder, welche idyllische Elemente und baulichen Luxus durcheinandermischen[1]), eine bezeichnende Analogie in einem litterarischen Erzeugniss der augusteischen Epoche. Die Eclogen des Vergil sind im Wesentlichen Uebersetzungen oder Umarbeitungen der Idylle des Theokrit. Doch überträgt der lateinische Dichter auf diese Grundlage bisweilen eigene Gedanken und Anspielungen auf Ereignisse seiner Zeit, die einen eigenthümlichen Gegensatz darbieten zu der Naivität, welche in den aus der hellenistischen Poesie entlehnten Bestandtheilen im Ganzen glücklich gewahrt ist. Wenn wir bei den Eclogen den verschiedenen Ursprung der von Vergil zusammengearbeiteten Elemente bestimmt nachweisen können, so sind wir berechtigt, ja genöthigt, eine entsprechende Erscheinung der ungefähr gleichzeitigen Malerei in derselben Weise zu erklären. Demnach haben wir auch hier zu scheiden zwischen den idyllischen Bestandtheilen, die auf hellenistischer Ueberlieferung beruhen, und den Motiven

---

[1]) Vgl. oben Seite 113 ff.

üppiger Architektur, welche die Maler unter dem Eindrucke der
sie umgebenden Aussenwelt mit diesen zusammenbrachten.

XXV. Thierstück und Stillleben.

Das Thierstück, wie es in der campanischen Wandmalerei
aufzutreten pflegt, giebt der Natur entsprechende Darstellungen
aus der Thierwelt und stimmt im Ganzen mit dem Begriffe, den
wir heut zu Tage mit dieser Bezeichnung verbinden.
So lange die griechische Kunst vorwiegend eine religiöse und
monumentale Richtung verfolgte, war sie keineswegs geeignet,
eine solche Gattung auszubilden. Die selbstständigen Thierfiguren, welche während der älteren Entwickelung geschaffen
wurden, waren Symbole und Anathemata. Eine solche Bedeutung
und Bestimmung ist aber dem, was wir Thierstück nennen, vollständig fremd. Wo dieselbe vorhanden war, musste sie auch die
Behandlung in eigenthümlicher Weise bedingen und den Elementen, in welchen sich das Thierstück mit Vorliebe ergeht, dem
Naturalismus und der Berücksichtigung momentaner Erscheinungen und genrehafter Züge, Schranken setzen.
Die eingehendere Begründung der Ansicht, welche ich über
die Thierfigur der älteren Entwickelung ausgesprochen, würde
mich von meinem Gegenstande zu weit abführen. Ich begnüge
mich daher hier nur einer berühmten Schöpfung zu gedenken,
die bei flüchtiger Betrachtung gegen meine Behauptung geltend gemacht werden könnte. Es ist dies die Kuh des Myron. Sicherlich war auch diese ein öffentliches Anathem. Obwohl wir weder
über den Anlass, welcher dieselbe in das Leben rief, noch über
den ursprünglichen Ort der Aufstellung unterrichtet sind, so ist
jene Annahme nicht nur durch den ganzen Charakter der gleichzeitigen Kunst, sondern auch durch eine Reihe bezeichnender
Analogien geboten. Eherne Statuen von Kühen oder Stieren waren
in der an die Perserkriege anknüpfenden Entwickelung beliebte
Weihgeschenke. Die euböischen Karystier weihten nach der Ver-
treibung der Perser in dem delphischen Tempel ein ehernes Rind[1]).
Wenn Pausanias beifügt, dass die Statue des feldbestellenden
Thieres auf die Befreiung des Ackerbodens hinwies, so hat diese
Angabe alle innere Wahrscheinlichkeit für sich, und darf ein

---

1) Pausan. X 16, 6.

entsprechender Sinn bei allen ähnlichen Weihgeschenken vorausgesetzt werden, die als Dank für Errettung aus Kriegsgefahr dargebracht wurden. Dies gilt von dem ehernen Rinde, welches die Plataier nach dem Abzuge der Perser in Delphi aufstellten [1], von den zwölf ehernen Kühen, Werken des Phradmon, die nach einem Siege über die Illyrier in dem Vorhofe des Tempels der itonischen Athene geweiht wurden [2], vermuthlich auch von dem βοῦς ἐν πόλει, dem auf der athenischen Akropolis befindlichen Weihgeschenke der Areopagiten [3]. Einen weiteren Beleg dieses Symbols geben die selinuntischen Münztypen, welche sich auf die Regulirung des Hypsas und Selinus beziehen [4]. Die von hoher Basis getragene Rinderfigur, welche auf diesen Münzen neben dem Schale und Lorbeerzweig haltenden Flussgotte und dem Hahne, dem Vogel des Asklepios, dargestellt ist, kann meines Erachtens nur das Acker- oder Weideland [5] bezeichnen, welches durch jene Regulirung gewonnen worden war [6]. Was sich aber hinsichtlich der soeben angeführten Rinderfignren beweisen oder wahrscheinlich machen lässt, darf auch von entsprechenden Werken der gleichzeitigen Kunst vorausgesetzt werden, über deren ursprüngliche Bedeutung und Bestimmung wir zufällig nicht unterrichtet sind [7]. Es spricht somit alle Wahr-

---

1) Pausan. X 15, 1.
2) Theodoridas, Anth. pal. IX 743.
3) Hesych. βοῦς ἐν πόλει χαλκοῦς ὑπὸ τῆς βουλῆς ἀνετέθεις. Pausan. 1 24, 2. Vgl. Bergk, Zeitschr. f. Alterthumswiss. 1845 p. 981; E. Curtius, Arch. Zeit. 1860 p. 37; O. Jahn, de antiquissimis Minervae simulacris atticis p. 7.
4) Denkm. a. K. I 42, 194.
5) Da das Rind, soweit ich diese Münzen kenne, mit abwärts gesenktem Kopfe, demnach weidend, dargestellt ist, so scheint die Annahme des Weidelands die näher liegende.
6) E. Curtius, Arch. Zeit. 1860 p. 38 sieht es vor, in dem Rinde der selinuntischen Münzen das Symbol der Wasserkraft zu erkennen, welche durch die Regulirung gebändigt worden war. Doch entspricht der Begriff der Wasserkraft keineswegs dem Charakter des Selinus und Hypsas, welche nicht den gehörigen Fall hatten und desshalb das umliegende Land versumpften. Andererseits hätten wir, wenn dieser Begriff symbolisirt werden sollte, auf den Münzen nicht das ruhig vorschreitende und allem Anscheine nach weidende Rind, sondern eben βοῦς Βούφιος zu gewärtigen. Jedenfalls erscheint die Darstellung, wenn wir sie in der oben angedeuteten Weise erklären, ungleich klarer und einheitlicher. Dann drücken beide Symbole, welche neben dem libirenden Flussgott dargestellt sind, auf das Deutlichste die durch die Stromregulirung erzielten Vortheile aus, der Hahn, als Vogel des Asklepios, die Beseitigung der Malaria, das Rind das gewonnene Acker- oder Weideland.
7) Dies gilt auch von dem chernen Rinde, einem Werke des Philesios, welches die Eretrier nach Olympia weihten, von einem gleichen

scheinlichkeit dafür, dass die Kuh des Myron und die vier Stiere desselben Meisters, die sich nachmals zu Rom im Vorhofe des palatinischen Apollotempels befanden [1]), von Haus aus als Symbole und Anathemata gearbeitet waren. Ist dies aber anerkannt, dann dürfen wir annehmen, dass der Naturalismus in diesen Gebilden, mag auch die Lebenswahrheit der Kuh von vielen classischen Zeugen gepriesen werden, immerhin gewisse Grenzen einhielt, dass sie vielmehr Idealtypen waren, auf welche die Benennung »Thierstück« ebensowenig passen würde, wie auf den luzerner Löwen oder andere monumentale Thierfiguren der modernen Kunst[2]).

Ueberhaupt begegnen wir in der Zeit vor Alexander nur einem Kunstwerke, welches dem Begriffe, den wir mit der Bezeichnung »Thierstück« zu verbinden pflegen, einigermaassen entspricht. Pauson, so wird erzählt[3]), erhielt den Auftrag, ein sich wälzendes Pferd zu malen. Er stellte dasselbe jedoch laufend und von vielem Staube umwirbelt dar. Als der Auftraggeber ihm hierüber Vorwürfe machte, drehte Pauson das Bild um, wodurch die Figur des Pferdes, der Bestellung gemäss, sich wälzend erschien. Hier hätten wir in der That eine genrehafte Darstellung, die sich als Thierstück bezeichnen liesse. Doch steht dieselbe, soweit unsere Kenntniss reicht, in der damaligen Entwickelung völlig vereinzelt da. Ich will die Möglichkeit nicht abläugnen,

---

ebenda befindlichen Anathem der Korkyraier (Pausan. V 27, 9) und von der ehernen Kuh, welche zu Korinth neben der Peirene stand (Klearchos bei Athen. XIII p. 605 E), deren Ursprungszeit jedoch unbekannt ist. In heftiger Bewegung dargestellt, war der Stier poseidonisches Symbol (vgl. Curtius. Arch. Zeit. 1460 p. 36 ff.). In diesem Sinne sind die bronzenen Votivfiguren von Stieren aufzufassen, die sich im Bezirke des Poseidonstempels auf Tainaron finden (Boll. dell' Inst. 1857 p 155), und der eherne Stier, ein Werk des Aigineten Theopropos, welches die Korkyraier nach Delphi weihten. Der poseidonische Bezug der letzteren Figur ergiebt sich deutlich aus der Veranlassung der Weihe, wie sie von Pausanias X 9, 3 berichtet wird. 1) Propert. II 31, 7. Auch die Vasen mit schwarzen Figuren schildern bisweilen solche Weihstatuen von Rindern; Gerhard, auserles. Vasenb. IV 242, 1. 2 = O. Jahn, de antiqu. Minervae simulacris atticis Tab. I 1 vgl. p. 5 ff.; Gerhard, auserl. Vas. IV 242, 2. 3; Micali, storia tav. 95, 3.

2) Die Handschriften des Plinius XXXIV 57 schreiben dem Myron auch die Figur eines Hundes zu. Doch scheint die Lesart canem verdorben. Benndorf, de anth. graec. epigramm. quae ad artes spectant p. 15 Note 1 schlägt dafür Laukon vor. Wann der Bildhauer Simon lebte, von dem ein Hund und ein Bogenschütze angeführt werden (Plin. XXXIV 90. Vgl. Brunn, Gesch. d. gr. Künstl. I p. 84), ist unbekannt.
3) Plutarch. de Pythiae orac. 5; Aelian. var. hist. XIV 15; Pseudo-Lucian. Demosth. encom. 24.

dass die griechische Malerei, welche ja in vielen Hinsichten der Plastik voraneilt, eine derartige Auffassungsweise eher ausbildete, als die Schwesterkunst, kann aber nicht umhin, darauf aufmerksam zu machen, dass die Erzählung von dem Pferde des Pauson in das Gebiet der Künstleranecdote gehört und daher keine unbedingt sichere Gewähr bietet.

Urtheile man hierüber wie man wolle, jedenfalls waren erst seit der Alexanderepoche alle Bedingungen erfüllt, um die Pflege der genrehaften Thierdarstellung in weiterem Umfange zu fördern. Das Interesse für die verschiedenen Erscheinungen der Wirklichkeit und die Fähigkeit der Kunst, dieselben wiederzugeben, hatten eine beträchtliche Steigerung erfahren. Durch die Fortschritte der Naturwissenschaft war das Verständniss für die Thierwelt vertieft worden. Indem die Kunst in ungleich höherem Grade, als es früher der Fall gewesen war, privaten Zwecken zu dienen anfing, indem sie Paläste und Parks schmückte, die Cabinets- und die Prospectenmalerei ausbildete, eröffnete sich für die genrehafte Thierdarstellung ein geeigneter Spielraum. Jetzt begegnen wir auch unzweideutigen Spuren, welche die Existenz der Thiermalerei als besonderer Gattung bezeugen[1].

Von Nikias berichtet Plinius, dass ihm auch Thierbilder zugeschrieben wurden und dass er besonders glücklich in der Schilderung von Hunden gewesen sei[2]. Hiermit stimmt eine Stelle des Pausanias[3], wo es von Nikias heisst ζῷα ἄριστος γράψαι τῶν ἐφ' αὑτοῦ, Worte, welche, wie Welcker[4] richtig annimmt, nicht auf Malerei überhaupt, sondern im Besonderen auf Thiermalerei zu beziehen sind. Die Esel, welche unter den von Peireikos[5] behandelten Gegenständen angeführt werden, können bei der ganzen Richtung dieses Malers nur genrehafte Thierstücke gewesen sein.

Wenn Nikias die Maler warnte, ihre Kräfte nicht an unbedeutenden Stoffen, wie Vögeln und Blumen, zu zersplittern[6], so bezeugt diese Bemerkung, dass zur Zeit Alexanders Gemälde, welche Vögel zum Gegenstand der Darstellung machten, allgemein verbreitet waren. Später begegnen wir in Pergamos dem be-

---

1) Thierfiguren, wie das Reh (Aelian. hist. animal. epit. p. 135 Hercher) und das Pferd des Apelles (Plin. XXXV 95), von denen es ungewiss ist, ob sie selbstständig dargestellt oder nur Theile eines grösseren Ganzen waren (vgl. Brunn, Gesch. d. gr. Künstler II p. 206, 210), lassen wir bei dieser Betrachtung selbstverständlich unberücksichtigt.
2. Plin. XXXV 133.
3) Pausan. I 29, 15.
4) Kunstblatt 1827 n 51.
5) Plin. XXXV 112.
6) Demetr. Phaler. de elocut. 76.

rühmten Mosaikgemälde des Sosos, welches Tauben um ein mit Wasser gefülltes Gefäss gruppirt darstellte [1]). Der Einfluss dieser Richtung der kunstmässigen Malerei ist auch in der späteren Vasenfabrik ersichtlich. In der Nekropole von Canosa finden sich häufig Krüge und zweihenklige Töpfe späten Styls, auf deren dunklem Grunde mit weisser Localfarbe und gelblichen Schatten Vögel und namentlich Schwäne und Tauben gemalt sind. Bald sitzen sie ruhig da, bald schreiten sie mit gehobenen Fittigen einher, bald picken sie im Begriffe, zu fressen, mit den Schnäbeln abwärts. Gewöhnlich sind sie innerhalb der Traubenguirlanden angebracht, welche den Bauch dieser Gefässe umranken, bisweilen aber, wie kleine Tafelbilder, durch einen weissgemalten Rahmen von der umgebenden ornamentalen Malerei geschieden. Einige Gefässe dieser Art befinden sich im Museum zu Neapel [2]), die reichste Auswahl und die eigenthümlichsten Exemplare jedoch in der Sammlung Herrn Alexander Castellanis.

Es fehlt uns an bestimmten Angaben, um zu beurtheilen, wann die Malerei die in dem Wasser lebenden Thiere zum Gegenstande selbstständiger Behandlung machte. Doch spricht auch hier eine Erscheinung aus dem Gebiete der Vasenmalerei für die Annahme, dass dies bereits während der hellenistischen Epoche der Fall war. Teller später Fabrik, welche namentlich in cumäischen und capuaner Gräbern gefunden werden, sind häufig mit Fischen, Krebsen, Polypen und anderem essbaren Seegethier bemalt, was der Italiener frutta di mare nennt. Trotz der dürftigen Darstellungsmittel verräth die Behandlung der Typen der Thiere und der Ausdruck der ihnen eigenthümlichen Bewegungen eine staunenswerthe Naturwahrheit. Gewiss bildeten die Vasenzeichner die Fähigkeit zu solcher Charakteristik nicht selbstständig, sondern nach dem Vorgange der kunstmässigen Malerei aus. Ist dies aber zugegeben, dann waren Gemälde, welche das Treiben des Seegethiers schilderten, gewiss am Geeignetsten, das Vasenhandwerk zu solchen, dem Inhalte nach vollständig entsprechenden Darstellungen anzuregen. Es scheint somit, dass Bilder dieser Art schon zu der Zeit, in welcher jene Teller fabricirt wurden, geläufig waren.

Diese Betrachtung hat gezeigt, dass bereits die an die Alexanderepoche anknüpfende Malerei das Treiben der verschiedenartigsten Thiere zu schildern unternommen hatte. Die Frage, wie sich die in den campanischen Städten entdeckten Thierstücke

---

1) Plin. XXXVI 184.
2) Heydemann, die Vasensammlung des Museo nazionale zu Neapel p. 6 n. 23, 24, 43.

zu den älteren Leistungen verhalten, ist sehr schwer zu beantworten. Da die Kunst der römischen Epoche noch in hohem Grade befähigt war, die Natur scharf zu beobachten[1]) und getreu wiederzugeben, und diese Fähigkeit ausreichte, um wenigstens naturwahre Thierstücke zu gestalten, so liegt kein Grund vor, die Thätigkeit der Kaiserzeit auf diesem Gebiete gering anzuschlagen. Nun dürfen wir allerdings nach dem ganzen Entwickelungsgange der antiken Kunst annehmen, dass mit der Zeit auch in dem Thierstücke die Tiefe und Grossartigkeit der Auffassung abnahm, dass die Thierbilder des Nikias einen ungleich bedeutenderen Inhalt verwirklichten, als entsprechende Leistungen der Kaiserzeit. Doch fehlt uns zur Beurtheilung der einzelnen Stadien dieser Entwickelung der sichere Maassstab und sind wir vor der Hand lediglich auf unser subjectives Gefühl angewiesen. Ausserdem wird die Untersuchung im Besonderen dadurch erschwert, dass das Bezeichnende der Charakteristik, worauf einer der wesentlichen Reize dieser Kunstgattung beruht, mit den dürftigen Mitteln der Frescotechnik nur schwer zu erreichen war. Wurde ein künstlerisch durchgebildeter Thiertypus in der Wandmalerei reproducirt, so konnte es nicht ausbleiben, dass der Charakter desselben mannigfache Trübungen erfuhr. Es ist daher sehr misslich, aus den Wandgemälden auf den Inhalt der Thierfigur zu schliessen, welche als Vorbild diente. Eine ungleich sicherere Grundlage bieten für eine solche Untersuchung die erhaltenen plastischen Thiertypen[2]). Doch hat es bis jetzt Niemand der Mühe werth erachtet, dieselben nach Inhalt und Styl eingehend zu analysiren. Unter solchen Umständen ist es unmöglich, innerhalb der campanischen Thiermalerei überall zu entscheiden, was der römischen Epoche angehört und was auf ältere Vorbilder zurückgeht. Nur wenige Gemälde bieten in dieser Hinsicht einigermaassen sichere Anhaltspunkte dar. So ist das grosse Prospectenbild in dem umfangreichen, neuerdings auf der Südseite des Vicolo dei soprastanti ausgegrabenen Hause gewiss im Wesentlichen ein Product der römischen Epoche. Der Inhalt desselben, ein wirres

---

1) Dass damals Thiere nach der Natur modellirt wurden, bezeugt die bekannte Geschichte, welche Plinius XXXVI 40 von Pasiteles erzählt. Derselbe war beschäftigt, einen Löwen zu modelliren, als ein in einem benachbarten Käfig eingeschlossener Panther ausbrach, der den Künstler beinah zerrissen hätte.
2) Die Untersuchung muss, wie bei der Malerei, so auch hier von den Denkmälern abstrahiren, die möglicher Weise von Haus aus nur Bestandtheile eines grösseren Ganzen waren, wie von dem Pferde des Lysippos (Overbeck, Schriftquellen n. 1505. Vgl. Brunn, Gesch. d. gr. Künstl. II p. 366) und dem equus cum fasciuis und den canes venantium des Euthykrates (Plin. XXXIV 66. Brunn a. a. O. I p. 400).

312 Der Hellenismus und die campanische Wandmalerei.

Durcheinander von allen möglichen Thieren, Löwen, Elephanten, Straussen, Schlangen, erklärt sich am Besten aus Eindrücken, wie sie die Arena des Amphitheaters darbot. Die Auffassung der Thiere erhebt sich nirgends über das Triviale. Anders dagegen dürfte über die Thierstücke im Vicolo del balcone pensile N. 9 und in Casa delle quadrighe[1]) zu urtheilen sein. Hier vorräth die Gestalt des wüthend aus dem Schilfe hervorbrechenden Ebers trotz der nur decorativen Behandlung eine sehr grossartige Auffassung, die der eines vortrefflichen plastischen Typus[2], nahe verwandt ist und eher dem Geiste der Alexander- oder Diadochenperiode, als dem der Kaiserzeit zu entsprechen scheint.

Aehnlich wie mit dem Thierstück verhält es sich mit dem Stillleben. Auch diese Gattung kam schwerlich vor der Alexanderepoche zur Ausbildung. Wollte Jemand hiergegen die Geschichte von den Trauben des Zeuxis und dem Vorhange des Parrhasios[3]) einwenden, so gebe ich einerseits zu bedenken, dass diese Erzählung dem bedenklichen Gebiete der Künstleranecdote angehört. Andererseits aber auch zugegeben, dass dieselbe einen historischen Kern enthalte, so darf daraus keineswegs gefolgert werden, dass das Fruchtstück in der zweiten Hälfte des fünften Jahrhunderts v. Chr. als besondere Kunstgattung existirte. Die Trauben konnten von Zeuxis und der Vorhang von Parrhasios lediglich als Naturstudien und ohne die Absicht, hiermit ein Kunstwerk von selbstständiger Bedeutung zu schaffen, gemalt werden, wie uns ähnliche Studien von der Hand Albrecht Dürers erhalten sind, aus denen Niemand die Existenz des Stilllebens in der Malerei des sechszehnten Jahrhunderts folgern wird. Das Auftreten einer solchen Gattung in dem fünften Jahrhunderte v. Chr. wäre ein ebenso abnormes Phänomen wie in dem Quattrocento. Anders lagen die Verhältnisse, als seit der Alexanderepoche die für den privaten Genuss berechnete Cabinetsmalerei in dem weitesten Umfange gepflegt wurde. Jetzt begegnen wir deutlichen Spuren, welche die Existenz des Stilllebens als selbstständiger Kunstgattung bezeugen. Die dieser Gattung nahe verwandte Blumenmalerei war bereits in der Alexanderepoche im Schwunge[4]). Unter den von Peiraikos behandelten Gegenständen werden obsonia ange-

---

1) N. 1585. 1586.
2) Am Besten vertreten durch das florentiner Exemplar. Dort, statuseo, quae extant in thesauro Mediceo III 60.
3) Plin. XXXV 65.
4) Dies bezeugt der Ausspruch des Niklas bei Demetr. Phaler. de elocutione 76 (vgl. oben Seite 309) und die Nachricht über die Blumenmalerei des Panelas (Plin. XXXV 125).

führt[1]. Jedenfalls ist der griechische Ursprung des culinarischen Stilllebens durch die dieser Gattung eigenthümliche griechische Benennung »xenia« bezeugt[2]). Das berühmte Mosaik des Sosos, der οἶκος ἀσάρωτος, war im Grunde nichts weiter, als eine in kolossalem Maassstabe ausgeführte decorative Schilderung dieser Art[3]. Wenn endlich spätere canopiner Vasen der bereits oben erwähnten Technik bisweilen Lyren, Flöten und andere musikalische Instrumente neben einander gruppirt darstellen[4]), so fragt es sich, ob nicht diese Schilderungen durch entsprechende Leistungen des gleichzeitigen kunstmässigen Stilllebens bedingt sind.

Endlich findet die Ansicht, welche wir über die Entstehungszeit dieser Gattung ausgesprochen, durch den Vergleich der Poesie eine Bestätigung. Diese Kunst, deren Entwickelung, wie wir öfters zu beobachten Gelegenheit hatten, in innigen Beziehungen zu der der Malerei steht, bietet seit dem dritten Jahrhundert v. Chr. Schilderungen dar, welche sich dem Stillleben vergleichen lassen. Es sind dies epideiktische Epigramme, welche sich auf Weihungen von Früchten, Geräthen, Spielzeug u. s. w. beziehen[5]). Durch die Aufzählung dieser Gegenstände werden der Phantasie ähnliche Eindrücke vergegenwärtigt, wie sie der Pinsel des Malers in dem Stillleben erzielt. Der Blumenmalerei, welcher wir zum ersten Male in der Alexanderepoche begegnen, gehen auf dem Gebiete der Dichtung die bekannten Schilderungen des Chairemon[6] vorher.

Die Untersuchung des Verhältnisses, in welchem die Stillleben der campanischen Wandmalerei zu der älteren Entwickelung stehen, unterliegt ähnlichen Schwierigkeiten, wie wir sie bei Betrachtung des Thierstücks hervorhoben. Da solche Darstellungen nicht so sehr ein schöpferisches Genie, wie das Talent, die Natur scharf zu beobachten und getreu wiederzugeben, erfordern, so liegt kein Grund vor, der Kaiserzeit gelungene Leistungen auf diesem Gebiete abzusprechen. Eine Bemerkung des Varro[7] über eine der Malerei der Stillleben verwandte Gat-

---

1) Plin. XXXV 112.
2) Vitruv. VI 10 p. 150 Rose. Philostrat. senior, Imag. I 31. II 26.
3) Plin. XXXVI 184.
4) Mehrere Exemplare dieser Art befinden sich im Besitze Herrn Alexander Castellanis. Derselben Gattung scheint das von Heydemann, die Vasensammlungen des neapler Museums p. 8 u. 255 beschriebene Gefäss anzugehören.
5) Siehe z. B. Leonidas, Anth. pal. VI 300, Phanias, Anth. pal. VI 299.
6) Bei Athen. XIII p. 608 D. Welcker, die griech. Tragödien Abth. III p. 1088 ff.
7) Bei Plin. XXXV 155.

tung der Plastik bezeugt, in wie hohem Grade die damalige Kunst bei Behandlung solcher Gegenstände der Natur nahekam. Ein gewisser Possis ahmte Aepfel, Trauben und Fische in bemaltem Thon so getreu nach, dass es, wie Varro angiebt, unmöglich war, dieselben von wirklichen zu unterscheiden.

XXVI. Die decorativ angewandten Figuren.

Bei der wunderbaren Schönheit, welche die Anlage der Figuren dieser Gattung offenbart, dürfen wir mit Sicherheit annehmen, dass dieselben nicht in der Kaiserzeit, sondern in einer künstlerisch begabteren Epoche erfunden sind. Und zwar weisen auch hier die wenigen Anhaltspunkte, welche die Ueberlieferung darbietet, auf die Alexander- oder Diadochenperiode hin. Münzen, Vasenbilder, Spiegelzeichnungen, Reliefs von Spiegelkapseln und andere Producte dieser Periode zeigen Gestalten, welche mit denen der campanischen Wandmalerei, die uns in diesem Abschnitte beschäftigten, die grösste Verwandtschaft verrathen. Eine genaue Uebereinstimmung in allen Einzelheiten haben wir allerdings auch bei diesem Vergleiche nicht zu gewärtigen. Das classische Alterthum liess der Selbstthätigkeit des reproducirenden Künstlers oder Handwerkers stets einen verhältnissmässig weiten Spielraum und gestattete ihm, das wiederzugebende Motiv nach den Bedingungen des Raumes, für welchen, und der Technik, in welcher er arbeitete, eigenthümlich zu modificiren. Es ist daher vollständig begreiflich, dass, wenn ein Stempelschneider, ein Vasen- oder Spiegelzeichner und ein Wandmaler durch die Reminiscenz desselben Motivs bestimmt wurden, die Reproduction in so verschieden bedingten Kunstzweigen allerlei Abwandlungen herbeiführte. Ueberhaupt haben wir bei dieser Untersuchung nicht so sehr die formellen Einzelheiten, wie den Geist zu berücksichtigen, welcher aus den zu vergleichenden Gebilden spricht. Dieser aber zeigt eine so in die Augen springende Uebereinstimmung, wie sie nur bei Erzeugnissen derselben Entwickelung möglich ist.

Auf Münzen des Pyrrhos[1] ist eine schwebende Nike dargestellt, welche in der Rechten einen Kranz, über der linken

---

[1] Raoul Rochette, mémoire sur les médailles de Pyrrhus pl. I 2 in den Mémoires de numism. et d'antiquités p. 50 ff. Huber, numismat. Zeitschr. III (1871) Taf. V 7. Denkm. d. a. K. I 54, 261.

Schulter ein Tropaion trägt. Niemand wird die nahe Verwandtschaft verkennen, welche zwischen dieser Gestalt und entsprechenden der campanischen Wandmalerei obwaltet. Weitere Analogien ergeben sich durch den Vergleich der mit polychromen Reliefverzierungen geschmückten Gefässe, welche sich namentlich in unteritalischen Nekropolen, jedoch auch anderweitig finden und deren Fabrik jedenfalls einer beträchtlich älteren Epoche, als der Kaiserzeit, angehört[1]. Auf einer Amphora dieser Gattung, welche nach einer Angabe aus Malta, nach einer anderen aus Todi stammt[2], kehrt viermal als Reliefverzierung eine Nike wieder, welche über der linken Schulter ein Tropaion trägt und dasselbe mit erhobener Rechten stützt. Eine ganz entsprechende Figur kommt in der pompeianischen Wandmalerei vor[3]. Auch der Typus der Krug und Schale haltenden Nike, welcher sich häufig an canosiner Gefässen der bezeichneten Gattung findet[4], ist in der Wandmalerei durch eine Reihe entsprechender Figuren vertreten[5]. Endlich dürfen wir noch eine thönerne zum Aufhängen bestimmte Nike, die aus einem attischen Grabe stammt und deren Ausführung jedenfalls beträchtlich vor die Kaiserzeit fällt[6], wegen der Verwandtschaft der Auffassung zum Vergleiche heranziehen. Wenn Nike in der Wandmalerei bisweilen eine Schiffsprora trägt[7], so lag, wie sich aus dem von uns im vierundzwanzigsten Abschnitte Auseinandergesetzten[8] ergiebt, der Gedanke, die Siegesgöttin mit diesem Attribute auszustatten, der hellenistischen Epoche ungleich näher, als der Kaiserzeit. Bei dem Festzuge des Ptolemaios Philadelphos[9] traten Niken mit Thymiaterien in den Händen auf. Ein verwandter Gedanke liegt zu Grunde, wenn die Göttin in Pompei einen Dreifuss tragend dargestellt ist[10].

Bereits O. Jahn hat darauf hingewiesen[11], wie die schwebenden Figuren, die innerhalb der Arabesken der unteritalischen

---

1) In den Gräbern von Canosa finden sich solche Gefässe, wie mir Herr Raffaele Gargiulo mittheilt, zugleich mit bemalten Vasen späten unteritalischen Styls.
2) Bull. dell' Inst. 1858 p. 51. Zeichnung im Apparat des Instituts.
3) N. 902.
4) Dieser Typus ist meines Wissens nirgends publicirt, sondern nur einmal flüchtig notirt im Bull. dell' Inst. 1864 p. 239.
5) N. 920 ff.
6) Stackelberg, Gräber der Hellenen Taf. 60.
7) N. 913, 914.
8) Vgl. oben Seite 303 ff.
9) Kallixenos bei Athen. V p. 197 E.
10) N. 925.
11) Vasensammlung König Ludwigs, Einleitung p. CCXXI.

316   Der Hellenismus und die campanische Wandmalerei.

Vasen angebracht sind, vielfach an Motive der Wandmalerei erinnern. Um nur einen besonders bezeichnenden Beleg hervorzuheben, so erinnere ich an zwei Frauengestalten, welche den Hals eines ruveser Gefässes schmücken [1]). Gehüllt in feine Gewänder, welche die Umrisse des Körpers durchschimmern lassen, schweben sie auf einander zu, indem sie die eine Hand, wie grüssend, zum Antlitze erheben. Die links vom Betrachter befindliche streckt die Rechte, mit welcher sie das Gewand gefasst hält, nach rückwärts und lässt durch diese Bewegung das Gewand in einer Fülle von Falten hinter sich flattern. Denken wir uns diese Gestalten in eine durchgeführte, farbige Behandlung übertragen, dann ergiebt sich eine den berühmten Mädchenfiguren aus der sogenannten Villa des Cicero nahe verwandte Darstellung. Bei einer der letzteren [2]) ist auch die Bewegung des zur Seite gestreckten Armes ganz ähnlich behandelt wie auf der Vase. Dieselbe Verwandtschaft stellt sich heraus, wenn wir die tanzenden Frauen oder Mädchen, welche auf Gefässen späteren Styls dargestellt sind, zur Vergleichung heranziehen. Eine der anmuthigsten Figuren dieser Art findet sich auf einer aus den südrussischen Ausgrabungen stammenden Vasenscherbe [3]). Besonders aber sind es die unteritalischen Gefässe, welche sich hinsichtlich der Auffassung und Bewegung solcher Figuren mit der Wandmalerei berühren [4]).

Die Zeichnung eines in Korinth gefundenen Spiegels [5]) stellt zwei in zarte durchsichtige Gewänder gehüllte Frauengestalten dar, welche mit tanzartigen Bewegungen neben einander schweben. Die links vom Betrachter schwebende hält mit der vorgestreckten Linken den äussersten Zipfel des Gewandes, welches ihren Körper umgiebt, und wendet den Kopf nach der neben ihr befindlichen Gefährtin. Diese schwebt nach vorwärts, indem sie die Rechte, welche unter dem Gewande geborgen ist, zum Antlitz erhebt, wobei Kinn und Mund von dem Saume des Gewandes bedeckt

---

1) Ann. dell' Inst. 1843 Tav. d'agg. O, Buchstabe Q. Die Vase ist von Heydemann, die Vasensammlungen des neapler Museums p. 502 ff. n. 3220 beschrieben.
2) N. 1004.
3) Stephani, Compte rendu 1860 Taf. IV 12.
4) Inghirami, vasi fittili II 183. III 273. IV 313. Tischbein, vases Hamilton III 24. I 48 (= Denkm. d. a. K. II 45, 564). Heydemann, die Vasensammlungen des neapler Museums p. 161 n. 1991, p. 255 n. 2303, p. 443 n. 2818, p. 552 n. 3242. Zu vergleichen ist auch die über einen Blüthenkelch dahin schreitende Mädchenfigur auf einer unteritalischen Vase; Tischbein, vases Hamilton IV 14, Ann. dell' Inst. 1843 Tav. d'agg. O, Buchstabe T.
5) Revue arch. XVII (1868) pl. I p. 69 ff.

werden. Die Gruppe erscheint durch die Anmuth der Erfindung, den leichten Ausdruck des Schwebens, die Bewegung der Hände, die Behandlung der Gewänder, welche die Umrisse des Körpers durchblicken lassen, einer ganzen Reihe campanischer Wandmalereien nahe verwandt. Die auf dem Spiegel zur Linken dargestellte Figur berührt sich im Besonderen mit einem schwebenden Mädchen, welches in der sogenannten Villa des Cicero gemalt war [1]. Die andere erinnert in der Anordnung des Gewandes und der Geberde der Rechten an eine Personification des Winters [2], in der Stellung der Arme an eine schwebende Mädchenfigur, die in der Regel für eine Muse erklärt wird [3].

Denndorf [4] beschreibt die Reliefs einer in Megara gefundenen Spiegelkapsel mit folgenden Worten: »Links ein bocksbeiniger, bärtiger Pan, welcher, in lebhaftem Tanze begriffen, nach rechts die Arme ausstreckt, um eine bekleidete Mainade (en face) zu haschen, welche gleichfalls tanzt und in der gesenkten Linken ein Tympanon hält«. Eine andere Theke korinthischer Provenienz wird von Friederichs [5] beschrieben: »Ein Pan setzt einer Dakchantin zu, mit der linken Hand bewundert und mit der rechten untersucht er die Schönheit ihres geöffneten Bosens. Die Bakchantin hat in der Linken ein Tambourin und hält mit der Rechten den fortflatternden Zipfel ihres Ueberwurfes«. Ganz ähnliche Gruppen, nur dass an die Stelle des Pan ein Satyr tritt, finden sich auch in der Wandmalerei [6].

Wären unsere Begriffe über den Styl der an die Alexanderepoche anknüpfenden Entwickelung zu grösserer Klarheit gediehen, dann dürfte auch eine Reihe von Terracottenfiguren besprochen werden. Da jedoch die Ansichten hierüber noch beträchtlich schwanken, so begnüge ich mich, nur an eine Figur zu erinnern, in welcher jedes einigermassen geübte Auge eine Originalarbeit aus der Alexander- oder Diadochenperiode erkennen wird. Es ist dies die in vielen Gypsabgüssen verbreitete Mädchenfigur attischer Provenienz, welche, umflossen von einem dünnen faltigen Gewande, tanzend vorwärts schreitet, indem sie die Linke an die Seite stemmt und mit der abwärts gestreckten Rechten das Gewand festhält [7]. Derselben Entwickelung wird auch eine aus Griechenland stammende Silberfigur angehören, welche vor etwa drei Jahren in Paris von den Herren Rollin und

---
1) N. 1839. 2) N. 909. 3) N. 1905.
4) Arch. Zeit. 1865 p. 77 n. 7.
5) Kleinere Kunst und Industrie im Alterthum p. 21 n. 2 a. b.
6) N. 513 ff.
7) Zu vergleichen sind auch die Terracotten bei Biardot, les terres-cuites grecques funèbres, Atlas pl. XXXII 1. XXXVI 2.

318   Der Hellenismus und die campanische Wandmalerei.

Feuardent erworben wurde und ebenfalls durch Gypsabgüsse in weiteren Kreisen bekannt ist. Sie stellt ein Mädchen dar, welches vermuthlich ein Schema des von den Griechen πιναχίς genannten Tanzes[1]) aufführt. Indem sie die Wucht des Körpers auf dem linken Beine ruhen, das rechte dagegen leicht in den Fügungen spielen lässt, zieht sie mit der einen Hand das Gewand empor, welches über ihren rechten Schenkel, den Rücken und den linken Arm herabfällt, und stützt sie mit der gesenkten Linken einen Teller an die Seite. Die Terracotte wie die Silberfigur offenbaren denselben Geist, wie er in entsprechenden Gestalten der Wandmalerei zu herrschen pflegt. Die letztere stimmt auch in der Stellung und Bewegung mit einer der in der sogenannten Villa des Cicero gefundenen Mädchenfiguren überein[2]).

Noch hinsichtlich mehrerer anderer Figuren, welche in verschiedenen tanzartigen Schemata aufgefasst sind und in grösserem oder geringerem Grade an Gebilde der Wandmalerei erinnern, wie der auf den Reliefs des athenischen Dionysostempels[3]), auf einem Relief im Museo Chiaramonti[4]), auf einer lateranischen Ara[5]), der Tänzerin aus Palazzo Caraffa in Neapel[6]), einer ähnlichen Statue in der vaticanischen Galeria delle Statue[7]), lässt es sich wahrscheinlich machen, dass sie in der Alexanderoder Diadochenperiode erfunden sind. Doch will ich hier nicht Vermuthung auf Vermuthung bauen und beschränke ich daher meinen Vergleich auf die bisher angeführten sicher beglaubigten Producte der damaligen Kunst.

Jedenfalls sind die Gestalten, mit denen wir uns in diesem Abschnitte beschäftigt, ganz in dem Geiste der an die Alexanderepoche anknüpfenden Entwickelung. Erst als der Privatluxus die bildenden Künste zu einer üppigen decorativen Wirkung herangezogen hatte, konnten solche duftige Gebilde entstehen, welche, ohne tieferen Inhalt, lediglich darauf ausgehen, in Form

---

1) Athen. XIV p. 629 F.
2) N. 1923.
3) Ἐφημερίς 1862 Taf. 27. Rev. archéol. XVII (1868) pl. 2. Die eine dieser Figuren erinnert an die oben erwähnte attische Terracotta und an ein über einen Blüthenkelch dahinschreitendes Mädchen, welches an dem Halse eines unteritalischen Gefässes gemalt ist (Tischbein, vases Hamilton IV 14, Ann. dell' Inst. 1813 Tav. d'agg. O, Buchstabe T).
4) Visconti, Museo Chiaramonti 44. Vgl. Friederichs, Bausteine p. 370 n. 636, 637. Die vordere Gestalt stimmt mit der vom attischen Dionysostempel überein, die wir in der vorigen Anmerkung berührten.
5) Garrucci, Monumenti del Museo Lateranense Tav. XLVII, Benndorf und Schöne N. 323. Vgl. Helbig N. 1004.
6) Visconti, Mus. Pio-Clem. III 30.
7) Beschr. Roms II 2 p. 107 n. 6.

XXVI. Die decorativ angewandten Figuren. 319

und Bewegung die reizendste Anmuth zu vergegenwärtigen. Sie sind die bezeichnendsten Reflexe des feinen Lebensgenusses, welchem die hellenistische Epoche huldigte, und gehören zu den eigenthümlichsten und glücklichsten Leistungen der damaligen Kunst.

Die äusseren Eindrücke, welche zu solchen Schöpfungen anregten, hat man grösstentheils in Erscheinungen der gleichzeitigen Tanzkunst zu suchen. Wie Dilthey richtig hervorhebt[1]), gilt dasselbe auch hinsichtlich der schwebenden Figuren von Göttern und Heroinen, Leda mit dem Schwane[2]), Ares und Aphrodite[3]), denen wir in der Wandmalerei begegnen. Bereits der syrakusaner Impresario in Xenophons Symposion giebt den Gästen eine balletartige Darstellung der Begegnung des Dionysos und der Ariadne zum Besten. Alle Wahrscheinlichkeit spricht dafür, dass sich die alexandrinische Epoche eifrigst solcher Aufführungen befliess[4]). Jedenfalls wäre die Entwickelung, welche der Pantomimos seit augusteischer Epoche in Rom erfuhr, ohne hellenistische Vorbilder dieser Art eine ganz unerklärliche Erscheinung.

Schliesslich noch eine Bemerkung über die schwebenden Gruppen, welche geflügelte Jünglinge oder Mädchen darstellen, auf deren Rücken oder Schultern eine andere Gestalt sitzt, ein Motiv, welches in der Wandmalerei die verschiedenartigste Verwendung gefunden hat[5]) und von der Kunst der Kaiserzeit mit Vorliebe zur Darstellung der Apotheose benutzt wurde. Das älteste chronologisch bestimmte Motiv dieser Art, welches wir kennen, findet sich unter den Verzierungen des Panzers der Augustusstatue aus der Villa ad Gallinas[6]). Ein schwebendes geflügeltes Mädchen mit einem Kruge in der Linken und eine auf den Schultern desselben sitzende weibliche Figur, die eine Fackel

---

1) Bull. dell' Inst. 1869 p. 150.
2) N. 151.
3) N. 328. Nonnos, dionys. V 93 ff. lässt bei der Hochzeit der Harmonia Ares und Aphrodite zusammen tanzen.
4) In einem Epigramme des Dioskorides, Anth. pal. XI 195 klagt ein Mime darüber, dass ihm, als er die Temenidon und die Hyrnetho tanzte, kein Beifall zu Theil wurde. Bei Nonnos, dionys. XIX 198 ff. stellt Maron tanzend Ganymedes und Hebe in ihrer Thätigkeit als Mundschenken dar. XXX 110 ff. heisst es von Phlogios, dass er den Tod des Phaethon trefflich zu tanzen verstünde. Dass aber Nonnos diese Züge nicht selbstständig erfand, sondern aus alexandrinischen Vorbildern entlehnte, ist zum Mindesten eine wahrscheinliche Vermuthung.
5) N. 1952 ff.
6) Mon. dell' Inst. VI. VII 84, 2. O. Jahn, aus der Alterthumswissenschaft Taf. VI.

hält, personificiren hier den Morgenthau und die Morgenröthe. Niemand wird die Behauptung aufstellen, dass diese Gruppe für den Panzer des Augustus erfunden worden sei. Vielmehr ist sie offenbar, wie die übrigen Motive, welche den Bilderschmuck desselben ausmachen, als fertiges Erzeugniss aus der älteren griechischen Entwickelung herübergenommen [1]. Dass sie nicht aus specifisch römischen Vorstellungen erwachsen ist, ergiebt sich deutlich aus der Thatsache, dass die lateinische Sprache eines besonderen Namens für die mit der Morgenröthe verbundene Thaugöttin entbehrt. Mögen uns die Mittel fehlen, um die Erfindungszeit dieser Gruppe näher zu bestimmen, immerhin werden wir auch hier auf eine vor die Kaiserzeit fallende und ächt griechische Kunstthätigkeit hingewiesen.

XXVII. Die hellenistische Malerei auf italischem Boden.

Die Geschichte des Uebergangs der von der hellenistischen Malerei erfundenen Compositionen nach Italien ist in tiefes Dunkel gehüllt. Sie bildet ein Glied in der grossen culturhistorischen Entwickelung, durch welche die hellenistische Civilisation allmählig von den östlichen Ufern des Mittelmeeres nach Westen verbreitet wurde. Mag der Verlauf dieses Processes im Grossen und Ganzen, das stätige Vordringen des Hellenismus, und als schliessliches Resultat die Uebermacht desselben über die nationalen Elemente, deutlich erkennbar sein, so ist doch im Besonderen hinsichtlich der Kunst unsere Kenntniss zu dürftig, um die einzelnen Entwickelungsstadien darzulegen und chronologisch zu bestimmen.

Einigermaassen in Zusammenhang mit unserer Untersuchung stehen nur zwei Zeugnisse der lateinischen Komödie. Eine Stelle des Plautus [2] zeigt deutlich, dass die hellenistische Decorationsweise, welche Tafelbilder, in der Frescomalerei nachgeahmt, zu Mittelpunkten der Wanddecoration machte, zur Zeit dieses Dichters, also in der zweiten Hälfte des dritten Jahrhunderts v. Chr., in Italien eingebürgert war. Dagegen sind die Stoffe, welche Plautus als in dieser Decoration geläufig bezeichnet, der Raub des Ganymedes durch den Adler und die Entführung des Adonis durch Venus, innerhalb der Wandmalerei der Kaiserzeit nicht

---

[1] O. Jahn a. a. O. p. 291 ff.
[2] Menaechmi I 2, 34 ff. Vgl. oben Seite 139.

nachweisbar. Der um etwa ein Menschenalter spätere Terenz[1] erwähnt ein Gemälde, welches Danae im Begriff den goldenen Regen zu empfangen, also einen häufig in den campanischen Städten behandelten Gegenstand, darstellte. Doch sind die Andeutungen, welche der Dichter von dem Danaebilde giebt, zu allgemein gehalten, um zu beurtheilen, ob dasselbe eine der nachmals von den Wandmalern reproducirten Compositionen darstellte.

Der Vorgang, wie sich überhaupt ächt griechische Kunstübung allmählig auf italischem Boden verbreitete, lässt sich noch am Deutlichsten veranschaulichen durch die Nachrichten, welche über den römischen Aufenthalt griechischer Künstler vorliegen. Bereits in der ersten Hälfte des fünften Jahrhunderts v. Chr. sind zwei grossgriechische Plasten, Damophilos und Gorgasos, daselbst beschäftigt, den Cerestempel mit polychromen Terracottenarbeiten zu verzieren[2]. Doch gehört diese Thatsache in eine Entwickelung, welche mit der durch die Wandbilder vertretenen selbstverständlich nichts zu thun hat. Anders verhält es sich dagegen mit der Thätigkeit der Künstler, welche seit dem dritten Jahrhundert v. Chr. nach Italien übersiedelten. Da dieselben der hellenistischen Epoche angehörten, so kann die Verbreitung der hellenistischen Malerei recht wohl neben der Einwanderung solcher Künstler hergegangen sein. In das dritte Jahrhundert v. Chr. könnte der italische Aufenthalt des Simos fallen, welcher Walker malte, wie sie die Quinquatrus feiern — vorausgesetzt, dass die Combination, welche Brunn hinsichtlich dieses Künstlers vorgeschlagen, richtig und die Angabe des Plinius über das Gemälde desselben genau ist[3]. Zur Zeit des Naevius war Theodotos, ein heruntergekommener griechischer oder grossgriechischer Maler, in Rom mit Herstellung von Larenbildern beschäftigt[4]. Im Jahre 166 v. Chr. (566 d. St.) wanderten griechische Künstler in grosser Zahl nach Rom, um bei der Ausstattung der Spiele, welche M. Fulvius Nobilior während des aitolischen Kriegs gelobt hatte, behülflich zu sein[5]. Mag auch die von Livius angewendete Bezeichnung artifices vieldeutig sein, so spricht bei der römischen Sitte, den Platz, wo die Spiele Statt fanden, mit einem improvisirten malerischen Schmuck zu versehen, alle Wahrscheinlichkeit dafür, dass sich darunter auch Maler befanden. Diese Spiele waren noch in einer anderen Hinsicht für das Eindringen griechischer Sitte bedeutsam; denn bei denselben wurde dem römi-

1) Eunuch. 583 ff. (III 5, 35 ff.) Vgl. oben Seite 243 ff.
2) Plin. XXXV 154.
3) Vgl. oben Seite 5.
4) Ribbeck, Comic. rel. p. 20. Vgl. Rhein. Mus. IV (1846) p 133 ff.
5) Liv. XXXIX 22.

schen Volke zum ersten Male das Schauspiel eines hellenischen Athletenkampfes zu Theil. Die Söhne des Philhellenen Aemilius Paullus waren von einer Menge griechischer Lehrer umgeben, worunter ausdrücklich auch Bildhauer und Maler namhaft gemacht werden[1]). Nachdem Paullus im Jahre 168 v. Chr. den Perseus besiegt, berief er den Athener Metrodoros, damit derselbe die für seinen Triumph erforderlichen Gemälde herstelle[2]). Einer der Söhne des entthronten Perseus suchte in Rom seinen Lebensunterhalt als Toreut zu gewinnen[3]). Ungefähr in dieselbe Zeit fällt der römische Aufenthalt des alexandrinischen Landschaftsmalers Demetrios, in dessen Hause der im Jahre 165 v. Chr. vertriebene Ptolemaios VI. Philometor einkehrte[4]). Weiterhin veranlasste die grausame Regierung des Ptolemaios VII. Euergetes II. eine Menge von Gelehrten und Künstlern, unter denen auch Maler erwähnt werden, zur Auswanderung aus Alexandreia[5]). Wiewohl es nicht ausdrücklich bezeugt wird, so ist es doch sehr wahrscheinlich, dass viele derselben von der mächtig aufblühenden italischen Hauptstadt angezogen worden. Besonders bedeutsam jedoch tritt die Thätigkeit, welche die griechische Kunst in Rom entfaltete, nach der 156. Olympiade (156—153 v. Chr.) hervor, in der Plinius, wie bereits bemerkt, ein Wiederaufleben der Plastik annimmt[6]). Hermodoros von Salamis leitete nach dem Triumphe des Q. Caecilius Metellus über Makedonien (146 n. Chr. = 608 d. St.) den Bau der mit dem Namen dieses Feldherrn bezeichneten Porticus. Derselbe Architekt baute etwa zehn Jahre später im Auftrage des Brutus Gallaecus den in der Region des Circus Flaminius befindlichen Marstempel[7]). Die in dem Bereiche der Porticus des Metellus gelegenen Tempel erhielten durch griechische Bildhauer, Polykles, Dionysios, Timokles und Timarchides, ihren plastischen Schmuck[8]).

Es liegt ausserhalb unseres Zweckes, diese Entwickelung weiter abwärts zu verfolgen. Nur sei hier noch des asiatischen Griechen gedacht, welcher als Maler in Ardea thätig war und daselbst das Bürgerrecht und den Namen Q. Plautius empfing[9]). Die von Plinius erhaltene Inschrift seiner Wandmalereien zeigt,

---

1) Plutarch. Aemil. Paul. VI.
2) Plin. XXXV 135.
3) Plutarch. Aemil. Paul. XXXVII.
4) Overbeck, Schriftquellen N. 2141 ff. Vgl. oben Seite 299
5) Menekles und Andron bei Athen. IV p. 184 B.
6) Vgl. oben Seite 164.
7) Vgl. Brunn, Gesch. d. griech. Künstl. II p. 357 ff.
8) Vgl. Brunn, Gesch. d. griech. Künstl. I p. 536 ff.
9) Plin. XXXV 115. Vgl. Hertz, de M. Plautio poeta ac pictore Vratisl. 1867 p. 12 ff. Mommsen, röm. Gesch. I⁴ p. 955.

da sie in lateinischen Hexametern abgefasst ist, dass die Thätigkeit dieses Künstlers nach Ennius fällt. Andererseits weist die Verleihung des ardeatischen Bürgerrechts auf die Zeit vor dem Bundesgenossenkrieg hin; denn in Folge desselben verloren die Ardeatiner ihre Autonomie, hatten also kein Bürgerrecht mehr zu vergeben. Mag diese Bestimmung auch einen Spielraum von ziemlich vier Menschenaltern offen lassen, so ist es immerhin interessant wahrzunehmen, wie bereits vor dem Bundesgenossenkrieg griechische Künstler nicht nur in Rom, sondern auch in die latinischen Landstädte einwanderten.

Es bleibt uns nun noch übrig, zu untersuchen, in wie weit sich die Wandbilder zur Reconstruction der Malerei der Alexander- und Diadochenperiode benutzen lassen und in wie weit sie den Anforderungen genügten, welche das gleichzeitige Publicum an dieselben zu stellen berechtigt war. Diese beiden Untersuchungen, die eng zusammenhängen, werden verschiedene Erscheinungen, die in den vorhergehenden Abschnitten nicht eingehend genug berücksichtigt worden sind, in das rechte Licht stellen und Einwürfe beseitigen, welche gegen die bisherigen Ergebnisse erhoben werden könnten.

Es sind vorwiegend drei Gesichtspunkte, welche hierbei zu berücksichtigen sind: 1) die Bestimmung der grössten Masse der Wandbilder, nach welcher dieselben als ständiger Schmuck in Wohnzimmern figuriren sollten, 2) die Bedingungen der decorativen Frescotechnik, 3) die Eigenthümlichkeiten der Räume, in denen die Bilder gemalt wurden.

Die Räume des antiken Privathauses, abgesehen von den palastähnlichen Wohnungen der Grossen, waren in der Regel von verhältnissmässig geringem Umfange. Compositionen von monumentalen Dimensionen und entsprechender Auffassung eigneten sich daher im Grossen und Ganzen nur wenig zur Ausschmückung des Privathauses. Es konnte leicht geschehen, dass selbst Tafelbilder von mässiger Grösse innerhalb der engen Räume gedrückt erschienen. Die Wandmaler waren sich dieser Schwierigkeit bewusst und haben dieselbe durch verschiedene Auskunftsmittel zu umgehen versucht. Dies geschah einer Seits durch die Behandlung der auf den Wänden gemalten Architektur. Die hellenistische Decoration in ihrer einfachsten Form, wonach die Wände des Zimmers selbst in Felder eingetheilt und im Fresco nachgeahmte Tafelbilder zu Mittelpunkten derselben gemacht werden, findet sich in den campanischen Städten verhältnissmässig selten. Gewöhnlich ist ein complicirteres Verfahren eingeschlagen. Die Mitte der Wand nimmt ein von zwei Säulen oder Pilastern getragenes Vestibulum mit perspectivisch behandelter

324 Der Hellenismus und die campanische Wandmalerei.

Decke ein, welches den Durchblick auf eine ausserhalb des Zimmers gelegene Wandfläche verstattet. Auf dieser Wandfläche ist dann als Mittelpunkt ein in der Frescomalerei nachgeahmtes Tafelbild angebracht. Durch diese Behandlung erschien überhaupt der Raum erweitert. Zugleich aber ergab sich der Vortheil, dass die Tafelbilder nicht mehr die Mauern des Zimmers selbst beschwerten, sondern an einer ausserhalb desselben gelegenen Fläche angebracht erschienen, deren Dimensionen und Tragfähigkeit sich die Phantasie in beliebiger Weise vorstellen durfte. Ein noch grösserer Raum liess sich für die figürliche Darstellung gewinnen, wenn dieselbe nach dem Principe des Prospectenbildes behandelt wurde. Die Architekturmalerei schildert die Wand als durchbrochen, wie von einer Art von Thür oder Fenster, oder coulissenartig geöffnet. Innerhalb dieses imaginären freien Raums setzt die Composition ein und erweckt somit den Eindruck, als ob die dargestellte Handlung ausserhalb des Zimmers vor sich ginge und durch die Oeffnung der Wand wahrgenommen würde. Hierbei ist die Mauer nicht durch ein Tafelbild, dessen Umfang zu dem ihrigen ausser Verhältniss stehen würde, beschwert; vielmehr erscheint die Malerei von der Architektur vollständig emancipirt. In der klarsten Weise, welche den Durchbruch der Wand deutlich durch die structiven Bestandtheile der Architekturmalerei veranschaulicht, ist diese Behandlung bei den Bildern der Io und der Galatea auf dem Palatin zur Anwendung gekommen [1]. Auch das grosse Adonisbild in der pompeianischen Casa d'Adonide ferito [2] ist in ähnlicher Weise in eine imaginäre Oeffnung der Wand eingesetzt. Doch steht diese Erscheinung in den campanischen Städten ziemlich vereinzelt da. In weiterem Umfange kommt hier die prospectenartige Behandlung nur bei Bildern zur Anwendung, wo die Handlung auf einem ausführlicheren, landschaftlichen Hintergrunde vor sich geht, wie es z. B. auf dem grossen Aktaeonbilde in der Casa di Sallustio [3] und auf dem Dirkegemälde aus Casa del Granduca [4] der Fall ist. Es scheint somit, dass dieses Verfahren vorwiegend auf solche Bilder beschränkt blieb, welche durch die Natur ihres Hintergrundes dem ursprünglichen Charakter des Prospectenbildes nicht allzu ferne standen.

[1] Die Bilder sind, jedoch ohne die umgebende Architekturmalerei, publicirt in der Revue archéologique XXI (1870) pl. XV, pl. XVIII. [2] N. 340.
[3] N. 249b. Hier wird jedoch der deutliche Ausdruck des Durchblicks durch den dunklen Rand beeinträchtigt, der das Bild oben und an den beiden Seiten umgiebt.
[4] N. 1151. Dieses Bild ist ohne umgebenden Rand wie in einer fensterartigen Oeffnung auf dem schwarzen Wandfelde angebracht.

Nun lag es allerdings nahe, eine Megalographie, damit die Reproduction den gegebenen Räumen entspräche, zu reduciren. Bisweilen ist dies auch geschehen. Zwei Megalographien des Nikias, die Io und die Andromeda, erscheinen in der Wandmalerei bisweilen zu Bildern von verhältnissmässig beschränktem Umfange verkleinert[1]. Wenn, wie wir es nachzuweisen versucht, die campanischen Europabilder durch verschiedene Zwischenstadien auf eine Composition des Antiphilos zurückgehen[2], so ist auch hier eine Megalographie oder wenigstens die Hauptfigur aus einer solchen auf geringere Dimensionen reducirt. Die herculanische Medeia[3] steht wie hinsichtlich der Auffassung, so auch voraussichtlich in den Dimensionen dem Original des Timomachos näher, als die beiden kleineren pompeianischen Bilder[4]. Doch hatte dieses Verfahren immerhin etwas Missliches; denn leicht konnte hierdurch der wesentliche Inhalt und Charakter der wiederzugebenden Composition beeinträchtigt werden.

In noch höherem Grade jedoch als die Dimensionen, ist bei dieser Untersuchung der Inhalt der Megalographien der Alexander- und Diadochenperiode zu berücksichtigen. Der grösste Theil der erhaltenen antiken Wandbilder stammt aus Privathäusern. Die Anforderungen, welche naturgemässer Weise an diesen ständigen Zimmerschmuck gestellt wurden, schlossen eine Menge gerade der bedeutendsten Compositionen jener Entwickelung von der Reproduction aus. Gemälde, welche schreckliche Vorgänge verwirklichten, waren gewiss nicht geeignet, um als dauernder Schmuck der Zimmer vor den Augen der Inassen zu figuriren. Aristeides[5] giebt dem hierbei maassgebenden Gefühle Ausdruck, wenn er seine Abneigung gegen φοβερά τε καὶ ἀηδῆ γράμματα ausspricht und im Gegensatze dazu Gemälde heiteren Inhalts preist, wie eines, welches den Empfang des Palaimon durch seinen Vater Poseidon darstellte. Der Verfasser eines anakreontischen Gedichts[6] verlangt, indem er über den Bilderschmuck Anweisung giebt, mit dem sein Becher zu verzieren ist, dass die Reliefs desselben nicht ein φαυκτὸν ἱστόρημα, sondern Dionysos, Kypris, waffenlose Eroten, die lächelnden Chariten und Phoibos darstellen. Die Betrachtung der Wandbilder lehrt, wie die Alten bei der Auswahl der in dem

---

1) N. 131 ff. N. 1168.
2) Vgl. oben Seite 225 ff.
3) N. 1264. Vgl. oben Seite 146 ff.
4) N. 1262. 1263.
5) Orat. III. Isthm. in Neptun. 28 (I p. 46 ed. Dindorf).
6) Anacreontea 4 (18) Bergk. Vgl. Seneca, dial. IV 2, 4: movet mentes et atrox pictura.

Privathäuse zu reproducirenden Compositionen von einer ganz
ähnlichen Empfindung bestimmt wurden. Die Malereien der
Friese, der Predellen, der in die Architekturmalerei eingelassenen
Vignettenbildchen, auch die Staffagen einiger als Mittelbilder behandelter Landschaften lassen sich kaum gegen diese Annahme
geltend machen; denn bei der Kleinheit der Figuren kommt die
Handlung, welches Charakters sie auch sein mag, nicht zu unmittelbarem Ausdruck. Anders dagegen verhält es sich mit den
als Tafelbildern behandelten Compositionen mythologischen oder
historischen Inhalts, welche den Mittelpunkt der Wandfelder
bilden und durch den Platz, den sie einnehmen, ihre Grösse und
eine eingehendere Ausführung besonders die Aufmerksamkeit auf
sich ziehen. Innerhalb dieser Gattung finden sich Schilderungen,
deren Inhalt geeignet wäre, Schrecken oder Grauen zu erwecken,
verhältnissmässig selten. Die Compositionen, welche als Ausnahmen von dieser Regel angeführt werden könnten, sind folgende: die Medeia des Timomachos, von der eine Replik sicher
aus einem Privathause, aus der pompeianischen Casa dei Dioscuri,
stammt [1], einige Bilder, welche die Strafe der Aktaion [2], ein
anderes, welches die Strafe der Dirke darstellt [3], das Opfer der
Iphigeneia aus Casa del poeta [4], endlich das Gemälde, welches
den Tod der Sophoniba schildert [5].

Doch stellt es sich bei näherer Betrachtung heraus, dass auf
mehreren dieser Gemälde der ergreifende Inhalt durch das Hervortreten anderer Elemente der Darstellung oder durch die Weise
des Vortrags gemildert ist. Das grosse pompeianische Dirkebild
vertritt eine eigenthümliche Uebergangsgattung von der Megalographie zu der Landschaftsmalerei und nimmt das Interesse des
Betrachters nicht nur durch die Handlung, sondern auch durch
die landschaftlichen Bestandtheile in Anspruch. Ebenso findet
sich der von den Hunden angefallene Aktaion in der Regel auf
Gemälden mit ausführlich entwickeltem landschaftlichen Hintergrunde. Ausserdem ist die Schilderung des leidenden Helden gewöhnlich auf einen ferneren Plan entrückt und zieht die im Vordergrunde befindliche sinnlich reizende Gestalt der badenden Göttin
zunächst die Aufmerksamkeit auf sich. Ein pompeianisches Gemälde [6] entbehrt zwar einer ausführlicheren Charakteristik der
Landschaft und stellt den von den Hunden angegriffenen Aktaion
in den Vordergrunde dar. Dagegen lässt hier die leise archaisirende Behandlungsweise das Pathos der Scene nicht zu unmittelbarem Ausdrucke gelangen [7]. Aehnlich verhält es sich

---

1) N. 1262.   2) N. 249—250.   3) N. 1151.   4) N. 1304.
5) N. 1385.   6) N. 249.   7) Vgl. oben Seite 66.

mit dem Iphigenienopfer aus der Casa del poeta[1]. Demnach bleiben als Compositionen, welche sich unbedingt als Ausnahmen von der oben aufgestellten Regel betrachten lassen, nur die Medeia aus Casa dei Dioscuri und das Sophonisbabild übrig, — gegenüber der Fülle der anders gearteten Gemälde eine verschwindend geringe Zahl. Wir dürfen es somit als hinlänglich sicher betrachten, dass die Alten bei Decoration des Privathauses die Schilderung eines φευκτὸν ἱστόρημα zu vermeiden pflegten. Hieraus erklärt es sich leicht, dass eine Reihe ergreifender Schöpfungen der hellenistischen Megalographie, wie das Bild des Antiphilos, welches den Untergang des Hippolytos darstellte[2], die auf die Orestie bezüglichen Compositionen des Theon[3] und geistesverwandte Gemälde anderer derselben Entwickelung angehörigen Meister, von der Wandmalerei unberücksichtigt gelassen wurden.

Eine andere Richtung der Megalographie, welche durch zwei der bedeutendsten Meister der Alexanderepoche, Apelles und Protogenes[4], eingeleitet wurde, beschäftigte sich mit der Verherrlichung Alexanders oder seiner Nachfolger. Da das italische Publicum der griechisch-römischen Epoche Compositionen, welche sich auf bestimmte Persönlichkeiten oder Ereignisse der Vergangenheit bezogen, nur ein beschränktes Interesse entgegenbringen konnte, so war auch diese Richtung keineswegs geeignet, um in weiterem Umfange auf die Wandmalerei zu wirken. Doch will ich hiermit die Möglichkeit nicht abläugnen, dass drei pompelanische Wandbilder, welche Nike und einen siegreichen Krieger zusammenstellen[5], auf Motive aus dieser Entwickelung der hellenistischen Kunst zurückgehen.

Wenn demnach der Inhalt vieler der bedeutendsten Megalographien der Alexander- und Diadochenperiode und gerade solcher, über die wir durch die Ueberlieferung am Ausgiebigsten unterrichtet sind, den Anforderungen widerstrebte, welche naturgemässer Weise in griechisch-römischer Epoche an den bildlichen Schmuck des Privathauses gestellt wurden, dann ist es ganz begreiflich, dass die Wandmalerei von der Reproduction derselben abstand. Ueberhaupt war es nicht die Megalographie, sondern das Cabinetsbild, welches hierfür die geeignetsten Bedingungen darbot. Seine beschränkten Dimensionen entsprachen den Verhältnissen der

---

1) Vgl. oben Seite 65.
2) Plin. XXXV 114.
3) Vgl. Brunn, Gesch. d. gr. Künstl. II p. 255. Ann. dell' Inst. 1865 p. 239 ff.
4) Overbeck, Schriftquellen N. 1875 ff. Plin. XXXV 108.
5) Helbig N. 940, 941 und p. 457.

Räume, welche die Wandmalerei zu schmücken unternahm. Für den privaten Genuss berechnet, ging es nicht so sehr darauf aus, den Betrachter durch einen tiefen oder bedeutsamen Inhalt zu ergreifen, wie ihn augenehm anzuregen, indem es leicht fassliche Situationen und anmuthige oder charaktervolle Erscheinungen in feiner Ausführung schilderte. Musste die Frescotechnik bei ihren beschränkten Mitteln auf die Feinheit der Durchführung verzichten, so war der Inhalt, welchen das Cabinetsbild verwirklichte, ganz geeignet, um als Mittelpunkt der Zimmerdecoration dem Auge einen angenehmen Ruhepunkt zu gewähren. Es erklärt sich daher leicht, dass die Auswahl der von der Wandmalerei zu reproducirenden Compositionen vorwiegend innerhalb der Cabinetsbilder getroffen wurde.

Mit der Erwähnung der beschränkten Mittel der decorativen Technik haben wir ein weiteres Moment berührt, welches bei dieser Auswahl berücksichtigt werden musste. Gemälde, bei denen die Durchführung besonders in das Gewicht fiel, verloren durch die Uebertragung in das Fresco ihren wesentlichen Reiz. Die coloristische Anmuth eines Apelles, die staunenswerthe Naturwahrheit eines Protogenes, die feinen physiognomischen Abstufungen, wie sie die allegorisirende Richtung der Malerei, z. B. das dem Apelles zugeschriebene Gemälde der Verläumdung[1]), erforderte, konnten durch die Frescotechnik auch nicht annähernd zum Ausdruck gebracht werden. Die Wandmaler haben daher, der Grenzen ihrer Kunst bewusst, auf die Reproduction solcher Gemälde verzichtet. Während sich die griechische Kunst seit der Alexanderepoche eifrig der Blumenmalerei befliss[2]), bietet die Wandmalerei unter den Bildern, welche als einigermaassen selbstständige Bestandtheile aus der Zimmerdecoration heraustreten, keine entsprechende Erscheinung dar. Sie war ausser Stande, die Feinheit der Formen und den Farbenschmelz der Blume wiederzugeben und überliess daher die decorative Behandlung dieser Gegenstände dem Mosaik, dessen Material, bunte Steine, glänzende Pasten, durchsichtige Glasstifte, bei solchen Schilderungen eher der Natur nahe kommen konnte[3]).
Aus technischen Rücksichten erklärt es sich ferner, wenn die charakteristische Richtung der hellenistischen Malerei, wie sie

---

1. Lucian. calumn. non tem. cred. IV. Vgl. oben Seite 216.
2) Es bezeugt dies der Ausspruch des Nikias bei Demetr. Phal. de elocutione 76 und die Blumenmalerei des Pausias (Plin. XXXV 125).
3) Die schönste Darstellung dieser Art ist der Blumenkorb aus Roma vecchia, der im Vatican in der Sala della croce greca eingelassen ist. Braun, Ruinen und Museen p. 443 u. 157.

z. B. durch die Schusterbuden des Peiraikos[1]) und den von Plinius[2]) erwähnten alten Hirten vertreten war, nur in sehr beschränktem Maasse berücksichtigt wurde. Was in der kunstmässigen Malerei als ein Charaktertypus auftrat, konnte, in die Frescotechnik übertragen, leicht zu einer absolut hässlichen Erscheinung werden. Die Wandmaler haben daher nur wenige Compositionen, auf denen solche Gestalten vorkommen, zu reproduciren gewagt, wie die mit dem zechenden Barbarenjünglinge[3]) und einige genrehafte Darstellungen aus dem Leben der Theater- und Tonkünstler[4]), und sich im Uebrigen, wenn sie Schilderungen aus dem städtischen Alltagsleben geben wollten, der comicae tabellae bedient, deren Inhalt bei den feststehenden Typen der Masken und der Tracht auch mit beschränkten Mitteln zum Verständniss gebracht werden konnte. Aus denselben Gründen wurden Darstellungen vermieden, bei denen Lichteffecte bedeutsam hervortraten. Der Feuer anblasende Knabe des Antiphilos, ein wegen der Behandlung der Lichtreflexe berühmtes Gemälde[5]), wird in dem gegenwärtig bekannten Vorrathe antiker Wandgemälde vermisst. Auf einem pompeianischen Bilde, welches die Schmiede des Hephaistos darstellt[6]), ist der Feuerschein, welchen der flammende Heerd verbreiten müsste, gar nicht ausgedrückt. Allerdings schildern die beiden auf die Geschichte von Kimon und Pero bezüglichen Wandgemälde[7]) das in den Kerker dringende Sonnenlicht, die vaticanische Unterweltslandschaft den Schein, welcher aus der Oberwelt in den Orcus fällt[8]), und ein herculaner Bild[9]) den sich über Zeus wölbenden Regenbogen. Doch tritt die Lichterscheinung auf diesen Gemälden immerhin nur als nebensächliches Motiv auf, und beruht das wesentliche Interesse auf anderen Elementen der Darstellung. Endlich findet noch eine andere Erscheinung, welche bei Betrachtung der Wandbilder auffällt, durch die Beschränktheit der Technik ihre Erklärung. Wir kennen nur zwei Gemälde, welche Elemente gebundener Kunstweise enthalten: die Iphigeneia aus Casa del poeta und ein Aktaionbild[10]). Und doch war gerade in der Epoche, in welcher die Ausführung der Wandbilder Statt hatte, das Interesse für archaische Malerei weit verbreitet[11]) und äussert sich der archai-

---

1) Plin. XXXV 112. 2) Plin. XXXV 25. 3) N. 1449. 1416[b].
4) N. 1455 ff. 5) Plin. XXXV 135. 6) N. 259.
7) N. 1376. Giorn. d. scav. (n. s.) II Taf. III.
8) Vgl. oben Seite 215. 9) N. 113.
10) Vgl. oben Seite 65 ff.
11) Vgl. oben Seite 11 ff. und namentlich Quintilian VIII 3, 25: Olli enim et quianam et mis et pone pollucent et aspergunt illam, quae etiam in picturis est gratissima, vetustatis inimitabilem

sirende Geschmack deutlich in erhaltenen Denkmälern der gleichzeitigen Plastik. Wenn diese Richtung in der Wandmalerei nur ganz geringfügige Spuren hinterlassen hat, so erklärt sich dies offenbar daraus, dass die Vorzüge, welche die damalige Zeit an der noch nicht zu vollständiger Freiheit gediehenen Kunst schätzte, die präcise Sauberkeit und Eleganz der Darstellung, für die decorative Frescotechnik unerreichbar waren.

Im Grossen und Ganzen zeigt die Summe der Wandbilder, dass die Architekten oder Maler, welche die Auswahl der zu reproducirenden Compositionen veranstalteten, ein richtiges Verständniss für die Bedingungen dieses Kunstzweiges besassen. Nur gegen wenige Schilderungen, wie die Lichteffecte und die Reflexe fester Körper in durchsichtigen oder glänzenden Materien, über welche im neunzehnten Abschnitte die Rede war[1], lässt sich der Vorwurf erheben, dass sie die Grenzen der Technik überschreiten. Doch hat man hierbei eine Thatsache zu berücksichtigen, die im Folgenden eingehendere Würdigung finden wird, dass nämlich die gedämpfte Beleuchtung, welche in dem antiken Wohnhause herrschte, den mangelhaften Ausdruck solcher Erscheinungen nicht mit derselben Schärfe hervortreten liess, wie es bei dem vollen Lichte der Fall ist, in welchem wir heut zu Tage die Gemälde betrachten. Urtheile man hierüber, wie man wolle, jedenfalls sind die meisten der in der Wandmalerei reproducirten Compositionen solche, deren wesentlicher Inhalt durch die Mittel der Technik veranschaulicht werden konnte, deren Gestalten, klar gedacht und schön gestellt, auch ohne eingehende Ausführung das Auge des Betrachters anziehen.

Wenden wir uns nunmehr zu der Untersuchung, in wie weit die Wandbilder die Originale getreu wiedergaben, so müssen wir zunächst einer Erscheinung gedenken, die in den früheren Abschnitten bereits öfters berührt worden ist. Wenn die griechische Kunst einen ansprechenden Gedanken in vollendete Form gebracht hatte, dann pflegten die folgenden Generationen das Gegebene in eigenthümlicher Weise weiter zu entwickeln, den Gedanken verschiedenartig zuzuspitzen, den Bestand der Composition durch Zuthaten zu erweitern oder durch Auslassungen zu verkürzen. Eine solche Weiterentwickelung knüpfte auch an die grossen malerischen Schöpfungen der Diadochenperiode an, wie es die Unter-

---

arti auctoritatem, und XII 10, 3 : Clari pictores fuisse dicuntur Polygnotus atque Aglaophon, quorum simplex color tam sui studiosos adhuc habet, ut illa prope rudia ac velut futurae mox artis primordia maximis, qui post eos extiterunt, auctoribus praeferant, proprio quodam intelligendi, ut mea opinio fert, ambitu.
1] Siehe oben Seite 214.

XXVII. Die hellenistische Malerei auf italischem Boden. 331

suchungen Dilthey's[1]) über die Medeia des Timomachos und unsere
Betrachtungen über die Iphigeneia desselben Künstlers und die
Europa des Antiphilos[2]) bewiesen. Es fehlt uns an Anhaltspunkten, um die einzelnen Neubildungen, welche auf solchem
Wege entstanden, chronologisch zu bestimmen. Mögen auch
manche derselben aus früherer Epoche datiren, so liegt doch
kein Grund vor, die Thätigkeit der Kaiserzeit in dieser Hinsicht gering zu veranschlagen. Vielmehr beweist die Analogie
der Plastik, dass die damalige Kunst noch in hohem Grade die
Fähigkeit besass, ein gegebenes Motiv in eigenthümlicher Weise
zurecht zu machen und zu nüanciren. Fragen wir, wie sich
die Wandmalerei zu dieser Weiterentwickelung verhielt, so ist
es zweifellos, dass dieselbe in vielen Fällen nicht das hellenistische Original in seinem ursprünglichen Bestande, sondern Gebilde reproducirte, welche die spätere Kunst aus diesem Originale abgeleitet hatte. Die beiden pompeianischen Medeabilder
geben die Composition des Timomachos mit einer Abwandlung
wieder, welche, wie wir im sechszehnten Abschnitte sahen, mit
hinreichender Wahrscheinlichkeit auf einem Gemälde vorausgesetzt werden darf, das in einem griechischen Epigramm behandelt ist[3]). Ebenso fehlt in der Wandmalerei eine getreue Reproduction der taurischen Iphigeneia des Timomachos; vielmehr begegnen wir nur Compositionen, in denen die Schöpfung des
Byzantiers beträchtlich modificirt ist[4]). Hinsichtlich einer derselben, der, welche am Besten durch die Replik aus Casa del Citarista vertreten ist, ergab sich durch den Vergleich mit Sarkophagreliefs, dass sie in den verschiedensten Gegenden des orbis antiquus
geläufig war. Eine solche Verbreitung ist aber nur unter der Voraussetzung wahrscheinlich, dass diese Composition zunächst in
einem Kunstwerke Gestalt empfing, welches allgemeinen Beifall
fand und hierdurch geeignet war, auf weitere Kreise zu wirken[5]).
Wenn endlich die Europabilder auf eine gemeinsame Grundlage
zurückweisen, die wir in der Europa des Antiphilos vermutheten,
so zeigen die mannigfachen Nüancen, welche die Gestalt der an
den Stier gelehnten Heroine darbietet, was für eine Fülle von
Neubildungen die spätere Kunst durch Weiterentwickelung der
Composition, die als Ausgangspunkt diente, in das Leben rief[6]).
Auch spricht alle innere Wahrscheinlichkeit dafür, dass bisweilen

1) Ann. dell' Inst. 1869 p. 46 ff.
2) Siehe oben Seite 149 ff. 224 ff.
3) Siehe oben Seite 147.
4) Siehe oben Seite 149 ff.
5) Siehe oben Seite 151.
6) Siehe oben Seite 224 ff.

ein abgeleitetes Gebilde leichter in die Wandmalerei Eingang fand, als die hellenistische Composition in ihrem ursprünglichen Bestande. Wie jenes zeitlich der Epoche, in welcher die Wandbilder hergestellt wurden, näher stand, so mochte vielfach auch die ihm eigenthümliche Abwandlung des Gedankens dem Publicum, für welches die Wandbilder bestimmt waren, in höherem Grade zusagen, als die ursprüngliche Auffassung. Besonders nahe lag dies aber, wenn die Weiterentwickelung, wie es oft der Fall war, darauf ausging, das sinnlich reizende oder heiter tändelnde Element zu betonen. Sind uns doch auch von der knidischen Aphrodite des Praxiteles nur sehr wenig im Ganzen getreue Copien erhalten, während die Menge der Statuen, welche Typen wiedergeben, die aus jener Schöpfung abgeleitet sind, beinahe unzählig ist. Wir dürfen demnach voraussetzen, dass viele Wandbilder nicht unmittelbar, sondern durch Zwischenstadien auf hellenistische Originale zurückgehen.

Fragen wir ferner, wie die Wandmaler Ihrerseits mit den ihnen von der Kunst übermittelten Motiven umgingen, so sind zunächst wiederum die Bedingungen ihrer Technik in das Auge zu fassen.

Bei dem hastigen Frescoverfahren war an eine genaue Durchbildung der Einzelheiten, wie sie bei dem Staffeleibilde möglich war, nicht zu denken. Der Wandmaler konnte selbst, wenn er es sich ernstlich angelegen sein liess, ein Tafelbild genau zu copiren, doch nur einen Auszug aus demselben geben. Wir dürfen daher annehmen, dass selbst zwischen den sorgfältigsten Wandgemälden und den Tafelbildern, welche ihnen als Originale dienten, ein beträchtlicher Abstand vorlag.

Am Meisten treten aus der gewöhnlich üblichen decorativen Behandlungsweise vier herculanische Bilder heraus, welche die Schmückung eines Mädchens, einen siegreichen Schauspieler, der eine Maske weiht, eine Concertprobe und eine noch nicht sicher erklärte mythologische Scene darstellen[1]). Schon die technischen Vorrichtungen, die Zubereitung der Stuckfläche, die auf das Sauberste geglättet, und die Farben, die mit grosser Feinheit gerieben sind, zeugen von der besonderen Sorgfalt, welche auf die Herstellung dieser Gemälde verwendet wurde. Auch weist die Beschaffenheit des Randes, der nicht wie gewöhnlich aus einer einfachen braunen Leiste besteht, sondern aus mehreren bunten Streifen zusammengesetzt ist, darauf hin, dass man bedacht war, diese Bilder in nachdrücklicher Weise aus der um-

---

1) N. 1435, 1460, 1462, 1369 b. Vgl. Donner, die ant. Wandmalereien in techn. Beziehung p. CXVI.

gehenden Wanddecoration heraus zu heben. Die Durchführung der Bilder selbst leistet in der That Alles, was die Mittel der Technik gestatteten. Vollständig derselbe Herr, hat der Maler Schatten wie Lichter in mannigfachen Abstufungen auf die Localtöne aufzusetzen und die Darstellung in einer Weise durchzubilden verstanden, welche die sonstigen Leistungen der campanischen Wandmalerei weit übertrifft. Mögen auch bei der Uebertragung in die Frescotechnik viele Feinheiten der Originale, in denen wir mit hinlänglicher Sicherheit Tafelbilder voraussetzen dürfen, abgeschwächt oder getrübt worden sein, so geben uns diese Gemälde immerhin den annäherndsten Begriff von der Leistungsfähigkeit der kunstmässigen Tafelmalerei der damaligen Epoche. Wie hoch sie bereits im Alterthum geschätzt wurden, bezeugt der Umstand, dass man sich die Mühe gab, sie aus der Mauer, auf der sie ursprünglich gemalt waren, herauszuschneiden, um sie in eine andere Decoration einzufügen. Die vier Bilder fanden sich in einem noch nicht ausgemalten Zimmer an die Wand angelehnt[1]). Offenbar sollten sie in die Wände dieses Raumes eingelassen werden, als die unerwartete Katastrophe, der Ausbruch des Vesuvs, eintrat.

Es würde zu weit führen, die verschiedenen Grade, welche sich hinsichtlich der Genauigkeit der Durchführung innerhalb der ganzen Denkmälergattung unterscheiden lassen, durch bestimmte Beispiele zu veranschaulichen. Allerdings ist die Zahl der flüchtig und recht eigentlich decorativ behandelten Gemälde die überwiegende. Doch lässt sich auch hier den Wandmalern im Grossen und Ganzen das Verdienst nicht absprechen, dass sie mit Verständniss zu Werke gehen, dass sie, entsprechend der Beschränktheit der Mittel, das Bedeutsame und Unbedeutsame in der Erscheinung zu unterscheiden und Jenes mit dem gebörigen Nachdrucke hervorzuheben wissen. Selbst ganz flüchtig hingeworfene Bilder bezeugen die tüchtige Tradition, welche die damalige Malerei, mochte auch die Erfindungskraft erschöpft sein, hinsichtlich des Machwerks bewahrt hatte.

Wie die Wandmaler durch die Beschränktheit ihrer Technik genöthigt wurden, auf die eingehende Durchführung, welche voraussichtlich den Originalen eigenthümlich war, zu verzichten, so zeigt die Weise, wie sie diese Technik handhabten, dass auch der Bestand der wiederzugebenden Motive als solcher, abgesehen von der Durchführung, mannigfachen Abwandlungen ausgesetzt war. Von der Anwendung mechanischer Hülfsmittel findet sich, abgesehen von den Ornamenten und den Architekturen, in der campani-

---

[1] Vgl. Winckelmann, Briefe an Bianconi § 18.

334 Der Hellenismus und die campanische Wandmalerei.

neben Wandmalerei nicht die geringste Spur. Pause oder Schablone scheinen, soweit gegenwärtig unsere Kenntniss reicht, bei figürlichen Schilderungen niemals benutzt worden zu sein. Nur in vereinzelten Fällen liessen sich die Wandmaler herbei, ehe sie mit dem Pinsel arbeiteten, die Figuren durch einen einigermaassen vollständigen Umriss zu bestimmen. Gewöhnlich ritzten sie, um den Platz zu bezeichnen, wo die einzelnen Motive hingehörten, wenige Striche auf den Stuckgrund ein, welche skelettartig die Haltung der Gestalten und die Stellung ihrer Glieder andeuteten, und arbeiteten sie über diesen Strichen sofort mit dem vollen Pinsel[1]). Nehmen wir auch an, dass der Wandmaler ein Vorlegeblatt vor Augen hatte, so konnte bei diesem Verfahren nämlich eine genaue Copie, sondern im günstigsten Falle nur eine im Allgemeinen übereinstimmende Wiedergabe der Originalmotive erzielt werden. Besass aber der Maler eine gewisse Frische der Auffassung und Keckheit der Hand, dann konnte es kaum ausbleiben, dass er im Eifer und in der Hast der Arbeit, sei es auch nur hinsichtlich geringfügiger Einzelheiten, von dem Originale abwich. Dieser Sachverhalt kommt deutlich zum Bewusstsein, wenn wir die in mehreren Repliken vorliegenden Wandbilder unter einander vergleichen. Es ist in der ganzen Denkmälergattung kein Fall nachweisbar, dass zwei Gestalten unter einander vollständig übereinstimmen. Vergleichen wir beispielshalber die Darstellungen der fliehenden Aphrodite[2]), so sehen wir deutlich, dass sie alle auf dasselbe Original zurückgehen. Nichtsdestoweniger aber werden wir einer ganzen Reihe von Abweichungen gewahr. Auf N. 351 steht der rechte Unterarm der Göttin, welcher die Angel hält, ziemlich tief und berührt er beinah das Knie der Figur. In ungefähr horizontaler Lage ist er auf N. 349 und 354 dargestellt. Noch höher steht die rechte Hand auf N. 352 und 353, wo der Maler vermuthlich darstellen wollte, wie die Göttin den Fisch, der soeben angebissen hat, aus dem Wasser herauszuschnellen im Begriff ist. Der Kopf der Aphrodite steht bald gerade (N. 349), bald mehr vorwärts geneigt (N. 351). Die Stellung der Füsse und der Fall des Gewandes bieten überall allerlei wiewohl unbedeutende Verschiedenheiten dar. Bald ist das Haupt der Göttin vollständig schmucklos (N. 348, 353), bald mit einem Haarbande (N. 349, 351), bald mit einer kleinen Krone (N. 346, 354), bald mit einem Epheukranze (N. 352) verziert. Die einander ähnlichsten Products in der ganzen Wandmalerei sind zwei Bilder, welche einen Dichter oder Regisseur

---

[1] Vgl. Donner, die ant. Wandm. in techn. Beziehung p. LXXI ff.
[2] N. 346 ff.

darstellen, der einem Schauspieler Anweisung ertheilt[1]. Doch lassen sich auch auf diesem gegenwärtig, da sie nebeneinander aufgestellt sind, mehrere wenn auch geringfügige Unterschiede nachweisen. Die Halbmaske, welche der Schauspieler auf dem Kopfe trägt, sitzt auf N. 1455 beträchtlich rückwärts und wird von unten in eigenthümlicher Verkürzung gesehen. Auf dem anderen Bilde dagegen liegt sie mehr nach der Stirn zu und ist sie beinah in der Seitenansicht dargestellt. Während auf N. 1455 der Schauspieler durch den emporgestreckten linken Daumen in sehr bezeichnender Weise die Aufmerksamkeit ausdrückt, mit der er die Rede seines Meisters begleitet, ist der Daumen auf dem anderen Gemälde an das in der linken Hand befindliche Pedum angedrückt. Dort ragt das halbe rechte Bein des sitzenden Mannes neben dem Scrinium hervor, hier ist nur die Fussspitze sichtbar. Bei solchen Abweichungen, die wir, wie gesagt, bei allen Repliken desselben Motivs wahrnehmen, ist es sogar wahrscheinlich, dass die Wandmaler gar kein Vorlegeblatt vor Augen hatten, sondern die Motive auswendig wussten und dieselben frei und aus dem Gedächtniss reproducirten.

Eine in der Wandmalerei sehr häufig vorkommende Erscheinung ist die Verkürzung des Bestandes der Originalcomposition. So ist die Io des Nikias auf pompeianischen Wandgemälden mit Auslassung der Figur des Hermes reproducirt[2]. Auf einem der auf die Andromeda desselben Meisters zurückgehenden Gemälde[3] fehlt die Gruppe der Auras. Während die Composition, welche Danae auf Seriphos schildert, von Haus aus voraussichtlich zwei Fischer enthielt, welche die Heroine mit Fragen bestürmen, begegnen wir auf einer Replik nur einem Fischer und ist auf zwei anderen Danae mit dem Perseusknaben ohne jegliche Nebenfigur dargestellt[4]. Da solche Auslassungen, wo es galt, die einzelnen Bilder, welche als Gegenstücke gemalt wurden, hinsichtlich ihres Bestandes und ihrer Verhältnisse in den erforderlichen Einklang zu bringen, sehr nahe lagen und sie auch ohne besondere künstlerische Befähigung bewerkstelligt werden konnten, so sehe ich keinen Grund, dieselben der selbstständigen Thätigkeit der Wandmaler abzusprechen. Wo dagegen der Bestand einer Composition durchgreifendere Veränderungen erfahren hat, müssen wir es öfters unentschieden lassen, ob dieselben von der kunstmässigen Malerei vorgebildet oder von den Wandmalern improvisirt sind. Doch erfordert die Erörterung der ganzen

---
1) N. 1455, 1456.
2) Vgl. hierüber und über das Folgende oben Seite 141 ff.
3) N. 1180.
4) Vgl. oben Seite 145 ff.

Summe von Erscheinungen dieser Art eine eingehende vergleichende Analyse aller Repliken der einzelnen Compositionen, auf die ich, da sie die Grenzen dieses Buches überschreiten würde, verzichten muss.

Jedenfalls ist die Freiheit, mit der die Wandmaler verfahren durften, zur Beurtheilung des ganzen Kunstzweiges von der grössten Tragweite. Hierauf beruht die Frische, welche auch in ihren untergeordnetsten Leistungen so erquicklich wirkt und dieselben in so vortheilhafter Weise von entsprechenden Producten der modernen Kunstindustrie unterscheidet, die mit peinlicher Genauigkeit eine bestimmte Vorlage wiedergeben und die lange Weile, die dabei der Arbeiter empfand, auch dem Betrachter mittheilen.

Aus dieser Freiheit der Reproduction erklärt es sich ferner, dass auch das den Originalen zu Grunde liegende Kunstprincip bisweilen durch die den Wandmalern eigenthümliche Auffassung, durch den Einfluss der dieselben umgebenden Aussenwelt, endlich durch zufällige Launen der Maler oder ihrer Auftraggeber getrübt wurde. Wir dürfen mit hinreichender Sicherheit annehmen, dass die Kunst im höheren Sinne des Worts, wenn wir von ganz vereinzelten Erscheinungen absehen, auf dem Gebiete der mythologischen Darstellung stets ein im Wesentlichen ideales Gestaltungsprincip verfolgte, dass sie selbst in den jüngsten Stadien ihrer Productivität, mochte sie auch auf die Grossartigkeit der älteren Typen verzichten, immerhin schöne oder wenigstens anmuthige Erscheinungen verwirklichte. Auch in der mythologischen Malerei der campanischen Städte ist dieses Princip im Grossen und Ganzen festgehalten. Züge einer verschiedenartigen, mehr individuellen Charakteristik finden sich verhältnissmässig selten. So zeigt das Gesicht des Perseus, welcher die Andromeda das Spiegelbild des Medusenhauptes betrachten lässt, einmal eigenthümlich derbe Formen[1]. Von der Darstellung des Perseusknaben als unförmlichen Wickelkindes war bereits im sechzehnten Abschnitte die Rede[2]. Auf einem Bilde mit den drei Chariten[3] ist das Profil der mittleren Göttin sehr individuell gebildet; alle drei Gestalten zeigen im Vergleiche mit dem sehr langen Oberkörper verhältnissmässig kurze Beine, Proportionen, welche Rumohr[4] mit Recht als eine Eigenthümlichkeit des italischen Stammes im Gegensatz zum griechischen bezeichnet. Die

---

1) N. 1196.
2) N. 121. Vgl. oben Seite 146.
3) N. 556. Atlas Taf. IX a.
4) Italienische Forschungen I p 78.

XXVII. Die hellenistische Malerei auf italischem Boden.

Gesichter der Phaidra und des Hippolytos sehen auf einem pompeianischen Rundbilde[1]) beinah wie Portraits aus. Wir dürfen es als hinlänglich sicher annehmen, dass die Originale, auf welche diese Gemälde zurückgehen, die Chariten, Perseus, Phaidra und Hippolytos als ideale Gestalten behandelten und dass jene Züge individueller Charakteristik von den Wandmalern absichtlich oder unwillkürlich unter Eindrücken der sie umgebenden Aussenwelt beigefügt sind. Allerdings blieben Erscheinungen dieser Art auch der kunstmässigen Malerei nicht vollständig fremd, wie denn Arellius, ein im letzten Jahrhundert der Republik thätiger Künstler, den Göttinnen, die er malte, die Züge seiner Geliebten zu geben pflegte[2]). Doch zeigt die Fassung, in welcher Plinius diese Nachricht mittheilt, deutlich, dass das Verfahren des Malers allgemeines Aufsehen erregte und aus dem Kreise des gewöhnlich Ueblichen heraustrat. Wie sich die kunstmässige Plastik bei mythologischen Schilderungen auf einer idealen Höhe hielt, so wird auch die gleichzeitige Schwesterkunst nur ausnahmsweise einer abweichenden Charakteristik Eingang verstattet haben. Näher lag dies bei einer mehr handwerksmässigen Production, wie es die Wandmalerei war. Die realistische Richtung war in der Masse des Volkes besonders beliebt und kam namentlich auf niedrigen Gebieten zur Geltung[3]). Wir sahen, wie die untergeordnetste Gattung der Wandmalerei, die der Laren- und Penatenbilder, beinah regelmässig von Einflüssen dieser Richtung durchdrungen ist[4]). Obwohl nun die Maler, welche die zum Wandschmuck bestimmten Gemälde herstellten, auf einer höheren Stufe standen, als die der Sacralbilder, so waren sie doch eben nicht mehr als Decorationsmaler. Es ist daher nicht zu verwundern, dass auch sie bisweilen von der volksthümlichen Richtung berührt wurden und Züge aus der sie umgebenden Wirklichkeit in die Gestalten der griechischen Mythologie hineintrugen.

Während es in den oben erwähnten Fällen unentschieden bleiben musste, ob die betreffende Charakteristik unwillkürlich oder mit bestimmter Absicht erfolgte, dürfen wir bei einer merkwürdigen Darstellung des Daidalos entschieden das Letztere annehmen. Während dieser Heros gewöhnlich ganz im Geiste der griechischen Kunst als stattlicher Mann mit vollem Haare und Bart geschildert wird[5], tritt er auf einem Wandgemälde, welches darstellt, wie er der Pasiphae die von ihm gefertigte hölzerne

1) N. 1247.
2) Plin. XXXV 119.
3) Vgl. oben Seite 39, 42, 75.
4) Vgl. oben Seite 59 ff.
5) So auch auf dem Wandgemälde N. 1205.

338 Der Hellenismus und die campanische Wandmalerei.

Kuh zeigt[1]), bartlos mit vollständig kahlem Haupte und eigenthümlich scharf geschnittenen Zügen auf, die an das Portrait des ältern Scipio erinnern. Ohne Zweifel hat der Maler in dieser Gestalt die Erscheinung einer bestimmten, ihm bekannten Persönlichkeit verewigt, die sich vielleicht in irgend welchem Zweige des Kunsthandwerks hervorthat und somit den Vergleich mit Daidalos, dem mythologischen Prototyp solcher Thätigkeit, nahelegte. Da diese Darstellungsweise jedenfalls auf ganz individuellen Motiven beruht, so werden wir schwerlich jemals im Stande sein, dafür eine sichere Erklärung zu finden.

Doch auch wo die Wandmaler, wie es gewöhnlich der Fall ist, eine ideale Schönheit schildern, dürfen wir kaum annehmen, dass sie die den Originalen eigenthümlichen Typen genau wiedergeben. Es stellt sich dies deutlich heraus durch den Vergleich der campanischen Wandgemälde mit denen, welche au anderen Stellen des orbis antiquus zu Tage gekommen sind. Leider ist unsere Kenntniss in dieser Hinsicht noch sehr beschränkt und bietet uns vor der Hand nur Rom, namentlich durch die auf dem Palatin entdeckten Wandbilder, ausreichenden Stoff zur Vergleichung. Die Io und die Galateia auf dem Palatin[2]) stimmen hinsichtlich der Anlage mit Gestalten campanischer Wandbilder überein, verrathen aber eine verschiedene Charakteristik. Sie sind zarter, schlanker und von durchsichtigerem Colorit, als auf den entsprechenden campanischen Fresken, welche die beiden Heroinen mit volleren Formen und einer derberen Sinnlichkeit ausstatten. Während die Io dort feine Züge und einen sehr edlen Ausdruck zeigt, ist sie auf den campanischen Wandbildern beträchtlich gröber aufgefasst. Wäre der römische Kopf aus der umgebenden Stuckfläche herausgeschnitten und mit einem entsprechenden pompeianischen zusammengestellt, so würde es auch dem feinsten Auge schwer fallen, zu erkennen, dass beide auf dasselbe Original zurückgehen. Die Gründe dieser Divergenz sind hinlänglich klar. Indem die Typen von Generation zu Generation überliefert und unzählige Male und an den verschiedensten Orten reproducirt wurden, konnte es nicht ausbleiben, dass ihr ursprünglicher Charakter bei dem Durchgange durch so mannigfache Zwischenstadien allerlei Modificationen erfuhr. Ziehen wir ausserdem die Freiheit in Betracht, mit welcher die Wandmaler bei der Reproduction zu Werke gingen, dann ist es ganz begreiflich, dass die Typen von Einflüssen berührt wurden, welche an der Stelle massgebend waren, wo die Reproduction

---

[1] N. 1200; vielleicht auch auf N. 1480.
[2] Revue archéologique XXI (1870) pl. XV, XVIII.

Statt fand. In Rom wird demnach der grosse Culturmittelpunkt, der gewähltere Geschmack, die unmittelbare Nähe von griechischen Originalen, vielleicht auch die Erscheinung der römischen Weltdame einen verfeinernden Einfluss auf die Reproduction der Wandmaler ausgeübt haben, während die Thätigkeit ihrer campanischen Collegen durch weniger günstige Verhältnisse bedingt wurde.

Endlich haben wir hierbei noch das Verhältniss der Bilder als Bestandtheile der Wanddecoration zu berücksichtigen. Nachdem der ursprünglich übliche Gebrauch, wonach wirkliche Tafelgemälde zu Mittelpunkten der Felder gemacht wurden, der Herstellung der gesammten Decoration durch die Frescomalerei gewichen war, lag es ganz in dem classischen Geiste, durch Unterordnung der einzelnen Glieder unter das Ganze eine einheitliche Wirkung anzustreben. Bis zu einem gewissen Grade wurde dies schon durch die Gleichheit der Technik erzielt. Bei einer der Wirklichkeit entsprechenden Durchführung der Mittelbilder wären dieselben in schneidendem Contraste aus der Wanddecoration herausgetreten. Da die dürftigen Mittel der Frescotechnik zu einer andeutenden Behandlung nöthigten, so kam diese Beschränkung der Harmonie des Gesammteindrucks zu Gute. Doch scheint es, dass die Alten sich hiermit nicht begnügten, sondern dass sie auch die Farbenscala der einzelnen Bestandtheile — der Wandfelder, der Mittelbilder, der Architekturen — zu einer einheitlichen Wirkung abzutönen suchten. Es ist das Verdienst Hettners[1] zuerst einige Beobachtungen über diesen Gegenstand mitgetheilt zu haben. Vielfach stellt sich, wenn die Wandmalereien unmittelbar nach ihrer Ausgrabung untersucht werden, eine eigenthümliche Uebereinstimmung zwischen dem Tone des Mittelbildes und dem der umgebenden Wand heraus. Ist z. B. die Wand roth gemalt, dann hat das Mittelbild ein leuchtendes Colorit und pflegen die Schatten röthlich abgetönt zu sein. Auf einem dunkeln, etwa schwarzen Felde zeigt das Mittelbild eine dumpfere Farbenscala und eine entsprechende Schattirung. Wenn diese Erscheinung, wie überhaupt die Farbenlehre der Alten, nicht mit der Aufmerksamkeit ergründet worden ist, die sie verdient, so erklärt sich dies hinlänglich aus den Schwierigkeiten, die ihre Untersuchung mit sich bringt. Da die atmosphärische Luft im Laufe der Zeit das Colorit der Wandmalereien modificirt und auch die Firnisse oder Wachse, mit welchen die Bilder zu ihrer Sicherung überzogen werden, immerhin gewisse Abwandlungen des ursprüng-

---

[1] Vorschule zur bildenden Kunst der Alten p. 307 ff. 324 ff.

lichen Tones hervorrufen¹), so muss die eingehende Behandlung
dieses Gegenstandes nothwendig einem neapolitanischen Gelehrten
überlassen bleiben, der Gelegenheit hat, eine Reihe von Jahren
hindurch die Wandmalereien unmittelbar nach ihrer Ausgrabung
zu untersuchen. Sollte sich hierbei auch kein consequent durchgeführtes Gesetz, sondern nur so viel herausstellen, dass die einzelnen Maler nach eigenem Ermessen und gewissermaassen instinctiv eine coloristische Harmonie der einzelnen Theile der Decoration anstrebten, so würde auch dieses Resultat ein weiteres
Moment ergeben, welches die genaue Wiedergabe der in den
Mittelbildern zu reproducirenden Originale beeinträchtigte.

Schliesslich hat man, um die Eigenthümlichkeiten der Wandbilder richtig zu würdigen, die Beleuchtung zu berücksichtigen,
für welche sie von Haus aus berechnet waren. Dieser Gesichtspunkt fällt bei Beurtheilung derselben gleich schwer in das Gewicht, wie bei der der Sarkophage, deren Reliefs einen ungleich
ruhigeren und befriedigenderen Eindruck machen, wenn wir sie
statt bei vollem Lichte in einem Halbdunkel betrachten, wie
es der antiken Grabkammer eigenthümlich war. Die Durchführung der in Pompei an Ort und Stelle belassenen Wandgemälde erscheint bei dem vollen Lichte, welches sie, da das
Dach des Hauses stets, die Decken der einzelnen Räume in der
Regel zerstört sind, von allen Seiten umfängt, allerdings meist
dürftig und hart. Ganz anders dagegen werden sie gewirkt haben,
als die Architektur und die Einrichtung des antiken Hauses noch
in ihrem vollen Bestande vorhanden waren. Damals fiel das Licht
nur durch die Oeffnungen, welche in dem Dache über dem Atrium
und dem Peristyle angebracht waren, in das Innere des Hauses
und theilte sich von dem Atrium und Peristyle aus den um diese
beiden Räume gruppirten Wohn-, Schlaf- und Speisezimmern mit.
Diese ganze Zimmerflucht war somit, da die Decke das Oberlicht
ausschloss, lediglich von der Seite aus beleuchtet. Doch wurde
auch dieses von der Seite kommende Licht durch allerlei Vorrichtungen gedämpft. An den Säulen des Atriums und Peristyls
waren Vorhänge angebracht²), deren Spuren, wenn man die pom-

---

1) Auch Hettner a. a. O. hätte besser gethan, einige Bilder, deren
Farbe durch solche äussere Einflüsse modificirt ist, aus seiner Untersuchung auszuschliessen. So ist der grünlichgelbe Ton auf dem
Alkestisbilde N. 1157 (vgl. Hettner, Vorschule p. 311), wie auf mehreren anderen, gewiss nicht ursprünglich, sondern durch den berüchtigten Firniss veranlasst, durch welchen Moricone so viele der in den
ältesten Ausgrabungen gefundenen Gemälde verdarb.

2) Als Hauptstellen, welche diesen Gebrauch in unzweideutiger
Weise bezeugen, führe ich an Ulpian. Dig. XIX 1, 17 § 4: reticuli circa

peianischen Häuser unmittelbar nach ihrer Ausgrabung untersucht, noch heute deutlich zu erkennen sind. Allenthalben sind an den nach dem Impluvium gerichteten Seiten der Säulen Nägel oder Haken ersichtlich, die nur zur Befestigung von Vorhängen dienen konnten[1]). Spuren von Nägeln, Haken oder Klammern finden sich auch an entsprechenden Stellen der gegenüber liegenden Wände der Porticus[2]). Man sieht deutlich, dass die Intercolumnien, je nach den Bedürfnissen der Jahreszeit oder des Wetters, durch Vorziehen der Vorhänge verschlossen, dass die Vorhänge, wenn es beliebte, von den Säulen nach den Wänden herübergezogen werden konnten, um gewisse Theile der Porticus zu isoliren[3]). Weiterhin trugen die Thüren oder Portièren, welche an den Eingängen der einzelnen Zimmer angebracht waren[4]), das Ihrige dazu bei, um die Beleuchtung dieser Räume zu dämpfen. Endlich wurde sogar das von oben in das Haus fallende Licht bisweilen durch ein in horizontaler Richtung über die Oeffnung des Atriums ausgespanntes Velum gebrochen[5]).

---

columnas, und XXXIII 7, 12 § 20 : de velis, quae in hypaethris extendantur, item de his, quae sunt circa columnas etc.

1) Ich habe diese Erscheinung namentlich in folgenden pompeianischen Häusern beobachtet: Strada degli Augustali N. 22, im Peristyl; Casa di Diadumeno, im Atrium ; Haus östlich von der Casa di Diadumeno, in dem ersten Peristyl; Strada d'Olconio N. 4 — 5, im Peristyl (hier sieht man an den unteren Theilen der Säulen bleierne Stifte eingelassen, welche vormals vermuthlich in Bronceknöpfe ausliefen, oben unter den Kapitellen eiserne Nägel) ; Vicolo del balcone pensile N. 6—7, im Atrium (eiserne Klammer am Pilaster der Westwand, neben dem Larenbilde N. 46); Vico d'Eumachia N. 9, im Atrium ; Casa di Cornelio Rufo, im Peristyl; Casa del citarista, im mittleren Peristyl ; Casa di Gavio Rufo, im Peristyl (an einer Säule der Südseite ein grosser eiserner Haken). Die älteren Ausgrabungen sind für solche Beobachtungen nicht geeignet, da die eisernen Nägel oder Haken baldigst von der Luft angegriffen werden und herabfallen und die hierdurch entstandenen Löcher, um das weitere Abbröckeln des Stuckes zu verhüten, zugeputzt zu werden pflegen.

2) So namentlich in den beiden Peristylen des östlich von der Casa di Diadumeno gelegenen Hauses.

3) Hieraus erklärt es sich, dass die antike Kunst, wo es gilt zu bezeichnen, dass eine Handlung in dem inneren Raume des Hauses vorgeht, im Hintergrunde einen Vorhang darstellt. Vgl. Ann. dell' Inst. 1869 p. 15, Rossbach, römische Hochzeits- und Ehedenkmäler p. 42. Solche Vorhänge fehlten auch nicht bei den öffentlichen Porticus. Die des Pompejus war mit pergamenischen Vorhängen ausgestattet. Propertius III 32, 12 :
  scilicet umbrosis sordet Pompeia columnis
  porticus, aulaeis nobilis Attalicis.

4) Vgl. Marquardt, römische Privatalterth. I p. 244. 319.

5) Die Hauptstellen : Ovid. Metam. X 595 ff. Plin. XIX 25. Ulpian. Dig. XXXIII 7, 12 § 20.

Da demnach die Innenräume des antiken Hauses nur sehr matt beleuchtet waren, so wird die Flüchtigkeit der Durchführung der darin befindlichen Wandgemälde in ungleich geringerem Grade bemerkbar gewesen sein, als heut zu Tage, wenn wir die Bilder bei vollem Lichte betrachten. Vielmehr reichte die decorative Technik, welche sich begnügt, das Wesentliche, aber dieses mit grosser Energie zu geben, unter solchen Verhältnissen vollständig aus. Wer Gelegenheit hat, die düsteren Magazine des neapler Museums zu besuchen, wird sich überzeugen, dass daselbst sehr flüchtig hingeworfene Wandgemälde in der befriedigendsten Weise wirken. Mag es auch in vereinzelten Fällen vorgekommen sein, dass sorgfältig durchgeführte Tafelbilder in Wohnzimmern aufbewahrt wurden, so diente in den Häusern der Reichen, wo wir allein eine grössere Menge solcher Bilder zu gewärtigen haben, zur Aufbewahrung derselben ein besonderer Raum, die pinacotheca. Bei Orientirung und Anlage dieses Raumes wurde dafür gesorgt, dass die Vorzüge der Bilder in deutlichster Weise zur Geltung kamen[1]).

Fassen wir die einzelnen in dem Bisherigen gewonnenen Resultate zusammen, dann stellt es sich allerdings heraus, dass die Wandgemälde einen nur beschränkten Begriff von der an die Alexanderepoche anknüpfenden Malerei geben. Wir haben es mit einer Auswahl zu thun, welche namentlich innerhalb der Cabinetsbilder dieser Entwickelung getroffen wurde. Vielfach ist nicht die hellenistische Composition in ihrem ursprünglichen Bestande, sondern mit Abänderungen reproducirt, welche die spätere Malerei in dieselbe hineingetragen hatte. Wo aber auch der ursprüngliche Bestand im Ganzen festgehalten ist, haben wir keine genaue Copie zu gewärtigen. Vielmehr sind die hellenistischen Motive in eine mehr oder minder decorative Behandlung übertragen, sind sie durch Einflüsse der Epoche, in welcher, und der localen Verhältnisse, unter welchen die Reproduction Statt fand, in grösserem oder geringerem Grade modificirt. Erwägen wir aber nicht, was die Wandbilder im Vergleiche zu den Originalen, sondern was sie an und für sich sind, dann erscheinen sie als vollständig zweckentsprechende Leistungen. Ihre Gegenstände sind in der Regel Stoffe, welche, von der alexandrinischen und der daran anknüpfenden lateinischen Dichtung bearbeitet, dem ganzen gleichzeitigen gebildeten Publicum geläufig waren. Nur ausnahmsweise bringen sie einen tieferen Gehalt zur Darstellung. Gewöhnlich schildern sie anmuthige Gestalten in Situationen und mit Gefühlen, die der Fassungskraft des Betrachters die nächstliegenden sind.

---

1) Vgl. Vitruv. I 2 p. 14. VI 5 p. 143, 7 p. 145, 10 p. 140 Rose.

Die andeutende Durchführung, die bei einem Tafelbilde selbständiger Bedeutung ein Mangel sein würde, wirkte für die Harmonie der Wanddecoration günstig und war bei der gedämpften Beleuchtung nur in geringem Grade bemerkbar. Weit entfernt von den Ansprüchen, als Kunstwerke zu gelten, genügten die Wandgemälde allen Anforderungen, welche an Decorationsbilder gestellt werden durften, die, beständig vor dem Augesichte der Insassen des Hauses, den Betrachter nicht tief ergreifen und auf längere Zeit fesseln, sondern ihm einen Ruhepunkt gewähren sollten, auf dem das Auge einen flüchtigen Moment gern verweilte.

———

An dem Ende der Untersuchung angelangt, kann ich nicht umhin auf die Verwandtschaft hinzuweisen, welche sich herausstellt, wenn wir die durch die Wandbilder vertretene Entwickelung, wie sie im Vorhergehenden aufgefasst wurde, mit der gleichzeitigen Poesie vergleichen. Da dieser Erscheinung bereits bei Betrachtung der einzelnen Gemäldegattungen öfters gedacht wurde, so gilt es gegenwärtig im Wesentlichen, Bemerkungen, die an verschiedenen Stellen dieses Buches zerstreut sind, in übersichtlicher Weise zusammenzufassen. Wir gelangten zu dem Resultate, dass die Bilder, welche griechische Mythen behandeln, im Grossen und Ganzen auf Originale aus der an die Alexanderepoche anknüpfenden Malerei zurückgeben. Eine ganz entsprechende Richtung zeigt sich auch auf dem Gebiete der Poesie. Um hier nur an solche Producte zu erinnern, deren Entstehung gegenwärtig von allen Gelehrten in wesentlich übereinstimmender Weise beurtheilt wird, so begnüge ich mich, auf die Epyllien des Catullus und die Metamorphosen des Ovid zu verweisen. Jene sind im Ganzen getreue Reproductionen alexandrinischer Gedichte. Bei der Frische und Lebendigkeit der Darstellung, welche den Metamorphosen eigenthümlich ist, müssen wir allerdings annehmen, dass Ovid die in seinen Vorbildern dargebotenen Elemente mit beträchtlicher Freiheit und Selbstständigkeit handhabte. Nichts desto weniger ist es allgemein anerkannt, dass seine Dichtung auf alexandrinischer Grundlage beruht. Alexandrinisch sind die Versionen der Mythen, die er behandelt; seine Charakteristik, die Gefühle, welche er veranschaulicht, seine landschaftliche Schilderung tragen den Stempel derselben Entwickelung, mag es sich auch nicht immer entscheiden lassen, ob wir Nachahmung, Reminiscenz oder freie Aeusserung eines von hellenistischer Bildung durchdrungenen Geistes anzunehmen haben. Die Metamorphosen sind die dichterischen Producte, welche nach

Inhalt und Auffassung den mythologischen Wandbildern am Nächsten stehen, und wir dürfen die Vermuthung wagen, dass sie nicht wenig dazu beitrugen, das Verständniss und das Interesse für diese Compositionen bei dem Publicum der Kaiserzeit rege zu erhalten. Wenn wir ferner die Wandgemälde, welche Situationen aus dem Alltagsleben mit idealer Auffassung darstellen, auf hellenistische Vorbilder zurückführten, so findet auch diese Erscheinung auf dem Gebiete der Poesie eine bezeichnende Analogie. Die pastoralen Genrescenen, welche Vergil in den Eclogen behandelt, sind Nachahmungen der Idyllien des Theokrit. Ebenso weisen der Culex, die Copa, das Moretum deutlich auf alexandrinische Vorbilder zurück. Hinsichtlich der bestimmten Situationen, welche sie schildern, lassen sich die Eclogen im Besondern den bukolischen Scenen vergleichen, welche in den campanischen Landschaften idyllischer Richtung die Staffage zu bilden pflegen. In der Weise, wie Vergil auf die bukolische Grundlage, deren naiver Charakter von Theokrit im Ganzen glücklich gewahrt ist, bisweilen eigene Gedanken und Anspielungen auf Ereignisse seiner Zeit überträgt, berühren sie sich mit den Landschaftsbildern, welche idyllische Motive und Bestandtheile des architektonischen Luxus der Kaiserzeit durcheinandermischen.

Neben der gräcisirenden Production geht wie in der Malerei so auch in der Poesie eine Richtung her, welche sich mit der unmittelbaren Gegenwart beschäftigt und dieselbe in realistischer Weise auffasst. Ihre Blüthe, welche durch die polemischen Gedichte des Catullus, die Satirae Menippeae des Varro, die Satiren und Episteln des Horaz bezeichnet ist, fällt in die Periode des Uebergangs von der Republik zu der Monarchie. Beeinträchtigt durch die fortschreitende Consolidirung des Imperiums, verlor sie in der folgenden Zeit mehr und mehr an Bedeutung, so dass sie unter den flavischen Kaisern, also in der Zeit, in welche die Ausführung der campanischen Wandgemälde fällt, nur noch in der Satire und im Epigramme zur Geltung kommt und die gräcisirende Richtung fast unumschränkt herrscht. Die durch die Wandgemälde vertretene Entwickelung, wie wir sie aufgefasst, zeigt eine ganz entsprechende Erscheinung. Auch hier ist die an griechische und besonders hellenistische Vorbilder anknüpfende Richtung in quantitativer und qualitativer Hinsicht die bedeutendere, während die realistische nur innerhalb der untergeordnetsten Production ein dürftiges Dasein fristet. Suchen wir auf dem Gebiete der Dichtung nach einer Erscheinung, welche sich den Wandgemälden mit Scenen aus dem römisch-campanischen Alltagsleben vergleichen liesse, so dürften sich als die bezeichnendsten Analogien nicht die Epigramme des Martial, sondern die derben Gassenhauer darbieten, in denen bisweilen der römische Pöbel oder die römische Soldateska ihren Gefühlen Ausdruck gab. Es bleibt mir noch übrig nachzuweisen, warum einige andere Richtungen, welche der Dichtung im ersten Jahrhunderte der Kaiserzeit eigenthümlich sind, innerhalb der Wandmalerei keine oder nur sehr geringfügige Berührungspunkte finden. Vergeblich suchen wir darin nach einer Analogie zu der höfischen oder officiellen Poesie, wie sie durch das Carmen saeculare und verschiedene andere Oden des Horaz[1]) vertreten ist. Dass eine entsprechende Richtung in der gleichzeitigen Kunst existirte, ist durch die Prachtcameen, welche Mitglieder des iulischen Kaiserhauses verherrlichen, durch die Reliefs der Siegesdenkmale, durch den Bilderschmuck des Panzers der vaticanischen Augustusstatue und durch andere Arbeiten der damaligen Epoche hinlänglich bezeugt[2]). Wenn sie in der Wandmalerei keine Spur hinterlassen hat, so erklärt sich dies hinlänglich daraus, dass die erhaltenen Reste dieses Kunstzweiges mit wenigen Ausnahmen aus Privathäusern und zwar aus Privathäusern von Landstädten stammen. Es ist bekannt, wie seit der Begründung der Monarchie das Interesse, welches die grosse Masse des Publicums an den öffentlichen Verhältnissen nahm, von Generation zu Generation geringer wurde. Bereits unter Nero werden Stimmen laut, welche unumwunden erklären, dass die Gegenwart im Vergleich mit der Vergangenheit unbedeutend und unerquicklich sei[3]), und in der weiteren Entwickelung erscheint die Gleichgültigkeit gegen Ereignisse und Persönlichkeiten, welche nach dem Ende der Republik fallen, als eine bezeichnende Eigenthümlichkeit der ganzen Litteratur und Kunst, insoweit sie nicht von der Person des Kaisers abhängen oder mit derselben zu rechnen haben[4]). Allerdings wird der Kaiser nach wie vor durch Vers und Bild gefeiert. Doch bewegte sich diese Thätigkeit in einem bestimmt abgeschlossenen officiellen Kreise und blieb sie, wo die Privaten unabhängig und nach eigenem Geschmacke die Kunst bestimmen durften, ohne Einfluss. Dies war aber in den campanischen Landstädten der Fall. Mochten Personen, welche dem Hofe nahe standen, aus Furcht oder Berechnung ihre Häuser mit Kunstwerken schmücken, welche die Ergebenheit an den Caesar bekundeten, so kamen solche Gesichtspunkte in Herculaneum und Pompei gewiss nur ausnahmsweise in Betracht und durfte sich hier der private Geschmack im Ganzen rückhaltslos entfalten.

1) Namentlich Carm. I 2. III 5. IV 5. 14. 15.
2) Vgl. O. Jahn, aus der Alterthumswissenschaft p. 285 ff.
3) Siehe namentlich Seneca, quaest. nat. III praef.
4) Vgl. Burckhardt, die Zeit Constantins p. 255 ff.

Auch für die an Pindar, Sappho und Alkaios anknüpfende Lyrik, wie sie namentlich von Horaz gepflegt wurde, bietet die Wandmalerei keine augenfällige Analogie dar, es sei denn, dass man die wenigen Gemälde, welche auf Originale aus voralexandrinischer Epoche zurückzugehen scheinen, zu einem oberflächlichen Vergleiche heranziehen wolle. Die Gründe, warum hier der Zusammenhang zwischen den beiden Kunstgattungen abbricht, sind hinlänglich deutlich. Einerseits war die Lyrik, da sie Scenen, welche bildlich dargestellt werden konnten, immerhin nur als Episoden behandelte, überhaupt wenig geeignet, einen unmittelbaren und weitgreifenden Einfluss auf die Malerei auszuüben. Andererseits würde ein solcher Einfluss, wenn er überhaupt Statt fand, in die Zeit vor Alexander dem Grossen fallen, also in eine Epoche, in welcher die Malerei eine vorwiegend monumentale Richtung verfolgte. Wir haben aber im Vorhergehenden gesehen, dass sich die Wandmalerei nur ausnahmsweise zur Reproduction von Megalographien verstand, dass sie vielmehr in der Regel die Auswahl der zu reproducirenden Compositionen innerhalb des Kreises der Cabinetsmalerei traf, einer Richtung also, welche erst seit der Alexanderepoche in weiterem Umfange gepflegt wurde.

Mit der Aeneis des Vergil berührt sich die Wandmalerei nur in einem einzigen Producte, dem vielfach besprochenen Gemälde, welches eine Scene aus dem zwölften Buche dieser Dichtung wiedergiebt[1]). Diese Erscheinung erklärt sich, wie wir bereits früher hervorgehoben, hinlänglich aus dem geringen Productionsvermögen, über welches die bildende Kunst zur Zeit, als die Aeneis erschien, verfügte. Da die Versuche, welche sie machte, die neuen von Vergil dargebotenen Stoffe zu gestalten, sehr mittelmässig ausfielen, so ist es ganz begreiflich, dass die Wandmalerei dieselben nur ausnahmsweise berücksichtigte und in der Regel an den gelungenen Compositionen festhielt, welche ihr aus der älteren Entwickelung zugekommen waren. Ausserdem darf hierbei wohl noch ein anderer Gesichtspunkt in Betracht gezogen werden. Ein herculanisches Wandbild[2]), welches die Gruppe des mit Anchises und Ascanius fliehenden Aeneas karikirt, indem es Affen zu Trägern der Handlung macht, zeigt deutlich, dass die von dem julischen Kaiserhause begünstigte Sage nicht von allen Bewohnern der campanischen Städte in beifälliger und respectvoller Weise aufgenommen wurde, dass vielmehr die Tendenz derselben, sei es, weil noch das oskische Bewusstsein, sei es, weil noch republi-

---

1) N. 1383.
2) N. 1380.

kanische Sympathien rege waren, bisweilen auf Widerstand stiess. Mag sich auch die Tragweite dieses Factors einer selbst annähernden Schätzung entziehen, so ist derselbe doch, wo es sich darum handelt, den geringen Einfluss der Aeneis auf die campanische Wandmalerei zu erklären, wenigstens in zweiter Linie zu berücksichtigen. Vergleichen wir endlich die Entstehungsweise der Aeneis und das Gestaltungsverfahren, auf welchem das Wandbild beruht, das eine Scene aus diesem Epos darstellt, so ist auch hier eine gewisse Verwandtschaft unverkennbar. Der epische Kern der Aeneis ist durch die Ilias und Odyssee bestimmt. Die Durchführung, namentlich die psychologische Schilderung, die Gleichnisse, selbst die Diction verrathen allenthalben die Nachahmung alexandrinischer Dichtungen oder wenigstens Reminiscenzen an solche. Dem Vergil eigenthümlich ist im Wesentlichen das locale Colorit, welches er über die Erzählung verbreitete, indem er die ihm wohl bekannten Landschaften, in denen die Handlung vorgeht, vergegenwärtigte und eine Menge von Zügen aus seiner Kenntniss der italischen Alterthümer beifügte. Ebenso liegen der Composition des Wandbildes griechische Motive zu Grunde; doch sind sie mit einer eigenthümlichen Behandlung in realistischem Sinne durchdrungen, welche damals in der Masse des Volkes besonders populär war und dem Bilde einen besonderen Charakter verlieh, der dasselbe von den Darstellungen aus der griechischen Mythologie unterscheidet [1]).

1) Vgl. oben Seite 6, 89, 114 ff.

XXVIII. Ueber einen Grundunterschied antiker und moderner Malerei.

Das Material, welches zur Vergleichung antiker und moderner Malerei vorliegt, ist sehr ungleich beschaffen. Während wir die letztere nach ihren höchsten Leistungen zu würdigen im Stande sind, haben sich aus dem Alterthume nur decorative Frescobilder erhalten. Mag aber auch der Abstand, den wir zwischen der kunstmässigen Malerei der Alten und den erhaltenen Wandbildern vorauszusetzen haben, noch so bedeutend veranschlagt werden, so liegt doch kein Grund vor, anzunehmen, dass das Princip der beiden Gattungen ein verschiedenes gewesen sei. Wir dürfen demnach immerhin mit der nöthigen Vorsicht aus den Wandbildern auf die Tafelmalerei schliessen und das Ergebniss, welches sich hierbei herausstellt, mit den modernen Leistungen vergleichen.

Ich habe nicht die Absicht, diese schwierige Frage erschöpfend zu behandeln, sondern nur eine Thatsache festzustellen, welche hierbei von der grössten Tragweite ist und weiteren Erörterungen als Ausgangspunkt dienen kann, eine Thatsache, welche in engem Zusammenhange steht mit der Verschiedenheit des antiken und des modernen Naturgefühls, die bereits in unserem dreiundzwanzigsten Abschnitte berührt wurde.

Wir dürfen mit hinreichender Sicherheit annehmen, dass die Wandmaler in der Darstellung der Hintergründe dasselbe Princip verfolgten, wie die gleichzeitigen Tafelmaler. Vergleichen wir nunmehr die den Wandbildern und die der modernen Malerei eigenthümliche Behandlung dieser Motive, so tritt ein bemerkenswerther Unterschied zu Tage. Dort sind die landschaftlichen Bestandtheile fast durchweg sehr hell und recht eigentlich als Grund behandelt, auf welchem sich die Plastik der handelnden Figuren als etwas Selbstständiges und Fürsichbestehendes abhebt[1]. Hier dagegen spricht die Landschaft ungleich stärker mit und greifen die Wirkung der Handlung und die der Gründe vielfach in einander über. Und diese Behandlung ist nicht etwa erst eine Errungenschaft der fortgeschritteneren Stadien der modernen Kunst; vielmehr zeigen sich die ersten Spuren derselben, wenn auch zunächst mit gebundenem Ausdrucke, baldigst, nachdem die Malerei den Goldgrund aufgegeben hat. Dieser Unter-

---

[1] Nur ganz wenige Gemälde, welche gewissermaassen einer Uebergangsgattung von der Historienmalerei zur Landschaft angehören, wie das grosse Dirkebild N. 1151, machen eine Ausnahme von der oben aufgestellten Regel.

schied erklärt sich hinlänglich aus der verschiedenen Entwickelung, welche das Naturgefühl bei den classischen und den modernen Völkern durchmachte. Das moderne Naturgefühl beginnt in der Frührenaissance mit einer analogen Phase, wie die war, welche im Alterthume um die Alexanderepoche zur Ausbildung kam und seitdem mit geringen Abwandlungen bis zum Zerfall der griechischrömischen Cultur Bestand hatte. Ja wir dürfen sogar vermuthen, dass die Empfindung eines Dante, Boccaccio, Petrarca, wie in anderen Hinsichten, so auch in dieser, zum Theil unmittelbar durch die damals wiedererweckte lateinische Litteratur beeinflusst wurde. Auf einer solchen in der Frührenaissance angebildeten Grundlage hat sich dann das moderne Naturgefühl in eigenthümlicher Weise weiterentwickelt. Wie es der Vergleich der Landschaftsbeschreibungen bei Dante, Boccaccio, Petrarca und Aeneas Sylvius lehrt, steigert sich von Generation zu Generation die Hingabe an die Natur, wird die Schilderung eingehender, reflectirter, modernen[1]. Im Mai des Jahres 1544 fasst bereits Aretino einen abendlichen Licht- und Wolkeneffect umständlich in Worte[2]. So gedieh nach mannigfachen Durchgangsstadien das Gefühl des Modernen allmählig zu einem Grade subjectiver Versenkung in die Natur, wie er den Alten stets fremd geblieben ist. Diese Entwickelung war bereits im Gange, als die italienische Tafelmalerei im Quattrocento den Goldgrund aufzugeben und die Handlung auf einem der Wirklichkeit entsprechenden Raume darzustellen anfing. Es ist daher vollständig begreiflich, dass die Kunst schon damals die Landschaft stark mitsprechen lässt, dass sie in dieser Hinsicht schon früh ein fortgeschritteneres Stadium verräth, als das, welches durch die jüngste Phase der antiken Malerei vertreten ist.

Hieraus erklärt es sich auch, warum die Landschaft als selbstständige Gattung im Alterthume niemals die hervorragende Bedeutung gewann, wie in der modernen Zeit und namentlich heut zu Tage, wo es allen Anschein hat, als ob aus ihr heraus oder an sie anknüpfend eine neue Entwickelung der Malerei beginnen werde. Und doch sind die antiken Landschaftsbilder besonders geeignet, um bei einer Untersuchung über die Verschiedenheit antiker und moderner Malerei als Ausgangspunkt zu dienen. Wir sind nämlich, um die Leistungen der Alten in diesem Kunstzweige zu beurtheilen, nicht nur auf die erhaltenen Frescogemälde angewiesen, sondern dürfen auch die Naturbeschreibungen der antiken Schriftsteller zum Vergleiche heranziehen. Da in derselben Epoche

---

1) Vgl. Burckhardt, Cultur der Renaissance p. 295 ff.
2) Brief an Tizian in den Lettere pittoriche III 36.

zwischen der landschaftlichen Schilderung, welche sich durch das Wort, und der, welche sich durch Umriss und Farbe äussert, ein inniger Zusammenhang obzuwalten pflegt, so wird eine vorsichtige Untersuchung der einschlagenden Litteraturdenkmäler den Begriff, den wir uns von der antiken Landschaftsmalerei zu bilden haben, ergänzen und uns zugleich ein Kriterium verschaffen, in wie weit wir aus den erhaltenen Wandgemälden auf die kunstmässigen Leistungen schliessen dürfen. Wenn nämlich ein antiker Schriftsteller von einem landschaftlichen Eindruck Rechenschaft giebt, die Wandmalerei dagegen nichts Analoges darbietet, dann liegt die Wahrscheinlichkeit oder zum Mindesten die Möglichkeit vor, dass die letztere wegen der Beschränktheit ihrer Mittel auf die Verwirklichung desselben verzichtete. Anders dagegen wird sich das Urtheil gestalten, wenn eine geläufige Naturerscheinung weder von den Schriftstellern berücksichtigt, noch auf den Wandbildern geschildert ist. Dann dürfen wir mit Sicherheit annehmen, dass diese Erscheinung keinen nachhaltigen Eindruck auf den Geist der Alten machte und deshalb an ihrer Litteratur, wie an ihrer Malerei spurlos vorüberging.

Hinsichtlich der Fähigkeit, die Gegend organisch zu entwickeln und ihre Bestandtheile stylvoll zu gestalten, war die antike Landschaftsmalerei den besten Leistungen der Modernen vollständig ebenbürtig. Um sich hiervon zu überzeugen, genügt die Betrachtung der auf dem Esquilin entdeckten Landschaftsbilder mit Scenen aus der Odyssee[1]). Die klargefügte Mannigfaltigkeit der Pläne, deren Zusammenhang das Auge in übersichtlicher Weise von dem Vordergrunde bis in die äusserste Ferne verfolgen kann, der Rhythmus der Massen, der durch einzelne Gegensätze belebt und durch die Harmonie des Ganzen wiederum beruhigt wird, der plastische Adel der einzelnen Terraingebilde sichern dem hellenistischen Künstler, welcher diese Compositionen erfand, einen Platz unter den grössten Landschaftsmalern aller Zeiten. Ist doch auch Preller, welcher wie wenige zur richtigen Würdigung solcher Leistungen befähigt war, als er die Landschaft mit den Rindern des Helios entwarf, offenbar durch das auf dem Esquilin entdeckte Gemälde der Unterwelt inspirirt worden. Eine ähnliche Begabung in derselben Richtung verrathen campanische Landschaftsbilder mit dramatischer oder idyllischer Staffage, von denen es sich voraussetzen lässt, dass sie die Originale im Ganzen getreu und ohne Improvisationen wiedergeben. Wenn hier die Vorzüge, die wir an den römischen Wandgemälden bewundern, weniger unmittelbar hervortreten, so liegt

---

1) Siehe die Litteratur oben Seite 96 Anm. 1.

dies lediglich an der Ausführung. Keine der campanischen Landschaften verräth eine so kecke und trotz einzelner Fehlgriffe so bezeichnende Pinselführung, wie sie den römischen eigenthümlich ist.

Die moderne Malerei begnügt sich aber nicht damit, eine Gegend organisch und in bedeutenden Formen zu gestalten, sondern sucht auch durch Wiedergabe der darin wirksamen Luft- und Lichterscheinungen eine eigenthümliche poetische Stimmung zu erwecken. Die jüngste Entwickelung hat sogar auf das letztere Element bisweilen das Hauptgewicht gelegt und eine Gattung von Landschaften hervorgerufen, deren Plastik sehr unbedeutend ist und die vorwiegend oder lediglich durch die Poesie der über der Gegend schwebenden Atmosphäre wirken. Um zu beurtheilen, was die Alten in dieser Hinsicht leisteten, muss sich der Leser zunächst das, was wir im neunzehnten Abschnitte[1]) auseinandergesetzt, in das Gedächtniss zurückrufen. Es wurde daselbst gezeigt, wie bereits die Meister der Alexander- und Diadochenperiode eine Reihe von atmosphärischen und Lichterscheinungen künstlerisch verwertheten und wie der Einfluss dieser Richtung deutlich in den späteren Vasenbildern ersichtlich ist. Auch haben wir in demselben Abschnitt zusammengestellt, was sich von Schilderungen dieser Art in der Wandmalerei findet. Es bleibt uns daher, um das Material zu vervollständigen, nur noch übrig, einige erhaltene Gemäldebeschreibungen anzuführen, welche geeignet sind, über den Gegenstand, der uns gegenwärtig beschäftigt, Aufklärung zu geben. Der Reiz eines von Philostratos[2]) beschriebenen Gemäldes, welches den Sturz des Phaeton darstellte, beruhte recht eigentlich auf dem Zusammenwirken verschiedener Lichteffecte: unten die brennende und dampfende Erde, in der Mitte die gleissende Strahlenkrone des stürzenden Phaethon, oben die hereinbrechende Nacht und die sichtbar werdenden Gestirne. Auf zwei anderen Gemälden, welche derselbe Rhetor beschreibt, dem Komos[3]) und der Kassandra[4]), war die Wirkung des Fackellichtes, auf einem dritten, der Antigone[5]), die des Mondscheins dargestellt. Der Künstler, welcher die Begegnung des Poseidon und des Pelops malte, scheint in diesem Bilde das matte Licht der Abenddämmerung veranschaulicht zu haben[6]).

---

1) Siehe oben Seite 210 ff.
2) Imag. I 11. Vgl. hierüber und über die anderen hierher gehörigen Gemäldebeschreibungen des Philostratos Brunn, die philostrat. Gemälde p. 230.
3) Imag. I 2.   4) II 10.   5) II 29.
6) I 30: νὺξ τε γὰρ ἐπέχει καὶ λαμπρύνεται τῷ ὤμῳ τὸ μειράκιον (d. h. Pelops durch die elfenbeinerne Schulter), ἕως ἡ νὺξ τῷ ἑσπέρῳ. Vgl.

352 XXVIII. Ueber einen Grundunterschied ant. u. mod. Malerei.

Auf einer der Inseln[1] erschien über einem Feuer, glühende Lavaströme und dunklen Qualm auswerfenden Vulcane Zeus, Blitze schleudernd, in den Wolken. Dunkles durch die Gestalten von Bronte und Astrape belebtes Gewölk und im Gegensatz dazu der Lichtglanz, den der neugeborene Dionysos ausstrahlt, waren in dem Bilde der Semele[2] dargestellt. An einer anderen Stelle führt Philostratos[3] die auffälligen Gebilde, welche die vom Winde auseinandergerissenen Wolkenmassen darbieten, ausdrücklich unter den von der Malerei behandelten Gegenständen an. Auf dem Bilde des Meles[4]; war nach der Schilderung des Rhetors eine Woge dargestellt, welche sich grottenartig wölbte und unter den Strahlen der Sonne in den Regenbogenfarben spielte. Bei Beschreibung des Bildes des Skamandros sagt Philostratos[5], dass sich darauf der leuchtende Feuerstrom, welcher von Hephaistos ausgeht, mit den Wassern des Flusses vermischt. Ein griechisches Epigramm[6] bezieht sich auf ein Gemälde, welches die Buhlschaft des Ares und der Aphrodite darstellte: Helios, welcher, innerhalb der Thür stehend, das Paar betrachtete, erschien von Lichtglanz umflossen. Achilles Tatius[7] endlich beschreibt ein Landschaftsbild, in welchem als Staffage die Entführung der Europa dargestellt war, und giebt an, dass der Maler darauf die Sonnenstrahlen ausdrückte, die durch das Blätterdickicht eines Haines auf den darunter befindlichen Rasen fallen.

Wir sehen also, dass die Alten eine beträchtliche Reihe von Erscheinungen des Lichts und der Atmosphäre künstlerisch verwertheten. Nichts desto weniger aber bleibt es zweifelhaft, ob sie alle die Erscheinungen, welche von der modernen Kunst veranschaulicht werden, behandelten, ob sie die, welche sie darstellten, in derselben Weise auffassten, wie die Modernen. Wenn der Lichtschein, welcher auf den Kimon und Pero darstellenden Wandgemälden in den Kerker[8], und der, welcher auf der vatica-

---

Welcker, zu Philostrat. ed. Jacobs p. 389 und Brunn, die philostrat. Gemälde p. 230.
1) II 17. Ein in einen Baum schlagender Blitz fand sich auch auf dem Bilde des Phorbas II 19.
2) I 14.
3) Vita Apollon. II 21: ατα δ' ἐν τῷ πυρφώρῳ βλεπόμενα, ἐπειδὰν αἱ νεφέλαι διασπασθῶσιν ἀπ' ἀλλήλων, τοὺς κενταύρους καὶ τραγελάφους ..... ἀρ' οὐ μιμητικῆς εἶναι ἔργα; φαίνεσθαι, ἔφη. Auch Lucretius IV 133 ff. äussert sich in sehr anschaulicher Weise über die phantastischen Wolkengebilde.
4) II 8.   5) I 1.
6) Anth. pal. IX 591.
7) I 1, 4.
8) N. 1376. Giornale degli scavi II (n. s.) Tav. III. Vgl. oben Seite 215.

nischen Unterweltslandschaft in den Orcus fällt[1]), in sehr andeutender Weise behandelt sind, so steht nichts im Wege, dies aus der Beschränktheit der Frescotechnik zu erklären. Dagegen fragt es sich, ob wir mit dieser Erklärung auskommen angesichts der Charakteristik, mit welcher das Unwetter auf der römischen Lästrygonenlandschaft[2]) geschildert ist. Der Maler hat hier durch gelblichgraue Massen, die mit breitem Pinsel hingesetzt sind, die Wolken, durch wenige feine Pinselstriche den herabströmenden Regen angedeutet. Während ein Moderner das Verschwimmen des Horizontes mit dem herabströmenden Regen und den darüber treibenden Wolken genau der Natur nachcopiren würde, ist auf dem Wandgemälde das Ineinanderübergehen dieser Erscheinungen in keiner Weise ausgedrückt, sondern hebt sich das den Hintergrund abschliessende Meer mit einem deutlichen Umrisse von der Atmosphäre ab. Ueberhaupt zeigt sich in dem ganzen bis jetzt bekannten Vorrathe antiker Gemälde nirgends eine Spur des Strebens, das Zerfliessen der landschaftlichen Formen in die Atmosphäre zu veranschaulichen. Während sich die moderne Malerei mit Vorliebe in solchen Schilderungen ergeht und dadurch eine eigenthümliche ahnungsvolle Stimmung zu erwecken weiss, sehen wir auf den antiken Gemälden niemals, dass die im Hintergrunde gelegenen Berge sich allmählig in Dunst oder Nebel verlieren. Vielmehr sind die Formen überall in sich abgeschlossen und sondert stets ein nach dem Maasse der Entfernung stärkerer oder schwächerer, aber immer deutlich bezeichneter Umriss die Massen von einander ab. Dieses Princip ist selbst bei den sehr blassen Gründen der mythologischen Gemälde festgehalten. Mögen hier die landschaftlichen Bestandtheile, namentlich der Raumschlag, in einem sehr zarten Tone gehalten sein, der sich kaum von den der Luft unterscheidet, so sind die Formen doch niemals verwischt, sondern stets präcis mit dem Pinsel hingesetzt. Es gilt, zu entscheiden, ob diese Behandlungsweise aus einer principiellen Verschiedenheit antiker Auffassung gegenüber der modernen oder aus der Beschränktheit der Frescotechnik abzuleiten ist. Da eine allgemeine Erörterung über das Maass des Könnens, welches wir dieser Technik und ihren Vertretern zuzutrauen berechtigt sind, nur zu ganz subjectiven Annahmen führen würde, so ist die Untersuchung gegenwärtig zu einem Punkte gediehen, wo wir das oben angedeutete Kriterium anwenden und die sprachlichen Aeusserungen der Alten über die Landschaft zum Vergleiche heranziehen müssen.

---
1) Vgl. oben Seite 215.
2) Matranga, Città di Lamo Tav. I. Arch. Zeit. 1852 Taf. 45.

An die Spitze stelle ich eine höchst bezeichnende Thatsache: die auffällige lexicalische Armuth der classischen Sprachen, wo es sich darum handelt, die verschiedenen Wirkungen der Atmosphäre auf die Gegend zu veranschaulichen. Der geübteste Hellenist oder Latinist würde in Verlegenheit sein, wenn ihm die Aufgabe gestellt würde, Wendungen, die uns bei landschaftlichen Schilderungen ganz geläufig sind, wie »den Duft der Landschaft, das Dämmernde der Hintergründe, die verschwimmenden Erscheinungen des Horizontes«, einigermaassen kurz und treffend wiederzugeben. Wenn aber die Alten des Bedürfnisses entbehrten, solche Eindrücke durch die Sprache zu versinnlichen, dann fehlte gewiss auch die nöthige Grundlage, um ihre Malerei zur Veranschaulichung derselben zu bestimmen. Die Betrachtung der Naturschilderungen, welche aus der classischen Litteratur seit der Zeit Alexanders des Grossen erhalten sind, berechtigt uns zu einer präciseren Fassung dieses Satzes. Eine der schönsten Landschaftsbeschreibungen, die wir besitzen, ist die des Tempethales, welche Aelian aller Wahrscheinlichkeit nach aus Dikaiarchos entlehnte [1]). Der Schriftsteller entwickelt zunächst die Topographie des Thales, wie es sich, eingeschlossen vom Olympos und Ossa und durchflossen vom Peneios, dahinzieht. Hierauf geht er zu den Einzelheiten über und schildert er, wie allenthalben üppiger Epheu die Bäume umrankt und Smilax die Felsen überzieht, wie sich unten im Grunde schattige, von Quellen durchflossene Haine ausbreiten, in denen der schmetternde Gesang der Vögel erschallt. So von oben herabsteigend gelangt die Beschreibung zur Tiefe, wo der Peneios, langsam und majestätisch, unter mächtigen Baumwipfeln dahinfliesst. Schliesslich wird, wie um die Landschaft durch eine geeignete Staffage zu beleben, der delphischen Gesandschaft gedacht, die mit dem frisch gebrochenen heiligen Lorbeer in dem Thale einherzieht. Nur einmal ist in dieser Beschreibung von der Farbe, nämlich von dem frischen Grün, welches allenthalben die Augen erlabt, nirgends von den Wirkungen die Rede, welche die Hülle der Atmosphäre über die Gegenstände verbreitet. Die Schilderung hat im Wesentlichen einen topographischen und plastischen Charakter. Aehnlich verhält es sich mit den Landschaftsbeschreibungen des Apollonios von Rhodos. Wiewohl sich darunter Schilderungen einiger Fernsichten, wie der vom Dindymon [2]) und vom Olympos [3]), be-

---

1) Aelian. var. hist. III 1. Vgl. Buttmann, quaest. de Dicaearcho p. 32.
2) Argon. I 1103 ff.
3) III 164 ff. Vgl. die Schilderung der Küsten des schwarzen

finden, bei denen die Berücksichtigung der atmosphärischen Media so nahe lag, begnügt sich der Dichter doch im Wesentlichen damit, die plastische Entwickelung der Gegenden zu veranschaulichen. Nur einmal, bei der Schilderung der Aussicht vom Dindymon[1]), wird der am Fernsten liegende Punkt, die Mündung des Bosporos, als nebelig bezeichnet; doch geschieht dies in aller Kürze und lediglich durch Beifügung eines Adjectivs. In der Beschreibung, welche der jüngere Plinius[2]) von der Aussicht aus seiner tuskischen Villa entwirft, äussert sich das Vorwiegen des Interesses für die Form sogar in eigenthümlichen sprachlichen Wendungen, wie »regionis forma pulcherrima« und »neque enim terras tibi, sed formam aliquam ad eximiam pulchritudinem pictam videberis cernere: ea varietate, ea descriptione, quocumque incideriat, oculi reficientur«. Alle diese Schilderungen machen den Eindruck, als sei für dieselben eine klare Luft und ein volles Licht vorausgesetzt, welche die Plastik der Gegenstände allenthalben zur vollendetsten Geltung kommen lassen. Auch besitzen wir eine Reihe bestimmter Aeusserungen, welche bezeugen, dass die Alten eine formenschöne Gegend am Liebsten in einer solchen Atmosphäre betrachteten[3],. Davon, dass das Duftige, Dämmernde, Verschwimmende in der Landschaft die Alten in ähnlich bedeutsamer Weise gestimmt hätte, wie die Modernen, findet sich in der erhaltenen antiken Litteratur nicht die geringste Spur. Allerdings berühren die antiken Schriftsteller bisweilen zerfliessende und von eigenthümlicher Beleuchtung begleitete atmosphärische Erscheinungen. Doch zeigt die Art ihrer Schilderung deutlich, dass sie angesichts derselben anders empfanden, als die Modernen. Der Rhodier Apollonios[4]) erwähnt den aus den Plankten aufsteigenden Rauch, der den Aither überzieht und die Sonnenstrahlen unsichtbar macht. Vergil erzählt[5]), wie sich die Sonne nach der Ermordung des Caesar mit einem dunklen Dunste überzieht. Beide Dichter aber schil-

Meeres II 345 ff., des Laufes des Thermodon II 972 ff. und des Iisdon II 730 ff.
1) I 1114: φαίνετο δ' ἠερίην στόμα Βοσπόρου...
2. Epl. V 6.
3) Siehe z. B. das Komikerfragment bei Dio Chrysost. LXIV p. 334 ed. Reiske (Meineke, fragm. com. gr. IV p. 816, 49), die Schilderung der sedes beatae bei Vergil. Aen. VI 640: Largior hic campos aethor et lumine vertit | purpureo, Anacreontea 2 B (49; Bergk: γράφε τὰς πόλεις τὸ πρῶτον | ἱλαράς τε καὶ γέλωτι, die panegyrische Schilderung Athens bei Aristid. or. XIII 160 I p. 160 ff. Dindorf).
4) Argon. IV 925 ff. Aehnlich ist die Schilderung des Feuer speienden Aetna bei Vergil. Aeneis III 570 ff. gehalten.
5 Georg. I 466.

23*

356 XXVIII. Ueber einen Grundunterschied ant. u. mod. Malerei.

dern diese Vorgänge ganz objectiv als Naturphänomene und verzichten darauf, was ein Moderner gewiss nicht unterlassen haben würde, die Wirkungen derselben auf die darunter befindliche Landschaft zu veranschaulichen. Wird aber auch einmal, was verhältnissmässig selten der Fall ist, der Lufthülle, welche einen landschaftlichen Bestandtheil umgiebt, gedacht[1]), dann lässt der bezeichnende, aber knappe Ausdruck ebenfalls auf eine Objectivität der Auffassung schliessen, die sich wesentlich von dem subjectiven Gefühle unterscheidet, mit welchem die Modernen solche Erscheinungen aufzunehmen und zu schildern pflegen. Jedenfalls findet sich in der ganzen classischen Litteratur keine Naturschilderung, in welcher die atmosphärische Stimmung über das plastische Element vorwaltete oder neben demselben gleichberechtigt auftrate. Mit dieser Thatsache stimmen die philostratischen Gemäldebeschreibungen. Da die darunter befindlichen Nachtstücke eine besondere Behandlung erfordern, so beschränken wir uns vor der Hand auf die Bilder, in denen Tagesbeleuchtung herrschte. In der Beschreibung derselben findet sich keine Andeutung, welche auf das, was wir atmosphärische Stimmung nennen, hinwiese. Nach dem Geiste und den Absichten der Philostrate hätte man aber im Gegentheile zu gewärtigen, dass sie dieses Gebiet in der eingehendsten Weise berücksichtigten. Einerseits ist die über den Gegenständen schwebende Hülle von Luft und Licht, wie es die neuere Litteratur zur Genüge beweist, besonders geeignet, um durch das Wort dem Gefühle veranschaulicht zu werden. Andererseits bietet die stimmungsvolle Abtönung dieser Potenzen den Malern eine vortreffliche Gelegenheit, ihre coloristische Meisterschaft zu bekunden. Nun lassen es sich die Philostrate besonders angelegen sein, Feinheiten der malerischen Charakteristik aufzuspüren und dem Leser zum Verständniss zu bringen. Sie thun in dieser Hinsicht eher zu viel, als zu wenig und entdecken auf den Bildern, die sie beschreiben, öfters Wirkungen, welche die

---

1) Dies ist der Fall bei der bereits angeführten Stelle des Apollonios Rhodios, Arg. I 1114. Vgl. auch die Beschreibung der Syrte Arg. IV 1244 ff.: .
    ἄχος δ' ἦεν εἰσορόωντας
    ἠέρα καὶ μεγάλης νῶτα χθονός, ἠέρι δ' ἶσα
    τηλοῦ ὑπερτείνοντα διηνεκές . . . .
Vergll. Aen. IV 246:
    Atlantis, cinctum adsidue cui nubibus atris
    piniferum caput et vento pulsatur et imbri.
Etwas anderer Art, aber immerhin verwandt ist die Schilderung in dem Hippolytos des Euripides (1205 ff.), wo der Bote erzählt, wie die Wasserhose, welche das Meerwunder in sich birgt, die Klippen des Skeiron, den Isthmos und den Felsen des Asklepios verhüllt.

Grenzen des malerisch Darstellbaren überschreiten. Angesichts des Bildes, welches den Themistokles in Babylon darstellt [1], sieht der ältere Philostratos es dem Themistokles an, dass er persisch spricht, und meint er den Weihrauchduft zu riechen, welcher in der Halle des Perserkönigs verbreitet ist. Vor den über Rosen dahinschreitenden Horen [2] glaubt er den Duft zu empfinden, den die zertretenen Blumen ausströmen. Der Hain von Dodona [3] scheint ihm mit Gerüchen von verbranntem Räucherwerke erfüllt. Bei der Tendenz, welche sich in solchen Bemerkungen ausspricht, muss es jeden unbefangenen Beobachter befremden, dass in keiner Beschreibung der Eindruck berührt wird, welchen die Behandlung der Luft hervorruft. Nirgends findet sich ein Hinweis, dass dieselbe von trockener Hitze, von Schwüle oder von Feuchtigkeit durchdrungen erscheine, oder ähnliche Bemerkungen, wie sie in den modernen Gemäldebeschreibungen oder -kritiken so häufig vorkommen. Wenn diese ganze Seite des malerischen Schaffens, die für die rhetorische Schilderung einen so dankbaren Stoff darbot, unberücksichtigt bleibt, dann dürfen wir gewiss annehmen, dass sie auf den Bildern, durch welche die Beschreibungen der Philostrate inspirirt wurden, nirgends bedeutsam hervortrat. Als Schlussresultat aller dieser Beobachtungen ergiebt sich zum Mindesten ein graduellen Unterschied zwischen der antiken und der modernen Auffassung. Während das Gemüth der Modernen in dem Zusammenhange der Landschaft und der darin wirkenden Atmosphäre das Walten einer elementaren Naturseele empfindet und dadurch auf das Tiefste ergriffen wird, ist den Alten der Einklang dieser Factoren in ungleich geringerem Grade aufgegangen und haftete ihr Auge vorwiegend an den festen, plastischen Formen. Diese Auffassungsweise musste aber nothwendig auch in ihrer Landschaftsmalerei Ausdruck finden und derselben gerade den Charakter verleihen, wie er den erhaltenen Wandbildern eigenthümlich ist. Wir sind demnach durch die Untersuchung der sprachlichen Aeusserungen über die Landschaft, der Beschreibungen der Philostrate und der erhaltenen Wandgemälde in der That dazu gelangt, einen principiellen Unterschied zwischen der antiken und der modernen Landschaftsmalerei nachzuweisen. Jene legt das Hauptgewicht auf das topographische und plastische Element und strebt demnach, schöne und bedeutungs-

---

[1] Imag. II 31.
[2] II 34. Zu vergleichen sind die Bemerkungen über die Rosen des Komos (I 2), über den Geruch im Garten (I 6), über den duftenden Athem der Ariadne (I 15).
[3] II 33.

volle Formen in übersichtlicher Weise zu einem organischen Ganzen zu entwickeln. Dagegen sind die in der Gegend wirkenden Potenzen von Luft und Licht für sie von nebensächlichem Interesse. Mag sie auch einige geläufige Erscheinungen aus diesem Gebiete, wie gewisse Lichteffecte, Regenbogen, Wolkengebilde, künstlerisch verwerthet haben, so hat sie doch der atmosphärischen Stimmung niemals den Platz eingeräumt, welchen dieselbe in der modernen und namentlich der modernsten Malerei einnimmt. Landschaften, welche jeglichen Formenreizes entbehren und wo das Interesse lediglich auf der Charakteristik der darüber verbreiteten Atmosphäre beruht, wie ein Stoppelfeld, ein lehmiger, von verkrüppelten Weiden umgebener Feldweg und ähnliche Motive, welche in der modernen Malerei ganz geläufig sind, werden den Alten stets fremd geblieben sein. Dieses verschiedene Princip entspricht aber vollständig dem Geiste und im Besonderen dem Naturgefühle der beiden Culturepochen. Jenes Dämmernde, Träumerische, Ahnungsvolle, wie es die moderne Malerei vorwiegend durch die atmosphärische Schilderung erzielt, ist ein der Klarheit des classischen Geistes vollständig zuwiderlaufendes Element. Die künstlerische Verwirklichung solcher Eindrücke setzt ein sentimentales Versenken in die Natur voraus, wie es den Alten stets fremd blieb und auch in der modernen Entwickelung erst spät zur vollendeten Ausbildung gekommen ist. Ausserdem hat man zu bedenken, dass der südliche Himmel, welcher die antike Malerei bedingte, im Vergleich mit dem nordischen ungleich weniger Erscheinungen darbietet, die geeignet sind, eine solche träumerische oder gar schwermüthige Stimmung zu befördern. Auch heut zu Tage hat die Landschaftsmalerei, welche in dieser Richtung thätig ist, ihren Hauptsitz im nebligen Norden. Endlich dürfte es am Platze sein, hierbei einer beinah nothwendigen Beschränktheit des künstlerischen Schaffens zu gedenken. Zu allen Zeiten und in jeglicher Gattung der Malerei sind ein plastisch vollendeter Umriss und malerischer Reiz schwer vereinbare Dinge. Da nun die antike Landschaftskunst vorwiegend nach der ersteren Seite hin thätig war, so konnte es kaum ausbleiben, dass sie die coloristische Stimmung, welche namentlich durch Verwirklichung der atmosphärischen Erscheinungen erzielt wird, in geringerem Grade berücksichtigte. Dürfte es doch schwer fallen, einen modernen Künstler namhaft zu machen, welcher beide Richtungen gleichmässig durchgebildet und bei dem nicht die eine oder die andere das Uebergewicht hätte. Fragen wir, in wie weit die besten aus dem Alterthume erhaltenen Leistungen, die vaticanischen Odysseelandschaften, die Einführung atmosphärischer

Stimmung vertragen, so wird Jedermann zugeben, dass die Vorzüge derselben, die klare Gruppirung der Massen und die Schönheit und Bedeutsamkeit der Formen, durch ein scharfes Geltendmachen dieses Elements eher verlieren, als gewinnen würden.

Jedenfalls finden durch dieses Princip, wie ich es festzustellen versucht, eine Reihe von Erscheinungen, welche der landschaftlichen Darstellung der Alten eigenthümlich sind, die naturgemässeste Erklärung. Wir dürfen es nun mit hinlänglicher Sicherheit aussprechen, dass die Behandlung des Unwetters auf der Lästrygonenlandschaft, von welcher unsere Untersuchung ausging, nicht lediglich durch die Bedingungen der decorativen Frescotechnik, sondern im Wesentlichen durch das Princip der antiken Landschaftsmalerei bestimmt ist[1]. Wenn ferner die Modernen, wenigstens seit den Poussins, den Standpunkt, von dem aus sie die Gegend entwickeln, bald hoch, bald tief nehmen, auf den Wandbildern dagegen bei Schilderung ausgedehnterer Gegenden stets ein verhältnissmässig hoher Standpunkt vorausgesetzt wird[2], so erklärt sich auch diese Erscheinung aus dem Gegensatze, welchen ich zwischen dem Wesen der antiken und der modernen Kunst nachgewiesen. Die antiken Maler wurden durch das von ihnen eingeschlagene Verfahren in den Stand gesetzt, ohne besonderen Aufwand von Lufttönen und vorwiegend durch die plastischen Formen den Zusammenhang der einzelnen Glieder bis zu dem äussersten Plane zu entwickeln. Hiermit stimmt ferner das häufige Vorkommen monochromer, namentlich grün oder gelb gemalter Landschaften[3]. Das Verzichten auf ein der Natur entsprechendes Colorit zeigt deutlich, dass der Schwerpunkt dieser Gattung anderswo, nämlich in dem plastischen Elemente, zu suchen ist. Endlich erklärt sich aus dieser Eigen-

---

1 Auch die antike Poesie verzichtet bei entsprechenden Schilderungen darauf, das Verschwimmen der landschaftlichen Formen in die atmosphärischen Potenzen zu veranschaulichen. Vgl. z. B. Vergil, Aen. I 88:
Eripiunt subito nubes coelumque diemque
Teucrorum ex oculis; ponto nox incubat atra.

2. Ein solcher hoher Standpunkt muss auch den von Philostratos beschriebenen Landschaften eigenthümlich gewesen sein, den Sümpfen (Imag. I 9), dem Bosporos (I 12), den Inseln (II 17). Setzt man dies voraus, dann erscheint die Entwickelung der Gegenden, wie sie der Rhetor schildert, bildlich ganz wohl darstellbar.

3) Ein grünes Monochrom ist die Aktaionlandschaft N. 252 b. Ein Cyklus von gelben Landschaften findet sich in der pompejanischen Casa di Sirico in einem der Zimmer, welche an der Nordseite des nach Vicolo del lupanari orientirten Atriums liegen), ein anderer in dem sogenannten Hause der Livia auf dem Palatin.

thümlichkeit die Thatsache, dass die Alten öfters und bereits in verhältnismässig früher Epoche landschaftliche Motive in der Sculptur behandelten. Terracotten südrussischer Provenienz, deren Arbeit sicherlich der vorrömischen Epoche angehört, stellen Aphrodite dar, wie sie neben einer Priapherme auf einem naturalistisch behandelten Felsen sitzt. An dem Felsen sind in sehr flachem Relief scherzende Eroten angebracht. Einmal ist auch das darunter fliessende Gewässer angedeutet[1]. Die Künstler des farnesischen Stieres haben das Terrain, auf welchem die Handlung vor sich geht, sehr ausführlich veranschaulicht. Das Gleiche ist öfters der Fall bei den kleinen Marmorwerken, welche zum Schmucke der Wasserkünste in den Atrien, Peristyllen und Gärten dienten[2]). Was das Relief betrifft, so genügt es, an die Basen des Nil und des Tiber[3], an die Apotheose des Homer, an die Reliefs von S. Agnese[4]), an zwei im Capitol[5]), zwei andere im Lateran befindliche Denkmäler[6]) zu erinnern. Besonders häufig sind Motive aus dem Gebiete der idyllischen Landschaft in das Relief übertragen[7]. Festungen, Berge, Flüsse werden auf den

---

1) Ant. du Bosph. cimm. pl. LXV 1, 2, 5.
2) Hierher gehört ohne Zweifel das Marmorwerk in Villa Borghese, welches Fischer auf einem klippenreichen Strande gegenwärtig im Zimmer der Daphne, in der Beschreibung Roms nicht verzeichnet, ein anderes im Vaticaa, welches einen schlafenden Hirtenjüngling, vielleicht Endymion, umgeben von seiner Heerde, auf einem felsigen Terrain darstellt Beschreibung Roms II 2 p. 162 n. 39), vielleicht auch das In Bergaus Besitz befindliche, welches eine Mädchenfigur schildert, die auf einem mit Weinreben bewachsenen Felsen sitzt und mit einem Schwane tändelt, während um sie herum Eroten scherzen Ball. dell' Inst. 1866 p. 12, Ber. d. sächs. Ges. d. Wiss. 1871 Taf. II p. 108 ff.). Das letztere Denkmal erinnert in Auffassung und Anordnung merkwürdig an die südrussischen Terracotten, welche wir in der vorhergehenden Anmerkung angeführt.
3) Visconti, Mus. Pio-Clem. I 37, 3b. Bestandtheile ägyptischer Landschaft finden sich auch auf dem vaticanischen Relief bei Visconti, Mus. Pio-Clem. VII 14ᵃ.
4) Braun, zwölf Basreliefs Taf. I—VIII.
5) Befreiung der Andromeda; Endymion schlafend: Foggini, Mus. capit. IV 52, 53; Braun, zwölf Basreliefs Taf. X, IX.
6) Pflege des Pan: Benndorf und Schöne, Bildwerke des lat. Museums p. 16 n. 24. Wenn hier behauptet wird, es seien keine Mythen von der Pflege des Pan überliefert, so ist dies unrichtig. Pausanias VIII 30 erzählt, dass die Nymphe Oinoe Pflegerin des Pan gewesen sei. Vgl. auch Euphorion im Schol. zu Eurip. Rhes. 36 und Meineke, anal. alex. p. 158, 164. — Vielleicht die Entdeckung des Asklepios durch Autolaos: Benndorf und Schöne s. a. O. p. 6 n. 11. Vgl. auch das Relief mit Alexander und Diogenes: Zoega, bassiril. I 30.
7) Landmann mit Kuh, dahinter Tempel, Donarium, heiliger Baum: Mon. dell' Inst. II 27; Lützow, Münchener Antiken Taf. 35

Cochlearsäulen geschildert[1]), was um so weniger befremden wird, da das Relief dieser Denkmäler in engem Zusammenhange mit der vorhergehenden Entwickelung der historischen Malerei steht. Aehnliche Darstellungen haben selbst auf Münztypen Eingang gefunden[2]). Die unerfreulichsten Producte dieser Richtung sind endlich die verworrenen Hafenlandschaften, denen wir auf Reliefs der Verfallsepoche begegnen[3]). Niemand wird gegen den Schluss, den ich auf diese Denkmäler gegründet, die der antiken Marmorsculptur eigenthümliche Bemalung einwenden; denn, mag man den Naturalismus derselben noch so hoch veranschlagen, so war die Verwirklichung atmosphärischer Stimmung hierbei gewiss in nur ganz beschränktem Grade erzielbar[4]).

Um einem möglichen Einwurfe zuvorzukommen, haben wir schliesslich noch das antike Nachtstück zu berücksichtigen. Im

---

(Brunn, Beschr. der Glyptothek n. 301). — Landmann mit Kuh vor einem Sacellum und heiligen Baume: Visconti, Mus. Pio-Clem. V 33. — Rinderheerde, dahinter Felsen, Priaphorme und Berggott; Winckelmann, mon. in. 67; Braun, zwölf Basreliefs, Vignette zu Taf. 7; Lützow, Münchener Antiken Taf. 38 (Brunn, Beschr. d. Glyptothek n. 127). — Jäger neben Pferd; im Hintergrunde Bäume, Felsen und eine mit Guirlanden behangene Priapherme: Zoega, basstril. I 37. — Polyphemos mit Eros sitzt unter dem Schatten eines gewaltigen Baumes auf einem Felsen: Zoega, bassril. II 57. — Bakchisches Opfer vor Sacellum mit heiligem Baume, Relief von Calvi; Bull. dell' Inst. 1865 p. 41 ff. — Pan auf Maulthier reitend, davor Eichbaum auf einem Felsen, unter welchem eine Priapherme steht: Gerhard, Neapels antike Bildwerke p. 455 n. 11; Fiorelli, raccolta pornografica n. 44. — Bakchische Procession; darüber Feigenbaum und Haus: Foggini, Mus. capitol. IV 30. — Ein dem letzteren ähnliches Exemplar in Neapel: Gerhard, Neapels ant. Bildw. p. 453 n. 1; Fiorelli, racc. porn. n. 43. — Ein Satyr neckt einen Panther, indem er ihm einen Hasen vorhält; linke ein mit einer Guirlande bekränzter Felsen; rechts eine Pinie und ein Cippus, an dem ein Pedum, eine Chlamys und ein todter Hase aufgehängt sind: Bouillon, Mus. d. ant. I 70; Denkm. d. a. K. II 30, 465.

1) Z. B. Frühner, Colonne trajane p. 66.
2) Z. B. Donaldson, Architectura numismatica N. 1, 2, 32, 33.
3) Visconti, Mus. Pio-Clem. VII 17; Guglielmotti, delle due navi romane scolpite sul bassril. portuense del Principe Torlonia, Roma 1866. 8.
4) Ich kann nicht umhin bei dieser Gelegenheit eine Frage aufzuwerfen, welche die ursprüngliche Polychromie des capitolinischen Andromedareliefs (Foggini, Mus. capitol. IV 52; Braun, zwölf Basreliefs Taf. X) betrifft. Hier erscheint die rechte Seite des Reliefs, wo die Figur des Perseus dargestellt ist, im Vergleich mit der linken, wo sich der Felsen aufthürmt, von dem Andromeda herabsteigt, auffällig leer. War diesem Mangel vielleicht durch die Polychromie abgeholfen und neben dem Felsen nach dem rechten Rande der Platte hinüber das blaue Meer angedeutet?

neunzehnten Abschnitte¹⁾ wurde gezeigt, dass diese Gattung vermuthlich in der Alexander- oder Diadochenperiode zur Ausbildung kam. Der Nachtstücke, die von Philostratos beschrieben sind, des Komos und der Kassandra, welche durch Fackellicht, der Antigone, die durch Mondschein beleuchtet war, haben wir im Anfange dieses Abschnitts gedacht. Eine verwandte Erscheinung bot auch das Bild des Phaethon²⁾, indem darauf bei dem Sturze des Trägers der Sonnenstrahlen in den oberen Regionen des Himmels nächtliches Dunkel hereinbrach und die Gestirne sichtbar wurden. Innerhalb der Wandmalerei endlich ist das Nachtstück durch eine pompeianische Landschaft vertreten, deren Staffage die Troianer darstellt, wie sie unter Fackelbeleuchtung das hölzerne Pferd vorwärts ziehen³⁾. Ausserdem findet sich eine zum Mindesten verwandte Darstellung auf der vaticanischen Unterweltslandschaft, wo zwar nicht die Nacht, aber das Dunkel eines Raumes geschildert ist, in welchen nur wenig Licht hineinfällt. Nun könnte Jemand die Behauptung aufstellen, dass das Nachtstück nothwendig eine stimmungsvolle Verwirklichung zerfliessender Massen mit sich bringe, dass demnach die Existenz dieser Gattung in der antiken Kunst der von mir im Obigen entwickelten Theorie widerspräche. Doch sind wir auch hier im Stande, zum Mindesten einen graduellen Unterschied zwischen der antiken und der modernen Auffassung nachzuweisen. Betrachten wir, wie sich die alten Schriftsteller über die nächtlichen Erscheinungen äussern, so sind allerdings einige Stellen erhalten, wo der gedämpfte Schimmer des durch Wolken oder Nebel verschleierten Mondes berücksichtigt wird. Vergil⁴⁾ veranschaulicht den Gang des Aeneas durch das Schattenreich mit folgendem Vergleiche:

> quale per incertam lunam sub luce maligna
> est iter in silvis, ubi caelum condidit umbra
> Juppiter et rebus nox abstulit atra colorem.

Die Nacht, welche die Trojaner in der Aetnagegend zubringen, wird folgendermaassen geschildert⁵⁾:

> nam neque erant astrorum ignes nec lucidus aethra
> siderea polus, obscuro sed nubila caelo,
> et lunam in nimbo nox intempesta tenebat.

Nichts desto weniger aber beruhen diese Aeusserungen auf einem von dem modernen verschiedenen Gefühle. Von jener be-

---

1) Vgl. oben Seite 211.
2) Philostrat. Imag. I 11.
3) N. 1326.
4) Aeneis VI 270 ff.
5) Aeneis III 585 ff.

wussten Hingabe, mit welcher wir in dem Nebelhaften der Nachtlandschaft schwelgen, von der Ausführlichkeit unserer Schilderung ist Vergil weit entfernt. In den an zweiter Stelle angeführten Versen lässt er sogar die Wirkung des verschleierten Mondes auf die darunter befindliche Landschaft ganz unberücksichtigt. Bei dem Vergleiche deutet der Dichter allerdings das trübe Licht an, welches der bewölkte Himmelskörper über den Wald verbreitet. Doch zeigt die Fassung seiner Worte, dass eine solche Erscheinung auf ihn einen anderen Eindruck machte als auf den Modernen. Während der letztere in dem Zitternden und Nebelhaften des gebrochenen Mondlichtes einen eigenthümlichen Genuss finden und denselben auch in der Beschreibung durchklingen lassen würde, bezeichnet Vergil die Beleuchtung kurz als lux maligna. Bedeutsam ist es auch, dass der Dichter, obwohl es doch hier so nahe lag, jeglichen Hinweis auf das Verschwimmen der Formen unterlässt und nur die Unkenntlichkeit der Farben hervorhebt. Zu demselben Resultate führt die Betrachtung der gesammten Masse von Nachtschilderungen, welche uns in der antiken Litteratur erhalten sind. Stellen, wie die beiden des Vergil, in denen die nebelhaften Erscheinungen der Mondnacht berührt werden, finden sich nur ganz vereinzelt. Gewöhnlich wird die Wirkung des klaren vollen Mondes geschildert, welche den Formen einen eigenthümlichen malerischen Reiz verleiht und ihre Schärfe mildert, ohne sie jedoch verschwimmen zu lassen [1]. Besonders bezeichnend für diese Vorliebe ist die Stelle des Vergil [2], wo der Dichter erzählt, wie die Penaten dem Aeneas im Traume erscheinen. Während ein Moderner eine solche Erscheinung gewiss in einem ahnungsvollen Dämmerlichte Statt finden lassen würde, wird sie von dem classischen Dichter bei vollem Mondscheine eingeführt. Wenn aber die antiken Dichter und Schriftsteller nur ein sehr beschränktes Interesse für das Verschwimmende der Nachtlandschaft verrathen, so dürfen wir dasselbe auch von der damaligen Malerei annehmen. Wie die antike Landschaft überhaupt, wird demnach auch das Nachtstück das plastische Element gewahrt und die zerfliessenden Potenzen der nächtlichen Atmosphäre in ungleich geringerem

---

[1] Siehe ausser den oben Seite 213 angeführten Stellen namentlich Hymn. homer. XXXII in Lunam 3 ff. Sappho, fragm. 3 Bergk. Horatius, Carm. II 5, 18 ff. Vergilius, Aen. VII 5 ff. Ovidius, Epl. ex Ponto III 3, 5 ff. Trist. I 3, 27 ff.
[2] Aeneis III 150 ff.:
    viel ante oculos adstare iacentis
  in summis, multo manifesti lumine, qua se
  plena per insertas fundebat luna fenestras.

Grade verwerthet haben, als es die moderne Kunst zu thun pflegt. Fragen wir, wie sich die erhaltenen Wandbilder, die hierher gehören, zu dieser Annahme verhalten, so gestaltet das flüchtig hingeworfene pompeianische Gemälde mit dem hölzernen Pferde kaum einen Schluss auf Leistungen der kunstmässigen Landschaft. Ausgiebiger hierfür ist das römische Gemälde, welches die Unterwelt darstellt. In der Höhle, welche das Local des Schattenreiches bildet, herrscht abgesehen von einem fahlen Scheine, der durch ein aus der Oberwelt herabreichendes Felsenthor fällt, ein dunkler Ton. Doch führt derselbe nirgends zu einem Verschwimmen der Massen; vielmehr heben sich die einzelnen Bestandtheile der Landschaft und die sich darin bewegenden Gestalten überall bestimmt von einander ab, eine Behandlungsweise, welche sich selbst auf die ganz im Hintergrunde befindlichen Eidola erstreckt, die ohne Andeutung der Einzelheiten, schattenartig, mit grauer Farbe gemalt sind [1]). Wenn endlich Philostratos [2]) von dem Mondlichte auf dem Antigonebilde schreibt »σελήνη μὲν γὰρ προσβάλλει φῶς οὔπω πιστὸν ὀφθαλμοῖς«, so braucht dies nicht auf den durch dunkle Wolken oder Nebel brechenden Schein gedeutet zu werden, welcher in vielen modernen Nachtstücken wie ein Schleier über der Gegend lagert. Vielmehr war diese Bezeichnung auch ganz angemessen, wenn das Mondlicht, ohne durch atmosphärische Media gebrochen zu sein, die Gegenstände in einem matten Tone erscheinen liess, etwa dem entsprechend, welcher auf der römischen Unterweltslandschaft herrscht. Ja wir dürfen weiter gehen und behaupten, dass, wenn das Antigonebild die Andeutung von Dünsten, Nebeln oder ähnlichen Erscheinungen enthalten hätte, Philostratos gewiss nicht ermangelt haben würde, diese zur rhetorischen Ausschmückung so geeigneten Motive nachdrücklich hervorzuheben.

Das Resultat, zu welchem wir durch diese Betrachtungen gelangt sind, ist nicht nur für die Landschaft, sondern für die ganze antike Malerei von der grössten Tragweite. Wenn die Alten in der Landschaft die atmosphärische Stimmung in ungleich geringerem Grade berücksichtigten, als die Modernen, dann dürfen wir dasselbe mit um so grösserer Sicherheit für die anderen Gattungen ihrer Malerei voraussetzen, bei denen die Be-

---

1) Vergleichen lässt sich die Behandlung der Fische bei Philostratos, Imag. I 13: ἐν γλαυκῷ δὲ τῷ τῆς θαλάττης ἄνθει τὰ τῶν ἰχθύων χρώματα μέλλοντες μὲν οἱ ἄνω δοκοῦσιν, ἧττον δ' οἱ ἐφεξῆς, οἱ δὲ μετ' ἐκείνους ἤδη παραφαίνονται τὴν ὄψιν, εἶτα σκιώδεις, εἶθ' ὕδωρ, εἶθ' ὑπονοήσαι.
2) Imag. II 29.

rücksichtigung dieses Elementes beträchtlich ferner lag. Die im elften Abschnitte berührte Erscheinung, dass die antiken Stillleben der stimmungsvollen Beleuchtung entbehren, welche den modernen und namentlich den holländischen Bildern dieser Art eigenthümlich ist, wird jetzt Niemanden mehr befremden. Besonders wichtig aber ist es, dass sich durch das von uns gewonnene Resultat bestimmte Grenzen für den Naturalismus in der antiken Malerei ergeben. Die Modernen dürfen es wagen, eine gemeine Natur, wie sie die Wirklichkeit darbietet, in dem Bilde zu schildern; denn sie sind im Stande, auch über diese durch eine eigenthümliche Trübung oder Klärung des Lichts einen poetischen Schimmer zu verbreiten. Um hier nur an Leistungen zu erinnern, welche dem extremsten Stadium des modernen Realismus angehören, so wirken Bilder Courbets, wie »das Begräbniss zu Ornans« und »die Steinklopfer« immer noch künstlerisch, weil der Eindruck der vulgären Existenzen, welche als Träger der Handlung auftreten, durch die harmonische Abtönung der sie umgebenden Atmosphäre, dort eines grauen, Feuchtigkeit ausströmenden Wolkenhimmels, hier einer heissen, trockenen, mit Staubtheilen geschwängerten Mittagsbeleuchtung, ein Gegengewicht erhält[1]). Ein solcher extremer Realismus blieb der antiken Malerei, so lange sie Gefühl für ästhetische Wirkung bewahrte, nothwendig verschlossen. Indem sie des Mittels entbehrte, durch welches die Modernen auch das Hässliche oder Gemeine zu verklären wissen, durfte sie die Wirklichkeit nicht, wie sie vor den Sinnen lag, nachcopiren, sondern musste sie mit den von der Natur gebotenen Elementen sichtend, läuternd, ordnend zu Werke gehen. Sie konnte daher, wenn sie auf die Verwirklichung einer idealen Schönheit verzichtete, immerhin nur bis zu einer im höchsten Grade charaktervollen Schilderung vorgehen, welche ein von allen Zufälligkeiten entkleidetes und somit allgemeingültiges Abbild einer Gattung oder einer Situation darbot. Wie lange die antike Malerei diese Grenzen einhielt, lässt sich nicht einmal nach Generationen bestimmen. In der Production der Diadochenperiode sind dieselben, soweit unser Wissen reicht, noch beobachtet, wie es die Betrachtung der Alexanderschlacht[2]) und der Wandbilder genrehaften Inhalts lehrt, die wir auf hellenistische Vorbilder zurückführten[3]). Dagegen herrscht ein rückhaltsloser Realismus in den Schilderungen

---

1) Vgl. Meyer, Geschichte der modernen französischen Malerei p. 260 ff.
2) Vgl. oben Seite 44.
3) Vgl. oben Seite 69 ff., 76 ff.

aus dem Alltagsleben, welche mit Sicherheit als Producte der Kaiserzeit betrachtet werden dürfen¹). Und die Eindrücke, die der Betrachter angesichts dieser Bilder empfängt, sind ganz geeignet, die Ansicht zu bestätigen, welche ich über die Grenzen der antiken Malerei aufgestellt.

1 Vgl. oben Seite 71, 72 ff

Vasenbild von Nazzano (siehe weiter unten Seite 370).

Nachträge und Verbesserungen.

Seite 2 Anm. 4 ist das p. nach Ars am. I zu streichen.

Zu Seite 7 am Ende. Die Weise, wie ich mich über das Verhältniss des Serapis- und des späteren Plutonideals geäussert, könnte missverstanden werden. Ich behaupte keineswegs, dass sie identisch sind, sondern nur soviel, dass bei Gestaltung des letzteren das Serapisideal zu Grunde gelegt wurde.

Seite 12 Anm. 2 lies statt Quintilian. X 12, 3: Quintilian. XII 10, 3.

Zu Seite 16. Die Frage über die Motive, welche Menelaos möglicher Weise bei Gestaltung der ludovisischen Gruppe benutzen konnte, ist unterdess wiederum von Conze, über griechische Grabreliefs (Sitzungsberichte der phil. hist. Cl. d. Wiener Akademie LXXI, 1672) p. 15 (329) berührt worden. Er verweist namentlich auf die Reliefgruppe eines in Wiltonhouse befindlichen griechischen Grabsteins, der von ihm auf Tafel II 1 publicirt ist.

Zu Seite 22. Zu vergleichen sind die Bemerkungen, welche Friederichs, kleinere Kunst und Industrie p. 453 ff. über die Bronzefiguren von Opfernden und Betenden mittheilt.

Zu Seite 25 Anm. 5. Die daselbst angeführten Münzen von Katana sind besser, als bei Parnta, publicirt bei Torremuzza, Principe di Castelli: Siciliae veteris numismata I tav. XXIII 16 ff., ein Werk, welches sich in Rom nicht vorfindet und erst während eines neapolitanischen Aufenthalts von mir benutzt werden konnte.

Zu Seite 33. Dass bereits die ältere Kunst Portraitstatuen in der Bewegung der Anrede bildete, also in ähnlicher Stellung, wie sie dem August Pourtalès und der Statue desselben Kaisers aus der Villa ad Gallinas eigenthümlich ist, bezeugt die Nachricht über den älteren Kephisodotos bei Plin. XXXIV 87: fecit et contionantem manu elata, persona in incerto est.

Zu Seite 45. Hier hätte als ältestes Denkmal des römischen historischen Reliefs der Bilderschmuck des Mausoleums von St. Remy (Orange) erwähnt werden müssen. Ritschl hat ja dem Priscae latinitatis epigr. suppl. V p. 111 ff. aus der Inschrift des Grabmals nachgewiesen, dass dasselbe ganz in den Anfang der Kaiserzeit fällt. Hiermit stimmt die Chronologie des in unmittelbarer Nähe gelegenen und offenbar gleichzeitigen Triumphbogens. Nach einer von de Sauley, Revue archéologique XIV (1866) p. 313 ff., angestellten Revision der Inschriftenspuren an diesem Bogen gehört derselbe in die Zeit des Tiberius und zwar in das Jahr 21 n. Chr. Doch reicht die einzige neuere Publication jener Reliefs, die mir zugänglich ist, die bei Millin, voyage dans le midi de la France, Atlas pl. LXIII Fig. 1 a—d, zu einer stylistischen Würdigung nicht aus.

Seite 50 Anm. 6 und 7 lese man Vellejus Paterculus.

Seite 89 Zeile 14 von unten ist statt »den Kopf« zu lesen »der Kopf«.

Seite 102 Zeile 8 von unten ist statt »einen Kryptoporticus« zu lesen »eine Kryptoporticus«.

Seite 119 Anm. 3 ist statt »prospicious« zu lesen »prospiciens«.

Seite 126 Zeile 6 von unten ist statt »Zeit von Alexander« zu lesen »Zeit vor Alexander«.

Zu Seite 131. Die Lesart Pireieus, welche ich nach dem Vorgange Brunns (Gesch. der griech. Künstler II p. 259) und Overbecks (Schriftquellen n. 1964) bei Propertius IV 9, 12 annahm, ist unzulässig. Karl Dilthey, den ich bei der Beschränktheit des mir zu Gebote stehenden bibliothekarischen Materials in dieser Frage um Auskunft bat, theilte mir mit, dass sie von Beroaldus aus zwei interpolirten vaticanischen Handschriften in den Text gesetzt worden ist. Offenbar ist Plinius n. h. XXXV 112 die Quelle der Interpolation. Die lateinische Form des von Piraeeus abgeleiteten Namens kann aber nur Piraeicus lauten, passt also seiner Quantität nach nicht in den Vers. Meineke in den Analecta Alexandrina p. 246 zweifelt an der richtigen Lesart des Namens bei Plinius und schlägt vor, Pyres Icius zu lesen. Da jedoch eine ganze Reihe solcher von Ortschaften abgeleiteter griechischer Personennamen bekannt ist (vgl. Keil, specimen onomatologici graeci p. 92 ff.), so liegt kein Grund vor, Πειραικός oder Piraeicus in Frage zu stellen.

Zu Seite 134. Eines besonderen Raffinements, welches mit diesem Deckenschmucke getrieben wurde, gedenkt Seneca, epl. XC 15: qui .... versatilia coenationum laquearia ita coagmentat, ut subinde alia facies atque alia succedat et toties tecta, quoties fercula mutentur (vgl. Marquardt, röm. Privatalterth. I p. 320 Anm. 1951). Diese Bemerkung bezieht sich keineswegs, wie Rein in Beckers Gallus II³ p. 200 annimmt, auf Decken, welche sich vermöge einer geheimen Maschinerie hoben oder senkten, ein Anblick, welcher auf die darunter befindlichen Gäste einen Schwindel erregenden und jedenfalls unangenehmen Eindruck hervorgebracht haben würde. Vielmehr waren die Bildchen, welche die Deckenfelder füllten, verschiebbar und konnten durch irgendwelchen Mechanismus andere an ihre Stelle gerückt werden, so dass das Ensemble der Decke bei jeder Veränderung ein neues Schauspiel darbot.

Seite 150 Zeile 18 von oben ist statt »Antiochos Sota« zu lesen »Antiochos Soter«.

Seite 166 Anm. 1: Die hier erwähnte Schale des Euphronios ist unterdess publicirt worden von de Witte, monuments grecs publiés par l'association pour l'encouragement des études grecques en France N. 1 (Paris 1872) pl. I, II.

Zu Seite 235 ff.: Den Berührungspunkten zwischen den Wandbildern und der späteren Vasenmalerei, über die ich in jenem Abschnitte gehandelt, kann ich gegenwärtig einen weiteren sehr belehrenden beifügen. In den Ländereien des Principe del Drago zwischen Nazzano und Filacciano (Provincia di Civita Castellana) wurde im vorigen Jahre eine Nekropole von beträchtlichem Umfange entdeckt. Die auf Befehl des Fürsten veranstaltete Ausgrabung derselben ist noch gegenwärtig im Gange. Die Nekropole besteht, wie mir der Direttore degli scavi, Herr Ilandini, mittheilt, aus zwei übereinander liegenden Schichten. In den Gräbern der unteren Schicht haben sich alterthümliche Gefässe aus schwarzem Thone und wenige Vasenscherben mit schwarzen Figuren gefunden, von denen keine eine besonders eigenthümliche Schilderung darzubieten scheint. Die Gräber der oberen Schicht enthielten einige Spiegel, deren Zeichnungen wegen des dieselben bedeckenden Oxyds vor der Hand noch unkenntlich sind, und viele Gefässe mit rothen oder gelben Figuren, deren Styl an den der unteritalischen Vasen erinnert. Der Charakter der besseren Exemplare dürfte sich am Besten durch Vergleich mit der bekannten Amphora Lambruschini veranschaulichen lassen, welche in der benachbarten Sabina gefunden wurde (Arch. Zeit. 1848 Taf. 17. Vgl. Ann. dell' Inst. 1858 p. 240, 3. Bull. dell' Inst. 1866 p. 213, 39). Ein zweihenkliger Topf, der sich unter diesen Gefässen befindet (Form bei Heydemann, die Vasensammlungen des neapler Museums Taf. 1 n. 33), zeigt auf der Hauptseite den Kampf eines Satyrs und eines Bockes. Der Satyr, bärtig, mit kahlem Scheitel und Pferdeschwanz, schreitet vor, beide Arme nach hinten ausstreckend, und neigt das Haupt, um damit den Stoss gegen den Bock auszuführen. Ihm gegenüber springt der Bock auf den Hinterfüssen zum Angriffe an. Zwischen den beiden Kämpfern ein Baum[1]). Rückseite: Kahlköpfiger, bärtiger Triton mit Stumpfnase, in der Rechten einen Schild haltend. Die Darstellung der Hauptseite berührt sich mit den beiden von mir unter N. 449 aufgeführten herculanischen Wandbildern und namentlich mit dem an erster Stelle beschriebenen. Allerdings tritt hier nicht ein Satyr, sondern ein Pan als Gegner des Bockes auf. Doch wird durch diese Abweichung der Zusammenhang, den ich zwischen der Vase und den Wandgemälden annehme, keineswegs ausgeschlossen. Der Unterschied, ob ein Satyr oder ein Pan dem Bocke gegenübergestellt wird, ist sehr geringfügig, und, war einmal eine von beiden Darstellungen vorhanden, dann lag es nahe, daraus die andere zu entwickeln. Kommt doch die gleiche Abwechselung auch bei anderen Compositionen vor, welche deutlich auf denselben Ausgangspunkt zurückweisen. Durch viele Repliken bekannt ist die Gruppe, welche Dionysos darstellt, wie er sich auf einen Satyr stützt. Doch kennen wir einige Denkmäler, worin die Figur des Satyr durch die eines Pan ersetzt ist (z. B. Panofka, Cab. Pourtalès pl. 19. Impronte dell' Instituto IV 38)[2]. Die Wandmalerei schildert Satyrn, griechische Spiegelkapseln Pane und Bakchantinen, welche neben einander schweben oder tanzen (vgl. oben Seite 317). Auf den Wandgemälden, welche Ariadne auf Naxos darstellen, hebt einmal ein Satyr

---

1) Der Holzschnitt auf Seite 367 giebt dieses Bild, etwa zur Hälfte verkleinert, wieder.
2) Eine weitere Entwickelung dieses Typus wird durch die Gruppen bezeichnet, welche Dionysos darstellen, wie er sich mit dem einen Arm auf einen Satyr, mit dem anderen auf einen Pan stützt. Vgl. Ann. dell' Inst. 1846 p. 218 ff. 1856 p. 113 ff.

(N. 1240), ein anderes Mal Pan (N. 1235) das Gewand von dem schlafenden Mädchen ab. Der gleiche Wechsel zeigt sich endlich auch auf den Gemälden, welche die Beschleichung einer schlafenden Bakchantin darstellen (N. 542 ff. 559 ff.). Welche der beiden Formen die ursprüngliche sei, lässt sich nicht überall mit Sicherheit entscheiden. Im Allgemeinen spricht allerdings die grössere Wahrscheinlichkeit dafür, dass der Satyr das ältere Motiv ist. Die Auffassung des Pan nämlich, wie sie diesen Darstellungen eigenthümlich ist, kam bei den Griechen erst spät und schwerlich vor der Zeit Alexanders des Grossen zur Ausbildung. Die älteren Griechen kannten einen Gott Pan, wussten dagegen nichts von einem Gattungsbegriffe untergeordneter Wesen dieses Namens. In der volksthümlichen Vasenmalerei ist Pan überhaupt niemals recht geläufig geworden und als Mitglied des Thiasos und Kamerad des Dionysos, der Satyrn und Mainaden findet er sich selbst auf den spätesten Gefässen nur ganz selten. Was die Composition betrifft, welche die Ueberraschung der Bakchantin darstellt, so wird die Annahme, dass ursprünglich ein Satyr als Träger der Handlung auftrat, durch anderweitige Zeugnisse bestätigt. Bereits Nikomachos malte Bacchas obreptantibus Satyris (Plin. XXXV 109) und Darstellungen dieses Inhalts finden sich auf Gefässen von verhältnissmässig altem Style (vgl. oben Seite 236). Pan wird demnach in diesem Falle von der späteren Malerei substituirt worden sein, um durch den wirksamen Gegensatz zwischen seiner thierischen Erscheinung und der Schönheit des schlafenden Mädchens eine neue Nuance zu erzielen. Gegen die Annahme, dass die Composition, welche den Kampf gegen den Bock schildert, eine entsprechende Entwickelung durchmachte, dass die Vase mit dem Satyr die ältere, die Wandgemälde mit dem Pan die jüngere Form darbieten, lässt sich nichts einwenden. Trotzdem dürfte aber auch eine andere Auffassung zulässig sein. Wir wissen nicht, wann die Composition, die als Ausgangspunkt diente, gestaltet wurde. Geschah dies in einer späteren Epoche, in welcher bereits die genrehafte Auffassung des Pan im Schwunge war, dann konnte die Kunst recht wohl von Haus aus dem Bock einen Pan gegenüberstellen. Dagegen ist es wohl möglich, dass die Vasenmalerei, als sie ihrerseits diesen Gegenstand zu behandeln anfing, an der ihr wenig geläufigen Figur des Pan Anstoss nahm und dieselbe durch die eines Satyr ersetzte.

Noch ein anderes Gefäss, welches aus der oberen Schicht der zwischen Nazzano und Filacciano entdeckten Nekropole stammt und einer ähnlichen Localfabrik angehört, wie das soeben besprochene, bietet, wie es scheint, einen Berührungspunkt mit der

Wandmalerei dar. Es ist von beträchtlichem Umfange und sehr figurenreich, aber leider in eine Menge kleiner Scherben zerbrochen. Soviel ich bei einer vorläufigen Zusammensetzung der Fragmente ersehen konnte, stellt dasselbe die auch in der Wandmalerei häufig vorkommende Scene dar, wie sich Dionysos, umgeben von dem Thiasos, der schlafenden Ariadne nähert. Doch gebe ich diese Notiz mit Vorbehalt; denn erst, wenn das Gefäss gehörig zusammengesetzt ist, wird es möglich sein, den Inhalt seiner Darstellung sicher zu beurtheilen.

Uebrigens hoffe ich, über die Ausgrabungen von Nazzano demnächst ausführlich im Bulletino dell' Instituto berichten zu können.

Zu Seite 276: Den Stellen, welche die allgemeine Verbreitung der Jagdliebhaberei bei der griechischen Jugend der hellenistischen Epoche bezeugen, ist beizufügen Terentius, Andria (I 1, 24) 51 ff.:

Nam is postquam excessit ex ephebis ....
. . . .
quod plerique omnes faciunt adulescentuli,
ut animum ad aliquod studium adiungant, aut equos
alere aut canes ad venandum aut ad philosophos.

Zu Seite 326: Hier ist das Wandgemälde N. 1162 (vgl. oben Seite 152) nachzutragen, welches den Tod der Medusa darstellt. Es gilt von ihm dasselbe, was über das Dirkebild N. 1151 bemerkt wurde. Auch hier erhält die schreckliche Scene durch die ausführliche Behandlung des Landschaftlichen ein Gegengewicht.

Register*).

Vb. bedeutet Vasenbild, Wb. Wandbild.

Achilleus: Seite 191. 252.
  und Agamemnon 80. 143. 221.
  und Briseis 81.
  und Cheiron 158. 159.
  und Chryseis 81.
  und Hektor 143.
  und Iphigeneia 196.
  und Priamos 144.
  auf Skyros 81. 188 (vgl. Athenaion).
  im Zelte 85.
Admetos 260. 261.
  und Alkestis 81.
  und Apoll 83. 219. 260.
Adonis 258. 260. 285.
  und Aphrodite 84. 116. 132. 222. 223 ff. 218. 320. 321.
  auf Relief Spada 6.
Aegyptiorum audacia 116.
Aegyptische Landschaften 101. 104. 302. 360 Anm. 2.
Aegyptisirende Motive 135.
Aemilius Paullus 129. 277. 322.
Aeneas 4.
  auf Wdg. 4. 6. 89. 115. 118. 316.
  und Anchises 25. 316.
  und Dido 4.
Aëtion: Hochzeit der Rhoxane 131. 242. 252.
  Semiramis 131. 171.
Agamemnon 65.
  und Achilleus s. u. Achilleus.
Agasias 25.
Agatharchos 125.
Agathokles 130.
Ageladas 11.
Agrippa 159. 160. 164.
Agrippina, die ältere 32.
  die jüngere (?) 33.

Aietes 175.
Aigisthos 259.
Aisopos 209.
Akontios 284.
Akragas 23. 276.
'Αχραί 81. 117. 142. 217 ff. 288.
Aktaion 192. 263. 266. 324. 326. 329.
Alexander Aitolos 245. 215. 291.
Alexander der Grosse
  seine Jagdliebe 225.
  sein Interesse für die expeditorer 279 ff.
  seine Kleidung 121.
  seine Kunstliebe 180.
  sein Leichenwagen 42. 51.
  mit Pan 59.
  seine Porträts 151. 154. 205 (?). 295.
Alexanderschlacht, pompeianisches Mosaik 44. 51. 158. 159. 162. 214. 265.
Alexandreia 271. 272.
Alkaios von Messene 243.
Alkestis 81. 340 Anm. 1.
Alkibiades 125.
Amazonen 79. 135. 176. 177.
Ambrakia 129.
Ammen der Alkestis 60.
Amme der Phaidra 60.
  der Skylla 60.
Amphitheater auf Wb. 73. 95. 104.
Amphitrite 166 Anm. 1.
Amulius, König von Alba 5.
Amulius, Maler 62.
Anatomie 206.
Anaxandra 193. 194. 201.
Anaxarchos 262.
Anchises 4. 25. 346.

---

*) Lateinische Götternamen sind nur angewendet, wo es sich um römische Mythen oder um Darstellungen aus dem specifisch römischen Cultus handelt. Im Uebrigen sehe man stets die griechischen Namen nach.

Andromeda s. Perseus.
Antigonos Gonatas 262.
Antigonos, Kunstschriftsteller 193.
Antinoos 32 ff.
Antiocheia am Orontes 271. 272.
Antiochos I 245.
Antiochos Epiphanes 128. 216.
 in Bronzegruppe 183.
Antiphilos 131. 162. 183. 219.
 Europa 222 ff. 325. 341.
 Feuer anblasender Knabe 328.
 Hesione 155.
 Hippolytos 226. 327.
 Jagd des Ptolemaios 226.
 Wollbereitung 157.
Antonius, M. 12. 50. 302.
Anyte 191. 283. 291. 297.
Appiades des Stephanos 15.
Apelles 180. 181. 328.
 Alexander 52. 151. 210. 321.
 Anadyomene 53. 211.
 Gewitter 210.
 Gorgosthenes 157.
 Herakles 210.
 Pankaspe 193.
 Procession des Megabyzos 173.
 Sterbende 205.
 Verläumdung (?) 216. 328.
Apollodoros von Damaskos 5. 19.
Apollon 258.
 bei Admetos s. u. Admetos.
 und Artemis 57.
 mit Asklepios und Cheiron 57.
 mit Eros 55.
 mit Hindin auf Vh. 234.
 mit Kitharspielerin 65.
Apollonkopf Giustiniani 247.
Apollonstatue, pompeianische 15.
Apollonios, Bildhauer 24.
Apollonios von Rhodos: Aphrodite sich schmückend 224.
 genrehafte Züge 273 Anm. 4.
 heiliger Baum 298.
 landschaftliche Schilderung 218. 219. 279. 354. 355.
 Lichteffecte 213.
 primitive Cultushandlungen 295.
Apotheose 319.
Aphrodite: angeind 51. 65. 117. 334.
 auf bosporanischen Terracotten 360.

Aphrodite auf dem Meere 119.
 sich schmückend 84. 224.
 und Adonis s. Adonis.
 und Ares s. Ares.
 und Dionysos 57.
 und Eros 226. 273.
 und Paris 201.
 und Zeus 57.
Aphroditestatuen:
 capitolinische 25.
 knidische s. Praxiteles.
 medicelsche 25.
 vom Parthenon 261.
Aphroditetypus mit Schild 21 f.
Ara Casali 4. 6.
Aratos 128.
Archaisirender Geschmack 11 ff. 329 ff.
Archelaos von Priene 20.
Archemoros 21.
Archimedes 101.
Arellius 62. 317.
Ares und Aphrodite 26. 222. 236.
 schwebend 319.
Arete 191 Anm. 1.
Argos 53. 112. 120. 236. 259. 261.
Ariadne 6. 118.
 schlafend 242. 252 ff. 272.
 trauernd 113. 119. 120. 157. 159. 213. 218. 255.
 mit Theseus und Dionysos auf attischem Gemälde 258.
Arimaspen 176.
Aristarete 193. 201.
Aristeides: anapauomene 252.
 Dionysos 128.
 Kranke 205.
 Leontion (?) 192.
 Perserschlacht 151.
 Pornographie 250.
 Scenen aus der persischen Geschichte (?) 153 Anm. 4.
 Sterbende Mutter 127. 205.
 tragoedus et puer 188.
 venatores cum captura 276.
Aristobulos, Maler 199.
Aristodemos: Aisopos 201.
Aristokles 11.
Aristolaos: Stieropfer 201.
Aristomache 191 Anm. 1.
Aristophanes, Wespen 1215: 125.
Aristoteles 150. 201.
 bei Cicero de nat. deor. II 37 129.
 sein Porträit 158. 205.

Arkadia 152. 164.
Arkesilaos 22 ff. 61.
Arsinoe 9. 40.
Artemis 65. 67. 326. (Vgl. Aktaion.)
 asiatisch gekleidet 177.
Artemisia 36.
Artemon: Danae 145.
 Stratonike 159.
Asia 220.
Asklepiodoros: Zwölfgötter 181.
Atalante 65. 177. 197. 268.
Athene Alea 12.
 Kranaia 10.
 Tritonias 12.
 auf Münzen Antiochos' VII 8.
 und Bellerophon 98.
 und Teiresias 263 (vgl. Pallas).
Athenion: Achill auf Skyros 158.
Athenis 12.
Atmosphäre, Behandlung derselben in der Malerei 351 ff.
Attalos 47. 128. 162. 252.
Aulus Priscus 62.
Augustus 4.
 sein archaisir. Geschmack 17.
Augustusstatuen 31. 35. 319. 345. 368.
Αὐλητρίδων διασκευαλατα 182.
Aura 252.
Bakchantinnen 58. 119. 120. 158
 (vgl. Kentauren, Satyr, Pan).
 nackt 265.
Bakchylides 121.
Bäckerladen auf Wb. 72. 75.
Bär 93.
Balbus, Statuen der Töchter desselben 31.
Barbaren auf Vb. 173 ff.
Barbar und Hetaire auf Wb. 70. 71. 260. 329.
Barbarentypen der pergamenischen Kunst 44. 51. 200.
Beleuchtung des römischen Hauses 340 ff.
Bellerophon 98.
Berenike 173 Anm. 3.
Berenike, Gattin des Ptolemaios Soter 192.
Berenike, Gattin Ptolemaios' III. 194.
Berenike, Gattin Antiochos' II. 193.
Berggott 179.
Bios 221. 241.

Blumencultur 251 ff.
Blumenmalerei 309. 312. 325.
Boreas 176.
Bordell, pompeianisches 75.
Botanische Gärten 251. 291.
Branchos (?) 125 Anm. 6.
Briseis 69. 61.
Brod 73.
Bronzegiesserei auf Vb. 188.
Bryaxis 7.
Buca, L.: Denar desselben 157.
Bupalos 12.
Busiris 177.
Büste, hellenistisches Motiv 39 ff.
Cabinetsbild 111 ff. 163—165. 183. 312. 326.
Cabinetsmaler 152.
Caesar 4. 150. 160. 164.
Caligula 50.
Camillus 20 ff.
Capri (?) 99. 105.
Catamitus 139.
Catullus 343. 344.
 sein 64. Gedicht 113. 157.
Ceres (?), capitolinische Statue 35.
Chairemon 213. 251. 313.
Chalkosthenes: comoedi 188.
Chariten, realistisch behandelt auf Wb. 336.
Cheiron und Achill 156. 159.
Cheiron und Apoll und Asklepios 67.
Chryseis 91.
Claudius 52.
comicae tabellae 131. 329.
Copa 344.
Copiren älterer Kunstwerke 34. 63.
Courbet 365.
Cornelius Pinus 62.
Cucullus 73.
Culex 344.
Daidalos 97.
 porträtartig 337. 338.
Damophilos 12. 321.
Danae: der goldene Regen 86. 235. 243. 266. 321.
Danae auf Seriphos 145 ff. 335.
Daphne bei Antiochela 272.
Daphne, Tochter des Ladon 222 ff. 240—232. 266. 267. 284.
Daphnis 223 (?). 245. 248.
 von Pan und Priapos heimgesucht 252.
Dareios auf dem Hügel bei Chalkedon 175.

376 Register.

Dareiosvase 174.
Deckenmalerei 112 ff. 362.
Decorative Figuren 109 ff. 211 f.
Deldamole 194.
Deinokrates 9.
Demareto 191 Anm. 1
Demetrios, alexandrinisch, Landschaftsmaler 138. 169. 289.
322.
Demetrios Phaloreus 190. 258.
Demetrios Poliorketes 171. 181.
286.
Demetrios Soter 275.
Dexileos, Grabstele desselben 56.
Dichter (?) auf Wb. 77. 334 ff.
Dichter, Portraits derselben 157.
δικαιωλία, Personification 219.
Dido 1.
Dikaiarchos zu Odyssee XXI 63 ff.
195.
Diogenes, Bildhauer 24. 61.
Diomedes 65.
Dionysios, Bildhauer 322.
Dionysios, Portraitmaler 61.
Dionysos mit Ariadne 130. 252 ff.
372.
mit Hephaistos, attisches Gemälde 256 ff.
mit Hephaistos auf Vb. 257.
mit Schauspielern 239.
mit Semele auf Vb. 234.
mit Zeus und Aphrodite auf Wb. 87.
triumphirend 52 ff.
Dionysosknabe auf Wb. 64.
Diphilos, komischer Dichter (?), auf Vb. 189.
Dirke 51. 82. 324. 326.
Domitianus 51.
Donatello 15.
Dorotheos 91.
Duris von Samos 163. 258.
seine Charakteristik historischer Personen 207.
Eber 92. 312.
Eirene 193. 201.
Elektra in neapler Gruppo 20.
Endoios 12.
Endymion 53. 64. 118. 157. 158.
252. 266. 292.
sein Typus 260.
Ephebe, florentiner Statue 17. 22.
kasseler Kopf 246.
pariser Statue 21.
scharrasche Statue 17. 21.

Ephebe, Statue von Virunum 22.
von Stephanos 11 ff. 17.
Epikuros 273.
Erasistratos 192. 206.
Erdtheile auf Wb. 219.
Eros auf Vb. und Wb. 237.
in Beschäftigungen des Alltagslebens 76. 231.
gestraft 243.
bei Aphrodite 237.
bei Aphrodite u. Ares 237. 242.
bei Ariadne 242. 252—255.
bei Danae 86. 235.
bei Helena 218.
bei Leda 58.
bei Omphalo 86. 242.
bei Zeus und mit dem Zensstier 86. 224.
Erosstatue, die Sehne in den Bogen spannend 120.
Eroten auf einem Bilde des Aëtion
212.
mit den Waffen des Ares und des Herakles 212.
reitend 237. 212.
Vestalia feiernd 161.
Erotennest 84. 122 Anm. 1. 223.
292.
Erotenverkauf 69 Anm. 6. 237 ff.
Eudemos, Anatom 206.
Euphorion 1. 192. 255.
Euphronios, Vasenfabrikant 166
Anm. 1. 169.
Europa, die Heroine 112. 113. 119.
224 ff. 266. 325.
Gemälde beschrieben von Achilles Tatius 226. 352.
auf attischen Gusagefässen
265.
auf Bild des Antiphilos 225 ff.
325.
auf Münzen von Gortyn 286.
Europa, Personification des Erdtheils 219.
Eurydike, Feindin der Olympias
192.
Eurydike, Gattin des Orpheus 19.
Euryklela 61.
Eurysaces, Grabmal desselben 42.
Eutychides · Tyche 283.
Euthykrates 311 Anm. 2.
Fabullus 62.
Farnesischer Stier 255. 360.
Felicitas, Statue des Arkesilaos
22. 21.

Fernsichten 279. 311. 355.
Fische 93. 110.
Flacher 53.
  Typus derselben 157.
Fischhändler auf Vb. 189.
Fliehende Frauengestalten in der bildenden Kunst 229. 235.
Flötenspieler 77. 78.
Fornices 48.
Forumsbilder 72. 75.
Frauenbad 263. 265.
Fullones auf Wb. 72. 75.
Fulvius, M. 128.
  seine Spiele 321.
Galateia 83. 193. 194. 195. 197. 321.
  Ihr Typus auf Wb. 338.
Ganymedes 81. 118. 139. 252.
  vom Adler geraubt 250. 320.
  von Zeus verfolgt auf Vb. 230.
  Typus desselben 260. 261.
Gärtnerei 260 ff.
Gegenstücke in der Tafelmalerei 130 ff.
Genrehafte Züge auf Vb. 225. 232 ff.
Germania, Statue in Florenz 27.
Gewandbrüche an Statuen der zweiten attischen Schule 35. 205.
Gigant, pergamenische Statue 58.
Gladiatorenkämpfe 72.
Glyptik 55 ff.
Gorgasos 12. 321.
Gorgosthenes 157.
Grab des Patron 100 Anm. b.
Gräber an Via Latina 134.
Greif 170.
Hafenlandschaften auf späten Reliefs 161.
Handkuss 194.
Harpalos 260.
Hedyle 191.
Hegesandros 277.
Hegias, Bildhauer 12.
Hohliger Raum 85. 92. 230. 235. 237 ff. 300.
Hektor 143. 144.
Helena des Zeuxis s. Zeuxis.
  und Paris s. Paris.
Helenas Entführung (?) 51 Anm. b.
Heliodorus, Bildhauer: Symplegma 250.
Heliodorus, Kunstschriftsteller 157.

Helle 66. 119.
Hephaistion, Scheiterhaufen desselben 270.
Hephaistos in der Schmiede 80. 124.
  von Dionysos in den Olymp geführt 250 ff.
Herakles, assyrischer 172.
Herakles, seine Thaten auf Wb. 79.
  Löwe 87.
  Omphale 86. 113. 178. 293.
  Orpheus und Musen 291.
  Prometheus 103.
  Telephos 152 ff.
  Theseus 19.
  würgt die Schlangen 61.
Herakleskopf Steinhäuser 14. 153. 158.
Heraklesstatue, farnesische 13. 25. 153.
  des Apollonios 24.
Heraklestypus auf späten Vb 259.
Hermaphrodit 86. 179.
  Statue 250 Anm. d. 252.
  und Panisk 252.
Hermenform des Portraits 29 ff.
Hermes neben der gefangenen Io 111 ff. 236.
  sein Gespräch mit Argos 83. 113.
Hermodoros von Salamis 122.
Herophilos 206.
Hesione 135. 291.
Hetairen 70. 77. 185 ff. 195 ff. 200. 203.
Hierax 190.
Hieron II., sein Prachtschiff 262. und Philistis auf Relief 15. 18. 246.
Hintergründe auf Vb. 203.
  auf Wb. 52. 84 ff. 201 ff. 316.
Ἱππακεντρόφνες 170.
Hippokrates, Portrait desselben 210.
Hippolochos 262. 263.
Hippolytos 61. 62. 201.
  portraitartig 337.
Hirsch 92.
Hirt auf Landschaftsbildern 83. 97. 95. 104. 231.
  Gemälde auf dem römischen Forum 187. 329.
Histiaia, Grammatikerin 193.
Historische Darstellungen 42 ff.

378 Register.

Hölzernes Pferd auf pompejanischer Landschaft 362. 364.
Homer, Portrait desselben 292.
Horatius 344. 345. 346.
Hostilius Mancinus 289.
Hyakinthos des Niklas s. Nikias.
Hylas 285. 292.
— Typus desselben 259.
Hyperboreer 176.
Hyperoides 262.
Hypnos bei Ariadne 253. 255.
— bei Endymion 155 Anm.
Hypnos auf selinuntischen Münzen 307.
Iaia 61.
Jagd 273 ff.
Jäger 63.
Idyll, Bedingungen desselben 242 ff. 292.
— handelnde Figuren 83. 294.
— Hintergrund 64.
Idyllische Richtung auf Vb. 234 ff.
— auf Landschaftsbildern 97 ff. 102 ff. 104. 111. 291 ff. 305.
— auf mythologischen Wb. 63 ff. 221 ff.
— auf Reliefs mit landschaftlichem Hintergrunde 260.
Ikaros 97.
Io, Typus derselben auf Wb. 335.
— und Argos 113. 149 ff. 236. 247. 324.
Ios Ankunft in Aegypten 60. 135.
'Ίοῦς ἄφιξις, Gedicht des Kallimachos 114. 135.
Iphigeneia bei den Tauriern 31. 147 ff.
Iphigeneia, Opfer derselben 65. 80. 81. 326. 327. 329.
Isiscultus, Scenen aus demselben auf Wb. 91.
Isistypus 9.
Jupiter auf Sacralbildern 90.
Kadmos, Vb. 287.
Kalamis 11. 12. 19. 60.
Kalasiris 170.
Kalaies 131. 183.
Kalchas 65. 80.
Kallikles 131. 183.
Kallimachos, Bildhauer 10.
Kallimachos, Dichter 194 Anm. 1. 200. 268. 294.
— berührt sich mit Wb. 221.
— genrehafte Züge bei demselben 221. 224.

Kallimachos, 'Ιοῦς ἄφιξις 114. 135.
— Kydippe 245.
— von Catull bearbeitet (?) 113.
Kallixenos von Rhodos 121. 125. 128. 243. 251. 252. 302.
Kanachos 11.
Kandytalis 171 Anm. 7.
Karanos, seine Hochzeit 262. 263.
Karyatiden 24.
Kassandros 192. 275.
Katanäische Brüder 28.
Kaunake 170.
Kentauren: kämpfend 79.
— und Bakchantinnen des Akragas 23.
— und Bakchantinnen auf Wb. 23. 110.
— und Nymphen des Arkesilaos 22.
— vor Triumphwagen 52.
Kephisodotos: Symplegma 250.
Kidaris 170. 171 Anm. 7.
Kimon und Pero 215. 339. 352.
Klearchos 358.
Kleitos 259.
Kleomenes: medicëische Aphrodite 25.
— sog. Germanicus 32.
— Thespiaden 25.
Kleopatra 174 Anm. 1.
Kleopatra, Gattin des Demetrios II. 193.
— Schwester der Tryphaina 193.
Klytie, sogenannte, im britischen Museum 10.
Kokotterie 195.
Konon, Astronom 194.
Krateros 275.
Kratinos: comoedi 185.
Kreon 178.
Ktesibios 190.
Kühe, Statuen derselben 306 ff.
Kyparissos 54. 240. 248.
— sein Typus 260.
Laia 61.
Landleute 97. 98. 104.
Landschaften 95 ff.
— aegyptische 101. 104. 135. 302 ff. 360 Anm. 1.
— idyllische 97 ff. 293 ff. 305. 344. 360.
— mit Scenen aus der Odyssee s. u. Odysseelandschaften.
— mit Seeschlachten 101. 303 ff.
— monochrome 359.

Landschaftliche Motive in der
   Sculptur 288 ff.
Landschaftsmalerei 289 ff. 349 ff.
Laodike 193.
Laokoon 3. 34 ff. 295. 296.
Laren- und Penatenbilder 99 ff.
   337.
Leda 56. 266.
   schwebend 313.
Asyrörés 117.
Leochares 230. 276.
Leonidas von Tarent 291. 296.
   298. 301.
Leonnatos 272.
Leontiskos 133.
Lichteffecte 210. 212 ff. 215. 284.
   287. 329. 351 ff.
Lichtgottheiten 215.
Liebe zu Statuen 246.
Livia 1.
Lorenzo di Credi 15.
Lotis 120.
Löwe auf Mosaik 23.
   auf Wb. 92. 154. 312.
Löwin des Arkesilaos 22.
Lucullus 12.
Ludius s. Studius.
Lykurgos, der Eteobutade 170.
   der nemeische 175.
   der thrakische 176. 256.
Lysimachos 215.
Lysippos 67. 189. 205.
   Aisopos 201.
   Apoxyomenos 206.
   Jagd Alexanders 276.
   Kairos 218.
   Pferd 311 Anm. 2.
   sieben Weisen (?) 202.
Lysippos; temulenta tibicen 165.
Lysistratos 9. 32. 206.
Malerin auf Wb. 76. 201.
Marius 30.
Mars 4. 6. 90 vgl. Ares.
Marsyas 82.
   Urtheil desselben 155 ff. 172.
Maske, Anathem 189.
Mausolos 35. 203.
Medeia 80. 146 ff. 176. 325. 326.
   327.
Medusa 152.
   Typus derselben auf Vb. und
   Wb. 268.
Medusenhaupt auf Wb. 54.
   Ludovisi 265.
Meerlandschaften 303 ff.

Megabyzos 173.
Melanthios 128.
Meleagros, Epigrammatiker 243.
Meleagros und Atalante 85. 197.
Melitäisches Hündchen 232.
Memnon 176.
Menalkas 263. 297.
Menandros 203.
   Portrait desselben 186.
   vaticanische Statue 205. 209.
Menelaos, Bildhauer 15 ff. 167.
Μερέντζα 219.
Metellus, Q. Caecillus; seine
   Bauten 322.
Metrodoros 5. 40. 322.
Midas 175. 279.
Mikon 8. 166 Anm. 1.
Minos 81.
Mithrastypus 6.
Mnason von Elatea 161.
Moiro oder Myro 103. 205. 286.
Moretum 344.
Moschos 115. 221. 225.
Mummius 128.
Museion 272.
Museo und Herakles 293.
Myro s. Moiro.
Myron 11. 12. 15.
   Hund (?) 305 Anm. 2.
   Kuh 306 ff.
   vier Stiere 305.
Nachtstück 211. 361 ff.
Narkissos 83. 84. 230. 232. 248.
   251. 292.
   Typus desselben auf Wb. 261.
Naturgefühl 269 ff. 335 ff.
Nealkes: Schlacht zwischen Persern und Aegyptiern 173.
   302. 304.
Nekyia auf vaticanischem Gemälde s. Unterweltslandschaft.
Nekyia des Niklas 181.
Nerva, vaticanische Statue 31.
Neuattische Plastik 24 ff. 164.
Nikaia, Gattin des Alexander 193.
Nikaia, Geliebte des Dionysos
   252. 263.
Nikainetos 291.
Nike apteros 171.
Nike auf Münzen des Pyrrhos 314.
   auf Schild schreibend 25 ff.
   mit Dreifuss auf Wb. 315.
   mit Krug und Schale auf Vasen
   und Wb. 315.

Nike mit Schiffsprora 315.
   mit Thymiaterion 315.
   mit Tropaion auf Vasen und
      Wb. 315.
   Stier opfernd S.
   und Triomphator 51. 327.
Niklas, Arzt und Dichter 192.
Niklas, Maler 199, 210, 301, 300.
   Andromeda 131. 140 ff. 201.
      325. 335.
   Grabmal bei Tritela 278.
   Hyakinthos 141. 259.
   Io 131. 140 ff. 325. 335.
   Nekyia 181.
   Thiermalerei 302. 311.
Nikomachos: Bacchae 156. 250.
   252. 371.
      Victoria und Quadriga 154
      Anm. 1.
Nikomedes von Bithynien 129.
Nikophanes, Pornograph 259.
Nil auf Vb. 288.
Nillandschaften 101. 302.
Nilstatue, vaticanische 29 ff. 285.
   302. 360.
Nonnos 255 ff.
   durchsichtige Gewänder 265.
   flatternde Gewänder 267.
   Schönheitsideal 259.
   Sinnenreiz 266.
   weibliche Nacktheit 203.
Nossis 192.
Nymphen auf Kentauren, Gruppe
   des Arkesilaos 22.
Nymphenstatuen 206. 300. 305.
Obscöne Bilder 87.
Odysseelandschaften 96. 217 ff.
   290. 291. 350 (vgl. Unterwelt,
   Unwetter).
Odysseus und Penelope 158.
Oeci cyziceni 273.
Oinone und Paris s. Paris.
ὀλέκρανα 175.
Olympias 192.
Olympos (?) auf Vb. 235.
Olympos und Marsyas 63.
   und Pan s. Pan.
Omphale 36. 113. 175. 203.
Onatas 11.
Opfer, ländliche 295.
Ophellon: Aëropo 220.
Orestes 61. 147 ff.
Orientalische Moden 170 ff.
Ormos 172.
Orpheus 12. 176.

Ovidius Amor. I 1, 21 ff. ; 12e.
   Amor. I 3, 21; 119.
   Ars am. II 613 ; 120.
   Fast. I 415 ff. III 461 ff. ; 120.
   Fast. III 871 ; 119.
   Heroid. X 49 ; 119.
   Metamorphosen 343.
   Remed. amor. 435 ; 120.
      seine Beziehungen zur bildenden
      Kunst 112. 119 ff. 126.
Palaimon, von Poseidon empfangen,
   Gemälde 325.
Pallas, späterer Typus derselben
   217.
   stürmt gegen Medusa an 152.
   zeigt dem Perseus die Spiegelung
   des Gorgoneion 239.
Pallasstatue aus Herculaneum 14.
Pamphilos, Maler 128.
Pan 88, 286.
   und Alexander der Grosse 50.
   und Ariadne 252—258. 370.
   und Bakchantin 120. 158. 251.
      317. 370.
   und Bock 370 ff.
   und Daphnis 252.
   und Dionysos 52.
   und Hermaphrodit 252.
   und Olympos 156. 250.
   und Telephos 142. 154.
Panainos 15.
Paneion in Alexandreia 272.
Papulus Proculus 50.
Παρδάλιοσι 278—280.
Parkanlagen 100. 279 ff.
Paris 178. 170. 240.
   auf dem Ida 64. 97.
   und Helena 210. 265.
   und Oinone 64. 112—114. 231.
      233. 241. 246.
Parisurtheil 68. 84. 103. 179. 233.
   240. 286. 247.
Parmenion, seine Bouteregister
   127.
Parrhasios: Atalante und Meleagros
   249.
   Hopliten 130.
   libidines 249.
   Theseus 259.
   Vorhang 312.
Praxiteles 10 ff. 16. 59. 60. 61. 165.
   250. 311 Anm. 1.
Pausias 131. 183. 210.
   apographon nach einem Bilde
   desselben 63 Anm. 1.

Pausias, Blumenmalerei 312. 325.
  Deckenmalerei 132 ff.
  Kinder 202.
  Methe 131. 210.
  Pornographie 250.
  Stieropfer 201.
  Wandbilder in Thespiae 133.
Pauson: Pferd 308 ff.
Peiraikos 131. 183. 187. 309. 312.
  324. 325 ff.
Peisandros. Portrait desselben 209.
Peloponnesischer Typus 217.
Pelops 175.
Penelope auf Spiegelkapseln 28.
  auf Wb. 158.
pensilis ambulatio 223.
Pentheus, attisches Gemälde 256 ff.
Pergamenische Kunst: Amazone 155.
  Auffindung des Telephos 152. 160. 161.
  Barbaren 44. 51. 155. 206.
  Verurtheilung des Marsyas 155 ff. 200.
Perikles 191.
Pero und Kimon s. Kimon.
Persaios, Stoiker 190.
Perseus, asiatisch gekleidet 177.
  befreit Andromeda 140 ff. 201. 291.
  in Landschaft 97. 213.
  tödtet Medusa 152.
  zeigt der Andromeda das Spiegelbild des Gorgoneion 54. 55. 336.
Perseus und Pallas 152. 239.
Perseusknabe auf Seriphos 145. 146. 335. 336.
Ηρσικαι, Schuhe 170.
Personificationen 216 ff.
  der Erdtheile 219.
  von Naturgegenständen 84. 116 ff. 285.
Petronius, sat. 11: 138 ff.
Phaidra 81. 82. 201.
  portraitartig 337.
Phanokles 245. 248. 242.
Phila 192.
Philemonos 276.
Philippides, komischer Dichter 123.
Philippos, komischer Dichter (?), auf Vb. 152.

Philippos V. von Makedonien 279.
Philiskos: Maleratelier 157.
Philopoimen 275.
Philostratos 28. 256. 350. 357.
  Entwickelung der Landschaft 359 Anm. 2.
  Lichteffecte 351 ff.
  Nachtstücke 351. 362. 364.
Philotas 2:5.
Phineus 170.
Phoinix 69.
Phokion 207.
  angebliche Statue desselben 208.
Phradmon: zwölf Kühe 307.
Phrixos 66.
  auf Vb. 259.
  Typus desselben 260. 261.
Phryne 262.
Phrynichos 121.
Phyromachos: Asklepiosstatue 127.
Physiognomik 209.
Pinakothek 135. 342.
  die athenische 126.
Platon über die Decoration des Hauses 126.
Plautius, Q., Maler in Ardea 322.
Plautus, Menaechmi I 2, 34 ff.: 139. 320.
  Mercator II 2, 42 ff.: 139.
Plinius des jüngeren Villen 107. 355.
Pluton 7. 367.
ποικίλοι 126.
ποικίλματα 126.
Polemon, Maler 169.
Polemon, Perieget 103. 250.
Polybios, seine Jagdleidenschaft 275.
Polychromie der Marmorsculpturen 361.
  der historischen Reliefs 40.
Polygnotos 72.
  Bilder in Thespiai 133.
  Schlacht bei Marathon 171.
  sein Einfluss auf die Vasenmalerei 105 ff.
Polykles, Bildhauer 10. 322.
Polykletos 22. 24.
Polyphemos, sein Typus 261.
  und Galateia auf Wb. 81. 197. 222. 224.
  und Galateia auf Landschaft 103.

Polypheuros, und Galateia bei
   Theokrit 194. 195. 197. 221.
Pompejaner, ihre Rauferei mit
   den Nucerinern 21.
Pompeius, sein Triumph 51.
   Statue Spada 38.
Pornographie 250.
Porträt in der Diadochenperiode
   180. 206 ff. 246.
   in der Kaiserzeit 30 ff.
Poseidippos, vaticanische Statue
   209.
Poseidonstatue auf Wb. 102.
Possis: seine Thonplastik 314.
Praxiteles: Aphrodite 25. 120.
   125. 264. 322.
   Dionysos 259.
   Phryne 199.
   Thespiaden 25.
Priamos 144. 176. 179.
Priapos, sein Typus auf Wb. 175.
Priapos und Daphnis 252.
   und Lotis 120.
Priapstatuen und -hermen auf Wb.
   99. 103. 296. 297. 300. 305.
Prometheus auf Landschaft 103.
Propertius I 3, 1 ff.: 119.
   I 3, 29 ff.; 119.
   III 26, 5. 120.
Proserpina. capitolinische Statue
   35.
Prospectenbild 100 ff. 109. 111.
   301 ff. 321.
Protogenes 181. 210. 327. 328.
   Alexander und Pan 50.
   ausruhender Satyr 155.
   Jalysos 181.
   rhodische Heroen 130.
ρότομή, 30.
Prusias I. von Bithynien 127.
Ptolemaios I. Soter, auf der Jagd,
   Bild des Antiphilos 276.
Ptolemaios I. Soter, seine Kunstliebe 181.
   sein Porträt auf Münzen 37.
Ptolemaios II. Philadelphos 182.
   (?) auf Cameo 40.
   sein Festzug 51. 124. 210. 243.
   268 Anm. 1. 275. 281. 282.
   302.
   sein Prachtzelt 129. 281.
Ptolemaios III. Euergetes, erwirbt
   sikyonische Gemälde 125.
   sein Kunstraub im Seleukiden-
   reiche 127.

Ptolemaios IV. Philopator, seine
   Jagdliebe 275.
Thalamegus 36.
Ptolemaios VI. Philometor, sein
   Aufenthalt in Rom 282. 322.
   seine Beziehungen zu Hierax
   180.
Ptolemaios VII. Euergetes II.,
   seine Beziehungen zu Hierax
   180.
   seine Grausamkeit 322.
   seine Hypomnemata 180.
Psyche in genrehaften Hand-
   lungen 70.
   Strafe derselben 213.
Pudicitia, sogenannte, im Vatican
   11. 32.
Pygmäen 69. 75. 96.
   in ägyptischer Landschaft 103.
   139. 302.
Pylades 51. 148. 150.
Pyramide in römischen Villen 107.
Pyrrhos 129.
Pythagoras, Bildhauer 11.
Quelle 298. 300.
Regenbogen auf Wb.212. 213. 329.
Relief, Flächenbehandlung des-
   selben 15.
Rhabducheu auf der Thymele 203.
Rhea Silvia 4. 6.
Rhesos 176.
Rhianos 190. 291.
Rhodos, Ansicht der Stadt 106.
Rhoxane auf Bild des Aëtion 131.
   242. 252.
Rhyparographos 164.
Rinder, Statuen derselben 306 ff.
Römischer Mythos 2 ff. 115 ff. 143.
Roselus in Silber von Pasiteles 60.
Sacellum 87. 95. 98. 121. 305.
Sacralbilder 59 ff. 337.
Salpion, Krater desselben 25.
Sarkophag Amendola 54.
Sarkophage, ihre Beleuchtung 310.
Satyrn, kelternd 243.
   lascive 86 ff.
   und Ariadne 252—254.
   und Bakchantinnen auf Vb.
   235 ff. 252.
   und Bakchantinnen auf Wb.
   86 ff. 120. 155. 235 ff. 251.
   252. 317. 320 ff. [vgl. Niko-
   machos].
   und Bock 320 ff.
Scenae comicae 75. 202.

Schauspieler 77. 187. 199. 200. 335.
Schuster auf Vb. 188.
Schutzflehender 68.
Schwebende Figuren auf Spiegeln, Vb. und Wb. 315 ff.
Scipio, der Ältere, sein Porträt 335.
Scipio, der Jüngere, seine Jagdliebe 277.
Seeschlachten auf Wb. 101. 303. von Nikias zur Darstellung empfohlen 304.
Seidenstoffe 150.
Seleno s. Endymion.
Seleukeia am Tigris 271.
Selinus auf Münzen 307.
Semele 263.
Semiramis auf Bild des Aëtion 131. 173. auf Vb. (?) 175 Anm. 2. Gärten derselben 280.
Sempronius Gracchus 289.
Seneca, angebliches Porträt desselben 38.
Sentimentalität 241 ff.
Serapion, Skenograph 61 Anm. 2.
Serapis, Typus desselben 2. 367.
Sicilien, eigenthümliche Culturformen daselbst 168.
Sikyonische Malerei 152.
Silanion: Jokaste 204.
Simon, Bildhauer 305 Anm. 2.
Simos: Walkerwerkstätte 5. 161. 187. 331.
Skopas 204.
Σκοπαί bd. 117. 118. 217 ff. 285.
Skylla 51.
Smyrna 106.
Sokrates, Porträt desselben 210.
Sonne auf Vb. 212. 213.
Sophokles, laterunische Statue 208. Porträt des Greises 209 Anm. 1.
Sophonisbabild 68. 70. 80. 161. 162. 326. 327.
Sopolis 81.
Sosibios, Krater desselben 14. 25.
Sosos, Mosaicist 211. 310. 313.
Sostratos, Architekt 273.
Specula 117.
Stephanos: Appiades 18. Statue Albani 13 ff. 17.
Stiere, Statuen derselben 326 ff.
Stieropfer 299.

Stillleben 94. 111. 312 ff.
Strandlandschaften 95 ff.
Strassenjungen, Wb. 72. 74.
Stratonike 245.
Studius 62. 106. 109.
Sulla, sein Kunstraub 12.
Symplegmata 57. 250.
Tabula iliaca 144.
Tadius, S. s. Studius.
Tafelbild als Mittelpunkt der Wandfelder 122 ff. 323.
Tantalos 175.
Tanzende Figuren 316. 317 ff.
Tauriskos: Eteokles 220. Kapaneus 220. Klytaimnestra 220.
Techne, Personification auf Wb. 215.
Teiresias sieht Pallas im Bade 263.
Telephos und Herakles 132 ff. 161.
Tempethal, beschrieben v. Aelian 154.
Terentius, Eunuch. 585 ff.: 243. 321.
Thalamegos des Ptolemaios IV. 36.
Thamyras 176.
Theaterkünstler auf Wb. 70. 199 ff. 329.
Theodotos, Larenmaler 90. 321.
Theokritos, Idyll. II: 244. 245. Idyll. III: 224. 245. Idyll. XVIII: 295. Idyll. XXII 10 ff.: 253.
Theokritos: nachgeahmt von Vergil 305. 341. seine Berührungspunkte mit den Wb. 224. Schilderungen ländlicher Opfer 294. Schilderungen der Landschaft 296.
Theomnestos: Heroen 151.
Theon 150. bellum iliacum 130. 142 ff. 221. Hoplit 143. Leontion 144. 189. Oreslle 220. 327.
Theophrastos 260. 251. 291.
Theseus auf attischem Gemälde s. Ariadne. des Parrhasios s. Parrhasios. und Amphitrite auf Vb. 166 Anm. 1. und Herakles auf Relief Albani 18.

384 Register.

Theseus und Kentaur auf her-
 culaner Monochrom 78.
Thesmialen des Kleomenes 25.
 des Praxiteles 25.
Thetis bei Hephaistos 80. 214. 218.
 mit den Waffen des Achill 216.
Thierfabel 22.
Thierhetzen 72. 312.
Thierstücke 22 ff. 111. 308 ff.
Thoas 81. 134.
Thrakien, Personification 283.
Thurmbauten in römischen Villen
 107.
Thusnelda (?), florentiner Statue
 27.
Tiber, Statue 29 ff. 380.
Timarchides, Bildhauer 10. 322.
Timokles, Bildhauer 10. 322.
Timomachos: Aias 131. 152. 164.
 220.
 Medeia 24. 131. 146 ff. 151.
 152 ff. 164. 220. 221. 325.
 326. 331.
 Medusa 152.
 Tauriscbe Iphigeneia 147ff. 331.
 Venus (?) 152.
Timon, Silligraph 254.
Tonkünstler 70.
Topas als Material der Plastik 9.
τοπία 213.
καπογράφος 280.
τοπογράφος 282.
Toreutik 59 ff.
τρυφήματα 170.
triclinia cyzicena 213.
Triptolemos 254. 285.
Triumph 50 ff. 289.
Troilos 158 Anm. 3.
Tryphalus 103.
Tyche von Antiocheia 283.
Unterwelt, Wb. im Vatican 215.
 217 ff. 322. 350. 353. 362.
 381.
Unwetter auf der Lästrygonen-
 landschaft 215. 358. 359.
Unzüchtige Kunstwerke 249 ff.
Varro 103. 313. 341.
Vasenbilder in ihren Beziehungen
 zur Wandmalerei 165 ff.
 228 ff.
Vedutenbild 99 ff. 111. 301 ff. 305.
Vela im antiken Hause 349 ff.
Venus auf Wb. 4 (vgl. Aphrodite).

Venus felix 6sics 24.
Venus Genetrix des Arkesilaus
 22. 21. 35 (?).
Venus und Mars, plastische
 Gruppe 20.
Vergilius, Aeneis: 317.
 Aeneis III 150 ff.: 362.
 Aeneis III 588 ff.: 362.
 Aeneis VI 270 ff. 362.
 Aeneis XII 368 ff. : 4. 6. 50.
 115. 116.
 Eclogae 305. 311.
 Georg. I 466 : 355.
 sein Einfluss auf die bildende
 Kunst 2. 316.
Verkürzungen 210. 214.
Verres 12. 130.
Vesuv (?) auf Wb. 105.
Vigiles 71.
Vögel, Gegenstand der Malerei
 308 ff.
Vorhänge im antiken Hause 310 ff.
Wettläuferin, vaticanische Statue
 16.
Wölfin und Zwillinge 115.
Wolken auf Vb. 212.
 auf Wb. 215.
 bei Philostratos 352.
Xenia 313.
Xenokrates, Kunstschriftsteller
 103.
Xenophantos, Vase desselben 171.
Xenophon, seine Schilderung his-
 torischer Charaktere 207.
über die Decoration des Hau-
 ses 126.
Xerxes 229.
Zauberin in Landschaftsbild 95.
 294.
Zeichenunterricht 152.
Zenodoros 13. 60.
Zeus in den Wolken auf Wb. 86.
 215. 329.
 mit Dionysos und Aphrodite
 auf Wb. 87.
Zeusstatue in Daphne 8.
Zeuxis: Helena 204.
 Kentauren 63 Anm. 1.
 malt das Haus des Archelaos
 125.
 schlangenwürgender Herakles
 60.
Trauben 312.

www.ingramcontent.com/pod-product-compliance
Lightning Source LLC
Chambersburg PA
CBHW032011220426
43664CB00006B/212